RECUEIL

DES

INSCRIPTIONS CHRÉTIENNES
DE LA GAULE

antérieures à la Renaissance carolingienne

RECUEIL

DES

INSCRIPTIONS CHRÉTIENNES

DE LA GAULE

antérieures à la Renaissance carolingienne

publié sous la direction de Henri Irénée MARROU

I

PREMIÈRE BELGIQUE

par

Nancy GAUTHIER

ÉDITIONS DU CENTRE NATIONAL DE LA RECHERCHE SCIENTIFIQUE
15, quai Anatole-France — 75700 PARIS
1975

ISBN 2-222-01704-1

Préface générale

Le présent *Recueil* se présente comme une refonte, sur un plan élargi, de l'œuvre bien connue d'Edmond Le Blant : les deux volumes de ses *Inscriptions Chrétiennes de la Gaule* avaient été imprimés « par ordre de l'Empereur à l'Imprimerie Impériale » respectivement en 1856 et 1865; le *Nouveau Recueil* qui les complète parut en 1892 dans la *Collection de documents inédits sur l'Histoire de France*. Nul ne songe à contester les mérites de notre prédécesseur qui, replacé en son temps, fait figure de pionnier; mais, après un siècle écoulé, l'œuvre avait besoin d'être remplacée.

Cela, non seulement à cause du nombre de textes nouveaux découverts entre temps — près de la moitié des inscriptions qu'on trouvera dans le présent volume ne figurent pas dans Le Blant —, mais surtout les sciences historiques, et spécialement la discipline propre qu'est l'épigraphie chrétienne, ont fait depuis tant de progrès que le public savant n'aurait pu se contenter d'une simple réédition, fût-elle enrichie de corrections et d'un supplément. Même pour les inscriptions déjà connues et correctement publiées le commentaire devait être repris à frais nouveaux.

Il nous est bien vite apparu nécessaire de donner à ce commentaire un développement plus grand que ne le faisaient nos devanciers, et cela sur tous les plans — historique certes, mais d'abord paléographique, diplomatique, linguistique — : ce dernier aspect avait été curieusement négligé par Le Blant, peut-être à cause de sa formation étroitement classique; mais nos inscriptions, vue leur date tardive, intéressent aussi la philologie romane : autant et plus que les diplômes ou formulaires, l'épigraphie de l'Antiquité tardive et du haut Moyen-Age constitue une documentation précieuse sur l'évolution qui devait conduire du latin aux langues romanes, français et occitan.

Il nous fallait tenir compte aussi des besoins de l'usager : ce *Recueil* ne sera pas seulement consulté par des spécialistes : historiens, érudits, simples curieux ont besoin d'être guidés pour apprendre à utiliser correctement des textes comme les nôtres. D'où, pour commencer, le soin que nous avons pris de les traduire, ce qui souvent n'avait jusqu'ici jamais été tenté; la chose s'est révélée plus d'une fois malaisée, notamment pour les pièces poétiques : l'embarras qu'éprouvaient les hommes de cette latinité tardive pour se plier aux règles de la versification et la forme décadente sous laquelle ils avaient recueilli la tradition de la rhétorique classique les ont souvent conduits à un style embarrassé, amphigourique, d'une obscurité désespérante.

Notre plan diffère quelque peu de celui qu'avait adopté Le Blant : il s'arrêtait aux inscriptions « antérieures au VIIIe siècle »; notre sous-titre est volontairement plus vague : il est souvent difficile de situer avec précision la date des inscriptions des VIIe et VIIIe siècles; à un critère chronologique faussement précis, nous avons préféré un fait de civilisation : la Renaissance carolingienne marque un nouveau départ, en épigraphie comme dans tous les domaines de l'histoire de la culture occidentale; la coupure est assez nette, si l'on admet qu'elle se situe à des dates quelque peu différentes — 750 plutôt que 800 — selon les diverses régions.

A l'ordre artificiel de la *Notitia Galliarum* suivi par Le Blant, nous avons préféré un plan géographique que présente la carte ci-jointe : le lecteur qui acceptera de suivre le « tour de Gaule » quelque peu sinueux que nous lui proposons verra se succéder des régions dont l'épigraphie manifeste analogies et points de contacts avec celle des régions voisines. Nous avons choisi comme cadre

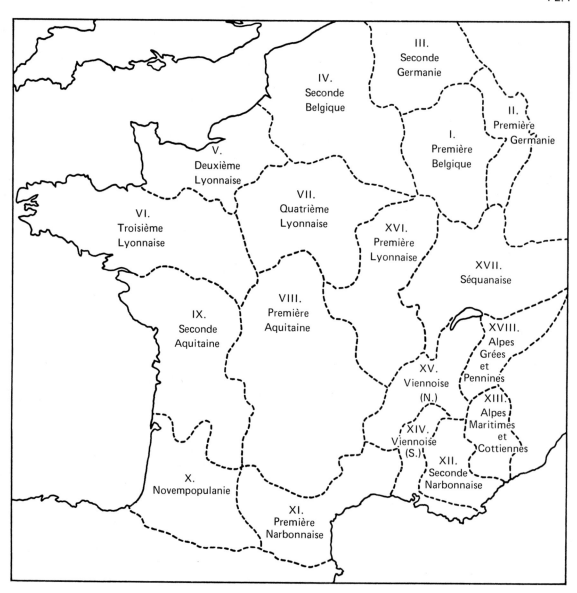

PLAN DU RECUEIL

celui des provinces du Bas-Empire : nos inscriptions sont désignées par un double numéro, celui de la province — en chiffres romains —, puis — en chiffres arabes — celui du texte étudié. A l'intérieur de chaque province, nous suivons également une démarche géographique allant de proche en proche, celle-là même qui est suivie par le CIL XII-XIII, ce plan présentant l'avantage d'être familier aux épigraphistes. Pour chaque *ciuitas,* d'abord son chef-lieu et ses diverses nécropoles; des inscriptions dont on ignore la nécropole d'origine sont rassemblées dans un dernier groupe; ensuite les localités intermédiaires, avant d'aborder la cité voisine.

Pour chaque ensemble — nécropole, cité ou localité —, en tête les inscriptions datées; suivent les autres, classées selon l'ordre alphabétique du nom du défunt (nos textes sont en très grande majorité de caractère funéraire) ou du personnage principal; enfin les inscriptions de plus en plus mutilées. Les épitaphes grecques, peu nombreuses, sont placées là où elles devraient figurer si le nom du défunt était écrit en caractères latins.

Un plan uniforme a été suivi dans la rédaction de chaque notice :

— L'indication des conditions de la trouvaille et du lieu de conservation (ou mention « perdue », le cas échéant). La situation du lieu d'origine est précisée : commune, canton, département (en Allemagne *Kreis*), sauf pour les villes importantes.

— Lemme bibliographique; notre *Recueil* n'est pas un *corpus* de type CIL; moins ambitieux, plus soucieux d'éviter au lecteur d'être accablé sous une masse de références auxquelles il risquait de se reporter souvent sans profit, nous avons choisi un lemme de type sélectif : — d'abord la plus ancienne mention, qu'elle soit manuscrite ou imprimée, du texte (il est souvent important de connaître à partir de quelle date une inscription est entrée dans le domaine de la science); — puis parmi les publications antérieures aux trois volumes de Le Blant, celles qui apportaient quelque chose de plus que ce qu'il en avait retenu, soit pour l'établissement du texte, soit pour son commentaire; — enfin toutes les publications postérieures à Le Blant. Ces références sont classées par ordre chronologique, les travaux de seconde main sont mentionnés entre parenthèses après l'ouvrage dont ils dépendent. Ceux qui mentionnent une inscription sans en donner le texte sont cités dans le lemme lorsqu'ils fournissent une indication intéressante pour l'épigraphiste (lieu ou date de trouvaille, par exemple); la référence est alors suivie de la mention : brève notice. Ceux qui, sans rééditer une inscription, la commentent, sont cités là où le commentaire le requiert.

— Description matérielle de la pierre : nature du matériau, dimensions en centimètres (hauteur, largeur, épaisseur, hauteur des lettres).

— Photo de la pierre ou, si elle est perdue, la meilleure représentation qu'on en possède. En regard, transcription conforme aux conventions reçues : les développements sont signalés par des parenthèses, les restitutions par des crochets carrés, les fautes commises par le lapicide par des crochets obliques si on modifie ce qui figure sur la pierre ou le dessin et par doubles crochets carrés si les lettres gravées à tort sont à négliger. Les lettres disparues depuis la trouvaille sont en italique (si possible, nous fournissons alors une photo de l'état antérieur à la dégradation de la pierre). Les lettres ou les mots ajoutés par le lapicide en dehors de la ligne ont été replacés là où ils devraient figurer mais entre obliques. Les lettres mutilées dont la lecture est cependant certaine sont signalées par un point souscrit. Les passages inintelligibles sont transcrits en capitale. Seules les restitutions certaines figurent dans la transcription; les autres sont proposées et discutées dans le commentaire. Pour les majuscules et la ponctuation nous avons suivi les usages français.

— Traduction en italique, sauf pour les textes réduits à une formule banale. Pour ceux qui ont quelque prétention littéraire, quitte à être moins littéral, on s'est efforcé de rendre en français la saveur de l'original, quoique ce soit bien difficile pour une langue aussi subtile et complexe que celle des inscriptions métriques.

— Commentaire. D'abord un commentaire paléographique, complété au besoin par un apparat critique; puis commentaire linguistique, signalant les différences par rapport au latin classique; enfin commentaire ligne par ligne. Il est moins détaillé pour les fragments d'intérêt mineur qui ne seront consultés que par des spécialistes. Par contre nous n'avons pas hésité à donner des indications élémentaires dans le commentaire d'inscriptions susceptibles d'intéresser les non-épigraphistes.

Il nous a paru nécessaire de discuter, pour pouvoir les écarter en connaissance de cause, d'abord, pour quelques cas douteux, des inscriptions tardives qu'on aurait pu être tenté d'inclure dans notre *Recueil,* celles dont le caractère chrétien nous a paru pour le moins contestable, puis les inscriptions étrangères à la Gaule (nos collections possèdent des pierres venues du dehors, de Rome en particulier) — pour ces deux cas, dans la mesure où la bibliographie antérieure exigeait que nous en reprenions l'examen —, enfin les inscriptions fausses. On trouvera, reportées à la fin de chacune de nos sections, ces *recentiores, pseudochristianae, alienae uel falsae,* rassemblées, en suivant cet ordre, dans un Appendice, numérotées à part; un astérisque signale les numéros de cette série supplémentaire, un astérique double pour les inscriptions fausses. Pour éviter tout usage abusif de la part d'un utilisateur pressé, les textes appartenant à ces quatre catégories ne seront pas exploités dans nos *Indices.*

Comme la réalisation de notre programme, et surtout sa publication, s'échelonneront sur un certain nombre d'années, chaque volume sera pourvu d'*Indices* provisoires qui seront pour finir récapitulés dans un Index général. Ce dernier volume contiendra également une étude d'ensemble qu'il n'est nullement paradoxal de réserver pour la fin, car elle suppose réalisée et menée à son terme l'exploitation, texte par texte, de l'épigraphie des diverses provinces.

Nous suggérons, pour renvoyer à notre publication, l'usage du sigle RICG.

H. I. Marrou

I

PREMIÈRE BELGIQUE

par

Nancy GAUTHIER

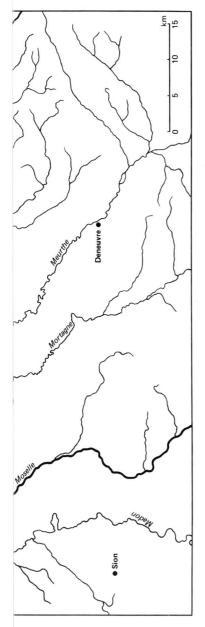

SITES DE PREMIÈRE BELGIQUE AYANT FOURNI DES INSCRIPTIONS CHRÉTIENNES

LISTE DES PRINCIPALES ABRÉVIATIONS

AA. SS. : Acta Sanctorum.

A. Ep. : Année Epigraphique.

A. S. H. A. L. : Annuaire de la Société d'Histoire et d'Archéologie de la Lorraine (Metz).

Ber. der R. G. K. : Berichte der Römisch-Germanischen Kommission (Francfort-s/Main).

Bibl. Ec. Chartes : Bibliothèque de l'Ecole des Chartes (Paris).

Bonn. Jahrb. : Bonner Jahrbücher.

B. S. N. A. F. : Bulletin de la Société Nationale des Antiquaires de France.

Bücheler : F. Bücheler - A. Riese, *Anthologia Latina; pars posterior, Carmina Epigraphica* (Leipzig, 1895-1897).

Bücheler *suppl. :* F. Bücheler - A. Riese - E. Lommatzsch, *Anthologia Latina; pars posterior, Carmina Latina Epigraphica, supplementum* (Leipzig, 1926).

Bull. Arch. Crist. : Bulletino di Archeologia Cristiana (Rome).

C. C. : Corpus Christianorum.

CIG : *Corpus Inscriptionum Graecarum.*

CIL : *Corpus Inscriptionum Latinarum.*

Corpus Inscr. Iud. : J. B. Frey, *Corpus Inscriptionum Iudaicarum* (Cité du Vatican, 1936-1952).

C. S. E. L. : Corpus Scriptorum Ecclesiasticorum Latinorum (Vienne).

DACL : D. Cabrol - H. Leclercq - H. I. Marrou, *Dictionnaire d'Archéologie Chrétienne et de Liturgie.*

Diehl : E. Diehl, *Inscriptiones Latinae Veteres*² (Berlin, 1967).

Engström : E. Engström, *Carmina Latina Epigraphica post editam collectionem buechelerianam in lucem prolata* (Göteborg-Leipzig, 1912).

Espérandieu, *Inscr. Narb. :* E. Espérandieu, *Inscriptions latines de Gaule (Narbonnaise)*, Paris, 1929.

E. Espérandieu, *Bas-reliefs :* E. Espérandieu, *Recueil général des bas-reliefs, statues et bustes de la Gaule romaine* (Paris, 1907-1928).

A. Ferrua, *Akten :* A. Ferrua, *Le iscrizioni paleocristiane di Treviri,* dans *Akten des VII. Internationalen Kongresses für christliche Archäologie, Trier 5-11 September 1965* (Cité du Vatican - Berlin, 1969).

(Inscriptions damasiennes) Ferrua : A. Ferrua, *Epigrammata damasiana* (Cité du Vatican, 1942).

Finke : H. Finke, *Neue Inschriften,* dans *17. Ber. der R. G. K.,* 1927, p. 1-107.

Förstemann : E. Förstemann, *Altdeutsches Namenbuch* (Bonn, 1900-1916).

Frühchristl. Zeugnisse : Th. K. Kempf, W. Reusch, *Frühchristliche Zeugnisse im Einzugsgebiet von Rhein und Mosel* (Trèves, 1965).

Gose : E. Gose, *Katalog der frühchristlichen Inschriften in Trier* (Berlin, 1958).

F. Hettner, *Röm. Steindenkmäler :* F. Hettner, *Die römischen Steindenkmäler des Provinzialmuseums zu Trier* (Trèves, 1893).

ICVR : G. B. de Rossi, *Inscriptiones Christianae Vrbis Romae.*

ICVR, n. s. : A. Silvagni - A. Ferrua, *Inscriptiones Christianae Vrbis Romae. Noua series.*

IG : Inscriptiones Graecae.

I. Kajanto, *Onomastic Studies :* I. Kajanto, *Onomastic Studies in the early Christian Inscr. of Rome and Carthage,* dans *Acta Instituti Romani Finlandiae,* II (Helsinki, 1963).

J. Klinkenberg, *Röm.-christl. Grabinschr. :* J. Klinkenberg, *Die römisch-christlichen Grabinschriften Kölns; Programm des königlichen katholischen Gymnasium an Marzellen zu Köln* (Cologne, 1890-1891; programme n° 427).

Kraus : F. X. Kraus, *Die altchristlichen Inschriften der Rheinlande,* I (Fribourg, 1890).

Le Blant : E. Le Blant, *Inscriptions chrétiennes de la Gaule antérieures au* VIIIᵉ *siècle* (Paris, 1856, 1865).

Le Blant, *N. R. :* Le Blant, *Nouveau Recueil d'inscriptions chrétiennes de la Gaule* (Paris, 1892).

L. Lersch, *Centralmus. :* L. Lersch, *Centralmuseum rheinlandischer Inschriften* (Bonn, 1839-1842).

Libri confrat. S. Galli, etc. : Libri confraternitatum S. Galli, Augiensis, Fabariensis, éd. P. Piper, *M. G. H.* (Berlin, 1884).

S. Loeschcke, *Frühchristl. Denkmäler :* S. Loeschcke, *Frühchristliche Denkmäler aus Trier,* dans *Rhein. Verein für Denkmalpflege und Heimatschutz* 29, 1936, heft 1.

Lothr. Jahrb. : Jahrbuch der Gesellschaft für lothringische Geschichte und Altertumskunde (Metz).

Mém. S. N. A. F. : Mémoires de la Société Nationale des Antiquaires de France.

M. G. H. : Monumenta Germaniae Historica. A. A. : Auctores Antiquissimi; S. R. M. : Scriptores Rerum Merovingicarum; SS. : Scriptores.

M. Th. Morlet, *Noms de personne,* I : M. Th. Morlet, *Les noms de personne sur le territoire de l'ancienne Gaule du* VIᵉ *au* XIIᵉ *s. I. Les noms issus du germanique continental et les créations gallo-germaniques* (Paris, 1968).

Nassau. Annalen : Annalen des Vereins für nassauische Alterthumskunde u. Geschichteforschung (Wiesbaden).

Nesselhauf : H. Nesselhauf, *Neue Inschriften,* dans *27. Ber. der R. G. K.,* 1937, p. 51-134.

Pape-Benseler : W. Pape - G. E. Benseler, *Wörterbuch der griechischen Eigennamen³* (Braunschweig, 1884).

Pertz : K. A. F. Pertz, *Diplomata regum Francorum e stirpe merowingica, M. G. H.,* 1872.

P. G. : Patrologia Graeca.

P. L. : Patrologia Latina.

PLRE : A. H. M. Jones, J. R. Martindale, J. Morris, *The Prosopography of the Later Roman Empire,* I (A. D. 260-395), Cambridge, 1971.

F. Preisigke, *Namenbuch :* F. Preisigke, *Namenbuch der griechischen Papyrusurkunden aus Aegypten* (Heidelberg, 1922).

P.W. : A. Pauly - G. Wissowa, *Realencyclopädie der classischen Altertumswissenschaft.*

Riese : A. Riese, *Das Rheinische Germanien in den antiken Inschriften* (Leipzig-Berlin, 1914).

Riv. Arch. Crist. : Rivista di Archeologia Cristiana (Rome).

Röm.-Germ. Korr.-Bl. : Römisch-Germanisches Korrespondenzblatt. Fortsetzung des Wd. Korr.

Ph. Schmitt, *H. Paulinus :* Ph. Schmitt, *Die Kirche des h. Paulinus bei Trier, ihre Geschichte und ihre Heiligthümer* (Trèves, 1853).

S. C. : Sources Chrétiennes.

Schönfeld : M. Schönfeld, *Wörterbuch der altgermanischen Personen- und Völkernamen* (Heidelberg, 1911).

Tardif : J. Tardif, *Archives de l'Empire. Monuments hist., cartons des rois* (Paris, 1866).

Thes. ou *Thesaurus : Thesaurus Linguae Latinae.*

Trier. Jahresber. : Trierer Jahresberichte, Jahresbericht der Gesellschaft für nützliche Forschungen zu Trier (Trèves).

Vives : J. Vives, *Inscriptiones cristianas de la España romana y visigoda*² (Barcelone, 1969).

Wd. Korr. : Korrespondenzblatt der Westdeutschen Zeitschrift für Geschichte und Kunst (Trèves).

Wd. Zeitschr. : Westdeutsche Zeitschrift für Geschichte und Kunst (Trèves).

P. Wuilleumier, *Inscr. lat :* P. Wuilleumier, *Inscriptions latines des Trois Gaules* (Paris, 1963).

J. H. Wyttenbach, *Neue Beiträge :* J. H. Wyttenbach, *Neue Beiträge zur antiken, heidnischen und christlichen Epigraphik. Anhang zum Gymnasial-Programm zu Trier* (Trèves, 1833).

INTRODUCTION

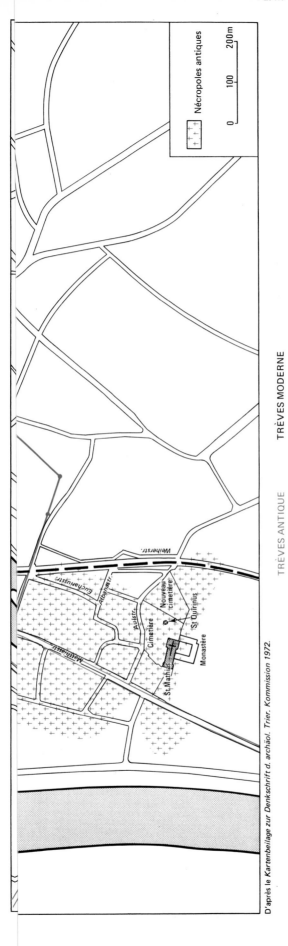

TRÈVES MODERNE

TRÈVES ANTIQUE

Nécropoles antiques

0   100   200m

Weiherstr.

Eucharius str.

Albanastr.

Nouveau cimetière

St Quirinus

Augustastr.

Cimetière

Monastère

St. Mathias

Mathiasstr.

D'après le Kartenbeilage zur Denkschrift d. archäol. Trier. Kommission 1972.

TOPOGRAPHIE ET ARCHÉOLOGIE

La Première Belgique s'ordonnait autour de l'axe que constitue la vallée de la Moselle (pl. II). C'est là qu'entre le règne de Constantin et la Renaissance carolingienne, deux capitales ont prospéré successivement : Trèves au IVe siècle, résidence impériale et siège de la préfecture des Gaules, et Metz à l'époque mérovingienne, capitale du royaume d'Austrasie. La quasi-totalité des inscriptions et des autres vestiges paléochrétiens de la province proviennent de ces deux villes.

TREVES (pl. III)

Les témoignages archéologiques et littéraires ne laissent aucun doute sur la prospérité de Trèves durant l'Antiquité tardive. Il n'est pas étonnant que la deuxième ville d'Occident après Rome soit aussi l'une des plus importantes par le nombre des inscriptions chrétiennes, encore que l'absence d'inscriptions païennes contemporaines soit surprenante.

1

Toutes les inscriptions paléochrétiennes, à l'exception du n° 171 et des graffiti trouvés à la cathédrale (n°s 235-237), sont de caractère funéraire. Certaines n'ont pas été trouvées *in situ*. C'est le cas, par définition, de toutes les épitaphes trouvées à l'intérieur de l'enceinte antique (pour cette raison, nous les avons jointes à celles dont la provenance était inconnue). D'autres ne nous sont parvenues qu'à travers les copies effectuées par d'anciens érudits. K. Brower, vers 1600, se lamente déjà sur la négligence dont les habitants de Trèves font preuve à l'égard de leurs antiquités (*Annales Trevirenses* I, p. 49). De fait, presque toutes les inscriptions chrétiennes relevées par Wiltheim dans la deuxième moitié du XVIIe siècle ont disparu depuis.

Des pierres qui nous sont parvenues, bien peu ont été trouvées au cours de fouilles systématiques, conduites dans un esprit scientifique. Au XIXe siècle — et sans doute déjà auparavant —, des ouvriers en chômage saisonnier fouillaient l'hiver les anciens cimetières pour récupérer des sarcophages, fort utiles comme abreuvoirs, et se faisaient un petit revenu en vendant les cuves de 4 à 12 thalers (cf. F. W. Schmidt, *Bonn. Jahrb.* 7, 1845, p. 80-81). S'ils trouvaient en outre un amateur d'antiquités, comme le *Hauptmann* Schmidt, ils lui vendaient aussi les plaques de marbre portant l'épitaphe et les monnaies ou menus objets qu'ils pouvaient trouver dans les tombes. En outre, une partie des anciennes nécropoles a continué à servir de cimetières et c'est souvent en préparant de nouvelles tombes qu'on a dégagé les anciennes. Là encore, on peut penser que l'exhumation des vestiges archéologiques n'a pas été effectuée avec tout le soin désirable.

Comme toutes les villes romaines, Trèves ensevelissait ses morts à l'extérieur de ses murailles, le long des grands axes routiers. C'est ainsi que se développèrent deux vastes nécropoles, au nord et au sud de Trèves, le long de la route parallèle à la Moselle. On commença par ensevelir, vers la fin du premier siècle après J. C., à proximité immédiate de la cité puis, au fur et à mesure que les tombes s'accumulaient, il fallut s'éloigner davantage, si bien que la plupart des tombes chrétiennes retrouvées jusqu'ici l'ont été dans le voisinage des églises Saint-Mathias au sud, Saint-Paulin et Saint-Maximin au nord. Pour éviter toute confusion, nous avons choisi de désigner ces grandes aires cimétériales antiques par le terme de nécropole, réservant celui de cimetière aux cimetières modernes.

2

3   Bien entendu, seule une minorité de tombes portait des épitaphes. A Trèves, celles-ci sont presque toujours inscrites sur de petites plaques de marbre blanc, de quelques centimètres d'épaisseur. Différents marbres ont été utilisés, certains en réemploi. Seuls font exception à cette règle les n⁰ˢ 3, 53, 54, 57, 58, 67, 95, 101, 119, 121, 166, 204, qui sont en calcaire, les n⁰ˢ 37 et 71, en grès, enfin le n° 94 (diabase). Un grand nombre de ces plaques de marbre ont été trouvées encastrées dans le couvercle d'un sarcophage de pierre enfermant les restes du défunt : n⁰ˢ 2, 5, 10, 11, 13, 18, 25, 34, 36, 44, 46, 50, 57, 63, 72, 109, vraisemblablement aussi 118 et 120. D'autres étaient encastrées dans une dalle de grès : n⁰ˢ 12, 35, 38, 55, 69, 106, 144. Le n° 172 était inséré dans une dalle de calcaire, les n⁰ˢ 153 et 169 dans une dalle de calcaire en demi-cercle résultant d'un réemploi. Le n° 71 formait le couvercle d'un sarcophage, l'inscription tournée vers l'intérieur : il s'agissait peut-être d'un réemploi, comme on en est sûr dans le cas analogue du n° 111 (*titulus* de Caiia, morte à 38 ans, employé pour couvrir un sarcophage d'enfant).

En général, le *titulus* ne concerne qu'une personne. Il y a cependant quelques épitaphes collectives : n⁰ˢ 6, 27, 57, 60 ?, 68, 70, 97, 158, 164 ?, 179, 222 et peut-être 227. Le n° 233 porte une épitaphe à la suite d'un premier texte, sur la même face. Les n⁰ˢ 13 et 232 portent une épitaphe chrétienne sur chaque face.

4   *La nécropole Saint-Mathias.*

D'après H. Cüppers (*Frühchristl. Zeugnisse,* p. 166), la grande nécropole qui s'étendait au sud de la ville a livré, depuis la fin du XIX⁰ siècle, environ 1 200 tombes au cours de fouilles effectuées un peu au hasard sur une surface de 400 × 300 m environ, c'est-à-dire sur une partie seulement de la nécropole. La période d'utilisation va du premier au cinquième siècle. Les tombes à incinération dominent près de la ville, les tombes à inhumation, correspondant à une période plus tardive, dominent plus au sud. Le domaine des inhumations massives couvre la zone qui s'étend entre l'ancien tracé de la Moselle à l'ouest, le cloître du monastère au sud, la voie de chemin de fer à l'est et Aulstrasse au nord. On y a trouvé un très grand nombre de *cellae* carrées ou rectangulaires, dont l'une, fouillée récemment, contenait encore un beau sarcophage sculpté et peint (H. Cüppers, *Trier. Zeitschr.* 32, 1969, p. 269-293).

Dans la zone à inhumation qui vient d'être définie, les sépultures assurément païennes sont exceptionnelles. Pour la plupart, rien ne permet de connaître les convictions religieuses de ceux qui y sont ensevelis. Mais un grand nombre d'inscriptions chrétiennes (n° 1 à 92, sans compter d'innombrables débris réduits à quelques lettres) prouvent qu'à partir du IV⁰ siècle, cette nécropole était largement, sinon exclusivement chrétienne. C'est là qu'Eucharius, premier évêque de Trèves, fut enseveli (voir n° 19) et le cimetière porta longtemps son nom. Il en fut de même de son successeur Valerius. Le petit poème que leur consacra l'évêque Cyrillus (n° 19) prouve qu'au milieu du V⁰ siècle, on cherchait à être enseveli à proximité des restes des deux premiers évêques. On n'a pas trouvé trace de lieu de culte antérieur à l'époque ottonienne, quoiqu'il en ait certainement existé.

Les premières trouvailles sur lesquelles nous possédions un témoignage sont les pierres trouvées au cours de l'hiver 1827 par les ouvriers en quête d'abreuvoirs. Le *Hauptmann* Schmidt, alors en service à Trèves, leur avait promis d'acheter les épitaphes s'ils venaient le chercher avant d'ouvrir les sarcophages. Il assista ainsi au dégagement d'une quinzaine de sarcophages qui tous, dit-il, portaient des inscriptions chrétiennes qu'il donna au musée de Trèves lorsqu'il quitta cette ville en 1830. Il a décrit plus tard l'état dans lequel se présentaient les tombes au moment où elles furent découvertes (*Bonn. Jahrb.* 7, 1845, p. 82-83). Les ouvriers creusèrent à proximité de la chapelle von Nell, c'est-à-dire de la chapelle médiévale — qui existe toujours — dédiée a saint Quirinus, construite sur l'une de ces chambres sépulcrales antiques dont je parlais plus haut. Les sarcophages, qui étaient en grès, d'une seule pièce, étaient enterrés à une profondeur de « 5 à 8 pieds » et, dans leur couvercle, se trouvait insérée une plaque de marbre portant l'épitaphe, si profondément encastrée que cela la protégeait. Au fond du sarcophage, il y avait une couche de chaux, puis une couche de sable sur laquelle reposait le cadavre. Outre les ossements, tous les sarcophages, sauf celui d'Azizos (n° 10), contenaient des monnaies romaines en bon état, frappées sous les empereurs qui ont résidé à Trèves, notamment Constant, Valentinien I, Valens et Gratien. Du bon état de conservation de ces monnaies, Schmidt conclut qu'elles ont été déposées dans les tombes peu après avoir été frappées et F. Hettner (*Wd. Zeitschr.* 20, 1901, p. 100) est du même avis parce que beaucoup de *tituli* portent une croix monogrammatique. Mais les monnaies peuvent avoir été thésaurisées pendant des générations avant d'avoir été déposées (on trouve des monnaies d'Auguste dans les catacombes romaines) et d'ailleurs, il n'est pas exclu que des monnaies plus tardives, moins bien connues, n'aient pas été identifiées par Schmidt. Quant aux croix monogrammatiques, on en a gravé à Trèves pendant des siècles (voir, par exemple, n° 147). De fait, la plupart des inscriptions conservées ne me paraissent pas antérieures à la deuxième moitié du cinquième siècle (voir le commentaire de chaque numéro). Quoique Schmidt parle de quinze sarcophages, les n°s 2, 10, 13, 18, 25, 46, 50 et 63 sont les seuls dont on ait la trace.

5   Au cours de l'hiver 1844-1845, on creusa dans la partie nord-est du cimetière, apparemment toujours pour récupérer des cuves de sarcophages (I. Steininger, *Geschichte der Trevirer,* I, Trèves, 1845, p. 281, n° 1 et F. Hettner, *Die Grabkammern von St Matthias bei Trier,* dans *Wd. Zeitschr.* 20, 1901, p. 101-102). On trouva en tout une trentaine de sarcophages, groupés par deux ou trois, et une chambre funéraire. Les sarcophages se trouvaient sur deux ou trois épaisseurs, jusqu'à huit pieds de profondeur. Certains étaient à l'intérieur de l'hypogée, d'autres à l'extérieur. D'après Steininger, les épitaphes n°s 37 et 65, trouvées à l'extérieur de la chambre funéraire, étaient tournées vers l'intérieur du sarcophage. Ceci, joint au fait qu'une inscription païenne avait été réutilisée comme couvercle, lui fait conclure que les inscriptions n'étaient plus sur les tombes auxquelles elles étaient primitivement destinées. La question se pose aussi pour le n° 71, inscrit sur une grande dalle de grès qui constituait le couvercle d'un sarcophage : le texte était sur la face qui regardait l'intérieur de la tombe. La fréquence des réemplois dans l'Antiquité rend l'hypothèse de Steininger vraisemblable. Cependant, on a constaté que des épitaphes ont été, dès l'origine, invisibles, enfermées avec le défunt à l'intérieur de la tombe (voir, à Metz, n° 244). Les inscriptions trouvées dans ces circonstances sont les n°s 5, 11, 34, 35, 36, 37, 44, 57, 65, 71 et 72.

6   On a trouvé depuis, soit en creusant le sol du cimetière pour y préparer de nouvelles tombes (par exemple, n°s 51, 85), soit au cours de fouilles toujours très partielles (notamment au nord de l'église Saint-Mathias en 1886 : n°s 17, 23, 26, 43, 55, 60, 82, 91), un grand nombre d'épitaphes antiques, souvent recueillies avec plus de soin que dans les périodes précédentes. Cependant, les inscriptions sont toujours publiées avec, au mieux, des indications extrêmement succinctes sur le contexte archéologique dans lequel elles se trouvaient. Quant à l'inventaire du musée, que j'ai consulté, il porte seulement la date d'entrée et les mots : « Trouvée à Saint-Mathias ». Même les n°s 21, 38 et 69, récemment mis au jour, ont été publiés indépendamment de l'ensemble de la fouille qui a amené leur découverte (E. Gose, *Trier. Zeitschr.* 28, 1965, p. 69-75). Cette habitude de dissocier archéologie et épigraphie prive l'étude des inscriptions de bien des éclaircissements qu'elle pourrait recevoir de l'examen attentif du contexte archéologique, notamment en matière de datation.

7   *La nécropole Saint-Paulin - Saint-Maximin.*

La nécropole qui s'étendait au nord de Trèves, au delà de la Porta Nigra, était, elle aussi, immense. Comme dans la nécropole sud, on enterrait de plus en plus loin de la Porta Nigra au fur et à mesure que le temps passait et que la place disponible se raréfiait. La zone chrétienne se trouve donc à la périphérie. Lorsqu'on cherche à préciser davantage, il devient très difficile de dire dans quelle mesure le hasard des trouvailles correspond à la réalité des choses : la forte densité des *tituli* chrétiens trouvés dans la Thebäerstrasse, par exemple, vient peut-être seulement du fait qu'au moment où elle fut construite, dans les années 1920-1930, on a recueilli les inscriptions avec plus de soin que dans d'autres rues, remontant à des époques différentes. Toujours est-il que la grande majorité des inscriptions chrétiennes provenant de cette nécropole a été trouvée dans une zone limitée au nord par l'église Saint-Paulin, à l'est par l'ancienne église Saint-Maximin, au sud par le *Versorgungsamt,* à l'ouest par la Petrusstr. et l'Alkuinstr. A l'intérieur de cette zone, les tombes des évêques Maximin et Paulin ont certainement constitué deux pôles d'attraction mais on ne peut distinguer une nécropole Saint-Paulin et une nécropole Saint-Maximin. Le phénomène de l'inhumation *ad sanctos* a provoqué une densité de sépultures particulière à proximité immédiate des tombes des deux évêques mais ces tombes elles-mêmes ont pris place dans une nécropole qui existait et qui a continué à se développer normalement par la suite.

8   L'histoire de l'église Saint-Paulin est complexe. L'évêque Paulin vivait sous l'empereur arianisant Constance et la fermeté de ses opinions nicéennes lui valut de mourir en exil dans la lointaine Phrygie, en 358. Une trentaine d'années plus tard, un de ses successeurs, Félix, fit rapatrier ses restes et construisit une grande basilique pour les abriter. Le cercueil de Paulin fut retrouvé en 1883 (Kraus 190). Quant à l'église construite par Félix, d'incendie en destruction, elle s'est rétrécie au cours des âges comme une peau de chagrin. Après un incendie en 1093, on construisit une nouvelle église dans le style roman, aussi large que la précédente mais beaucoup plus courte. Celle-ci fut à son tour détruite en 1674 et remplacée par l'église actuelle, de même longueur que l'église romane mais dont la largeur correspond seulement à l'ancienne nef centrale.

Félix s'était empressé de se faire enterrer auprès des restes de saint Paulin et son exemple fut suivi par d'autres, comme l'atteste une série d'inscriptions mentionnant explicitement l'honneur d'une sépulture *ad sanctos* (nos 134, 170, 193 et 194). Tous les témoignages depuis le XIe siècle (Ph. Schmitt, *H. Paulinus,* p. 426-427) soulignent qu'un grand nombre de sarcophages et de pierres tombales s'entassaient autour de l'église. Il en était de même à l'intérieur : les nos 108, 123, 154, 170, 194 ont été trouvés à l'extérieur de l'église actuelle mais à l'intérieur du périmètre de l'ancienne église pré-romane et romane; lorsque cette dernière fut détruite en 1674, on croyait que toutes ces tombes étaient celles de martyrs (Ph. Schmitt, *H. Paulinus,* p. 425).

9   Comme à Saint-Mathias, on n'a pratiquement pas de renseignements sur le contexte archéologique des inscriptions conservées. D'ailleurs, les trouvailles sont généralement le fruit du hasard. Ainsi, au mois de juillet 1824 (M. J. F. Müller, *Trierische Kronik* 9, 1824, p. 172-173), en préparant une tombe dans la partie du cimetière qui s'étend au nord de l'église, tout près de celle-ci, on trouva un grand sarcophage de pierre. En fouillant autour, « sur une longueur de 40 pas et une largeur de 5 à 6 pas », on découvrit 26 autres sarcophages de même taille, sauf quelques-uns destinés à des enfants. Ils avaient des couvercles en grès gris. « Nous ne doutons pas, dit Müller, que tous les sarcophages se soient trouvés à l'intérieur de l'église détruite en 1674 et nous les tenons pour des restes de la période franque ». Aucun sarcophage ne portait d'inscription, mais on trouva par ailleurs dans cette fouille les nos 108, 154 et 170.

Ph. Schmitt (*H. Paulinus,* p. 419) dit qu'en fouillant, en 1851, un petit espace à l'intérieur **10**
de l'ancienne église, il trouva sarcophage sur sarcophage mais il ne précise pas si c'est à cette
occasion qu'il trouva le n° 185, qui était sa propriété personnelle et qu'il est le premier à faire
connaître, et le n° 137, qu'il publie avec la simple mention : « Je l'ai trouvée dans le cimetière
Saint-Paulin ».

D'autres pierres proviennent de la collection E. Giesen. Celui-ci fut durant de longues
années, vers le début de ce siècle, gardien de Saint-Paulin. Il recueillit avec soin les inscriptions
paléochrétiennes que l'on trouva alors, notamment, semble-t-il, à l'occasion d'une installation
de chauffage en 1911. Il fit don de la plupart (n⁰ˢ 114, 126, 129, 160, 163 ?, 164, 166, 175,
190, 194, 197) au *Rheinisches Landesmuseum* en 1930 (E. Krüger, *Trier. Zeitschr.* 6, 1931,
p. 190), tandis que le n° 179, ainsi que quelques fragments insignifiants, demeurèrent à Saint-
Paulin, qui les prêta au *Bischöfliches Museum* en 1953 (Th. K. Kempf, *Frühchristl. Zeugnisse,*
p. 182, n° 6). On a peu de détails sur les conditions de trouvaille mais il semble que ces pierres
proviennent généralement soit de la maison du gardien qui est la sacristie de l'église romane
(n⁰ˢ 175, 197), soit de l'espace situé entre cette maison et l'église actuelle, qui correspond donc
à l'intérieur de l'ancienne église (n⁰ˢ 114, 126 ?, 160, 164, 194), soit de l'église actuelle elle-même
(n° 129).

Non loin de Saint-Paulin, on trouva plusieurs inscriptions chrétiennes en 1920, en creusant
les fondations de toute une rangée de maisons sur le côté sud de la Palmatiusstrasse, jusqu'à son
intersection avec la Thebäerstr. (E. Krüger, *Bonn. Jahrb.* 127, 1922, p. 299) : ce sont les n⁰ˢ 143,
146, 151, 157 et — non citées par Krüger mais inventoriées comme trouvées à Palmatiusstr.
à ce moment-là — 101 et 187.

L'autre pôle de la nécropole nord est l'église où, selon une tradition attestée pour la **11**
première fois par Grégoire de Tours (*Vitae Patrum,* 17, 4, *M.G.H., S.R.M.* I, p. 731), l'évêque
Maximin fut enseveli. On y a trouvé une inscription (n° 194 A) qui semble mentionner le rite
de l'inhumation *ad sanctos;* le culte de Maximin doit être fort ancien car un grand nombre
d'inscriptions et de sarcophages proviennent de l'ancienne abbaye.

Le moine Paul Botbach, souvent cité par Wiltheim qui le considère *vir accuratus et rerum
talium intelligens* (*Luciliburgensia,* p. 141), fit des fouilles vers 1607, si l'on en croit cette observation du premier éditeur de Brower en 1626 : *Recenti memoria, solo D. Maximini, ad areae
primae spatium, cum suis monumentis in lucem exstracta, Paulo Treviro ejusdem loci coenobitae
vitam debent; cujus opera studioque conservata et anno MDCVII huic lucubrationi vel postlimi-
nio dicata, illata sunt* (Brower, *Annal. Trevir.* I [1670], p. 59). Cette remarque s'applique aux
inscriptions n⁰ˢ 118 et 120, dont on nous dit ailleurs (p. 40) qu'elles étaient gravées sur de
magnifiques plaques de marbre que l'on a retirées de sarcophages (elles étaient sans doute, comme
souvent à Trèves, encastrées dans le couvercle), et vraisemblablement aussi aux n⁰ˢ 180 et 105
qui sont introduits par la mention : *Ejusdem generis recenti memoria ibidem eruta* (Brower,
p. 60). Wiltheim apporte un complément d'information en signalant que les n⁰ˢ 110 et 138
ont également été trouvés en 1607 (*Annales D. Maximini,* ms. *Stadtbibliothek Trier* 4° 1621/99,
I, p. 196). Enfin on peut penser que la découverte de la tombe d'Ipsychius (n° 139) en 1608
est aussi due à l'activité de Botbach. Toutes ces pierres ont aujourd'hui disparu (voir *infra,*
§ 152).

Un autre lot d'inscriptions fut rassemblé lors de la transformation de l'abbaye Saint-Maximin
en caserne en 1818. « On trouva, dit K. F. Quednow (*Beschreibung d. Alterthümer in Trier
u. dessen Umgebungen,* II [1820], p. 175), à quelque douze pieds de profondeur, beaucoup
de sarcophages de pierre et quelques plaques de marbre blanc avec des inscriptions »; à la suite

de quoi il donne le texte des nᵒˢ 99, 113 et 117. Les nᵒˢ 152, 176 et 177 se rattachent à la même série : en effet, Kraus signale à leur propos qu'il possède des notes manuscrites de F. J. Müller concernant les trouvailles faites en 1818 à Saint-Maximin et que ces inscriptions y figurent. Hettner (Kraus, *add.* p. [5] et *Röm. Steindenkmäler,* nᵒ 394) a trouvé la confirmation de cette provenance dans un catalogue, aujourd'hui perdu, établi par Florencourt en 1845 (*Verzeichnis der in der Porta Martis aufbewahrten antiquarischen Gegenstände*), où les nᵒˢ 152, 176 et 177 sont donnés comme provenant de Saint-Maximin, ainsi que les nᵒˢ 103, 115 et 130 dont Kraus ignorait la provenance. Hettner en conclut que les nᵒˢ 103, 115 et 130 ont aussi été trouvés en 1818 alors que le catalogue de Florencourt, semble-t-il, n'indiquait pas de date. Il ne dit pas sur quoi il fonde sa conviction mais j'estime qu'on peut faire confiance sur ce point à la rigueur de Hettner dont les indications sont toujours aussi précises qu'exactes. Il ajoute que ces trois dernières inscriptions, brisées en nombreux fragments, n'étaient sans doute pas encore reconstituées et que c'est la raison pour laquelle elles n'avaient pas été relevées par Quednow — qui signale d'ailleurs expressément qu'il ne publie que quelques-unes des inscriptions trouvées —. C'est donc par erreur, dit-il encore, que Quednow, dans un supplément manuscrit (disparu) à son livre *Beschreibung d. Alterthümer in Trier,* donne les nᵒˢ 152, 176 et 177 pour trouvés près de Saint-Paulin (cette indication de provenance est également donnée par Le Blant pour le nᵒ 152).

On ne sait rien des fouilles effectuées à Saint-Maximin en 1936, « dans et près de l'église » (*Trier. Zeitschr.* 12, 1937, p. 281, sans nom d'auteur), sinon qu'on y a trouvé les nᵒˢ 121, 147, 156, 172, 200 et 210.

12   Au sud de Saint-Maximin, la construction d'un bâtiment administratif, le *Versorgungsamt,* au début de 1953, fut l'occasion de découvertes intéressantes (voir H. Eiden, dans *Neue Ausgrabungen in Deutschland,* Berlin, 1958, p. 360-363). Sur un espace de 46 × 14 m, on découvrit une cinquantaine de sarcophages de grès et autant de tombes sans sarcophage, généralement avec des cercueils de bois. Au milieu, un petit édifice à abside occidentée, qui avait plusieurs fois été reconstruit; plus au sud, un édifice carré dont il ne restait que les fondations, sept bases en pierres. Les tombes étaient grossièrement orientées. Les squelettes, recouverts d'une couche de chaux de plusieurs centimètres, étaient relativement bien conservés. On fit une étude anthropologique portant sur 41 d'entre eux : l'élément germanique faisait presque totalement défaut; un pourcentage « étonnamment élevé » (l'auteur ne précise pas lequel) des squelettes examinés provenait de la zone méditerranéenne au sens le plus large (Péninsule ibérique, Afrique du Nord, Asie Mineure). On a recueilli dans certaines tombes des monnaies, surtout de la deuxième moitié du IVᵉ siècle, et quelques verreries du IVᵉ siècle. Les nᵒˢ 96, 144, 148, 158, 167, 174, 178, 204, 206, 209 proviennent de ces fouilles mais aucun n'a été trouvé *in situ.*

METZ (pl. IV)

13   Les inscriptions paléochrétiennes de Metz sont toutes funéraires, à l'exception peut-être du nᵒ 254. Peu nombreuses et généralement mutilées, elles ont presque toutes été trouvées pendant la période où Metz était allemande (1870-1918), à l'occasion du démantèlement des fortifications, de la construction d'une nouvelle gare et des grands travaux d'urbanisme qui furent effectués à ce moment-là. Auparavant, on ne connaissait que le nᵒ 244, dont l'authenticité était discutée, et le nᵒ 257, un petit fragment.

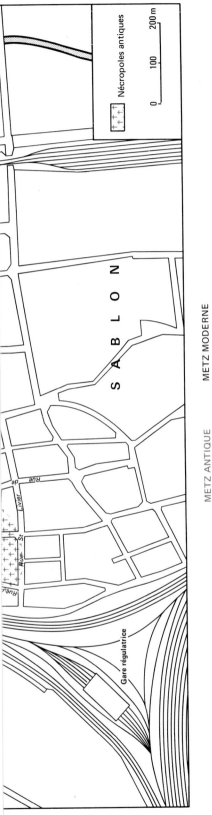

METZ ANTIQUE

METZ MODERNE

Gare régulatrice

S A B L O N

Rue de Livier

Rue St

Rue

Nécropoles antiques

0   100   200 m

La nécropole Saint-Arnoul.

Le plus grand nombre des pierres actuellement connues provient de la nécropole Saint-Arnoul, étudiée dans les premières années du XXᵉ siècle, lorsqu'on a détruit « la Lunette d'Arçon », un ouvrage de fortification construit en 1791 pour protéger la route Metz-Nancy et agrandi en 1852 en considération de la voie ferrée. La Lunette d'Arçon se trouvait au sud-sud-ouest de l'ancienne gare (détruite aussi dans ces années-là), à peu près à l'emplacement des rues de Verdun, Paul-Verlaine et Antoine-Louis actuelles et de la place Jean-Moulin. Ce quartier, situé au sud des remparts du Bas-Empire, comportait au Moyen Age un grand nombre d'églises et de monastères qui lui avaient valu le nom « Ad Basilicas ». Il fut rasé en 1552 lorsque le duc de Guise entreprit de protéger Metz contre Charles Quint. Parmi les abbayes détruites, l'une était particulièrement illustre : c'est celle qui portait depuis 717 le nom de saint Arnoul (*Arnulfus*), en l'honneur de l'évêque de Metz, ancêtre de la dynastie carolingienne, dont les restes avaient été transportés vers 641 dans cette basilique alors dédiée aux Apôtres (voir S. Bour, *Eglises messines antérieures à l'an Mil,* dans *A. S. H. A. L.* 38, 1929, p. 602-606). En détruisant la Lunette d'Arçon, on a découvert les restes de la crypte de Saint-Arnoul, à un emplacement qui, selon Bour (art. cité, p. 107-108), correspond « exactement à la moitié gauche ou orientale de la façade de l'hôpital Bon-Secours et se continuait vers l'est, sur toute la largeur de la route de Verdun qui, à cet endroit, est double ». Cette crypte, fouillée par J. B. Keune (*Lothr. Jahrb.* 16, 1904, p. 320 et 347 et *Wd. Korr.* 24, 1905, col. 65), paraît avoir été fort ancienne. Elle devait déjà être condamnée avant la destruction de l'abbaye en 1552 puisqu'on a trouvé une inhumation à mi-hauteur. En outre, un sol uniforme recouvrait six caveaux enduits et fermés (qui lui étaient donc antérieurs), enfermant des sarcophages de pierre. L'un d'entre eux contenait l'épitaphe de Paulus (n° 245), encastrée dans le couvercle d'un sarcophage mais sans la cuve correspondante : il y avait donc eu des remaniements antérieurs au sol uniforme de la crypte.

L'abbaye Saint-Arnoul s'élevait, comme, à Trèves, Saint-Mathias, Saint-Paulin et Saint-Maximin, dans une grande nécropole antique qui s'étendait au sud de Metz, le long de la route qui prolongeait le *cardo maximus* au delà de la Porte Serpenoise. La partie la plus ancienne, à l'ouest, comportait surtout des tombes à incinération. Plus à l'est, les inhumations dominaient, avec beaucoup de réemplois : c'est là que l'on a trouvé des inscriptions chrétiennes, souvent dans les déblais résultant de la destruction des restes de l'église romane, où les *tituli* avaient été réemployés (nᵒˢ 242, 246, 248, 249).

La nécropole du grand amphithéâtre.

Le deuxième cimetière paléochrétien de Metz a été trouvé plus à l'est, dans le grand amphithéâtre abandonné comme trop excentrique après la construction de l'enceinte. Cet amphithéâtre a également été fouillé au début du siècle (E. Schramm, G. Wolfram, J. B. Keune, *Lothr. Jahrb.* 14, 1902, p. 340-430). Il se trouvait entre les gares de voyageurs et de marchandises actuelles, à peu près à l'intersection de la rue aux Arènes, de la rue des Messageries et de l'avenue de l'Amphithéâtre. D'après une tradition transmise par Paul Diacre (*Liber de episcopis Mettensibus, M.G.H., SS.* II, p. 261), l'évêque Clément, fondateur de l'église messine, aurait établi un oratoire « dans les cavernes de l'amphithéâtre qui est situé en dehors de la ville ». Cet oratoire avait disparu à l'époque où Paul Diacre écrivait mais les archéologues ont trouvé, dans la fosse aux machines qui occupait le centre de l'arène, un aménagement tardif, avec des colonnes en réemploi, qui pourrait bien être l'oratoire paléochrétien dont parle l'écrivain carolingien. On y a trouvé des briques et des monnaies du IVᵉ siècle et surtout des tombes chrétiennes qui constituent un argument de poids en faveur de l'hypothèse d'un lieu de culte paléochrétien dans l'amphi-théâtre. Malheureusement, le compte rendu des fouilles ne précise pas l'endroit exact où les *tituli* ont été trouvés par rapport à l'édifice à colonnes (il situe la trouvaille par rapport à la Redoute du Pâté — ou de la Seille — qui avait été construite en 1736-1737 sur l'emplacement du grand amphithéâtre). Il semble que les n°ˢ 251-254 aient été trouvés à l'intérieur ou à proximité immédiate de l'édifice à colonnes (G. Wolfram, *Lothr. Jahrb.* 14, 1902, p. 362). Le n° 255 a été découvert non loin de là, rue aux Arènes.

La nécropole du Sablon.

En fait, le n° 255 peut aussi être considéré comme relevant du cimetière du Sablon, qui se serait étendu au nord jusque-là. Cette nécropole a surtout été étudiée entre la rue du Graouilly, la rue Saint-Livier et la rue de la Chapelle, à l'emplacement où se trouvait au début du siècle une sablière appartenant à un certain Distler. On y a découvert des sarcophages de pierrre et de plomb anépigraphes, des monnaies datant surtout du IVᵉ siècle et quelques minuscules fragments d'inscriptions sur marbre (J. B. Keune, *Lothr. Jahrb.* 15, 1903, p. 358), dont le plus important est le n° 256. Les personnes enterrées là n'étaient plus des messins mais les habitants du *pagus Io*[...] (CIL XIII, 4316), correspondant à la localité actuelle du Sablon, au sud de Metz.

On ne peut qu'être frappé de la similitude entre les inscriptions paléochrétiennes de Metz et celles de Trèves. Comme à Trèves, elles sont généralement gravées sur des plaques de marbre blanc (n°ˢ 243, 244, 245, 246, 247, 249, 250, 251, 252, 253, 254, 255, 256, 257), beaucoup plus rarement sur des plaques de simple calcaire (n°ˢ 242 et 248). Les n°ˢ 245 et 255 étaient encastrés dans le couvercle du sarcophage, comme il arrive si souvent à Trèves (voir *supra,* § 3). Les quelques inscriptions isolées trouvées dans des localités moins importantes (du moins n°ˢ 238-241) sont également très proches du modèle commun à Trèves et à Metz. Il y a une unité frappante des inscriptions chrétiennes de Première Belgique comparées à celles des provinces voisines; elle est sensible dans l'écriture, la langue, le formulaire, l'onomastique. C'est pourquoi je conduirai l'étude de ces différents aspects sans faire de distinction en fonction de la provenance des pierres, me contentant de signaler au passage l'origine de celles qui ne proviennent pas de Trèves.

PALÉOGRAPHIE

L'étude de la paléographie conjointement avec celle des autres caractères de l'inscription **14** prend un intérêt tout particulier à Trèves où l'abondance exceptionnelle du matériel épigraphique permet d'identifier plusieurs « ateliers » : la coïncidence parfaite des rapprochements qu'autorisent respectivement la paléographie, le formulaire, le choix ainsi que la facture des symboles décoratifs, la fréquence de certains « vulgarismes », montre qu'il ne s'agit pas d'analogies fortuites mais bien d'une origine commune. Sans doute est-il difficile, dans l'ignorance absolue où l'on est des méthodes de travail des lapicides trévires, de se faire une représentation concrète de ces ateliers : s'agit-il d'établissements autonomes et concurrents dont chacun a ses méthodes propres ? Existe-t-il, à l'intérieur d'une grande entreprise, des groupes réunissant quelques artisans autour d'un maître qualifié qui les forme à son école ? En ce cas, plusieurs « ateliers » au sens où nous l'entendons, c'est-à-dire plusieurs types paléographiques, peuvent avoir coexisté au sein d'une même entreprise. La provenance des pierres montre que ces ateliers ne travaillaient, normalement, que pour une nécropole, auprès de laquelle, sans doute, ils étaient établis.

Saint-Mathias I. **15**

Commençons par le plus caractéristique que, faute de mieux, j'appellerai l'atelier I de Saint-Mathias (sur la nécropole, voir *supra*, § 4-6). L'alphabet épigraphique (que l'on trouvera pl. V) est caractérisé par l'élégance des formes. Les lettres sont hautes, minces, fines.

Les plus caractéristiques sont :
— le A pointu à traverse rectiligne; la haste droite est souvent plus longue que la gauche;
— le F à barre supérieure nettement oblique;
— le M à hastes verticales, dont les traverses médianes se joignent au niveau du quart de la hauteur à partir du bas;
— le O et le Q très légèrement ovales et un peu plus petits que les autres lettres;
— le T à linteau ondulé.

Les ligatures sont très répandues, notamment NT, NE, NP, MP, ME, AV, VAE. Les abréviations sont signalées par un tilde ondulé au dessus du mot abrégé. Les lignes sont bien droites, les lettres étant guidées par une double réglure à peine visible. La signature, en quelque sorte, de cet atelier est le motif de l'olivier entre deux colombes, qu'il est seul à employer. Sur les pierres dépourvues de décoration, il y a parfois un grand espace blanc au dessous du texte.

Ce type est représenté de façon identique sur une vingtaine d'épitaphes : nᵒˢ 15, 20, 35, 36, **16** 44, 46, 47, 49, 56, 59, 60, 61, 64, 68, 71, 78, 83, 85, 229. La forme et les proportions des lettres y sont identiques jusque dans leurs plus infimes détails. Les seules variantes concernent la traverse brisée du A aux nᵒˢ 35 et 229, la forme plus maniérée du Q au nᵒ 47, du R aux nᵒˢ 71 et 85. De même, les représentations de l'olivier entre deux colombes ont une unité de style remarquable : colombes au dessin relativement réaliste (les plumes sont indiquées), oliviers au tronc énorme (avec un point triangulaire au milieu, pour suggérer un trou) et aux maigres feuilles sur quatre ou cinq branches grêles. Sans doute sur désir exprès du client, le motif

	SAINT-MATHIAS (Trèves)								SAINT-PAULIN - SAINT-MAXIMIN (Trèves)							METZ	
	atelier I	atelier II	atelier III	atelier IV	n° 1 (7° s.)	n° 21 (6° s.)	n° 29A (8° s.)	n° 72 (6° s.)	atelier I	atelier II	n° 130 (4° s.)	n° 147 (7/8° s.)	n° 154 (6° s.)	n° 170 (7/8° s.)	n° 178 (6° s.)	n° 242	n° 246
A																	
B																	
C																	
D																	
E																	
F																	
G																	
H																	
I																	
K																	
L																	

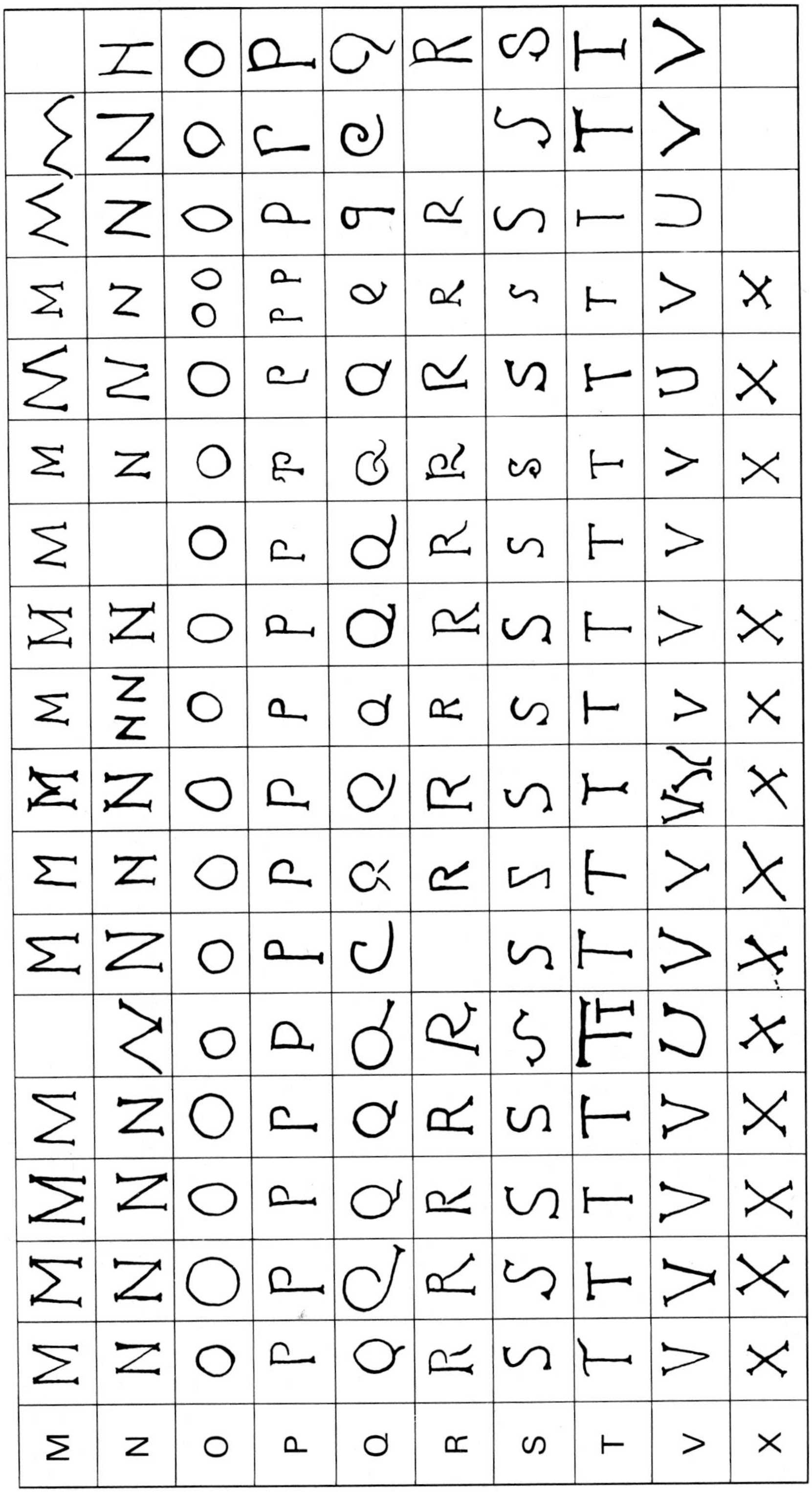

Pl. V TABLEAU RÉCAPITULATIF DES PRINCIPALES FORMES PALÉOGRAPHIQUES
ATTESTÉES SUR LES INSCRIPTIONS CHRÉTIENNES DE PREMIÈRE BELGIQUE

peut être différent : un agneau remplace une des colombes au n° 49 et un vase l'olivier au n° 61 ; la décoration du n° 20 (l'olivier est remplacé par un chrisme dans une couronne et des pampres) est propre à cette pierre, comme son formulaire. Dans ces trois cas, les colombes ont la même facture que sur les autres pierres.

17   Le formulaire, même si l'on excepte les épitaphes « personnalisées » d'Euticianus (n° 20) et de Victorinus (n° 68), se caractérise par une relative variété. Tantôt le nom du défunt est en tête (n°ˢ 36, 59, 61, 64), tantôt il est intercalé entre *hic* et le verbe (n° 44), tantôt il est placé après le verbe (n° 46). Celui-ci est généralement *quiescet* (avec ce vulgarisme), mais parfois *pausat* (n° 56). Il peut être complété par *in pace* (le plus souvent) ou *bene* (*quiescet*) *in pace* (n° 15). Enfin, la mention de ceux qui ont fait exécuter la tombe est, elle aussi, relativement variée : *patris* (n° 35 et 61), *coniux et patris pro caritate* (n° 47), *parentes* (n° 85), *patris pientissimi* (n° 36), *coniux karissimus* (n° 49), *filia carissima* (n° 46) ; elle peut encore manquer tout à fait (n°ˢ 15, 44, 56). On remarquera l'emploi constant de la forme *patris* pour *patres*.

18   Une loi générale de l'épigraphie chrétienne veut que, plus on avance dans le temps, plus les formules sont longues et stéréotypées, et plus, au contraire, les formes paléographiques sont variées, une lettre pouvant revêtir quatre ou cinq formes différentes sur la même pierre. Dans le cas de Saint-Mathias I, le formulaire est souple et les formes de lettres remarquablement stables. Cela suggère une date relativement haute. L'allure générale de l'écriture, avec ses lettres hautes et étroites, au *ductus* souple, se rencontre très fréquemment sur des inscriptions du IVᵉ siècle. En particulier, le T à linteau ondulé, très répandu un peu partout au IVᵉ siècle (par exemple, A. E. Gordon, *Album of Dated Latin Inscriptions,* t. III, *Rome and the neighborhood, A. D. 200-525. Plates.* Berkeley - Los Angeles, 1965. Pl. 150 = CIL VI, 1768 ; 151 *a* ; 164 = CIL XIV, 139), semble se raréfier au Vᵉ, sauf en Afrique.

D'autres indices, insuffisants pris isolément mais dont la réunion finit par peser, vont dans le même sens. Plusieurs de nos inscriptions portent la mention de la profession qui, sauf pour les clercs, disparaît rapidement de l'épigraphie chrétienne : n° 15 (*Damasius num.*), n° 56 (*Siluanus negotiator*), n° 68 (*Victorinus ex tribunis*) et n° 71 (*Vitalis... militauit inter Iouianos senioris*) ; cette dernière mention est assez précise pour que l'on soit sûr que le service a été effectué dans l'armée romaine. Les n°ˢ 15 et 56 sont remarquablement courts, malgré cette donnée supplémentaire. Le n° 20 aussi est particulièrement concis. L'agneau qui est représenté au n° 49 est un symbole qui, après le IVᵉ siècle, n'apparaît plus sur les épitaphes (tout en continuant à faire partie de l'iconographie du Bon Pasteur, de sainte Agnès, etc.) : le seul exemple gaulois, en dehors de Trèves, est une inscription de Lyon (Le Blant 64) où le système des *duo nomina* est encore utilisé. Le mot *neofita,* attesté au n° 85, est surtout caractéristique du IVᵉ siècle et des toutes premières années du Vᵉ. Enfin, la qualité technique et la productivité de cet atelier (on le reconnaît sur d'innombrables petits fragments, trop insignifiants pour avoir été relevés dans ce recueil) incitent à le faire coïncider avec l'apogée de Trèves.

Tous ces éléments de datation, indépendamment les uns des autres, suggèrent le IVᵉ siècle. Les seuls arguments que l'on pourrait invoquer en faveur d'une datation un peu plus tardive sont le vase du n° 61 qui, s'il apparaît à la fin du IVᵉ siècle sur les inscriptions datées de Rome, n'est attesté que vers 440 sur celles de Gaule, et les états de service de Vitalis (n° 71) qui a joui d'une longue retraite après avoir servi dans un corps de troupes dont la création ne paraît pas antérieure à la deuxième moitié du IVᵉ siècle. Or il me semble exclu qu'une production aussi homogène puisse s'étendre sur plus d'une cinquantaine d'années. Je conclurai que la totalité des pierres de l'atelier I de Saint-Mathias sont sûrement antérieures à 425 et que la majorité d'entre elles, sinon toutes (selon la date que l'on assigne à la création des *Iouiani seniores*), sont de la deuxième moitié du IVᵉ siècle.

A côté de cette série qui constitue ce qu'on pourrait appeler le type « pur » de Saint-Mathias I, il faut relever un certain nombre d'inscriptions qui sont soit étroitement apparentées, soit immédiatement dérivées de ce type. Ce sont les nᵒˢ 4, 9, 12, 28, 73, 84 et, peut être, 87. Les différences, qui seront précisées dans l'étude particulière de chaque inscription, consistent essentiellement en ce que les O sont plus grands que dans le type pur et que la barre supérieure des F est horizontale. Le thème de l'olivier n'a pas disparu (nᵒ 4, 73) mais il est traité différemment. L'épitaphe d'Aurora (nᵒ 9) me paraît devoir être rattachée au IVᵉ siècle à cause de son élégante sobriété (mention de la défunte au datif, pas de verbe, formule assez proche du nᵒ 20). Les autres, malgré de menues différences, sont si conformes à l'« esprit » de Saint-Mathias I qu'elles doivent être contemporaines de cet atelier ou bien qu'elles lui sont très légèrement postérieures : pour les dater, on ne saurait dépasser beaucoup la date de 450.

19

Enfin, le type de Saint-Mathias I, qui devait être répandu à profusion si l'on juge par ce qui nous en reste, a suscité des imitations plus ou moins réussies. C'est dans cette catégorie que je rangerai les nᵒˢ 31 (encore que celui-ci soit peut-être à mettre plutôt dans la catégorie précédente), 40, 70, 163, 187 et 212, où le linteau des T est beaucoup plus ondulé que dans le type habituel. On notera que ces « copies » n'émanent pas uniquement de Saint-Mathias (nᵒˢ 31, 40, 70) mais aussi de l'autre grande nécropole de la ville (nᵒˢ 163, 187 et 212). Le nᵒ 31 doit dater du IVᵉ siècle ou du début du Vᵉ : son formulaire (avec *iacet*) est différent de celui de Saint-Mathias I mais aussi sobre, et rien dans l'écriture ou la langue ne suggère une période tardive. Les autres me paraissent postérieures, à cause notamment de la baisse de qualité dont dont témoignent l'erreur grossière du nᵒ 40 (l. 1 : *qui uixit* pour *quiescit*) et l'inextricable confusion du nᵒ 70. On manque d'éléments pour préciser davantage.

20

Saint-Mathias II.

21

On peut identifier un deuxième atelier avec autant de certitude que le premier. La paléographie de Saint-Mathias II (voir pl. V) se caractérise par des formes plus trapues que dans le type I, par des empattements plus marqués, par des réglures qui, tout en restant légères, sont plus visibles que dans le type I, par les ligatures AT et ET qui lui sont propres, à côté des ligatures habituelles MP, ME, NP, NT, AV, VA.

Les lettres les plus caractéristiques de cette écriture sont :
— le A assez large à barre transversale brisée, rarement pointu en haut; cette tendance à ne pas joindre tout à fait les traits qui devraient former un angle aigu apparaît aussi dans les V, M, etc.;
— le L à base oblique;
— le M à hastes verticales dont les traverses se joignent vers le milieu de la hauteur;
— le O en général plus rond que dans le type I;
— le Q en deux traits, de tracé cursif;
— le T dont le linteau, rectiligne, se situe légèrement au dessous de la réglure.

Les abréviations sont signalées par un tilde ondulé au dessus du mot abrégé. Le mot *dies* est généralement exprimé par un I enclavé dans le D. Comme pour Saint-Mathias I, toutes les lettres, même les plus banales, sont remarquables par leur conformité absolue au type adopté une fois pour toutes. Lorsque le texte est complété par un motif symbolique, c'est un chrisme ou une croix monogrammatique entre deux colombes. La facture de celles-ci est toute différente du style de l'atelier I : le dessin est beaucoup plus schématique. Par exemple, les ailes sont représentées par deux courbes à peu près parallèles. Sortent de cet atelier les inscriptions n°s 7, 8, 11, 29, 45, 50, 51, 69, 80, 86.

22   Le formulaire est beaucoup plus stéréotypé que dans le type I : toutes les épitaphes commen- cent par *hic iacit in pace* ou *hic quiescit* (ou *quiiscit*) *in pace* suivi du nom du défunt; puis l'âge est donné en années, ou années, mois, jours; enfin vient la mention des dédicants ou du dédicant, avec l'indication du degré de parenté par rapport au défunt et le double vulgarisme *tetolum*. La profession du défunt n'y figure jamais, ni aucun vocabulaire affectif tel que *dulcissimus*, *carissimus*, etc.

23   Peut-on tirer argument de cette monotonie pour considérer ce deuxième atelier comme postérieur au premier ? Ce n'est pas impossible mais l'uniformité plus ou moins poussée n'est peut-être imputable qu'aux méthodes propres à chaque atelier. En tout cas, la sécheresse des indications données nous prive de tout indice annexe de date pour l'une ou l'autre des inscriptions du groupe. Comme celle de Saint-Mathias I, la production de Saint-Mathias II est remarquable à la fois par sa quantité et sa qualité, ce qui interdit une datation trop basse. Par ailleurs, le formulaire adopté tout autant que les symboles choisis sont ceux qui ont cours au IVe siècle dans l'ensemble du monde romain. Je pense qu'une production aussi homogène doit avoir été concentrée sur une période assez courte, quelques dizaines d'années, qui doivent trouver place entre 350 et 450.

24   Les pierres issues de cet atelier semblent, elles aussi, avoir suscité des imitations par la suite. Je rangerai surtout dans cette catégorie les n°s 2 et 76, peut-être aussi le fragment 193. L'écriture des n°s 2 et 76 est très proche du type pur mais les inscriptions sont sûrement plus tardives (n° 2 : réglure assez profonde, deux lettres ajoutées après coup l. 2, *posuit* pour *posuerunt*; n° 76 : nom du défunt oublié, nom germanique du dédicant). Le n° 102 est proche du type II de Saint-Mathias, sans toutefois lui appartenir; il peut en être à peu près contemporain. Le n° 71 semble aussi s'en inspirer mais avec beaucoup de liberté; il est sensiblement plus tardif.

25   *Saint-Mathias III.*

       On peut encore identifier à Saint-Mathias deux autres ateliers mais ils sont moins abondam- ment représentés. L'atelier III a pour lettres caractéristiques (voir pl. V) :

  — le A à traverse médiane rectiligne horizontale;
  — le L à base horizontale dépassant la haste à gauche;
  — le M souvent large à hastes verticales dont les traverses se joignent au niveau du bas de la lettre;
  — le O ovale;
  — le Q constitué par un O auquel on a ajouté une queue ondulée;
  — le T à linteau rectiligne coïncidant avec la réglure (contrairement au type II).

       Les lignes sont guidées par une double réglure peu visible. Il y a assez peu d'abréviations et les ligatures (AE, VAE, VL, NF, NP, NT) sont en général rares. La décoration qui caractérise cet atelier est la croix monogrammatique flanquée de l'*alpha* et de l'*omega*, placée entre deux colombes posées sur un rameau et en tenant un autre dans leur bec (n°s 13 *b*, 30, 34).

26   A ce type appartiennent les n°s 13 *b*, 30, 34, 43, sans doute 58, peut-être 74. Les n°s 41 et 48 lui sont apparentés, quoique les lettres soient plus étroites, surtout le E; en outre, il n'y a pas de rameau dans la décoration du n° 48 et le style des colombes et de la croix monogram- matique est différent. Le type III est moins stable que les précédents. Les proportions des lettres, la forme de la queue du Q varient d'une inscription à l'autre. Les ligatures sont rares mais le nº 30 en a au contraire beaucoup. Le formulaire n'est pas uniforme non plus. Sans doute avons-nous quelques témoins jalonnant seuls une période assez longue ou peut-être le reflet d'influences réciproques dans un milieu étroit plutôt qu'un atelier au sens strict d'ouvriers travaillant ensemble sous une même direction.

Peut-on dater l'activité de cet atelier ? La présence de monnaies du IVe siècle dans la tombe de Concordia (nº 13 *b*) ne prouve pas que l'inhumation ait eu lieu au IVe siècle (*supra*, § 4), vu surtout que le *titulus* est déjà un réemploi d'une pierre chrétienne qui, elle-même, ne paraît pas particulièrement archaïque sur la première face utilisée. L'apparition du verbe *requiescit*, postérieur à *quiescit* et *iacet*, la décoration relativement chargée, avec les deux rameaux par colombe, l'emploi plus systématique, semble-t-il, de *plus minus* (nº 13 *b* et 34), tout suggère que Saint-Mathias III est postérieur à Saint-Mathias I et II. Mais je n'ai pas encore assez d'éléments pour proposer une date (pour celle-ci, voir *infra*, § 132).   **27**

Saint-Mathias IV.   **28**

L'atelier IV de Saint-Mathias est très proche du précédent. Il n'est pas impossible que ce soient deux variantes d'un même type. Ici aussi, la forme des lettres est moins stable que dans les deux premiers ateliers. L'alphabet présente cependant des caractéristiques communes essentielles (voir pl. V) :

— le A large à traverse rectiligne dont la haste droite est plus haute que la gauche;
— le E à barre médiane plus courte;
— le M large dont les traverses se joignent assez bas.

Les lignes sont guidées par une double réglure à peine visible. Le mot *annos* est écrit en entier. Ligatures : AE, VAE, NE, NN, NP. Il peut y avoir des points ici ou là (ailleurs, on en trouve rarement en dehors de la mention abrégée de l'âge).

Dans l'état actuel de notre documentation, ce type n'est représenté que par les nºˢ 32 *a*, 38, 42 et 55. C'est trop peu pour savoir si le canthare entre deux colombes du nº 38 constitue le motif caractéristique de cet atelier. La décoration du nº 55 semble inachevée.   **29**

Le formulaire présente des variations autour des thèmes habituels à Trèves : le nº 32 *a* commence par le nom de la défunte au datif, complément de *posuerunt* à la fin de l'épitaphe; le nom du défunt vient aussi en tête au nº 38, au nominatif cette fois, précédant la formule *hic in pace iacet*. Toujours au nº 38, le rare *fecerunt* remplace l'habituel *posuerunt*. Le nº 55 est le seul avec le nº 173 à commencer par la formule *hic bene pausanti* et le seul avec le nº 24 à se terminer par un souhait autre que le banal *in pace* ! La formule *pro caritatem*, avec ce vulgarisme, est aussi attestée à Saint-Mathias III (nº 30). Comme pour l'atelier précédent, il n'est pas possible, faute d'éléments suffisants, de proposer d'emblée une date (voir *infra*, § 132).   **30**

Saint-Paulin - Saint-Maximin I.   **31**

Dans le cimetière qui s'étendait à la sortie sud de Trèves autour des tombeaux de saint Paulin et de saint Maximin (*supra*, § 7-12), les formes sont beaucoup plus variées et l'on ne peut identifier que deux ateliers; encore chacun d'eux est-il représenté par peu d'inscriptions. L'un que j'appellerai, toujours avec le même arbitraire, l'atelier I de Saint-Paulin - Saint-Maximin, se reconnaît à son écriture dense et à la réunion des caractères suivants (voir pl. V) :

— le A à traverse médiane rectiligne, montant souvent légèrement vers la droite; il arrive que les deux hastes ne soient pas prolongées jusqu'à leur intersection et ne se touchent que par leur *apex* (par ex. nᵒ 96); il en est de même pour les V;
— le C et le D larges;
— le L à base horizontale, dépassant parfois la haste à gauche;
— le M à hastes verticales, le point d'intersection des traverses médianes se trouvant au dessous du milieu de la lettre, parfois presque en bas;
— le O de forme ovale, ne reposant pas en général sur la réglure inférieure;
— le Q fait comme un O auquel on ajoute une queue oblique rectiligne;
— le T à linteau horizontal situé sur la réglure supérieure.

Autres caractéristiques : une double réglure à peine visible; ligatures ME, MP, NP, NT, VA (et, au nᵒ 96, VL, AL, AE). La décoration est constituée par une croix monogrammatique qui peut être flanquée de l'*alpha* et de l'*omega* et placée entre deux colombes tenant un rameau. Le motif interrompt la dernière ligne. Dans l'état actuel de notre matériel, ce type est représenté par les nᵒˢ 96, 100 et 223.

32   Le formulaire se caractérise par le début *hic iacet,* le nom du défunt, son âge en années et éventuellement mois et jours, la formule *titulum posuit/erunt* précédant les noms des dédicants, enfin l'acclamation *in pace !* Ce formulaire, ainsi que la décoration, rappellent quelque peu l'atelier II de Saint-Mathias dont ces pierres pourraient être contemporaines. Mais à part cette vague similitude, rien ne fournit d'indice pour une datation et la prudence s'impose. Les noms Vetranio, Adeudatus indiquent qu'il ne faut pas descendre plus bas que le Vᵉ siècle.

Saint-Paulin - Saint-Maximin II.

33   De l'atelier II de Saint-Paulin - Saint-Maximin proviennent des épitaphes aux lettres hautes et dont la décoration, au lieu de se trouver au bas de l'inscription comme il est de coutume à Trèves, est placée au milieu du champ épigraphique. Les symboles figurés sont toujours les mêmes : un chrisme constantinien entre les deux lettres apocalyptiques, celles-ci étant nettement détachées et en quelque sorte indépendantes au lieu d'être insérées entre les branches du chrisme. A droite et à gauche (sauf au nᵒ 145), des colombes tiennent dans leur bec un rameau d'olivier et il y a encore un petit rameau pour garnir l'espace disponible au bord de la pierre. Les caractéristiques les plus marquantes (voir la planche) sont les suivantes :

— dans les lettres B, D, E, F, L, la haste présente en haut et en bas des empattements constitués par le prolongement vers la gauche des boucles ou des barres;
— les traverses de M et N coupent les hastes en deçà de l'extrémité de celles-ci;
— les lettres O et Q sont aussi hautes que les autres;
— le linteau du T est rectiligne.

34   Ce type est représenté par les nᵒˢ 103, 145, 151 et 176. Les pierres sont d'une facture très soignée : les empattements des lettres sont délicatement ondulés, il n'y a pas d'abréviations, les lignes sont régulières, sans réglure visible, les ligatures sont rares (ME, NP, NF, NT, VE), les colombes sont gracieuses. Parfois (nᵒˢ 103, 145, 176), des points en forme de triangle séparent les syllabes. Pour autant qu'on puisse juger, le formulaire, assez développé, était varié. Là encore, on manque d'éléments de datation. Il ne me semble pas que le nᵒ 145 (voir la conclusion du commentaire) puisse être du IVᵉ siècle; d'un autre côté, la paléographie ne me paraît pas pouvoir être très tardive. Je placerais volontiers ces pierres au Vᵉ siècle, en insistant sur le caractère hypothétique d'une estimation surtout intuitive (mais celle-ci sera confirmée au § 132).

Ces belles épitaphes, comme celles des ateliers I et II de Saint-Mathias, semblent avoir été **35**
copiées par des lapicides moins habiles. Au n° 156, les lettres ont des formes analogues à celles
que nous venons de voir, mais d'une grande gaucherie; par ailleurs, le chrisme et les colombes
sont situés vers le bas et non au milieu du champ épigraphique. Au n° 117, c'est la disposition
générale qui a, au contraire, été imitée mais le chrisme a été remplacé par une croix monogrammatique; quant à l'écriture, elle s'inspire assez librement des formes décrites au paragraphe 33.
Enfin, le n° 177 a une raideur absente du modèle; les lettres sont plus larges et plus espacées;
la décoration est un peu différente, puisque l'*omega* est à l'extrême droite (c'est en somme une
conséquence logique de son « indépendance » notée plus haut) et que la colombe tient un ruban
qui devait faire partie d'une couronne entourant le chrisme comme sur d'autres inscriptions
(cf. par ex. n° 20).

Autres   **36**

En dehors de ces ateliers, l'étude paléographique s'avère assez décevante dans la mesure
où elle ne permet de déboucher sur aucune vue synthétique. L'habileté et la conscience professionnelle du lapicide semblent des facteurs beaucoup plus déterminants que l'évolution générale
de l'écriture épigraphique ou les conditions politiques, économiques ou sociales de l'époque.
Faute d'inscriptions datées, il est difficile de savoir s'il y a eu des époques de décadence paléographique généralisée ou si, à toutes les époques, il y a eu de bons et de mauvais lapicides. Il
ne paraît pas y avoir d'enseignement à tirer d'une comparaison attentive avec les autres parties
de la Gaule : chaque région a ses propres usages, qui évoluent indépendamment des régions
voisines; telle forme caractéristique du Ve ici peut être propre au VIe ailleurs.

On en est donc réduit à quelques notions élémentaires, à partir desquelles il faut se garder
d'extrapoler. Plus le temps passe, plus les formes de l'écriture commune ont tendance à se
glisser dans l'écriture épigraphique. L'apparition d'un tracé emprunté à l'écriture commune
est évidemment d'autant plus significative que l'inscription est plus soignée : le U rond, le A
sans traverse au n° 154 sont signes d'une époque tardive, tandis que le U rond du n° 75, le P
tellement ouvert qu'on dirait un T à la dernière ligne du même numéro ne témoignent peut-être
que de la maladresse ou de la négligence du lapicide. La paléographie d'inscriptions comme
le n° 75, malgré toutes ses particularités, est finalement plus difficile à interpréter que celle
de pierres plus soignées, qui cherchent à atteindre un certain style, qui a des chances d'être
celui de l'époque. Avec un peu d'habitude, l'air de famille qui fait ressembler le n° 148 à un grand
nombre d'inscriptions du IVe siècle saute aux yeux : aucune lettre ne présente une forme propre
au IVe siècle mais les proportions, la souplesse et l'élégance du tracé font que cette pierre répond
aux exigences du goût des hommes du IVe siècle et l'apparentent ainsi, par exemple, aux productions de Saint-Mathias I qui satisfont aux mêmes exigences. Le n° 147 a été gravé avec le même
soin attentif mais en fonction du goût de l'époque franque et la différence de style est éclatante.
Par contre qui trouvera un style aux n°s 75, 76, 101, 119, 131, 177, 179, 232 *b*, dont l'unique
objet était de faire connaître la teneur d'un texte ?

En dehors de Trèves, les trouvailles sont trop clairsemées pour qu'on ait la moindre chance
d'avoir plusieurs inscriptions issues d'un même atelier. Il y a cependant un caractère intéressant à
relever : cet air de famille plus ou moins définissable qui apparente entre elles les pierres d'une
époque par opposition à celles d'une autre existe aussi entre les pierres de Première Belgique par
opposition à celles d'autres provinces. Le n° 243, à Metz, pourrait être une imitation de Saint-
Mathias I; le n° 245, de Metz également, n'est pas sans rappeler vaguement le n° 69, de Saint-
Mathias II. Plusieurs des formes de lettres les plus communes en Première Germanie n'apparaissent pas une seule fois en Première Belgique. Il reste que ces observations, qui se dégagent lente-

ment de la fréquentation assidue du matériel épigraphique, se traduisent malaisément en statistiques et en tableaux éloquents. Les écritures ne sont jamais identiques et il est difficile de trouver des critères qui permettent de définir à quel moment les ressemblances l'emportent sur les différences et à quel moment c'est l'inverse. Mais il est clair à mes yeux que l'unité paléographique dans la région mosellane n'est pas la cité mais la province.

FORMULAIRE

La grande originalité du formulaire, en Première Belgique, consiste à en être à ce point dépourvu. Sur les centaines d'inscriptions et de fragments trouvés, ce sont toujours les mêmes mots disposés dans le même ordre qui apparaissent, au point que l'on peut généralement reconstituer toute une épitaphe à partir de quelques lettres conservées. Je ne me suis pas amusée à ce petit jeu assez vain puisque E. Gose a publié jusqu'aux plus minuscules fragments dans son *Katalog der frühchristlichen Inschriften in Trier* (Berlin, 1958), où ils sont commodément accessibles. Je me suis contentée de relever dans mon index des matières, à la suite de mes propres références, les mots ou les formules identifiables sur les fragments que je n'ai pas repris, car les *indices* de Gose sont incomplets et parfois inexacts et il peut être intéressant de connaître la fréquence relative de l'emploi de telle formule par rapport à telle autre, d'après un relevé statistique établi sur une base aussi large que possible. Je me limite à un exposé qui ne fasse pas double emploi avec l'étude approfondie qui vient d'être effectuée par K. Krämer (*Die Frühchrist-lichen Grabinschriften Triers. Untersuchung zu Formular, Chronologie, Paläographie u. Fundort -mit einem epigraphischen Nachtrag.* Inaugural-Dissertation, Mannheim 1972, dactylographié).

FORMULES INITIALES

De rares inscriptions commencent par la mention du défunt au datif : n°s 6, 9, 32, 39, 55, sans doute 83, 159, 167, 173. Le verbe dont le datif dépend est *posuit,* exprimé en fin d'inscription ou sous-entendu. Ce trait fréquent dans les inscriptions païennes ne paraît pas forcément à Trèves un signe d'archaïsme : si le n° 9 a toutes les chances de remonter au IVe siècle, les n°s 55 et 173 ne paraissent pas antérieurs à la deuxième moitié du Ve (*hic bene pausanti* + nom). Le n° 20 commence par le nom du défunt au nominatif sans verbe.

Si l'on excepte quelques formules isolées comme *hoc tegetur* [*tumulo*] (n° 127) et *sub hoc tumulo ossa quiescunt* (n° 170), la règle générale est que le nom du défunt, au nominatif, soit construit avec une formule du type *hic iacet, hic quiescit, hic quiescit in pace,* etc. Dans la très grande majorité des cas, le verbe précède le nom. Il arrive cependant que celui-ci soit intercalé entre *hic* et le verbe (n°s 84, 57, 44, 154, 68) ou entre le verbe et *in pace* (n°s 111; 40, 46, 67, 81, 137; 152), qu'il soit mis en tête, avant *hic* (n°s 38, 180; 57; 12, 56; 32 *b*; 28, 36, 49, 61, 121, 130), ou enfin qu'il vienne après *in pace* (n°s 11, 13 *b*, 14, 18, 45, 84 A, 101, 103, 104; 138, 156, 158; 1, 2, 7, 21, 35, 50, 51, 54, 69, 73, 75, 76, 98, 107, 131, 132, 141, 142, 142 A, 213, 222 ?; 139; 4; 25, 94, 119, 220), sans compter un certain nombre de variantes peu significatives.

On trouvera à l'index des matières le détail des références. Relevons seulement ici la fréquence des différentes formules pour l'ensemble de la Première Belgique, en négligeant les cas douteux :

— hic iacet	36
— hic iacet in pace	12
— hic iacet Perpetuus in Christo Deo suo	1
— hic sepultus iacet	1
— in hoc sepulchro iacet	1
— hic Amantiae in pace hospita caro iacet	1
Total des inscriptions avec *iacet*	52 soit 26 %

— hic pausat 11
— hic pausat in pace 5
— hic bene pausanti (cf. n° 144, à la fin) 2
— hic bene pausat in pace 2
— [pa]usanti; paus[anti] 2

Total des inscriptions avec *pausat* 22   soit 11 %

— hic quiescit 47
— hic quiescit in pace (cf. qiesce in pace, n° 24) .. 45
— quiescet in pace (sans hic) 1
— hic in pace fidelis quiescit (ordre des mots variable) 4
— hic Victorinus ... [et ...] aeius iunti in pace quiescent 1
— hic bene quiescit 1
— hic bene quiescit in pace 2

Total des inscriptions avec *quiescit* 101   soit 50,5 %

— hic requiescit 10
— hic requiescit in pace 8
— hic requiescit in pace fidelis 2
— hic requiescit in Domino 1
— hic requiescit in hoc sepulchro (Metz) 1

Total des inscriptions avec *requiescit* 22   soit 11 %

— hic sita est 1
— hic posita est (inscr. métrique) 1
— hic conditus 1

Les formules courtes sont avantagées dans la statistique puisque, dans beaucoup de cas, l'état de mutilation de la pierre a pu faire disparaître un développement éventuel. En particulier, pour évaluer le nombre des formules avec *in pace,* il faut tenir compte du fait qu'*in pace* apparaît encore 47 fois sur des fragments trop mutilés pour que l'on identifie le verbe : celui-ci devait être presque toujours un des verbes répertoriés ci-dessus; dans quelques cas, *uixit* ou *posuit.*

Ainsi, sur le total des formules initiales relevées, la moitié est construite avec *quiescit,* le quart avec *iacet, pausat* et *requiescit* représentant chacun un peu plus du dixième. K. Krämer a cherché à quels moments ces formules étaient en usage dans le reste de l'Occident. *Hic iacet,* qui apparaît à Rome pour la première fois en 335 (Diehl 3057 = *ICVR* I, *suppl.* 1424), lui semble surtout employé, à Rome jusqu'à la fin du siècle (cf. pourtant Diehl 3058 *adn.* = *ICVR, n. s.* (I) 530, daté de 437, et Diehl 3058 A = *ICVR, n. s.* (I) 1946, daté de 454), en Afrique entre 400 et 420. Il estime qu'à Trèves, la formule doit être en usage surtout vers 400 (mais il considère, comme moi-même, que le n° 109 doit être de la deuxième moitié du Vᵉ siècle). Quoique *hic iacet* apparaisse surtout sur des épitaphes d'une grande banalité particulièrement difficiles à dater, il me paraît certain que la formule a été en usage pendant fort longtemps, IVᵉ, Vᵉ siècles et sans doute encore après (cf. n° 72). Il en est de même de la formule *hic iacet in pace,* utilisée notamment par l'atelier II de Saint-Mathias. D'après Krämer, *hic pausat* est une formule limitée au domaine gallo-germanique et au Vᵉ siècle. A Trèves, on la trouve sur une épitaphe de Saint-Mathias I (n° 56), ce qui est un signe d'ancienneté, et elle y est développée par *in pace.* Le n° 12 me paraît plutôt aussi du IVᵉ siècle. Par contre, le n° 34, issu de Saint-Mathias III, le n° 32 *b,* postérieur à la face *a* qui provient de Saint-Mathias IV, ne me semblent pas antérieurs à la deuxième moitié du Vᵉ siècle. Le verbe *pausare* est en effet beaucoup plus utilisé à Trèves (on ne le trouve pas dans le reste de la Première Belgique) qu'ailleurs, surtout pour les formules initiales. *Quiescit,* si commun à Trèves, est de toutes les époques, de même que *requiescit,* qui est au contraire sensiblement plus rare à Trèves qu'ailleurs. Mais la courbe de la fréquence des deux verbes en fonction de l'époque d'après les inscriptions datées, telle que l'a dressée K. Krämer, a l'intérêt de montrer que le sommet de la courbe, pour *requiescit,* est atteint vers le milieu du VIe siècle, à une époque où tout indique que la production épigraphique de Trèves a beaucoup baissé : ainsi s'expliquerait la proportion anormalement faible de *requiescit* dans notre matériel. L'examen des deux verbes dans le reste de la Première Belgique, où le contraste entre le IVe siècle et l'époque mérovingienne n'a pas été aussi marqué que dans la capitale déchue, confirme cette interprétation : la forme *quiescit* y est attestée quatre fois (nos 244, 251; 241, 242) et la forme *requiescit* trois fois (nos 239, 246 et 250). Cette répartition plus équilibrée des deux formes a des chances de refléter une production également plus équilibrée dans le temps.

Le nom du défunt est parfois complété par une indication sur son âge, son origine géographique, sa condition sociale, etc. Essayons de classer ces mentions en catégories logiques :

— Origine géographique   Total :   6
      nos 10, 93, 112, 168 (grecs)
      n° 32 *b* (ciuis Surus)
      n° 191 (Treuer)

— Profession   Total : 14
      n° 56 (negotiator)
      nos 37, 126 (a ueste sacra)
      n° 148 (palatinus)
      n° 130 (protector domesticus ex tribu[no/is])
      n° 68 (ex trib[uno/is])
      n° 107 (tribunus)
      n° 177 (ex comite)
      n° 71 (militauit inter Iouianos senioris)
      n° 104 (principalis)
      n° 113 ? (uilixa...)
      n° 15 (numerarius ou nummularius)
      n° 138 (cursor dominicus)
      n° 135 (capus in nomero uicarii nomine sumpsit)

— Fonction ecclésiastique   Total :   8
      nos 142 A, 199, 214 (presbyter)
      nos 109, 170 (subdiaconus)
      n° 165 (ostiarius)
      nos 219 (puella Dei) et 220 (puella sanctimonialis)
      (Signalons qu'outre ces mentions accolées au nom du défunt, des inscriptions signalent des évêques, nos 19 et 230, et un diacre, n° 214.)

— Statut social   Total :   4
      n° 192 (clarissima femina)
      n° 147 (uir uenerabilis adoliscens)
      n° 29 A (uir uenerabilis de nobile genere)
      n° 129 (laudabilis)

— Indication d'âge ou d'état civil   Total : 23
      nos 3, 6, 30, 42, 60, 103, 121, 176, 213 (infans)
      nos 3, 70, 193, 241, 242 (innocens)
      nos 35, 97, 127, 193, 246 (puella)
      nos 101, 210 ? (uirgo); 172 (παρθένος)
      n° 147 (déjà cité : adoliscens)
      (Sur la signification de ces termes, voir *Intr.,* § 94-95 et le commentaire de chaque numéro.)

— Situation dans l'Eglise   Total : 20

    n° 85 (neofita)
    n° 138 (christiana fidelis)
    n°s 9, 20, 30, 34, 57, 62, 67, 101, 117, 121, 124, 137, 140, 145, 152, 162, 200, 204 (fidelis)

Total général : 75

De ces 75 indications, 10,67 % (n° 56, 68, 71, 15, 60, 35, 85, 20) proviennent de l'atelier I de Saint-Mathias. Les n°s 9, 37, 126, 130, 148, 113 ? sont également, selon toute vraisemblance, antérieurs aux grandes invasions. Sur le total de 75, les n°s 3, 30, 101, 121, 138 et 147 sont cités deux fois à des titres différents. Il y a donc 69 pierres à donner des indications de ce type, dont 14 datent du ive siècle et les autres, pour la plupart, vraisemblablement du ve; les n°s 29 A, 135, 147 et sans doute aussi les n°s 214, 219 et 220 sont des viie-viiie siècles.

Aux n°s 97, 147, 219 et 220, le nom du défunt est explicité par le mot *nomine* placé avant ou après. L'expression apparaît à Rome dès 372 (*ICVR, n. s.* (I) 1433) mais, à Trèves, aucune des 4 inscriptions n'est antérieure au viie et peut-être même au viiie siècle.

39 *FORMULES INDIQUANT LA DUREE DE LA VIE*

Venant après la formule initiale et le nom du défunt éventuellement complété par les indications que nous venons de voir, l'âge du défunt au moment de sa mort est donné en Première Belgique avec une régularité presque absolue. Si l'on néglige les pierres dont l'état de mutilation ne permet pas de savoir s'il y figurait ou non, l'âge du défunt ne manque qu'aux n°s 10, 15, 20, 27, 56, 70, 99, 121, 130, 137, 142 A, 145, 148, 162 et 259 pour des hommes et aux n°s 6 et 9 pour des femmes. Ceci fait 17 inscriptions contre 259 où l'on est sûr que l'âge était mentionné, ce qui représente 6,16 % sans l'âge contre 93,84 % avec l'âge. C'est une situation très différente de Rome où la moitié environ des inscriptions, tant païennes que chrétiennes, ne l'indique pas (H. Nordberg, dans *Sylloge Inscriptionum Christianarum Veterum musei Vaticani,* ed. H. Zilliacus, 2, Helsinki 1963, p. 186). Il est remarquable que, sur les 17 inscriptions qui ne mentionnent pas l'âge, 7 (les n°s 9, 15, 20, 56, 99 ?, 130, 148) soient datables du ive siècle pour des raisons diverses. Parmi les autres, les n°s 6, 27, 70 sont des épitaphes collectives où le manque de place a pu contribuer à faire omettre une double ou multiple mention d'âge, les n°s 218 et 259 sont des pierres très particulières qui n'ont rien de commun avec le formulaire habituel. On est ainsi conduit à se demander si l'omission, sans motif particulier, de la durée de vie n'est pas un signe d'antiquité.

L'âge est presque toujours indiqué dans une relative, où le verbe est suivi des mots *annos...,* éventuellement *menses..., dies...* à l'accusatif (*Intr.,* § 89). J'ai effectué à partir de mon index le relevé suivant (les formules tronquées étant considérées comme complètes) :

— uixit   215   92,67 %
— uixit in pace; uixit...; in pace !   3
— uixit in seculo   4
— annus habuit XXII in tertium   1
— tulit annos   2
— tulit secum annos   1
— portauit   1
— fet (= fecit)   1
— *génitif* annorum, *sans* qui uixit   3
                                                                           ———
                                                                           232

On voit que la formule la plus simple est de très loin la plus répandue. Même si l'on retranchait du nombre de *qui uixit* la quarantaine de pierres sur lesquelles on ne peut savoir si *uixit* était ou non suivi d'*in pace* ou d'*in seculo*, la proportion de *uixit* simple (par rapport au nouveau total de 190 environ) ne descendrait pas au dessous de 91 %. Aux n°ˢ 132 et 179, le nombre d'années est introduit par le mot *numero* intercalé entre *annos* et lui. Au n° 58, il semble y avoir eu [*tan?*]*tum* après le nombre d'années.

La mention de l'âge a été complétée, au n° 217, par le nombre d'années de mariage (*in matrimoii coniuctione fuit annis XVII*). Il en était de même, semble-t-il, au n° 68 (16 ans de vie conjugale) quoique la formule ait disparu. Peut-être cette indication apparaissait-elle encore au n° 149 mais la restitution est douteuse sur une épitaphe aussi obscure et mutilée.

L'âge est donnée avec une précision variable. Voici la répartition statistique des solutions adoptées (pour le détail des références, voir *index*) :

— lustra	1	
— [lu?]stris addidisque annis VIII	1	
— à quelques années près (ann. pl. m.)	31	14,15 %
— à l'année près	83	37,90 %
— au mois près	37	16,89 %
— au jour près	66	30,14 %
	219	

Pour la formulation au jour près, à côté de la formule banale *annos..., menses..., dies...;* on notera *uixit* [*annos*] *III minus* [*dies*] *XXXVIII* (n° 67); *uixit annum unum et menses sex menus dies V* (n° 120); *uixit ann. pl. m. LXX, men. III et des* [...] (n° 142).

L'indication de l'âge limitée au nombre d'années, qui représente 53 % du total, est peut-être légèrement surestimée puisque, sur des pierres mutilées, le nombre de mois ou de jours a pu disparaître alors que subsistait une partie du mot *annos*. Il est intéressant de comparer nos résultats à ceux tirés des épitaphes de Rome (tableau dans H. Nordberg, *Sylloge* 2, p. 191) :

	Années	Ann., mois	Ann., m., jours
CIL VI	50,00 %	12,00 %	36,00 %
ICVR	45,20 %	19,40 %	35,30 %
Belg. I, chrét.	53,00 %	16,89 %	30,14 %

On voit que l'ordre de grandeur est le même, la précision donnée par notre documentation étant légèrement inférieure à celle des inscriptions romaines.

Comme on peut s'y attendre, la précision dans l'indication de l'âge est d'autant plus grande que le défunt est mort plus jeune (j'ai négligé les indications trop incomplètes) :

Indication	Age moyen
annos plus minus	42 ans ½
annos	32 ans ½
annos, menses	6 ans ½
annos, menses, dies	11 ans

Tous ces nombres sont sous-estimés puisqu'en cas de mutilation de la pierre, je n'ai compté que la partie attestée. La moyenne d'âge correspondant à la mention *annos, menses* est particulièrement basse. L'explication me paraît résider dans le fait que l'indication au jour près correspond à un formulaire, adopté parfois pour des personnes très âgées (par exemple, n° 65, 93 ans; n° 142, 70 ans), tandis que l'indication au mois près me paraît répondre à un besoin psychologique : ceux qui se seraient volontiers contentés d'une indication à l'année près ne peuvent s'y résoudre lorsqu'il s'agit de bébés parce qu'un enfant de 19 mois (n° 96) est trop différent d'un enfant de 1 an ou de 2 ans. Sur les 23 inscriptions au mois près où le nombre d'années est conservé (ou sûrement absent), 8 concernent des enfants de moins de deux ans et plusieurs autres des enfants de 2 ou 3 ans.

La statistique ci-dessus, montrant que l'âge moyen est nettement plus élevé lorsqu'il y a la formule *plus minus,* indique que cette formule n'est pas une clause de style mais le signe d'une plus grande approximation, jugée suffisante pour l'âge du défunt. Cette interprétation, si l'on calcule les pourcentages de chiffres ronds selon qu'il y a ou non *plus minus,* se confirme.

	annos		*plus minus annos*	
Multiple de 10	13	31,71 %	9	52,94 %
Multiple de 5	10	24,39 %	4	23,53 %
Non multiple	18	43,90 %	4	23,53 %
Total	41	100,00 %	17	100,00 %

Je n'ai retenu que les inscriptions sur lesquelles la fin du nombre apparaissait. On voit que plus de la moitié des inscriptions avec *plus minus* sont des multiples de 10, ce qui est considérable. Il apparaît aussi que le nombre a bien souvent été arrondi même lorsqu'on ne précisait pas *plus minus :* les nombres se terminant par 0 ou 5 représentent 20 % du total des nombres possibles, on devrait avoir à peu près 80 % (au lieu de 44 %) de mentions d'années qui ne soient multiples ni de 5 ni de 10. C'est là, d'ailleurs, un phénomène qui a été maintes fois observé ailleurs.

La formule *plus minus,* attestée dès le IVe siècle à Rome (cf. Diehl 2976 B = *ICVR, n. s.* (I) 1433, daté de 372 : l'âge donné est pourtant de 4 ans, 7 mois et 5 jours !), n'apparaît qu'en 486/487 sur les inscriptions datées de Gaule (Espérandieu, *Inscr. Narb.* 606). Le Blant (*Inscr. Chrét.* p. X, n. 12) estimait qu'elle avait dû être en usage à Trèves avant de l'être dans le reste de la Gaule. Il est fort possible, comme je le soupçonne aussi pour d'autres formules, que Trèves au IVe siècle ait été plus prompte que les autres villes de Gaule à adopter certaines nouveautés, dont celle-ci. Mais je ne vois pas de raison de faire un sort particulier à l'expression *plus minus,* d'autant plus que, dans ce cas précis, il me paraît difficile de distinguer l'emploi spontané d'une expression appropriée (qui peut être l'explication au n° 46, IVe s. : l'âge donné est 80 ans) et l'emploi stéréotypé d'un formulaire (qui intervient sans doute au n° 147, VIIIe s. : l'âge donné est 16 ans et ce sont les parents qui ont fait faire la tombe).

Le formule *uixit in seculo* fait partie de ces influences méridionales qui se font sentir à Trèves avant le reste de la Gaule : attestée à Rome dès 368 (Diehl 2732 = *ICVR, n. s.* (I) 963), elle n'apparaît sur les inscriptions datées de Gaule qu'en 524 (Le Blant, *N. R.* 106). Le n° 126, qui mentionne un fonctionnaire de la *uestis sacra,* ne peut cependant être bien postérieur à l'abandon de Trèves comme résidence impériale.

Il arrive parfois que tout ou partie des nombres soient écrits en toutes lettres : n°s 3, 97, 118, 120, 127, 143, 156, 157, 173, 176, 177, 178, 185, 196, 232 a. Parfois aussi, lorsque le nombre de jours dépasse de peu un mois, on s'est dispensé de marquer le mois : *dies XL* (n° 28), *di. XL* (n° 69), *dies XXXV* (n° 179), *d. XLVI* (n° 241, à Metz), *di. XLV* (n° 245, à Metz), [*annos*] *III minus* [*dies*] *XXXVIII* (n° 67). Ces menues particularités n'ont rien de propre à la Première Belgique.

DEDICACE

Une des grandes originalités du formulaire de la Première Belgique est la mention constante de celui ou ceux qui ont fait exécuter la tombe. Ailleurs, cette indication, qui n'a jamais été que sporadique, tend rapidement à disparaître. A Trèves, on a l'impression contraire : si l'on excepte les inscriptions grecques, où elle ne figure pas, et les épitaphes métriques, où le dédicant est généralement suggéré sous diverses formes, comme partout ailleurs, la mention du dédicant n'est sûrement absente qu'aux nᵒˢ 3, 15, 16, 20, 29 A, 44, 56, 65 ?, 70 ?, 97, 99, 108, 113 ?, 121, 137, 141, 148, 153, 158 ?, 215, 218, 241 (Pachten), 244 (Metz), 245 (Metz), 259 (Deneuvre). Compte tenu du petit nombre d'inscriptions qui y sont conservées, elle paraît avoir été moins constante dans le reste de la Première Belgique qu'à Trèves même.

Parmi ces inscriptions, les nᵒˢ 15, 20, 56, 70, 99, 121, 137, 148 et 259 présentent une particularité remarquable : ce sont les seules dont on puisse dire avec certitude qu'il n'y figurait ni l'indication de l'âge, ni la mention des dédicants. Encore en excepterai-je le nᵒ 70 car, quoique la pierre soit complète, qui peut affirmer que les dédicants ne sont pas nommés dans cet amas de noms ? La pierre de Deneuvre (nᵒ 259) est si différente des *tituli* habituels qu'elle doit être considérée à part. Restent 7 inscriptions. Des raisons variées m'ont déjà permis de déterminer que les nᵒˢ 15, 20, 56 et 148 remontaient au ivᵉ siècle. Rien ne s'y opposant, il me paraît légitime de voir dans cette double omission la marque du ivᵉ siècle et d'assigner aussi à cette époque les nᵒˢ 99, 121 et 137. Le nᵒ 99 est considéré depuis longtemps comme l'une des inscriptions les plus anciennes de Trèves; les nᵒˢ 121 et 137 présentent les mots *in pace fidelis,* qui apparaissent, entre autres, sur des épitaphes qui datent sûrement du ivᵉ siècle (nᵒˢ 9 et 20). Tous trois sont d'une remarquable concision.

A part quelques rares dédicaces sans verbe, comme le nᵒ 9, la mention de ceux qui ont exécuté la tombe est exprimée par les formules suivantes :

— posuit/erunt (employé absolument)		5	
— posuit in pace		1	
— titulum posuit/erunt	115		
+ titulum sur inscr. mutilées	17	160	70,17 %
+ posuit/erunt (inscr. mutilées)	28		
— titulum posuit/erunt in pace		28	12,28 %
— titulum posuerunt cum pace		1	
— titulum posuit pro caritate	10		
+ pro caritate (inscr. mutilées)	3	13	5,70 %
— pro caritate titulum posuerunt in pace		1	
— pro merito ... titu[lum posuit] i[n pace ?]		1	
— pro amore titulo posuerunt		1	
— in amure ipsius titul. posuirunt in pace		1	
— titulum posuerunt pro dilectione		1	
— uinculo caritatis et studio religionis titulum posuit.		1	
— fecit/erunt (employé absolument)		4	
— t. fecerunt		1	
— propter caritate tetulu fecit		1	
— ... p[oni ?] iussit	1		
pro amore tetolum fieri iussit	1	3	
[...] et pro caritate titulum fieri iusserunt.	1		
— titulum didicauit		1	
— titulum Rusticula; titolu Hagdulfus		2	
+ tetulo (contexte ? nᵒ 196)		1	
+ [i]n carita[te] (id. nᵒ 151)		1	
Total des inscr. avec *titulus* ou verbe		228	

Récapitulons :

— formules avec

posuit	194	95,10 %
fecit	6	
iussit	3	
didicauit	1	
Total	**204**	

— verbes employés absolument

posuit	6	
fecit	4	
Total	**10**	

— formules complémentaires

in pace	32	}	
cum pace	1	} 33	58,93 %
pro caritate	15	}	
propter caritate	1	} 17	30,36 %
in caritate	1	}	
pro merito		1	
pro amore	2	}	
in amure	1	} 3	5,36 %
pro dilectione		1	
uinculo caritatis et studio religionis		1	
Total		**56**	

Sur les 228 inscriptions portant une formule de dédicace, plus des 3/4 ont une mention très sobre : *titulus* et un verbe, ou l'un seulement de ces deux éléments; 3 seulement combinent deux formules complémentaires (nᵒ 183, *pro caritate titulum posuerunt in pace;* nᵒ 124, *pro merito titulum posuit in pace;* nᵒ 147, *in amure ipsius titul. posuirunt in pace*).

En règle générale, la dédicace constitue une proposition indépendante. Cependant, elle se trouve dans une proposition relative introduite par *cui* aux nᵒˢ 2, 7, 76, 135, 165, 181, 214, 247 et par *cuius* aux nᵒˢ 21 et 147. A l'intérieur de cette proposition, l'ordre des mots est extrêmement variable et, semble-t-il, peu significatif. La dédicace vient normalement après la mention de l'âge et avant la date, s'il y en a une. Mais elle apparaît en tête aux nᵒˢ 24, 57, 118 et 144.

L'expression *in pace* n'a aucun lien logique avec *titulum posuit.* Elle n'exprime pas, comme les autres formules complémentaires, les sentiments d'affection ou d'estime que l'auteur de l'épitaphe éprouvait envers le défunt. C'est plutôt un vœu, une prière pour le défunt, qui se suffit à soi-même : *in pace !* Qu'il jouisse de la paix éternelle ! Mais la constance avec laquelle elle suit l'expression *titulum posuit/erunt* montre qu'elle tendait à faire corps avec celle-ci; on en a la preuve au nᵒ 169 où *in pace* est intercalé entre le nom des dédicants et *titulum posuerunt.* D'après C. Caesar (*Observationes ad aetatem titulorum Latinorum christianorum definiendam spectantes,* Bonn, 1896, p. 31), *in pace* apparaît à Rome de 336 (*ICVR* I, 45) au milieu du Vᵉ siècle; à Trèves, la formule apparaît encore sur l'une des inscriptions les plus tardives (nᵒ 147); la forte proportion qu'elle constitue parmi les formules complémentaires témoigne peut-être de l'antiquité, en moyenne, de notre documentation, mais je suis loin d'en être sûre car, en Gaule, *in pace* accolé à *requiescit, uixit, obiit,* etc. est de toutes les époques.

Qui avait normalement la charge de s'occuper de la tombe ? Le relevé que j'ai pu faire montre qu'elle incombait à la famille la plus proche. Ma statistique porte sur les 138 inscriptions où la dédicace est assez bien conservée pour être interprétée.

Ceux qui ont fait poser le *titulus* sont :

— les parents :

> parentes, nos 25, 48, 85
> patres, nos 27, 35, 36, 40, 45, 53, 60, 61, 72, 88, 117, 123, 176, 179, 220
> pater et mater, nos 2, 7, 18, 50, 52, 76, 80, 86, 131, 132, 147, 155, 157, 226, 231
> filio patres, n° 28
> patres filiae, n° 118
> Elpidius et Vrsula filiae primae nate, n° 73
> parentes filio, n° 225
> filiae parentes Concordius pater et mater Vr[s...], n° 156
> pater et mater filio, n° 178

— le père :

> pater, nos 103, 181, 190, 216
> pater filiae suae, n° 30

— la mère :

> mater, nos 11, 51, 57, 66, 69, 75, 81, 84 A, 150 *a*, 213.
> filio, nos 4, 34 (la dédicante porte un nom féminin)
> filiae, n° 143 (la dédicante porte un nom féminin)
> filio mater, n° 120

— les parents ou l'un des deux :

> filiae, n° 159

— les frères et sœurs :

> fratres, nos 169, 142 **A**

— le frère :

> frater, nos 1, 6, 101, 116, 127

— la sœur :

> soror, n° 182
> sorola (?), n° 166

— les enfants :

> filii, nos 13, 38, 91, 154 (IIII filii)
> filius et filia, nos 21, 115
> parenti, n° 32 *b*

— le fils :

> filius, nos 8, 145, 165
> filius patri, n° 162

— la fille :

> filia, nos 46, 109
> filia patribus, n° 68

— le mari :

> coniux, n°s 49, 119, 140, 167, 175, 184, 212; 22 ? (sexe inconnu)
> uir, n° 124
> coniugi, n°s 9, 24, 26, 111, 139
> conpari, n° 136
> matrune, n° 138

— la femme :

> coniux, n°s 54, 55, 71, 142, 146, 160, 170, 174, 177, 186, 217
> uxor, n°s 135, 232 *b*
> coniugi, n°s 39, 95
> marito, n° 173

— « les siens » :

> sui, n° 105

— les parents nourriciers :

> nutriciones, n° 67
> alumno, n°s 12, 185

— les parents et le mari :

> coniux et patris, n° 47
> coniugi Pelagius, Macedonius et Irene patres, n° 32 *a*

— la mère et la sœur :

> mater et soror, n° 94

— le mari et les enfants :

> coniux et filii, n° 84
> uirginius et filii, n° 62

— le père, la femme et les enfants :

> pater, coniux et fili, n° 63

— la femme et les enfants :

> coniux cum filiis, n° 104

— le mari et la fille :

> uxori et filia, n° 144

— la femme et le fils :

> coniux et [fili?]us, n° 189
> soror (= coniux) et filius, n° 214

— la sœur en religion :

> n° 219

— la grand' mère ?

> [au?]a nep[ti ?], n° 152

— cas où les noms sont donnés sans indication de parenté :

> n°s 31, 33, 87, 96, 100, 126, 130 A, 187; dans ces cas, on a souvent l'impression que les dédicants sont les parents (par ex. n°s 100 ou 130 A : les dédicants sont un homme et une femme pour un enfant) ou le conjoint (n°s 31 et 33, par ex. : un dédicant de sexe opposé pour un défunt en âge d'être marié).

Regroupons ces données pour les interpréter.

Auteurs de l'épitaphe	Nombre	%
Parents	62	41,89
Conjoint	41	27,70
Enfants	21	14,19
Frères et sœurs	10	6,76
Autres	14	9,46
Total	148	

Le total dépasse les 138 qui servent de base à ma statistique parce que les dédicants multiples relevant de plusieurs catégories (parents et mari, mère et enfants, etc.) ont été comptés deux fois. On voit que presque la moitié des dédicants sont les parents, ce qui s'explique par la forte mortalité infantile. Le thème cher à la poésie funéraire selon lequel il est anormal que des enfants meurent avant leur parents est en accord avec le sens commun mais non avec la situation réelle. Parmi ceux qui arrivent à l'âge adulte (étant donné les mœurs de l'époque, leur nombre est pratiquement égal à celui des personnes mariées), la moitié, par définition, survivra à son conjoint; et de fait, si l'on retire les parents, le conjoint est dédicant dans la moitié des cas environ. La proportion d'enfants dédicants est faible : on s'attendrait à ce qu'elle constitue pratiquement l'autre moitié des cas restant après qu'on ait retiré les parents. Or il n'en est rien. En outre, sur les 21 cas relevés, 7, c'est-à-dire 1/3, sont des cas où les enfants font l'épitaphe conjointement avec le parent survivant.

Le lien de famille entre le défunt et le dédicant est indiqué de façon variée : tantôt le dédicant indique ce que le défunt était pour lui (ex. : *filio*), tantôt ce qu'il était par rapport au défunt (ex. : *pater*), tantôt à la fois l'un et l'autre (*pater filio*). La proportion de chaque procédé est la suivante :

Dédicant par rapport au défunt	99	71,74 %
Défunt par rapport au dédicant	18	13,04 %
Chacun par rapport à l'autre	13	9,42 %
Lien de parenté non indiqué	8	5,80 %
Total	138	

L'indication du lien de famille est très souvent complétée par celle du nom du dédicant : 96 fois sur 138, soit 69,56 % ; en outre, dans 4 cas de dédicaces multiples, le nom d'une partie des dédicants seulement est mentionné. Le mot indiquant la parenté est encore complété, à maintes reprises, par *suus, eius* ou *ipsius* qui, en latin classique, serait inutile (voir *infra*, § 86). Enfin, dans un certain nombre de cas, un adjectif exprime les sentiments du dédicant pour le défunt ou, plus curieusement, ceux que le dédicant estimait inspirer au défunt. Voici la liste des adjectifs et de leur emploi :

Adjectif	Défunt enfant H F	Défunt conjoint H F	Défunt parent H F	Dédicant enfant H F	Dédicant conjoint H F	Dédicant parent H F	Dédicant frère/sœur H F	total
dulcissimus	5 8	2 5		1	2	2	2 1	32
carissimus	2	4		1	1 2	1		12
carus					n° 119 ? 1	1		2 ou 3
dolens	///////	///////	///////	1	2			5
pientissimus		1	n° 162?			1		2 ou 4
Totaux	7 8	2 10	1 ?	1 2	3 ou 4 5	5	2 1	53 à 56

Il faut ajouter la formule du n° 217 : *coiux semper amantissima sui adque obsequentissima*. Pour chaque adjectif, le total dépasse la somme des chiffres alignés dans les différentes colonnes car j'y ai inclus les cas où la présence de l'adjectif était certaine mais le contexte insuffisant pour déterminer la catégorie où le ranger. Dans la colonne des dédicants parents, l'adjectif se rapporte souvent aux deux parents (*patres dulcissimi*, etc.) : dans ce cas, le nombre est au milieu, entre H (hommes) et F (femmes).

L'adjectif de loin le plus répandu est *dulcissimus,* qui caractérise avec prédilection les jeunes enfants. Puis vient *carissimus* qui, pour les adultes, paraît être équivalant au précédent. Puis *dolens* qui, comme il est logique, n'apparaît que dans la catégorie des dédicants. Enfin *carus* et *pientissimus* (le superlatif correct *piissimus* n'est pas attesté). Par ailleurs, les totaux de la dernière ligne montrent qu'on accole plus volontiers un terme affectif à une femme, défunte ou dédicante.

41   *DATES*

Alors que, partout ailleurs, l'habitude de dater les épitaphes se répand chez les chrétiens à partir du IVe siècle, il n'en a pas été de même à Trèves. Le jour de la mort est cependant mentionné une fois sur 10 environ : n°s 21, 29 A, 58, 72, 93, 97, 104, 109, 127, 134, 135, 138, 142 A, 147, 153, 160, 161, 170, 173, 191, 193, 194 A, 199, 201, 202, 203, 204, 205, 211, 227. Ces 30 cas doivent être mis en parallèle avec l'ensemble de la documentation trévire et pas seulement le contenu de ce recueil car la relative rareté de cette mention m'a fait inclure dans le recueil toutes les pierres, mêmes très mutilées, où l'on pouvait identifier un reste de date, alors que j'ai été plus sélective à l'égard des fragments portant un reste d'âge ou de dédicace. L'énumération de ces numéros montre que la très grande majorité des inscriptions portant une date provient de la nécropole de Saint-Paulin - Saint-Maximin de Trèves (n°s 93-210).

Pour le malheur des épigraphistes, deux inscriptions seulement, toutes les deux grecques, portent l'année où elles ont été faites : le n° 93, daté de 409, et le n° 211, daté de 383. Aucune ne porte la mention de l'indiction, si fréquente ailleurs et notamment dans le reste de la Gaule. Trois portent l'indication du jour : n° 93 (ἡμέρα κι ⟨ρ⟨ιακῇ⟩ ?⟩), 97 (*die solis*) et 142 A (*feria quarta* = mercredi); ce n'est sans doute pas un hasard si c'est précisément le dimanche qui est nommé deux fois (voir n° 93).

La date la plus communément indiquée est celle du jour dans l'année, en utilisant le système classique des nones, ides, kalendes. Quelques particularités cependant : le n° 72 date du 9e jour des ides d'août une épitaphe qui devrait l'être des nones, signe de la disparition progressive de la notion de nones; le n° 97, l. 5, compte les jours *à partir* des ides (*post tertio idus maias*); le n° 147 est daté par le quantième du mois, conformément au système qui s'est instauré dans la 2e moitié du VIe siècle (il sera étudié en détail en RICG II car on le trouve employé sur de nombreuses pierres d'Andernach et d'Amiens); le n° 93 utilise un comput grec.

Les formules introduisant la date sont très variées; celle-ci peut aussi apparaître seule, sans autre précision.

— pausat, n° 104
— pausauit, n° 142 A
— recessit, n°s 97, 170
— recessit in pace fidelis, n° 204
— me in dominica pace precessit, n° 173
— obiit in pace, n°s 147, 201
— decessit, n° 153
— de(cessit ou -posita), n° 58
— dp. (depositio ou depositus/a), n°s 161, 199
— depositio, n° 160

— dies depositionis, n°s 109, 127
— cuius deposicio eius est, n° 29 A
— cui deposicio fuit in saeculo, n° 135
— depositionem habuit, n° 153
— [hab- ou f]uit dep[osit...], n° 202
[habu- ou fu]it deposit[...], n° 203
— pas de formule d'introduction : n°s 21, 72.
Au n° 167, la formule *d(ecessit* ou *-eposita) in pace* ne sert pas à introduire une date; de même au n° 37, *recessit* (?) *in pace*.

On voit qu'aucune formule n'est attestée plus d'une ou deux fois. Le n° 153 indique la date de la mort et celle de l'inhumation qui eut lieu deux jours après. Deux dates distantes de quelques jours étaient également indiquées au n° 227. Cette variété semble indiquer que la date du décès ou de l'inhumation est une mention qui est apparue sporadiquement pendant une longue période plutôt qu'une mode de courte durée, au cours de laquelle il faudrait concentrer toutes les mentions. Celles-ci se répartissent également (10 cas chacune) entre la date de la mort et celle de l'inhumation, les n⁰ˢ 58, 21 et 72 étant douteux.

Aucun des *tituli* portant une date (sauf les inscriptions grecques 93 et 211) n'appartient à la période la plus ancienne de l'épigraphie trévire. Les n⁰ˢ 104, 142 A et 160, qui paraissent les plus anciens, remontent peut-être au vᵉ siècle. Par contre, un bon nombre font sûrement partie des pierres les plus tardives (fin vIIᵉ-vIIIᵉ s.) : n⁰ˢ 29 A, 135, 147, 170, en tout cas. La comparaison avec les formules en usage ailleurs ne donne pas de résultats bien significatifs. *Pausauit* introduisant une date apparaît à Rome en 353 (*ICVR* I, 117 = Diehl 3239) et semble surtout en usage au vᵉ siècle (ex. : Le Blant 667, à Lyon en 449). *Recessit* est en usage à Rome de 235 (*ICVR* I, 754) au milieu du vᵉ siècle, en Gaule de 347 (Le Blant, *N. R.* 297) à 509 (CIL XII, 1498); *recessit in pace* apparaît à Rome en 364 (*ICVR* I, 177). *Praecessit* (*nos*) *in pace* (*dominica*) se trouve en Afrique de 345 à 475 (CIL VIII, 9793, 9709), en Gaule sur une inscription datée de 466 (Le Blant, *N. R.* 242). *Obiit* apparaît en 422 à Lyon (Le Blant 53), *obiit in pace* en 486 non loin de là (Le Blant 662) et les deux formules sont très fréquemment et très longtemps utilisées (dernier exemple : Wuilleumier, *Inscr. Lat.* 292, à Lyon en 653, *obiet*). *Decessit* est, au contraire, exceptionnel en Gaule et il n'apparaît qu'une fois sur une inscription datée (Le Blant 7, à Autun en 378). *Depositio,* répété à satiété sur les inscriptions romaines, notamment les plus anciennes, est assez rare en Gaule : sur les inscriptions datées, le mot est attesté de 334 (Le Blant 62, à Lyon) à 579 (Le Blant 438 A) et, avec *est,* à partir de 474 (Le Blant, *N. R.* 334, à Cimiez). Tous ces emplois s'étirent sur des durées trop longues pour aider à dater les pierres de Trèves. On notera que le reste de la Première Belgique n'a livré aucune trace de repère chronologique quel qu'il soit, ce qui montre que, sur ce point aussi, on s'alignait sur les usages de la capitale.

Pourquoi la date de la mort est-elle si rarement indiquée ? A. Ferrua (*Akten,* p. 284) en propose une explication liturgique : connaître le jour de la mort était surtout important pour la commémoration annuelle du *dies natalis;* si l'on néglige de signaler celui-là, c'est que celle-ci n'existe pas. Mais cette hypothèse n'explique ni l'indication fréquente, hors de la Première Belgique, de l'année de la mort, parfaitement inutile pour commémorer le *natalis,* ni l'apparition à Trèves, dans 10 % des cas tout de même, du jour du décès ou de l'inhumation. Je crois que l'omission de la date de la mort, comme l'indication des dédicants, résulte surtout d'une habitude locale, dont il est vain de chercher les raisons logiques. D'ailleurs, même dans le reste de la Gaule, l'habitude de noter le jour de la mort ne s'est généralisée qu'assez tard et celle d'indiquer l'année plus tard encore : sur les 1 153 inscriptions contenues dans les deux ouvrages de Le Blant, 10 seulement portent une date antérieure à 441. Or c'est précisément vers 450 que Trèves cesse d'être perméable aux innovations (cf. § 45).

INSCRIPTIONS GRECQUES   42

Avant de terminer l'étude du formulaire, disons quelques mots des inscriptions rédigées en grec (n⁰ˢ 10, 92, 93, 112, 168, 172, 211, 235 *a,* 236 *i*). Il n'est pas sûr que les n⁰ˢ 92 et 211 soient chrétiens. Il faut mettre à part le n° 172, qui s'écarte résolument des sentiers battus et les graffiti de la Liebfrauenkirche (n⁰ˢ 235 *a* et 236 *i*). Restent les 4 autres. Leur formulaire est indépendant du formulaire de la Première Belgique et identique, au contraire, au formulaire grec utilisé par les Syriens établis en Occident, qu'ils meurent à Rome, à Concordia ou ailleurs. Après la formule qui est l'équivalent du *hic quiescit in pace* latin vient le nom, éventuellement (nᵒˢ 10, 112) complété par celui du père (dont l'indication est si exceptionnelle sur les épitaphes latines chrétiennes), puis l'origine géographique (pratiquement absente, elle aussi, de l'épigraphie chrétienne de langue latine), enfin l'indication de la durée de la vie (absente du nᵒ 10, cependant) et éventuellement la date de la mort. Si l'on en juge d'après les nᵒˢ 93 et 211, les Orientaux établis à Trèves ne semblent pas avoir eu la même répugnance que les indigènes pour les dates et surtout les datations par l'année. Tout ceci indique que les Orientaux immigrés en Occident ressentaient plus fortement l'appartenance à leur communauté d'origine qu'à leur pays d'adoption.

Des défunts auxquels on a consacré une épitaphe en langue grecque, les quatre dont ont connaît l'origine sont Syriens (cf. un autre Syrien, Eustasius, nᵒ 32 b, dont l'épitaphe est en langue latine). P. Lambrechts (*Le commerce des « Syriens » en Gaule du Haut-Empire à l'époque mérovingienne,* dans *L'Antiquité classique* 6, 1937, p. 35-61) estimait que la mainmise des Juifs et des Orientaux sur le commerce gaulois ne datait que du vᵉ siècle. Il est certain que les épitaphes datées de Syriens établis en Occident sont presque toutes du vᵉ siècle. A Trèves même, celle d'Eusebia (nᵒ 93) est datée de 409. Cependant, peut-être faudrait-il nuancer légèrement sa thèse en prenant sans rigueur le *terminus* de « début du vᵉ siècle ». Dès les premières années du siècle, les mentions de Syriens sont si nombreuses qu'il faut bien supposer que le mouvement a été amorcé avant. Si mon hypothèse est juste, la ville de Trèves, si active au ivᵉ siècle, devrait avoir été l'une des premières à accueillir, dès la fin du ivᵉ siècle, le noyau initial des futures colonies syriennes et le petit fragment portant la date de 383 (nᵒ 211) pourrait en être un témoignage, ainsi que le graffite nᵒ 235 a qui, selon Kempf, remonterait à un aménagement du presbyterium disparu avant la fin du ivᵉ siècle. Il est vrai qu'il devait y avoir aussi à Trèves, au temps de sa splendeur, des personnes de langue grecque qui n'étaient ni des Syriens ni des commerçants. Les épitaphes grecques de Trèves démontrent en tout cas qu'il y avait là, vers 409 (et sans doute plus encore dans les décennies qui ont suivi qu'au cours de celles qui ont précédé), un groupe homogène (emploi du même formulaire) et assez nombreux d'immigrés syriens : c'est apparemment qu'ils y trouvaient matière à de lucratives activités et que Trèves, malgré les lamentations de Salvien sur les quatre dévastations subies avant 440 (*De gubernatione Dei,* VI, 13, 72-76, *C.S.E.L.* 8, p. 145-146), demeurait un centre d'échanges actif et riche.

43 SIGNES ET SYMBOLES

Monogrammes constantiniens et colombes.

Le texte des épitaphes est très souvent complété par des signes ou des motifs symboliques. Il règne dans ce domaine, comme dans celui du formulaire, une grande monotonie. Je commencerai par les thèmes les plus répandus : le monogramme constantinien et la colombe. La planche VI montre à la fois combien les figurations en sont nombreuses et combien elles sont variées dans le détail.

Un cas particulier du chrisme est celui où il est utilisé comme *compendium* et doit être développé en *Chr(isto)* : on trouve le chrisme simple aux nᵒˢ 235 b, e, h, 236 f, k (236 e doit sans doute être interprété de la même manière), le chrisme avec *alpha* et *omega* aux nᵒˢ 168, 235 f, 236 n. Enfin, la croix monogrammatique du nᵒ 120 faisait peut-être aussi partie du texte : *Vitachr(isti)*.

La décoration symbolique est presque toujours placée au dessous du texte. Cependant, elle est parfois en haut (nᵒˢ 57, 130, 178), en haut et en bas (nᵒ 1), ou encore au milieu du champ épigraphique (nᵒˢ 26, 97, 145, 150, 169). Ces différences d'emplacement ne paraissent pas significatives : le nᵒ 130 est parmi les inscriptions les plus anciennes et les plus soignées mais le nᵒ 1, qui porte aussi un chrisme au haut de la pierre, ne paraît guère pouvoir être antérieur

MONOGRAMMES ET COLOMBES
SUR LES INSCRIPTIONS CHRÉTIENNES DE PREMIÈRE BELGIQUE

Pl. VI

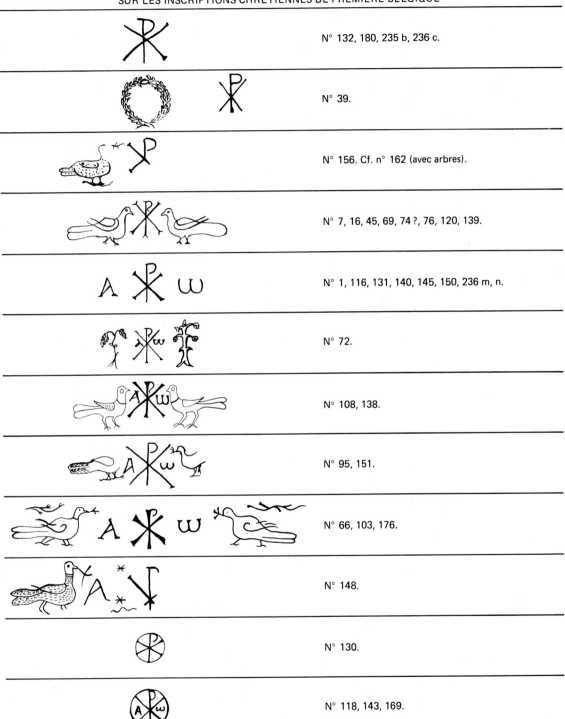

	N° 132, 180, 235 b, 236 c.
	N° 39.
	N° 156. Cf. n° 162 (avec arbres).
	N° 7, 16, 45, 69, 74 ?, 76, 120, 139.
	N° 1, 116, 131, 140, 145, 150, 236 m, n.
	N° 72.
	N° 108, 138.
	N° 95, 151.
	N° 66, 103, 176.
	N° 148.
	N° 130.
	N° 118, 143, 169.

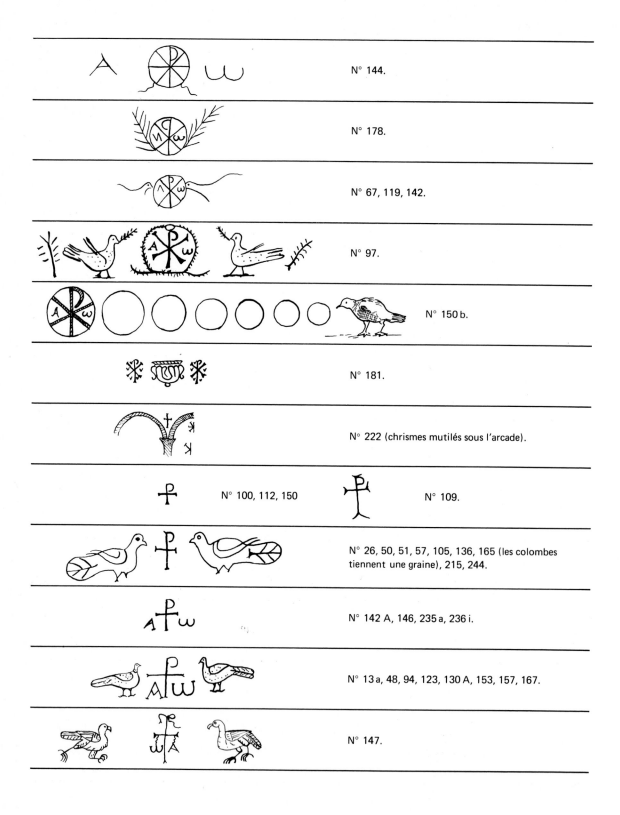

N° 144.

N° 178.

N° 67, 119, 142.

N° 97.

N° 150 b.

N° 181.

N° 222 (chrismes mutilés sous l'arcade).

N° 100, 112, 150   N° 109.

N° 26, 50, 51, 57, 105, 136, 165 (les colombes tiennent une graine), 215, 244.

N° 142 A, 146, 235 a, 236 i.

N° 13 a, 48, 94, 123, 130 A, 153, 157, 167.

N° 147.

	N° 35, 36, 47, 68, 71, 73, 78.
	N° 49.
	N° 9.
	N° 111.
	N° 4.
	N° 38, 61, 170, 174, 175, 216.
	N° 217; cf. n° 90 (2 colombes de chaque côté).
	N° 238.
	N° 183, 255.
	N° 135.
	N° 21, 63, 228.
Restes de colombes sur des inscriptions mutilées.	N° 58, 83, 88, 101, 113, 166 ?, 177, 187, 198, 227, 228.

N° 96, 117, 155, 186, 224.

N° 13 b, 30, 34.

N° 245

N° 33, 137; cf. 91 (avec palme ou arbre).

N° 99.

N° 106.   N° 241.

N° 18.

N° 184.

N° 20.

N° 62.

N° 124 (orante entre 2 croix monogr.).

N° 254.

N° 55 (inachevé ?).

au VIIe siècle. Comme pour le formulaire, le reste de la Première Belgique ne présente aucune originalité par rapport à la capitale.

L'uniformité d'ensemble n'exclut pas, comme le montre le relevé ci-dessus, une grande variété dans le détail. Il reste que 126 pierres, soit plus de la moitié de notre documentation, portent un chrisme ou des colombes ou les deux. Encore faudrait-il y ajouter les innombrables fragments où l'on ne reconnaît plus que la queue ou la tête d'une colombe pour avoir une idée juste de la banalité de ces thèmes en Première Belgique. Voici la fréquence relative de différents éléments par rapport à ces 126 inscriptions (le total des pourcentages dépasse 100 puisque certains éléments apparaissent simultanément sur la même inscription).

Chrismes	42	32,80 %
Croix monogrammatiques	46	36,80 %
Lettres apocalyptiques	55	43,20 %
Monogr. dans des cercles ou couronnes . .	21	16,80 %
Colombes	91	72,80 %

Ajoutons que chrismes et croix monogrammatiques n'apparaissent jamais ensemble sur la même inscription, sauf au n° 150, et que les monogrammes avec *alpha* et *omega* sont relativement peu nombreux à Saint-Mathias.

Cette présence massive de monogrammes constantiniens et de colombes est un signe d'antiquité. Sur les inscriptions datées de Gaule, ce sont les seuls symboles attestés dès le IVe siècle (voir le tableau de Le Blant dans *N. R.* p. II). A Rome, la colombe est attestée sur une inscription datée de 268 (Diehl 3515), le chrisme en 323 sur une épitaphe datée (Diehl 3257), la croix monogrammatique un peu plus tard. S'ils se sont imposés ainsi aux lapicides trévires, c'est que la production d'inscriptions chrétiennes à Trèves est devenue importante dès le IVe siècle.

Peut-on serrer de plus près l'évolution chronologique des symboles utilisés ? D'une façon générale, les motifs les plus simples et les plus sobres paraissent les plus anciens, conformément à la loi qui régit aussi l'évolution du formulaire. Un certain nombre de pierres particulièrement anciennes, notamment de l'atelier I de Saint-Mathias (n°s 15, 44, 46, 56), n'ont pas de symboles du tout : cette absence me paraît assez caractéristique pour constituer une présomption d'antiquité lorsqu'on la constate sur des *tituli* soignés où la place ne semble pas avoir fait défaut (par ex. n°s 12, 31, 87). Inversement, les monogrammes avec les lettres apocalyptiques sont en moyenne un peu plus tardifs que les monogrammes simples (ils sont, par exemple, absents de Saint-Mathias II, cf. *Intr.,* § 21). Mais il s'agit là d'observations vraies au niveau statistique sans qu'on puisse en faire un critère de datation pour chaque cas particulier, des inscriptions manifestement tardives ne portant aucun symbole (par exemple, n° 29 A), d'autres manifestement très anciennes portant un motif relativement chargé (par exemple, n° 148 : chrisme entouré d'étoiles, lettres apocalyptiques, colombes portant un rameau, ligne ondulée ressemblant au ruban fermant les couronnes). Rien dans notre documentation n'indique si, à Trèves, l'apparition de la croix monogrammatique est postérieure à celle du chrisme (les deux sont utilisés par Saint-Mathias II, par exemple). Le cercle entourant le chrisme est, lui aussi, attesté très tôt (n° 130, épitaphe d'un *protector domesticus*). En résumé, il est certain que colombes, chrisme, croix monogrammatique, lettres apocalyptiques, cercle circonscrit apparaissent à Trèves dès le IVe siècle, sans qu'il soit possible de préciser davantage. L'originalité de Trèves est qu'on les y retrouve encore au VIIIe siècle (n° 147), alors qu'ailleurs, les monogrammes ont disparu vers le milieu du VIe siècle (*ICVR* I, 1100 pour Rome, Le Blant 55 pour la Gaule). Le chrisme constantinien est même tombé en désuétude dès le Ve siècle (en Gaule, la dernière inscription datée, Le Blant 77, remonte à 493) alors qu'à Trèves, on le trouve encore aux n°s 1, qui ne peut guère être antérieur au VIIe siècle, et 97, qui paraît fort tardif lui aussi.

Des indices chronologiques sont peut-être fournis par deux variantes de la croix monogrammatique : celle où la croix est une croix latine et celle où l'extrémité de la boucle du *rhô* est
pourvue d'un trait oblique qui transforme cette lettre en R. Ces deux formes sont communes
en Viennoise. D'après F. Descombes, qui prépare le volume correspondant de RICG, la croix
latine monogrammatique, qu'on rencontre plusieurs fois à Vienne sur des épitaphes de la nécropole Saint-Gervais, semble y avoir été utilisée dans la première comme dans la deuxième moitié
du Ve siècle, voire au début du VIe : si l'épitaphe de Foedula (Le Blant 412), baptisée par saint
Martin, ne peut guère être postérieure à 440, d'autres (Le Blant 419 et 427), mentionnant
le jour mais non l'année de la mort, doivent être plus tardives. A Saint-Romain-d'Albon, au
sud de Vienne, on la retrouve sur deux épitaphes datées de 467 et de 516 (Le Blant, *N. R.* 134
et 135). Elle apparaît encore sur une pierre de Vif (Isère) datée de 578 (R. Girard, *Rhodania*
1965, p. 33-35). Sur les épitaphes de Saint-Gervais, à Vienne, la croix latine monogrammatique
a toujours un sommet en R. A Trèves, je distinguerai deux séries. Aux n°s 18, 106, 147 (le R
est devenu un ruban !), 153 et 155, le haut du monogramme constitue clairement un R, avec
un trait oblique distinct de la boucle; il en est de même au n° 245, à Metz. Aux n°s 7, 45, 69,
originaires de Saint-Mathias II, 13 *b*, 30 et 34, provenant de Saint-Mathias III, 96, issu de
Saint-Paulin - Saint-Maximin I, enfin 62, 72 et 108, le passage au R est seulement ébauché
en ce sens que l'extrémité de la boucle du *rhô,* au lieu de tendre à rejoindre la haste, se retourne
vers l'extérieur : ce stade me paraît antérieur au précédent. Comme on le trouve déjà à Saint-
Mathias II, il faut supposer qu'il apparaît assez tôt dans le Ve siècle. Le R plus caractérisé ferait
son apparition vers 430 au plus tôt, et plus vraisemblablement vers 450. La croix monogram-
matique latine se trouve aux n°s 109, 165 et 184. Comme les ateliers des IVe et Ve siècles ne la
connaissent pas, elle doit être à peu près contemporaine du monogramme à R caractérisé
(deuxième moitié du Ve siècle et après). Le n° 21 est un cas particulier : une croix latine y est
profondément gravée. En regardant très attentivement, on aperçoit aussi la panse d'un *rhô* ouvert,
à peine incisée. Doit-on songer à un repentir du lapicide qui avait mis en place une croix monogrammatique et s'est finalement décidé pour une croix ?

Autres motifs.

44   La plupart des autres motifs symboliques apparaissent conjointement avec des monogrammes
et des colombes.

— *agneau :* n°s 49, 143 (dans l'écoinçon) + Gose 689 (avec une orante) et 776 (photos à mon
        n° 49), Gose 391, 392, 393 et 694.

Ce motif symbolisant l'innocence du défunt (cf. l'allusion du n° 172) est amplement
attesté à Rome; il est rare dans les provinces gauloises (Trèves mise à part, un seul exemple :
Le Blant 64, à Lyon). Le n° 49 et les fragments Gose 689 et 776 (dont le texte est perdu)
paraissent dater du IVe siècle. La relative fréquence de l'agneau semble témoigner d'une influence
directe de Rome sur Trèves au IVe siècle.

— *arbre :* outre les oliviers (voir ce mot), des arbres indéterminés sont figurés aux n°s 72,
        91 ?, 162, 255 ? (Metz) + Gose 554 (photo à mon n° 91).

— *arcature* (voir aussi *édicule*) : n°s 154, 222 + Gose 688, 690, 691 et 693.

Ce motif, comme la rosette qui l'accompagne au n° 154, me paraît surtout caractéristique
du VIe siècle.

— *cercle :* n° 150 *b.*

Sept cercles de taille décroissante, dont le premier contient un chrisme, étaient, semble-t-il,
figurés sur cette pierre aujourd'hui perdue. Il s'agissait sans doute d'une décoration géométrique
à fin purement ornementale.

— *cerf* : n° 254 (Metz).

Il s'agit ici d'un thème barbare christianisé dont la faveur dans la région de Metz à l'époque mérovingienne est attestée par diverses représentations (voir commentaire au n° 254).

— *cheval* : n° 62.

Personnellement, je n'attacherai pas de signification symbolique à cette fantaisie d'un lapicide qui a remplacé par deux chevaux les habituelles colombes flanquant le monogramme constantinien. E. Salin (*Civilisation mérovingienne,* IV [Paris, 1959], p. 148-153) rappelle que le cheval chez les Indo-Européens peut être image de la mort et symbole d'immortalité mais ne cite aucune pierre funéraire mérovingienne où un cheval serait figuré. Toutefois, le dédicant du n° 62 s'appelle Germanio.

— *colonne* (ou arbre ?) : n° 255 (Metz).

C'est plutôt un arbre, à cause de la colombe posée sur ce qui paraît être une énorme feuille rattachée directement au tronc/fût de colonne.

— *couronne* : outre les couronnes plus ou moins stylisées qui entourent les monogrammes et sont souvent difficiles à distinguer d'un simple cercle (recensées Pl. VI), une couronne isolée est figurée au n° 39.

Je ne sais si ce symbole de victoire, au n° 39, doit être rapporté au Christ (il y a un chrisme sans lien avec la couronne) ou au défunt. La formule, l'indépendance entre couronne et chrisme, le style de la couronne figurée me paraissent autant d'indices que cette pierre n'est pas postérieure au IVe siècle.

— *croix* : n°s 21, 63, 107, 184, 222, 228; au début du texte, n°s 29 A, 147.

Ce symbole, si banal ailleurs, n'apparaît que 7 fois à Trèves, ce qui est anormalement peu. A Rome, il tend à supplanter le chrisme à partir du début du Ve siècle, en Gaule à partir du milieu de ce siècle. Il n'en a pas été de même à Trèves car bon nombre d'inscriptions y sont certainement postérieures à 450. Faut-il imputer cette anomalie aux grandes invasions qui auraient isolé la région en rompant ses communications avec le reste du monde romain ? Mais d'autres indices (présence de Syriens, n° 19 avec ses vers empruntés à l'épitaphe de Jovin, sources littéraires) indiquent qu'il n'en fut rien et que Trèves au Ve siècle n'était pas plus « barbarisée » que le reste de la Gaule. S'agit-il alors du conservatisme d'une ville écrasée par un passé trop illustre ? Toujours est-il que la rareté de la croix n'est que le cas extrême d'un traditionalisme des lapicides amplement documenté par ailleurs (formules et symboles).

— *édicule* : n° 107 (voir aussi *arcature*).

Des rideaux garnissent l'entrecolonnement. Ce motif doit être à peu près contemporain de celui de l'arcade. Il est d'ailleurs accompagné d'une croix, comme l'arcature du n° 222 (quoique les croix soient de factures très différentes). Le n° 107 (voir commentaire) m'a paru du VIe siècle.

— *étoile* : n° 107 ?, 148.

— *olivier* : n°s 4, 35, 36, 47, 68, 71, 73, 78, 154 ? (voir aussi *arbre*).

Un olivier entre deux colombes est le motif caractéristique de Saint-Mathias I (*Intr.*, § 16). Or tout indique que l'activité de cet atelier se situe au IVe siècle. Peut-être faut-il déceler ici, comme pour l'agneau, une influence directe de Rome car l'olivier isolé y est relativement bien documenté au IVe siècle (H. Leclercq, DACL, s. u. *arbre*, col. 2697-2708); on le trouve entre l'*alpha* et l'*omega,* ce qui signifie, au moins dans ce cas, qu'il représente le Christ (cf. Le Blant,

4

N. R. 213, à Marseille, où une grande croix monogrammatique naît des branches d'un olivier à quatre racines). Je penserais volontiers qu'il en est de même à Trèves, du moins sur les pierres de Saint-Mathias I où l'olivier occupe la place centrale habituellement dévolue au monogramme christologique.

— *orante* : n⁰ˢ 124, 259 (Deneuvre) + Gose 348 (orant nu : photo au n° 124), Gose 688, 689 (photo à mon n° 49).

La figure de l'orante, si commune dans les catacombes romaines, n'apparaît en Gaule qu'à Arles (Le Blant 518, 526, 527, 534, 536) et Marseille (Le Blant 546). Les orant et orante n° 124 (cf. le formulaire), Gose 348 (nudité) et Gose 689 (agneau) me semblent du IV° siècle, époque où les influences romaines étaient sensibles à Trèves (cf. l'agneau et l'olivier). La pierre de Deneuvre me laisse perplexe (voir commentaire du n° 259). Le fragment Gose 688, où le personnage en prière apparaît dans une arcade à rideaux comparable au n° 107, ne me semble pas antérieur au VI° siècle.

— *palme* : 62, 107, 166, 178 (et 91 si ce n'est pas un arbre), 245 et 253 à Metz.

Symbole de victoire comme la couronne, la palme se trouve à Rome du début du IV° siècle jusqu'en 530, en Gaule de 444 (Le Blant 618) à 582 (Le Blant 611). A Trèves, aucune des inscriptions où elle apparaît n'est antérieure à la deuxième moitié du V° siècle.

— *poisson* : n° 135, 254 (Metz).

Le poisson, qui est l'un des symboles chrétiens les plus anciens, ne fait que très tardivement son apparition en Gaule (en 474 : Le Blant, *N. R.* 334). Les deux exemples de Première Belgique sont particulièrement tardifs, sans doute influencés par le paganisme germanique (voir le commentaire de ces deux pierres); rien n'indique que le poisson y ait conservé le sens christologique qu'il avait à l'origine.

— *rosette* : n° 154 + Gose 692 + *Frühchristl. Zeugnisse,* p. 231, 28.

Ce motif, si rare à Trèves, est très répandu sur les bords du Rhin à l'époque franque (K. Böhner, *Fränkische Altertümer,* I, p. 241 et 252 sq.).

— *vase* : n⁰ˢ 104 (seul, garni de feuillages), 181 (entre deux chrismes), 4 (entre olivier et colombe), 183 et 255 (avec pampre et colombes), 38, 61, 90, 170, 174, 175, 216, 217, 238 (entre colombes), 135 (entre colombes et avec deux poissons), 257.

Ce motif, qu'on trouve à Rome dès la fin du IV° siècle, apparaît pour la première fois (entre deux colombes, comme si souvent à Trèves) en 438, à Lyon (Diehl 2783 B = CIL XIII, 11 207), sur les inscriptions datées de Gaule. C'est le seul des symboles postérieurs au IV° siècle qui ait joui d'une faveur réelle à Trèves et dans le reste de la Première Belgique (d'où proviennent les n⁰ˢ 238, 255, 257). Je suppose que son adoption a dû être relativement précoce, antérieure à ce gel des formules et des symboles que nous avons déjà plusieurs fois noté. Ensuite, il s'est perpétué comme le reste (le n° 135 est fort tardif).

— *vigne* : n° 20, 72, 111 (grappe de raisin), 183 et 255 (colombes becquetant la grappe d'une vigne sortant d'un vase), 197, 214 et 231 + Gose 836 (photo au n° 214), dans une frise d'encadrement.

La vigne a un sens christologique aux n⁰ˢ 20, 111, 183 et 255. Lorsque le même thème apparaît en frise régulière tout autour de la pierre, le but est devenu surtout décoratif.

— *indéterminé* : n° 102, 253 (Metz).

Un motif végétal à volutes apparaît sur ces pierres d'ailleurs mutilées. Il semble avoir une fin purement décorative.

— *frise d'encadrement :* nᵒˢ 135, 191, 197, 202, 214, 231, 242 (Metz), 252 (Metz) + Gose
    836 (photo au nᵒ 214).

Ces frises parfois très décoratives qui cernent le champ épigraphique de tous côtés me
paraissent généralement tardives.

A l'exception de quelques inscriptions métriques, le formulaire et les symboles sont donc   **45**
en Première Belgique d'une extraordinaire homogénéité. Les inscriptions les plus anciennes sont
les plus variées. A partir du début du vᵉ siècle ou, au plus tard, de 450, s'instaure un conservatisme rigide qui ne cessera qu'à l'aube de l'époque carolingienne. En effet, si l'on excepte
quelques pierres très tardives où apparaissent enfin, simultanément, l'écriture mérovingienne,
l'onomastique germanique et quelques formules nouvelles (encore se mêlent-elles aux anciennes),
les formules et les symboles apparus après le milieu du vᵉ siècle dans le reste de l'Occident latin
ne se sont jamais acclimatés en Première Belgique : on n'y trouve ni *bonae memoriae,* ni *in hoc
tumulo requiescit,* rarement la croix, ni l'habitude de dater systématiquement les épitaphes. Inversement, tout ce qui, ailleurs, disparaît après le milieu du vᵉ siècle (débuts simples comme
hic iacet, monogrammes constantiniens, mention des dédicants) est resté en usage en Première
Belgique jusqu'en plein viiᵉ siècle. Pour estimer l'âge d'une inscription d'après son formulaire
et sa décoration symbolique, il faut donc tenir compte de deux tendances inverses qui se sont
succédées dans le temps : au ivᵉ siècle, Trèves, résidence impériale, deuxième ville d'Occident,
est plutôt en avance sur le reste de la Gaule (nous avons vu que des expressions comme *plus
minus, uixit in seculo,* des symboles comme le vase paraissent s'y être répandus à une époque
intermédiaire entre Rome et le reste de la Gaule); à partir de la deuxième moitié du vᵉ siècle,
elle est au contraire en retard puisqu'elle a cessé de suivre le mouvement de l'évolution générale.
Elle s'ouvre à nouveau aux influences extérieures au viiiᵉ siècle : timidement d'ailleurs car
des inscriptions comme les nᵒˢ 135 ou 147 contiennent encore bien des éléments traditionnels
(mention des dédicants, croix monogrammatique, colombes, etc.), ce qui indique qu'il n'y a
aucun hiatus dans la production épigraphique.

LANGUE

Sous cette rubrique, on s'est contenté de dresser le catalogue des particularités du latin observées dans nos inscriptions de la Première Belgique, réservant l'examen du problème linguistique à l'étude d'ensemble prévue pour le volume final. Pour procéder au classement des phénomènes, je me suis fondée sur quelques notions communément admises, telles qu'on peut les trouver résumées, par exemple, dans le petit précis de V. Väänänen, *Introduction au Latin vulgaire* (nouvelle édition, Paris, 1967).

Je propose d'appeler, conformément à une distinction classique :

— *vulgarisme,* la notation phonétique d'une prononciation réelle.

> Ex. *i* bref, prononcé *é* fermé, noté E;
>
> *ae,* prononcé *è* ouvert, noté E.

— *contrépel* l'assimilation purement graphique d'un son avec un autre susceptible d'être transcrit par deux graphies dont l'une est la même que celle du premier son.

> Ex. : *i* long, prononcé [i], noté E (assimilation graphique de I notant [i] et de I notant [é fermé];
>
> *e* bref, prononcé [è ouvert], noté AE.

Ces termes seront employés ici en toute rigueur. Mais, dans le reste de l'introduction et le commentaire propre à chaque inscription, il m'est arrivé, pour faire bref, d'employer le mot « vulgarisme » au sens plus général de « graphie témoignant de l'évolution phonétique ou syntaxique » (englobant, donc, vulgarismes proprement dits et contrépels).

J'ai noté les sons par des lettres minuscules entre crochets et les graphies par des lettres majuscules.

LES SONS

Les voyelles simples.

On a signalé depuis longtemps la différence capitale qui oppose les langues romanes au « latin classique » : la substitution du *timbre* à la *durée*. En latin classique, toute voyelle peut être longue ou brève, et cette distinction quantitative est essentielle. En roman au contraire, c'est la différence qualitative entre voyelles ouvertes et fermées qui distingue les mots. Le passage d'un système phonétique à l'autre ne s'est pas fait au hasard mais selon un processus que l'on peut schématiser de la façon suivante (Väänänen, p. 30) :

Il s'agit là d'un schéma que l'interférence de phénomènes secondaires vient souvent troubler. C'est sur les voyelles accentuées que ce processus d'évolution s'est exercé avec le plus de rigueur, encore que l'action de sons voisins intervienne parfois.

48   On considère généralement que le passage d'un système phonétique à l'autre a dû s'effectuer au cours du IIIe siècle. En tout cas, à Trèves, la fréquence des notations phonétiques témoignant de la confusion entre *i* et *e* sur des inscriptions du IVe siècle montre que la perte du sentiment de la durée des voyelles était un phénomène sans doute déjà relativement ancien au moment où apparaissent les inscriptions chrétiennes, vu que l'écriture est par définition plus conservatrice que la langue parlée.

49   — *ĭ noté par E :*

Ce vulgarisme montre que la prononciation du *i* bref classique s'était tellement approchée du *e* long qu'on était tenté de le noter phonétiquement par la même lettre. Dans notre matériel, il porte indifféremment sur la voyelle accentuée (voir à l'index les mots *dulcis, in, licet, minus* et les formes en *tet-* de *titulus*, auxquels on peut ajouter les noms *Princepius = Principius*, n° 251, et *Retecius = Reticius*, n° 31) ou sur une voyelle non accentuée (voir les mots *aeternitas, fidelis, nobilis, obeo*, les formes *posuet* et *posetus* de *pono, principalis*, les formes en *-cet* de *quiesco* et de *requiesco, tego, trado, tribunus, uenerabilis, uiuo*, auxquels on peut ajouter *Maxemima = Maximima*, n° 84 A, *Perses = Persis*, n° 49, *Selentia = Silentia*, n° 160, *Vrsecina = Vrsicina*, n° 166, et, éventuellement, les formes *duodecem*, n° 127, et *tredecem*, n° 176, quoiqu'il s'agisse peut-être de recompositions étymologiques). J'ai ainsi relevé 39 vulgarismes de ce type portant sur la voyelle accentuée et 62 (ou 64 avec *duodecem, tredecem*) sur une voyelle non accentuée, soit une centaine en tout. Un nombre imposant d'entre eux concerne les formes verbales *posuet, quiescet* (24 !), etc. L'évolution phonétique a favorisé la confusion entre les deuxième et troisième conjugaisons.

50   — *ē noté par I :*

C'est en somme le vulgarisme symétrique du précédent. L'hésitation entre les deux graphies possibles d'un son désormais identique, intermédiaire entre [é fermé] et [i], amène les semi-lettrés à mettre parfois un I pour rendre ce phonème [é fermé] alors que celui-ci correspond à un *e* long classique, de même qu'ils le rendaient parfois par E là où il correspondait à un *i* bref classique.

Dans notre matériel, les vulgarismes de ce type portent sur les mots *adulescens, facio, nouember* (*nouimb.*), les formes en *quiisc-* de *quiesco* et *requiesco, tecum*, n° 55, lorsqu'il s'agit de la voyelle accentuée, sur les mots *dedico, depositio, destituo, innocens, mensis, nouember* (*nouembris = nouembres*), *nutricio, parentes, patres, senior* lorsqu'il s'agit de la voyelle non accentuée (voir à l'index le détail des références). Soit 9 graphies en I de voyelles accentuées et 52 de voyelles non accentuées.

Dans 55 cas sur 61, ce I précède un S. Par ailleurs, on ne trouve jamais la forme *minsis* alors que ce mot apparaît si fréquemment en Première Belgique. La notation E ou I doit donc correspondre, dans la plupart des cas, à une nuance phonétique : on écrivait E lorsqu'on prononçait [é fermé] (cf. l'italien *meno, fedele*, correspondant aux formes *menus, fedelis*), I lorsqu'une prononciation particulièrement fermée se rapprochait de [i]. Que *fecit, fecerunt* aient tendu à se prononcer [ficit], [ficirunt], conformément à la graphie des n°ˢ 147 et 164, est attesté par l'évolution qui a conduit au français *fit, firent* (cf. déjà *fet*, n° 215). Pour I devant S, B. Löfstedt (*Studien über die Sprache der Langobardischen Gesetze*, thèse d'Upsal, 1961, p. 23-s.) a fait des observations analogues à propos des textes lombards : la prononciation de l'ancien *ē* semble particulièrement fermée devant *s* et, plus encore, *sc* (p. 32-34). En ce qui concerne le pluriel de la troisième déclinaison, le problème de savoir si la graphie *-is* au lieu de *-es* correspond à un phénomène phonétique ou morphologique est longuement analysé par Löfstedt (p. 39-47), qui conclut plutôt à l'influence prédominante de la phonétique. Pour la Première Belgique, je serai catégorique : les vulgarismes phonétiques sont si nombreux et si anciens et les vulgarismes morphologiques si rares et généralement si tardifs que ces derniers n'ont pu jouer qu'un rôle tout à fait accessoire. Pour finir, notons qu'en contradiction avec le phénomène que je viens de décrire, le mot *dies,* qui a donné lieu ailleurs à toutes sortes de déformations (notamment *diis* et *dis*), est parfaitement stable à Trèves.

— *ŭ noté par O :*   **51**

C'est un phénomène analogue à ĭ noté E. En Première Belgique, ce vulgarisme porte surtout sur des voyelles non accentuées : 27 cas (voir à l'index le mot *adulescens* et les formes en *-tol-* de *titulus;* y joindre les diminutifs en *-olus* après consonne des noms *Caluola, Fedola, Francola, Lopolus, Vrsola,* et la forme *tomolo* du n° 191). Dans tous les cas, ŭ non accentué précède un *l.* Que le son ait été plus proche de [o] que de [u] trouve une confirmation dans les formes en *-olo* de l'italien. Il apparaît sporadiquement sur quelques voyelles accentuées : *Lopolus,* n° 181; *nomero = numero,* n° 135, *sous = suus,* n° 145, *tomolo,* n° 195; cf. *Exsoperantia (= Exsuperantia),* n°123, où *u* porte un accent secondaire.

— *ō noté par V :*   **52**

Phénomène de même type que *ē* > I (*supra*, § 50). On trouve V pour *ō* accentué dans les formes *amure* (n° 147), *matrune* (n° 138), *numine = nomine* (n° 147). V <*ō* n'est pas la voyelle accentuée dans les mots *annus* (voir index), *ustiarus = ostiarius* (n° 165), et les noms *Adeudatus* (n° 96, graphie peut-être empruntée à l'Afrique avec le nom : dans les Tablettes Albertini, de la fin du vᵉ siècle, le nom apparaît 10 fois, toujours sous la forme *Adeudata;* voir V. Väänänen, *Etude sur le texte et la langue des Tablettes Albertini,* Helsinki, 1965, p. 30, 11) et *Victurinus* (n° 184, à moins qu'il s'agisse non de Victorinus mais d'un diminutif de Victurus attesté 4 fois dans Diehl).

Ici aussi, on peut se demander si cette graphie en V résulte de l'hésitation possible entre deux graphies rendant un son identique [o fermé] ou si, en certains cas, elle témoigne d'une prononciation particulièrement fermée tendant vers [u]. En tout cas, c'est un phénomène assez rare, sauf en ce qui concerne le mot *annus,* qui est un problème particulier (voir *infra,* § 89). J. Pirson (*La Langue des inscriptions latines de la Gaule,* Bruxelles, 1901, p. 42) considère que « *ustiarius* est dérivé de la forme populaire *ustium* (classique *ostium*), que postulent certains dérivés romans. On trouve *ustius, ustium, ustiarius* dans la Vie de sainte Euphrosyne (viiiᵉ-xᵉ siècle) ». Le Blant (*Inscr. Chrét.* 292) signale qu'on rencontre 5 fois la graphie *ustiarius* dans les signatures d'un acte de vente de 551 (G. Marini, *Papiri dipl.,* p. 183) et dans le *Missale Francorum* (« *Benedictio Vstearii* »). Ces formes, ainsi, éventuellement, que *Victurinus,* ont dû apparaître sous l'influence de la métaphonie par *i.*

— *ī noté par E :*   **53**

Contrépel car jamais *i* long n'a été prononcé [e fermé] ni [e ouvert]. De telles formes sont très rares : *ec* pour *hic* au n° 173 (un seul cas alors que le mot apparaît sur presque toutes les pierres), *edus* pour *idus* au n° 72, *Vec[to]r* pour *Victor* au n° 66. Aucune des inscriptions qui les portent ne se range parmi les plus anciennes de la Première Belgique chrétienne.

— *ĕ noté par I :*   **54**

Phénomène rare également puisqu'il n'est attesté que 6 fois (dans les mots *iaceo, mater, pono -posuirunt -,* qui sont pourtant fort communs).

— ŏ *noté par* V :

Deux cas seulement : *pupulo = populo* (n° 135) et *pusuerunt = posuerunt* (n° 18).

Lorsque ĕ et ŏ se trouvent dans une syllabe non accentuée, ils ont eu généralement tendance à évoluer vers un son fermé (cf. B. Löfstedt, *Studien über die Sprache d. Langobardischen Gesetze*, p. 37). Le schéma du § 47 devrait donc être modifié de la manière suivante en ce qui concerne les voyelles non accentuées :

Les graphies précédentes en I et V, concernant toutes, sauf *pupulo,* des voyelles non accentuées, pourraient être des vulgarismes s'expliquant ainsi. Pirson (*op. cit.* p. 30-31) donne un grand nombre d'exemples de ce type dans le reste de la Gaule mais, à Trèves, il s'agit de graphies isolées : aussi serait-il imprudent d'y voir une confirmation d'une évolution constatée ailleurs, d'autant plus que la forme *matir* (n° 75) peut n'être qu'une faute du lapicide dans une inscription qui en compte bien d'autres, que la forme *iacit* peut s'expliquer autrement (voir *infra, § 87*) et que *pusuerunt* pour *posuerunt* peut être dû à l'anticipation du second V.

Le cas de *pupulo* est étonnant puisque l'accent porte sur la première syllabe, dont le o a dû rester stable (cf. italien *popolo*); ce que montre l'italien, c'est que les voyelles tendaient à se prononcer [o] toutes les deux; le lapicide flairant un piège a voulu le déjouer et n'a abouti qu'au contrépel *pupulo*.

Iacit est la seule de ces formes attestée sur des pierres antérieures à 450, ce qui confirme qu'il faut peut-être lui chercher une explication particulière.

55   — ū *noté par* O :

On relève les graphies *coniox* (n° 160) et *coiox* (n° 184) pour *coniux*, et *Couoldus* (n° 115 et 132) pour *Quoduultdeus*. Ce seraient des contrépels analogues à ī noté E si le voisinage d'un autre o (surtout dans une syllabe accentuée comme *coniux*) ne donnait à penser que la syllabe avec O < u a pu être phonétiquement influencée par la syllabe avec [o].

Au total, la caractéristique la plus ancienne de l'évolution du latin en Première Belgique paraît être la confusion entre ī et ē : elle a amené les lapicides chrétiens à graver 154 vulgarismes (*supra*, § 49-50), dont beaucoup sur des pierres dont l'antiquité se devine à différents indices. La confusion analogue entre ŏ et ū est sensiblement moins générale : elle n'est attestée (§ 51-52) que 59 fois. Les contrépels paraissent exceptionnels : la plupart des formes susceptibles d'être rangées dans cette catégorie peuvent aussi s'expliquer différemment. Enfin, la tendance à la fermeture de ĕ et ŏ dans une syllabe non accentuée n'est documentée sans ambiguïté que par la forme *posuirunt* aux n°ˢ 27 et 147, tous deux postérieurs à 500.

56   Dans les noms germaniques, ŏ non accentué > A est fréquemment attesté dans la Gaule mérovingienne, par exemple chez Grégoire de Tours (H. d'Arbois de Jubainville, *Etudes sur la langue des Francs à l'époque mérovingienne*, Paris, 1900, p. *127-*139); dans notre matériel, on trouve en effet *Merabaudis* pour *Merobaudis* au n° 40. Au VIIIᵉ siècle, cet ŏ final du premier terme peut donner E (*Ibid.* p. *160) : cette particularité permet de dater le n° 135, où apparaît la forme *Hlodericus*.

Les diphtongues.

— *ae :*   **57**

La monophtongaison de [ae] en *e*, prononcé [e long ouvert] est déjà bien attestée à Pompéi (Väänänen, § 59). Avec la perte de la notion de durée vocalique, *ae* ([e long ouvert]) se prononce — comme e bref — [e ouvert]. L'identification des deux sons est amplement attestée dans notre documentation par les 12 gén./dat. de la 1re déclinaison en -*e* (voir *Aurora, carus, dulcis, matrona, nata, pius, Sanctula*, à l'index) et par les formes *Cesar*[...], *precessit, prestare, que, seculo* (voir l'index : 17 cas, dont 12 pour *que*). Beaucoup de ces graphies apparaissent sur des pierres manifestement fort anciennes.

On relève quelquefois le contrépel correspondant : *aeorum* pour *eorum* au n° 68 (cf., dans   **58** la même inscription, *aeius* pour *eius*, sans doute par assimilation), *pacae* pour *pace* aux nos 38 et 124, *saenior* pour *senior* au n° 97.

— *oe :*   **59**

La diphtongue s'est monophtonguée en *e*, évolution déjà attestée, elle aussi, à Pompéi (Väänänen, § 59). Dans notre recueil, on trouve deux graphies en *e* (sur le nom *Foedula* : nos 21 et 125) contre une en *oe* (*poena* : n° 170).

— *au :*   **60**

La diphtongue *au* s'est maintenue plus longtemps et s'est même conservée dans certaines langues romanes (Väänänen, § 60). Cependant, « une réduction de *au* en *a*, due à la dissimilation, se produit dans la syllabe initiale, lorsque la syllabe suivante contient un *u* » (*Ibid.* § 61). Ce phénomène est attesté trois fois à Trèves : *agustas*, nos 72 et 191 (cf. italien *agosto*), et *Marus* pour *Maurus*, n° 36. Le n° 36 est du IVe siècle, témoignant de l'ancienneté d'un phénomène qui serait sans doute mieux documenté si les mots répondant aux conditions requises étaient plus nombreux dans notre matériel.

Transcription des voyelles grecques.

Elle est assez variée; elle dépend sans doute partiellement de l'époque à laquelle les mots   **61** grecs considérés ont été importés en Occident.

— η est rendu
    par AE : Calopae, n° 96;
    par E : Calopes, n° 132; Irene, n° 32;
    par I : Calliopis, n° 189; Iliodorus, n° 32; Sarracina, n° 154.

— υ est rendu
    par V : Dunamiola, n° 118; Suricula, n° 157; Surus, n° 32 *b*; peut-être Sur[...]a, n° 94;
    par I : Euticianus, n° 20; neofita, n° 85; presbiter, n° 214; Tirintina (< Τίρυνς, -υνθος plutôt que Terentina), n° 123; cf. Lecontia (= Lycontia plutôt que Leontia), n° 150 (ĭ > E) et Dedamius (= Dynamius), n° 27;
    par Y : Euthymius, n° 121; Glyceria, n° 133; Lycontia, n° 31; Lycontius, n° 142 A.

— ει est rendu par I : Irene, n° 32.

— οι est rendu par I : Agricia, n° 63, Agricius, n° 2, Acricius, n° 95; cf. Agrecia, n° 97.

On voit que le phénomène de l'iotacisme, dont les inscriptions grecques de Trèves témoignent directement, est amplement attesté aussi par la transcription en écriture latine des noms grecs.

Syncope.

62   La chute d'une voyelle brève non accentuée entre deux consonnes est un phénomène particulièrement fréquent dans les langues romanes. On n'en trouve cependant guère de traces dans
les inscriptions chrétiennes de Première Belgique. Les graphies *Albins* (pour *Albinus,* n° 123),
depostionem (pour *depositionem,* n° 153), *patr* (pour *pater,* n° 18), *posuernt* (pour *posuerunt,*
n° 157), *titulm* (pour *titulum,* n° 18) sont peut-être un phénomène purement graphique (abréviations) plus qu'une véritable syncope. La chose est certaine dans le cas de *flius, flia* (n° 21) :
l'accent tonique est toujours resté sur le premier *i,* comme le prouve l'évolution du mot dans les
langues romanes. On trouve d'ailleurs d'autres cas analogues sur des inscriptions gauloises
(J. Pirson, *Langue des inscriptions latines de la Gaule,* p. 55).

Voyelles en hiatus.

        La rencontre de deux voyelles à l'intérieur d'un mot entraîne différents phénomènes.

63   — *contraction en une voyelle longue de deux i consécutifs :*

        C'est un vulgarisme extrêmement commun à Pompéi (Väänänen, § 74) et qui rejoint l'usage
du vieux latin. En Première Belgique, il est largement attesté : *Bonifati,* n° 37; *fili,* n°ˢ 38, 63, 91;
filis, n° 217; à Metz, *fili,* n° 247; *gaudi,* n° 89.

        La contraction est cependant loin d'être la règle : par exemple, on trouve *filii* aux n°ˢ 62,
84 et 154, *filiis* au n° 104. Les deux graphies paraissent avoir coexisté dans le temps : les n°ˢ 37
(*Bonifati*) et 84 (*filii*) sont du IVᵉ ou des premières années du Vᵉ siècle; les n°ˢ 63 (*fili*) et 154 (*filii*)
datent de la fin du Vᵉ ou du VIᵉ siècle.

64   — *Chute des voyelles i, e, u en hiatus :*

        Elle se produit quelquefois : *Couoldus* (= *Quoduultdeus*), n° 132 (chute du *e*), *febrarius,*
n° 3; cf. *febar<r>ias ?,* n° 138 (chute de *u*).

        On ne peut ranger dans la même catégorie les formes *Calopae,* n° 96; *Calopes,* n° 132,
car la chute de *i, e, u* en hiatus ne se produit que lorsque la consonance précédente (ci-dessus,
groupe de deux consonnes) empêche ces voyelles de se consonnifier (Väänänen, § 79). Dans le
cas de *Calopae/es, i* a dû passer au degré [y] et se combiner plus ou moins avec le *l* précédent
(cf. italien *figlio*); ainsi que le suppose J. Pirson (*op. cit.* p. 58), « faute de caractère spécial,
le graveur aura cru pouvoir transcrire ces consonnes mouillées au moyen des lettres ordinaires ».

Voyelle prothétique.

65   Dans les noms *Escupilio* (= *Scupilio,* n° 18) et *Ipsychius* (= *Psychius,* n° 139), on a
introduit un *e* et un *i* euphoniques devant le groupe initial de deux consonnes.

Les semi-voyelles [w] ou [y].

        « En raison de leur aperture relativement grande, les semi-voyelles remplissent mal la
fonction de frontière syllabique. Aussi finissent-elles en général soit par se renforcer, soit, dans
des conditions particulières, par s'amuïr ». (Väänänen, § 88).

66   — *en position intervocalique,* [y], sentie comme une géminée, est notée II aux n°ˢ 111 (*Caiia*)
et 238 (*iiacet*).

67   — *les groupes t et k + [y] s'assibilent* et finissent par se prononcer de la même façon (Väänänen, § 99); d'où les vulgarismes *Bancio* (= *Bantio*), n° 11, *deposicio* (= *depositio*), n°ˢ 29 A

et 135, et, inversement, la forme *Vrsatius* pour *Vrsacius* au n° 165. Dans un cas comme dans l'autre, on prononçait [*depositzio*] et [*Vrsatzius*]. Cf. n° 186, où l'on ne sait pas si la forme primitive du nom est *Aregius* (forme adoptée sur la pierre) ou *Aredius*. Au n° 142, la forme *des* (= *dies*) doit témoigner d'une assibilation *d* + [y] que le lapicide a été impuissant à traduire graphiquement, à moins qu'il s'agisse d'un simple oubli de sa part.

— il semble même que la différence entre les occlusives sourdes *t* et *k* + [y] et les occlusives **68** sonores *d* et *g* + [y], une fois les deux groupes assibilés, ait tendu à s'estomper puisque nous trouvons dans notre documentation la forme *macias,* n° 21. Le renforcement du [y] de *maias,* en position intervocalique, a abouti à [d^z] (Väänänen, § 95), confondu avec la forme sourde équivalente [t^z], notée CI, comme on vient de le voir.

— pour expliquer la forme *Priectus* (n°s 51, 52), on peut penser que [y] s'est amui après avoir **69** provoqué la fermeture du AE de *Praeiectus* (forme courante pour *Proiectus*) à moins — hypothèse la plus probable — que la chute de [y] soit purement graphique et qu'on ait prononcé [*Priyectus*] comme on prononçait [*piyus*] pour *pius* (cf. français *plier* prononcé [*pliyer*]. Väänänen, § 75).

— *amuissement de* [w] : **70**

Couoldus (= *Quoduultdeus*), n° 132; *Couol*[...], n° 115, *octaum,* n° 138, sont des formes qui s'expliquent par l'amuissement de la semi-voyelle devant les voyelles correspondantes *o* et *u,* phénomène qui s'est produit « à plusieurs reprises au cours de l'évolution du latin » (Väänänen, § 90-91).

La réduction de [k^w] à [k] devant les voyelles autres que *o* et *u* est relativement peu documentée en Première Belgique : 8 exemples (voir index, s. u. *quartus, qui, quiesco*). Le n° 142 A présente à la fois le vulgarisme *qarta* et le contrépel *Quiriacus* pour *Ciriacus.* Relevons aussi la forme *reci*[*escit*] pour *requiescit,* à Metz (n° 250), qui témoigne à la fois de la réduction de [k^w] à [k] et du maintien du son [k] dans le groupe *ci.*

— il est remarquable qu'on ne trouve en Première Belgique aucun exemple du passage de [w] à [b] ou inversement, si commun ailleurs.

Les consonnes.

— *k* + *a :* **71**

Les Latins ont toujours hésité entre les graphies CA (qui s'est généralisée dans la langue littéraire) et KA (cf. le mot *kalendae*). Notre documentation reflète ces hésitations : 3 graphies en *k* de *carus* (n°s 49 et 71, qui m'ont paru remonter au ive siècle, 75), et une en *c* de *kalendae* (n° 104).

— *l'aspiration h :* **72**

Très tôt, le peuple a cessé d'aspirer l' *h,* et cet usage s'est à ce point répandu que l'aspiration, au temps d'Augustin, était propre aux pédants (*Conf.* I, 18 [29]). Je n'ai relevé cependant que 8 formes sans *h* (voir à l'index *hic* et *honor*); cf. *Iliodorus,* malgré l'esprit rude de Ἡλιόδωρος, n° 32. Les n°s 36, 59 et 61, qui portent *ic,* appartiennent au ive siècle. C'est donc une graphie très ancienne qui, si l'on songe que *hic* apparaît dans presque toutes les épitaphes, est demeurée rare.

Une réminiscence mal venue de cet *h* se discerne dans la graphie *ihc* (n° 145), à moins qu'il s'agisse d'une négligence du lapicide qui n'a pas placé la traverse du H à l'endroit où il fallait pour lire HI.

73   — *le h germanique :*

Dans les noms germaniques, l'aspiration était, au contraire, fortement sentie. Le latin mérovingien rend normalement ce son par CH. Cependant, la graphie CH n'apparaît jamais à Trèves. On trouve deux fois H : *Hari*[...] (n° 134) et *Hlodericus* (n° 135). Même le H a parfois disparu, étape ultérieure de la « romanisation » des noms germaniques : *Ludula* (sur la racine *hludh,* comme *Hlodericus,* n° 170), *Ludubertus* (toujours sur la même racine, n° 29 A), *Vinardus* (= *Winihart,* n° 76); ces trois formes ne me paraissent pas antérieures au VIIIe siècle.

74   — *occlusives sourdes et sonores :*

Il semble qu'il y ait à Trèves quelques cas où C se substitue à G : *Acricius* (= *Agricius,* n° 95), *Dicnissima* (n° 117), *uirco* (= *uirgo ?* Lecture très douteuse; n° 210). Mais, la confusion paléographique entre C et G est trop facile à faire pour que les lectures soient absolument assurées. En principe, ce sont plutôt les sourdes qui ont eu tendance à se sonoriser, encore que ce phénomène ne soit guère attesté en Gaule du Nord (6 fois G pour C dans CIL XIII contre 7 fois C à la place de G). Si les C de notre documentation ne sont pas des G inachevés, il n'est pas exclu qu'ils représentent une notation phonétique car l'*Appendix Probi* recommande : *frigida, non fricda; digitus, non dicitus*

— *k + i, e :*

L'évolution de *k* devant *i* et *e* constitue un cas particulier. Les langues romanes montrent qu'à un moment donné, l'occlusive sourde *k* s'est palatalisée. Cependant, ce moment est mal documenté (Väänänen, § 100). Notre matériel fournit à cet égard des indices contradictoires. La graphie grecque Ούρσικῖνος (n° 168), les formes *pacae* pour *pace* (n°ˢ 38, 124), *reci*[*escit*] pour *requiescit* (n° 250; voir *supra,* § 70) donnent à penser que le son [k] se maintenait devant *i* et *e*. Au contraire, on peut se demander si la forme *Quiriacus* (n° 142 A) n'a pas été choisie de préférence à *Ciriacus* comme plus propre à rendre le son [k] du K grec. De même, la chute du S dans les mots [*q*]*uiecet* (n° 132), *qiec*[*it*] (n° 251, à Metz), *requiecit* (n° 145) signifie peut-être que le C avait désormais le même son que le S, qui, faisant double emploi, a été négligé. L'examen du contexte ne permet pas de déceler une évolution chronologique d'une forme à l'autre.

— *dentales :*

On trouve deux fois au n° 217 la graphie *adque* pour *atque*. La permutation de T et D se produit parfois, notamment en Gaule (J. Pirson, *op. cit.,* p. 65).

Les consonnes géminées.

75   « Les langues romanes attestent une simplification assez générale des consonnes doubles » (Väänänen, § 109). Ce phénomène est, selon Väänänen, postérieur à la sonorisation des sourdes intervocaliques, dont on ne trouve pas trace en Première Belgique. Il est cependant attesté par un petit nombre de vulgarismes portant sur les mots *annus, dulcissimus, innocens.* Cf. *Nonusa* et *Talasia* (< θάλασσα). Sauf le cas particulier de Talasia (n° 59), dont l'épitaphe remonte au IVe siècle, les 9 exemples recensés figurent sur des pierres qui pourraient bien être tardives, au point que je suis tentée de voir dans cette particularité une présomption de basse époque, comme la linguistique nous y invite.

La gémination d'une consonne simple est rare : *menssis,* n° 178, *uixxit,* n°ˢ 21, 29 A (gémination facilitée par le fait que la consonne *x* était sentie comme double); cf. *Sarracina* (de Σαρακηνός), n° 154. Le contrépel *menssis* suppose l'existence du vulgarisme précédent et, de fait, la pierre est du VIe siècle au plus tôt (voir conclusion du n° 178). Le n° 29 A est du VIIIe siècle, le n° 154 du VIe. En vertu du raisonnement précédent, le n° 21 a des chances d'être tardif aussi.

Les groupes de consonnes.

— *[ks]* :										**76**

Contrairement à ce qui se passe dans certaines régions (cf. l'évolution qui a abouti à l'italien), [k] n'a pas tendance à s'amuir devant [s] en Première Belgique. Ainsi, pour *uixit,* on ne trouve jamais la forme *uisit,* si amplement attestée ailleurs; de nombreux vulgarismes attestent au contraire la persistance des deux sons (voir les 16 formes en *-xx-, -xs-, -cs-, -cx-* de *uiuo,* et y joindre *conplexsu(s ?),* n° 89, *[M]axsimin[us/a],* n° 221, *saxsis,* n° 258, à Sion). La graphie *uisxit,* n° 33, traduit de façon inadéquate la même prononciation.

Le seul cas d'assimilation du son [kṣ] en [s] est *innos* (= *innox,* doublet d'*innocens*), n° 3. On a deux autres exemples de cette forme sur les inscriptions de Rome et deux sur celles de Carthage (d'après l'index de Diehl).

— *amuissement de n (ou m devant b) après voyelle :*										**77**

Ce phénomène se produit dans trois cas.

Le premier est l'amuissement de [n] devant [s], un des traits les plus constants et les plus anciens de la langue vulgaire (Väänänen, § 121), attesté dans notre matériel par les formes *dolies* = *doliens* (n° 74), *infas* (n°ˢ 3, 42, 103), *innoces* (n° 241) et 8 graphies sans *n* de *mensis.* A titre de comparaison, signalons qu'on relève une fois la graphie *dolens* (n° 140), 4 fois *infans,* jamais *innocens,* 33 fois *mensis* avec un *n.* Les n°ˢ 60 et 61 (*mesis*) datent du iv° siècle. Le phénomène est donc bien ancien en Première Belgique mais non point aussi constant qu'ailleurs.

Le deuxième est l'amuissement de [n] devant [kt]; dans ce recueil, on trouve le vulgarisme *coniuctione* et le contrépel *uincturum* (= *uicturum*) au n° 217. Cependant, *coniuctione* pourrait s'expliquer par l'influence de *coniux* et *uincturum* par une confusion morphologique. De toutes façons, cette seule inscription ne saurait être bien significative.

Le dernier cas est l'amuissement de [n] dans *coniux* (une dizaine d'exemples dans RICG I) et, plus généralement, devant *i* et *e* en hiatus (*matrimoii* = *matrimonii,* n° 217). Il y a 21 exemples de *coniux* avec *n* dans notre documentation. Aucune des graphies sans *n* ne figure sur les pierres que différents facteurs nous ont déjà permis de dater du iv° siècle.

Enfin, signalons l'amuissement du *m* dans la graphie *noueb(res),* n° 227.

— *assimilation :*										**78**

Trois vulgarismes sont dus à la chute de la deuxième consonne dans un groupe de trois, dont la première est *n* ou *m : exemtum* (n° 106), *iunti* (n° 68), *redemtum* (n° 197).

Couoldus (= *Quoduultdeus,* n° 132; cf. n° 115) a subi une double assimilation (lettres *d* et *t*), plus complète qu'en Afrique même où seul le *t* tombe fréquemment, le *d* beaucoup moins (voir l'index de Diehl et les Tablettes Albertini).

Pour *quiecet, requiecit* (= *quiescit, requiescit*), voir *supra,* § 74. *Duciss[...]* pour *dulciss[...],* n° 91, semble résulter d'un oubli du lapicide.

— *anaptyxe :*										**79**

La prononciation d'un groupe de consonnes peut être facilitée par l'adjonction d'une voyelle euphonique : *Dafinis* (= *Dafnis*), n° 14, *requiesecit* (= *requiescit*), n° 246 (Metz).

— *mots composés à préfixe :*										**80**

L'épigraphie préfère souvent les formes non assimilées, notamment à la fin de l'Antiquité. La tendance naturelle de la langue parlée poussait cependant à l'assimilation (Väänänen, § 114);

mais les grammairiens préconisaient les formes non assimilées, qui faisaient apparaître plus clairement l'étymologie. J'ai relevé dans mon matériel *adgregari* (n° 194 A), *conmendat* (n° 238), *conpari* (n° 136), *conplexsu(s ?)* (n° 89), *inmaturo* (n° 217), *inmiscuit* (n° 160).

On peut rapprocher de cette habitude les recompositions *duodecem, tredecem* (voir § 49) et la graphie étymologique *coniun[x]*, n° 133 (d'après la racine *iungo*).

Transcription des occlusives aspirées grecques.

81   Dans les temps anciens, les occlusives aspirées grecques θ, φ, χ étaient normalement transcrites par les occlusives simples *t, p, c* ou *k* (cf. *Bacanal* dans le sénatus-consulte de 186 avant J.-C.). A partir du IIe siècle avant J.-C., on commença à les transcrire par *th, ph, ch* (Väänänen, § 102-103). Cependant, seuls les lettrés ont jamais prononcé l'aspiration et l'on trouve en Première Belgique un certain nombre de graphies correspondant à la prononciation courante : *Cristi*, n° 134, *Euticianus*, n° 20, *Pancaria*, n° 47, *Pascasius*, n° 48, *Talasia*, n° 59, *Tala[sius/a ?]*, n° 64, *Tirintina*, n° 123. Les nos 20, 47, 59 et 64 datent du IVe siècle.

Peut-être, sous l'influence de Χάρις, y aurait-il le contrépel *charissimo*, n° 28, si cette graphie n'est pas due à une erreur de la tradition manuscrite.

Le traitement de φ suit une évolution particulière car le son grec est devenu constrictif [f] dès le début de notre ère et dès lors, quand les Latins ne le transcrivaient pas par PH, ils le rendaient par F qui passait pour correct (Väänänen, § 102). C'est ce qu'ils ont fait en Première Belgique : *Adelfia* (n° 87), *Dafinis* (n° 14), *neofita* (n° 85), *Stefanus* (n° 158).

Les consonnes finales.

82   « Les consonnes finales ont une articulation relativement faible » et ont donc tendance à s'amuir. « Cependant, leur effacement total a été contrecarré par le souci de netteté, surtout à l'égard des consonnes remplissant des fonctions fonctionnelles » (Väänänen, § 126).

— *chute du m :*

Dès l'époque classique, on ne prononçait plus le *m* final (cf. les règles de la métrique). Et J. Pirson connaît tant de graphies sans *m* dans les inscriptions gauloises qu'il juge inutile de les énumérer (*op. cit.* p. 100). Il est d'autant plus remarquable que ce vulgarisme soit si exceptionnel dans notre recueil : je n'en ai relevé que 5 cas (portant sur *septem* et *titulus*), auxquels j'ajouterai volontiers *titolu* (n° 218) car le mot, employé ici sans contexte grammatical, a dû être mis sous la forme accusative (*titulum*) qui apparaissait le plus souvent dans la région et pouvait laisser croire que le mot était neutre.

Peut-être faut-il y joindre *propter caritate* (n° 1), *annu* (nos 93, 156, 53 ?) et les contrépels *in pacem* (n° 242, à Metz), *pro caritatem* (nos 30, 55, 62), si ces formes ne témoignent pas plutôt d'un changement de déclinaison d'*annus* (*infra*, § 89) ou d'une incertitude sur les cas gouvernés par *propter, in* et *pro* (§ 83).

— *chute du t :*

Le *t*, qui s'est maintenu pour des raisons de clarté, semble n'avoir plus guère été prononcé dès l'époque archaïque, où il est parfois omis (Väänänen, § 130). Il est cependant toujours noté en Première Belgique, sauf en une occasion (*posuerun*, n° 154), si le linteau d'un T ligaturé à N n'a pas été oublié par le lapicide. Faut-il rapprocher cela du fait que, seul de toutes les langues romanes, le français a conservé jusqu'aux XIIe-XIIIe siècles des désinences verbales avec *t* ?

— *capus* (= *caput*), n° 135, témoigne-t-il d'une hésitation entre *s* et *t* résultant de la faible articulation de la consonne finale ou bien est-il un doublet populaire de *caput* ? Toujours est-il que, dans tous les autres cas, le *s* final est stable à Trèves.

LES FORMES ET LEURS FONCTIONS

La langue des inscriptions chrétiennes de Première Belgique se caractérise par une prédominance écrasante des vulgarismes (et contrépels) d'origine phonétique sur les vulgarismes morphologiques et syntaxiques. Le caractère stéréotypé du formulaire, qui limite les innovations révélatrices de l'évolution de la langue, ne paraît pas en être la seule raison. **83**

L'emploi des différents cas est conforme à l'usage classique, sauf sur deux pierres du VIIIᵉ siècle : au nᵒ 135, l. 1, les mots sont simplement juxtaposés sans souci de construction grammaticale (*Hic requies data Hloderici membra sepulcrum*); au nᵒ 170, le datif est employé à la place du génitif pour indiquer la possession (*Vrsiniano ossa quiescunt*) et deux verbes qui exigeraient des cas obliques sont construits avec des accusatifs (*meruit sanctorum sociari sepulcra; quem nec Tartarus furens nec poena saeua nocebit*).

Erreur sur les cas gouvernés par les prépositions.

post tertio idus, nᵒ 97,
transiit ad Domino, nᵒ 134, 193,
in pacem, nᵒ 242 (Metz),
pro caritatem, nᵒˢ 30, 55, 62,
propter caritate, nᵒ 1.

Ce type de vulgarisme est exceptionnel (que l'on songe au nombre de fois où apparaît *in pace,* par exemple). Dans tous les cas cités ci-dessus, il a fallu en réalité la conjonction de deux facteurs d'incertitude : l'hésitation sur le cas requis (accusatif ou ablatif ?) et l'effacement de la distinction phonétique entre accusatif et ablatif par suite de la chute de *m* final (§ 82) et éventuellement (2 premiers exemples) la confusion *u/o.* Il y a d'ailleurs quelques rares autres exemples de flottement entre les désinences *-um* et *-o* (voir ci-dessous).

Les prépositions sont toujours employées à bon escient, sauf *uir uenerabiles L. de nobile genere,* nᵒ 29 A.

Déclinaisons.

Fait digne de remarque, l'épigraphie chrétienne de la Première Belgique ne donne aucun signe précurseur de cette ruine générale des déclinaisons qui caractérisera les langues romanes. La confusion que les phénomènes phonétiques pouvaient introduire entre les désinences en *-um* et en *-o* y est exceptionnellement attestée : **84**

titolo posuit, nᵒ 88, 181,
titolo posuerunt, nᵒ 225,
post tertio idus, ad Domino, cités au § précédent.

Toutes les autres désinences sont correctes, à deux exceptions près qui sont au contraire des vulgarismes extrêmement répandus : les nominatifs-accusatifs pluriels de la troisième déclinaison en *-is* et les formes *annus* à l'accusatif pluriel, *annu* à l'ablatif singulier. Puisque les autres désinences sont sauves, il me semble qu'il faut chercher à ces deux cas particuliers une autre explication que le déclin du système de la déclinaison que l'on invoque dans d'autres régions. Dans le premier cas, l'explication phonétique paraît satisfaisante (*supra,* § 50), d'autant plus que le phénomène est amplement attesté sur des inscriptions du IVᵉ siècle et tend plutôt à se raréfier relativement par la suite. Dans le second, elle l'est moins, faute de parallèles en nombre suffisant sur d'autres mots. Je pense cependant qu'il faut la maintenir, en la nuançant d'une influence possible de la quatrième déclinaison, qui expliquerait les formes *annu* (sg.) dans une documentation où le datif/abl. de la 2ᵉ déclinaison est stable (*dulcissimo, filio, tumulo,* etc.). Sur ce problème, H. Zilliacus et R. Westman (*Sylloge Inscr. Christ. Vatic.,* 2, p. 31) pensent « hautement probable que *annus* soit un nominatif singulier, qu'il constitue une dénomination stéréotypée de catégories d'« années » dans les calculs de date et qu'il n'ait pas de forme de cas déterminée » et B. Löfstedt (*Studien über die Sprache d. Langob. Gesetze,* p. 86-88) adopte l'hypothèse phonétique à l'exclusion d'une éventuelle influence de la quatrième déclinaison.

Les pronoms.

85   — *le relatif qui/quae :*

L'évolution qui a abouti à généraliser l'emploi de *qui* au lieu de *quae* au nominatif féminin singulier est déjà nettement perceptible. *Qui* a un antécédent féminin aux nᵒˢ 3, 24, 25, 30, 49, 57, 73, 75, 100, 101, 119, 123, 124, 138 ?, 140, 144, 157, 188.

Mais le phénomène est encore loin d'être général. On trouve la forme correcte *quae* aux nᵒˢ 13 *b*, 26, 31, 32, 37, 59, 62, 69, 72, 80, 84, 85, 118, 136, 139, 143, 159 (bis), 185, 192 (bis); le vulgarisme *que* apparaît aux nᵒˢ 35, 44, 47, 77, 103, 105, 130 A, 192 ?, 193, et sans doute 102. Enfin, une forme vulgaire *qua* pour *quae,* que l'on trouve quelquefois à Rome (Diehl 762 *adn.,* 2798, 2798 A, 2936, 4023, 4136 A), est attestée aux nᵒˢ 111, 117 et, sans doute, 154. Cela fait au total 34 formes féminines contre 18 emplois de *qui* au féminin. *Qui* et *quae* sont employés concurremment pour le féminin dès l'époque la plus ancienne (les nᵒˢ 49, 73, 100, 124, avec *qui,* 31, 37, 59, 69, 80, 84, 85, 192, avec *quae,* 35, 47, 192 ?, éventuellement 44 et 102, avec *que,* remontent au IVᵉ siècle ou aux premières années du Vᵉ).

On considère généralement qu'il y aurait le contrépel *quae* pour le masculin au nᵒ 141 (*Leo quae*). Le fait n'est pas sans exemples, encore qu'ils soient fort rares : en Gaule, Le Blant 373, *N.R.* 216 et 417; à Rome, *ICVR, n. s.* (I) 2382, 2747, 3296; en Afrique, CIL VIII, 21 337 *a.* Cependant, il n'est pas totalement exclu que Leo soit une fille.

86   — *démonstratifs et possessifs :*

Il est bien connu que le système des démonstratifs est profondément perturbé à la fin de l'Antiquité. La langue de nos inscriptions est trop pauvre pour que l'on puisse saisir le phénomène dans toutes ses nuances en Première Belgique. Cependant, l'habitude de noter le lien de parenté entre défunt et dédicant donne lieu à quelques observations intéressantes. Dans ce cas, le latin classique ne précise pas par un adjectif possessif ce qui va de soi. Il en est souvent ainsi à Trèves : par exemple, *Rufa filio carissimo titulum posuit* (nᵒ 4).

Pourtant, *suus* ou *eius* sont assez fréquemment employés aussi. *Suus* est mis à bon escient aux nᵒˢ 12, 30, 104, 144; *eius* aux nᵒˢ 62, 68, 104, 124, 144, 179, également au nᵒ 63 si l'on admet que, dans la formule *Agricia coiux et fili eius tetulum posuerunt, eius* se rapporte à *Agricia* et non au père défunt. Par contre, il y a *suus* pour *eius* aux nᵒˢ 33, 38, 54, 66, 84, 119, 145 et 217.

Ipsius apparaît trois fois avec un sens très affaibli, là ou *eius* même serait superflu en latin classique :

[fi]lius [i]psius, nᵒ 162,
frater ipsius, nᵒ 97,
in amure (= amore) ipsius, nᵒ 147.

Le nᵒ 147 est du VIIᵉ siècle ou du VIIIᵉ.

Notons aussi la redondance *cuius deposicio eius* au nᵒ 29 A, qui est du VIIIᵉ siècle.

Enfin, un emploi affectif de *suus* comme pronom (cf. franç. *les siens* = ses parents, ses proches) semble attesté par deux fois :

> coniux semper amantissima sui (= de son mari), n° 217,
> sui Vrsulus et Maurus et Hetlea (pour une défunte de 34 ans), n° 105.

cf., sur le mur *g* du Vatican (IVe s.), le graffito : *Victor cum suis, Gaudentia, uibatis in Chr(isto)* !

Les verbes.

Là aussi, la monotonie de la langue épigraphique ne donne pas matière à beaucoup d'observations.

— *confusion entre la conjugaison des verbes en -ēre et celle des verbe en -ěre :*   **87**

> quiescent, n° 68; cf. quiescint, n° 222,
> iacit, n⁰ˢ 3, 11, 45 (confusion facilitée par le fait que la forme *iacit* existe effectivement, quoiqu'avec un tout autre sens).

Ces cas sont si peu nombreux qu'on ne peut hésiter à classer les formes *quiescet, requiescet,* etc., si communes, dans l'imposante série des vulgarismes phonétiques (cf. § 49), quoique l'incertitude sur la conjugaison ait pu jouer un rôle auxiliaire. De même, en ce qui concerne la forme *doliens* (*dolies,* n° 74; [*do*]*lient ?,* n° 167), l'analogie avec le superlatif *pientissimus* suggère une tendance populaire à former des adjectifs en *-iens* (§ 92) plutôt qu'une confusion entre les conjugaisons en *-ēre* et en *-ěre.*

— *confusion entre la 3ᵉ personne du singulier et celle du pluriel :*   **88**

> posuit (= posuerunt), n⁰ˢ 2, 52, 100, 123, 132 (influence de formulaires rédigés au singulier ?),
> quiescet (= quiescit = quiescunt), n° 70.

Les compléments de temps.

Le latin classique distingue les notions de *date,* qu'il exprime par l'ablatif, et de *durée,* qu'il   **89**
rend par l'accusatif. Cette distinction n'était pas toujours observée par les lettrés eux-mêmes et Cicéron écrivait (*De Orat.* 3, 138) : *quadraginta annis praefuit Athenis.* H. Zilliacus et R. Westman (*Sylloge Inscr. Christ. Vatic.* 2, p. 28-31) présentent un certain nombre de statistiques d'où il ressort que, dans la formule si fréquente en épigraphie funéraire *uixit annos ..., menses ...,* *dies ...,* les mots *mensis* et *dies* sont le plus souvent à l'accusatif, alors que le mot *annus* est fréquemment à l'ablatif. Dans l'ensemble de notre documentation, le cas d'*annus* peut être identifié 90 fois environ, soit :

au pluriel,
> *annos,* 51 fois (dont *annios* au n° 173),
> *annus,* 19 fois,
> *annis,* 4 fois (n⁰ˢ 16, 39, 170, 217),
> *annorum* (sans *uixit*), 3 fois (n⁰ˢ 97, 127, 153);

au singulier,
> *annum,* 6 fois (n⁰ˢ 3, 28, 42, 83, 120, 164),
> *anno,* 4 ou 5 fois (n⁰ˢ 18, 29, 40, 143 ?; ano, 132),
> *annu,* 2 ou 3 fois (n⁰ˢ 96, 156, 53 ?).

On voit que la remarque de J. Pirson (*La Langue des inscriptions latines de la Gaule,* p. 42) : « Dans les inscriptions chrétiennes, *annus* est pour ainsi dire devenu la forme régulière de l'accusatif pluriel », ne concerne pas la Première Belgique.

Le cas de *mensis* peut être identifié 31 fois, toujours à l'accusatif sauf une fois :

au pluriel,

12 formes en *-es,*
17 formes en *-is;*

au singulier,

mense uno, n° 185,
mensem I, n° 213.

Le cas de *dies* peut être identifié 27 fois, toujours à l'accusatif sous la forme *dies,* ce qui incite à voir une abréviation dans le cas douteux du n° 36.

Pour les trois mots, l'accusatif de durée est donc à Trèves, contrairement à Rome, une règle qui souffre fort peu d'exceptions.

Transposition des déclinaisons étrangères.

90   — *les noms grecs de femmes se terminant par* [ē] sont rendus normalement en latin par E au nominatif singulier : Irene, n° 32. Comme la lettre H classique représentait en fait [ē ouvert], la transcription par AE est encore plus fidèle : Calopae (nom. sing.), n° 96. On « latinise » souvent cette déclinaison en ajoutant un *s* au nominatif : Calopes, n° 132; Calliopis, n° 189.

91   — *les thèmes germaniques masculins en* -ŏ (ou *-a,* voir *supra,* § 56) se déclinent sur la deuxième déclinaison latine : Hlodericus, n° 135, Ludubertus, n° 29 A. *Les thèmes en -i* se déclinent sur la 3e déclinaison latine : Merabaudis (nom. sing.), n° 40. *Les thèmes en -n* sont passés à la 3e déclinaison latine : Abbo (nom. sing.), n° 1; Babbo (nom. sing.), n° 49. *Les thèmes en -u* se déclinent sur la 2e ou 4e déclinaison latine : Vinardus, n° 76. Les usages de la Première Belgique en la matière sont conformes aux règles généralement adoptées dans la Gaule mérovingienne (d'après H. d'Arbois de Jubainville, *Etudes sur la langue des Francs,* p. *180-*187).

LE VOCABULAIRE

Les observations qu'on peut faire dans ce domaine sont limitées par le petit nombre de mots recensés et le contexte stéréotypé dans lequel ils sont employés. Aussi me contenterai-je d'un simple relevé, une analyse plus approfondie venant mieux à propos dans le volume qui fera la synthèse des observations de ce type pour l'ensemble de la Gaule.

92   *Doublets « vulgaires ».*

— innox (= *innocens,* voir *Thes. s. u.*) :
apparaît sous la forme *innos* (par assimilation de [ks] en [s], voir § 76) au n° 3.
— *doliens :*
dolies (= dolens), n° 74; [do?]lient, n° 167.
— *pientissimus :*
n°s 9, 36, 138 ?
— *fet = fecit,* n° 215.
— *pride,* n° 142 A; *pridem,* n° 153 = *pridie.*
— *capus = caput,* n° 135 (voir commentaire de l'inscription).

93   *Mots anciens n'ayant jamais acquis droit de cité dans la langue littéraire.*

— *pausare* (voir index) : ce verbe très ancien, devenu l'équivalent de *quiescere* et appelé à une grande fortune dans les langues romanes, est fort employé en Première Belgique (voir § 38).
— *compar* au sens d'époux/se (voir *Thes. s. u.*) : n° 136.

94   *Mots dont le sens s'est modifié.*

— *infans, adulescens* tendent, avec le temps, à avoir un sens bien plus large qu'à l'origine. En Première Belgique, cette évolution n'est pas très prononcée : les *infantes* dont l'âge est connu ont respectivement 1 an 1/2 (n° 3), 2 ans 1 mois (n° 213), 3 ans 5 mois (n° 30) et 7 ans (n° 103); l'*adulescens* du n° 147 a 16 ans.

— *patres* = *parentes* : cet usage est surtout mais pas uniquement propre à la Première Belgique chrétienne. Il y est attesté 27 fois (voir index). A. Ferrua (*Akten*, p. 305-306) en a relevé une trentaine d'autres exemples, la plupart en Gaule et en Germanie.

— *titulus* (voir index) : à l'origine, inscription gravée; désigne par extension la pierre portant cette inscription. Très courant en épigraphie funéraire, ce sens élargi est de règle dans notre documentation (le mot est employé avec *posuit*).

Mots « chrétiens ».   **95**

— *depositio* (voir index) = inhumation.

— *fidelis* (voir index) = chrétien baptisé (voir n° 138).

— *uirginius*, voir n° 62.

— *innocens* : en épigraphie chrétienne, s'applique presque exclusivement à des enfants morts en bas âge. Le n° 3 avait un an 1/2, le n° 241 (Pachten) 3 ans 46 jours.

— *puella* : le sens habituel est « jeune fille en âge d'être mariée ». Le n° 127 commémore une défunte de 12 ans, le n° 97 de 15 ans, le n° 35 de 16 ans 1 mois. Le sens spécifiquement chrétien est celui de « femme ayant consacré à Dieu sa virginité » : la *puella sanctimonialis* du n° 220 avait 22 ans, la *puella Dei* du n° 219, 50 ans.

— *bene meritus* : adjectif très commun sur les épitaphes chrétiennes en général, mais fort rare en Première Belgique (n°s 150, 151).

SYNTHÈSE

Quels enseignements tirer de cette étude ? Le trait le plus marquant est la confusion entre **96** *i* et *e*. Il n'en résulte pas moins de 154 vulgarismes dans notre documentation (§ 49 et 50). Il s'agit là d'une caractéristique du latin gaulois qui s'est perpétuée à l'époque mérovingienne (voir, par exemple, J. Vielliard, *Le latin des diplômes royaux et chartes privées de l'époque mérovingienne*, Paris, 1927, p. 5-11 et 22-28). Il suffit de parcourir des collections épigraphiques de Rome, d'Espagne ou d'Afrique pour constater que ce trait y est beaucoup plus rare. Inversement, jamais dans notre matériel la semi-voyelle [w] n'est rendue par *b* alors que, dans la sélection romaine de la *Sylloge Inscr. Christ. Vatic.* (p. 12 du t. 2), H. Zilliacus et R. Westman ont relevé 36 fois *b* pour [w], à comparer à 166 formules « correctes ». Il s'agit, là encore, d'une caractéristique gauloise : hors de la région méditerranéenne, J. Pirson (*op. cit.* p. 61-62) n'a trouvé que fort peu de vulgarismes de ce type sur les inscriptions de Gaule et on ne le rencontre pratiquement pas non plus dans les diplômes mérovingiens (J. Vielliard, *op. cit.*, p. 68). En somme, on ne retrouve pas dans le domaine de la langue l'influence directe de Rome qui a laissé son empreinte sur le formulaire et les symboles. La seule trace éventuelle d'emprunt à l'Urbs est l'emploi d'une forme *qua* pour le pronom relatif féminin singulier (§ 85). Il semble que l'on parlait à Trèves avec l'accent gaulois, notamment au IVᵉ siècle (voir ci-dessous, § 97).

Un autre trait marquant de la langue de nos inscriptions, c'est son extrême correction : le maintien de l'accusatif de durée, le respect général des désinences, le maintien des consonnes finales, sont particulièrement caractéristiques à cet égard. Ici, la Première Belgique se distingue de l'ensemble de la Gaule et notamment des régions rhénanes toutes proches. Le substrat celtique étant partout le même, il faut faire intervenir un facteur spécifique : il ne peut s'agir, selon moi, que du niveau culturel élevé de la population de fonctionnaires, lettrés, courtisans qui ont façonné le latin de Trèves, tandis que ce sont des soldats qui ont influencé la langue parlée sur les bords du Rhin. Dernièrement, Ph. Wolff a justement insisté sur cet aspect : « La physionomie de la colonisation romaine est sans doute à l'origine de différences, qu'il faut se garder d'expliquer par le substrat. On peut, avec Walter von Wartburg, penser que, lorsque le latin est apporté par des membres des hautes classes, il reste étranger à des tendances évolutives introduites ailleurs par les colons issus du peuple. Un exemple en est fourni par le traitement du -*s* final : il tombe là où la colonisation est menée par le petit peuple (roumain *doi*), là où triomphe le parler paysan (it. *due*), il se maintient dans les pays où les classes supérieures sont responsables de la latinisation (fr. *deux,* esp. *dos*) » (*Les origines linguistiques de l'Europe occidentale,* Paris, 1970, p. 42). Dans une comparaison avec le reste des inscriptions chrétiennes de Gaule, il ne faudrait pas négliger non plus le fait que mon matériel est, en moyenne, plus ancien, et représente donc un stade moins avancé que l'évolution de la langue.

97   L'originalité de la Première Belgique étant reconnue, peut-on esquisser une théorie de l'évolution linguistique qui s'y est produite entre le ivᵉ et le viiiᵉ siècle ? Considérons attentivement la répartition des vulgarismes dans les inscriptions que différents indices nous ont déjà permis de dater plus ou moins approximativement (cf. *infra,* § 130-131). Celles qui sont certainement antérieures à 450 sont au nombre de 51, sur un total de 258 inscriptions latines, c'est-à-dire qu'elles représentent 19,77 % de notre documentation. (Répétons que ce nombre de 51, et donc ce pourcentage de 19,77 %, constituent ce qui est acquis au stade actuel de la recherche menée jusqu'ici; ils n'ont d'autre but que d'aider à progresser vers un nombre plus exact.)

Vulgarismes	Nbre de cas (1)	avant 450		autres (toutes périodes)	
		Nbre	% du nbre de cas	Nbre	% du nbre de cas
ĭ/ē (§ 49—50)	137	36	26,28	101	73,72
ae/e (§ 57—58)	32	11	34,37	22	68,75
au > a (§ 60)	3	1		2	
h omis (§ 72)	8	3		5	
chute d'1 cons. ds groupe de 3 (§ 78)	5	1		4	
qui pour *quae* (§ 85)	18	4	22,22	14	77,78
	203	56	27,59	148	72,91
vulgarismes des § 53—55, 59, 64—68, 70, 74—77, 79, 82—84, 86 (*suus* pour *eius, ipsius),* 89 (*annis, -ios, mense)*	153	10	6,53	143	93,46

(1) Je néglige ici les fragments Gose, etc. trop peu significatifs.

Les résultats obtenus dans ce tableau sont nets. Si l'on admet que les inscriptions jusqu'à présent identifiées comme antérieures à 450 sont à peu près représentatives de leur époque, on constate que les 6 premiers vulgarismes du tableau y ont une fréquence supérieure à la moyenne (puisque 27,59 % des vulgarismes de ces catégories apparaissent sur 19,77 % seulement de notre documentation). Et surtout, les autres vulgarismes en sont pratiquement absents puisqu'ils n'y apparaissent que 10 fois sur un total de 153 vulgarismes de ces catégories. Encore ce nombre de 10 est-il un maximum : il inclut le nᵒ 61 pour la forme *qae* mais j'ai souligné qu'elle résultait peut-être d'un oubli du lapicide dans une ligature complexe. Quoi qu'il en soit, ces 10 ne représentent que 6,53 % des vulgarismes correspondants sur 19,77 % de notre matériel. Cela signifie que la langue épigraphique (je n'ose dire « la langue parlée » car ce serait extrapoler de façon abusive) a évolué vers une diversification croissante des vulgarismes. Sur 51 inscriptions antérieures à 450, il y a 56 + 10 = 66 vulgarismes, dont plus de la moitié (36) concerne la seule confusion entre *i* bref et *e* long, et encore le cinquième environ (11) la confusion entre *ae* et *e.*

Si l'on regarde une à une les inscriptions concernées par les vulgarismes de la deuxième catégorie, on constate que seul le n° 61 présente deux de ces vulgarismes, les n°s 11, 29, 39, 45, 60, 68, 96, 100 en présentant chacun un. Exprimons cette observation sous une autre forme :

D'après une statistique établie sur la base de 51 inscriptions,

— 21,6 % (11) des inscriptions antérieures à 450 comportent un ou plusieurs vulgarismes de la 2e catégorie;

— 1 des inscriptions antérieures à 450 comporte peut-être deux vulgarismes de la 2e catégorie;

— aucune des inscriptions antérieures à 450 ne comporte plus de deux vulgarismes de la 2e catégorie.

La taille de l'échantillon me paraît suffisante pour conduire à des indications valables, et les chiffres me paraissent assez éloquents pour que l'on soit fondé à établir le critère de datation suivant : toute inscription comportant au moins deux vulgarismes de la deuxième catégorie est postérieure à 450; la probabilité d'erreur a toutes chances d'être négligeable.

Appliquons donc ce critère. Les inscriptions contenant au moins 2 vulgarismes de la deuxième catégorie (vulg. « tardifs ») sont au nombre de 35 : les n°s 1, 2, 3, 18, 21, 24, 29 A, 30, 33, 40, 54, 55, 62, 66, 70, 89, 97, 115, 123, 132, 135, 138, 142 A, 143, 145, 147, 152, 156, 170, 184, 191, 217, 222, 238, 251. Différents indices autres que linguistiques nous avaient déjà amenés à considérer 19 d'entre elles comme vraisemblablement postérieures à 450 ou parfois à 400 : n°s 2, 18, 21, 29 A, 30, 40, 55, 62, 97, 135, 138, 142 A, 145, 147, 170, 184, 217, 222, 238. Notre premier jugement s'en trouve confirmé et parfois précisé. C'est la première fois qu'un indice chronologique est fixé pour les n°s 1, 3, 24, 33, 54, 66, 70, 89, 115, 123, 132, 143, 152, 156, 191 et 251. Sur les 35 inscriptions, 11 atteignent 3 vulgarismes ou plus de la 2e catégorie et l'on est donc pratiquement certain qu'elles sont postérieures à 450 : les n°s 1, 3, 18, 21, 29 A, 62, 132, 135, 138, 217 et 238.

Naturellement, le *terminus* de 450 est assez flou. Il inclut Saint-Mathias II (*supra,* § 23) et les inscriptions de mêmes caractéristiques comme Saint-Paulin - Saint-Maximin I (§ 32) mais rien au-delà : peut-être serait-il plus exact de parler de 430/450. En tout cas, l'examen de la langue confirme ce que nous soupçonnions dès l'abord sans en avoir de preuve décisive, à savoir que Saint-Mathias II et Saint-Paulin - Saint-Maximin I doivent être quelque peu postérieures à Saint-Mathias I. En effet, sur les 10 vulgarismes « tardifs » qui se sont glissés dans notre lot d'inscriptions témoins, 5 proviennent de ces deux ateliers, qui présentent en outre un vulgarisme totalement absent de Saint-Mathias I et autres inscriptions du IVe siècle, mais très fréquent par la suite : la confusion entre $\breve{o}$ et $\bar{u}$ (§ 51-52, non pris en compte jusqu'ici). On en trouve 6 cas (tous sur voyelle non accentuée) sur 59 dans les deux ateliers considérés. Je situerai donc volontiers leur activité vers 390-430 ou dans la première moitié du Ve siècle. Dans la mesure où les vulgarismes déjà attestés, quoique faiblement, avant 450 ($\breve{o}/\bar{u}$, *iacit,* $[k^w] > [k]$, $x > xs$, chute du *n* après voyelle, ablatif pour l'accusatif de durée) sont les témoins d'une tendance évolutive en cours de développement, je serais portée à penser que les inscriptions qui en recèlent, à l'exclusion des autres vulgarismes de la deuxième catégorie, ont de fortes chances de dater du Ve siècle ou du début du VIe plutôt que d'une époque plus tardive.

ONOMASTIQUE

Les noms qui apparaissent sur les inscriptions chrétiennes de Première Belgique sont particulièrement nombreux, par suite de l'habitude généralisée de faire figurer non seulement le nom du défunt mais aussi celui du ou des auteurs de l'épitaphe. On peut les répartir en quelques grandes catégories : noms celtiques, latins, grecs, germaniques, barbares d'Orient.

Noms	hommes n.	p.	femmes n.	p.	pers. de sexe indét.	total n.	p.	% de pers.
Celtiques	3 ?	3 ?	0	0	0	3 ?	3 ?	0,78
Latins	94	129	72	95	33	189	257	66,93
Grecs	41	45	25	32	12	66	89	23,18
Germaniques	12	12	3	3	7	21	22	5,73
Orientaux	3	3	1 ?	1 ?		4	4	1,04
Origine inc.	7	7			2	9	9	2,34
Total	160	199	101	131	54	292	384	100

n. = nombre de noms ;   p. = nombre de personnes

La précision de ces chiffres est quelque peu trompeuse. J'ai considéré que les noms très mutilés dont il ne restait qu'une terminaison latine ou grecque étaient apparus complets ailleurs : ils font donc nombre dans les personnes mais non dans les noms. J'ai inclus certains noms douteux, comme Agnès au n° 172, Carus (ou *carus* ?) au n° 119. J'ai classé Arablia (n° 103) parmi les noms grecs parce que son père s'appelle Posidonius et que les noms en *-lia* sont fréquents en grec, mais sans réussir à rattacher son nom à une racine connue. Parfois, le doute est méthodologique. Ainsi, l'habitude d'utiliser les ethniques comme noms propres est commune aux Grecs et aux Latins : comment savoir dans laquelle de ces catégories placer les ethniques, dont la forme est voisine dans les deux langues ? Macedonius, par exemple, est-il un nom latin ou la transcription du nom grec Makedonios ? J'ai pris le parti arbitraire de classer parmi les noms latins les noms correspondant à des ethniques de la partie occidentale de l'Empire, et parmi les noms grecs ceux qui correspondent à la partie orientale de l'Empire. Macedonius a donc été considéré comme grec. Mais Galla et Germanio figurent parmi les noms latins et non les noms celtiques ou germaniques qui sont régis par des lois onomastiques toute différentes. Ces doutes ou ces hésitations ne sont toutefois pas assez nombreux pour affecter les conclusions qui se dégagent du tableau ci-dessus.

NOMS CELTIQUES ET GERMANIQUES

Les noms celtiques ont pratiquement disparu. Le seul nom d'origine indiscutablement celtique
est :

Adnametus, n° 236 *d*.

On peut, avec quelque générosité, accorder le bénéfice du doute à deux autres noms, dont la forme n'est pas sûre :

Cauo ?, n° 162.
Drula ?, n° 144.

C'est tout. J. Holder (*Altceltischer Sprachsatz,* Leipzig, 1896-1907) revendique comme celtiques un certain nombre de noms qui n'ont aucune chance de l'être car ils sont attestés pour la première fois à l'époque mérovingienne (par ex. *Abbo*), voire à Rome comme gentilice (par ex. *Bantius > Bancio,* n° 11)!

Les noms germaniques constituent une proportion anormalement faible de notre matériel (5,73 %) si l'on songe que celui-ci couvre toute la période mérovingienne. Ce sont:

Abbo, n° 1
[A]regius, n° 186
Babbo, n° 107
Elbe, n° 17 (?)
Gabso, n° 130 (Flauius Gabso, protector domesticus)
Hagdulfus (ou Hugdulfus), n° 218
Hari[...], n° 134
Hetlea, n° 105 (racine: *hild* ?)
Hlodericus, n° 135
Isa, n° 140 (racine: *is-* = *isarn* ?)

Leodomundus, n° 194 A
Ludubertus, n° 29 A
Ludula, n° 170
Merabaudis, n° 40
Mero[...], n° 221
Mocdo[...], n° 180 (*Modo-* ?)
Modoaldus, n° 147
Sicludo, n° 5 (?)
Sino, n° 5 (?)
Vinardus, n° 76.
[...]audes, n°s 181, 191.

Une étude plus approfondie de l'onomastique germanique sera faite dans l'introduction du volume II consacré à la deuxième Belgique et aux deux Germanies, où les noms germaniques sont plus nombreux. Contentons-nous de quelques remarques propres à la Première Belgique. Le total de 21 noms comprend 6 noms dont l'origine germanique n'est pas assurée, ce qui est beaucoup. Le nom germanique à deux racines, si caractéristique de la Gaule franque, ne représente pas la moitié de l'ensemble: Hagdulfus, Hari..., Hlodericus, Leodomundus, Ludubertus, Merabaudis, Modoaldus, Vinardus. En outre, comme nous avons eu occasion de le remarquer (*supra,* § 56 et 73), la graphie de Hlodericus, Ludubertus, Vinardus (et aussi celle de Ludula) révèle que ces inscriptions ne sont pas antérieures au VIIIe siècle. L'examen des n°s 134 (Hari...) et 147 (Modoaldus) nous conduit à les dater de la même période ou peu avant. Le n° 218 (Hagdulfus) paraît bien tardif aussi. L'écriture du n° 194 A ne saurait être antérieure au VIIe siècle. Des noms à deux racines, seul Merabaudis (= Merobaudes) pourrait être relativement ancien: le nom a surtout été porté aux IVe et Ve siècles (cf. le consul de 383, mentionné au n° 211) et la forme Merabaudus (avec *a* à la fin du premier terme) est attestée en 377 (CIL V, 5641); cependant, l'inscription n° 40 est postérieure à 450 pour des raisons linguistiques (§ 97).

Les hypocoristiques (une seule racine, éventuellement allongée par un suffixe) sont plus difficiles à interpréter. Abbo et Babbo se sont répandus au VIIe siècle. Si ce sont bien des racines germaniques qu'il faut chercher aux n°s 17 (Elbe) et 140 (Isa), on ne les trouve couramment utilisées qu'à partir des VIIIe et IXe siècles, ce qui permet d'écarter toute datation antérieure à 650. De même, si Hetlea était un nom forgé à partir de *hild* (mais je serai encore plus réservée que pour les deux noms précédents, d'autant plus que la pierre est perdue), la déformation subie par la racine indiquerait un stade d'évolution avancé, donc une époque tardive; mais, encore une fois, l'hypothèse germanique n'est pas assez solide pour aider à dater l'inscription. Il n'y a rien à tirer non plus de Sino et Sicludo au n° 5 car la lecture n'est pas assez sûre (de même, peut-être Sic... au n° 78). Par contre, le cas de Flauius Gabso est clair: c'est un de ces Germains qui ont fait carrière dans l'armée ou l'administration romaine au Bas-Empire (voir n° 30).

Par conséquent, les noms germaniques en Première Belgique sont non seulement rares mais encore tardifs (sauf Gabso, romanisé par Flauius, et Merabaudis, n° 40, éventuellement 181 et 191). Ils n'apparaissent que durant le VIIe siècle et ne deviennent courants qu'au VIIIe. C'est le signe soit que les chrétiens, jusque-là, se recrutaient uniquement dans les communautés galloromaines et n'adoptèrent pas la mode des noms germaniques qui sévit ailleurs, soit que les Germains, même chrétiens, n'ont pas adopté plus tôt l'usage romain de l'écriture et de l'épitaphe, soit (et cette dernière hypothèse contient sûrement une part de vérité) que notre matériel est particulièrement ancien.

NOMS GRECS ET LATINS

Il y a environ 1 nom d'origine grecque pour 3 d'origine latine. Cette proportion est sans commune mesure avec les 2 % d'inscriptions rédigées en grec (§ 42) : il est évident que l'onomastique témoigne de l'osmose entre civilisation grecque et civilisation latine et non d'influences directes de l'Orient grec sur les habitants de la première Belgique. Il arrive même que certains noms aient une racine grecque et une terminaison latine, par exemple Arcadiola, n° 105, Dunamiola, n° 118, Euticianus, n° 20, Suricula, n° 157. Leur existence montre l'assimilation très poussée entre les onomastiques grecque et latine : beaucoup de noms grecs étaient si peu sentis comme « étrangers » qu'on n'hésitait pas à leur adjoindre des dérivations latines. C'est pourquoi je les ai étudiés conjointement.

100

Dans notre documentation, la personne est toujours, à deux exceptions près, désignée par son *cognomen* seul. Rien d'étonnant à cela puisque le système traditionnel des *tria nomina* tombe en désuétude au moment où l'Empire se christianise : à Rome même, où la noblesse sénatoriale est le rempart du conservatisme, les *cognomina* seuls représentent, à partir du IVe siècle, plus de 90 % des noms attestés sur les inscriptions chrétiennes datées (I. Kajanto, *Onomastic Studies*, p. 12, Table 6).

101

Les deux exceptions sont Fl(auius) Gabso (n° 130) et Sambatius Vrsus (n° 145). Le premier porte le gentilice de la dynastie constantinienne, un des plus répandus (par ex., à Rome, I. Kajanto, *Onomastic Studies*, p. 16); mais on sait (voir n° 130) que *Flauius* avait pris valeur de titre au Bas-Empire. Et le cas de Sambatius Vrsus est sujet à caution puisqu'on peut y voir l'indication de deux personnes différentes (voir n° 145). Le caractère exclusif du simple *cognomen* à Trèves, où la majorité des inscriptions date des IVe-Ve s., est digne de remarque : à Rome, I. Kajanto (*Onomastic Studies*, p. 12) relève 9,5 % de *duo nomina* au IVe siècle, 5 % au Ve, encore 3 % au VIe; en Afrique, H. I. Marrou (*Riv. Arch. Crist.* 43, 1967, p. 168) en a repéré, au cours d'un rapide sondage dans CIL VIII, plus de 20 cas au IVe siècle, plus de 30 au Ve, 8 au VIe.

On peut considérer les noms grecs et latins sous deux points de vue : celui de la forme et celui de l'idée suggérée par la racine. Il est clair que, pour les contemporains, le sens primait la forme. Ainsi, lorsqu'on veut établir un lien entre les noms de plusieurs membres d'une même famille, on choisit d'exprimer la même idée sous différentes formes et non l'inverse : par exemple, n° 117, *Dicnissima* et *Dignantius* (voir § 126). Il n'en est pas de même dans l'onomastique germanique, où, au contraire, c'est l'assonance qui est recherchée, souvent indépendamment du sens. Pour éviter l'homonymie, source de confusions et de malentendus, le problème était de différencier au maximum les noms issus d'une même racine. Soit, par exemple, la racine *lupus*, chère aux habitants de la région (*infra*, § 122). Lorsqu'on a construit les noms *Lupulus* (Lopolus, n° 181) et *Lupicinus* (n° 142) avec les suffixes habituels *-ulus* et *-ic-inus*, que faire ? On forge des noms à partir de mots différents mais dans lesquels on identifie — ou croit identifier — la racine *lup-* : *Luperca* (n° 76), *Lupantia* (n° 30). Il est exclu que le premier de ces noms fasse allusion à la vieille déesse Luperca, totalement tombée dans l'oubli, ou au collège des Luperques, dont le folklore est resté confiné au Palatin, et de même exclu que Lupantia soit dérivé de *lupari*,

102

« se livrer à la débauche », et qu'on l'ait choisi pour écarter le mauvais œil, comme les autres noms péjoratifs. Cf. le nom de « Canigou » : on a choisi le nom d'un pic pyrénéen, dans le dessein d'évoquer tout autre chose, une bonne pâtée pour chiens. Les phénomènes de ce type sont très fréquents dans l'onomastique latine, ce qui explique les multiples hésitations que suscite l'étude étymologique des noms (je les signalerai chemin faisant). On peut estimer que le but recherché, la diversification des noms, a été largement atteint puisque notre documentation nous livre 292 noms pour 384 personnes : il y a donc relativement peu de noms portés par plus d'une personne.

103-4   Puisque les Romains prêtaient essentiellement attention à l'idée évoquée par la racine des noms, j'examinerai surtout ceux-ci sous cet angle. A titre d'hypothèse de travail, je les avais répartis selon différentes catégories dans un tableau comparable à celui que Kajanto dresse pour l'ensemble des *cognomina* latins (*Latin Cognomina,* p. 27), en respectant exactement la classification de cet auteur pour rendre la comparaison possible. Les résultats obtenus ne m'ont pas paru bien significatifs, sans doute parce que Kajanto a fondé sa classification sur l'origine grammaticale des noms qui, comme je viens de le dire, ne joue aucun rôle dans notre matériel.

Chaque nom sera discuté en détail dans le commentaire de l'inscription où il apparaît. Contentons-nous ici de récapituler.

105   *Gentilices utilisés comme cognomina.*

Aelia, 164   Flauia, 127; Flaui[... ?], 235 *i*
Antonia, 213   Ma[r?]ia, 95 ?
Apicius, 102   Siluia, 130 A (ou allusion à la forêt, § 120)
Apronius, 104, 116   Valeria, 159 (ou nom de bon augure)
Aufidius, 214   Valerius, 19, 45, 136, 160 (ou nom de bon
Diuia, 226 (ou dérivé de *diuus*)   augure).

La disparition du système des *tria nomina* (ou des *duo nomina* pour les femmes) libérait, en quelque sorte, les gentilices pour un nouvel usage comme *cognomen*. La fortune particulière de Valerius/a est évidemment liée au fait qu'il était psychologiquement ressenti comme un dérivé de *ualere :* à Rome, il apparaît 32 fois comme *cognomen* et I. Kajanto (*Onomastic Studies,* p. 22) cite un cas (CIL XIII, 2533) où le père s'appelle Valentinus et le fils Valerius.

106   *Cognomina dérivés de gentilices.*

Anto[...], 6
[A]piciola, 102
Bancio (= Bantio), 11
Kassianos (en grec), 112
cf. Tirintina, § 108.

La dérivation normale en -anus (*Latin Cognomina,* p. 31, Table 3) est représentée ici par le seul Cassianus, qui est d'ailleurs un des *cognomina* de ce type les plus répandus : Kajanto (*Ibid.* p. 35) en connaît 129 exemples. Les nᵒˢ 11 et 102 sont antérieurs à 450; le nᵒ 6, qui commence par un datif, ne paraît pas très tardif non plus.

107   *Praenomina utilisés comme cognomina.*

Agripas (en grec), 10
Caiia, 111
Lucius, 236 *k*
Marcus, 33

Même phénomène que dans le cas du gentilice : le prénom étant tombé en désuétude, on pouvait le reprendre comme *cognomen*. Le cas n'est cependant pas très fréquent, peut-être en partie à cause de la pauvreté du latin en prénoms.

Cognomina dérivés de praenomina.

> Cesar[...], 113
> Spu[ri...], 156 (ou nom de mépris, § 116)
> Marcel[...], 235 *c*
> Marcellianu[s], 235 *a*
> Soluianus (= Saluianus ?), 189

Ils sont dérivés de noms très tôt tombés en désuétude, sauf Marcus, qui a d'ailleurs donné naissance de bonne heure à de nombreuses dérivations.

Cognomina « géographiques ».   **108**

Auentina, 104
Dalmatia, 238 (Ettelbruck)
Francola, 54
Galla, 130 A
Germanio, 62
Maurus, 105; Marus (= Maurus), 36
Maura, 37, 146
Numidius, 45

Romula, 72 (ou nom légendaire)
Scottus, 55
Treuirius, 30
cf. Fauentia, § 115
   Florentina, § 115
   Potentinus, § 113
   Valentina et Valentinus, § 115.

Les noms Fauentia, Florentina, Potentinus, Valentinus/a, qui peuvent être interprétés comme des dérivés de noms de villes, sont en réalité des noms de bon augure, comme le montre leur fréquence que la célébrité des villes en question ne saurait justifier. Auentina rappelle un quartier de Rome et Romula l'ensemble de la Ville éternelle (plutôt que son fondateur car l'onomastique latine n'a guère emprunté de noms aux héros légendaires). Les autres sont des ethniques.

I. Kajanto (*Latin Cognomina*, p. 50-51) estime que, dans une certaine mesure, ces noms indiquent réellement l'origine de ceux ou celles qui les portent. Notre documentation lui donne raison : au n° 37, l'époux de Maura s'appelle Bonifatius, nom typiquement africain; au n° 45, la mère de Numidius s'appelle Optata, qui est aussi un nom particulièrement commun en Afrique. Kajanto a remarqué que Gallus et Germanus étaient particulièrement répandus en Afrique et en Espagne. Ici, Maurus/a et Numidia totalisent 5 noms sur 13, auxquels on peut ajouter d'autres noms d'origine africaine (Adeodatus, Quoduultdeus, etc.). Il semble qu'il y ait eu des courants de migrations entre l'Afrique et Trèves. Toujours à l'appui de la thèse de Kajanto, on peut relever que 3 des « Africains » figurent sur des épitaphes du IVe ou du début du Ve siècle, ce qui correspond à une époque où l'Afrique était prospère et les échanges avec elle faciles, tandis que Francola et Germanio apparaissent sur des inscriptions postérieures à 450, contemporaines, par conséquent, de la présence germanique en Gaule. Scottus, qui fait allusion à une région alors peu connue, a bien des chances aussi d'être une indication d'origine.

Les noms évoquant la partie grecque de l'Empire sont plus difficiles à interpréter.

Arcadius, 7
Arcadiola, 105
Dardanius, 116
Iledus (= Lydus ?), 137
Macedonia, 32, 143
Macedonius, 32

Perses, 49
Sarracina, 154
Suricula, 157; Sur...a, 94
Tirintina, 123 (ou forme vulgaire de Terentina, § 106).

Certains noms ont été popularisés par la poésie (Arcadius, Dardanius, éventuellement Tirintina). Macedonius est si banal tant en Orient qu'en Occident qu'il avait sûrement perdu beaucoup de sa connotation géographique. Au n° 32, tous les noms sont grecs; mais ce n'est pas le cas au n° 143. Certains des autres noms sont peut-être une allusion géographique (n° 94).

109   *Cognomina théophores païens.*

D'origine latine

Aurora, 9 (ou nom de bon augure ?)
Iouina, 26
Iouinianus, 27; [?Io]uinian[us/a], 239
Mamertina, 144
Martina, 35
Martiola, 145
Martius, 236 *f*
Mercurina, 41
Veneria, 142
cf. Siluanus, § 120
     Diuia, § 105
     Romula, § 108

D'origine grecque

Artemius, 235 *b*
Calliope, 96, 132, 189
Castorius, 244
Dafinis, 14 (ou nom de plante)
Iliodorus (= Heliodorus), 32
Meropia, 117 (?)
Palladi[us/a], 183
[P]osidonius, 103
Cofilus (= Theophilus ?), 70 (douteux)
Codora (= Theodora ?), 70 (douteux)
Theodosius, 236 *l*

Cf. sur une inscription grecque, Abedsimios, n° 112 (sémitique).

Les noms qui rappellent les vieux dieux du paganisme sont nombreux dans notre matériel chrétien. L'importance relative de Jupiter (3 personnes) est supérieure à la moyenne (128 personnes en tout, dont 50 chrétiens, d'après I. Kajanto, *Latin Cognomina*, p. 54) : c'est peut-être l'effet du hasard. Celle de Mars est au contraire normale (1 057 attestations pour l'ensemble de l'onomastique latine). Mercure, si populaire en Gaule, a inspiré le nom d'une seule personne. Je ne vois pas de raison particulière, si ce n'est quelque mode, à la fortune de Calliope. Tous ces noms divins étaient apparemment dénués de quelque résonance religieuse que ce soit.

C'est peut-être ce qui explique que les efforts des Pères de l'Eglise pour faire renoncer à ces noms païens soient demeurés aussi vains que ceux qu'ils ont déployés pour changer les noms des jours de la semaine (voir n° 142 A). Les chrétiens n'attachaient pas plus d'importance que les païens eux-mêmes aux figures mythologiques ainsi évoquées.

110   *Cognomina religieux chrétiens.*

Adeodatus, 96 (Adeudatus)
Quoduultdeus, 115 (Couol[...]), 132 (Couoldus)
Vitachr(isti) ?, 120
Reuoca[tus/a], 53, [Re]uocatus, 54
cf. Ma[r?]ia, § 105
     Paulus/a, § 112

Cyrillus, 19
Quiriacus (= Cyriacus), 142 A
Marturius, 130 A
Pascasius, 48
Petrus, 27
cf. Stefanus, 158.

Quoique moins fournie que sa rivale païenne, la liste des noms « chrétiens » est peut-être un peu moins courte que dans d'autres régions. D'après I. Kajanto (*Latin Cognomina*, p. 53), il n'y a que 226 personnes à avoir porté un nom chrétien de forme latine; or beaucoup d'entre elles sont africaines. Ici, on trouve les noms-phrases caractéristiques de l'onomastique sémitique que les Africains ont transposés en latin : Adeodatus et Quoduultdeus (celui-ci particulièrement altéré, sans doute à la suite d'une longue évolution qui doit témoigner d'un emploi fréquent). Le nom Vitachristi n'est attesté nulle part mais la lecture est très probable et sa signification bien adaptée à une chrétienne. On a deux fois Reuocatus, qui est pourtant très rare (5 cas païens, 7 chrétiens) : il semble avoir pris un sens chrétien suggérant l'appel de la grâce.

Du côté grec, les noms théophores sont Cyrillus et Quiriacus. Pascasius évoque la résurrection du Seigneur. Marturius est à mettre en rapport avec la popularité du culte des martyrs. Theodosius, que j'ai classé dans la catégorie précédente, a pu aussi revêtir un sens chrétien.

Les noms Maria, Paulus/a, Petrus, Stefanus posent le même problème : ce sont des noms bien attestés dans l'onomastique païenne; cependant, les chrétiens ne les auraient-ils pas donnés en l'honneur de saints particulièrement illustres ? Maria (voir n° 95), Paulus/a (voir n° 245), Petrus (voir n° 27) sont relativement plus fréquents chez les chrétiens que chez les païens, notamment en Gaule : on peut donc répondre par l'affirmative en général, sans que cela prouve rien dans chaque cas particulier. Stefanus (I. Kajanto, *Onomastic Studies,* p. 91) est plus commun (44 cas dans CIL VI) comme nom païen que comme nom chrétien (28 exemples à Rome pour un matériel d'importance comparable); cependant, d'après I. Kajanto, il semble avoir pris une signification chrétienne aux v\u1d49 et vi\u1d49 siècles. Au n° 58 apparaît peut-être le nom biblique Susanna, évoquant un personnage particulièrement populaire à l'époque paléochrétienne. Il ne semble pas que les saints propres à Trèves aient eu une influence sur l'onomastique locale : Eucharius, premier évêque, n'est attesté que par lui-même; Maximinus et Paulinus, les grands évêques du iv\u1d49 siècle, portaient des noms très répandus, attestés des centaines de fois dans l'onomastique latine, et ce ne sont pas les deux exemples que Trèves fournit pour chaque nom qui peuvent indiquer une influence quelconque. En Première Belgique comme ailleurs, l'influence du christianisme sur l'onomastique fut limitée.

Cognomina tirés du calendrier.   **111**

> Febrarius, 2
> Ianuaria, 136
> Vindemiola, 51
> cf. Festa, § 114.

Ce type de noms n'était guère à la mode en Première Belgique. Festa doit être rattaché plutôt à la catégorie si populaire des noms indiquant un trait de caractère. Ianuarius/a doit son succès (2 007 personnes dans le recensement de Kajanto, *Latin Cognomina,* p. 60) au fait que c'est un nom de bon augure, comme le début de l'année. Le nom Vindemiola s'explique par le caractère festif de la période des vendanges. Le calendrier juif a fourni Sambatius, n° 145, et Pascasius, n° 48. I. Kajanto (*Onomastic Studies,* p. 109-s.) a cru pouvoir démontrer que les enfants nommés Paschasius étaient en effet nés pendant la période pascale. Cela vaut-il pour Febrarius ou Vindemiola ? Ce serait, comme il le dit lui-même (*Latin Cognomina,* p. 61), « une généralisation hardie ».

Cognomina ayant trait à une particularité physique.   **112**

> Albinus, 123
> Caluio, 12
> Caluola, 2
> Nigrinus, 50
> Paula, 149
> Paulina, 86, 118
> Paulus, 245
> Rufa, 4
> Vigor, 162.

Pour les noms d'origine grecque :
> Antr[acius/a ?], 237 *c*
> Eustolius, 236 *k*.

Ces noms font partie de la plus ancienne tradition latine et remontent souvent à l'époque où les *cognomina* étaient des sobriquets donnés au cours de la vie.

113   *Cognomina ayant trait à une particularité physique ou morale.*

> Foedula, 21 (Fedola), 125 (Fedula); cf. Spu[ri...], 156
> Fortio, 140
> Potentin[us], 226
> Priectus (= Proiectus), 51, 52.
> Du côté grec :
>   [D]edamius, 27 (= Dynamius)
>   Dunamiola, 118.

Des noms comme Fortio, Potentinus, Dedamius, Dunamiola, peuvent s'entendre aussi bien au sens matériel qu'au sens moral. Il en est de même des seuls noms péjoratifs de toute notre documentation : Foedula et Priectus. On croyait autrefois (par exemple, Le Blant 412) que les chrétiens donnaient ces noms en signe d'humilité. Cette opinion doit au moins être fortement nuancée (voir I. Kajanto, *On the Problem of « Names of Humility » in Early Christian Epigraphy*, dans *Arctos, n. s. 3*, 1962, p. 47-53). En tout cas, les chrétiens de Première Belgique ne paraissent pas avoir apprécié les noms péjoratifs : 4 personnes seulement sur 384 !

114   *Cognomina ayant trait à une particularité morale ou intellectuelle.*

Amantia, 99, 100
Bonosa, 109
Bonosus, 110
Concordia, 13 *b*
Concordialis, 13 *b*
Concordius, 13 *b*
Dicnissima, 117
Dignantius, 117
Festa, 39
Fid[...], 7
Gau[...], 22
Gaudentiolus, 131
Gaudentius, 131
Hilaritas, 219
Innocentius, 27
Lepidus, 84
Memoriosus, 38
Memorius, 39
Piolus, 50
Pius ?, 187
Prudens, 38
Reticius, 31
Sancta, 220
Sanctula, 24
[Sa?]nctus, 236 *c*
Sedatus, 118
Sedulus, 228
Selentia (= Silentia), 160
Sensuta, 144
Seriola, 131
Serius, 155
Simplicia, 57
Verini[...], 236 *c*
Vigilantius, 175.

'Αγνή ?, 172
Amelius, 4
Aspa[sius/a ?], 8
[As ?]pasia, 229
Aspasius, 242
Damasius, 15
Elpidios (en grec), 235 *a*
Elpidia, 119
Elpidius, 73
Eucharius, 19
Eusebia (en grec), 93
Eusebius, 120
Eustasius, 32, 96
Euthymius, 121
Eutropia, 122
Glyceria, 133
Ipsychius, 139 (femme)
Irene, 32
Nunechius, 46.

Les noms de ce type, qu'ils soient d'origine grecque ou latine, ont joui d'une faveur toute particulière chez les chrétiens de Première Belgique. Donnés à la naissance, ils reflètent dans une certaine mesure les espoirs des parents concernant les qualités de leurs enfants. Si l'on voulait chercher à travers eux une échelle des valeurs — mais c'est bien hasardeux —, on déduirait de la liste ci-dessus que l'enfant souhaité par les chrétiens de Première Belgique est doté d'un heureux caractère (Festa, Gaudentius et dérivés, Hilaritas, Aspasius, Euthymius) tout en étant prudent et peu bavard (Prudens, Reticius, Sedatus, Sedulus, Selentia, Sensuta, Seriola, Serius, Vigilantius, Nunechius), ce qui est quelque peu contradictoire. En tout cas, il est débordant de bonté, de piété et de paix à l'égard des autres (Amantia, Bonosus/a, Concordius/a, Pius et dérivés, Sanctus et dérivés, Eusebius/a, Eutropia, Irene), énumération qui demande elle-même à être nuancée par la fortune des *cognomina* inspirés de l'ours et du loup (§ 122) !

Cognomina de bon augure.   115

J'ai considéré comme *cognomina* de bon augure ceux qui évoquent l'idée d'une fortune favorable (comme Faustus ou Felix), ceux qui font allusion à des biens qui dépendent largement de la fortune, comme la santé (Florentius, Valentinus, Vitalis), enfin ceux qui évoquent les sentiments que les autres portent au sujet (Amata). Dans cette catégorie, les noms d'origine latine (à gauche) sont beaucoup plus nombreux que les noms d'origine grecque (à droite).

Abun[...], 237 *d*

Amanda, 3

Amata, 101

Bonifatius, 37

Carus ?, 119

Exsuperantia, 123

Exsuperius, 165

Fauentia, 12

Faustus, 216

Felix, 80, 126, 190

Flor[...], 128

Floren[...], 186

[Fl]orentin[...], 188

Florentina, 46, 161, 176

Florentius, 129

Florin[...], 187

Florus, 47

Honoria, 25

Lucifer, 7

Maxima, 236 *f*

Maximianus, 38

Maxemina = Maximina, 84 A

[M]axsimin[us/a], 221

Perpetuus, 150

Proba[...], 148

Valentia, 61

Valentina, 62

Valentinus, 63, 64, 65, 158

Victor, 66, 176, 236 *b* ([?Vi]ctor), 236 i (en grec)

Victorina, 57

Victorinus, 68

[?V]ictori[...], 235 *d*

Victura, 69

Victurinus, 184

Vita[...], 163

Vitalianus, 70

Vitalis, 70, 71, 120

[?Vi]talis, 255.

Doxates, 16

Euda[...], 82

Euon[...], 94

Eustorgios (en grec), 172

Euticianus, 20

Nicetia, 43

Pancaria, 47.

Pour avoir une idée de la popularité réelle des noms de bon augure, il faut ajouter à cette liste déjà longue :

— tous les noms de la catégorie précédente, qui représentent en réalité, comme je l'ai dit, les vœux que les parents formulent pour leurs enfants;

— un certain nombre de noms qui, quelle qu'en soit l'étymologie, évoquaient un destin favorable :

Aurora, 9
Ianuaria, 136   } les commencements sont fastes.
Principius/a, 117, 251

Augurina, 214
Augurius, 214   } l'idée de (bon) augure est suggérée par le mot.
A[us]picius, 106, 215

[D]edamius, 27
Dunamiola, 118
Fortio, 140
Potentinus, 226   } qualités souhaitées.
Valerius/a, 19, 45, 136, 159, 160
Vigor, 162

Ainsi, sur un total de 231 personnes recensées (tableau, § 123), 130, soit plus du tiers, portaient un nom choisi pour son caractère faste. Je penserais volontiers que les noms péjoratifs Fedula et Priectus (§ 113) répondaient à des préoccupations du même ordre : il s'agissait de tromper le destin mauvais par un nom qui disait le contraire de ce qu'on souhaitait en réalité.

116 *Cognomina relatifs à la naissance et à l'ordre des enfants.*

Optata, 45   Genesi[...], 23
Priimitiua, 173   Genesius, 217.
Prim[...], 236 c
Primianus, 151
Princepiu[s], 251
[?Pr]incipia, 177
Tertio, 79.

Les noms de ce type (surtout ceux qui étaient constitués par des nombres ordinaux, Primus, Secundus, etc.) se raréfient au Bas-Empire (I. Kajanto, *Latin Cognomina,* p. 77).

117 *Cognomina relatifs à l'âge.*

Pusena, 33.

Les noms faisant allusion à un âge n'ont jamais été fréquents dans l'onosmastique latine. Notre matériel n'en fournit qu'un exemple : Pusena = Pusinnus/a, qui désigne le petit enfant dans le langage populaire.

Du côté grec, l'estime pour la sagesse des vieillards se reflète dans deux noms :

Geronius, 24
[G]erontius, 107.

118 *Cognomina relatifs à des liens de parenté ou d'amitié.*

Nonnita, 34, 44 (origine douteuse)
Nonnusa, 222 (origine douteuse)
Nonu[...], 191 (origine douteuse)

[A]delfia, 87
Adelf[ius/a], 236 *m*
Comitius, 114.

D'après I. Kajanto (*Latin Cognomina,* p. 80), les noms évoquant des liens de parenté sont particulièrement fréquents en pays celtiques. Cette coutume a disparu en Première Belgique à l'époque chrétienne : seuls Nonnita et Nonnusa sont peut-être des noms d'origine celtique indiquant un lien de parenté. Adelfius/a est très commun partout.

Cognomina indiquant l'origine sociale.   **119**

Ingenua, 138
Verna, 235 *e*
cf. Honoria, § 115.

Cognomina indiquant l'origine géographique.   **120**

Barbario, 108   Agricius/a, 2, 63, 95, 97
Litorius, 220   Pelagius, 32
Marinus, 34, 212   Tala[...], 64
Monta[nu]s, 42   Talasia, 59.
Ruriciola, 50
Rustic[...], 152
Rusticius, 111
Rusticula, 153
Siluanus, 56 (ou nom théophore)
Siluio, 236 *j*
Vrbana, 27
cf. Siluia, § 105.

Ces noms ont connu le même succès que les ethniques, qui indiquent aussi l'origine géographique. Les nombreux noms évoquant une origine rurale doivent-ils être interprétés comme le signe d'un mouvement de migration vers Trèves des campagnes environnantes ?

Cognomina indiquant un métier ou une occupation.   **121**

Augurina, 214   Archontus, 139
Augurius, 214.   Basilius, 109.
A[us]picius, 106, 215
[P]orcarius, 126
Vetranio, 100
Viator, 26
cf. Luperca, § 122.

On remarquera que, dans la plupart des cas, tout rapport entre le nom et une occupation effectivement exercée est exclu.

Cognomina inspirés de la faune.   **122**

Aquilinus, 9   Artula (< arktos ?), 75, 259
Lea, 100, 143, 219, 220   Leonti[...], 87
Leo, 28, 141   Lycontia, 31, 150 (Lecontia)
Leonia, 69   Lycontius, 142 A
Leosa, 66, 142 A   Tigris, 60.
Leosus, 29
Lopolus (= Lupulus), 181

Lupantia, 30
Luperca, 76
Lupicinus, 142
Vr[...] ?, 156, 223
Vrs[...], 164
Vrsa, 57, 72
Vrsacius, 138
Vrsatius, 165
Vrsicina, 73, 166, 167
Oursikinos (en grec), 168
Vrsicinus, 74, 169
Vrsinianus, 170
Vrsinus, 169
Vrsio, 171
Vrsula, 73, 75, 246 (Vrsola)
Vrsulus, 72 (Vrsolus), 105, 216
Vrsus, 145, 169, 241.

Presque tous les noms sont forgés à partir de *lupus,* de *leo* et d'*ursus*. La racine grecque ayant aussi été mise à contribution pour le loup, je pense qu'il en a été de même pour l'ours et que c'est là l'origine du nom Artula, attesté deux fois (au n° 75, la fille s'appelait Vrsula). Le lion, le loup et l'ours sont des animaux vigoureux et hardis : en donnant de tels noms aux enfants, on leur souhaitait des qualités guerrières que le christianisme pourtant ne prisait guère. Il y a là, sans aucun doute, une influence à la fois du substrat celtique et du superstrat germanique : par exemple, on trouve encore 43 *cognomina* dérivés de *lupus* dans le matériel non chrétien recensé par CIL XIII, alors qu'on ne relève que 8 *cognomina* de ce type dans l'index de CIL XII et 9 dans celui de CIL VIII. L'ours et le loup sont aussi largement mis à contribution dans l'onomastique germanique. Le succès dont jouissaient les noms évoquant des bêtes féroces nuance fortement l'idéal de douceur et de concorde que suggéraient les noms recensés au § 114 !

Les *cognomina* issus de noms de plantes et d'objets, qui n'ont jamais été nombreux dans l'onomastique latine, ne sont pratiquement pas représentés dans notre documentation :

Ampelio, 5
Stefanus, 158 (si ce n'est pas un nom religieux en l'honneur du protomartyr)
cf. Dafinis, § 109
    Petrus, § 110.

On voit qu'il n'y a aucun nom d'origine latine. Vindemiola (§ 111) est un peu l'équivalent d'Ampelio.

123   *Les grandes catégories de noms.*

La majeure partie des noms que nous venons de recenser se rattache à un petit nombre de catégories :

— les noms issus de l'ancienne onomastique des *tria nomina,* anciens gentilices et dérivés de gentilices, anciens *praenomina* et dérivés de *praenomina*;

— les noms géographiques, qu'ils soient dérivés d'un nom de peuple ou qu'ils indiquent une situation géographique générale (Marinus);

— les noms de bon augure, qu'ils promettent la santé, un destin heureux, une qualité physique ou morale;

— les noms inspirés de bêtes sauvages;

— les noms à caractère religieux, qu'ils soient d'origine païenne ou chrétienne.

En répartissant les noms et les personnes entre ces quelques rubriques, on obtient le tableau suivant. Chaque nom n'a été comptabilisé qu'une fois, en le rangeant dans la catégorie requise par l'idée qui avait présidé à son choix.

Catégorie	Noms d'origine latine				Noms d'origine grecque				Total	
	Personnes		Noms		Personnes		Noms		Personnes	Noms
	Nbre	%	Nbre	%	Nbre	%	Nbre	%	Nbre	Nbre
1. Noms issus de l'ancienne onomastique (§ 105–108, sauf Valerius/a)	24	10,17	21	12,88					24	21
2. Noms géographiques (§ 108 et 120)	25	10,59	20	12,27	19	22,35	12	18,46	44	32
3. Noms religieux a) païens b) chrétiens	9 } 6 } 15	6,35	8 } 4 } 12	7,36	13 } 5 } 18	21,18	11 } 5 } 16	24,61	33	28
4. Noms de bon augure (§ 115)	101	42,80	69	42,33	29	34,12	23	35,38	130	92
5. Noms inspirés de bêtes sauvages	40	16,95	15	9,20	7	8,23	4	6,15	47	19
6. Autres	31	13,13	26	15,95	12	14,12	10	15,38	43	36
Totaux	236	100	163	100	85	100	65	100	321[1]	228[1]

(1) La différence entre ces nombres et ceux qui résulteraient du § 98 (257 + 89 = 346; 189 + 66 = 255) est due aux noms mutilés dont on reconnaît l'origine latine ou grecque sans pouvoir identifier la racine, par ex. Ex[...], n° 200, ou [...]dentia, n° 78

L'élément saillant du tableau est la prédominance écrasante des noms de bon augure : racines grecques aussi bien que latines sont mises largement à contribution. La vogue de ces noms est un signe d'époque : elle atteint son maximum durant l'Antiquité tardive. La popularité des noms géographiques, grecs et latins, est également caractéristique du Bas-Empire. La forte proportion de noms empruntés à la faune sauvage est, elle, une particularité régionale due à une action de substrat; là, les noms d'origine grecque sont peu nombreux, les milieux les plus sensibles à la permanence du fonds indigène devant être les moins ouverts aux influences orientales. L'action du superstrat germanique ne doit pas être considérable puisque ces noms sont particulièrement nombreux dans une région où l'onomastique germanique est beaucoup moins bien représentée que dans le reste de la Gaule.

Les suffixes.

124

En ce qui concerne la forme des noms, on trouve en Première Belgique la gamme des formes et des dérivations habituelles dans les onomastiques grecque et latine. Comme on pouvait s'y attendre, la terminaison la plus fréquente est -ius/ia : 84 noms (dont 10 anciens gentilices), 108 personnes, auxquels il faudrait ajouter bon nombre de cas où le nom, mutilé à la fin, a les les plus grandes chances d'avoir eu cette forme. Au total, c'est sensiblement plus du tiers des personnes recensées dans notre matériel qui portaient un nom en -ius/ia d'origine grecque ou latine. Dans l'ancien système latin des *tria nomina*, la terminaison -ius/ia était la marque du gentilice. A partir du début du IIIᵉ siècle, elle servit à forger un nombre toujours croissant de nouveaux *cognomina* tandis que la terminaison -ιος/ια connaissait la même fortune en Orient (I. Kajanto, *Onomastic Studies,* p. 25-26). Les chrétiens qui représentent 7 % des personnes recensées par Kajanto dans ses *Latin Cognomina,* portent 60 % des noms en -ius/ia (p. 103).

125   Il existait un suffixe celtique en -*o,* et un suffixe latin à connotation péjorative de même forme. Je me suis demandé si l'on pouvait trouver en Première Belgique chrétienne quelque trace du substrat celtique. Les noms de ce type ne sont pas extrêmement nombreux :

Bancio, 11
Barbario, 108
Caluio, 12
Fortio, 140
Germanio, 62
Siluio, 236 *j*
Tertio, 79
Vetranio, 100
Vrsio, 171
cf. Ampelio, 5, et Leo, n° 28 et 141.

On voit qu'en fait, ce sont des formations en -*io,* alors que le suffixe proprement celtique est -*o.* Cependant, Barbario, Germanio, Siluio, Vrsio sont des noms qui suggèrent une origine indigène.

Le suffixe -*o* se trouve aussi dans l'onomastique franque, notamment pour les hypocoristiques (voir § 99, Abbo, Babbo, etc.).

126   *Transmission des noms.*

L'habitude, en Première Belgique, de mentionner ceux qui ont fait préparer la tombe, lesquels sont généralement les plus proches parents, permet de se faire une opinion sur la façon dont les parents choisissaient les noms de leurs enfants. La parenté du sang était souvent évoquée par la parenté des noms, en évitant l'homonymie absolue :

Macedonius et Irene ont appelé leur fille Macedonia (n° 32 *a*),
Concordia a appelé ses enfants Concordius et Concordialis (n° 13 *b*),
Dignantius et Meropia ont appelé leur fille Dicnissima (n° 117),
Gaudentius et Seriola ont appelé leur fils Gaudentiolus (n° 131),
Vrsolus et Romula ont appelé leur fille Vrsa (n° 72),
Elpidius et Vrsula ont appelé Vrsicina leur fille aînée (n° 73),
Aufidius et Augurina ont appelé leur fils Augurius (n° 214),
Artula a appelé sa fille Vrsula (n° 75),
Vrsicinus, Vrsinus et Vrsus sont frères (n° 169),
Lycontius a pour sœur Leosa (n° 142 A).
Il devait y avoir un lien de parenté entre Vitalis et Vitalianis (n° 70), et entre [?A]piciola et Apic<ius>
    (n° 102).

Le système le plus simple consistait à transposer simplement du masculin au féminin (Macedonius → Macedonia) ou l'inverse (Concordia → Concordius). Une autre solution était de conserver la racine en modifiant le suffixe (Concordia → Concordialis, Dignantius → Dicnissima, Vrsolus → Vrsa, Vrsula → Vrsicina, Augurina → Augurius, Vrsicinus, Vrsinus, Vrsus), ou encore de combiner la racine du nom du père avec le diminutif du nom de la mère (Gaudentius, Seriola → Gaudentiolus). Enfin, on pouvait utiliser le grec et le latin pour des noms de même sens (Artula → Vrsula) ou de sens voisin (Lycontius, Leosa).

Il est difficile d'estimer la fréquence de la transmission de *cognomina* plus ou moins apparentés. Souvent, nous connaissons le nom du père seul ou de la mère seule; l'enfant a pu recevoir un nom inspiré de celui de l'autre parent. Il n'est pas exclu que des *cognomina* se soient transmis en sautant une génération, la petite-fille portant le nom du grand-père, par exemple; or le nom des grands-parents n'apparaît pas dans notre documentation. Sur 47 personnes portant un nom de bête sauvage, 11 apparaissent dans la liste ci-dessus : cela indique peut-être que l'influence du substrat celtique jouait en faveur de la transmission de noms apparentés (cf. la multitude d'exemples signalés dans les *indices* de CIL XIII, p. 199).

CONCLUSION 127

Le trait saillant de notre documentation est l'infime proportion de noms germaniques. Elle indique que Trèves est restée un noyau de forte romanité à travers toute la période mérovingienne. En particulier, la mode des noms germaniques qui s'est répandue chez les Romains du reste de la Gaule à l'époque franque y est demeurée inconnue. L'étude onomastique renforce donc l'impression que donnait l'étonnante correction de la langue.

A l'époque où apparaissent les inscriptions chrétiennes, les noms celtiques ont pratiquement disparu. Cependant, l'influence du substrat celtique demeure sensible dans la faveur dont jouissent les noms évoquant des fauves et, peut-être, dans le souci de marquer le lien patronymique dans le choix des noms.

Le goût prononcé pour les noms d'origine grecque, pour les noms suggérant des qualités morales, une longue vie ou un destin heureux, est commun à toute l'Antiquité tardive. Le peu d'influence que la religion chrétienne a eu sur l'onomastique n'est pas non plus un trait propre à la Première Belgique.

DATATION

Dans toute la Première Belgique, deux inscriptions chrétiennes seulement portent l'indication **128** de l'année où elles furent gravées : le n° 93, daté de 409, qui est perdu, et le n° 211, daté de 383, dont on n'est même pas sûr qu'il soit chrétien. Comme, en outre, ces deux inscriptions sont en grec, elles ne sont d'aucun secours pour dater les autres. Que faire alors ? Il est évident que cette large documentation épigraphique perd beaucoup de son intérêt historique si on renonce à la situer plus ou moins précisément dans le temps.

Le Blant a appliqué à la Première Belgique les critères qu'il avait mis au point concernant la chronologie des formules et des symboles : « Mention du nom de ceux qui ont fait faire les tombes; défaut d'indication du jour de la mort; fréquence remarquable de la colombe, l'un de nos plus vieux symboles; défaut de croix gravées au début des épitaphes; absence de l'épithète *bonae memoriae;* emploi des mots *puella Dei* pour désigner les religieuses; usage enfin du monogramme ✗, de formules antiques, du début *hic iacet* », autant de caractéristiques, dit-il (*Inscr. chrét. de la Gaule,* I, p. v-vi), qui donnent à penser que la plupart des inscriptions de la contrée sont à peu près contemporaines de l'épitaphe d'Eusebia, datée de 409 (n° 93). Cela constitue à ses yeux une « anomalie remarquable ».

« A Lyon, à Vienne, à Arles, à Vaison, à Marseille, partout enfin où, comme dans la métropole de la Première Belgique, on trouve en quelque nombre les inscriptions du second âge, c'est-à-dire contemporaines des premiers empereurs chrétiens, les marbres des temps mérovingiens leur succèdent. C'est la conséquence et la preuve d'un développement régulier de la foi, qui n'a pu, sans cause exceptionnelle, disparaître après une sérieuse extension. Il en est autrement pour Trèves. A l'exception peut-être de l'épitaphe métrique d'un barbare (Le Blant 261 = n° 135), toutes appartiennent dans cette ville, au quatrième, au cinquième siècle; le sixième, le septième n'y sont nullement représentés » (*Ibid.,* p. xlv-xlvi). Il ne voit d'explication à ce phénomène que dans une disparition brutale du christianisme à la suite de la conquête franque.

Depuis Le Blant, personne ne s'est plus risqué à avancer une hypothèse globale. Dans quelques cas particuliers, tel ou tel épigraphiste propose une date, fondée plus souvent sur l'intuition qui résulte de la fréquentation assidue des pierres que sur des arguments précis. Je ne manquerai pas de signaler, et éventuellement de discuter, ces datations à la fin du commentaire consacré à chaque inscription. Mais une juxtaposition d'indications partielles ne constitue pas une vue d'ensemble. Si l'épigraphiste connaît bien les excellentes raisons qu'ont les spécialistes de se montrer circonspects, il ne peut pas cependant demeurer insensible à l'appel des non-spécialistes, qui sont encore plus désarmés que lui-même. « Could he have been less reticent about dating ? » demande S. L. Greenslade dans un compte rendu du *Katalog der frühchristlichen Inschriften in Trier* d'E. Gose. « The difficulties are evident but more frequent indication of limits might have been possible, and a great help » (*Journal of Theological Studies.* N. S. 10, 1959, p. 401).

MÉTHODE SUIVIE

129   Avant d'exercer mon intuition sur telle ou telle inscription isolée, j'ai cru bon de travailler sur l'ensemble du matériel à ma disposition et d'essayer de dégager des critères valables pour toutes les pierres. On aura pu constater cette préoccupation au cours des chapitres précédents. Peut-être convient-il d'expliciter davantage les principes qui ont guidé mon raisonnement.

L'étude archéologique, qui aurait pu être si fructueuse, s'est avérée décevante en raison du manque ou de l'insuffisance des indications concernant les conditions dans lesquelles se trouvaient les *tituli* au moment de leur découverte (*in situ* ou non, matériel funéraire, etc.). L'étude paléographique m'a fourni le premier point d'ancrage chronologique grâce à l'identification de quelques ateliers. L'examen des épitaphes issues du plus important d'entre eux, Saint-Mathias I, m'a amenée à fixer 425 comme *terminus ante quem* absolu, la fourchette 350-400 me paraissant en fait devoir être considérée comme la période la plus probable. Saint-Mathias II et Saint-Paulin - Saint-Maximin I posent déjà des problèmes plus délicats mais leur activité m'a paru en tout cas antérieure à 450. J'ai obtenu ainsi un premier lot d'inscriptions antérieures à 450, qui m'a servi d'hypothèse de travail pour la suite.

Le formulaire, malgré une monotonie qui paraît d'abord enlever tout espoir de discerner une évolution, a fini cependant par apporter une contribution à l'étude chronologique. Certaines fonctions citées n'ont pu être exercées que dans le cadre de l'administration ou de l'armée romaines : *a ueste sacra, palatinus, protector domesticus ex tribunis,* service *inter Iouianos seniores.* Les *tituli* correspondants sont donc à ajouter au lot des inscriptions antérieures à 450 s'ils n'en font pas déjà partie. En examinant les formules et les symboles attestés dans ce lot, j'ai pu constater que les expressions *plus minus* (pour la durée de la vie), *uixit in seculo* y figuraient déjà alors qu'elles n'apparaissent sur les inscriptions datées de Gaule que dans la deuxième moitié du Vᵉ siècle : l'épigraphie chrétienne de Trèves, avant 450, était en avance sur le reste de la Gaule; elle devait être influencée directement par Rome car on trouve à Trèves des représentations de l'agneau, de l'orante, de l'olivier qui ne se sont guère répandues dans le reste de la Gaule. Autre constatation : il n'est guère de formule ou de symbole plusieurs fois attesté en Première Belgique qui n'apparaisse déjà dans le lot des inscriptions sûrement antérieures à 450. Doit-on en tirer, comme Le Blant, la conclusion que *toutes* les inscriptions sont du IVᵉ ou du Vᵉ siècle ? Non, mais seulement que le formulaire a cessé d'évoluer avant 450. Car ces formules, ces symboles antiques apparaissent encore sur des pierres que d'autres critères nous permettront d'assigner au VIIIᵉ siècle. Le formulaire est donc, en Première Belgique, un critère de maniement délicat. Sur une pierre que d'autres caractères invitent à considérer comme antérieure à 450, une formule peut être assignée à une période intermédiaire entre celle où on la trouve sur les inscriptions datées de Rome et celle où elle figure sur les inscriptions datées de Gaule. Sur une pierre dont on ignore totalement l'âge, une formule, un symbole ne peuvent fournir d'indication chronologique que s'ils sont postérieurs à 450 à Rome et à 500 en Gaule; ainsi la représentation d'une croix ou d'une arcature, la datation *quod ficit mensis Februarius dies VIII* au nº 147 ou la formule *fuit in pupulo gratus et in suo genere primus* au nº 135. Le cas, je l'ai dit, se présente rarement; il n'en est que plus significatif. Il permet, pour la première fois dans mon étude, d'assigner une date sûrement tardive à quelques pierres.

L'étude linguistique a enrichi sensiblement le fonds d'inscriptions datées à un siècle près. La façon dont sont transcrits les noms germaniques montre, dans presque tous les cas, que la pierre est du VIIIᵉ siècle. Par ailleurs, en examinant quels vulgarismes apparaissaient sur les épitaphes que les critères précédents avaient fait placer dans le lot des inscriptions antérieures à 450, je me suis aperçue qu'un bon nombre d'entre eux n'y apparaissaient jamais, ou si exceptionnellement qu'une inscription recélant plus d'un vulgarisme de ce type ne pouvait être que postérieure à 430/450. Cette observation me permet d'assigner un *terminus post quem* à un certain nombre d'épitaphes banales très difficiles à dater. Elle présente l'avantage supplémentaire de confirmer, et parfois précicer, les résultats déjà acquis. En effet, nous disposons maintenant de plusieurs critères de datation et ils n'entrent jamais en contradiction. Par exemple, formulaire et symbole fournissent dans certains cas (voir fin du § précédent) un *terminus post quem* dont je ne me suis pas servie pour élaborer mes critères linguistiques; soumettons à ceux-ci le n° 135 qui, d'après son formulaire, est du vɪe siècle au plus tôt : on y trouve 8 vulgarismes « tardifs » et le nom Hlodericus dont la forme n'est pas antérieure au vɪɪɪe siècle. Autre exemple : l'épitaphe de Valentia (n° 61) provient de Saint-Mathias I pour des raisons paléographiques, confirmées par le formulaire; cependant, l'olivier habituellement figuré par les lapicides de Saint-Mathias I est ici remplacé par un vase, motif qui apparaît vers la fin du ɪve siècle sur une inscription datée de Rome et en 438 sur une inscription datée de Gaule; en vertu de la loi énoncée au paragraphe précédent, le vase pourrait avoir fait son apparition à Trèves vers 400 et, par conséquent, si l'hypothèse qui m'a fait fixer vers 400, 425 au plus tard, la fin de Saint-Mathias I est juste, le n° 61 doit être une des dernières productions de cet atelier. Or, précisément, c'est la seule inscription de Saint-Mathias I à présenter deux vulgarismes de type « tardif » (*mesis* sans *n, qae* sans *u*). On a vu (§ 97) que le critère linguistique permettait d'établir que Saint-Mathias II et Saint-Paulin - Saint-Maximin I étaient légèrement postérieurs à Saint-Mathias I tout en étant antérieurs à 450.

L'étude onomastique a confirmé l'implantation tardive des noms germaniques. Il me paraît probable que les noms d'origine latine et grecque ont connu, entre le ɪve et le vɪɪɪe siècles, une évolution dont on pourrait déceler quelque trace en Première Belgique. Mais cette évolution n'a guère été étudiée à ma connaissance et, faute peut-être des points de comparaison nécessaires, je n'ai rien aperçu de significatif dans le matériel que j'observais. A. Ferrua (*Akten,* p. 285-288) estime que les noms Doxates, Lycontia, Martyrius, Siluia, Perses, Numidius, Sarracina, Macedonius/a, Azizos, Quoduultdeus, Soluianus, Posidonius, Thalassia, Glyceria, Pancharia, Vetranio, Eustasius, Meropia, Calliope, Aspasia, Dardanius, Ipsychius, Archontius, Dynamiola sont des noms étrangers qui ne sont pas susceptibles d'apparaître à Trèves après le ɪve siècle. Les noms grecs sont si communs à Trèves que j'hésite à le suivre sur ce terrain. Je reviendrai sur les autres.

RÉSULTATS ACQUIS

IVe siècle. **130**

Il est très difficile de dire quand l'épigraphie chrétienne est apparue en Première Belgique. Sur la plupart des pierres que tout invite à classer parmi les plus anciennes figure déjà le monogramme constantinien dont l'apparition se situe vers 330 (*Intr.,* § 43). Aussi peut-on prendre cette date comme *terminus post quem* et considérer la production antérieure comme négligeable. Il n'est pas impossible qu'une ou deux pierres (le n° 9, par exemple) soient très légèrement antérieures à 330. Il est certain que la très grande majorité des inscriptions du ɪve siècle est postérieure à 350 : toutes les trouvailles monétaires signalées dans des tombes chrétiennes comprenaient des monnaies frappées dans la deuxième moitié du ɪve siècle.

Voici la liste des pierres assignées au ɪve siècle :
— nᵒˢ 15, 20, 35, 36, 44, 46, 47, 49, 56, 59, 60, 61, 64, 68, 71, 78, 83, 85, 229 : certainement entre 330 et 425, très probablement entre 350 et 400. Ce sont les inscriptions provenant de Saint-Mathias I (*Intr.,* § 15-18). Aux raisons paléographiques s'ajoutent la représentation d'un agneau pour le n° 49 (*Intr.,* § 44), la formule sans verbe ni âge ni indication des dédicants pour le n° 20 et sans âge ni dédicant (*Intr.,* § 40) mais avec la profession (*Intr.,* § 38) pour les nᵒˢ 15 et 56, l'indication de la profession pour le n° 68 et le n° 71. Les nᵒˢ 61 et 71 sont parmi les plus tardifs de la série et doivent appartenir à l'extrême fin

du IVᵉ ou aux toutes premières années du Vᵉ siècle, le premier à cause de la représentation du vase et des vulgarismes commis (*Intr.,* § 129), le second en raison de la date attribuée à la création du corps des *Iouiani seniores* (voir nᵒ 71).

— nᵒ 9 : IVᵉ s. Ecriture proche de Saint-Mathias I, formule sans verbe ni indication de l'âge.

— nᵒ 39 : IVᵉ s. Datif initial, couronne indépendante du chrisme (*Intr.,* § 44).

— nᵒˢ 99, 121, 137 : IVᵉ s. Omission de l'âge et des dédicants (*Intr.,* § 40), à laquelle s'ajoutent paléographie et formule pour le nᵒ 99.

— nᵒ 124 : IVᵉ s. Représentation d'une orante (*Intr.,* § 44), formule (voir commentaire au nᵒ 124).

— nᵒ 148 : IVᵉ s. Ecriture (*Intr.,* § 36), fonction de *palatinus* indiquée (*Intr.,* § 38), ni âge ni dédicants (*Intr.,* § 40).

— nᵒˢ 37, 113 ?, 126, 130 : fonctions du Bas-Empire (*Intr.,* § 38). En outre, les *duo nomina* et l'écriture du nᵒ 130, l'écriture et la formulation originale et sobre du nᵒ 126 donnent également une impression d'antiquité.

— nᵒ 211 : date consulaire de l'année 383.

On peut sans doute aussi attribuer au IVᵉ siècle, mais avec un peu moins de certitude et surtout en concédant une fourchette chronologique plus large, incluant les premières décennies du Vᵉ siècle, les inscriptions suivantes :

— nᵒˢ 4, 12, 28, 73, 84 et peut-être 87, apparentés à Saint-Mathias I (*Intr.,* § 19). L'olivier et le vase apparaissent simultanément au nᵒ 4, ce qui suggère de le situer vers 400 (*Intr.,* § 44). La même date ou une date un peu plus tardive conviendrait bien au nᵒ 87, dont l'écriture présente des formes analogues à Saint-Mathias I et d'autres proches du nᵒ 32 *a* (Saint-Mathias IV, Vᵉ s.).

— nᵒ 31 : écriture (*Intr.,* § 20).

131 *Fin IVᵉ siècle - Première moitié du Vᵉ siècle.*

— nᵒˢ 7, 8, 11, 29, 45, 50, 51, 69, 80, 86 : la fourchette maximum est 350-450 mais la datation relative par rapport à Saint-Mathias I conduit à considérer 390-440 comme la période la plus probable pour ces pierres issues de l'atelier II de Saint-Mathias (*Intr.,* § 21-23 et 129).

— nᵒˢ 96, 100, 223 : 350-460 et probablement 390-440. Ce sont les pierres provenant de Saint-Paulin - Saint-Maximin I (*Intr.,* § 31-32). L'analogie avec Saint-Mathias II m'a fait penser que ces deux ateliers devaient être à peu près contemporains mais ma datation est ici assez hypothétique (elle recevra plus loin quelque renfort de l'onomastique).

— nᵒ 102 : l'écriture et le formulaire mais non la décoration sont proches de Saint-Mathias II et de Saint-Paulin - Saint-Maximin I (*Intr.,* § 24). On est donc tenté de suggérer à peu près la même période mais en réservant une large part d'incertitude car il s'agit ici d'une inscription isolée et, qui plus est, mutilée : la marge d'incertitude est d'autant plus grande que la base d'appréciation est plus étroite.

132 *Vᵉ siècle.*

Etant donné l'incertitude qui pèse sur les dates-limites, chacune des périodes que j'ai distinguées interfère avec la précédente et la suivante.

— nᵒ 93 : 409 (date consulaire).

— nᵒˢ 10, 112, 168 : inscriptions en langue grecque de Syriens. Le formulaire est proche de celui du nᵒ 93 et des autres épitaphes grecques de Syriens décédés en Occident au Vᵉ siècle (*Intr.,* § 42). Le défunt du nᵒ 112 étant originaire du même village que la défunte du nᵒ 93, morte en 409, son épitaphe remonte plus probablement à la première moitié du siècle qu'à la seconde. Peut-être en est-il de même pour le nᵒ 168 à cause de l'emploi du chrisme comme *compendium,* pour exprimer le nom du Christ dans le corps de la phrase.

— nᵒˢ 32 *b,* 94 : épitaphes en langue latine de Syriens qui doivent être contemporains des précédents et, plus généralement, des colonies syriennes signalées en Gaule et en Italie au Vᵉ siècle (*Intr.,* § 42). Nᵒ 32 *b : ciuis Surus;* nᵒ 94 : onomastique (Sur[ic]a, Euon[uma]).

— nᵒˢ 32 *a,* 38, 42, 55 : ce sont les inscriptions provenant de l'atelier IV de Saint-Mathias, qui ne peuvent être que du Vᵉ siècle, sans que je sois arrivée à préciser davantage. Le nᵒ 32 *a* est antérieur à 32 *b* qui est lui-même, comme nous venons de le voir, du Vᵉ siècle; de plus, il commence par le nom de la défunte au datif, ce qui est généralement une marque d'antiquité. Mais le nᵒ 38 porte un vase, motif qui a dû apparaître vers 400 à Trèves (*Intr.,* § 44) et le nᵒ 55 présente deux vulgarismes « tardifs » (*Intr.,* § 97), ce qui constitue un *terminus post quem* de 430/450. L'acclamation qui termine le nᵒ 55 correspond à un usage en vigueur au Vᵉ siècle dans certaines régions de Gaule et d'Italie. Contentons-nous donc de cette approximation, sans chercher une précision illusoire.

— nᵒˢ 13 *b,* 30, 34, 41, 43, 48, 58, 74 ? : inscriptions de Saint-Mathias III et apparentées (*Intr.,* § 26). Le nᵒ 13 *a,* antérieur au nᵒ 13 *b,* présente les formules *plus minus* et *hic in pace requiescit* qui, même si elles sont apparues à Trèves avant de gagner le reste de la Gaule (voir § 45), ne sauraient être bien antérieures à 400 puisqu'elles ne sont attestées qu'à la fin du IVe siècle sur les inscriptions datées de Rome. On trouve aussi *hic requiescet in pace fidelis* au n° 30. La forme du chrisme, où le P tend vers le R, suggère aussi le Ve (*Intr.,* § 43). Le n° 30 présente deux vulgarismes « tardifs » (*Intr.,* § 97), ce qui montre qu'il faut le situer après le *terminus* de 430/450. Le vulgarisme *pro caritatem* lui est d'ailleurs commun avec Saint-Mathias IV. La date de la mort apparaissait au n° 58, ce qui n'est attesté en Première Belgique sur aucune inscription latine du IVe siècle (*Intr.,* § 41). Tous ces indices conduisent à situer l'activité de Saint-Mathias III au Ve siècle, et plutôt dans la seconde moitié de ce siècle. Seul le n° 48, qui en est proche sans lui appartenir, pourrait être quelque peu antérieur (2e moitié du IVe - 1re moitié du Ve).

— nos 103, 145, 151, 176 : productions de Saint-Paulin - Saint-Maximin II (*Intr.,* § 34). Le n° 103 se termine par *in pace,* comme les épitaphes de Saint-Paulin - Saint-Maximin I. La formule *hic in pace requiescit* du n° 145 n'est pas antérieure à 400. De plus, la présence de deux vulgarismes « tardifs » (*Intr.,* § 97) dans la même inscription interdit de la faire remonter au delà de 430/450. L'activité de cet atelier se situe certainement au Ve siècle, peut-être plutôt vers le milieu du siècle.

— n° 245 (Metz) : la grande sobriété du formulaire, une écriture qui rappelle quelque peu celle de Saint-Mathias II suggéreraient une datation haute; mais la croix monogrammatique avec son P en forme de R tempère cette impression. On peut retenir, sous toutes réserves, le Ve siècle, en incluant prudemment le début du VIe dans la fourchette la plus large.

Après 400.   **133**

— nos 90, 174, 175, 181, 183, 216, 255 : représentation d'un vase, motif qui a dû apparaître vers 400 à Trèves et qui s'y est maintenu jusqu'à l'époque carolingienne (*Intr.,* § 44).

— nos 72, 104, 127, 153, 160, 161, 173, 193, 194 A, 199, 201, 202, 203, 204, 205, 227 : indication du jour de la mort ou de l'inhumation sur une épitaphe latine (*Intr.,* § 41). Cette indication n'apparaît sur aucune des nombreuses inscriptions répertoriées aux § 130-131 comme étant du IVe ou du début du Ve siècle. On est donc fondé à estimer qu'elle ne s'est répandue en Première Belgique qu'après 400, et sans doute largement après. Cette estimation est confirmée par le chrisme avec un P en forme de R du n° 72 (*Intr.,* § 43), par la formule *plus minus* (*Intr.,* § 39) et le vase (*Intr.,* § 44) du n° 104, que l'on trouve à partir de 400, par la formule du n° 127 (voir le commentaire à ce numéro), par le monogramme avec un P en forme de R du n° 153 (*Intr.,* § 43), par la formule *uixit in saeculo* (*Intr.,* § 39) qu'on reconnaît au n° 173, par la formulation du n° 193, la formulation et l'onomastique germanique du n° 194 A, l'encadrement du n° 202, enfin par le fait qu'une date figure sur bon nombre d'inscriptions sûrement postérieures à 430/450 en vertu d'autres critères (voir les paragraphes suivants).

— nos 63, 107, 228 : représentation d'une croix, symbole qui se répand à Rome à partir du début, en Gaule à partir du milieu du Ve siècle (*Intr.,* § 44). A Trèves, les pierres portant une croix semblent toutes postérieures à 450, voire à 500, quoique la première moitié du Ve siècle soit théoriquement possible. La palme et l'édicule du n° 107 constituent une présomption en faveur du VIe siècle (*Intr.,* § 44).

Après 430/450.   **134**

— nos 1, 2, 3, 18, 21, 24, 33, 40, 54, 62, 66, 70, 89, 97, 115, 123, 132, 138, 142 A, 143, 152, 156, 191, 217, 238 : chacune de ces inscriptions présente au moins deux vulgarismes « tardifs », ceux-ci définis par le fait qu'on n'en trouve jamais plus d'un sur les inscriptions recensées aux § 130-131 comme certainement antérieures à la deuxième moitié du Ve siècle (voir *Intr.,* § 97). Comme 450 est un *terminus ante quem* que peut-être aucune des pierres inventoriées n'atteint, je proposerai prudemment la période 430/450 comme *terminus post quem* pour les vulgarismes tardifs. Je pense que cette vingtaine d'années supplémentaires est surtout à retenir pour les inscriptions qui ne présentent que des vulgarismes déjà sporadiquement attestés pendant la période précédente et que les pierres qui présentent plusieurs vulgarismes jamais attestés au IVe et au début du Ve siècle ont toutes chances d'être largement postérieures à 450.

Le critère linguistique reçoit souvent l'appui d'autres indices concordants. Les nos 40 et 70 sont des imitations de Saint-Mathias I (*Intr.,* § 20), le n° 2, de Saint-Mathias II (*Intr.,* § 24), qui paraissent postérieures à l'activité de ces ateliers. Aux nos 21, 97, 138, 142 A, 191, la date de la mort ou de l'inhumation est indiquée, ce qui ne se trouve jamais sur une épitaphe que des indices positifs invitent à faire remonter au IVe siècle (*Intr.,* § 41). Le n° 184 présente une croix, symbole qui n'a gagné que tardivement la Première Belgique (voir § précédent). Le n° 62 porte une palme qui, elle aussi, n'apparaît que tardivement à Trèves (*Intr.,* § 44). La croix monogrammatique du n° 18 est « latinisée », avec un P en forme de R (*Intr.,* § 43). Le n° 21 dénote une hésitation entre le chrisme et la croix latine (*Intr.,* § 43). Un vase apparaît aux nos 217 et 238. Enfin, le défunt du n° 1 porte un nom germanique (*Intr.,* § 99).

— nos 106, 155 : croix monogrammatique latinisée (*Intr.,* § 43). Le n° 108, où le R est seulement ébauché et où manque la mention des dédicants, est peut-être légèrement antérieur.

135   *Après 450.*

— nᵒˢ 109, 165, 184 : monogramme constantinien composé avec une croix latine (*Intr.,* § 43). La date d'inhumation est indiquée au nᵒ 109 (*Intr.,* § 41).

— nᵒˢ 166, 178 : représentation d'une palme (*Intr.,* § 44).

136   *VIᵉ siècle.*

— nᵒ 131 : croix radiée (*Intr.,* § 44). Fin du Vᵉ ou VIᵉ s.

— nᵒˢ 154, 222 : arcature (*Intr.,* § 44), à laquelle on peut ajouter la rosette du nᵒ 154, la croix radiée et les vulgarismes « tardifs » du nᵒ 222.

137   *Fin VIIᵉ-VIIIᵉ siècles.*

— nᵒ 147 : VIIᵉ ou VIIIᵉ siècle. Croix en tête de l'inscription, nom germanique, vulgarismes « tardifs », date de la mort, écriture.

— nᵒˢ 29 A, 76, 134, 135, 170 : transcription des noms germaniques (*Intr.,* § 56 et 73); il s'y ajoute en général de nombreux vulgarismes tardifs et l'indication du jour de la mort ou de l'inhumation.

— nᵒˢ 17, 140 ? Si les noms ne sont pas germaniques (*Intr.,* § 99), ces pierres peuvent être beaucoup plus anciennes.

138   *ESSAI GÉNÉRAL DE DATATION*

Les critères que j'ai fait intervenir jusqu'ici touchent la moitié des inscriptions. Par voie de comparaisons entre pierres analogues et par analyse d'épitaphes présentant quelque originalité, on peut situer dans le temps un grand nombre d'autres. On trouvera le détail des facteurs pris en considération dans chaque cas à la fin du commentaire qui accompagne chaque numéro. Je me contente ici de donner quelques exemples de la méthode suivie. Soit la formule *pro caritate,* attestée 15 fois (*Intr.,* § 40). On la trouve aux nᵒˢ 47 et 68, issus de Saint-Mathias I, 30, issu de Saint-Mathias III, 55, provenant de Saint-Mathias IV. Ne serait-ce pas une expression caractéristique du IVᵉ et du Vᵉ siècles, abandonnée par la suite ? Examinons les autres cas à partir de cette hypothèse de travail : il ne s'y trouve aucun argument positif en faveur d'une datation plus basse; tous les vulgarismes de ces inscriptions (*qui* pour *quae* au nᵒ 57, *uixsit, annus, mesis, pro caritatem* au nᵒ 62, *nutricionis* pour *nutriciones* au nᵒ 67, *requiescet* pour *requiescit* au nᵒ 162) sont communs sur les pierres que j'ai retenues comme antérieures à 500 (*Intr.,* § 130-132), le seul qui ne soit attesté que plus tard est l'emploi d'*ipsius* pour *eius* au nᵒ 162 mais il n'y a que deux parallèles (nᵒ 97 et 147), ce qui est trop peu pour tirer quelque conclusion que ce soit. Par contre, *uirginius* (nᵒ 62), *nutriciones* (nᵒ 67) me paraissent convenir mieux aux IVᵉ-Vᵉ siècles qu'aux siècles suivants. *Pientissimo* (nᵒ 162) n'apparaît par ailleurs qu'aux nᵒˢ 9 et 36 qui sont eux-mêmes du IVᵉ ou du début du Vᵉ. Enfin, je remarque que, sur les inscriptions sûrement postérieures à 500, l'expression *pro caritate* est remplacée par des formules équivalentes : *propter caritate* (nᵒ 1), *pro amore* (nᵒ 135), *in amure ipsius* (nᵒ 147) *pro dilectione* (nᵒ 220). Il est vrai qu'on trouve *et pro caritate* au nᵒ 214 qui m'a paru une des pierres les plus tardives de mon matériel en raison de la formule *fieri iusserunt;* mais l'encadrement de rinceaux et d'oiseaux témoigne clairement d'une volonté d'imiter des modèles antiques qui a pu se manifester aussi dans le choix des formules (le *et* superflu s'explique peut-être par un emprunt mal compris). Bref, il m'a paru vraisemblable que les pierres portant l'exacte formule *pro caritate* ne sont guère postérieures à la fin du Vᵉ siècle, ce qui permet de proposer un *terminus* approximatif pour les nᵒˢ 57, 62, 67, 94, 162, 183 (ainsi que Gose 59 et 543, trop mutilés pour avoir été retenus dans ce recueil). Je réserverai mon jugement pour le nᵒ 187, qui porte une expression légèrement différente (*pro caritate sua*), et pour le nᵒ 149, trop difficile à interpréter pour que la restitution [*pro cari*]*tate* soit certaine.

Au cours de l'enquête précédente, j'ai remarqué que, parmi les inscriptions portant *pro* **139**
caritate, un certain nombre portait aussi *in pace fidelis.* D'où une nouvelle hypothèse de travail :
cette formule ne serait-elle pas, elle aussi, caractéristique des ive-ve siècles ? Le mot *fidelis*
apparaît 19 fois (*Intr.,* § 38). Ecartons le n° 138, qui porte *christiana fidelis,* formule sans
équivalent dans mon matériel. Les n°s 9, 20, 30, 34, 121, 124, 137, 145 ont été reconnus
comme datant des ive et ve siècles pour différentes raisons (voir *supra,* § 130-132); on peut y
joindre les n°s 57, 62, 67 et 162 en vertu du paragraphe précédent. Il me semble que, sauf
argument contraire, il doit en être de même des six inscriptions restantes : n°s 101, 117, 140,
152, 200, 204. De fait, on n'y relève aucun vulgarisme qui ne soit attesté sur des pierres de
même époque, sauf *qua* pour *quae* au n° 117; or cette forme rare provient sans doute de Rome
dont l'influence s'est fait sentir à Trèves surtout aux ive et ve siècles. Au n° 101 apparaît le mot
uirgo qui, très commun au ive siècle, a été ensuite peu à peu éliminé, sauf en Afrique, par son
concurrent *puella* (> *pucelle*). Toutefois, le n° 140 fait difficulté si l'on veut trouver au nom
Isa, inconnu par ailleurs, une origine germanique (voir commentaire au n° 140). C'est là un des
rares cas où mes hypothèses successives, au lieu de se renforcer mutuellement, aboutissent à une
contradiction. Loin de gommer la difficulté, je pense qu'il faut laisser subsister l'alternative :
ou bien ive-début v^e ou bien viiie. Mais de tels cas sont si rares (voir tableau récapitulatif)
qu'ils ne me paraissent pas compromettre gravement ma méthode de datation par comparaisons
multiples quoique sa valeur, à mes yeux, repose essentiellement sur la cohérence des dates
obtenues par des indices totalement indépendants les uns des autres. Dans le cas du n° 140,
par exemple, je pense seulement que l'hypothèse de la racine germanique, quoique la plus
vraisemblable dans l'état actuel de nos connaissances, n'est pas la bonne et que le nom Isa
sera un jour expliqué différemment.

Mais, objectera-t-on, la cohérence à laquelle vous croyez parvenir ne serait-elle pas seule- **140**
ment le fruit d'une série de coïncidences ? Je répondrai non, car si je signale chemin faisant
tout ce qui peut contribuer à affaiblir ou renforcer l'hypothèse proposée, les critères utilisés pour
élaborer celle-ci reposent toujours sur une base assez large, une quinzaine de cas au moins.
Ainsi, pour reprendre encore une fois l'exemple du n° 140, l'hypothèse ive-ve siècles est fondée
sur la formule *in pace fidelis,* attestée 19 fois, et non sur *dolens,* attesté 5 fois, quoique la
présence de *dolens* aille dans le même sens. D'ailleurs, si le critère retenu n'est pas valable,
on arrive à des contradictions insurmontables bien avant de l'avoir testé sur 15 cas, j'en ai fait
bien des fois l'amère expérience ! Ainsi, il me semblait *a priori* que les vulgarismes résultant
d'erreurs sur les désinences (*Intr.,* § 83-84), qui n'apparaissent sur aucune inscription du ive siècle
et qui sont au total fort peu nombreux, devaient être caractéristiques des inscriptions tardives :
j'ai tout de suite été obligée de constater que, si ce type de vulgarismes apparaissait en effet
sur des pierres que tout invitait à placer à la fin de la période embrassée par notre documentation (n°s 134 et 193; les n°s 1 et 97 sont également tardifs), les n°s 30, 55 et 62 appartenaient
indiscutablement au ve siècle. Les cas étaient trop peu nombreux pour que je songe à en faire un
critère et déjà la simple coïncidence ne suffit pas à masquer la fausseté de mon hypothèse
de départ. Autre exemple : j'ai longtemps cherché à déceler, comme on peut parfois le faire dans
d'autres régions, une écriture caractéristique de telle ou telle période. Je n'ai abouti à aucun
résultat satisfaisant. Cela ne signifie certes pas que de telles écritures n'existent pas en Première
Belgique et d'ailleurs, il se peut que certaines de mes « impressions » soient justes. Mais cela
signifie en tout cas qu'il n'est pas si facile de réunir une série de « coïncidences ». Ainsi, j'ai
longtemps soupçonné un certain type d'écriture, haute, étroite, élégante, un peu maniérée,
aux lettres relativement (et parfois très) espacées, avec un M à hastes légèrement obliques,
un L à base plongeante incurvée, d'être caractéristique du ve siècle. Mon estimation, dans

ce cas, reposait sur une base large (n°s 27, 84, 90, 106, 141, 155, 160, 174, 183, 184, 192, 216, 222, 223, 229, 232 *a,* 234) mais elle incluait des pierres qui avaient toutes chances d'être plutôt du VIe siècle, comme le n° 184 (qui présente par ailleurs un M aux traverses en arc de cercle que je croirais volontiers propre au VIe siècle) et le n° 222. Il n'est pas absolument impossible qu'une « coïncidence » ait joué dans un ou deux cas isolés (en particulier pour les petits fragments dont la datation repose sur l'application d'un seul critère) mais je ne crois pas, je le répète, qu'il puisse y avoir d'erreurs massives.

141   Il m'a paru indispensable de récapituler l'ensemble des dates que je retiens finalement comme les plus probables dans un tableau général qui soit facile à consulter sans pour autant schématiser à l'excès des jugements souvent nuancés. Ce tableau (pl. VII) appelle un certain nombre de précisions et de remarques :

— Je crois à la valeur globale des résultats auxquels je suis parvenue au terme de plusieurs années de recherches. Ceci ne signifie pas que j'attribue à chacune de mes datations la valeur d'une date consulaire gravée dans la pierre !

— Je me suis efforcée d'être aussi objective que possible, donnant à chaque indice rigoureusement le même poids partout où il apparaissait. En particulier, les traits en pointillé s'allongent parfois démesurément parce que je n'ai pas voulu écarter une date théoriquement *possible,* même lorsque je ne la crois pas *probable.*

— Il y a cependant une entorse à la règle précédente. Les inscriptions du VIIIe siècle sont sensiblement différentes des autres, alors que celles du VIe siècle, par exemple, ne diffèrent souvent d'autres remontant au IVe que sur un point ou deux. J'en ai conclu qu'une inscription parfaitement banale à tous points de vue était vraisemblablement antérieure au VIIIe siècle et ai, dans ce cas, arrêté mon pointillé à 700. Ce *terminus* de 700 est largement arbitraire car les inscriptions sûrement datables du VIIIe siècle sont trop peu nombreuses pour fournir une base statistique valable. Le renouveau épigraphique à la fin de la période envisagée est incontestable mais j'ignore si, dans le même temps, des ateliers plus traditionnels ne se sont pas perpétués.

— D'une façon générale, mes *termini post quem* me paraissent plus sûrs, et surtout plus précis, que mes *termini ante quem.* L'explication réside dans le conservatisme qui règne en Première Belgique. Un élément nouveau doit être contemporain ou postérieur à son apparition ailleurs. Un élément devenu banal peut survivre pendant des siècles.

— Mes datations concernant les IVe et Ve siècles sont plus précises et plus sûres que celles concernant les siècles suivants parce qu'elles reposent sur une documentation plus vaste. J'avoue n'accorder pratiquement aucune valeur à mon tableau en ce qui concerne le VIIe siècle. La contribution de cette époque, dans notre matériel, est certainement minime; je ne peux en dire davantage, faute d'avoir réussi à identifier un seul critère délimitant cette période.

— Ce qui concerne Trèves est plus sûr que ce qui a trait au reste de la Première Belgique. Mes datations reposent sur le postulat qu'étant donné l'extrême ressemblance entre les inscriptions trévires et les autres, ce qui vaut pour la capitale vaut pour le reste de la province. Il n'est pas impossible qu'en réalité, la province n'ait suivi qu'avec un léger retard, ou bien ait eu ses propres formes de conservatisme, ne portant pas exactement sur les mêmes éléments que celui de la capitale.

— Le trait continu représente la période à l'intérieur de laquelle, en mon for intérieur, je situe la fabrication de chaque pierre. La subjectivité s'y fait davantage sentir, des éléments parfois malaisés à définir entrent en ligne de compte. Mais c'est une subjectivité informée, au sens philosophique du terme, par une longue fréquentation des pierres, qui aiguise l'œil et l'esprit. Le spécialiste se doit d'en faire profiter le non-spécialiste.

— Mes datations relatives sont plus sûres que mes datations absolues, puisque tout le système repose sur la comparaison des pierres entre elles et que les points d'ancrage que fournirait une date consulaire de-ci de-là font défaut.

CONCLUSIONS   142

Si imparfait qu'il soit, le tableau récapitulatif des datations proposées permet deux observations majeures :

1° - La nécropole de Saint-Mathias a été surtout utilisée aux ɪvᵉ et vᵉ siècles, la nécropole de Saint-Paulin - Saint-Maximin à partir du vᵉ siècle. Le développement de cette dernière est-il à mettre en relation avec la construction par l'évêque Félix, dans les dernières années du ɪvᵉ siècle, d'une imposante basilique en l'honneur de saint Paulin, mort en exil pour la foi ? L'inhumation auprès du confesseur peut être plus ancienne que les quelques témoignages que nous en avons (voir n° 170). Les efforts déployés par l'évêque Cyrille, au milieu du vᵉ siècle, pour mettre à l'honneur Eucharius et Valerius, les fondateurs de l'Eglise de Trèves (voir n° 19), ne semblent pas avoir été couronnés d'un succès durable.

2° - Le plus grand nombre des inscriptions aujourd'hui connues remonte vraisemblablement au vᵉ siècle ou aux quelques décennies qui l'ont précédé ou suivi. Si ce que nous possédons est représentatif de la production épigraphique de chaque époque, il se fabriquait en moyenne chaque année à Trèves plus de *tituli* au vᵉ siècle que pendant la période brillante où la ville était résidence impériale. Il n'y a d'ailleurs là rien que de très banal : la croissance économique et démographique d'une ville ne se fait pas du jour au lendemain; par contre, le mouvement continue sur sa lancée un certain temps après la disparition des causes initiales de prospérité. A en juger d'après l'épigraphie chrétienne, la décadence de Trèves ne date que du vɪᵉ siècle, qui connaît une chute brutale du nombre des pierres gravées; elle s'aggravera encore au siècle suivant. A Metz, la moyenne chronologique paraît se situer plus tard, vers le vɪᵉ siècle.

L'examen du contenu des épitaphes conduit aux mêmes conclusions. Malgré la grande homogénéité de l'ensemble, une observation attentive révèle que les formules sont plus riches et plus variées aux ɪvᵉ et vᵉ siècles que par la suite : nom du défunt au datif, indication de la profession, omission de l'âge ou des dédicants, mots comme *fidelis, neofita, infans, carissimus,* ce sont là de menues façons de personnaliser une épitaphe qui disparaissent pratiquement au vɪᵉ siècle. Le formulaire devient alors aussi sec que rigide : la seule variété réside dans le choix entre *iacet, pausat, quiescit* ou *requiescit* pour la formule initiale, l'addition ou non d'*in pace* après ce verbe initial ou *posuerunt* à la fin, l'addition de *dulcissimus* ou, plus rarement, de *karus.* Un seul élément, apparu, semble-t-il, dans la deuxième moitié du vᵉ siècle, se développe et se diversifie : la mention du jour de la mort ou de l'inhumation. De même, la langue évolue entre 350 et 500 (cf. la coupure que j'ai placée en 430/450 : *Intr.,* § 97), mais plus après : les vulgarismes paraissent même plutôt moins nombreux dans les inscriptions rigoureusement banales dont un certain nombre doit dater des vɪᵉ-vɪɪᵉ siècles que dans celles qu'un menu détail permet d'assigner aux ɪvᵉ-vᵉ.

Il semble bien que l'onomastique ait évolué selon les mêmes tendances encore que, dans ce domaine, il faille rester sur une position nuancée (celle d'A. Ferrua, *Akten,* p. 285-s., est sûrement trop catégorique). Ainsi les noms à saveur africaine, Adeutatus, Bonifatius, Maurus/a,

Numidius, Optata, Quoduultdeus, disparaissent après 450, sauf le dernier, définitivement adopté sous la forme Couoldus. Les noms d'origine grecque paraissent beaucoup plus répandus aux IVe et Ve siècles mais ne tombent jamais totalement en désuétude. Leur popularité au Bas-Empire est une mode dont l'aristocratie gallo-romaine offre maint exemple (voir, par exemple, C. Jullian, *Histoire de la Gaule,* t. VIII [1926], p. 258); sauf cas particulier, un nom grec ne signifie pas que celui qui le porte est originaire de l'Orient. Le nom des empereurs régnants ou de leurs enfants ne semble pas avoir influencé beaucoup le choix des parents : il est caractéristique qu'on ne trouve à Trèves, qui doit tant à la dynastie constantinienne, aucun nom ayant *constans* pour racine. Gratien n'a inspiré personne non plus. Dans le cas de Valens et de Valentinien, les noms des empereurs suivaient la mode plutôt qu'ils ne la créaient.

Les plus tardives de nos inscriptions marquent un tournant : l'écriture, la langue, les formules, les noms changent tout à coup. Il s'agit là d'un phénomène de grande ampleur, qui n'est certainement pas limité aux ateliers de lapicides (dans le domaine onomastique, en particulier, ceux-ci se contentent d'enregistrer). On a l'impression qu'une région repliée sur elle-même découvre soudain le point d'évolution auquel est parvenu le reste de la Gaule. Là où un puriste ne verrait que dégradation de l'écriture et de la langue (par exemple, n°s 135 et 147), je crois reconnaître, au contraire, les signes d'un renouveau : la Première Belgique marche de nouveau avec son temps, au lieu d'être un musée de l'Antiquité tardive en pleine Gaule mérovingienne. Le problème délicat est de dater ce tournant. Je le situerais volontiers vers la fin du VIIe ou au VIIIe siècle. P. Riché (*Education et culture dans l'Occident barbare*[2], 1962, p. 410-s.; 492-s.) a montré qu'il y avait un renouveau culturel en Occident dans les dernières années du VIIe siècle et qu'au VIIIe, la cour franque devenait un centre de culture au moment même où la moitié sud de la Gaule était ruinée. Metz brille alors d'un vif éclat, surtout depuis la nomination de Chrodegang comme évêque en 742. Trèves a participé à l'essor général de l'Austrasie : c'est au VIIIe siècle que fut rédigée la *Vita Maximini* qui, à défaut de sens historique, montrait la haute estime des Trévires pour l'antiquité de leur propre Eglise, et sans doute peu avant que fut fabriqué le faux concile de Cologne, qui rabaissait les mérites de l'Eglise voisine et concurrente. Cette Renaissance pré-carolingienne a dû vivifier aussi les ateliers de lapicides. Il est bien possible que la période carolingienne proprement dite, dans cette région, ne s'en distingue guère et que l'un ou l'autre des *tituli* inclus dans ce recueil (comme le n° 29 A) soit en fait carolingien; mais rien ne permet de le savoir avec certitude.

Bref, l'étude de la chronologie des inscriptions chrétiennes confirme ce que les travaux de W. Jungandreas pour la langue et de K. Böhner pour l'archéologie ont déjà montré : contrairement à ce que l'on pensait au temps de Le Blant, il n'y a pas eu de rupture brutale à la suite des grandes invasions. Les villes n'ont pas été rayées de la carte, la population gallo-romaine n'a pas disparu, le christianisme non plus. Comme ailleurs, certains ont fui, des privilégiés surtout, qui en avaient les moyens, mais la grande masse de la population est restée sur place, continuant ou plutôt essayant de continuer à vivre comme avant, parlant latin, pratiquant la religion chrétienne... et, chez les plus aisés, faisant graver des épitaphes pour ses morts. Mais les habitants étaient moins nombreux et, en moyenne, moins aisés, surtout à Trèves, et on fit donc moins d'épitaphes. La volonté de sauvegarder son identité culturelle dans un milieu défavorable amena une crispation qui se traduit à nos yeux par le purisme des lapicides (qu'on songe au français du Canada pendant si longtemps). La décadence de la Première Belgique et surtout, évidemment, de Trèves après la fin de l'Empire romain s'est arrêtée au stade intermédiaire où il n'y a pas dégradation, mais seulement sclérose. Le renouveau est arrivé à temps pour redonner vie à cette culture anémiée sans qu'il soit nécessaire de repartir à zéro : la survivance des éléments fondamentaux du formulaire traditionnel sur les pierres annonçant la Renaissance carolingienne le montre clairement.

HISTORIQUE

J'ai suivi les règles exposées dans la préface générale. Lorsque — cas fréquent —, les auteurs **143** du XIXᵉ siècle renvoyaient à un tiré à part paginé séparément, je n'ai pas renvoyé à cette publication introuvable aujourd'hui mais au périodique où l'article a paru. Lorsqu'une pierre portant une inscription est reproduite en figure sans aucune transcription ou commentaire, je l'ai, en principe, marqué en faisant figurer la référence entre parenthèses; s'il s'agit de manuels donnant cette figure comme exemple, je l'ai même omise. Je n'ai mentionné les guides et catalogues de musée que lorsqu'ils apportaient une édition nouvelle de la pierre ou un commentaire que le même auteur n'avait pas fourni par ailleurs. Enfin, beaucoup font figurer dans le lemme d'une inscription la référence à des ouvrages où cette inscription n'est citée que pour en éclairer une autre : j'ai négligé ce type de renvoi, qui risque souvent de se révéler incomplet.

Le plus vénérable de nos prédécesseurs est un scribe anonyme qui nota deux inscriptions **144** de Trèves sur un parchemin. Ce *vetus schedion membranaceum* (Scaliger, *apud* de Rossi, *ICVR* II, p. 3), peut-être d'époque carolingienne selon de Rossi (*Ibid.*), vint en possession de Pierre Pithou (1539-1596), qui le donna à Scaliger, lequel ajouta ces épitaphes à la dernière page de son exemplaire du recueil de Gruter, *Inscriptiones Antiquae* (c'est le *ms. Vat. lat.* 9146). De Rossi en eut ainsi connaissance (voir *ICVR* II, p. 3). Il les communiqua à Le Blant qui les inséra dans son recueil. Ce sont mes nᵒˢ 219 et 220. A la suite de ces deux-là, il se trouvait une troisième inscription avec la mention *ex eadem membrana* de la main de Scaliger. Le Blant, sur le conseil de de Rossi, la considéra comme trévire et la publia sous le nᵒ 260. Mais, par la suite, de Rossi lui-même reconnut qu'elle ne pouvait en aucun cas provenir de Trèves et que la note de Scaliger devait être erronée (*ICVR* II, p. 7, nᵒˢ 10-14).

A la Renaissance, Wilibald Pirckheimer (sur sa vie, voir Fr. Roth, *Wilibald Pirkheimer, ein* **145** *Lebensbild aus dem Zeitalter des Humanismus u. der Reformation,* Halle, 1887) s'intéressa à l'épigraphie locale alors qu'il assistait à la diète de Trèves en 1512 : nous lui devons les nᵒˢ 28, 93, 112 et 130 A, conservés sur une feuille insérée à la suite d'un manuscrit de Schedel conservé à Munich (Hartmann Schedel, *Liber Antiquitatum cum Epigrammatibus, Bayerische Staatsbibliothek München,* Clm 716, fᵒ 313 a et b). La négligence avec laquelle il a copié, par exemple, le nᵒ 130 A fait regretter que Pirckheimer soit notre seule source pour la partie perdue du nᵒ 28. P. Bienewitz, dit Apianus, publia les nᵒˢ 93 et 130 A dans ses *Inscriptiones sacrosanctae Vetustatis* (Ingolstadt, 1534). Pirckheimer (incompris) semble sa source pour le nᵒ 93 mais sa transcription du nᵒ 130 A est plus proche de la vérité que celle de Pirckheimer.

J. J. Boissard (1528-1602) fut un de ces humanistes passionnés d'antiquités qui passèrent **146** la plus grande partie de leur vie à voyager, parcourant la France, l'Allemagne et l'Italie (il alla même en Grèce), dessinant et copiant sculptures et inscriptions antiques. Il ne se fixa qu'à 55 ans, à Metz, et entreprit alors de publier le fruit de ses études. Mais il avait eu le tort de déposer chez une de ses sœurs, dans le comté de Montbéliard, la plus grande partie de ses trésors. Et

« ô douleur ! dit-il, le comté de Montbéliard fut horriblement dévasté par une invasion des Lorrains (1587), le fer et l'incendie dévorèrent tout ce que j'avais de livres, de portefeuilles, de médailles en nombre immense, de fragments d'antiques papyrus, de manuscrits de divers genres, de pierres gravées [...]. Cependant, deux années avant cette catastrophe, j'avais transporté à Metz une partie de mon recueil des Inscriptions Antiques qui se voient à Rome en divers lieux tant publics que privés » (*Antiquitates Romanae*, III, *Epistola dedicatoria Hermanno a Ghoer*). Avec l'aide de ses amis érudits, il essaya de reconstituer ses écrits et dessins et, entre 1597 et sa mort, publia, concurremment avec d'autres œuvres, six volumes d'*Antiquitates Romanae*. Il laissa l'ouvrage incomplet mais le dernier volume, qui contient des inscriptions de Gaule et notamment de Metz, est conservé à l'état de manuscrit achevé et fort soigné à la *Bibliothèque Nationale* de Paris (*Antiquarum Inscriptionum quae partim in Italia, partim in Germania et Gallia videntur* [...] *exacta descriptio, Jano Jacobo Boissardo* [...] *auctore*, B.N. Imprimés, Réserve J. 468 bis). On y trouve les n°s 93, 130 A et 244. La *Bibliothèque Nationale* de Paris possède aussi un volume comprenant la préface de la troisième partie, imprimée, suivie de dessins manuscrits parmi lesquels figurent mes n°s 93 et 130 A (B.N. Manuscrits, *f. lat.* 12509).

Que ce soit à la suite du traumatisme causé par la perte de ses collections ou pour complaire à des mécènes flattés de se voir offrir en retour des antiquités (Boissard n'avait pas de fortune personnelle) ou pour toute autre raison, toujours est-il que Boissard fut un faussaire d'une productivité toute moderne, dont les inscriptions fabriquées en série sur des pierres de format standardisé s'empilent aujourd'hui dans la cour du musée de Metz. On comprend, dans ces conditions, qu'il ait été jugé très sévèrement par J. B. Keune (*Lothr. Jahrb.* 8, 1896, p. 1-118) et plus encore par A. von Domaszewski (CIL XIII, I, 2, p. 663 et n°s 546*-610* pour Metz) qui a écarté comme fausses toutes les inscriptions qui n'étaient connues que par lui. Pourtant, il est certain qu'on a été trop loin dans la rigueur : CIL XIII, 586* a été retrouvée (*Lothr. Jahrb.* 18, 1896, p. 490, *Abb.* 5) et cette inscription païenne est sûrement authentique. En ce qui concerne les inscriptions chrétiennes, Boissard, sans doute parce qu'elles l'intéressaient moins, ne paraît pas avoir fait de faux. Les n°s 93 et 130 A sont connus par des sources indépendantes et ce qu'il dit du n° 244 inspire toute confiance (voir le commentaire de ce numéro). Mais les représentations figurées qu'il donne des deux *tituli* de Trèves (n°s 93 et 130 A) sont purement imaginaires : au lieu des minces plaques de marbre qui sont de règle dans notre matériel, on voit d'énormes blocs massifs qui paraissent destinés à supporter des statues !

147   A. Ortelius et J. Vivianus, qui ont publié un certain nombre d'inscriptions de la région dans leur *Itinerarium per nonnullas Galliae Belgicae Partes* (Anvers, 1584), en ont relevé trois chrétiennes : mes n°s 93, 112 et 165. La qualité de la transcription du n° 165, dont l'original est conservé (voir ce n°), fait bien augurer de la fidélité avec laquelle ils ont copié les deux autres, qui sont perdues.

148   J. Gruter a publié en 1602-1603 ses *Inscriptiones antiquae totius Orbis Romani in corpus absolutissimum redactae* (Heidelberg) où il avait réservé un certain nombre de pages pour des inscriptions chrétiennes. Toutefois ces pages manquent dans l'édition de 1602-1603. Elles figurent par contre à partir de l'édition de 1616. Je n'ai généralement pas signalé cet ouvrage dans mes lemmes car Gruter travaille de seconde main (à partir d'Apianus, Boissard et Ortelius-Vivianus en ce qui nous concerne).

149   Christophe Brower (1559-1617) est le premier grand historien de Trèves. Ses *Antiquitatum et Annalium Trevirensium libri XXV* retracent tout le passé de la cité depuis les origines jusqu'à son temps. Le manuscrit autographe est conservé à la *Stadtbibliothek* de Trèves (cote 1362 a /

110 a in-4°) sous le titre *Trevericarum Antiquitatum liber* (ce dernier mot barré plus tard). On y trouve mes n°s 116, 130 A et 165, qui se présentent comme des copies figurées, avec les colombes dessinées. En réalité, la capitale est purement conventionnelle et la coupure des lignes n'est même pas respectée, sans parler des fautes de lecture et des oublis. A titre d'exemple, voici sa lecture du n° 165, dont l'original est heureusement parvenu jusqu'à nous (p. 62 du manuscrit) :

HIC QVIESCIT VRSATIVS VSTIARIVS
QVI VIXIT AN. LXVII CVI ESVPERI
VS ISILLIVS TVMVLVM POSVIT

Outre ceux-ci plus ou moins revus, mes n°s 16, 19, 93, 105, 112, 118, 120, 138, 139, 180 apparaissent dans la première édition imprimée (Trèves et Cologne, 1626). Sur la page de garde de l'exemplaire de la *Stadtbibliothek* de Trèves, Wyttenbach a noté en 1804 : « Le ms. de cet ouvrage fut examiné par des conseillers de l'électeur qui, plus zélés pour les intérêts de leur maître que pour ceux de la vérité, firent des changemens, et c'est dans cet état que parut l'édition de 1626 qui, malgré cela, fut supprimée quelquetems après ». Le P. Masenius fit paraître à Liège en 1670 une deuxième édition qui est celle que l'on trouve habituellement. Cette édition reproduit exactement celle de 1626, en y insérant encore quelques additions. C'est à elle que renvoient mes références bibliographiques. Lorsqu'on voit sous quelle forme fut imprimée l'épitaphe d'Vrsatius précédemment citée (voir n° 165), on constate que le crédit que l'on peut accorder aux éditeurs est aussi limité que celui que j'ai réservé à Brower lui-même.

150 I. P. de Reiffenberg écrivit vers 1720 des *Notas et additiones in Broweri Annales Trevirenses* demeurées manuscrites et conservées à Coblence (*Staatsarchiv Koblenz, Abt.* 701, *Nr.* 601). On y trouve mes n°s 104, 150 et 162. Sur l'auteur et son manuscrit, on peut se reporter à J. Becker, *Nassau. Annalen* 9, 1868, p. 141-146.

151 A. Wiltheim (1608-1684), qui fut recteur du collège des Jésuites à Luxembourg, est pour nous une source de renseignements irremplaçable. Les auteurs du CIL lui ont décerné ce bel éloge :« Et fide et acumina et industria omnes uincit auctores qui antiquitatibus Treuericis operam dederunt » (CIL XIII, p. 589). Il a laissé deux grands ouvrages manuscrits :

— *Luciliburgensia Romana*. Il en existe une détestable édition, réalisée par A. Neyen (Luxembourg, 1842) à partir d'une copie effectuée à l'abbaye d'Orval. Il est vrai que le manuscrit original avait alors disparu. Aujourd'hui, c'est la copie utilisée par Neyen qui est introuvable. Les négligences de Neyen furent dénoncées par N. Van Werveke dans le *Catalogue descriptif des manuscrits conservés à la bibliothèque de la Section historique de l'Institut Grand-Ducal* (Luxembourg, 1902) = *Public. de la Section historique de l'Institut Grand-Ducal de Luxembourg* 51, 1903, p. 210 (46) et suiv. Une nouvelle édition est actuellement préparée par Ch. Ternes, d'après le manuscrit autographe conservé au Luxembourg, que j'ai pu moi-même consulter aux *Archives de la Section historique de l'Institut Grand-Ducal* (*Abt.* 15, ms. 380). D'après Ch. Ternes, le véritable titre donné par Wiltheim à son ouvrage est d'ailleurs *Luxemburgum Romanum* (communication orale du 14 nov. 1970).

— *Origines et Annales coenobii D. Maximini*. Les inscriptions trouvées à Saint-Maximin, qui figurent déjà, pour la plupart, dans le recueil précédent, sont données aussi dans cette œuvre demeurée manuscrite.

Il existe des copies anciennes de ces deux livres à la *Stadtbibliothek* de Trèves (mss 4° 1336/101 et 4° 1621/99).

Le travail de Wiltheim répond à toutes les exigences de l'épigraphie moderne. Il indique s'il est le premier à décrire une pierre ou si Brower l'avait déjà fait avant lui; s'il l'a vue lui-même ou s'il tient ses renseignements de quelqu'un d'autre (comme ce moine de Saint-Maximin, P. Botbach, qu'il cite souvent). Il donne de chaque épitaphe une représentation figurée (on ne sait pourquoi, un certain nombre de ces dessins furent publiés à l'envers par Neyen, comme s'ils étaient vus dans une glace). Aussi ai-je généralement donné, pour les inscriptions aujourd'hui perdues, la photo du dessin de Wiltheim d'après le manuscrit original (je dois ces photos à l'obligeance de M. Ternes). L'acribie de Wiltheim a cependant ses limites, que montre la comparaison entre l'original du n° 165 et la copie qu'il en a faite (voir ce numéro) : la mention de l'âge est gravement fautive (l. 4), alors que l'original est bien lisible. L. 5, il a représenté en copie figurée le F qu'il n'avait pu déchiffrer mais, n'ayant pas identifié le mot *filius*, il a pris pour un C le L du début de la l. 6. Notons — ceci est valable pour tous les dessins de Wiltheim — qu'il sépare les mots par des points, même s'il n'en est pas ainsi sur la pierre, et que le dessin des colombes ne prétend pas reproduire fidèlement celui de l'original.

Dans ses deux ouvrages, Wiltheim a consigné mes n°s 16, 19, 24, 93, 105, 110, 112, 116, 118, 120, 125, 130 A, 136, 138, 139, 149, 165, 180. En outre, il a recueilli le n° 213 sur une feuille insérée dans le volume de *Collectanea* publié par N. Van Wervecke, *op. cit.* p. 233 (69)-285 (121), dont le manuscrit est conservé aux *Archives de la Section historique de l'Institut Grand-Ducal de Luxembourg, Abt.* 15, ms. 381. Kraus (*Bonn. Jahrb.* 50/51, 1871, p. 220) dit avoir trouvé dans un manuscrit de Bruxelles des *Collectanea* de Wiltheim apparemment différents de ceux que j'ai consultés à Luxembourg; les leçons des inscriptions citées sont si défectueuses que j'ai cru pouvoir négliger ce manuscrit. Enfin, sur le manuscrit des *Luciliburgensia* provenant de l'abbaye d'Orval et utilisé par Neyen, une main inconnue avait ajouté dans la marge les *tituli* n°s 150 et 162 (voir Neyen, p. 143 n. 1 et CIL XIII, p. 589).

152   Par une étrange fatalité, la quasi-totalité des inscriptions chrétiennes relevées par Wiltheim ont aujourd'hui disparu. I. N. Hontheim, dans son livre intitulé *Prodromus Historiae Trevirensis diplomaticae et pragmaticae* (Augsbourg, 1757), nous en donne une explication (p. 181-182). Les marbres de Trèves, dit-il, étaient conservés essentiellement en quatre endroits : la Collégiale de Saint-Paulin, l'abbaye de Saint-Maximin, le palais et les jardins de Mansfeld, enfin le collège des Jésuites. Le comte Ernest de Mansfeld, mort en 1604, qui s'était construit un palais à Clausen, dans un faubourg de la ville de Luxembourg, était un collectionneur qui avait rassemblé un grand nombre d'œuvres romaines, en provenance, notamment, de Trèves. Après sa mort, ses héritiers s'intéressèrent peu à cette collection, qui fut peu à peu dispersée. Les Jésuites de Luxembourg, sous l'impulsion de Wiltheim, en recueillirent une partie. Saint-Paulin et Saint-Maximin, situés hors des remparts, furent détruits en 1674, lors de l'invasion française, et les restes antiques périrent en même temps. Quant aux marbres réunis par Wiltheim, ils furent après sa mort — « horrendo facinore », « sacrilegis manibus » — ensevelis dans les fondations et les murs de la nouvelle église que se construisirent les Jésuites. Sur ce dernier point, on a aussi un témoignage concordant de Merjai vers 1805 (cité par A. Neyen dans son introduction aux *Luciliburgensia* de Wiltheim, p. XI, note c), dont le père tenait ce renseignement d'un « ancien religieux de la maison ». Mais d'autres (dont CIL XIII, p. 659) estiment que Hontheim se laisse égarer par sa haine des Jésuites et que la disparition des *tituli* résulte de la négligence et non du vandalisme car on en a retrouvés dans la terre, intacts. Ces renseignements intéressants mis à part, l'œuvre de Hontheim est une simple compilation de celles de Brower et de Wiltheim; je n'ai donc pas jugé bon de le faire figurer dans le lemme des inscriptions, puisqu'il les reproduit d'après eux.

153   Dans l'édition de 1724 du *Voyage littéraire de deux Religieux Bénédictins* (Paris), Dom E. Martène et Dom U. Durand ont inséré mes n°s 150 et 162.

Le *Novus Thesaurus Veterum Inscriptionum* de L. A. Muratori (1739-1742) est un ouvrage de deuxième main, d'après Brower et Hontheim pour la Première Belgique, et je n'y ai renvoyé qu'aux n°s 150 et 162, où la source citée par Muratori ne m'a pas été accessible.

154 Le P. Jean Bertholet, jésuite, inséra dans le t. VI de son *Histoire ecclésiastique et civile du Duché de Luxembourg et Comté de Chiny,* parue en 1743 à Luxembourg, une « Dissertation sur quelques inscriptions romaines » (p. 284-300), où il cite les n°s 105, 116, 118, 120, 130 A, 138, 139. Il n'indique pas ses sources mais il est fréquemment en désaccord avec Brower et Wiltheim réunis, ce qui n'incite pas à lui faire grand crédit. Neyen (*Luciliburgensia,* p. VII) et CIL XIII le considèrent comme dépendant de Wiltheim, ce qui n'est pas impossible; dans ce cas, il a recopié son modèle avec une négligence étonnante.

155 Michel Clotten (1758-1829) arrache aux impassibles auteurs du *Corpus Inscriptionum Latinarum* ce cri d'indignation : « falsarius ineptissimus » ! A-t-on dès l'abord soupçonné ce personnage, parfois cité avec honneur comme un ami sincère des antiquités locales (cf. par exemple Ph. Schmitt, *H. Paulinus,* 1853, p. 443) ? Hettner (*Wd. Korr.* 9, 1890, col. 42) a l'impression qu'une partie des érudits de Trèves savait à quoi s'en tenir car Hetzrodt, Quednow évitent de se servir des inscriptions « trouvées » par Clotten et G. Schneemann (*Das Römische Trier und die Umgegend,* Trèves, 1852, p. 18-19) émet des doutes sur l'authenticité d'une inscription païenne connue grâce à lui.

Un manuscrit conservé à la *Bibliothèque Municipale* de Reims (ms. n° 1433) donne une idée de la façon dont il opérait. Il s'agit d'un fragment d'une lettre écrite de sa main. Le destinataire n'est pas indiqué et le début manque. Clotten y explique qu'il possède un grand nombre d'antiquités inédites provenant de Trèves et de la région. « Il y a longtemps, dit-il (p. 2), que je me propose de faire connaître toute ma collection d'antiquités par la voie de l'impression, mais ruiné par suite de malheurs de la guerre, je ne saurais encore y songer ». Aussi envoie-t-il volontiers copie de ces objets à l'Institut National « afin que l'Institut leur donne la publicité nécessaire ». Suit le dessin d'inscriptions et d'objets païens et, p. 7-8, de 24 inscriptions chrétiennes, dont mes n°s 30, 145 et 215, conservées aujourd'hui au Louvre. Les autres n'ont jamais été vues depuis et certaines sont manifestement des faux. Soit négligence, soit défiance, il ne semble pas que l'Institut ait assuré la publication souhaitée mais il trouva le mécène dont il avait besoin en la personne du baron J. W. C. A. von Hüpsch, grand collectionneur de Cologne, qui publia les inscriptions de Clotten dans son *Epigrammatographie oder Sammlung von Inschriften der altern, mittlern u. neueren Zeiten der niederdeutschen Provinzen* (Cologne, 1801). Il est difficile de dire si Hüpsch fut un complice servant d'intermédiaire ou si — ce que je croirais plus volontiers — ce fut un gogo abusé par l'antiquaire.

Toujours est-il que le lièvre fut levé à Berlin par Mommsen au cours d'une communication à l'Académie Royale de Prusse dont nous n'avons malheureusement pas le texte (*Monatsberichte der Königlichen Preuss. Akademie der Wissenschaften zu Berlin,* 1865, p. 455 : « 7. August 1865. Sitzung der philosophisch-historischen Klasse ... Hr. Mommsen las über die Fälschungen des Antiquar Clotten in Echternach. ») et que W. Brambach écarta de son *Corpus Inscriptionum Rhenanarum,* paru en 1867 à Elberfeld, toutes les inscriptions que Clotten avait été le premier à signaler. Ces accusations furent ressenties comme une injure à Trèves, où l'on voyait approcher avec des sentiments mêlés l'heure de l'unité allemande sous l'égide de la Prusse et Leonardy prit la plume pour défendre Clotten (*Die angeblichen Trierischen Inschriften-Fälschungen älterer u. neuerer Zeit,* Trèves, 1867) : il y a déjà tant d'inscriptions chrétiennes authentiques, disait-il (p. 50), qu'on ne voit vraiment pas pourquoi il se serait donné la peine d'en fabriquer; d'autre part, la matière première, c'est le marbre et il n'est pas si facile de s'en procurer; enfin, ses inscriptions n'apprennent rien sur les martyrs de Saint-Paulin et il manque donc un mobile à la falsification.

Mais quelques années plus tard, les passions apaisées, la cause est entendue. Hettner (*Wd. Korr.* 9, 1890, col. 42-43, n. 4), Kraus (*Christl. Inschr. der Rheinlande*), Zangemeister et Domaszewski (CIL XIII) sont d'accord sur le tri à opérer. Ils en retiennent cinq comme authentiques (n⁰ˢ 30, 131, 145, 214 et 215) et classent toutes les autres inscriptions chrétiennes parmi les faux. Les faux de Clotten, en général assez grossiers, se trahissent par les *duo nomina,* si rares dans notre matériel (*Intr.,* § 101), Aelia Tribuna, Aelia Herrenia, Annius Cato, par des formules bizarres (*coniugi dedit, tet. facit, Iulia sibi et uiro suo in pace, Faustina sibi et Constantio suo fecit).* et même par des points sur les I de celle que j'ai pu voir à Mannheim (d'autres n'ont été vues que par Clotten lui-même et n'ont sans doute jamais existé que sur le papier). Certaines des inscriptions citées par Clotten sont vraisemblables mais le personnage inspire une telle méfiance qu'il est prudent de ne retenir que les pierres vues par d'autres que lui et dont on a, en outre, des motifs sérieux d'estimer qu'elles ne peuvent être de sa fabrication (sur les raisons positives de croire à l'authenticité des cinq numéros retenus, voir le commentaire de ces *tituli*).

156   J. H. Wyttenbach (1765-1848) se fixa à Trèves en 1798. Peu après et jusqu'en 1846, il cumulait les fonctions de directeur du Gymnase et de directeur de la Bibliothèque. Il s'acquit une renommée de bon aloi comme spécialiste de l'histoire et des antiquités de Trèves et fut le premier à publier un certain nombre d'inscriptions chrétiennes, notamment celles trouvées à Saint-Mathias au cours de l'hiver 1827 (*supra,* § 4) dans ses *Neue Beiträge zur antiken, heidnischen u. christlichen Epigraphik* (Trèves, 1833). L. Lersch (1811-1849), philologue et antiquaire, qui a rassemblé les inscriptions rhénanes dans son *Centralmuseum Rheinlandischen Inschriften* (Bonn, 1839-1842) est moins sûr.

157   Ph. Schmitt, curé de Saint-Paulin de 1848 à 1856, s'est passionné pour le passé de son église. Il a recueilli et publié avec une grande attention (*Die Kirche des h. Paulinus bei Trier,* Trèves, 1853) les épitaphes antiques trouvées dans son cimetière, certaines de son vivant. Conformément aux principes exposés en tête de ce chapitre, je ne l'ai pas cité dans le lemme des inscriptions déjà perdues à son époque (il suit généralement Hontheim) mais seulement là où il travaille de première main. De son côté, Ph. Diel s'est intéressé à Saint-Mathias, dont il a publié les inscriptions (*Die Sankt-Matthiaskirche bei Trier und ihre Heiligthümer,* Trèves, 1881).

158   Nous arrivons à l'âge des grands recueils épigraphiques. E. Le Blant entreprit de rassembler toutes les inscriptions paléochrétiennes de Gaule et de les publier en observant les critères scientifiques que les savants européens élaboraient peu à peu à ce moment. Il se tenait en liaison avec les principaux érudits de son temps, notamment de Rossi à Rome et, pour l'Allemagne rhénane, Kraus. Il fit paraître en 1856 à Paris le t. I des *Inscriptions Chrétiennes de la Gaule,* où figurent les inscriptions de Première Belgique. Celles-ci étaient à nouveau publiées, de l'autre côté du Rhin, en 1890 par F. X. Kraus dans le t. I (période paléochrétienne) des *Christlichen Inschriften der Rheinlande* (Fribourg), dont la parution précédait de peu le *Nouveau Recueil d'Inscriptions Chrétiennes de la Gaule* (Paris, 1892) de Le Blant. Sur la vie et la personnalité de Kraus, qui ne fut pas seulement épigraphiste, on peut voir en particulier ses *Tagebücher,* édités par H. Schiel (Cologne, 1957) qui présente rapidement l'auteur (p. XVI-XX). A la fin du t. II des *Christlichen Inschriften der Rheinlande* (VIIIᵉ-XIIIᵉ siècles), paru en 1894, se trouvent des *Nachträge* au premier volume. Pour éviter une perte de temps au chercheur éventuel, j'ai omis d'y renvoyer lorsque — cas le plus fréquent — Kraus ne faisait qu'ajouter la référence au *Nouveau Recueil* de Le Blant et aux *Römische Steindenkmäler* de Hettner, parus entre temps,

références qui figurent toujours dans mon propre lemme bibliographique. Par ailleurs, j'ai consulté à la *Bibliothèque de l'Institut,* à Paris, les notes manuscrites laissées par Le Blant. Le ms. 6596 de cette bibliothèque est constitué par les bonnes feuilles des *Inscriptions Chrétiennes* (reliées en deux volumes) dont le texte a été revu et complété. Ces annotations manuscrites ont été, pour l'essentiel, publiées à la fin du *Nouveau Recueil* (« Additions et corrections au Recueil des Inscriptions Chrétiennes de la Gaule », p. 453-466); le reste est constitué par des rapprochements que le *Thesaurus Ling. Lat.* ou le *Diehl* fournissent aisément aujourd'hui. Enfin, le volume XIII, 1, 2 du *Corpus Inscriptionum Latinarum,* contenant la Première Belgique, parut en 1904, œuvre de K. Zangemeister et, après la mort de celui-ci, A. von Domaszewski; il fut complété en 1916 par un supplément (CIL XIII, 4) qui contient notamment la plupart des inscriptions chrétiennes trouvées à Metz. Tous ces grands travaux, rarement égalés par la suite, font encore autorité.

159 F. Hettner fut conservateur du Musée de Trèves de 1877 à 1902. *Die Römischen Stein-denkmäler des Provinzialmuseums zu Trier* (Trèves, 1893), remarquables de précision et d'exactitude, témoignent de sa fréquentation assidue des antiquités trévires. Son *Illustrirter Führer durch das Provinzialmuseum in Trier* (Trèves, 1903) n'est qu'un résumé de l'ouvrage précédent à l'usage des visiteurs de son musée et je n'y ai donc pas renvoyé.

160 A. Riese (*Das Rheinische Germanien in den antiken Inschriften,* Leipzig-Berlin, 1914) n'est pas épigraphiste et, comme il le dit lui-même dans son introduction, son livre a pour but de servir l'histoire de la civilisation. Il reproduit donc le texte des inscriptions sans s'astreindre à respecter les usages épigraphiques (crochets, séparation entre les lignes, etc.) et sans commentaire original.

161 J. B. Keune était responsable de l'archéologie messine au moment où le démantèlement des fortifications et les grands travaux d'urbanisme entrepris à la fin du siècle dernier amenaient la découverte — et la destruction — d'importants vestiges antiques. Il assura la publication des inscriptions trouvées (pratiquement toutes les inscriptions paléochrétiennes aujourd'hui connues) dans le *Jahrbuch der Gesellschaft für lothringische Geschichte und Altertumskunde.* Par la suite, il travailla aussi à Trèves. Il avait entrepris de publier à nouveau les inscriptions chrétiennes de Trèves mais son manuscrit périt au cours de la deuxième guerre mondiale.

162 Malheur plus grand encore, un bombardement, au cours de l'année 1944, endommagea gravement les collections du *Rheinisches Landesmuseum.* Il fallut faire le bilan des pertes, sauver les fragments récupérables, les reclasser, recoller, tout remettre en état. Après des années de travail minutieux, E. Gose put publier en 1958 (Berlin) son luxueux *Katalog der frühchristlichen in Trier,* où toutes les pierres actuellement visibles au *Rheinisches Landesmuseum* de Trèves, fût-ce par un moulage, et celles-là seules, sont inventoriées et transcrites, presque toujours avec une bonne photo et quelques lignes de commentaire. Lors de mes séjours à Trèves, le Dr Gose, décédé depuis, mit ses instruments de travail à ma disposition avec une amabilité dont j'ai largement profité. Presque toutes les photos qui illustrent mon propre recueil (sauf celles de manuscrits) proviennent de la collection qu'il avait constituée au *Rheinisches Landesmuseum.*

163 La tenue à Trèves du VIIᵉ Congrès d'Archéologie Chrétienne fut l'occasion de publier à nouveau, généralement sans entrer dans la discussion des problèmes qu'elles soulevaient, les pierres les mieux conservées de Trèves ou des régions voisines (*Frühchristliche Zeugnisse,* Trèves, 1965). Ce fut aussi l'occasion d'une communication d'A. Ferrua ,« Le iscrizioni paleocristiane di Treviri », qui parut dans les *Akten des VII. Internationalen Kongresses für Christliche Archäologie, Trier 5-11 September 1965* (Cité du Vatican, Berlin, 1969), p. 283-306.

164   J. Janssens, S. J., a présenté à Louvain en 1969, en vue de l'obtention de la licence de philologie classique, un mémoire intitulé *De vroegkristelijke Grafschriften uit Rijn- en Moezelland* (en néerlandais), dont il a bien voulu me communiquer un exemplaire dactylographié. Sur beaucoup de points, ses relevés sont parallèles aux miens (mais plus larges puisqu'ils englobent les deux Germanies). Lorsqu'il apporte un point de vue original, celui-ci sera exposé de façon assez complète pour que le lecteur n'ait pas besoin, dans la plupart des cas, de se reporter à un original peu accessible.

165   Enfin, au moment où je terminais ce recueil, j'ai eu connaissance du travail de K. Krämer, *Die frühchristlichen Grabinschriften Triers. Untersuchung zu Formular, Chronologie, Paläographie und Fundort — Mit einem epigraphischen Nachtrag. Inaugural-Dissertation* (Mannheim, 1972), dactylographiée. Krämer consacre 150 pages à l'étude du formulaire, essentiellement des formules initiales, essayant de dater celles de Trèves par comparaison avec les inscriptions datées de tout l'Occident. Suit une étude paléographique où Krämer a cherché quelles pierres présentaient les mêmes formes pour trois lettres caractéristiques (par exemple, Gose 407, 414, 458, 459 et 514 ont en commun le A de forme 2, le L de forme 1 et le M de forme 3). Enfin, un supplément fourni apporte un grand nombre de corrections et d'additions bibliographiques au *Katalog* de Gose. K. Krämer et moi avons été étonnés — et encouragés — de voir à quel point concordaient nos résultats, obtenus par des voies indépendantes. En particulier, nous étions presque toujours d'accord sur les améliorations à apporter aux lectures de Gose. Je n'ai pas signalé partout les points de convergence, puisque ma rédaction était déjà achevée au moment où j'ai confronté mon travail avec le sien. Je me suis contentée, en accord avec lui, de signaler les cas où ses recherches avaient été plus loin que les miennes et ceux où mes conclusions différaient des siennes.

166   M. Marrou, dans le volume de synthèse qui mettra un terme à notre entreprise, dira comment ce *Recueil des Inscriptions Chrétiennes de Gaule* fut conçu à l'initiative d'historiens de l'Antiquité Chrétienne qui en ressentaient le besoin, comment une équipe fut réunie dans le cadre d'une « Recherche coopérative sur programme » créée par le Centre National de la Recherche Scientifique, ce que sont le travail, les difficultés et les joies de cette équipe pour mener l'œuvre à bonne fin. Sans attendre le jour où l'on pourra dresser ce bilan, c'est un agréable devoir, pour terminer, de souligner ma dette de reconnaissance à l'égard de tous ceux, illustres ou modestes, qui m'ont prodigué conseils, encouragements, indications précieuses. L'inlassable et souriante sollicitude de M. Marrou a suivi pas à pas l'élaboration de ce recueil, toujours prompte à donner le coup de pouce qui permettait de faire avancer une question. Tous les autres collaborateurs du RICG m'ont ouvert largement leurs fichiers et ont consacré de longs moments à chercher avec moi les éléments de comparaison susceptibles de m'être utiles. M. Reusch a mis plusieurs fois à ma disposition les belles ressources du *Rheinisches Landesmuseum* de Trèves. M. Collot m'a fait profiter de sa connaissance des antiquités messines. M. Noël Duval a stimulé ma recherche par de multiples et précieuses suggestions. M. Louis Robert a accepté de réviser le commentaire des inscriptions grecques. MM. Väänänen et Petitmengin ont fait bénéficier l'étude linguistique de leur compétence. M. Ternes fut pour moi Wiltheim *rediuiuus*. Et je n'oublie pas toutes les personnes qui surent être disponibles avec simplicité, comme ce curé et cet instituteur de Pachten qui passèrent un après-midi à chercher la trace d'une inscription perdue, de son moulage et, pour finir, me donnèrent la seule photo en leur possession. Que tous sachent combien j'ai conscience que, sans leur aide, jamais cet ouvrage n'aurait vu le jour.

REMARQUES TECHNIQUES

J'ai observé les règles énoncées dans la Préface générale. Toutefois, alors qu'il a été décidé qu'on retiendrait pour la publication toute inscription présentant au moins une formule identifiable — principe que j'ai suivi pour Metz et les petites localités de Première Belgique —, un critère plus restrictif a été retenu pour Trèves, qui constitue un cas particulier. En effet, les inscriptions sont si stéréotypées qu'il suffit de quelques lettres pour reconstituer tout le formulaire. Mais le seul intérêt, dans ce cas, est justement d'ajouter une unité à une statistique des formules, ce que nous avons fait en incorporant à notre index les fragments que nous avions jugé inutile de publier à nouveau.

En outre, j'ai adopté les conventions suivantes :

— A l'intérieur d'une restitution, l'oblique indique une variante possible; par exemple, *Valer[ius/a]* signifie qu'on peut hésiter entre le masculin et le féminin, *posu[it/erunt]* qu'on peut hésiter entre le singulier et le pluriel.

— Dans les renvois entre parenthèses, un simple numéro indique que le phénomène apparaît au numéro en question; l'expression « voir n° 15 » signifie que le même phénomène apparaît au n° 15 et y est commenté; la formule « cf. n° 15 » signifie qu'un phénomène comparable sans être identique y est attesté.

— D'une façon générale, j'emploie le mot « lapicide » pour désigner aussi bien l'*ordinator* que le graveur proprement dit (voir n° 97), faute de pouvoir les distinguer.

— Sauf indication contraire, les photographies reproduisent la pierre réduite au quart.

TEXTE

ET

COMMENTAIRE

1. TRÈVES
TRIER

Trèves, nécropole de Saint-Mathias. Trouvée en 1880 dans le cimetière. Conservée au *Rheinisches Landesmuseum.*

F. HETTNER, *Bonn. Jahrb.* 69, 1881, p. 22, n° 2.
Ph. DIEL, *St-Matthiaskirche* (1881), p. 178, n° 34.
LE BLANT, *N.R.* 34 (DACL XV, 2, s. u. *Trèves,* col. 2756, n° 91).
KRAUS 123.
F. HETTNER, *Röm. Steindenkmäler,* n° 355.
CIL XIII, 3790 (RIESE 4260; DIEHL 4162).
GOSE 2.
E. FOERSTER, *Frühchristl. Zeugnisse,* p. 21, n° 6.
Révisée par N. Gauthier en 1967.

Plaque de marbre gris clair, en réemploi : le dos mouluré montre qu'elle fut d'abord utilisée en chambranle de porte ou en pilastre (Hettner. Aujourd'hui, le dos est inaccessible); h. 27; l. 42; ép. 3,5; lettres : 2-3,5 cm.

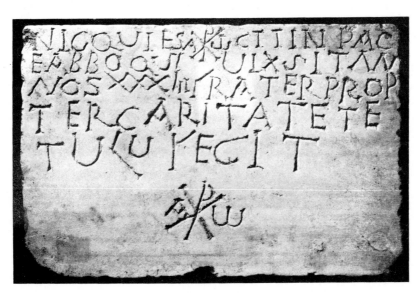

⟨H⟩ic quiese-   *chrisme avec*   -ci⟨t⟩ in pac
e Abbo qui   *alpha et omega*   uixsit annos XXXIII; frater prop-
4   ter caritate te-
tulu fecit.
    chrisme avec alpha et omega

Ici repose en paix Abbo qui a vécu 33 ans; son frère a fait cette épitaphe à cause de son amour (pour lui).

Les lignes sont sinueuses, les lettres de plus en plus grandes vers la fin. Tous les V sont en forme de U, ce qui est exceptionnel à Trèves (n°s 75, 154, 178, 232). A la l. 1, I et T sont identiques dans le mot *quiescit*, caractéristique que l'on peut observer aussi aux n°s 52, 75 et 144. Le *ductus* du F, l. 3, est le même qu'au n° 101 et assez proche des F de plusieurs autres inscriptions; celui du F de la ligne 5, qui le fait ressembler à un K, est au contraire unique en son genre à Trèves. Le A d'*annos* (l. 2) n'est pas barré, comme il arrive parfois (n°s 21, 106, 154, 157, 164, 170); les autres ont une traverse brisée, sauf le deuxième A de la l. 4. A côté de lettres droites, le S et le N de la l. 2, le L de la l. 4, les C ont un tracé influencé par une écriture cursive. Enfin, il n'y a pas un chrisme, mais deux, l'un en haut et l'autre au dessous de l'inscription, ce qui est unique en son genre à Trèves. A la l. 1, le lapicide a gravé par erreur un N au lieu de H, ce qui s'est produit aussi sur une pierre de Vienne (Le Blant 452).

La langue abonde en vulgarismes. La confusion entre E et I dans *titulus* est particulièrement fréquente à Trèves (*Intr.*, § 49), la graphie *uixsit* s'y rencontre aussi parfois (*Intr.*, § 76); par contre, l'omission du M de *caritate* et de *tetulu* est un phénomène exceptionnel (*Intr.*, § 82).

L. 1 : c'est la formule initiale la plus répandue (*Intr.*, § 38).

L. 2 : le nom *Abbo* est revendiqué à tort comme celtique par Holder (*Altceltischer Sprachsatz*, s. u.); en fait, c'est à l'époque franque qu'on rencontre couramment ce nom qui fut porté notamment par deux évêques de Metz au VIIe siècle et un de Verdun au début du VIIIe (L. Duchesne, *Fastes épisc.*, III, p. 56, 57, 72). C'est un hypocoristique issu soit d'une déformation de la racine *Alb-* (M. Th. Morlet, *Noms de personne*, I, p. 13), soit du thème *aba*, « homme » (d'Arbois de Jubainville, *Etudes sur la langue des Francs*, p. 2).

L. 4 : la formule est normalement *pro caritate* (*Intr.*, § 40).

L. 5 : c'est la seule fois, avec le n° 38, que l'habituel *posuit/erunt* est remplacé par *fecit/erunt*, du moins lorsque le verbe est complété par *titulum* car on trouve *facere* employé absolument aux n°s 12, 144 et 164.

Les caractéristiques paléographiques et linguistiques de cette pierre ont incité H. I. Marrou (*Germania* 37, 1959, p. 345) à la dater « de l'époque franque ». La présence du nom *Abbo*, de plus en plus commun à mesure qu'on descend dans le temps, me pousse à préciser : VIIe siècle au plus tôt.

I, 2

Trèves, nécropole de Saint-Mathias. Trouvée en 1827 dans le cimetière (*Intr.*, § 4), encastrée dans le couvercle d'un sarcophage. Conservée au *Rheinisches Landesmuseum.*

J. H. WYTTENBACH, *Neue Beiträge* (1833), p. 20, n° IX.
L. LERSCH, *Centralmus.* (1842), 3, n° 69.
LE BLANT 224 et suppl. t. II, p. 601 (DACL XV, 2, s. u. *Trèves,* col. 2739, n° 4).
Ph. DIEL, *St-Matthiaskirche* (1881), p. 169, n° 4.
KRAUS 81 et *add.* (de HETTNER), p. [3].
F. HETTNER, *Röm. Steindenkmäler*, n° 325.
CIL XIII, 3791 (RIESE 4262; DIEHL 3581).
GOSE 3.
E. FOERSTER, *Frühchristl. Zeugnisse*, p. 21-22, n° 7.
Révisée par N. Gauthier en 1967.

Plaque de marbre blanc brisée en deux et restaurée; h. 14; l. 28; ép. 4; lettres : 1,3-1,7 cm.

Hic quiescit in paçe
Agricius q/ui/ uixit an(nos) VIII
et mes(es) II, cui Febrarius pa-
4   ţ[e]r et Caluola mater
ţeṭolum posuit.

Ici repose en paix Agricius qui a vécu 8 ans et 2 mois, à qui Febrarius, son père, et Caluola, sa mère, ont posé cette épitaphe.

Les lignes s'inscrivent entre une double réglure assez profondément incisée. Les lettres sont cependant de hauteur irrégulière, souvent de tracé cursif : Q (très fréquemment à Trèves), M à hastes obliques, G comme au n° 60, L d'un *ductus* très commun, surtout à St-Paulin - St-Maximin (n⁰ˢ 109, 126, 160, 174, 184, etc.), F original au contraire (c'est le même *ductus* qu'aux n⁰ˢ 1 et 101 mais, ici, la barre supérieure est courbée vers le bas à son extrémité). On a l'impression que le lapicide s'est inspiré des pierres de St-Mathias II, dont il a reproduit le A à traverse brisée, le T à linteau droit situé au dessous de la réglure, le Q cursif, la ligature ET (l. 4), les tildes au dessus des mots abrégés. A la fin de la l. 1, le E est presque effacé. L. 2, le lapicide avait oublié l'un des deux groupes de lettres VI de *qui uixit;* il l'a ajouté au dessus de la ligne. Au début de la l. 4, la pierre est abîmée; on devine cependant le T mais non le E qui devait être ligaturé avec lui. Au début de la ligne suivante, le bas de TE ligaturés a disparu. Plus loin, VM sont également ligaturés.

L'abréviation *mes(es)*, seule de son espèce à Trèves, témoigne de l'amuissement du N qui, lui, est assez répandu (*Intr.,* § 77). Le vulgarisme *tetolum* pour *titulum* (ici copié sur les pierres de St-Mathias II ?) est caractéristique de notre matériel (*Intr.,* § 51 et 49). Enfin, ce qui n'est pas très fréquent (*Intr.,* § 88), le singulier *posuit* est mis pour le pluriel *posuerunt*.

L. 1 : ce début est l'un des plus communs à Trèves (*Intr.,* § 38).

L. 2 : le nom *Agricius* a été étudié en détail par H. U. Instinsky, *Röm. Quartalschr.* 55, 1960, p. 206-211. Comme le fait remarquer cet auteur, on trouve généralement ce nom répertorié sous la forme *Agroecius* dans les dictionnaires et *indices* (*Thesaurus,* CIL XIII, Diehl) mais c'est plutôt la forme *Agricius* que donnent les sources. Ce n'est d'ailleurs pas étonnant puisque le nom est surtout attesté en Gaule à partir du IVᵉ siècle : l'adjectif grec ἀγροίκιος est devenu ἀγρίκιος par iotacisme. Ce *cognomen* dont l'étymologie fait l'équivalent grec du *Rusticius* du n° 111 n'est pas un nom grec. Instinsky a rassemblé quelques indices qui permettent d'avancer l'hypothèse d'une origine syrienne. Quoi qu'il en soit, ce nom était particulièrement commun à Trèves puisqu'il apparaît aussi aux n⁰ˢ 63 (*Agricia*), 95 (*Acricius*), 97 (*Agrecia*) et qu'il fut porté par le 4ᵉ évêque de la ville, qui signa au concile d'Arles en 314 (C. Munier, *Concilia Galliae,* I, p. 18, l. 37). On le trouve aussi dans le reste de la Gaule (Le Blant 18, 617, 685, Diehl 1544. Sources littéraires : *Thesaurus, s. u. Agroecius*).

L. 3 : cet emploi de *cui* n'est pas sans exemples (voir n° 76).

Febrarius est une forme populaire pour *Februarius* (*Intr.,* § 64); les Latins donnaient parfois des noms de mois à leurs enfants (*Intr.,* § 111); cependant, I. Kajanto (*Lat. Cogn.,* p. 219) ne cite que 3 autres exemples de personnes nommées *Febr(u)arius*.

L. 4 : *Caluola* est un des nombreux *cognomina* inspirés par la calvitie (cf., à Trèves même, *Caluio,* n° 12). I. Kajanto, *Lat. Cogn.,* p. 235, cite un *Calbulus* (CIL VI, 9920, 11) et une *Calbula* (*ICVR, n. s.* (I) 3369).

L. 5 : sur la formule finale, voir *Intr.,* § 40.

K. Krämer (*Die frühchristlichen Grabinschriften Triers,* Mannheim, 1972, Inaugural-Dissertation dactylographiée) considère que cette inscription est postérieure à la fin du Vᵉ siècle. La présence de deux vulgarismes « tardifs » (*Intr.,* § 97) prouve en tout cas qu'elle n'est pas antérieure à 430/450. La réglure assez marquée est un indice qui va dans le même sens.

I, 3

Trèves, nécropole de Saint-Mathias. Conservée au *Rheinisches Landesmuseum.*

GOSE 4.
Révisée par N. Gauthier en 1967.

Plaque de calcaire coquillier en 4 fragments, mutilée à droite et sans doute en bas (à moins que le bord inférieur n'ait jamais été régularisé); h. 32,5; l. 50; ép. 3; lettres : 1-2 cm.

Hic iacit Amạ-
nda, infas
innos, qui ụ[ix?]-
4   sit annum et
mensis sex
et dies VIIII.

Ci-gît Amanda, enfant innocente, qui a vécu un an, six mois et 9 jours.

Inscription quasi-entière, mais il manque une grande partie de la pierre, car il devait y avoir à droite un large espace blanc symétrique de l'espace laissé à gauche. Cette plaque était donc de dimensions tout à fait exceptionnelles. Les lignes sont irrégulières, l'écriture maladroite et raide comme si le lapicide n'avait pas disposé d'un instrument adéquat à la dureté de la pierre; toutes sortes de traits parasites montrent d'ailleurs qu'il n'était pas maître de son outil. Mais les lettres sont correctes. On a souvent l'impression, dans les inscriptions tardives, qu'elles sont l'œuvre de quelqu'un qui savait graver, mais non pas écrire; ici, on a exactement l'impression contraire. Les M sont larges, avec des hastes obliques, les A ont des traverses rectilignes et horizontales, les E sont larges, le linteau des T étroit. Le S qui termine la l. 2, en deux traits, est unique en son genre dans l'épigraphie chrétienne de Trèves. A la fin de la l. 1, on aperçoit nettement la haste de gauche d'un A; à la fin de la l. 3 subsiste la première haste du V de *uixit.* Il faut restituer [i] ou plutôt [ix] car la forme *uisit,* commune ailleurs, n'est pas attestée à Trèves alors que *uixsit* y apparaît plusieurs fois (*Intr.,* § 76). Cependant, on trouve précisément dans cette ligne le mot *innos* pour *innox,* doublet populaire d'*innocens,* le seul cas que nous ayons à Trèves d'amuissement de [ks] en [s]; peut-être y en avait-il un deuxième à *uixit.*

Le vulgarisme *iacit* pour *iacet* est, lui aussi, très rare à Trèves (*Intr.,* § 87; seuls autres cas : n°s 11 et 45). Les autres, *infas* pour *infans* et *mensis* pour *menses,* sont au contraire largement répandus (*Intr.,* § 77 et 50). De même, l'emploi de *qui* pour *quae* est courant (*Intr.,* § 85).

L. 1 : hic iacet est une des formules les plus communes de Trèves (*Intr.,* § 38). *Amanda* est un *cognomen* rare à l'époque chrétienne (I. Kajanto, *Lat. Cogn.,* p. 360, n'en connaît que 4 autres cas dans les sources chrétiennes).

L. 2 : le mot *infas* désigne ici, conformément à l'étymologie, un tout jeune enfant. *Innocens* s'applique volontiers aux enfants morts en bas-âge (*Intr.,* § 95).

L. 4-6 : l'âge est souvent, à Trèves, donné au jour près (*Intr.,* § 39). L'habituelle mention de ceux qui ont fait faire la tombe manque ici.

Cette épitaphe n'étant visiblement pas l'œuvre d'un spécialiste, tout point de comparaison fait défaut. Elle est sûrement postérieure à 450 (*Intr.,* § 97) car il s'y trouve quatre vulgarismes de type tardif. Cependant, trois d'entre eux (*iacit, infas, mensis*) font partie de ceux qui sont exceptionnellement attestés avant 430/450 et le dernier, *innos,* est un *hapax,* peut-être dénotant une influence étrangère. Par ailleurs, on trouve à la fois *infans* et *innocens :* le premier de ces termes est caractéristique, à Trèves, des quatrième et cinquième siècles, le second le remplace par la suite. Cette inscription me paraît donc susceptible d'avoir été gravée entre 450 et 550.

I, 4

Trèves, nécropole de Saint-Mathias. Trouvée en 1829 dans le cimetière en même temps qu'une quarantaine de sarcophages et qu'une autre inscription aussitôt perdue (Hansen). Conservée au *Rheinisches Landesmuseum.*

J. A. HANSEN, *Beiträge zur Geschichte und Beschreibung der einzelnen Pfarreien des Stadtkapitels Trier* (Trèves, 1830), p. 169.
G. BAERSCH, *Der Moselstrom von Metz bis Coblenz* (Trèves, 1841), p. 83.
KRAUS 87 (LE BLANT, *N. R.* 338 [DACL XV, 2, s. u. *Trèves,* col. 2755, n° 84-85]).
F. HETTNER, *Röm. Steindenkmäler,* n° 333.
CIL XIII, 3796 (RIESE 4267; DIEHL 3582).

GOSE 5.
E. FOERSTER, *Frühchristl. Zeugnisse*, p. 22, n° 8.
Révisée par N. Gauthier en 1967.

Plaque de marbre blanc; h. 27,5; l. 39,5; ép. 3,5: lettres : 1,7-2 cm.

Hic bene quiescet in pace
Amelius qui uixit an-
nos XXXIIII et mensis III,
4   dies XV; Rufa filio
carissimo titulum posuit.
branche d'olivier   vase   colombe

Ici repose bien en paix Amelius qui a vécu 34 ans et 3 mois, 15 jours; Rufa a posé cette épitaphe pour son fils très cher.

La gravure est large, profonde, régulière. Au point de vue paléographique, cette inscription est proche du type I de Saint-Mathias (*Intr.,* § 15-19); cependant, les lettres sont plus larges, notamment les O, la barre supérieure du F est horizontale et la décoration est différente : au lieu de l'olivier entre deux colombes, on trouve, de gauche à droite, une branche d'olivier (sans ce tronc énorme qui caractérise le type « pur »), un vase de facture élégante et enfin une colombe, de style différent, elle aussi, du type « pur ».

Il y a deux vulgarismes, *quiescet* et *mensis,* qui se trouvent aussi dans les productions de l'atelier I de Saint-Mathias (*Intr.,* § 17 et n° 48).

L. 1 : la formule initiale contient à la fois *bene* et *in pace,* comme au n° 15.

L. 2 : Amelius est un nom d'origine grecque qui fut porté entre autres par un disciple de Plotin; celui-ci préférait d'ailleurs l'appeler *Amerius* parce que la signification d'*Amelius* (ἀμελής, négligent) ne lui paraissait pas convenir à son élève (Porphyre, *Vita Plotini,* VII). En Occident, on le trouve sur une inscription chrétienne datée de 345 (Diehl 4422 = CIL X, 6422, *add.* p. 1015); il fut aussi porté par plusieurs évêques gaulois au VIe siècle (L. Duchesne, *Fastes épiscopaux,* II, p. 61, 92, 98, 101, 470).

L. 2-4 : la mention de l'âge au jour près est courante à Trèves (*Intr.,* § 39).

L. 4 : Rufus/a est un des noms les plus répandus de l'onomastique latine (I. Kajanto, *Lat. Cogn.,* p. 30 : 1 829 cas), mais la forme simple devient très rare à l'époque chrétienne : Kajanto n'en connaît pas d'autre exemple féminin; A. Ferrua (*Riv. Arch. Crist.* 34, 1958, p. 219) lit *Rufa* dans une inscription de Priscilla (Diehl 3376) où Boldetti a lu *Ruta.*

F. Hettner fait remarquer que le vase apparaît en 450 sur les inscriptions datées de Gaule. Son apparition à Trèves me paraît un peu plus ancienne (*Intr.,* § 44). L'écriture proche de Saint-Mathias I, l'absence de vulgarismes tardifs, le symbole de l'olivier me paraissent autant de présomptions de relative antiquité. J'assignerais volontiers cette épitaphe au ve siècle.

I, 5

Trèves, nécropole de Saint-Mathias. Trouvée au cours de l'hiver 1844-45 dans la partie NE du cimetière (*Intr.,* § 5), encastrée dans le couvercle d'un sarcophage. Conservée au *Rheinisches Landesmuseum.*

W. Ch. von FLORENCOURT, *Bonn. Jahrb.* 12, 1848, p. 82, n° XIII.
LE BLANT 227 (DACL XV, 2, s. u. *Trèves,* col. 2740, n° 7).
Ph. DIEL, *St-Matthiaskirche* (1881), p. 171, n° 9.
KRAUS 89, *add.* (de HETTNER), p. [4] et *Nachtr.,* t. II, p. 339.
F. HETTNER, *Röm. Steindenkmäler,* n° 335.
CIL XIII, 3797 (RIESE 4268).
GOSE 6.
Révisée par N. Gauthier en 1967.

Plaque de marbre blanc mutilée à droite; on n'a peut-être pas non plus à gauche le bord primitif car il est très irrégulièrement taillé, alors qu'en haut et en bas, la tranche est bien nette; h. 41; l. 27: ép. 4,1-5,7; lettres : 3-4 cm.

Ampelio [hic]
in pace [quie]-
sit q(ui) uixit[t]
4   annos XX̣[...]
dies XXV[...]
SICLVDO
SINOI

Il semble que le texte soit complet à gauche et qu'il ne manque que quelques lettres à droite. Il y a une double réglure finement incisée que les lettres suivent à peu près. Le *ductus* de certaines lettres est profondément influencé par la cursive : M (l. 1), T (l. 3) dont le linteau est tout entier à droite de la haste (cf. n° 97), A non barré (l. 4), assez fréquent à Trèves (n⁰ˢ 1, 21, 106, 154, 157, 164, 170), N penchés de la l. 4. Les N des lignes 2 et 7 sont inversés, ce qui ne se présente pas ailleurs à Trèves. Le I qui termine la l. 3 est lié au X qui précède et incliné vers la gauche. A la l. 4, un grand trait parasite joint les deux N d'*annos* comme une fausse ligature; d'autres traits plus petits apparaissent dans le deuxième N, le O, le S et le D de la ligne suivante. Hettner a cru pouvoir déchiffrer SI, l. 4, et Q, l. 5. J'avoue n'avoir pu identifier ce qui semble en effet des restes de lettres. Hettner conclut de ces traces et de l'épaisseur croissante de la pierre du haut vers le bas qu'il s'agit d'une table de jeu retaillée en haut pour graver l'épitaphe chrétienne (l. 1-5), tandis que les deux dernières lignes subsisteraient de la table de jeu primitive. Gose, qui adopte l'hypothèse du réemploi, est plus réservé sur celle de la table de jeu. M. Ihm, qui a étudié de près les tables de jeu romaines (*Delle tavole lusorie romane*, Rome, 1891, in-8°), ne croit pas qu'il faille en voir une ici (*Bonn. Jahrb.* 90, 1891, p. 187) : les lettres sont trop serrées, dit-il, et le dernier signe de la l. 6 est bien un O et non pas le cercle que l'on trouve sur les tables de jeu.

Ecartons donc l'hypothèse de la table de jeu. Celle même du réemploi chrétien me semble improbable. La pierre ne porte aucune trace de martelage et l'épaisseur croît insensiblement du haut vers le bas. La pierre n'a pas été retaillée entre celui qui a écrit *dies* et celui qui a écrit la ligne suivante (pourquoi d'ailleurs se serait-il donné tant de mal pour raccorder les deux surfaces alors qu'il était si simple de couper le morceau de marbre contenant les deux lignes devenues inutiles ?). Enfin, contrairement à Hettner, je trouve la forme des lettres bien homogène du début à la fin de l'inscription (cf. notamment le N inversé). Si réemploi il y a eu, c'est donc toute la surface de la pierre qui a été retaillée, repolie et regravée : les signes parasites des l. 4 et 5 ont des contours bien nets pour des traits qui auraient survécu à une pareille opération. Ils me paraissent plutôt les témoins d'une première mise en place du texte actuel, corrigée par la suite (par exemple, on dirait que, sous le D monumental de la l. 5, on distingue la trace d'un D cursif).

A la l. 3, on peut se demander si le mot *qui* est abrégé en *q(ui)* ou si plutôt le lapicide n'a pas commis l'étourderie si commune d'oublier de répéter VI en écrivant *qui uixit* (cf., par exemple, n° 2). En effet, on ne trouve aucune autre abréviation, pas même pour *annos* et *dies*. Au début de la ligne, on ne peut guère compléter que *quie/sit*. Peut-être encore y avait-il [*quiec*]/*sit*, le lapicide ayant interverti par erreur les lettres C et S.

L. 1 : *Ampelio* est un nom d'origine grecque rare en Occident. On ne peut savoir s'il a été donné à un homme (comme CIL XII, 4572) ou à une femme (CIL VI, 7295; CIL V, *suppl.* 605; CIL IX, 1912) car on trouve fréquemment *qui* au lieu de *quae* (*Intr.*, § 85). La forme *Ampelius* est plus fréquente (voir Le Blant 391).

L. 2-5 : il est facile de compléter l'inscription à l'aide des formules en usage à Trèves (*Intr.*, § 38-39).

L. 6-7 : ces deux dernières lignes, au contraire, sont déroutantes. Cependant, nous l'avons vu, elles sont partie intégrante de l'inscription. On attendrait ici la mention des dédicants; aussi Le Blant est-il « tenté d'y voir une série de noms barbares en -*o* », comme ceux de Worms (Le Blant 345-347). Cette hypothèse me semble plus satisfaisante que celle de Florencourt qui, considérant que la l. 6 était tracée en boustrophédon, lisait *dulcissimo* (la pierre porterait en tout état de cause *dulcissino*). A. Ferrua cependant (*Akten*, p. 294), trouve cette dernière lecture ingénieuse et la rapproche de deux autres exemples d'écriture inversée : *ICVR, n.s.* (IV) 12 398, en grec, et *Corpus Inscr. Iud.* 528, datée de 387. Mais de telles inscriptions sont extrêmement rares et l'on n'en connaît point à Trèves (les nombreux cas que l'on trouve dans la version imprimée des *Luciliburgensia* de Wiltheim n'ont jamais existé que dans l'imagination de son éditeur Neyen).

Kraus, cherchant dans la voie suggérée par Le Blant, signale un *Sino* dans les listes des *Libri Confraternitatum S. Galli, etc.* (p. 59, col. 161, 18; on pourrait ajouter p. 266, col. 393, 29 et p. 301, col. 490, 33; cf. *Sinopold*, p. 206, col. 159, 4). Kraus n'a pas trouvé de parallèle à *Sicludo* mais on peut observer que chacune des deux racines est bien attestée : *Sic*- dans *Sicbertus*, *Siclinus*, *Sicharius*, etc. et -*ludo* dans *Ludino*, *Ludualdus*, *Ludula* (voir n° 170) ou seul, *Ludo* (*Libri Confraternitatum S. Galli, etc.*, p. 271, col. 406, 11). Il s'inquiète aussi de trouver *et* trop court pour être la seule restitution de la l. 6; ce n'est pas une véritable difficulté car on peut ajouter un mot comme *filius* ou le début d'un nom à 2 racines se terminant par *-sino* au début de la ligne suivante, ou encore penser que la pierre était moins large en bas qu'en haut.

L'hypothèse de Le Blant et Kraus me semble la plus vraisemblable; elle suppose que la dernière ligne (l. 7) portait, plus ou moins abrégée, la formule *titulum posuerunt*.

Cette pierre semble assez tardive, surtout si l'on y reconnaît des noms germaniques.

I, 6

Trèves, nécropole de Saint-Mathias. Conservée au *Rheinisches Landesmuseum*.

LE BLANT 229 (DACL XV, 2, s. u. *Trèves,* col. 2740, n° 9).
Ph. DIEL, *St-Matthiaskirche* (1881), p. 175, n° 22.
KRAUS 121 et *add*. (de HETTNER), p. [4].
F. HETTNER, *Röm. Steindenkmäler,* n° 348.
CIL XIII, 3798 (RIESE 4332; DIEHL 1371 *adn*.).
GOSE 7.
Révisée par N. Gauthier en 1968.

Partie supérieure droite d'une plaque de marbre blanc; un fragment à droite a disparu au cours du bombardement de 1944; h. 37; l. 38; ép. 2,7; lettres : 3,5 cm.

(avant 1944)

[Dulcis]şimis infaṇ[tib]-
[us ...]ṭimae et Antọ
[nio frat]ribus qui h-
4   [ic requi]ẹscunt fi*d*-
[...   ] Lucifer *f*-
[rater titulum] po-
[suit/erunt].

C'est une épitaphe collective, comme aux nᵒˢ 27, 57, 63, 70, etc. Elle est consacrée à deux jeunes enfants, frère et sœur. Quoiqu'une bonne partie de la pierre ait disparu, on peut reconstituer presque tout le texte par suite de la banalité des formules employées.

L'inscription est gravée avec soin; les lignes sont bien droites, les lettres grandes et plus larges que d'habitude sur les inscriptions chrétiennes de la région; les O sont particulièrement larges; dans l'ensemble, la forme des lettres est proche de la capitale. Les mots des lignes 2 et 3 sont séparés par des points. Les ligatures sont nombreuses : NF et NT (l. 1), AE et NT (l. 2), NT encore (l. 4). Peut-être y avait-il, au niveau des l. 6-7, quelque motif décoratif encadré par les dernières lettres (reste d'un *omega* avant P ?). Dans l'état actuel de la pierre, la langue est parfaitement correcte.

L. 1 : le premier mot ne peut être que *dulcissimis* ou *carissimis,* plutôt *dulcissimis* étant donné le nombre de lettres à restituer l. 3. *Infantibus* désigne de jeunes enfants en un sens assez large (*Intr.,* § 94).

L. 2 : Le Blant propose à titre d'exemple *Maritima* pour le nom de la fille. Le nom du garçon ne peut être qu'*Antonius* (voir nᵒ 213) ou *Antoninus;* étant donné l'espace disponible, plutôt *Antonius.*

L. 3 : on aperçoit à la cassure l'extrémité d'un trait horizontal qui ne peut appartenir qu'à T, F ou E. Le mot à restituer est sans aucun doute *fratribus.*

L. 4 : Le Blant propose de restituer *hic in pace quiescunt,* ce qui est un peu long; il vaut mieux, avec Hettner, compléter *hic requiescunt :* le même verbe apparaît au nᵒ 159 qui commence aussi par le nom de la défunte au datif.

L. 5 : on peut, ici, hésiter sur la restitution en début de ligne. Le Blant suggère *fid/[eles...]e,* Hettner *Fid/[entia mater] e[t],* le CIL *fid/[eles...]e* aussi. Tout cela est vraisemblable. Si *Lucifer* est le seul dédicant, on peut imaginer la formule *fid/[eles in pace].* De la lettre avant *Lucifer* ne subsiste qu'un trait horizontal : T, E, F ou TE ligaturés sont possibles. La dernière lettre de la ligne est indiscutablement un F, quoique Le Blant ait lu E; le lien de parenté à restituer est donc *frater. Lucifer* est un des nombreux *cognomina* évoquant l'éclat de la lumière; Kajanto (*Latin Cognomina,* p. 288) l'a relevé 76 fois chez les païens, 12 fois chez les chrétiens.

L'analogie entre le formulaire de cette épitaphe et celui du nᵒ 159, l'emploi du mot *infans,* qui ne semble plus attesté après le Vᵉ siècle, suggéreraient peut-être la première moitié du Vᵉ siècle (voir la conclusion du nᵒ 159).

I, 7

Trèves, nécropole de Saint-Mathias ? Lorsque la pierre entra au musée, en même temps que le nᵒ 83, en 1930, on inscrivit sur le registre des acquisitions (*Inv.* 30, 84-85) : *Geschenk von Dr A. v. Nell, Saint-Mathias* et Kirsch indique cette provenance. Mais Keune dit qu'elle a été trouvée à Saint-Paulin (*Paulinusstrasse* 5) et, sur le registre du musée, on a rajouté qu'on avait, en 1932, redemandé la provenance de ces pierres à von Nell qui avait répondu : *Paulinusstrasse* 5. Je pense cependant qu'elles proviennent bien de Saint-Mathias, car leurs écritures et leurs formulaires les apparentent de très près à d'autres épitaphes de ce cimetière. Conservée au *Rheinisches Landesmuseum.*

J.P. KIRSCH, *Röm. Quartalschr.* 8, 1894, p. 332.
CIL XIII, 11 332 (DIEHL 3586 C).
J. B. KEUNE, *Trier. Zeitschr.* 6, 1931, p. 159.
S. LOESCHCKE, *Frühchristl. Denkmäler* (1936), p. 138.
GOSE 409.
E. FOERSTER, *Frühchristl. Zeugnisse,* p. 37, n° 28.
Révisée par N. Gauthier en 1967.

Plaque de marbre blanc en 7 fragments; h. 32-33; l. 25; ép. 2; lettres : 2-2,4 cm

Hic quiescit in pace
Arcadius qui uixit
an(nos) XI et me(nses) IIII, cui pater
4   et mater tetolum po-
suerunt.

colombe chrisme colombe

Ici repose en paix Arcadius qui a vécu 11 ans et 4 mois, à qui son père et sa mère ont posé cette épitaphe.

A la l. 1, le CIL porte TN ligaturés, sans I, avec le linteau du T au dessus de la ligne. Rien de tel n'est visible aujourd'hui et la restauration de la pierre ne semble pas en cause.

Cette inscription présente une ressemblance frappante avec celle de Victura (n° 69). Toutes deux relèvent de Saint-Mathias II (*Intr.,* § 21-23) : réglure légère, *ductus* caractéristique des A, des M, des Q, des T (le linteau est cependant presque sur la réglure), ligatures AT et ET (l. 3 et 4) à côté des ligatures banales NP (l. 1), ME (l. 3), MP (l. 4) et NT (l. 5), double vulgarisme *tetolum,* chrisme entre deux colombes. Contrairement au n° 69, les dédicants ne sont pas nommés et les deux parties de l'épitaphe sont liées par le relatif *cui*.

L. 2 : Arcadius est un de ces *cognomina* d'origine géographique si répandus dans le monde romain (*Intr.,* § 108). On le trouve un peu partout dans la partie occidentale de l'Empire; à Trèves même, une Arcadiola apparaît au n° 105.

L'introduction du relatif *cui* entre les deux parties du formulaire me paraît, dans l'ensemble, le fait d'inscriptions relativement tardives (n° 76). L'épitaphe d'Arcadius est en tout cas une exception car sa ressemblance avec le n° 69 ne permet pas de douter de son appartenance à l'atelier II de Saint-Mathias dont l'activité a dû s'exercer au ve siècle (*Intr.,* § 97). Par ailleurs, A. Ferrua (*Akten,* p. 287) pense que le défunt a reçu son nom en hommage au fils de Théodose nommé Arcadius, qui est né en 377, ce qui donne comme *terminus post quem :* 377 + 11 (durée de vie de notre Arcadius) = 388.

I, 8

Trèves, nécropole de Saint-Mathias. Conservée au *Rheinisches Landesmuseum.*

GOSE 9.
Révisée par N. Gauthier en 1967.

Plaque de marbre blanc. mutilée à droite et en bas; h. 14; l. 11,2; ép. 3,5; lettres : 2.

Hic q[uiescit in pace]
Aspa[sius/a qui/ae uixit]
an(nos) LXX[...]
4   filius [tetolum posuit]

Ici repose en paix Aspasius/a qui a vécu ... ans; ..., son fils, a posé cette épitaphe.

La surface de la pierre a été usée et les caractères manquent de netteté quoiqu'ils aient été à l'origine profondément incisés. Le texte est bien lisible cependant. L'écriture est caractéristique de l'atelier II de Saint-Mathias (*Intr.,* § 21-22) avec le Q cursif de la ligne 1, les A à barre transversale brisée, le tilde ondulé qui surmonte les lettres *an* à la ligne 3. La barre supérieure du F est un peu plus inclinée que généralement dans ce type.

Il manque à peu près les deux tiers de l'inscription, si l'on en juge par la restitution obligatoire à la ligne 2.

L. 1 : il devait y avoir *hic quiescit in pace,* conformément aux habitudes des lapicides de l'atelier II de Saint-Mathias.

L. 2 : le défunt (ou la défunte) s'appelait selon toute probabilité *Aspasius* (ou *Aspasia*). Ce nom d'origine grecque apparaît aussi au n° 229.

L. 3.: Aspasius/a avait au moins 70 ans. A la fin de la ligne, il reste la place de mettre le nom de son fils, qui précède toujours, dans le type II de Saint-Mathias, l'indication du degré de parenté.

L. 4 : complétons *tetolum posuit,* avec les vulgarismes chers à cet atelier.

La période d'activité de Saint-Mathias II est difficile à préciser. Elle ne m'a pas paru pouvoir s'éloigner beaucoup de l'époque de prospérité de Trèves (*Intr.,* § 23 et 97) : 390-440 environ.

I, 9

Trèves, nécropole de Saint-Mathias. Trouvée en 1919 dans le nouveau cimetière de Saint-Mathias, près du mur d'enceinte N. E. du vieux cimetière, en réemploi dans une tombe. Conservée autrefois dans la crypte de Saint-Mathias, elle se trouve aujourd'hui dans la bibliothèque du monastère.

E. KRUEGER, *Trier. Zeitschr.* 5, 1930, p. 169.
NESSELHAUF 22.
GOSE 10.
Revisée par N. Gauthier en 1972.

Plaque de marbre blanc; h. 41; l. 71,5; ép. 3-4; lettres : 5,5 cm.

(réduit au 1/5)

Coniugi pien-
tissıme Aurore
in pace fideli
4   *colombe* Aquilinus *colombe*

A son épouse très aimante Aurora, en paix, fidèle, Aquilinus.

Voici une inscription luxueuse, où les mots sont séparés par des points triangulaires, où les lettres sont d'une taille inhabituelle et tracées avec une recherche dont témoigne la traverse ondulée du A de la ligne 2; le *ductus* maniéré du L est fréquent à Trèves (voir, par ex., nᵒˢ 26, 38, 55, 57, 58, 61, 68, 74, 87). Les lignes sont bien espacées, les mots disposés avec art. En comparaison, le dessin peu gracieux et la gravure légère des colombes tenant un rameau d'olivier ne sont pas sans étonner.

La langue n'est pas aussi raffinée que l'écriture. Outre le vulgarisme courant des datifs en *-e* au lieu de *-ae* à la l. 2 (voir *Intr.*, § 57), l'auteur de l'épitaphe n'a pas reculé devant le barbare *pientissimus/a*, de règle à Trèves, il faut le dire (*Intr.*, § 92).

L. 1 : les nᵒˢ 6, 32, 39, 83, 159 commencent aussi par la mention du défunt au datif, mais ces inscriptions n'ont par ailleurs rien de commun avec celle d'Aurora.

L. 2 : pientissime fait allusion, bien entendu, à la piété conjugale. *Aurora* est un nom rare, inspiré de la déesse Aurore ou du lever du jour. I. Kajanto (*Latin Cognomina,* p. 216) n'en connaît que trois exemples : CIL XIII, 11 091, CIL V, 5420 (datée de 463) et CIL XI, 6289; les deux derniers sont chrétiens.

L. 3 : le rapprochement de *fidelis* et d'*in pace* est une des caractéristiques de l'épigraphie africaine. Cependant, on le trouve fréquemment aussi à Trèves (nᵒˢ 20, 30, 62, 67, 137, 145, 152, 162, 200, 204). *Fidelis* exprime l'appartenance de la défunte à la religion chrétienne (voir nᵒ 138), *in pace* la confiance qu'Aurora jouit dans le ciel de la félicité éternelle.

L. 4 : Aquilinus est dérivé d'*aquila* comme *Lupicinus* de *lupus* et *Vrsinus* d'*ursus* (*Intr.*, § 122). Sur 120 exemples relevés par I. Kajanto (*Latin Cognomina,* p. 330), 14 sont chrétiens.

Ce texte n'a rien de commun avec les formules que l'on trouve habituellement à Trèves (cf. *Intr.*, § 38-40). Sa sobriété est, comme ses caractéristiques paléographiques — qui ne sont pas sans rappeler Saint-Mathias I —, un signe d'antiquité (voir *Intr.*, § 19).

I, 10

Trèves, nécropole de Saint-Mathias. Trouvée en 1827 dans le cimetière (voir *Intr.*, § 39), encastrée dans le couvercle d'un sarcophage. Contrairement aux autres sarcophages de la même série, on ne trouva à l'intérieur de la tombe, au dire des ouvriers qui l'ouvrirent en l'absence de F. W. Schmidt, ni monnaie ni aucun objet (*Bonn. Jahrb.* 7, 1845, p. 82). Conservée au *Rheinisches Landesmuseum.*

J. H. WYTTENBACH, *Neue Beiträge,* p. 19.
Ch. W. SCHMIDT, *Baudenkmale,* 2, p. 101.
L. LERSCH, *Centralmus.,* 3 (1842), nᵒ 53.
LE BLANT 225 et suppl. t. II, p. 601 (GARRUCCI, *Civiltà Cattolica,* ott. 1859, p. 92; G. B. DE ROSSI, *Bull. Arch. Crist.* 1, 1864, p. 80; DACL XV, 2, s. u. *Trèves,* col. 2739, nᵒ 5).
CIG 9893.
KRAUS 80 et *Nachtr.,* t. II, p. 339.
IG XIV, 2558 (RIESE 2514; C. WESSEL, *Inscr. Grec. Vet. Occid.,* Halle, 1936, nᵒ 56).
GOSE 1.
E. FOERSTER, *Frühchristl. Zeugnisse,* p. 20, nᵒ 5.
Révisée par N. Gauthier en 1968.

Plaque de marbre blanc en réemploi (le dos est travaillé); h. 28; l. 38; ép. 4; lettres : 2,2-3 cm.

'Ενθάδε κῖται "Αζι-
ζος 'Αγρίπα, Σύρος,
κώ(μης) Καπροζαβαδαίων.
4   ὅρων 'Απαμέων.

Dos (d'après Gose)

Ici repose Azizos, fils d'Agripas, Syrien, du village des Kaprozabadaiens, du territoire d'Apamée.

L'écriture est carrée, conformément à un type épigraphique grec attesté pendant des siècles. Le texte est aéré, lignes et lettres sont bien espacées. Les ω sont légèrement plus petits que les autres lettres. Les seules courbes sont la boucle des P et le petit ω surmontant le K au début de la l. 3.

L'iotacisme κῖται pour κεῖται est fort commun (voir n° 112). Le génitif 'Αγρίπα a été formé sur le modèle des noms en -ᾶς, comme il arrive souvent. La réduction de ππ à π est tout aussi banale.

L. 1 : 'Ενθάδε κῖται est le début habituel des épitaphes des Syriens décédés en Occident; à Trèves, on le trouve encore aux n°ˢ 93, 112 et 168.

Azizos est un nom sémitique très courant en Syrie.

L. 2 : le nom du défunt est précisé par celui de son père, comme au n° 112. La mention de la filiation est beaucoup moins rare sur les inscriptions grecques chrétiennes que sur les latines : Le Blant en a dressé la liste pour les inscriptions d'Occident (Le Blant 57, p. 125, n. 1).

Agrippa est un ancien *praenomen* latin couramment employé comme *cognomen* (I. Kajanto, *Latin Cognomina,* p. 175). En Orient, ce nom fut notamment porté par deux rois de Judée.

Il est normal que le mot Σύρος précède l'indication de la κώμη d'origine (cf. par ex. IG XIV, 2325-2328, 2334, à Concordia).

L. 3 : c'est une habitude propre aux Syriens émigrés de mentionner avec précision la κώμη, c'est-à-dire le village, dont ils sont originaires (à Trèves, n°ˢ 93 et 112). L'identification de ces κώμαι se heurte souvent à de grosses difficultés. C'est le cas ici : le mot Kafr signifie précisément « village » en langue sémitique et les villages commençant par *Kafr-, Kafar-, Kafer-, Kapr-,* etc. sont donc innombrables; il y en a plusieurs colonnes dans l'index de R. Dussaud, *Topographie historique de la Syrie antique et médiévale* (Paris, 1927), p. 599-600, auxquels on peut ajouter ceux qui sont cités par J. et L. Robert dans la *Revue des Etudes grecques* 71,

1958, p. 261 (= *Bull. épigr.* n° 295). Après un essai d'interprétation de F. Lenormant, consulté par Le Blant alors que l'étude des langues sémitiques en Occident était dans l'enfance, J. H. Mordtmann suggérait (*Zeitschr. d. deutschen Morgenländ. Ges.* 41, 1887, p. 304) de localiser notre κώμη dans la Bekâa, sur la route de Beyrouth à Damas, où il existe actuellement un village appelé Kefer Zabad ou Kafr Zabad. Toutefois, R. Dussaud (*op. cit.* p. 203-204) trouve que « cette région ne peut pas être comptée parmi les districts d'Apamée. A s'en écarter, mieux vaudrait tendre vers l'Est et penser à Zebed, au S.-E. d'Alep, site qui a fourni des inscriptions, mais il vaudrait mieux penser au village de Zebadi, sur l'Oronte, un peu en amont de Hama, ou mieux encore Zabboudé au N.-E. de Hama, et supposer que cette localité s'appelait anciennement Kafr Zabad ». La variété de ces hypothèses illustre surtout l'incertitude dans laquelle on se trouve.

L. 4 : nombreuses sont les villes nommées Apamée dans l'Orient ancien. Mais il s'agit certainement de la grande cité de la Syrie proprement dite (communication orale de M. L. Robert, juillet 1972). Des épitaphes de Concordia (IG XIV, 2324-2329, 2332, 2334) font état de toute une colonie de Syriens originaires du territoire d'Apamée; un autre est mort à Pavie (IG XIV, 2290), un autre à Côme (IG XIV, 2300).

En l'absence de chrisme ou de formule du type ἐν εἰρήνῃ, il n'y a pas de preuve formelle du christianisme d'Azizos. Mais l'étroite analogie du formulaire employé avec celui des Syriens de Concordia, tous chrétiens, les conditions de trouvaille (*in situ* parmi un grand nombre de sarcophages chrétiens, à proximité immédiate de l'église Saint-Mathias) ne laissent planer aucun doute sur son appartenance à la religion chrétienne. Le fait que l'on ait utilisé une pierre primitivement destinée à un autre usage et le formulaire m'inciteraient à dater cette épitaphe du vᵉ siècle, comme celle d'Eusebia (n° 93) et comme d'autres sarcophages trouvés en même temps que le nôtre (voir, notamment, n° 13).

I, 11

Trèves, nécropole de Saint-Mathias. Trouvée au cours de l'hiver 1844-45 dans la partie N.-E. du cimetière (*Intr.,* § 5), encastrée dans le couvercle d'un sarcophage. Conservée au *Rheinisches Landesmuseum.*

W. CH. VON FLORENCOURT, *Bonn. Jahrb.* 12, 1848, p. 81, n° VII.
LE BLANT 235 (DACL XV, 2, s. u. *Trèves,* col. 2741, n° 16).
Ph. DIEL, *St-Matthiaskirche* (1881), p. 172, n° 12.
KRAUS 94 et *add.* p. [7].
F. HETTNER, *Röm. Steindenkmäler,* n° 336.
CIL XIII, 3805 (RIESE 4278; DIEHL 3583).
GOSE 11.
Révisée par N. Gauthier en 1968.

Plaque de marbre blanc, à contours irréguliers, peut-être mutilée en bas; h. 11-12,5; l. 26-28; ép. 2,2; lettres : 2 cm.

Hic iac*it* in pace Ban-
cio qui uixit an(nos) II et me(nses)
II et di(es) VIII; Fauentia mater
4 tetolum posuit.

Ci-gît en paix Bancio qui a vécu 2 ans, 2 mois et 8 jours; Fauentia, sa mère, a posé cette épitaphe.

Cette pierre est caractéristique des productions de l'atelier II de Saint-Mathias : Q cursif, nombreuses ligatures, tildes au dessus des mots abrégés, I inscrit à l'intérieur du D pour le mot *dies* (l. 3), vulgarisme *tetolum*, âge donné au jour près, etc. (*Intr.*, § 21-23). A la l. 1, tous les éditeurs de la pierre, y compris Gose, ont lu *iacit*, mais le I a disparu aujourd'hui. Cette forme est rare à Trèves (*Intr.*, § 87).

L. *1* : le nom *Bancio* n'apparaît qu'une autre fois dans l'onomastique latine (Diehl 459 = CIL VI, 32 968), sous la forme *Bantio* (sur l'équivalence de ces deux formes, voir *Intr.*, § 67). Holder (*Altceltischer Sprachsatz*, I, p. 340, s. u.) considère *Bancio* comme celtique, le rapprochant de *Banciallum*, nom de lieu attesté en ... 615 ! Il vaut mieux rapprocher ces noms du gentilice rare *Bantius* (*Thesaurus*, s. u.), dont l'emploi comme *cognomen* est quelquefois attesté. On sait que les dérivés en *-o/-io* sont les héritiers d'un suffixe celtique (*Intr.*, § 125).

L. *3* : *Fauentia* est aussi un nom rare, quoiqu'il soit constitué très normalement du participe présent de *faueo* et du suffixe *-ius/ia* (plutôt qu'inspiré de la ville de Gaule Cisalpine appelée aujourd'hui Faenza). I. Kajanto (*Latin Cognomina*, p. 358) relève deux fois ce nom dans des sources littéraires (en 365 et 409).

Sur la date des pierres issues de Saint-Mathias II, voir *Intr.*, § 23 et 97.

I, 12

Trèves, nécropole de Saint-Mathias. Trouvée en 1923 à « 10 mètres environ à l'est de la tour nord de la façade » de l'église Saint-Mathias. Conservée au *Rheinisches Landesmuseum*.

P. STEINER, *Bonn. Jahrb.* 129, 1924, p. 282 (brève notice).
FINKE 53.
S. LOESCHCKE, *Frühchristl. Denkmäler* (1936), p. 126.
GOSE 12.
E. FOERSTER, *Frühchristl. Zeugnisse*, p. 23, n° 9.
Révisée par N. Gauthier en 1967.

Plaque de marbre blanc en plusieurs fragments, endommagés au cours du bombardement de 1944; h. 30; l. 32; ép. 2; lettres : 2,5 cm. Elle est encastrée dans une dalle de grès, comme on le faisait souvent à Trèves (*Intr.*, § 3) : h. 49; l. 65; ép. 22 cm.

Cal*u*io hic
*pausa*ṭ in pacẹ
qui *u*ixit aṇ(nos) *VI*
4   et mensiṣ V*II et*
dies XIII; Ṿincại-
mu*s* ạluṃno ṣuo
*f*ẹcit.

(avant 1944)

Caluio ici repose en paix, lui qui a vécu 6 ans, 7 mois et 13 jours; Vincaimus a fait (cette épitaphe)
pour son fils adoptif.

L'écriture de cette inscription est apparentée à celle de Saint-Mathias I (*Intr.,* § 19) : même *ductus* pour les lettres A, L, Q, M; mais la barre supérieure du F est horizontale, les O sont plus ronds et certains T ont un linteau rectiligne horizontal (l. 3 et 7). Il y a une seule ligature : AV (l. 2). L. 3, un point triangulaire sépare *qui* de *uixit* et un autre *an(nos)* de *VI*. A la fin de la l. 5, un léger trait vertical pourrait faire penser que le I est en réalité un N ou plutôt un M vu l'espacement des 2 traits parallèles (A. Ferrua, *Akten,* p. 294, suggère *Vincanimus,* « nom de facture africaine ») mais la gravure est trop soignée pour que l'on retienne ce trait à peine incisé.

En ce qui concerne la langue, le seul vulgarisme à noter est *mensis* pour *menses* (*Intr.,* § 50).

L. 1 : la terminaison *-io,* traditionnelle dans la région (*Intr.,* § 125), convient bien à un sobriquet comme *Caluio.* I. Kajanto (*Latin Cognomina,* p. 235) a relevé 10 fois ce *cognomen,* toujours dans des sources païennes. Cf. *Caluola,* n° 2.

L. 2-5 : formules banales à Trèves (*Intr.,* § 38-39).

L. 5 : Vincaimus est un nom étrange, inconnu des manuels d'onomastique. Est-il apparenté aux *Vinccanus* (Diehl 1392 *adn.* = *B. N.S. A. F.,* 1913, p. 95), *Bincamus* (Diehl 1402 *adn.* = CIL VIII, 14 232) que l'on trouve en Afrique ?

L. 6 : le défunt est non le fils mais l'*alumnus* du dédicant. Le mot désigne celui qui, abandonné par ses parents à la naissance, a été recueilli par quelqu'un d'autre. La condition réelle de l'*alumnus* dépendait de celui qui l'avait recueilli : souvent on les élevait pour en faire des esclaves mais des inscriptions païennes nous montrent au contraire des *alumni* chéris comme des fils; c'est ce que recommandaient les chrétiens et les conciles de Vaison en 422 et d'Arles en 452 intervinrent dans ce sens. Il semble que ce soit le cas ici puisque Vincaimus a pris la peine de faire apposer cette épitaphe; bien d'autres cas analogues apparaissent d'ailleurs en épigraphie chrétienne (voir l'*index* X de Diehl, s. u., et, à Trèves même, n° 185).

L. 7 : l'emploi absolu de *fecit* est rare à Trèves (n° 144, 164 et *Intr.,* § 40).

Cette pierre doit être à peu près contemporaine de Saint-Mathias I (*Intr.*, § 18-19), auquel son écriture ressemble, surtout si Vincainus est bien un nom africain.

I, 13

Trèves, nécropole de Saint-Mathias. Trouvée en 1827 dans le cimetière (*Intr.*, § 4), encastrée dans le couvercle d'un sarcophage; à l'intérieur de la tombe, on a trouvé une boucle d'oreille et une bague (F. W. Schmidt, *Bonn. Jahrb.* 7, 1845, p. 84, avec *fac-simile*) et quatre petites monnaies de l'empereur Constant, mort en 350 (Wyttenbach, *Neue Beiträge,* p. 23). Conservée au *Rheinisches Landesmuseum;* seuls la face *b* et un moulage de *a* sont visibles, la pierre étant fixée au mur.

J. H. WYTTENBACH, *Neue Beiträge* (1833), p. 23, nº XII.
L. LERSCH, *Centralmus.* (1842), 3, nº 70 (face *b*), 75 (deux fragments de la face *a*), 76 (partie droite de la face *a*). Ni Lersch ni Wyttenbach ne mentionne le caractère opistographe de la pierre.
LE BLANT 239-239 A et *add.* t. II, p. 606 (DACL XV, 2, s. u. *Trèves,* col. 2742, nᵒˢ 20-21); *N. R.* 392 (LERSCH, *Centralmus.,* 3, nº 75).
Ph. DIEL, *St-Matthiaskirche* (1881), p. 170, nº 7.
KRAUS 82 (et 205, fragm. de *a* d'ap. Lersch) et *add.* (de HETTNER), p. [3].
F. HETTNER, *Röm. Steindenkmäler,* nº 327.
CIL XIII, 3810 (RIESE 4282; DIEHL 3583 A, face *b*).
GOSE 13.
E. FOERSTER, *Frühchristl. Zeugnisse,* p. 23-24, nº 10.
Révisée par N. Gauthier en 1967.

Plaque de marbre blanc, trouvée intacte (F. W. Schmidt, *Bonn. Jahrb.* 7, 1845, p. 84), puis brisée en plusieurs fragments, aujourd'hui restaurée; h. 35; l. 47; ép. 4,5; lettres : 2-3 cm.

Face a

                    [q]ụi̧ ui[xit]
                    annos plus minus XLVIƆƆ
        colombe   croix monogr.   colombe
                    posuit titu[lu]-
        4   m. Hic in pace requiescit

... qui a vécu environ 46 (?) ans; ... a posé cette épitaphe. Ici repose en paix ...

Face b

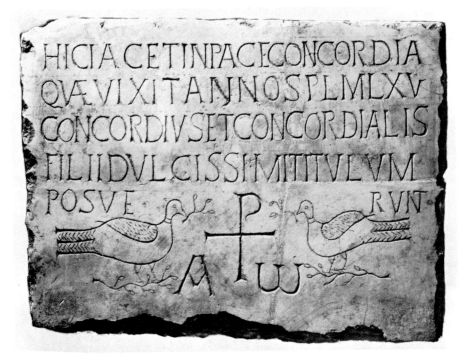

        (restaurée)

                    Hic ia*cet* in *pa*ce Concordia
                    quae uixit annos pl(us) m(inus) LXV;
                    Concordius et Concordialis
        4   filii dulcissimi titulum
                    posue-   -runt
                colombe   croix monogr.   colombe

*Ci-gît en paix Concordia qui a vécu environ 65 ans; Concordius et Concordialis, ses très chers enfants,
ont posé cette épitaphe.*

    La face *a* est évidemment antérieure à la face *b* puisqu'il manque deux ou trois lettres à la fin des lignes
sur *a* et que *b* est complète. On aura donc retaillé la pierre avant de graver l'inscription *b*.

Face a.

    Le début des lignes 1 et 3 a été martelé, ce qui a fait disparaître le nom du défunt et celui de la personne
qui a fait faire la tombe. Les commentateurs s'accordent pour estimer que c'est par égard pour le premier

utilisateur, avant de réemployer la pierre, mais il faut noter qu'on ne connaît pas d'autre exemple d'une telle délicatesse; on se contente généralement de retourner la pierre (cf., à Trèves même, n°s 32 et 232; ailleurs, Le Blant 325, 329, 431, 479, *N.R.* 308, 328, qui, toutes, portent des épitaphes chrétiennes des deux côtés). Plutôt qu'une *damnatio memoriae* dont on ne verrait pas la raison, on peut se demander si les lapicides n'avaient pas d'abord songé à réutiliser la pierre tout en gardant le formulaire (cf., à Amiens, Le Blant 322); finalement, peu satisfaits du résultat, ils auraient retourné la pierre et recommencé.

L'écriture est plus claire qu'élégante, avec ses lettres de largeur irrégulière, ses O énormes contrastant avec la boucle minuscule des P, les L à base oblique de la l. 2, le Q cursif de la l. 4 (de même forme qu'aux n°s 17, 81, 131, 141 et 143). Les lettres sont guidées par une double réglure, ce qui ne les empêche pas d'être de hauteur fort inégale. Le dessin des colombes et de la croix monogrammatique, motif banal à Trèves (*Intr.,* § 43), est disgracieux. La petite barre horizontale au milieu du C de *requiescit,* l. 4, semble accidentelle.

L. 1 : on aperçoit, à l'extrémité de la partie martelée, la queue du Q de *qui.*

L. 2 : la fin est énigmatique; on lit le nombre 40, puis l'*episemon,* soit 6, (cf. n°s 33, 106, 141, 178), enfin deux C retournés qui ont généralement été interprétés comme des I. Seul G. Brusin (*Röm. Quartalschr.* 54, 1959, p. 132) met cette lecture en doute, sans d'ailleurs en proposer une autre. Pour ma part, je ne connais pas d'autre exemple de I de cette forme. En épigraphie classique, le C retourné sert d'abréviation à un mot commençant par un C, comme *centurio* ou *Caia* (= *mulier*), et le redoublement d'une lettre marque le pluriel. C'est aussi un signe fractionnaire; le C retourné désigne le quart d'once; deux signes de cette sorte signifieraient-ils ici la moitié d'une année ? On n'a jamais vu cela non plus et aucune explication n'est satisfaisante.

L. 4 : une deuxième épitaphe, apparemment de la même main que la précédente, commençait à la deuxième lettre : en effet, on ne trouve jamais à Trèves une formule de ce type en fin d'inscription. On a au contraire, au n° 57, l'exemple d'une inscription rédigée pour deux défuntes (cf. Le Blant 88 et 493). L'exacte formule *hic in pace requiescit* ne se retrouve qu'au n° 145.

Face b.

Les lettres sont guidées par une double réglure à peine incisée. Les lettres VAE (l. 2) et NT (l. 5) sont ligaturées. Par ses caractères paléographiques et par le dessin caractéristique des colombes, perchées sur une branche d'olivier et tenant un rameau dans leur bec, cette inscription est très proche de celle de Marinus (n° 34); toutes deux sont issues de l'atelier III de Saint-Mathias (*Intr.,* § 25-27). Notons que cette épitaphe, comme la précédente, ne comporte aucun vulgarisme.

L. 1 : sur la formule banale *hic iacet in pace,* voir *Intr.,* § 38.

L. 1, 3 : la mère s'appelle *Concordia,* ses enfants *Concordius* et *Concordialis,* conformément à l'usage assez répandu de donner aux divers membres d'une famille des noms de même racine (*Intr.,* § 126); comme au n° 32 (père : *Macedonius;* fille : *Macedonia*), l'un des enfants porte le même nom que l'un des parents, mais à un genre différent (ici : *Concordius,* fils de *Concordia*). Le nom *Concordius/a* est largement attesté (I. Kajanto, *Lat. Cogn.,* p. 255 : une centaine d'exemples, dont 35 chrétiens); celui de *Concordialis* n'apparaît au contraire que dans la lettre 145, 1 d'Augustin; la terminaison en *-is* n'indique pas si Concordialis était un fils ou une fille, mais Kajanto (*Lat. Cogn.,* p. 23-24) a remarqué que, dans des cas de ce genre, seulement 5,5 % des noms étaient donnés à des femmes (sauf lorsque le nom suggérait des qualités essentiellement féminines).

L. 4-5 : c'est la formule habituelle à Trèves (*Intr.,* § 40).

La comparaison des faces *a* et *b* montre avec évidence que ce n'est pas toujours l'inscription la plus belle qui est la plus ancienne. Nous avons vu (*Intr.*, § 4) que la présence de monnaies de Constant dans la tombe de Concordia ne prouvait pas que celle-ci avait été enterrée dans la deuxième moitié du IVᵉ siècle. Au contraire, bien des indices font songer au Vᵉ siècle : dans les inscriptions datées de Gaule, la formule *hic requiescit in pace* n'apparaît qu'en 467 (Le Blant, *N.R.* 134), l'expression *plus minus* qu'en 486 (Espérandieu, *Inscr. Narb.* 606), quoiqu'elles puissent être un peu plus anciennes à Trèves (*Intr.*, § 45). Le P ouvert du chrisme, dont la boucle se retourne à son extrémité comme une ébauche de R, a aussi une forme familière au Vᵉ siècle (*Intr.*, § 43). Pour les mêmes raisons, la face *a* ne saurait être bien antérieure à la face *b*.

I, 14

Trèves, nécropole de Saint-Mathias. Trouvée en 1890 dans le cimetière, en préparant des tombes. Conservée autrefois dans la crypte de Saint-Mathias, elle se trouve actuellement dans la bibliothèque du monastère.

F. HETTNER, *Wd. Korr.* 9, 1890, p. 91, n° 49.
KRAUS 131 et *add.* p. [7] (LE BLANT, *N.R.* 370).
CIL XIII, 3813 (RIESE 4285; DIEHL 3080 *adn.*).
GOSE 15
Révisée par N. Gauthier en 1972.

Plaque de marbre blanc mutilée en bas; h. 13; l. actuelle : 15,5; ép. 3,5; lettres : 2 cm. Le fragment de droite semble aujourd'hui perdu.

(avant 1944)

Hic iac*et in p-*
ace Dafi*nis q-*
ui uixit an*n-*
4 [o]s XXVI, ḍ[...]
[...]ṣ[...]

Ci-gît en paix Dafinis qui a vécu 26 ans, ... jours ...

Double réglure finement incisée; léger trait vertical à droite et à gauche du champ épigraphique. Les lettres sont larges, bien régulières, profondément incisées. A à traverse horizontale, P (fin de la l. 1) à panse largement ouverte, T à linteau horizontal. Dans cette écriture sobre, la recherche dont témoignent la barre supérieure du F (très proche du n° 133) et la queue du Q (comme aux nᵒˢ 115, 186 et 225) étonne. Sur le fragment de droite, l. 1, le haut des lettres était presque effacé par l'usure de la pierre. A la fin de la l. 3, on voit suffisamment d'espace blanc pour être sûr qu'il ne manque pas de lettre. Au début de la l. 4, il faut restituer une lettre, puis on distingue l'extrémité supérieure d'un S; à la fin de la ligne, on aperçoit l'extrémité d'une haste. L. 5, on distingue la moitié supérieure d'un S et le haut de deux hastes rapprochées.

L. 1 : sur cette formule, voir *Intr., § 38.*

L. 2 : Dafinis est une forme vulgaire du nom grec *Daphnis (Intr., § 79 et 81)*; on connaît des hommes appelés *Daphnis* (Pape-Benseler, p. 277; *Thesaurus,* s. u. *Daphnis.* col. 40) et la forme féminine est plutôt *Daphne* (seule attestée, par ex., dans le recueil de Diehl si l'on met notre inscription à part). Cependant, sans doute à cause du mythe de la fille de Pénée, ce nom, quelle que soit sa forme, est essentiellement féminin (F. Preisigke, *Namenbuch,* col. 84, signale dans les sources grecques d'Egypte trois *Daphnè* et une *Daphnis,* qui sont toutes des femmes; pour l'Occident, voir *Thesaurus,* s. u.). Aussi serais-je tentée de penser qu'il en est de même ici : la forme *Dafinis* peut s'expliquer aussi par une transposition à la 3ᵉ déclinaison latine *(Intr., § 90*; cf. Calliopis, n° 189) de la forme grecque Δάφνη. Il n'y a pas lieu de s'étonner de trouver le relatif *qui* avec un antécédent féminin *(Intr., § 85).*

L. 5 : les restes de lettres qu'on aperçoit sur la pierre ne semblent pas compatibles avec la restitution de *posuit.* C'est sans doute le nom (peut-être en *-sius)* de la personne qui avait posé l'épitaphe qui se trouvait là.

Rien dans le formulaire, la langue ou la paléographie ne permet d'assigner un siècle plutôt qu'un autre à cette inscription. Le nom grec est peut-être signe de relative antiquité *(Intr., § 142).*

I, 15

Trèves, nécropole de Saint-Mathias. Trouvée en 1884 dans le cimetière. Conservée au *Rheinisches Landesmuseum.*

F. HETTNER, *Wd. Zeitschr.* 4, 1885, p. 218.
KRAUS 124 (LE BLANT, *N. R.* 364) et *Amer. Journal of Archaeol.* 2, 1886, p. 427. n° 3.
F. HETTNER, *Röm. Steindenkmäler,* n° 363.
CIL XIII, 3814 (RIESE 2481; DIEHL 703 *adn.).*
GOSE 16.
Révisée par N. Gauthier en 1968.

Plaque de marbre blanc, trouvée mutilée à gauche sans que l'inscription elle-même en souffre; la partie gauche du texte a, à son tour, disparu pendant le bombardement de 1944; h. 14; l. 26 (au moment de la trouvaille); ép. 1,8; lettres : 2 cm.

(avant 1944)

*Dam*asius num(...arius)
hic bene qui-
*esc*et in p(ace).

Le num...arius Damasius ici repose bien en paix.

La paléographie rattache cette épitaphe aux inscriptions sorties de l'atelier I de Saint-Mathias (*Intr.*, § 15-18). Les abréviations *num.* (l. 1) et *in p.* (l. 3) sont suivies d'un point; le P de la deuxième est en outre surmonté d'un tilde. Notons en passant que c'est le seul cas, avec le n° 111, où la formule *in pace* soit abrégée. Le vulgarisme *quiescet* est de règle à Saint-Mathias I (*Intr.*, § 17).

L. 1 : le nom *Damasius* n'est pas très courant mais A. Ferrua (*Akten*, p. 294) estime, quoique le seul exemple cité par le *Thesaurus* soit du XIe siècle, que cette forme était, dès le IVe, utilisée dans la langue parlée, avec valeur équivalente, concurremment à la forme *Damasus*, illustrée en Occident par le pape aux célèbres inscriptions métriques. On peut aussi songer à un dérivé en *-ius* de *Damasus* (sur la vogue de ce suffixe, voir *Intr.*, § 124). F. Preisigke (*Namenbuch*, col. 83) signale 2 ou 3 exemples de *Damasios* dans les sources grecques d'Egypte.

L'abréviation qui termine la l. 1 a été diversement interprétée. Kraus et Hettner suggèrent : *num(ine)* = *nomine*. Le Blant, Hirschfeld dans le *Corpus*, Diehl et Gose proposent *num(erarius)*. Enfin Riese et Rau (dans l'article *Treveri* du P. W. VI A, 2, col. 2351) préfèrent compléter *num(mularius)*. Nous pouvons écarter la première hypothèse : *nomine* est rare (n°s 97, 147, 219, 220) et apparemment tardif à Trèves et l'adjonction de ce mot, ici complètement inutile, n'est pas dans la manière sobre de Saint-Mathias I. Par contre, la profession est mentionnée sur plusieurs pierres issues de cet atelier (*Intr.*, § 18); il en est certainement de même ici. Reste à choisir entre *num(erarius)* et *num(mularius)*. Ces deux fonctionnaires, le premier comptable pouvant être rattaché à divers services (W. Ensselin, P. W. XVII, 2, s. u.), le second changeur ou contrôleur des monnaies (R. Herzog, P. W. XVII, 2, s. u.) sont bien connus par ailleurs. En principe, *NVM* est l'abréviation de *numerarius*, celle de *nummularius* étant *NVMM* ou *NVMMVL* (R. Cagnat, *Cours d'épigraphie latine*, 4e éd., Paris, 1914, p. 136). Mais, lorsque toute autre précision fait défaut, il est difficile de savoir si cette distinction a été respectée. Notons qu'à Trèves, l'épigraphie nous apprend l'existence d'un *numularius s(acrae) m(onetae) Au[g(usti)] n(ostri)* (CIL XIII, 11 311). Il y avait sûrement aussi, au moins au IVe siècle, des *numerarii*.

L. 2 : cette formule apparaît aussi au n° 4.

Tout indique que cette pierre fait partie du groupe le plus ancien des inscriptions chrétiennes de Trèves; elle remonte vraisemblablement au IVe siècle.

I, 16

Trèves, nécropole de Saint-Mathias. *In perveteri coemeterio S. Eucharii, nunc S. Matthiae* (Brower 1626). Perdue.

K. BROWER, *Annal. Trevir.* (1670) I, p. 62 (cette inscription, absente du manuscrit original, apparaît dans l'édition de 1626).
(A. WILTHEIM, *Luciliburgensia*, p. 145, fig. 76 [KRAUS 76]; LE BLANT 245 [DACL XV, 2, s. u. *Trèves*, col. 2743, n° 27]; Ph. DIEL, *St-Matthiaskirche* (1881), p. 176, n° 26; CIL XIII, 3817 [RIESE 4290; DIEHL 3055].)

DOXATES HIC SEPVLTVS
IACET QVI VIXIT PLVS MINVS
ANNIS XXV. IN PACE.

Doxates hic sepultus
iacet qui uixit plus minus
annis XXV; in pace !
colombe   chrisme   colombe

(*Annal. Trevir.*, p. 62)

Doxates, ici enseveli, repose, lui qui a vécu environ 25 ans; en paix !

A propos de cette inscription, Wiltheim note : *legêre Browerus et Lindenius*, par opposition avec la suivante, qu'il a lue lui-même. Il ne l'a donc pas vue. Son texte est d'ailleurs identique à celui de Brower. Quant à Lindenius, je n'ai pas trouvé trace d'un érudit de ce nom.

L'épitaphe semble avoir comporté le complément de durée à l'ablatif, exceptionnel à Trèves (*Intr.*, § 89).
L. 1 : je ne connais pas d'autre exemple du nom de *Doxates*, dont l'origine grecque est évidente. Faut-il y voir l'équivalent de δοξαστός, qu'on trouve dans la Septante (*Dt.* 26, 19) avec le sens de « glorifié » ? Cela supposerait que le lapicide ou, plus vraisemblablement (voir *Intr.*, § 149), le premier éditeur de Brower a oublié un S.

Il n'existe pas d'autre exemple à Trèves du verbe *sepellire*. On retrouve à Aix (Le Blant 624) et à Rome (Diehl 3054 = *Nuovo Bull. Arch. Crist.* 1904, p. 107, 67) la juxtaposition quelque peu pléonastique de *hic iacet* et de *sepultus*.

L. 2-3 : l'âge est donné de façon approximative. Notons l'absence de l'habituelle mention des dédicants (*Intr.*, § 40).   . . . .

L'expression *plus minus* interdit de faire remonter cette épitaphe au delà des dernières décades du IVe siècle (*Intr.*, § 39). L'inscription romaine au formulaire comparable citée plus haut (Diehl 3054 : *hic iacet innocens Iuliana sepulta, q. uix. m. X, d. X*) porte des colombes et une croix monogrammatique, qui n'apparaissent plus guère à Rome après le Ve siècle. A. Ferrua (*Akten*, p. 285) estime que le nom Doxates indique une origine étrangère qui implique une date antérieure à la fin de la *ciuitas romana*. En conclusion, je proposerai, comme fourchette à peu près certaine, 370-500 et, comme fourchette probable, 390-450.

I, 17

Trèves, nécropole de Saint-Mathias. Trouvée en 1886 dans le cimetière, au cours des fouilles effectuées sur le côté nord de l'église. Conservée autrefois dans la crypte de Saint-Mathias, elle se trouve aujourd'hui dans le grenier du monastère.

KRAUS 117, 100 (LE BLANT, *N.R.* 358).
GOSE 93.
Révisée par N. Gauthier en 1972.

Fragment de plaque en marbre blanc; h. 9,4; l. 15; ép. 3; lettres : 2,7-2,9 cm. Bord primitif conservé en haut.

[Hi]ç quies[cit in]
[pa]çe Elbe q[ui/ae]
[uix]ṣeṭ [an...]

Si mutilé que soit ce petit fragment, il semble qu'on puisse y reconnaître le formulaire si caractéristique de Trèves. Au début de la l. 1 subsistent les extrémités du C; à la fin de la même ligne, un petit fragment de courbe qui peut appartenir à un autre C. Au début de la l. 2, l'extrémité supérieure d'un C semblable à celui de la l. 1; à la fin, une courbe qui est celle d'un Q cursif du type de ceux des nᵒˢ 13 a, 17, 81, 134, 141, etc. (on aperçoit au centre de la lettre l'extrémité de la courbe). Enfin, l. 3, Kraus a lu Sᵀᵀᴬᵀ et Gose : XS ET ME. L'extrémité de lettre qu'on aperçoit à gauche doit en effet appartenir au X identifié par Gose, mais la lettre suivante est la moitié supérieure d'un S, puis viennent les lettres E et T, coupées elles aussi en leur milieu, enfin la partie supérieure de 2 lettres qui peuvent être le A et le N de *annos* (pour le double vulgarisme *uixset*, voir *Intr.*, § 76 et 49).

La place disponible, l. 2, permet seulement de restituer *qui* ou *quae;* le nom est par conséquent *Elbe* et non *Elbec...* (Kraus). Ce nom n'évoque rien de connu; Kraus le rapproche de noms francs comme *Elberich* ou *Elbold*. La forme des E (étroits avec une haste dépassant les barres) confirme la date tardive (VIIᵉ-VIIIᵉ) que suggère cette hypothèse.

I, 18

Trèves, nécropole de Saint-Mathias. Trouvée en 1827 dans le cimetière (*Intr.*, § 4), encastrée dans le couvercle d'un sarcophage. A l'intérieur de la tombe, on a trouvé, selon Wyttenbach, une monnaie de Maxime (383-388) et un stylet. Conservée au *Rheinisches Landesmuseum*.

J. H. WYTTENBACH, *Neue Beiträge* (1833), p. 23, n° XI.
L. LERSCH, *Centralmus.* (1842), 3, n° 72.
LE BLANT 247 et *add.* t. II, p. 606 (DACL XV, 2, s. u. *Trèves*, col. 2744, n° 29).
Ph. DIEL, *St-Matthiaskirche* (1881), p. 170, n° 6.
KRAUS 83 et *add.* (de HETTNER), p. [3].
F. HETTNER, *Röm. Steindenkmäler*, n° 328.
CIL XIII, 3820 (RIESE 4292; DIEHL 3585).
GOSE 17.
E. FOERSTER, *Frühchristl. Zeugnisse*, p. 25, n° 11.
Révisée par N. Gauthier en 1967.

Plaque de marbre blanc en plusieurs fragments; h. 20; l. 30; ép. 3,5; lettres : 2,5 cm.

Hic iacet in pace Escupilio
qui uixit anno et me(nses) X
et dies XVII; mater et pat(e)r
4   titul(u)m pusuerunt.
*colombe   croix monogr.   colombe
dans un cercle*

Ci-gît en paix Escupilio qui a vécu un an, 10 mois et 17 jours; sa mère et son père ont posé cette épitaphe.

L'écriture, bien lisible, surprend par les graisses inégales des caractères (cf. notamment, l. 4, la base du L et, l. 5, les hastes du M qui s'amincissent en leur milieu). La double réglure est à peine incisée. Les mots sont séparés par des points triangulaires; il n'y a guère qu'aux n°ˢ 9, 31 et 70 que les points, à Trèves, remplissent cette fonction. A à traverse brisée, E très étroits, L à angle obtus, M à hastes obliques, Q cursif. Il est difficile de voir si l'ébauche de trait qui ferait un R du P d'*Escupilio* est purement accidentelle ou si c'est le signe d'une erreur du lapicide qui se serait arrêté à temps. La forme des lettres varie sensiblement d'une ligne à l'autre (cf. M, l. 2 et 3, les 2 R de la l. 3, P aux l. 1, 3 et 4). Il n'y a pas de ligature.

La décoration est une variation sur les thèmes du chrisme et de la colombe, si communs à Trèves (*Intr.*, § 43). Ici, la croix monogrammatique est inscrite dans un cercle. Surtout, le P est devenu un R latin, selon un usage qui s'est répandu au vᵉ siècle (voir Le Blant 412, épitaphe d'une femme baptisée par Saint-Martin). Les colombes, aux ailes très schématiques, tiennent un rameau dans leur bec.

La langue est particulièrement incorrecte. *Escupilio* est un vulgarisme pour *Scupilio* (la langue familière ajoute volontiers une voyelle devant S + cons.); *anno* est mis pour *annum* (*Intr.*, § 89); le contrépel *pusuerunt* pour *posuerunt* (*Intr.*, § 54) n'est pas autrement attesté en épigraphie chrétienne. Il est difficile de savoir si les formes *patr* (l. 3) et *titulm* (l. 4) sont des abréviations ou des vulgarismes; l'un et l'autre peut-être, car la chute de la voyelle est parfois accompagnée d'un tilde abréviatif, sinon à Trèves (n°ˢ 123, 153, 157), du moins ailleurs (Le Blant 474 A, à La Mure) : voir *Intr.*, § 62.

L. 1 : la formule *hic iacet in pace* est fréquente (*Intr.*, § 38). En ce qui concerne le nom du défunt, Wyttenbach avait lu ESCUPI (il devait encore manquer un fragment retrouvé par la suite), Lersch lisait ESCURILIS, Le Blant ESCURILIO (tout en reconnaissant que le véritable nom devait être *Scupilio*). Quel que soit le parti que l'on adopte sur la lecture P ou R, il est évident qu'il faut reconnaître le nom *Scupilio,* qui est largement attesté, même si son origine est obscure, plutôt qu'un hypothétique *Scurilio,* dérivé de *sciurus/scurius,* « l'écureuil », comme le veut J. Pirson (*La Langue des inscr. de Gaule,* p. 220). On trouve le même nom à Briord en 487 (Le Blant 379); il fut aussi porté par un prêtre au VIe s. (C. de Clercq, *Concilia Galliae, II,* p. 145, 94), par deux évêques gaulois du VIIe siècle (L. Duchesne, *Fastes épiscopaux, II,* p. 95 et 448), etc. Les hésitations conçues par Le Blant lorsqu'il rencontra un *Schorilio* dans le Sud-Ouest (Le Blant 581 P, n. 2 : ce nom « semble permettre d'accepter la forme *Escurilio,* que nous avons vue à Trèves, et qui aurait existé parallèlement à celles de *Scupilio* et *Escupilio* ») ne me paraissent pas fondées solidement avec ce seul cas, d'autant plus que *Schorilio* « a été lu par M. le curé de Neuvicq sur une tombe qui a été détruite » et que Le Blant, ordinairement plein d'indulgence, ajoute que certaines copies lui « paraissent faites un peu rapidement ».

L. 2-4 : on aime, à Trèves, donner l'âge avec précision (*Intr.*, § 39).

L. 4-5 : sur cette formule, voir *Intr.,* § 40.

Le nom, la forme du chrisme, la langue interdisent de faire remonter cette épitaphe au delà de la fin du Ve siècle. Peut-être est-elle même beaucoup plus tardive.

I, 19

Trèves, nécropole de Saint-Mathias. Déjà perdue au XVIIᵉ siècle (voir ci-dessous).

K. BROWER, *Annal. Trevir.* (1670) I, p. 297 (ces vers, absents du manuscrit original, apparaissent dans l'édition de 1626).
   (A. WILTHEIM, *Annales D. Maximini* [ms. *Stadtbibliothek Trier* 4° 1621/99, p. 363];
   LE BLANT 242 [DACL XV, 2, s. u. *Trèves*, col. 2743, nº 24];
   Ph. DIEL, *St-Matthiaskirche* (1881), p. 80;
   KRAUS 77 et *Nachtr.*, t. II, p. 339 [BUECHELER 1427; DIEHL 2025];
   Th. K. KEMPF, *Frühchristl. Zeugnisse*, p. 218.)

QUAM BENE CONCORDES DI-
VINA POTENTIA JUNGIT
MEMBRA SACERDOTUM, QUÆ
ORNAT LOCUS ISTE DUORUM.
EUCHARIUM LOQUITUR ✶ VA-
LERIUMQUE SIMUL.
SEDEM VICTURIS GAUDENS
COMPONERE MEMBRIS
FRATRIBUS HOC SANCTIS PO-
NENS ALTARE CYRILLUS
CORPORIS HOSPITIUM SANCTUS
METATOR ADORNAT.

(*Annal. Trevir.*, p. 297)

Quam bene concordes diuina potentia iungit !
Membra sacerdotum, quae ornat, locus iste duorum,
Eucharium loquitur Valeriumque simul.
4   Sedem uicturis gaudens componere membris,
Fratribus hoc sanctis ponens altare, Cyrillus
Corporis hospitium, sanctus metator, adornat.

La divine puissance unit ceux qui si bien s'accordent ! Ce lieu nomme ensemble les corps des deux évêques, Eucharius et Valerius, dont il chante la gloire. Plein de joie d'offrir une demeure à ces corps à la résurrection promis, Cyrillus, élevant cet autel à ses saints frères, apprête, pieux fourrier, le cantonnement (destiné à) son corps.

La disposition du texte dans l'édition de Brower n'a aucune chance de reproduire l'original. Elle ne figure d'ailleurs pas dans la partie épigraphique de l'ouvrage et l'éditeur de Brower ne prétend pas l'avoir vue *in situ;* à propos de l'épiscopat de Cyrille et de la reconstruction par celui-ci d'un oratoire à Saint-Euchaire où il aurait transféré les reliques de celui-ci, de Valerius et de Maternus, il a inséré cette addition : *Incidi in perantiquos versus, queis veteris Basilicae et à Cyrillo reparatae monumenta fuisse illustrata, interpretor; ii, ne intercidant, prorsùs hâc sunt Annalium memoriâ sepiendi vel asservandi,* puis viennent les vers ci-dessus. Cinquante ans plus tard, Wiltheim considère l'inscription comme perdue : *carmen vetus,* dit-il, *tumulo ejus* (= de Cyrille) *olim superscriptum.* L'un comme l'autre, par conséquent, donnent la provenance de seconde main. Il ne fait cependant aucun doute que la pierre se trouvait bien à Saint-Mathias, où une tradition unanime place les tombes des premiers évêques : Grégoire de Tours (*Vitae Patrum*, XVII, 4) atteste que l'actuel cimetière Saint-Mathias s'enorgueillissait de posséder les restes d'Eucharius; une *Vie de saint Maximin*, rédigée dans la deuxième moitié du VIIIe siècle, place les corps des évêques Eucharius, Valerius et Maternus dans une église située *ex altera parte ciuitatis* — par rapport à Saint-Maximin — (*AA. SS. Maii*, VII, p. 22); enfin les *Gesta Trevirorum* (XIIe siècle) signalent au cimetière Saint-Mathias une chapelle dédiée à Saint-Euchaire; il en existait encore une, semble-t-il, à la fin du XVIIe siècle (Le Blant 242).

Cette inscription est composée de cinq hexamètres et d'un pentamètre (vers 3) :

Quām běně concordēs diuīnā potēntiă iūngĭt !

Mēmbră săcērdōtum, quae ōrnāt, lŏcŭs īstĕ dŭōrŭm,

Eūchărĭum lŏquĭtŭr (sic) Vālĕrĭūmquĕ sĭmŭl.

Sēdēm uictūrīs gaūdēns cōmpōnĕrĕ mēmbrīs,

Frātrĭbŭs hōc sānctīs pōnēns āltārĕ, (sic) Cўrīllŭs

Cōrpŏrĭs hōspĭtĭūm, sānctŭs mētātŏr, ădōrnăt.

Les vers sont presque tous corrects : l'auteur s'est seulement trompé sur la quantité des noms propres (il a fait une longue de la première syllabe de *Valerius* et une brève de la première syllabe de *Cyrillus*).

Le texte célèbre les travaux effectués en l'honneur de la tombe des évêques Eucharius et Valerius par Cyrillus, leur frère dans l'épiscopat.

L. 1 : en épigraphie, le mot *concordes* s'applique généralement à la bonne entente entre mari et femme, quelquefois entre amis ou entre parents. Il ne semble pas, pourtant, qu'on puisse conclure de ce vers qu'Eucharius et Valerius avaient laissé le souvenir d'une amicale collaboration du vivant du premier. Il faut sans doute l'interpréter dans un sens très vague (cf. Diehl 2822 : *in pace et concordia decessit*) : les deux évêques s'accordent dans leur piété et leur charité.

L. 2 : membra est le mot poétique pour désigner le corps ou les reliques que commémore l'inscription. *Sacerdos* désigne normalement des évêques, comme c'est le cas ici (voir le commentaire de M. H. Soulet à Le Blant, *N. R.* 6); le mot apparaît aussi au n° 230.

L'antécédent de *quae* est *membra*, le sujet d'*ornat*, *locus*. *Ornare* ne signifie pas seulement « orner », mais aussi « honorer, célébrer ». Sur *locus*, rare en Gaule, voir n° 198.

L. 3 : Eucharius et Valerius sont les deux premiers évêques de Trèves. Leurs noms sont conservés en tête de la plus ancienne liste d'évêques trévires, qui nous est connue par un manuscrit du Xe siècle (L. Duchesne, *Fastes épiscopaux*, III, p. 32). Les documents, estime Duchesne, vérifient assez souvent ce catalogue primitif, à partir du IVe s., pour que nous soyons autorisés à nous y fier. Le premier évêque pour lequel nous ayons un point de repère chronologique est le quatrième de la liste, Agricius, qui signa au synode d'Arles en 314. Les deux premiers évêques sont donc antérieurs à la Paix de l'Eglise et remontent à la fin du IIIe siècle.

L. 4 : uicturis membris exprime en deux mots l'idée essentielle du *carmen* d'Auspicius (n° 106)

L. 5 : Cyrillus est le treizième évêque de la liste épiscopale. On le fait généralement mourir en 458, sur la foi d'une affirmation sans preuve de la *Gallia Christiana* (t. XIII, p. 378). En réalité, on sait seulement que son prédécesseur Seuerus était disciple de Loup de Troyes et qu'il a effectué avec celui-ci un voyage dans l'île de Bretagne vers 447 (cf. Duchesne, *op. cit.,* p. 36). Par ailleurs, son successeur Iamlychus est cité dans une lettre d'Auspicius de Toul écrite vers 460 (*M. G. H., Ep. merow. et karol. aeui,* I, p. 135). Cyrille a donc été évêque vers le milieu du ve siècle.

Cela signifie qu'un bon siècle et demi sépare la mort d'Eucharius et de Valerius des travaux effectués par Cyrillus. Où se trouvaient primitivement leurs corps et comment se présentaient leurs tombes ? Notre texte est fort peu explicite. Faut-il comprendre les vers 4 et 5 comme une allusion à une translation qui auraient réuni les deux corps ? Ou bien s'agit-il seulement de travaux de réfection et d'embellissement dans le genre de ceux que le pape Damase avait effectués dans les catacombes ? Les *Gesta Trevirorum* (mais que vaut leur témoignage, postérieur de sept siècles à l'événement ?) croient savoir que les corps ont été légèrement déplacés : *cellam S. Eucharii incensam et desertam reparauit, monasterium non longe a priori loco constituit et illuc corpora sanctorum Eucharii et successorum eius transtulit, iuxta quos et ipse recuiescit* (*M.G.H., SS.* VIII, p. 158).

L. 6 : il faut comprendre que Cyrille, à côté de ces vénérables reliques, s'est préparé une tombe pour son propre corps. Ce dernier vers reproduit presque mot pour mot un passage d'une inscription de Reims (Le Blant 335)), postérieure à 367 — 370/375 ? — (L. Piétri, *Rev. du Nord* 52, 1970, p. 452), dont le vers précédent s'inspirait déjà. On a seulement changé *laetus* en *sanctus.* Cela ne signifie pas, comme l'ont pensé Le Blant et, après lui, la plupart des commentateurs, que l'inscription — ou cette partie de l'inscription — soit postérieure à la mort de Cyrillus car le mot *sanctus* s'emploie couramment dans la correspondance pour s'adresser à des évêques ou même à des prêtres, moines ou religieuses. Comme le note A. Ferrua (*Akten,* p. 303), qui renvoie à ses *Epigramm. Damasiana,* p. 122, n° 16 *adn.,* le mot s'explique par les usages du temps et le présent *adornat* ne peut pas s'entendre d'une personne déjà décédée depuis longtemps. En substituant *sanctus* à *laetus,* Cyrille aura plutôt voulu marquer qu'il était, lui aussi, évêque comme ses « frères » (l. 5) Eucharius et Valerius, contrairement à l'auteur du *titulus* de Reims, grand personnage mais laïc.

Les mots *hospitium* et *metator* se répondent subtilement. Le mot *metator,* extrêmement rare, désigne soit celui qui trace les limites d'un domaine, soit — et c'est le cas ici — celui qui prépare le cantonnement d'une armée. *Hospitium* est le terme technique pour désigner ce cantonnement. Il fait ici jeu de mot puisque les *carmina* funéraires l'emploient aussi pour désigner la tombe (Bücheler 460 et 856).

Il ne semble pas qu'on puisse contester l'authenticité de ce *carmen* qui présente toutes les caractéristiques de vocabulaire ampoulé et de pensée alambiquée propres à l'antiquité tardive. En outre, un faussaire n'aurait pas manqué de joindre aux noms d'Eucharius et de Valerius celui de Maternus, troisième évêque de Trèves, qui est constamment associé aux deux précédents à partir du viiie siècle (cf. le passage de la *Vita Maximini* cité plus haut, *AA. SS. Maii,* VII, p. 22).

Cette inscription est un document historique de grande valeur à plusieurs titres :

— Elle confirme le catalogue épiscopal en ce qui concerne l'existence des évêques Eucharius, Valerius et Cyrillus.

— Elle est le plus ancien document attestant le culte des premiers évêques de Trèves (la nécropole portera le nom de Saint-Euchaire jusqu'à l'invention des reliques de saint Mathias). L'absence du nom de Maternus est significative : les Trévires, à partir du viiie siècle (*Vita Maximini* 6, *AA. SS. Maii VII,* p. 22 E), ont revendiqué comme leur cet évêque de Cologne attesté en 313-314 et ils ont prétendu en posséder la tombe, à côté de celles d'Eucharius et Valerius (*Vita Eucharii, Valerii et Materni* — milieu xe s. —, 24, *A A. SS. Ian.* II, p. 922 : [à la mort de Maternus] *eius corpus non longe a reliquiis SS. Eucharii et Valerii honorabiliter posuerunt*). On voit que Cyrillus, au milieu du ve siècle, ne paraît pas connaître cette tradition : sinon il n'aurait sans doute pas manqué, comme on le fera constamment plus tard, d'associer Maternus à la piété qu'il manifeste à l'égard d'Eucharius et de Valerius.

— Elle est, de loin, le premier témoignage épigraphique sur l'inhumation *ad sanctos* à Trèves (cf. n° 170).

— Sa date est connue avec une précision suffisante pour en faire un des très rares repères chronologiques de l'épigraphie chrétienne dans la région. Elle permet de constater que les malheurs de Trèves dans la première moitié du ve siècle (Salvien, *De gubernatione Dei* VI, 13 et 15, *M.G.H., A.A.* I, p. 79 et 81) ne l'ont pas coupée du reste de la *Romania,* puisque Cyrillus peut avoir recours à une inscription de Reims pour suppléer aux défaillances de son inspiration poétique. La population romaine, comme Salvien, d'ailleurs, en témoigne aussi, considère ces invasions comme une catastrophe passagère et garde confiance en un retour à la vie qu'elle a connue au siècle précédent puisqu'on restaure ou embellit même un monument *extra muros,* donc particulièrement exposé en cas d'un nouveau raid barbare. Aucune décadence culturelle n'est encore sensible : on sait toujours manier le mètre et, par l'inspiration aussi bien que par la forme, ce morceau est tout à fait comparable aux célèbres inscriptions damasiennes.

I, 20

Trèves, nécropole de Saint-Mathias. Trouvée en 1877 au sud-est de l'église, en construisant la voie de chemin de fer (Hettner). Conservée au *Rheinisches Landesmuseum*.

BONE, *Trierische Zeitung,* 19 janv. 1877, n° 16, p. 3.
F. X. KRAUS, citant HETTNER, *Bonn. Jahrb.* 61, 1877, p. 87, n. 1.
Ph. DIEL, *St-Matthiaskirche* (1881), p. 180, n° 33.
KRAUS 105 (LE BLANT, *N. R.* 341 = 36 [DACL XV, 2, s. u. *Trèves,* col. 2757, n° 93]).
F. HETTNER, *Röm. Steindenkmäler,* n° 352.
CIL XIII, 3823 (RIESE 4297; DIEHL 1370).
GOSE 18.
E. FOERSTER, *Frühchristl. Zeugnisse,* p. 25, n° 12.
Révisée par N. Gauthier en 1967.

Plaque de marbre blanc, ocré en surface, à gros grain, mutilée de tous côtés, sauf en haut; h. 36; l. 60; ép. 3; lettres : 1,7-2,7 cm.

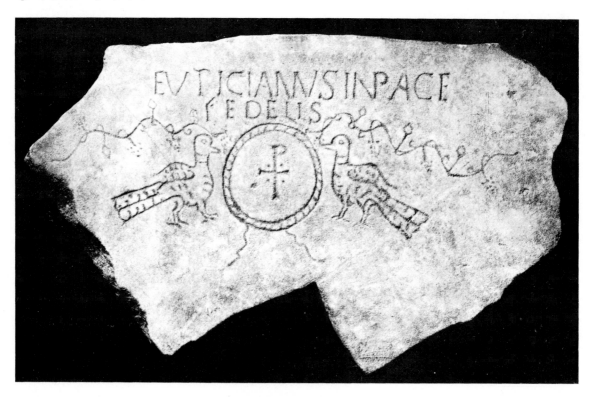

Euticianus in pace
fedelis
pampre   croix monogr.   pampre
colombe   dans une couronne   colombe

Euticianus en paix, fidèle.

Au point de vue paléographique, cette pierre se rattache aux productions de l'atelier I de Saint-Mathias (*Intr.,* § 15-16). Mais elle s'en éloigne par la disposition générale, le motif décoratif et le formulaire, qui n'ont pas de parallèles à Trèves. En effet, l'épitaphe est exceptionnellement brève, la représentation figurée exceptionnellement développée en comparaison; enfin, malgré l'état de mutilation de la pierre, il est visible que la partie de la pierre laissée en blanc est bien supérieure à ce que l'on observe habituellement en épigraphie chrétienne.

La vigne est un motif courant dans l'iconographie chrétienne (*Intr.,* § 44), mais les représentations qu'on en trouve à Trèves sont tout à fait différentes de celle-ci. Les colombes becquètent chacune une des grappes figurées par de petits points disposés en triangles. La couronne qui entoure la croix monogrammatique ne se réduit pas, comme souvent, à un simple cercle, mais elle a une épaisseur et se termine par des bandelettes, comme aux n°s 99 et 106. Les quatre points entre les branches de la croix monogrammatique n'apparaissent pas ailleurs à Trèves. Tout cet ensemble est remarquablement léger et gracieux.

L. 1 : *Euticianius* est la transcription « vulgaire » du nom grec *Eutychianos,* très répandu, par exemple, dans les sources grecques d'Egypte (Preisigke, *Namenbuch,* col. 115); *Euticianus* est la forme normale en épigraphie chrétienne latine (cf. Diehl III, p. 57, s. u.) : *Intr.,* § 61 et 81.

L. 1-2 : la forme *fedelis* pour *fidelis* fait partie de la catégorie des vulgarismes les plus répandus à Trèves (*Intr.,* § 49). Le « fidèle », dans la terminologie chrétienne, c'est le chrétien baptisé (voir n° 138). Si cette formulation concise, sans verbe, n'a pas d'équivalent dans notre matériel, on peut observer que *fidelis* et *in pace* se complètent souvent (n°s 137, 138, 140, 145, 162, 200, 204, etc.).

La brièveté et l'originalité du formulaire, l'écriture et le dessin des colombes qui rattachent cette inscription à la série issue de Saint-Mathias I, le dessin des pampres de vigne qui suggère une influence méridionale, tout cela incite à proposer pour cette inscription une datation haute, sans doute le IVe siècle.

I, 21

Trèves, nécropole de Saint-Mathias. Trouvée en 1964/5 dans la nef centrale de l'église, à 20 m du mur ouest; l'inscription était tournée vers le bas, sans trace d'inhumation (comme le n° 37). Conservée au *Rheinisches Landesmuseum*.

E. GOSE, *Trier. Zeitschr.* 28, 1965, p. 69-70, n° 1.
E. FOERSTER, *Frühchristl. Zeugnisse*, p. 33, n° 23.
Révisée par N. Gauthier en 1967.

Plaque de marbre blanc; h. 29.8; l. 30,2; ép. 2,5; lettres : 2,7-1,6 cm.

Hic quiescit in pace
Fedola qui uixxit an-
nus LXXV, sub die IIII kal(endas)
4 macias, cuius flius et
flia tetulum posue⟨r⟩u-
n-   -t.
colombe   croix latine   colombe

Ici repose en paix Fedola qui a vécu 75 ans, (est morte) le 4ᵉ jour des kalendes de mai (28 avril), dont le fils et la fille ont posé l'épitaphe.

Le lapicide a visiblement fait de grands efforts pour que son inscription soit belle : les lignes, bien espacées, courent entre deux traits directeurs finement incisés; les lettres sont gravées profondément; les colombes sont dessinées avec art; mais quelle décadence paléographique ! Malgré la réglure, les lettres ont les tailles les plus variées, elles sont tassées les unes contre les autres jusqu'à se toucher. Le Q, tracé en deux traits, est tellement ouvert qu'on le prendrait pour un C (l. 2) si le C lui-même ne l'était encore davantage. Les O, les C, les Q sont sensiblement plus petits que les autres lettres. Le A de *kal(endas)*, l. 3, n'est pas barré (cela se produit aussi aux nᵒˢ 1, 5, 106, 154, 157, 164, 170); les barres du F se coupent au sommet de la haste (cf. nᵒˢ 1, 2, 54, 63, 91, 101, 140). Il y a une ligature MP à la ligne 5. Un peu plus loin, le lapicide a oublié d'inciser le trait oblique du R de *posuerunt*.

Entre les deux colombes, le monogramme, de règle à Trèves (*Intr.*, § 43), est ici remplacé par une grande croix latine. Ce motif ne se retrouve que sur l'épitaphe de Valentinus (n° 63) qui, par son caractère « appliqué » contrastant avec une visible décadence paléographique, par le *ductus* de certaines de ses lettres (F notamment), n'est pas sans rappeler quelque peu notre inscription.

La langue est très corrompue : *Fedola* pour *Fedula* (*Intr.*, § 51), *qui* pour *quae* (*Intr.*, § 85), *uixxit* pour *uixit* (*Intr.*, § 75-76), *annus* pour *annos* (*Intr.*, § 52), *macias* pour *maias* (*Intr.*, § 68), *flius* et *flia* pour *filius/a* (*Intr.*, § 62), *tetulum* pour *titulum* (*Intr.*, § 49).

L. 1 : *hic quiescit in pace* est une des formules initiales les plus répandues à Trèves (*Intr.*, § 38).

L. 2 : le nom *Fedola* apparaît sous la forme plus commune *Fedula* au n° 125. Ce *cognomen* vient de *foedulus* (voir *Intr.*, § 113) et n'a rien à voir, contrairement à ce que dit Förster, avec *fides*, « la foi ».

L. 3 : cette date, qui survient de façon inattendue, sans être introduite par aucun mot, ne peut être que celle de la mort ou de l'inhumation, rarement mentionnées à Trèves (*Intr.*, § 41). Au n° 72 aussi, une date, mentionnée à la fin de l'épitaphe, n'est précédée d'aucun mot tel que *depositio* ou *recessit*. Le 4ᵉ jour avant les kalendes de mai est le 28 avril et non le 26 (Förster, Gose).

L. 4 : la mention des dédicants constitue d'abord à Trèves une proposition indépendante (*Intr.*, § 40); puis on eut tendance à la relier au reste de l'épitaphe par le datif *cui* (n° 76); le génitif *cuius* doit marquer le dernier stade car on ne le trouve qu'ici et sur l'inscription franque de *Modoaldus* (n° 147), dont le caractère extrêmement tardif est évident.

L. 6 : les deux dernières lettres de *posuerunt* sont gravées aux deux extrémités de la ligne, de part et d'autre du motif décoratif, selon un usage dont nous avons bien d'autres exemples (ainsi, nᵒˢ 13 *b*, 36, 50), quoiqu'ils soient généralement plus esthétiques.

Le plus ancien exemple daté d'une croix entre deux colombes qui soit signalé par Le Blant est une épitaphe de 448 à Lyon (Le Blant 68). C'est un *terminus post quem* mais tout indique que l'inscription de Fedola est beaucoup plus tardive : l'écriture, des formes aussi aberrantes que *flius/flia,* l'introduction de *cuius* à la l. 4, la mention de la date, si rare à Trèves, et sous cette forme. Gose la date de la fin du Vᵉ ou du début du VIᵉ siècle. Je pense qu'elle pourrait tout aussi bien être plus tardive d'un siècle ou deux.

I, 22

Trèves, nécropole de Saint-Mathias. Trouvée en 1879 dans le cimetière. Conservée au *Rheinisches Landesmuseum*.

F. HETTNER, *Bonn. Jahrb.* 69, 1881, p. 22, n° 3.
Ph. DIEL, *St-Matthiaskirche* (1881), p. 181, n° 37.
KRAUS 126 (LE BLANT, *N. R.* 37 = 365).
F. HETTNER, *Röm. Steindenkmäler*, n° 354.
CIL XIII, 3834 (RIESE 4304).
GOSE 22.
Révisée par N. Gauthier en 1968.

Partie droite d'une plaque en marbre; h. 27; l. 20; ép. 2,7; lettres : 2,5-3 cm. (Un fragm. en bas perdu en 1944.)

(avant 1944)

[Hic quiescit in] pace Gau-
[d... qui/ae ui]xit an(nos) LV;
[... coni]ux *ti*tu-
4   [lum posuit].

Il est facile de compléter cette épitaphe en restituant les formules en usage à Trèves (*Intr.,* § 38-40). On voit ainsi qu'on a perdu environ les 2/3 de la pierre.

Cette inscription est parfaitement lisible, mais moins élégante que la plupart des pierres de Saint-Mathias : les lignes sont sinueuses, le tracé des lettres moins sûr. La boucle du P est ouverte; le *ductus* du A se retrouve au n° 108. A la l. 2, on distingue l'extrémité du X; après le T, les lettres sont séparées par des signes de ponctuation; les deux lettres de *an(nos)* sont surmontées de deux tildes abréviatifs distincts, comme au n° 200 (et aussi, mais sans point entre les 2 lettres, aux n°s 31, 81 et 131).

Le nom du défunt ou de la défunte était un des nombreux *cognomina* forgés à partir du verbe *gaudere* (cf. I. Kajanto, *Lat. Cogn.,* p. 260), par exemple *Gaudentius/a* comme au n° 131. A la l. 3 manque le nom de son mari ou de sa femme. La fin de *titulum posuit* constituait une quatrième ligne, dans la partie disparue de la pierre.

I, 23

Trèves, nécropole Saint-Mathias. Trouvée en 1886 dans le cimetière, au cours des fouilles effectuées sur le côté nord de l'église. Conservée au *Rheinisches Landesmuseum*.

KRAUS 117, 65 (LE BLANT, *N. R.* 356).
CIL XIII, 3837 (RIESE 4307).
GOSE 24.
Révisée par N. Gautier en 1968.

Fragment de plaque de marbre dont le bord primitif est partiellement conservé en haut et à gauche; h. 9; l. 12; ép. 3,5; lettres : 2,5 cm.

Hi⟨c⟩ pau[sat]
Genesi[us]
qi u[ixit...]

Il ne manque que 2 ou 3 lettres aux 2 premières lignes : il est très rare dans notre matériel que les lignes ne comptent qu'un ou deux mots. Les lignes sont séparées par une réglure profondément incisée, ce qui est signe d'une époque tardive. Cette impression est confirmée par le *ductus* des E de la l. 2, où la haste a tendance à dépasser les points d'intersection avec les barres, par celui du G qui rappelle l'épitaphe de Valentinus (n° 63) qui paraît assez tardive elle aussi, par la faute grossière de la l. 1 (E au lieu de C). Relevons le vulgarisme *qi* pour *qui* : l'omission de V après Q ne se trouve qu'aux n⁰ˢ 24, 61, 142 A et 207, alors que les mots *qui/ae* et *quiescit* apparaissent sur presque toutes les pierres. Le Q de forme cursive est fréquent à Trèves (cf. par ex. n⁰ˢ 13 *a*, 17, 21, 54).

Le nom d'origine grecque *Genesius* apparaît aussi au n° 217.

Cette pierre me paraît pouvoir être assignée avec vraisemblance au VIᵉ siècle, éventuellement au VIIᵉ.

I, 24

Trèves, nécropole de Saint-Mathias. Trouvée dans un jardin en 1668 (*anno MDCLXVIII, in horto quodam excisâ arbore, latuit sub radice Parii marmoris tabella,* Wiltheim. Le Blant, à tort : « trouvée à Saint-Paulin »). Perdue.

A. WILTHEIM, *Luciliburgensia,* p. 146, fig. 77.
    (LE BLANT 285 [DACL XV, 2, s. u. *Trèves,* col. 2752, n° 54];
    Ph. DIEL, *St-Matthiaskirche* (1881), p. 177, n° 27;
    KRAUS 78;
    CIL XIII, 3838 [RIESE 4309; DIEHL 2280].)

Plaque de marbre (Wiltheim).

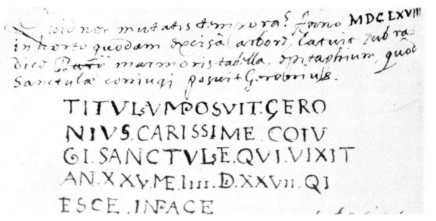

(Wiltheim, ms. Lux. I, p. 235 sic)

        Titulum posuit Gero-
        nius carissime coiu-
        gi Sanctule qui uixit
    4   an(nos) XXV, me(nses) IIII, di(es) XXVII; qi-
        esce in pace !

Geronius a posé cette épitaphe à sa très chère épouse Sanctula qui a vécu 25 ans, 4 mois, 27 jours.
Repose en paix !

Notre seule source est ici Wiltheim qui, selon son habitude, a séparé les mots par des points. Sa copie figurée doit être assez fidèle car on y voit plusieurs des caractéristiques paléographiques que nous connaissons bien à Trèves : le L maniéré (cf., par exemple, n⁰ˢ 9, 26, 38, 55, 57, etc.), les ligatures MP (l. 1), ME (l. 4), NP (l. 5), la forme des chiffres, I enclavé dans le D pour abréger *dies* (n⁰ˢ 11, 50, 69, 86, provenant tous de Saint-Mathias; dans ces quatre cas, le signe est surmonté d'un tilde; il n'est pas impossible qu'ici aussi, la pierre ait porté un tilde qui a échappé à Wiltheim). Cependant, Kraus a supposé que deux ligatures avaient échappé à la sagacité de Wiltheim : NT au début de la l. 2 et ET à la l. 5 (*qiescet*).

Le texte comporte un certain nombre de vulgarismes : les datifs en *-e* pour *-ae* sont aussi communs que la forme *qui* au féminin (*Intr.,* § 57 et 85) et que l'amuisssement du N de *coniux* (*Intr.,* § 77); au contraire, l'omission de V après Q (l. 4) est rare (*Intr.,* § 70).

L. 1 : ici comme au n° 57, la mention du dédicant vient en tête, alors qu'elle apparaît généralement à la fin de l'épitaphe.

Geronius est un *cognomen* qui n'est pas attesté par ailleurs. C'est ce qui a fait penser à Kraus qu'une ligature NT avait échappé à Wiltheim et qu'il fallait lire en réalité *Gerontius,* nom d'origine grecque très répandu en Occident à partir du IVe s. (à Trèves, n° 107; I. Kajanto, *Onomastic Studies,* p. 85, en a relevé 19 exemples dans les inscriptions chrétiennes de Rome; la plus ancienne attestation datée qu'il connaisse remonte à 316, en Egypte, *ibid.,* p. 26, n. 1). Peut-on penser aussi à une dérivation fautive à partir de la forme Γέρων, attestée également ?

L. 3 : le nom *Sanctus* et ses dérivés n'avaient pas pour les contemporains une résonance parti-culièrement chrétienne (I. Kajanto, *Latin Cognomina,* p. 252); par contre (v. n° 220), sur 32 païens nommés *Sanctus/a,* 16 ont été relevés dans CIL XIII. Kajanto connaît une *Sanctula* païenne et 3 chrétiens appelés *Sanctulus.*

L. 4-5 : Le Blant et Kraus ont voulu lire *qiescet,* le premier en supposant que le T avait été omis par vulgarisme, le second que Wiltheim avait commis une erreur de lecture en ne voyant pas un T ligaturé avec E. Les nos 2278-s. de Diehl montrent que ces suppositions sont inutiles et que le souhait *quiesce in pace* est largement attesté, notamment à Rome.

Le souhait final donne quelque originalité à cette épitaphe par ailleurs banale. Il révèle sans doute une influence romaine (cf., en particulier, Diehl 2278, qui commence aussi par l'indication des dédicants), sensible sur un certain nombre d'autres inscriptions trévires des IVe-Ve siècles (*Intr.,* § 129). Par ailleurs, on relève deux vulgarismes surtout fréquents à époque tardive (*coiugi, qiesce*) quoique chacun d'eux soit déjà attesté avant 430/450 (*Intr.,* § 97 fin). J'en conclurai que l'inscription date vraisemblablement du milieu du Ve siècle.

I, 25

Trèves, nécropole de Saint-Mathias. Trouvée en 1827 dans le cimetière (*Intr.,* § 4), encastrée dans le couvercle d'un sarcophage. Conservée au *Rheinisches Landesmuseum.*

J. H. WYTTENBACH, *Neue Beiträge* (1883), p. 20, n° VII.
L. LERSCH, *Centralmus.* (1842), 3, n° 62.
LE BLANT 262 (DACL XV, 2, s. u. *Trèves,* col. 2748, n° 41).
Ph. DIEL, *St-Matthiaskirche* (1881), p. 169, n° 2.
KRAUS 86 et *add.* (de HETTNER), p. [3].
F. HETTNER, *Röm. Steindenkmäler,* n° 329.
CIL XIII, 3842 (RIESE 4312; DIEHL 3584 D).
GOSE 25.
E. FOERSTER, *Frühchristl. Zeugnisse,* p. 26, n° 13.
Révisée par N. Gauthier en 1967.

Plaque de marbre blanc légèrement abîmée sur ses bords: h. 14; l. 33; ép. 4; lettres : 2 cm.

Hic requiescet in pace
Honoria qui uixit a-
nnus III et menses IIII;
4   parentis tetolum
posuerunt; in pace !

Ici repose en paix Honoria qui a vécu 3 ans et 4 mois; ses parents ont posé cette épitaphe; en paix !

Les lignes sont séparées par un trait finement gravé. Le texte va jusqu'à l'extrême bord de la pierre, sauf à droite; aussi certaines lettres ont-elles été endommagées. Les lettres sont larges dans l'ensemble, sauf les E, un peu plus étroits; les O, bien ronds, sont un peu plus petits que les autres lettres. Les Q tracés en deux traits, comme très souvent à Trèves, les M très larges sont influencés par la cursive. La base du L est très inclinée vers le bas.

Il y a de nombreux vulgarismes, d'ailleurs tous largement répandus à Trèves : *requiescet* pour *requiescit* (*Intr.*, § 49), *qui* pour *quae* (*Intr.*, § 85), *annus* pour *annos* (*Intr.*, § 84), *parentis* pour *parentes* (*Intr.*, § 50), *tetolum* pour *titulum* (*Intr.*, § 49 et 51).

L. 1 : cette formule est relativement peu commune à Trèves (*Intr.*, § 38).

L. 2 : Honoria est un des nombreux *cognomina* forgés à partir de *honor*. I. Kajanto, *Lat. Cogn.*, p. 280, connaît 25 personnes appelées *Honorius/a,* dont plus de la moitié chrétiennes.

L. 4-5 : il est fréquent de voir le souhait *in pace* terminer les épitaphes trévires (*Intr.*, § 40). Notons qu'ici, *in pace* figure 2 fois, au début et à la fin.

L'emploi du verbe *requiescet* au lieu de l'habituel *quiescit,* la répétition de la formule *in pace,* le *ductus* du M, le vulgarisme *annus* indiquent peut-être que cette inscription n'est pas antérieure à la deuxième moitié du Vᵉ siècle ou au début du VIᵉ. Rappelons que, dans les inscriptions de Gaule datées, la formule *hic requiescit in pace* suivie du nom du défunt apparaît de 467 (Le Blant, *N. R.* 134) à 516 (Le Blant, *N. R.* 126), ce qui est en accord avec les présomptions que je tirais des indices ci-dessus. Selon A. Ferrua au contraire (*Akten,* p. 287), le nom de la fillette serait à mettre en relation avec le fils de Théodose, né en 384, qui avait reçu le nom d'Honorius et l'épitaphe serait donc de la fin du IVᵉ siècle.

I, 26

Trèves, nécropole de Saint-Mathias. Trouvée en 1886 dans le cimetière en fouillant sur le côté nord de l'église. Cette pierre fut d'abord conservée dans la crypte de l'église Saint-Mathias, où elle fut presque totalement cachée lors des travaux qui eurent lieu en 1927. Elle a disparu depuis la guerre de 1939/1945.

KRAUS 111 et *Amer. Journal of Archaeol.* 2, 1886, p. 428, n° 4.
(LE BLANT, *N. R.* 347 [DACL XV, 2, s. u. *Trèves,* col. 2755, n° 84].)
CIL XIII, 3846 (RIESE 4315; DIEHL 3582 *adn.*).
GOSE 26.

Six fragments d'une plaque en marbre blanc; h. 39; l. 38 (Kraus).

(partie visible entre 1927 et 1944)

(Kraus, *Taf.* XII, 2)

Hic bene quiescet
Iouina quae uixit
annos X[...] et m(enses) X, d(ies) V;
4 Viat[...] coniugi
colombe   croix monogr.   colombe
dulciss[imae]
[titu]lum [posuit].

Ici repose bien en paix Iouina qui a vécu ... ans et 10 mois, 5 jours; Viat... pour son épouse très douce a posé cette épitaphe.

Cette inscription pleine d'élégance a été gravée avec soin. Q, M et A ont le même *ductus* qu'à Saint-Mathias I (*Intr.*, § 15) mais le linteau du T est rectiligne. Le *ductus* maniéré du L est fréquent sur les épitaphes de cette nécropole (n°s 9, 38, 57, 58, 68, 74, 87). Le G de la l. 4 semble avoir une forme inhabituelle, à moins que le trait qu'on aperçoit en bas à droite de la lettre soit accidentel. De même, à la l. 3, *annos* : il semble qu'il y ait 3 N ligaturés, mais la traverse oblique qui joint 2 N séparés n'ayant été signalée ni par Kraus, ni par Hirschfeld dans le CIL, il s'agit peut-être d'un trait accidentel. Le motif figuré apparaît aussi aux n°s 50, 57, 105, 215 mais ici, il est inséré entre deux lignes de l'inscription comme dans les productions de l'atelier II de Saint-Paulin - Saint-Maximin (*Intr.*, § 33) et quelques autres épitaphes, par exemple les n°s 117 et 169 qui ont également les mêmes abréviations *m(enses)* et *d(ies)*. Des points séparent les derniers signes de la l. 3.

La langue est correcte, sauf le vulgarisme *quiescet*, l'un des plus répandus à Trèves (*Intr.*, § 49).

L. 1 : c'est le seul exemple à Trèves de cette variante de la formule initiale (*Intr.*, § 38).

L. 2 : *Iouina* est un *cognomen* qui évoque le dieu païen Jupiter. On sait que les chrétiens n'hésitaient pas à donner des noms de ce type (*Intr.*, § 109) et, de fait, I. Kajanto (*Lat. Cogn.*, p. 212) signale une trentaine de chrétiens nommés *Iouinus/a*.

L. 3 : Diehl, négligeant la cassure signalée par le CIL, note *annos X* et s'étonne : *nota aetatem.* En réalité, Iouina était une jeune femme : Kraus propose de restituer XXII, on pourrait aussi bien proposer XVIII ou XVIIII.

L. 4 : le nom du mari est mutilé. Kraus propose *Viator*, « quoiqu'il y ait place pour trois lettres »; ce nom est en effet attesté 7 fois dans l'index de CIL XIII. Mais on peut songer aussi à *Viaticus,* qui correspondrait mieux à la place disponible; ce nom n'est pas apparu encore dans la région, mais il est presque aussi fréquent que *Viator* dans l'ensemble de l'onomastique romaine (I. Kajanto, *Lat. Cogn.*, p. 362, environ 140 ex. de *Viator/trix;* p. 363, env. 100 ex. de *Viaticus/a*).

L'écriture, la langue, le formulaire plaident en faveur de l'ancienneté de cette pierre. Mais l'on sait (*Intr.*, § 44, fin) combien une impression d'antiquité peut être trompeuse à Trèves en raison du conservatisme de l'épigraphie funéraire dans cette ville.

I, 27

Trèves, nécropole de Saint-Mathias. Trouvée en 1882 dans le cimetière. Conservée au *Rheinisches Landesmuseum.*

F. HETTNER, *Wd. Korr.* 1, 1882, p. 62, n° 222.
KRAUS 108 et *Nachtr.,* t. II, p. 340 (LE BLANT, *N. R.* 344 [DACL XV, 2, s. u. *Trèves,* col. 2755, n° 84]).
F. HETTNER, *Röm. Steindenkmäler,* n° 358.
CIL XIII, 3845 (RIESE 4316; DIEHL 3588).
GOSE 27.
Révisée par N. Gauthier en 1968.

Plaque de marbre en réemploi (le dos est mouluré), trouvée incomplète et en nombreux fragments, très endommagée au cours du bombardement de 1944; h. 19,5; l. 31; ép. 2; lettres : 1,7-2,5 cm.

(état actuel)

[Hic in p]*ace qu*[i]escunt
[tre]*s d*ulcissimi fraṭ[r(es)]
Iou*i*niaṇus, Ịṇno[ce]-
4   nṭ*ius* eṭ [D]edamiu[s];
*Pe*rus et Vrbana pa[tr]-
es titulum posu*iru*[nt].

(avant 1944)

Ici reposent en paix trois frères très chers, Iouinianus, Innocentius et Dedamius; Petrus et Vrbana, leurs parents, ont posé cette épitaphe.

Cette inscription, particulièrement maltraitée par le temps, est devenue presque illisible aujourd'hui. Heureusement, il subsiste une bonne photo de la pierre telle qu'elle se présentait avant la guerre. D'ailleurs, elle n'a jamais dû être bien nette, car elle est gravée sur une surface mal polie (comme le n° 76) et le trou profond des l. 4-5 s'y trouvait déjà puisque le lapicide l'a évitée en traçant ses lettres. Les lignes sont sinueuses, les lettres de hauteur irrégulière. Cependant, les caractères semblent tracés d'une main sûre et le seul vulgarisme est *posuirunt* pour *posuerunt* (*Intr.*, § 54).

L. 1-2 : il s'agit d'une épitaphe collective (comme au n° 70), consacrée à trois frères. La formule est banale (*Intr.*, § 38); contrairement à Kraus, je crois qu'il y a la place de restituer le *hic* habituel au début de l'inscription, éventuellement sans H (*Intr.*, § 72); par contre, il n'y a pas la place de restituer la fin du mot *fratres,* qui devait être abrégé.

L. 3 : *Iouinianus* est un *cognomen* dérivé de *Iouinus/a* qui apparaît au n° 26. Les parents de notre défunt, comme ceux des 6 autres chrétiens de ce nom recensés par I. Kajanto (*Lat. cogn.,* p. 212), n'ont pas entendu l'avertissement de Jérôme : *Caue Iouiniani nomen quod de idolo deriuatum est* (P. L. XXIII, 352; cité par Kajanto, *op. cit.,* p. 58). Jupiter n'est d'ailleurs pas seul à avoir laissé des traces dans l'onomastique chrétienne de Trèves (*Intr.*, § 109).

   Innocentius est un nom qui a joui d'une faveur particulière chez les chrétiens (I. Kajanto, *Lat. Cogn.,* p. 252, en connaît 10 emplois chez les païens contre 46 chez les chrétiens), notamment à Rome (I. Kajanto, *Onom. Studies,* p. 111 : 28 des chrétiens de ce nom sont romains). Cette faveur s'explique sans doute par le prix attaché dans cette région à la vertu d'innocence (I. Kajanto, *Onom. Studies,* p. 114-115).

   Il semble qu'il y ait un point entre les 2 noms.

L. 4 : les 2 lettres du mot *et* sont disposées de part et d'autre du trou. La première lettre du nom suivant manque. Hettner (*Röm. Steindenkmäler*), cité par Gose, a cru discerner avec certitude un A dans la cassure; on peut en douter lorsqu'on regarde la photo où les lettres apparaissent mieux que sur la surface irrégulière de la pierre, surtout que le nom *Aedamius* est parfaitement inconnu. Zangemeister, dans le CIL, et Diehl, négligeant la cassure, lisent *Edamius,* variante du même nom inconnu. Kraus propose de lire *et* (les deux lettres ligaturées) *Tedamius,* ce nom étant une forme attestée par CIG 5484 (?), ou encore *Damius,* comme *Dammaeus* (CIL VIII, 10 940); ce n'est pas plus convaincant. Je me rangerai plutôt à l'avis de Le Blant, de G. Brusin (*Röm. Quartalschr.* 54, 1959, p. 132) et d'A. Ferrua (*Akten,* p. 295 et *Riv. Arch. Crist.* 34, 1958, p. 219) qui reconnaissent ici le nom *Dedamius;* celui-ci apparaît sur une inscription de Briord pour désigner le consul de 488, *Dynamius* (Le Blant 374 A; cf. Diehl 1667 = CIL X, 7329, *Dydamio*). On connaît aussi une *Dedamia* à Rome (Diehl 2797 G = *ICVR, n.s.* (I) 1979).

L. 5 : le nom du père est douteux. Kraus lit ITVS, Hettner ETVS et tous deux proposent de restituer [*Cl*]*etus* (Kraus se ravisant dans le supplément à son t. II propose alors [*neof*]*itus*). Zangemeister lit LLIVS et Diehl propose [?*E*]*llius,* de même que Gose. Rien de tout cela n'est bien satisfaisant, faute de parallèles (le nom *Cletus* n'a guère été porté que par le pape qui l'a illustré; cf. *Thesaurus,* s. u.). Par ailleurs, sur la photo — plus lisible, répétons-le, que la pierre —, on distingue nettement un R ligaturé au T qui précède VS, comme aux n°s 63 et 72. Il me semble en outre discerner la haste et la boucle d'un P avant le E. Le nom du père est donc *Petrus;* on connaît quelques exemples païens de ce nom (I. Kajanto, *Onom. Studies,* p. 96-97) mais il fut surtout populaire parmi les chrétiens, en souvenir de l'apôtre Pierre (*Ibid.,* p. 95 : 60 exemples à Rome. En Gaule, Le Blant 575 et 609, *N. R.* 182 — datée de 530 — et nombreux évêques, dont un de Metz dans la 2e moitié du VIe s. [L. Duchesne, *Fastes épisc.,* III, p. 55]).

   Le *cognomen Vrbana,* auparavant très répandu, semble tombé en désuétude à l'époque chrétienne (I. Kajanto, *Latin Cognomina,* p. 311 : 728 païens, 25 chrétiens).

Die späteste Zeit der Römerherrschaft est l'époque attribuée par Kraus à cette inscription, à cause de la négligence dont elle témoigne. Elle est sans doute plus tardive encore car le vulgarisme *posuirunt* n'apparaît par ailleurs qu'au n° 147, évidemment tardif, et les noms *Dedamius* et *Petrus* paraissent avoir été à la mode au VIᵉ siècle. Comme il arrive souvent à Trèves, le formulaire utilisé est celui du IVᵉ siècle.

I, 28

Trèves, nécropole de Saint-Mathias. Trouvée avant 1512 (*ad sanctum Matheum,* Pirckheimer), puis apparemment perdue. Tout récemment, K. Krämer (*Die frühchristlichen Grabinschriften Triers,* Mannheim, 1972, dactylogr.) s'est avisé qu'il fallait voir un reste de cette pierre dans un fragment trouvé à Lampaden (Ldkr. Trier) au XIXᵉ siècle. Déjà, C. Schömann, le premier à faire connaître le fragment de Lampaden, avait attiré l'attention (p. 113) sur le fait qu'il provenait très vraisemblablement de Saint-Mathias : la « villa Lampaden », dit-il, fut donnée à ce monastère en 1036; par ailleurs, le *titulus* porte, sur la face opposée à l'inscription, une croix grecque de 30 mm de haut qui montre que la pierre antique a été retaillée pour servir de couvercle à une cavité à reliques dans un autel; or Lampaden ne possédait pas encore d'église lorsqu'elle fut donnée à Saint-Mathias; les reliques et la pierre sont donc venues, selon toute probabilité, de Saint-Mathias. Krämer, pour sa part, fait remarquer l'identité des formules et le E inversé et ligaturé à T de *quiescet* (l. 1), qui est représenté sur la transcription de Pirckheimer. On peut encore relever l'étroite parenté de la paléographie et du formulaire avec ceux des nᵒˢ 73 et 87, provenant de Saint-Mathias, pour écarter les derniers doutes sur la véritable provenance du fragment de Lampaden et son identité avec l'épitaphe de Leo relevée par Pirckheimer. Aujourd'hui conservée au *Rheinisches Landesmuseum* de Trèves.

1° Inscription connue par la tradition manuscrite :
W. PIRCKHEIMER, f° 313 *aʳ* du manuscrit Hartmann SCHEDEL, *Liber Antiquitatum cum Epigrammatibus* (*Bayerische Staatsbibliothek München,* Clm 716).
(G. B. DE ROSSI, *Bull. Arch. Crist.* 1, 1864, p. 13-14 [LE BLANT 674 C [DACL XV, 2, s. u. *Trèves,* col. 2755, n° 83]; Ph. DIEL, *St-Matthiaskirche* (1881), p. 177, n° 28; KRAUS 79]; CIL XIII, 3849 [RIESE 4321; DIEHL 3110 A].)

2° Fragment de Lampaden :
C. SCHOEMANN, *Jahresber. d. Gesellsch. f. nützl. Forschungen,* 1869-71, p. 112-113.
Ph. DIEL, *St-Matthiaskirche* (1881), p. 178, n° 31.
KRAUS 74 et *add.* (de HETTNER), p. [3] (LE BLANT, *N. R.* 417).
F. HETTNER, *Röm. Steindenkmäler,* n° 365.
CIL XIII, 4245.
GOSE 87.
Révisée par N. Gauthier en 1968.

Partie supérieure droite d'une plaque de marbre blanc. Le bord primitif subsiste en haut; la l. 2 semble indiquer que la pierre a été très légèrement retaillée à droite. H. 16; l. 20; ép. 2,5; lettres : 3 cm.

✝ Treueri ad sanctum Matheum ←

LEO HIC QVIESCƎ IN PACE VI

XIT ANNVM ET DIES XL·FILIO

CHARISSIMO PATᴿES POSVERVNT·∼

(ms. Pirckheimer)

*Leo h*ic quiescet
*in pac*ę; uixit annuṃ
et dies XL; filio
4   *charissi*mo patres
*posueru*nt.

*Leo repose ici en paix; il a vécu un an et 40 jours; à leur fils très cher ses parents ont posé
(cette épitaphe).*

On voit que, comme aux nᵒˢ 93, 112 et 130 A, Pirckheimer ne s'est pas soucié de respecter la répartition en lignes figurant sur l'original. Il est bien possible que, par une négligence qui n'est pas inhabituelle chez lui, il soit à l'origine de ce H de *charissimo* dont on n'a pas d'autre exemple à Trèves. Si sa copie pourrait faire croire, dans *patres,* à une ligature TR qui n'existe pas sur la pierre, par contre, le E inversé qu'il signale dans *quiescet* figure bel et bien sur l'original; seulement, le T ligaturé est signalé non par le prolongement vers la droite de la barre supérieure mais par sa surélévation au dessus de la ligne (la ligature ET est rare; cf. celle du n° 85, provenant de Saint-Mathias I). Les lettres de la dernière ligne, dont le seul reste distinct est le haut du T final, devaient être plus espacées, comme il arrive souvent.

L'écriture est étroitement apparentée au type I de Saint-Mathias (*Intr.,* § 15) et plus proche encore de la variante représentée par les nᵒˢ 73 et 87 (*Intr.,* § 19). A la fin de la l. 2, le lapicide a ligaturé NN et lié ces lettres et les deux suivantes par manque de place. Le vulgarisme *quiescet,* le formulaire sont également caractéristiques de Saint-Mathias I (*titulum* est sous-entendu comme aux nᵒˢ 73 et 87).

Sur le cognomen *Leo,* qui évoque la force du lion, voir *Intr.,* § 122, et n° 141.

J'ai cru pouvoir dater les épitaphes de ce type du ivᵉ s. ou des premières années du vᵉ (*Intr.,* § 19).

I, 29

Trèves, nécropole de Saint-Mathias ? (Gose 85 indique comme provenance Saint-Mathias, Gose 444 Saint-Maximin; sur le livre enregistrant les entrées au musée, on a joint cette pierre à toute une série d'autres, sous la mention *Trier, St-Maximin, Museumsgrabung;* je pense qu'il s'agit là d'une confusion due au fait que la pierre est entrée à peu près en même temps, mais qu'elle provient en réalité de Saint-Mathias car elle présente toutes les caractéristiques des productions de l'atelier II de Saint-Mathias). Conservée au *Rheinisches Landesmuseum.*

GOSE 85 = GOSE 444.
Révisée par N. Gauthier en 1967.

Plaque de marbre blanc, mutilée à droite et en bas; h. 16; l. 20,5; ép. 4; lettres : 2,3 cm.

Hic quiisci[t in pace]
Leosus qui u̧[ixit]
[a]nno et me(nses) VI[...]
4   VI

Ici repose en paix Leosus qui a vécu un an et 6 mois ...

La paléographie est caractéristique de Saint-Mathias II, notamment les lettres M, O, T, Q (*Intr.,* § 21-23). Ce qui reste de la formulation est aussi tout à fait conforme aux coutumes de cet atelier. Les lignes sont guidées par une double réglure légèrement incisée; la l. 3 compte 3 ligatures : NN, ET (chère à Saint-Mathias II), ME; le mot *menses* est abrégé en ME surmontés d'un tilde, comme aux nᵒˢ 11 et 50, du même atelier. De la l. 4, on ne distingue que le haut de quelques lettres, parmi lesquelles on peut identifier VI suivi d'une barre, située légèrement au dessous de la réglure, qui doit être l'extrémité du linteau d'un T.

En ce qui concerne la langue, notons *quiiscit* pour *quiescit* (*Intr.,* § 50), comme au nᵒ 50, du même atelier, et la forme *anno* (*Intr.,* § 89).

Etant donné le formulaire stéréotypé de Saint-Mathias II, il est facile de compléter ce fragment.

L. 1 : après *quiiscit,* il faut restituer *in pace* (*Intr.,* § 22).

L. 2 : à la fin de la ligne, il faut restituer *uixit;* cela donne une idée de l'espace disponible aux autres lignes; on voit ainsi qu'en restituant *in pace,* la l. 1 est complète, ce qui exclut l'éventualité, envisagée par Gose, que le nom du défunt puisse commencer à la fin de l. 1. Le nom complet est donc bien *Leosus, cognomen* inconnu ailleurs. A. Ferrua (*Riv. Arch. Crist.* 34, 1958, p. 217) pense que *Leosus* est une forme vulgaire de *Leontius,* qui se serait déformée en *Leotius,* puis en *Leosus.* Si ce cheminement compliqué a eu lieu, il a en tout cas été influencé par la tendance, propre à l'époque tardive, à former des noms en *-osus/a* (voir *Bonosus,* nº 110). Peut-être aussi sommes-nous en présence d'une formation barbare faite directement à partir de *Leo.* Quoiqu'il en soit, ce nom ne résulte pas d'une fantaisie du lapicide, puisqu'il apparaît au féminin au nº 66, et il est sûrement destiné, comme tant d'autres (*Intr.,* § 122), à suggérer la force du lion.

L. 3 : Leosus est mort à un an et demi; on peut écarter l'autre hypothèse, suggérée par Gose, de *anno* pour *annos* avec oubli du nombre d'années (pour les parallèles, voir *Intr.,* § 89). Ensuite venait la mention du dédicant.

Les épitaphes issues de l'atelier II de Saint-Mathias ne sauraient être bien tardives (*Intr.,* § 23).

I, 29 A

Trèves, nécropole de Saint-Mathias. Trouvée en 1927 dans la nef latérale sud de la basilique, cimentée dans un sarcophage d'enfant. Conservée dans la bibliothèque du monastère.

E. KRUEGER, *Trier. Zeitschr.* 5, 1930, p. 175.
NESSELHAUF 23.
GOSE 29.
Révisée par N. Gauthier en 1972.

Plaque de marbre blanc en trois fragments; h. 41; l. 36,5; ép. 3,5; lettres : 2,5 cm.

Croix   Hic requiescit in
pace uir uenera-
biles Ludubertus,
4   de nobile genere, qui
uixxit annus plus
minus LXV, cuius de-
posicio eius est XVI
8   k(a)l(endas) ian(uarias) et o(m)nes res suas
s(an)c(t)o Petro trade-
dit et se clericu(m) feci(t).

Ici repose en paix Ludubertus, homme vénérable, de noble race, qui a vécu environ 65 ans, dont l'inhumation eut lieu le 16ᵉ jour avant les kalendes de janvier (17 décembre); *il remit tous ses biens à saint Pierre et se fit clerc.*

L'inscription, entourée d'un trait sur trois côtés, témoigne d'une évidente recherche calligraphique. Les lettres sont larges. Les C, G, S sont constitués par des traits brisés, à l'exclusion de toute courbe. Les panses de B, P, R sont ouvertes. M à hastes verticales et à traverses se joignant au dessus du milieu de la ligne. La forme du Q est particulièrement originale. Le dernier V de la l. 5 a une forme de Y inversé. Il y a deux ligatures : NE (l. 4) et AS (l. 8). Les abréviations sont surmontées de tildes; à la dernière ligne, elles sont dues au manque de place et portent sur deux consonnes finales, *m* et *t*, qui ne devaient plus guère être prononcées quoiqu'on ait continué généralement à les noter (*Intr.*, § 82). Le début du texte est précédé d'une croix, comme au nº 147 (seul autre exemple de Première Belgique).

Venerabiles (= *-is*), *tradedit* (= *tradidit*) relèvent du phénomène phonétique le plus largement attesté à Trèves (*Intr.*, § 49). *Annus* pour *annos* (l. 5) est également très fréquent (*Intr.*, § 52). La forme *deposicio* pour *depositio* (*Intr.*, § 67) apparaît aussi au nº 135, *uixxit* pour *uixit* (*Intr.*, § 75-76) au nº 21. Outre ces vulgarismes phonétiques, généralement seuls attestés en RICG I, il faut relever l'emploi déjà roman de *de* à la l. 4 (*de nobile genere*) et la formule pléonastique *cuius deposicio eius*.

L. 1 : la formule initiale est attestée une dizaine de fois dans ce recueil (*Intr.*, § 38).

L. 2-4 : sur le titre de *uir uenerabilis,* voir nº 147. Il est complété par l'expression *de nobile genere,* qui indique que Ludubertus appartenait à la noblesse. Au nº 135, la femme de Hlodericus, qui était *in suo genere primus,* est dite *uxor nobelis.* L'idée d'origine exprimée ici par *de* est habituellement rendue plutôt par *ortus.*

Ludubertus est un nom germanique formé sur les deux racines *hlud-* (cf. Ludula, nº 170) et *-berthus,* qui signifient l'une comme l'autre « éclatant », « célèbre ». Ce nom fut porté notamment par le fils de Chilpéric I (Greg. Tur., *Hist. Franc. V, 34, M.G.H., S.R.M.* I² [1951], p. 239-240 : les formes les plus fréquemment attestées dans les manuscrits sont *Chlodoberthus* et *Chlodobertus*). Le nom apparaît sous la forme *Ludibertus* dans les listes de moines des *Libri Confrat. S. Galli, etc.*

L. 5-6 : l'âge a été arrondi, comme il arrive souvent pour des personnes relativement âgées (*Intr.*, § 39).

L. 6-8 : l'indication de la date de la mort ou de l'inhumation n'apparaît en Première Belgique que tardivement; le mot *depositio* figure souvent dans la formule qui l'introduit (*Intr.*, § 41).

L. 8-10 : la formule n'a pas d'équivalent en épigraphie chrétienne. Ludubertus a fait don de sa fortune à une église ou une abbaye consacrée à saint Pierre et s'est ensuite fait clerc, très vraisemblablement dans cette église ou cette abbaye. Le mot *clericus* est très vague : il peut désigner toute personne non laïque, surtout si elle occupe un rang modeste dans la hiérarchie (voir *Thes.* s. u.). Dans le cas qui nous occupe, la renonciation préalable à ses biens semblerait indiquer que Ludubertus s'est fait moine; mais, par ailleurs, si l'on a éprouvé le besoin de l'indiquer, c'est peut-être parce que la chose n'allait pas de soi et que Ludubertus, tout en faisant partie du clergé séculier, avait renoncé à ses biens comme un moine. F. Pauly (*Kurtrierisches Jahrbuch* 1968, p. 18) estime que Ludubertus appartenait au monastère de Saint-Euchaire (plus tard Saint-Mathias) dont l'existence est attestée dans une charte de l'évêque Liutwin en 706 mais qu'il avait donné ses biens à l'église épiscopale (on ne connaît pas, à Trèves, d'autre église dédiée à saint Pierre que le Dôme); il en conclut que Saint-Euchaire était subordonné au Dôme, en ce sens que ses clercs étaient au service de l'évêque pour la *cura animarum*. L'hypothèse me paraît aventureuse : la charte de 706 est un faux (O. Oppermann, *Rheinische Urkundenstudien,* p. 260); il n'est pas sûr que Ludubertus ait été moine; s'il l'a été, rien n'indique que ce soit à Saint-Euchaire. Si l'on ne sait pas depuis quand l'église épiscopale est dédiée à saint Pierre (E. Ewig, *Trier im Merowingerreich,* Trèves, 1954, p. 152, verrait volontiers une origine antique à la plupart des églises de la région dédiées à saint Pierre), des *matricularii sancti Petri* sont signalés à Trèves au VIIIe siècle (*Vita Goaris,* 7, *M.G.H., S.R.M.* IV, p. 417) et ils sont sous l'autorité directe de l'évêque. Ludubertus a donc donné ses biens à l'église cathédrale et c'est très certainement dans le clergé épiscopal qu'il est entré.

Cette inscription est particulièrement tardive, comme le montrent les préromanismes *de nobile genere, se fecit,* la forme sans H initial de *Ludubertus,* les trois dernières lignes. Elle me paraît cependant antérieure à l'époque carolingienne : formulaire paléochrétien jusqu'à la l. 8, recherche calligraphique dans le style de certains manuscrits du VIIIe s. Le VIIIe est d'ailleurs la date à laquelle s'arrête K. Böhner (*Fränk. Altertümer d. Trier. Landes,* I, p. 254).

I, 30

Trèves, nécropole de Saint-Mathias. Clotten range cette pierre, avec les n°s 145, 215 et un certain nombre de faux, dans un groupe d'inscriptions qui auraient été, selon lui, trouvées à Saint-Maximin (*in dem Benediktiner Moenchen abtey bezierke zum H. Maximinus bey Trier gefundenen Inschriften von Zeiten der Roemer*) mais l'on sait (voir *Intr.,* § 155) le cas que l'on doit faire de ses informations. La paléographie et la décoration sont au contraire si caractéristiques de Saint-Mathias III que je crois plus sûr de faire confiance à ces critères intrinsèques. La pierre se trouvait en 1852 dans la collection Daubrée (Simon). Celui-ci, en 1884, la donna au Musée du Louvre (Paris) où elle est encore.

M. CLOTTEN, *Antiquités de Trèves,* manuscrit 1433 de la *Bibliothèque municipale de Reims,* p. 8.
V. SIMON, *Mémoires de l'Académie de Metz* 33, 1851-1852, 1re partie, p. 230, fig. 6.
LE BLANT 270 et *N.R.* p. 54 (DACL XV, 2, s.u. *Trèves,* col. 2749, n° 49).
A. HERON de VILLEFOSSE, *B.S.N.A.F.,* 1884, p. 255 (brève notice).
KRAUS 207.
F. HETTNER, *Röm. Steindenkmäler,* n° 433.
CIL XIII, 3855 (RIESE 4326; DIEHL 4161).
GOSE 734.
Révisée par N. Gauthier en 1971.

Plaque de marbre blanc; h. 30; l. 30; ép. 3,5; lettres : 2-2,5 cm.

Hic requiescet infans
dulcissima Lupantia in pace fidelis qui uixit annos
4   III, mensis V, d(ies) XVIII; Treuerius pater pro carita-
tem filiae suae titulu
[p]osu-   -it.

colombe   croix monogr.   colombe
dans   avec alpha   dans
un arbre   et omega   un arbre

*Ici repose la très douce enfant Lupantia, en paix, fidèle, qui a vécu 3 ans, 5 mois, 18 jours;
Treuerius, son père, par amour, a posé cette épitaphe pour sa fille.*

L'« antiquaire Clotten », comme il aimait à signer, était surtout un faussaire (*Intr.*, § 155). Cependant, il a glissé au milieu de sa production quelques pierres authentiques, parmi lesquelles on s'accorde à ranger celle-ci. Ce qui confirme ce jugement, c'est que la pierre présente toutes les caractéristiques de Saint-Mathias III, alors que personne n'avait identifié les ateliers ayant fourni des marbres funéraires à Trèves (Clotten lui-même en était si peu conscient qu'il donne Saint-Maximin comme lieu de trouvaille). D'ailleurs, la transcription de Clotten est inexacte, comme d'habitude (par exemple, l. 4: III MENSES VI D XVIII TRIVIRI).

Les lignes sont guidées par une double réglure très légèrement incisée; mais les traits de celle-ci, au lieu d'être parallèles, sont plus proches à droite qu'à gauche, si bien que les lignes sont plus rapprochées et les lettres plus petites à droite. Les lettres, je l'ai dit, ont les formes propres à Saint-Mathias III (*Intr.*, § 25). Outre les ligatures banales NT (l. 2), NP (l. 2), ME (l. 4), il y en a d'autres plus originales : VL (l. 2 et 6) comme au n° 66, AE et VAE (l. 6) que l'on trouve sur d'autres inscriptions du même atelier. Les E sont étroits, particulièrement ceux de la l. 4 où la barre inférieure se réduit à un simple empattement, ce qui explique les différentes lectures du nom du père (Simon : *Triuirius;* Le Blant : *Triuiri/[n?]us;* les autres auteurs : *Treuerius*). La lecture *Treuerius* est tout à fait sûre car la qualité de la pierre ne permet pas de se méprendre sur l'existence des 3 barres, si petites soient-elles. A la l. 5, la partie supérieure du A a été restaurée. Les V de la l. 6 sont détachés à la base. Le Blant restitue le M final de *titulum* au début de la l. 7 mais il n'y a place que pour le P. Les colombes tiennent un rameau dans leur bec. Elles ne sont pas seulement posées sur un autre rameau, comme au n° 13 *b* qui provient du même atelier; elles sont logées dans un arbre dont le tronc est indiqué, ainsi que le niveau du sol; mais l'arbre est à toute petite échelle par rapport à celle de la colombe. La boucle du P de la grande croix monogrammatique se retourne en son extrémité et esquisse ainsi un R.

La pierre témoigne de l'habituelle hésitation entre *e* et *i : requiescet* pour *requiescit* (*Intr.*, § 49), *mensis* pour *menses* (*Intr.*, § 50). Elle témoigne aussi d'une incertitude sur les désinences en *m* (*pro caritatem* pour *pro caritate, titulu* pour *titulum*) qui, au contraire, est fort rare à Trèves (*Intr.*, § 82-83). Enfin, *qui* (l. 3), comme il arrive souvent (*Intr.*, § 85), est mis pour *quae*.

L. 2 : Lupantia est un *cognomen* qui semble forgé, comme tant d'autres, à partir du participe présent d'un verbe, en l'occurrence *lupari*, « se livrer à la débauche ». Mais, comme il s'agit d'un verbe archaïque, attesté seulement au IIe s. av. J. C., et que, par ailleurs, on ne connaît pas d'autre exemple de ce *cognomen* (I. Kajanto, *Latin Cogn.,* p. 269), *Lupantia* doit sûrement être considéré plutôt comme un dérivé quelque peu fantaisiste de *lupus* (*Intr.,* § 102 et 122).

L. 3 : fidelis, qui indique que la petite Lupantia avait été baptisée, vient souvent à Trèves à la suite d'*in pace* (voir n° 9).

L. 4 : il n'est pas rare à Trèves, surtout lorsqu'il s'agit de jeunes enfants, que l'âge soit donné au jour près (*Intr.,* § 39).

Le père porte un nom dérivé de la ville où il vivait. Les noms empruntés aux villes sont relativement fréquents (I. Kajanto, *Latin Cognomina,* p. 50). En ce qui concerne Trèves, on peut citer un soldat nommé *Treuer* (CIL VI, 31 141 b, 15) et un *M. Treuerius Couirus* près de Trèves (CIL XIII, 3707). Sur son exemplaire personnel conservé à la *Bibliothèque de l'Institut* (Paris), ms. 6596 (1), Le Blant a noté à la main dans la marge : « forse liberto de' Treviri, cf. Furlan, *appendice* (C.) ». C'est là une hypothèse inutile puisque les *cognomina* d'origine ethnique sont très nombreux dans notre matériel (*Intr.,* § 108).

L. 6-7 : la formule *pro caritate* est typique du formulaire trévire (*Intr.,* § 40).

L'activité de l'atelier III de Saint-Mathias, qui a fourni cette pierre, ne m'a pas paru pouvoir être antérieure au ve siècle, voire à la deuxième moitié de ce siècle (*Intr.,* § 132).

I, 31

Trèves, nécropole de Saint-Mathias. Trouvée en 1909 dans le jardin du n° 14 de la *Weiherstrasse.* Conservée au *Rheinisches Landesmuseum.*

E. KRUEGER, *Trier. Jahresber.* 3, 1910, p. 17 (brève notice).
RIESE 4328.
CIL XIII, 11 333 *a* (DIEHL 3583 C).
GOSE 30.
Révisée par N. Gauthier en 1968.

Plaque de marbre blanc; h. 17; l. 44; ép. 5-6; lettres : 2,4-3,4 cm.

Hic iacet Lycontia
quae uixit an(nos) LXX; Retecius titulum posuit.

Ci-gît Lycontia qui a vécu 70 ans; Retecius a posé cette épitaphe.

Les lettres de cette inscription sont étonnamment maniérées; c'est l'élégance de l'atelier I de Saint-Mathias poussée jusqu'à la caricature (*Intr.*, § 20). On reconnaît les T à linteau sinueux caractéristiques de cet atelier, mais ici le *ductus* est tel que les T semblent près de s'envoler, la traverse du A est très oblique; la base du L, la queue du Q se veulent, elles aussi, d'une grande élégance; les tildes qui surmontent l'abréviation *an(nos)* paraissent deux hirondelles en plein vol. C'est, avec les nᵒˢ 121, 133 et 142 A, la seule inscription chrétienne de Trèves qui comporte un Y. Les O sont légèrement plus petits que les autres lettres, comme dans toutes les écritures de ce type. Il y a quelques ligatures : NT (l. 1), VA (l. 2), VM (l. 3). Tous les mots, sauf les deux premiers, sont séparés par des points : ceci n'apparaît que sur deux autres pierres qui semblent tardives (nᵒˢ 18 et 70).

La langue est correcte. Le seul vulgarisme est l'habituelle confusion E/I dans le nom *Retecius = Reticius* (*Intr.*, § 49).

L. 1 : Lycontia est un nom grec dérivé de Λύκων, ce dernier attesté en Orient (F. Preisigke, *Namenbuch,* col. 200; Pape-Benseler). C'est un nom très rare (Gose signale qu'un *Lykontius* est nommé par Sulpice-Sévère, *Dial.* III, 14, 3) qui, cependant, apparaît deux autres fois dans l'épigraphie chrétienne de Trèves (nᵒˢ 142 A et 150) : ceci est à mettre en relation avec la faveur dont les noms suggérant certaines bêtes fauves jouissaient dans la région (*Intr.*, § 122).

L. 2-3 : Reticius est un dérivé en *-ius* (*Intr.*, § 124) du verbe *reticere;* ce *cognomen,* que Kajanto (*Latin Cognomina,* p. 262) traduit par « silencieux », est très rare : outre celui-ci, on connaît un évêque d'Autun de ce nom (IVᵉ s. L. Duchesne, *Fastes épiscopaux,* II, p. 176), une *Optatina Reticia* à Arles (Le Blant 525) et un *Reticius* à Rome (*ICVR, n. s.* (I) 2786).

Gose estime que cette pierre appartient *zu den älteren in St-Matthias gefunden Grabschriften.* L'extrême sobriété du formulaire est un argument dans ce sens (le lien de parenté qui unissait Lycontia et Reticius n'est même pas précisé), ainsi que l'écriture, la langue et le nom *Reticius.* Elle pourrait appartenir au IVᵉ ou au début du Vᵉ siècle.

I, 32

Trèves, nécropole de Saint-Mathias. Trouvée en 1922 sur la place devant l'église, en réemploi dans une tombe franque. Conservée au *Rheinisches Landesmuseum*.

E. KRUEGER, *Bonn. Jahrb.* 127, 1922, p. 336-337 (brève notice).
J. B. KEUNE, *Germania* 6, 1922, p. 84-85.
        (*A. Ep.*, 1923, n° 37; R. CAGNAT, *Rev. archéol.* 18, 1923, p. 393, n° 37 : inscription *b* [DIEHL 4461 F; DACL XV, 2, s. u. *Trèves*, col. 2757, n° 94].)
P. STEINER, *Bonn. Jahrb.* 129, 1924, p. 282 (brève notice).
FINKE 55-56.
GOSE 31.
E. FOERSTER, *Frühchristl. Zeugnisse*, p. 26-27, n° 14.
Révisée par N. Gauthier en 1967.

Plaque de marbre blanc en plusieurs fragments, écrite des deux côtés (pour inscrire *b*, la pierre a été tournée de 90° vers la gauche); h. 29,8; l. 30,5; ép. 2,7; lettres : 2 cm (*a*); 1,5-2,5 (*b*). Contrairement à la finition qui caractérise les bords de la plaque sur le côté *a*, les contours du champ épigraphique de *b* sont extrêmement irréguliers, ce qui montre que le *titulus* était primitivement destiné à être utilisé sur la face *a*, comme Finke l'a observé.

face a

Macedoniae con-
iugi carissime quae
uixit annos XIII Pe-
4   lagius,
Macedonius et
Irene patres p(osuerunt).

A Macedonia, son épouse très chère, qui a vécu 13 ans, Pelagius et ses parents Macedonius et Irene ont posé (cette épitaphe).

face b

Eustasius hic
bene pausat in
pace, ciuis Surus,
4   qui uixit an(nos) XL;
Ced[... ?]
bius et Iliodo[r]us
parenti posuer[unt].

Eustasius ici repose bien en paix, lui, citoyen syrien, qui a vécu 40 ans; Ced...?bius et Iliodorus ont posé (cette épitaphe) à leur père.

Les pierres opistographes portant des inscriptions chrétiennes des deux côtés ne sont pas rares (voir n° 13). Ce qui est surprenant ici, c'est la ressemblance entre les deux faces. L'écriture des deux inscriptions est très proche, au point que l'on pourrait être tenté de les attribuer toutes deux à la même main : même traverse très légèrement oblique du A, même alternance de A à sommet pointu (l. 1, 2, 4, 6 de *a*, l. 4 de *b*) et de A à sommet plat (l. 3 et 5 de *a*, l. 1, 2, 3 et 7 de *b*), même C large, même O rond, même *ductus* pour le P, le E, etc. En regardant de plus près, on voit que l'écriture de la face *a* est celle même de l'atelier IV de Saint-Mathias (*Intr.*, § 28-30) et que celle de la face *b* paraît une copie de la première; en effet, les différences entre *b* et *a* consistent justement dans l'apparition sur la face *b* d'éléments étrangers à Saint-Mathias IV : la ligature RV à la l. 3 (elle ne se retrouve à Trèves qu'aux n°ˢ 72 et 134), le mot *annos* écrit en abrégé, le deuxième A de *pausat* non barré (on a peint une traverse en restaurant la pierre). Au contraire, les ligatures de la face *a*, AE (l. 1), VAE (l. 2), NN (l. 3), sont dans la tradition de Saint-Mathias IV.

Ce qui est plus étonnant encore que la similitude des écritures, c'est le blanc considérable que le lapicide a laissé, à peu près au même endroit, sur les deux inscriptions. Je n'ai trouvé aucune hypothèse satisfaisante pour expliquer cette anomalie. On peut imaginer que le blanc correspond à un mot que le lapicide n'a pas pu lire sur le modèle manuscrit qu'il avait en mains : on pourrait supposer *coniux* sur la face *a* et d'autres noms de fils sur la face *b*; mais la coïncidence paraît bien extraordinaire. Ou alors le texte est complet, mais quelle fantaisie a pris au lapicide de s'interrompre ainsi ? Il faut remarquer enfin, dernier élément de similitude, que tous les noms sont grecs.

La langue des deux inscriptions est correcte : l'unique vulgarisme est la forme *carissime* (*Intr.*, § 57), aussi ancienne que banale, sur la face *a*. La graphie *Surus* (face *b*) est normale (*Intr.*, § 61).

Face a. L'épitaphe commence par la mention de la défunte au datif, ce qui n'est pas sans exemple à Trèves (*Intr.*, § 38).

L. 1 : Macedonia avait reçu le nom de son père, selon une tradition largement attestée à Trèves (*Intr.*, § 126). La forme féminine est connue en Grèce avant notre ère, alors que la forme masculine, signalée pour la première fois en Egypte en 86 apr. J. C., ne se répand vraiment qu'au III᷉ᵉ siècle, au moment où se développe la mode des noms en -*ius* (I. Kajanto, *Onomastic Studies,* p. 70 et p. 25, n. 4). On connaît à Trèves une autre Macedonia (n° 143).

L. 3 : noter le jeune âge de Macedonia, qui explique sans doute que les parents se soient joints au mari pour dédier la tombe. La loi romaine autorisait les filles à se marier à 12 ans.

L. 4 : Pelagius est l'équivalent grec de *Marinus.* Il apparaît vraisemblablement en Occident au premier siècle de notre ère (I. Kajanto, *Onomastic Studies,* p. 31, n. 2) et devient ensuite très commun (en Gaule, Le Blant 494 et 616; *N. R.* 181). Pelagius était le mari puisque Macedonia est dite *coniux.*

L. 6 : Irene apparaît dans l'onomastique grecque au Iᵉʳ siècle av. J. C. (I. Kajanto, *Onomastic Studies,* p. 61, d'après Bechtel). Il jouit ensuite en Orient et en Occident d'une immense faveur (*ibid.* p. 89 : 150 exemples dans CIL VI), tant chez les païens que chez les chrétiens. Il ne doit donc pas être considéré comme un nom à résonance spécifiquement chrétienne, malgré l'importance que revêt la notion de paix chez les premiers chrétiens. On ne l'a pas encore relevé par ailleurs en Gaule.

    Patres est mis pour *parentes,* comme toujours à Trèves (*Intr.,* § 94). Le mot *posuerunt* est réduit à un P surmonté d'un tilde : c'est le seul exemple connu de cette abréviation à Trèves, mais elle est attestée ailleurs (par exemple Diehl 3299 A = *Ephem. epigr.* 9, 643 a, p. 392). Il arrive parfois que le mot *titulum* soit, comme ici, sous-entendu (*Intr.,* § 40).

Face b.

L. 1 : Eustasius est un nom d'origine grecque; A. Ferrua y voit une déformation populaire d'*Eustathios* (*Riv. Arch. Crist.* 34, 1958, p. 217), tandis que Kajanto (*Onomastic Studies,* p. 84) le classe comme dérivé en *-ius* du nom féminin *Eustasia.* Quoi qu'il en soit, la forme *Eustasius/a* est largement attestée en Occident; en Gaule, elle apparaît aussi à Arles (Le Blant 510) et Trèves même (nº 96).

L. 2 : sur cette formule, voir *Intr.,* § 38.

L. 3, ciuis Surus : il est très rare que des indications de ce genre soient mentionnées en épigraphie latine chrétienne. Le Blant (*Inscr. Chrét.,* I, p. 128-129) ne pouvait en citer que 23 cas (dont un faux : son nº 125); sur ce nombre, plusieurs mentionnent, comme ici, des Syriens. Il s'agit là d'une survivance, chez des personnes déjà suffisamment assimilées pour faire exécuter une épitaphe en latin, d'une coutume profondément enracinée dans leur milieu d'origine puisque les épitaphes de Syriens rédigées en grec ne manquent jamais, notamment à Trèves (*Intr.,* § 42), de préciser avec plus ou moins de détail leur lieu d'origine.

L. 5 : quel était le nom du premier fils ? Faut-il lier ces trois lettres au début de la ligne suivante ? Faut-il supposer qu'il manque quelque chose dans le blanc qui suit ? A. Ferrua (*Akten,* p. 295) propose de comprendre *Cerbius* pour *Ceruius* ou *Cedrius,* dérivé de *Cedrus.*

L. 6 : Iliodorus est la déformation du nom gréco-oriental *Heliodoros,* « don d'Hélios » (*Intr.,* § 61 et 72). Comme tous les noms théophores païens (*Intr.,* § 109), les chrétiens continuèrent à le porter (8 exemples dans l'index de Diehl) quoique ce soit, pour le moment, le seul exemple connu en Gaule.

L. 7 : le mot *titulum* est sous-entendu, comme dans l'inscription précédente.

    Nous avons donc ici, sur l'importance de la colonie syrienne à Trèves, un témoignage qui complète celui des inscriptions de langue grecque (nᵒˢ 10, 93, 112). Il est d'autant plus regrettable de ne pouvoir dater l'épitaphe d'Eustasius, dont on peut seulement dire qu'elle est postérieure à celle de Macedonia. Celle-ci ne présente elle-même aucun indice qui permette de la dater mais elle doit être contemporaine des autres productions de Saint-Mathias IV et l'activité de cet atelier m'a paru pouvoir être située au Vᵉ siècle (*Intr.,* § 132). Ferrua, au contraire, estime (*Akten,* p. 285) qu'Eustasius doit être « antérieur à la fin de la *ciuitas Romana* ».

I, 33

Trèves, nécropole de Saint-Mathias. Trouvée en novembre 1880 en creusant une cave. Conservée au *Rheinisches Landesmuseum.*

Trierische Landeszeitung, 17 nov. 1880, n° 310, p. 3.
KRAUS 103 (LE BLANT, *N. R.* 339 [DACL XV, 2, s. u. *Trèves,* col. 2755, n° 84]).
CIL XIII, 3858 (RIESE 4330; DIEHL 3308).
GOSE 33.
Révisée par N. Gauthier en 1968.

Plaque de marbre blanc mutilée à droite et peut-être en bas (à moins que le bord inférieur ait été irrégulier dès l'origine); h. 21; l. 27; ép. 4; lettres : 1,5-2 cm.

Hic requiiscit Marc[u]-
s q⟨ui⟩ uisxit anus XXVI (?);
Pusena titulum p[osu]-
4   it in die ⟨f⟩ati sui.
croix monogr. dans un cercle avec ⟨alpha⟩ et omega

Ici repose Marcus qui a vécu 26 (?) ans; Pusena a posé cette épitaphe le jour de son destin.

Cette pierre, malgré la disparition de quelques lettres, est bien conservée. Les difficultés de lecture résultent uniquement de la médiocrité du lapicide dont le savoir-faire était très inférieur à celui de la plupart de ses collègues trévires. A la l. 2, il a oublié de répéter les lettres VI pour écrire *qui uixit;* le dernier signe de la même ligne est peu intelligible (voir le commentaire de la l. 2). On a l'impression qu'à la ligne 4, lui-même a laissé inachevée la lettre qui suit le mot *die* faute de comprendre ce qu'il gravait. L'*alpha* de la croix monogrammatique, visiblement incompris lui aussi, se réduit à une petite boucle sous le bras horizontal de la croix. La hauteur des lettres est très irrégulière, les lignes anormalement espacées. Les Q ont un tracé cursif, d'ailleurs différent à la ligne 1 et à la ligne 2. Les E sont larges, les A ont une barre brisée, les hastes des M sont obliques. L. 1, les lettres MA sont liées. Le même symbole est figuré aussi aux n°s 91 et 137 (sur les innombrables variantes du chrisme et de la croix monogrammatique à Trèves, v. *Intr.,* § 43).

La forme *requiiscit* pour *requiescit* est unique dans notre matériel, mais on trouve dans d'autres mots des vulgarismes du même type (*Intr.,* § 50). *Visxit* équivaut à *uixit,* attesté plusieurs fois (*Intr.,* § 76). Le vulgarisme *anus* pour *annus* est au contraire tout à fait exceptionnel (le seul autre exemple est le n° 132, alors que le mot apparaît sur presque toutes les inscriptions). Enfin, *sui* renvoie, bien entendu, au défunt Marcus et non à Pusena, sujet de *posuit,* comme l'exigerait la grammaire classique (*Intr.,* § 86).

L. 1 : la formule *hic requiescit* n'est pas très répandue à Trèves (*Intr.,* § 38).
Marcus est un ancien *praenomen,* utilisé comme *cognomen* dès l'époque républicaine (Kajanto, *Lat. Cogn.,* p. 173, signale 18 chrétiens portant ce nom. V. aussi *Intr.,* § 107).

Comme le fait remarquer Kraus, on pourrait restituer aussi *Marcius,* mais ce nom est beaucoup moins fréquent.

L. 2 : le nombre d'années fait problème. Tous les commentateurs ont lu XXV, estimant sans doute, comme le P. Ferrua (*Riv. Arch. Crist.* 34, 1958, p. 218), que le dernier signe était « un V avec la haste de droite plus courte, comme on en trouve tant dans ces inscriptions ». Mais il suffit de se reporter aux inscriptions auxquelles renvoie Ferrua (nos n°s 50, 51, 55, 61, 71, 111) pour mesurer toute la différence entre cette façon classique de noter le chiffre 5, où la haste de gauche est toujours bien rectiligne, et notre signe, qui est beaucoup plus proche de l'*episemon* tel qu'il apparaît, par exemple, aux n°s 141 et 178. Mais à l'*episemon* a été rajoutée une barre (ce que Ferrua considère comme une haste de droite plus courte), comme au n° 106 où la barre, placée différemment, coupe le bas de l'*episemon*. Le problème est de savoir, dans un cas comme dans l'autre, si cette barre s'ajoute à l'*episemon* pour former le chiffre VII ou si elle en fait partie, précisant le I de VI qui n'apparaissait plus de façon assez évidente. Au n° 106, il faut que l'*episemon* avec sa haste supplémentaire signifie 6 sous peine d'arriver à un total de 30 qui serait exprimé par XXX; ici le doute subsiste car le résultat acquis au n° 106 n'est pas forcément valable partout, surtout que le *ductus* est bien différent. D'autres hastes ont peut-être disparu dans la cassure de la pierre.

L. 3 : Pusena est une forme vulgaire de *Pusinnus/a, Pisin(n)us/a* (*Intr.,* § 117). Kajanto (*Latin Cognomina,* p. 299) a relevé 31 femmes de ce nom, la plupart païennes.

L. 4 : in die fati sui : cette formule recherchée surprend dans une inscription si ordinaire. Elle a dû surprendre aussi le lapicide qui n'a pas osé inciser le F qui le déroutait et s'est contenté de graver une haste oblique avec une toute petite barre en haut à droite. Peut-être a-t-il recopié, en le stylisant, le signe manuscrit qu'il ne comprenait pas, comme on le voit sur d'autres pierres (n° 97, notamment). On n'imagine pas quelle autre lettre suggérer qu'un F dans ce contexte mais il est inattendu de trouver ici ce mot qui n'apparaît pas ailleurs dans notre matériel trévire. « Le jour de son destin » désigne évidemment le jour de la mort; si cette formule précise n'est pas encore apparue ailleurs en épigraphie chrétienne, on trouve, surtout à Rome, des expressions analogues (*fatum fecit,* etc. : Diehl 3305-3310 A). Considérant qu'il est difficile d'admettre que Pusena ait pu faire exécuter le *titulus* le jour même de la mort de Marcus, G. Brusin (*Röm. Quartalschr.* 54, 1959, p. 132) se demande s'il ne faut pas comprendre que la pierre a été dédiée le jour anniversaire de la mort. En l'absence de tout parallèle plus explicite, il est impossible de savoir si cette hypothèse est juste ou bien si la formule doit être comprise dans un sens plus vague : Pusena a posé l'épitaphe pour rappeler le jour de la mort de Marcus.

Il est dommage qu'on ne puisse assigner une date à cette inscription, qui n'est peut-être pas aussi tardive que ses négligences paléographiques et linguistiques pourraient le faire supposer si l'on oubliait que le travail mal fait n'est pas seulement le propre des époques de décadence. Elle comporte cependant deux vulgarismes « tardifs » qui la situent après 430/450 (*Intr.,* § 97).

Trèves, nécropole de Saint-Mathias. Trouvée au cours de l'hiver 1844-45 dans la partie N. E. du cimetière (*Intr.*, § 5), encastrée dans le couvercle d'un sarcophage. Conservée au *Rheinisches Landesmuseum*.

W. CH. VON FLORENCOURT, *Bonn. Jahrb.* 12, 1848, p. 82, nº X.
LE BLANT 273 (DACL XV, 2, s. u. *Trèves,* col. 2750, nº 52).
Ph. DIEL, *St-Matthiaskirche* (1881), p. 172, nº 15.
KRAUS 100.
F. HETTNER, *Röm. Steindenkmäler,* nº 337.
CIL XIII, 3859 (RIESE 4331; DIEHL 1373).
GOSE 34.
Révisée par N. Gauthier en 1968.

Plaque de marbre blanc, mutilée surtout dans sa partie inférieure gauche; h. 28,5; l. 34; ép. 2,5; lettres : 1,7-2,5 cm.

Hic pausat Ma-
rinus fidelis
qui uixit an(nos) pl(us) m(inus)
4 [...]; titulum posu-
[it N]onnita filio
[...]   in pace !
colombe   chrisme avec   colombe
sur un rameau   alpha et omega   sur un rameau

Ici repose Marinus, fidèle qui a vécu environ ... ans; Nonnita a posé cette épitaphe à son fils; en paix !

Cette pierre est un des exemples les plus caractéristiques du type III de Saint-Mathias (*Intr.,* § 25-26). Les lignes sont bien rectilignes (double réglure à peine visible), les lettres assez larges (notamment les D et les M), bien espacées. A la dernière ligne, les lettres des mots *in pace* sont nettement plus petites, faute de place, ce qui donne à penser que la colombe était déjà gravée lorsqu'on les a inscrites. La décoration est identique à celle du n° 13 *b*, mais un peu moins soignée : même croix monogrammatique où la panse du P s'ouvre pour ébaucher un R, même dessin des colombes posées sur un rameau d'olivier et en tenant un autre dans leur bec. A la l. 3, des points séparent les lettres T, A et N, puis P, L et M. Le point qui apparaît sur la photo après la dernière lettre est en réalité une tache colorée dans la pierre. Il n'y a pas d'autre ligature que NP à la dernière ligne. La langue est parfaitement correcte.

L. 1 : sur la formule *hic pausat,* voir *Intr.,* § 38.

Le *cognomen Marinus* est un nom d'origine géographique très répandu, surtout pour les hommes (I. Kajanto, *Latin Cognomina,* p. 308, en relève 261 exemples païens, 30 chrétiens). A Trèves même, un autre *Marinus* apparaît au n° 212.

L. 2 : fidelis désigne, dans la terminologie chrétienne, un chrétien baptisé (voir n° 138).

L. 3-4 : l'âge, donné approximativement (*Intr.,* § 39), a disparu. La place disponible permet de restituer un nombre de deux chiffres (un seul selon Ferrua, *Akten,* p. 295. Diehl a noté par erreur : XX). On aperçoit avant le T l'extrémité d'un trait oblique qui peut avoir appartenu à X ou V.

L. 5 : le nom de la mère ne peut être que *Nonnita,* qui apparaît entier au n° 44. Selon I. Kajanto (*Latin Cognomina,* p. 366), on connaît 8 chrétiennes portant ce *cognomen* dérivé de *Nonnus* à l'aide du suffixe *-i(t)ta,* d'emploi assez rare. *Nonnus* lui-même est un *cognomen* difficile à interpréter (voir le commentaire de L. Piétri à Le Blant 326). Gose pense qu'il est d'origine grecque, mais c'est peu probable car on le trouve surtout en pays celtique (cf. n° 222, *Nonusa*). La popularité des noms issus de liens de parenté en pays celtique fait suggérer à Kajanto que *Nonnus* pourrait en être un (cf., en italien, *nonno*). Ce peut aussi être un nom d'origine barbare (Holder, *Altceltischer Sprachsatz,* s. u., le considère comme celtique).

L. 6 : il faut sûrement restituer à gauche le symétrique des mots *in pace.* Ce ne peut être qu'un adjectif se rapportant à *filio,* sans doute *suo,* car *dulcissimo* ou *carissimo* sont trop longs. Le souhait *in pace* termine assez souvent les inscriptions de Trèves (*Intr.,* § 40).

Nous avons vu (*Intr.,* § 132) que les épitaphes issues de Saint-Mathias III ne semblent pas antérieures au Ve siècle.

I, 35

Trèves, nécropole de Saint-Mathias. Trouvée au cours de l'hiver 1844-45 dans la partie N.-E. du cimetière (*Intr.,* § 5), encastrée dans la dalle de grès que l'on voit sur la photo. Conservée au *Rheinisches Landesmuseum.*

J. STEININGER, *Geschichte der Trevirer,* I (1845), p. 282, n. 1.
W. CH. VON FLORENCOURT, *Bonn. Jahrb.* 12, 1848, p. 78. n° III.
LE BLANT 274 (DACL XV, 2, s. u. *Trèves,* col. 2750, n° 53).
Ph. DIEL, *St-Matthiaskirche* (1881), p. 173, n° 17.
KRAUS 97.
F. HETTNER, *Röm. Steindenkmäler,* n° 338.
CIL XIII, 3860 (RIESE 4333; DIEHL 3589).
S. LOESCHCKE, *Frühchristl. Denkmäler* (1936), p. 123.
GOSE 35.
E. FOERSTER, *Frühchristl. Zeugnisse,* p. 27-28. n° 15.
Révisée par N. Gauthier en 1967.

Plaque de marbre blanc, dont un petit fragment a été perdu au cours du bombardement de 1944; h. 29; l. 30; ép. 3; lettres : 2-3 cm.

Hic quiescit in pace
Martina, dulcissima
puella, que uixit an(nos)
4   XVI et me(nsem) I; patris titulum posuerunt.
colombe   olivier   colombe

Ici repose en paix Martina, très douce jeune fille, qui a vécu 16 ans et 1 mois; ses parents ont posé cette épitaphe.

Au point de vue paléographique, cette épitaphe présente les caractéristiques du type I de Saint-Mathias, avec des lettres hautes, assez étroites, élégantes, et en particulier des T à linteau ondulé (*Intr.*, § 15-18). Deux lettres cependant diffèrent légèrement de celles des autres inscriptions de ce type : le A à traverse brisée (comme au n° 229, provenant du même atelier) et le L à base tantôt ondulée (l. 2 et 4), tantôt plus rectiligne (l. 3). On reconnaît l'olivier à gros tronc si caractéristique de cet atelier. Le point que l'on aperçoit après *uixit* (l. 3) n'a jamais existé que dans l'imagination de celui qui a repeint en rouge l'inscription (partout, la gravure est nette et profonde). Les points suivants sont réellement gravés.

En ce qui concerne la langue, on peut relever deux vulgarismes d'origine phonétique, tous deux très communs dans notre matériel : *que* pour *quae* (l. 3) et *patris* pour *patres* à la l. 4 (*Intr.*, § 50 et 57).

L. 1 : hic quiescit in pace est une des formules les plus communes de notre matériel (*Intr.*, § 38).

L. 2 : Martina est un *cognomen* dérivé du nom de Mars que les chrétiens, comme dans tous les cas semblables (*Intr.*, § 109), n'ont pas hésité à utiliser; I. Kajanto (*Latin Cognomina*, p. 162 = 212) l'a relevé 43 fois chez des chrétiens.

L. 3 : le mot *puella* indique que Martina n'était pas mariée.

L. 4 : patris pour *parentes*, selon l'usage trévire (*Intr.*, § 94).

J'ai cru pouvoir fixer (*Intr.*, § 18) à la deuxième moitié du IVᵉ siècle ou aux premières décades du Vᵉ la période d'activité de Saint-Mathias I, dont cette pierre est issue.

I, 36

Trèves, nécropole de Saint-Mathias. Trouvée au cours de l'hiver 1844-45 dans la partie N.-E. du cimetière (*Intr.*, § 5), encastrée dans le couvercle d'un sarcophage. Conservée au *Rheinisches Landesmuseum*.

W. CH. VON FLORENCOURT, *Bonn. Jahrb.* 12, 1848, p. 81, n° VIII.
LE BLANT 276 (DACL XV, 2, s. u. *Trèves,* col. 2751, n° 55).
Ph. DIEL, *St-Matthiaskirche* (1881), p. 172, n° 13.
KRAUS 93 et *Nachtr.*, t. II, p. 339.
F. HETTNER, *Röm. Steindenkmäler,* n° 339.
CIL XIII, 3862 (RIESE 4335; DIEHL 3590 A).
GOSE 36.
Révisée par N. Gauthier en 1968.

Plaque de marbre brisée en nombreux fragments, dont certains, dans la partie droite, manquent; h. 25; l. 25; ép. 5; lettres : 2,5-3 cm.

Marus ic qui[e]ṣcet in
pace qui uixit aṇ(nos) IIII,me(nses) III,
die(s) XV; patris pie*ntiṣ*si-
4   mi titulum poṣ[u]-
er-   -un[t].
colombe   olivier   colombe

(état vers 1939)

Marus ici repose en paix, lui qui a vécu 4 ans, 3 mois, 15 jours; ses parents très pieux ont posé cette épitaphe.

Florencourt et Le Blant ont vu le texte presque entier : il manquait seulement, à la l. 1, les barres du E de *quiescet,* comme aujourd'hui (aussi Le Blant lit-il *quiiscet,* mais la place disponible indique qu'il y avait un E), à la l. 3, le V final (et sans doute la plus grande partie du S précédent car Le Blant le marque comme une restitution), à la l. 5 enfin, le T final. Kraus indique qu'il n'a pas vu les fragments de droite; à la l. 1, il marque *Marus ic quiis-* comme s'il l'avait vu mais sa reproduction montre qu'il a ici recopié Le Blant et qu'il a vu le fragment de gauche tel qu'il existe encore aujourd'hui (portant, à la l. 1, *Marus ic qui-* et une haste). Quand Hettner publie l'inscription à son tour, un certain nombre de fragments de la partie droite de la pierre ont été retrouvés : c'est à peu près l'inscription telle qu'elle se présente sur la photo, sauf que Hettner a vu le N de la dernière ligne, reperdu depuis. Enfin, la pierre aujourd'hui est complètement restaurée et complétée (cf. la photo publiée par Gose).

L'écriture (notamment A, Q, T) est caractéristique de l'atelier I de Saint-Mathias (*Intr.,* § 15-18). Il en est de même de l'olivier au tronc énorme et aux branches grêles garnies d'un maigre feuillage où, je ne sais pourquoi, Le Blant, suivi par Kraus, a voulu voir « un arbre desséché ». La seule originalité de la décoration, c'est que la colombe de gauche a la tête tournée pour regarder derrière elle (elle est seule, avec une de celles du n° 90, à le faire parmi les innombrables colombes représentées à Trèves). A la l. 1, on peut se demander s'il faut lire *Marus* ou *Maurus* avec ligature AVR; cependant, le A et le R semblent séparés et la haste du R n'est pas sensiblement plus inclinée que d'autres hastes du texte. Selon A. Ferrua (*Akten,* p. 295), le lapicide a omis la ligature par négligence. Le même auteur voit à la l. 2 une ligature MEV (donc *me(nses) VIII*) mais ce qu'il a pris pour un trait oblique indiquant V est en réalité la cassure. Seules les lettres ME sont ligaturées, comme MP à la l. 4. L. 2, un point sépare AN de IIII. A la même ligne, E est enclavé dans le C de *pace* et, à la ligne suivante, IE dans le D de *dies*; les lettres inscrites sont assez rares à Trèves (n°ˢ 52, 76, 117, 134); seul le I enclavé dans le D pour noter *dies* en abrégé est relativement courant (n°ˢ 11, 24, 50, 69, 86).

Les vulgarismes sont nombreux. La confusion *e/i* dans les mots *quiescet* et *patris* est banale à Trèves (*Intr.,* § 49 et 50). L'omission du H de *hic* est au contraire rare (*Intr.,* § 72); il est remarquable que, sur quatre inscriptions présentant cette forme, trois soient étroitement apparentées (n°ˢ 36, 59 et 61). *Pientissimi* est une forme barbare de *piissimi* (*Intr.,* § 92), la seule que nous trouvons à Trèves où la forme régulière n'apparaît pas.

Le formulaire est conforme aux habitudes de Saint-Mathias I. Le début est même identique, vulgarismes compris, à celui des n°ˢ 59 et 61 : le nom, *ic quiescet in pace* (ce qui confirme ici la lecture *quiescet*), l'âge au jour près.

L. 1 : *Marus* est un nom qui a aussi été porté par un évêque trévire de la fin du v° ou du début du vi°. I. Kajanto (*Latin Cognomina,* p. 42) range notre *Marus* avec 5 païens de même nom, disant qu'il s'agit d'une forme osque de *Marius*. Cette hypothèse, du moins dans le cas qui nous occupe, est bien invraisemblable, vu le temps et le lieu. M. Th. Morlet (*Noms de personne,* I, p. 168) fait de *Marus* un hypocoristique formé sur la racine *mar,* « célèbre » (cf. *Marro,* attesté en 739, et *Maro,* en 933). Mais les hypocoristiques sans suffixe sont généralement en *-o*. Il me semble beaucoup plus vraisemblable, étant donné que le nom *Maurus/a* est courant à Trèves (voir n° 37), de voir dans *Marus* une forme vulgaire de ce *cognomen*, obtenue par réduction de *au* en *a* au voisinage d'un *u* (*Intr.,* § 60).

L. 3 : *patres* est très souvent mis pour *parentes* dans l'épigraphie trévire (*Intr.,* § 94). Les allusions aux sentiments de « piété » familiale y sont au contraire assez rares (n°ˢ 9, 138, 162).

Cette inscription est sûrement à mettre en étroite relation avec les n°ˢ 59 et 61. Elles proviennent toutes trois de l'atelier I de Saint-Mathias dont l'activité se situe, semble-t-il, dans la deuxième moitié du iv° siècle ou au début du v° (*Intr.,* § 18).

I, 37

Trèves, nécropole de Saint-Mathias. Trouvée au cours de l'hiver 1844-45 dans la partie N.-E. du cimetière (*Intr.*, § 5). L'épitaphe était encastrée dans la face intérieure du couvercle d'un sarcophage (Steininger). Conservée au *Rheinisches Landesmuseum*.

J. STEININGER, *Geschichte der Trevirer*, I (1845), p. 282, n. 1.
W. CH. VON FLORENCOURT, *Bonn. Jahrb.* 12, 1848, p. 75, n° II.
LE BLANT 277 et suppl. t. II, p. 602 (DACL XV, 2, s. u. *Trèves*, col. 2751, n° 56).
Ph. DIEL, *St-Matthiaskirche* (1881), p. 172, n° 16.
KRAUS 96, *add.* p. [7], *add.* (de HETTNER), p. [4] et *Nachtr.*, t. II, p. 339.
F. HETTNER, *Röm. Steindenkmäler*, n° 340.
CIL XIII, 3691 (RIESE 439; DIEHL 1326).
GOSE 37.
Révisée par N. Gauthier en 1968.

Plaque de grès gris, brisée par le bombardement de 1944 en multiples fragments dont certains sont perdus; h. 54; l. 146; l. du champ épigraphique : 76; ép. 14; lettres : 4,5-6 cm.

(avant 1944)   (réduit au 1/10)

Iacet ⟨h⟩ic Maura con-
iux Bonifat*i a ue*ste
sacra ⟨q⟩uae [[r]] ? rec-
4   [[ec]]e*ss- croix -it* ịn ⟨p⟩ac-
monogr.
*e et t*u⟨l⟩i⟨t⟩ sec*um* aṇ-
nos XX̣.

Ci-gît Maura, épouse de Bonifatius, de la garde-robe impériale, qui mourut en paix et emporta avec soi 20 ans.

Voici une inscription très originale à tous points de vue, et d'abord par son support matériel. Au lieu d'être gravée sur une petite plaque de marbre encastrée dans une dalle de grès (voir *Intr.*, § 13), elle est gravée directement, en lettres plus grandes, sur la dalle de grès, comme le n° 71. A droite et à gauche du champ épigraphique, les surfaces de la pierre qui n'ont pas été utilisées sont couvertes de hachures, sans finition.

Deuxième originalité : les multiples erreurs de transcription du texte, sur une pierre qui se veut d'un certain « standing » puisque Bonifatius tient à nous faire savoir qu'il est fonctionnaire impérial. L'épigraphie trévire nous a habitués à une autre qualité, même sur des épitaphes beaucoup plus modestes. Les lettres sont larges, bien gravées, de forme constante d'un bout à l'autre de l'inscription, mais le texte à graver n'a manifestement pas été compris. Si l'on admet avec J. Mallon (*Paléographie romaine*, Madrid, 1952, p. 57-s.) que l'élaboration d'un texte épigraphique se fait en trois phases, rédaction du texte en écriture commune, transcription en letttres monumentales sur la surface de la pierre par l'*ordinator*, gravure au ciseau, on a l'impression qu'ici le texte a été gravé par quelqu'un qui connaissait son métier, mais recopié par quelqu'un — le même peut-être, d'ailleurs — qui a été incapable de déchiffrer le papyrus ou la tablette qu'on lui avait remis.

Il en résulte un certain nombre de difficultés d'interprétation. A la l. 1, on a généralement lu (sauf Le Blant qui ne commente pas sa lecture *iacet hic*) : *iacet hiic*, avec ligature TH; mais, étant donné que cette ligature est la seule de l'inscription et que le nombre de hastes est juste, je pense que l'erreur du lapicide a consisté non à mettre un I de trop mais à mal placer la traverse du H, qui devrait se trouver entre les deux hastes suivant le T. L. 3, la queue du Q manque bel et bien, quoique Le Blant, Kraus après réflexion (*add.* p. [7]) et Hettner aient cru la voir. Puis l'on trouve RREC/ECESSIT qui peut être mis pour *precessit* ou *recessit*. Il est difficile de choisir entre les deux interprétations car le lapicide a confondu P et R l. 4; il peut donc l'avoir fait aussi une ligne au dessus et, par ailleurs, il a écrit deux fois par inadvertance EC dans ce mot même, il peut donc aussi avoir écrit deux fois R sans s'en apercevoir. L. 4, IN RACE est certainement mis pour IN PACE. Le Blant, frappé du nombre de confusions entre P et R que l'on trouve sur les inscriptions chrétiennes (à Trèves même, cf. CAPITATE pour CARITATE au n° 57), les attribuait au fait qu'elles auraient été gravées par des lapicides grecs confondant les alphabets grec et latin. Sans doute est-il plus juste de les mettre en parallèle avec d'autres séries de confusions qui ne peuvent s'expliquer de la même manière (par exemple A et S, comme le fait J. Guey, *Gallia* 17, 1959, p. 236) et d'y voir une de ces erreurs dans le déchiffrement de lettres en minuscule cursive que J. Mallon (*Paléographie romaine*, p. 133-134) ou J. Marcillet-Jaubert (*Revue des Etudes Anciennes* 62, 1960, p. 362-382) se sont attachés à relever. Enfin, la l. 5 est, elle aussi, manifestement fautive. Il faut écarter la lecture de Zangemeister dans le *Corpus* (suivie par Diehl et le DACL), *fui*, car la première lettre du mot est indiscutablement un T. TVI ne peut être mis que pour *tulit*, soit que le lapicide ait oublié deux lettres, soit que le mot ait été écrit en abrégé, *tul(it)*, et que le lapicide ait mis, comme en d'autres cas (n°s 75, 154, 157), I pour L; c'est cette deuxième hypothèse, plus vraisemblable, qui a été retenue par tous les commentateurs de la pierre sauf Ferrua (*Akten*, p. 295), mais il est surprenant de trouver cette abréviation alors qu'*annos* est écrit en entier en rajoutant une ligne. La forme des lettres, proche de la capitale classique, n'appelle pas de commentaire particulier. Une croix monogrammatique occupe le milieu des lignes 4 et 5. La panse du P, très développée, est bien fermée et la partie de la haste située au dessous de la traverse est anormalement courte.

La langue est correcte, pour autant qu'on puisse juger. La graphie *Bonifati* pour *Bonifatii* se trouve à toutes les époques de la latinité (*Intr.*, § 63).

L. 1 : c'est la seule fois à Trèves que le mot *iacet* se trouve en tête. Le nom *Maurus/a* y est plusieurs fois attesté (n°s 105, 146 et sans doute 36) alors que Kajanto (*Latin Cognomina*, p. 206) n'en connaît que 21 cas pour l'ensemble des sources chrétiennes de l'onomastique latine (et 86 exemples païens). Faut-il conclure de cette relative fréquence qu'il y avait des courants migratoires entre l'Afrique et la Première Belgique (*Intr.*, § 108) ?

L. 2 : le mari de Maura porte un de ces noms composés si caractéristiques de l'onomastique africaine (I. Kajanto, *Latin Cognomina*, p. 23). C'est un nom de bon augure (on souhaite à celui qui le porte d'avoir « un bon destin »), qui s'est répandu surtout à une époque tardive : Kajanto (*op. cit.* p. 272) en connaît 16 exemples dans des sources païennes, dont 14 en Afrique, et 131 dans les sources chrétiennes.

L. 2-3 : la mention inhabituelle *coniux Bonifati* est visiblement destinée à amener la précision *a ueste sacra :* Bonifatius devait être fier d'appartenir à un service de la maison impériale apparemment revêtu d'un certain prestige puisque, parmi les très rares épitaphes mentionnant une profession, il y en a une autre où il s'agit d'un employé de la *uestis sacra* (n° 126).

L. 3-4 : nous avons vu qu'il était difficile de choisir entre les formules *precessit in pace* et *recessit in pace*. Toutes deux sont attestées à Trèves (n° 173, *qui me [in domini]ca pace precessit[t]* + date; cf. n° 98. N° 204, *reces[sit in] pace fed[elis]* + date; cf. n°s 97 et 170). Kraus hésite, mais les autres commentateurs choisissent *precessit*. En parcourant les n°s 2836-2850 A de Diehl, on peut constater que la formule *recessit in pace* est de loin la plus courante mais qu'elle introduit généralement une date; cependant, ce n'est pas le cas aux n° 2836 A = *ICVR, n. s.* (I) 2148; 2836 A *adn.* = *ICVR, n. s.* (I) 2454; 2836 B = Muratori, p. 1945, 10; 2836 C = *ICVR, n. s.* (I) 402; 2838 = CIL V, 4120, à laquelle on peut joindre une série d'inscriptions de la même région (CIL V, 1675, 1683, 1701); Diehl 2839 = *Boletin de la Real Academia de la Historia* 43, 1903, p. 464; enfin, à Cologne, où la formule *recessit in pace* apparaît plusieurs fois, elle n'est jamais suivie d'une date (voir Le Blant 355). *Precessit in pace* n'introduit pas, généralement, une date; on s'attendrait à le voir construit avec un complément d'objet direct, *me* ou *nos,* mais il faut constater que ce n'est généralement pas le cas, peut-être parce que ce serait, comme le pense Le Blant, un emprunt textuel aux prières pour les morts en usage dans l'Eglise de ce temps : il n'était pas nécessaire d'expliciter clairement une formule familière à tous. A propos de ces lignes, Diehl note *dictionem in Africa frequentatam* et renvoie à ses n°s 2846-s. mais, en s'y reportant, on constate qu'elle est plus fréquente à Rome et qu'en Afrique, elle est précédée d'un pronom personnel : on ne peut donc en tirer argument en faveur d'une origine africaine de Maura et Bonifatius; par contre, si l'on croit à l'origine africaine de ces personnes, on peut en tirer argument, comme le fait Ferrua (*Akten,* p. 295), pour préférer *precessit* à *recessit*.

L. 5-6 : l'âge est parfois introduit par la périphrase *tulit annos* (à Trèves même, n°s 68 et 176), équivalent du *portauit annos* que l'on trouve ailleurs (voir n° 206). Dans le reste de la Gaule, la forme *tulit annos* n'apparaît que sur deux épitaphes païennes, CIL XII, 3749 et CIL XIII, 1291, les deux fois en abrégé. Ici, nous avons une formule plus rare encore, mais qui n'est pas sans exemple : *tulit secum annos* (*Thesaurus,* s. u. *fero,* col. 559, cite CIL VI, 12 178, X, 3030, V, 3496; Bücheler 1069, 3); le sens est le même que précédemment. On peut donc écarter l'autre hypothèse avancée par Steininger : *et uixit cum suo marito.* Ferrua, qui lit plutôt *fui(t) secum,* ne précise pas le sens qu'il donne à cette expression.

Le Blant émet l'hypothèse que Bonifatius et Maura étaient originaires d'Afrique, comme leurs noms semblent l'indiquer. C'est aussi ce que pense A. Ferrua (*Akten,* p. 287). Cette hypothèse me paraît d'autant plus vraisemblable que l'onomastique offre certaines corrélations entre l'Afrique et la Gaule (*Intr.,* § 108) et que le milieu des fonctionnaires impériaux était cosmopolite (que l'on songe à l'africain Ponticianus en service à Trèves, *Confessions,* VIII, 6 [14-15]; il est vrai qu'il occupe au palais un emploi sûrement plus considérable que celui de Bonifatius). Le Blant estime aussi que l'inscription est, « selon toute apparence, antérieure au départ des souverains », qui ont cessé de résider à Trèves, comme on sait, à la fin du IVe siècle. On ne peut exclure, cependant, l'éventualité que Bonifatius se soit targué d'une fonction qu'il n'exerçait plus effectivement au moment de la mort de sa femme ou que les services de la *uestis sacra,* dont nous ignorons tout (voir n° 126), soient demeurés à Trèves quelque temps après le départ de l'empereur. Il faut donc introduire une certaine souplesse dans ce critère de datation : il n'est pas impossible que la pierre soit des premières années du Ve siècle.

I, 38

Trèves, nécropole de Saint-Mathias. Trouvée en 1964/65 dans la nef centrale de l'église, à environ 18 m du mur ouest; l'inscription était dans une couche de terre, tournée vers le haut, sans trace d'inhumation (comme n° 21). Conservée au *Rheinisches Landesmuseum*.

E. GOSE, *Trier. Zeitschr.* 28, 1965, p. 71-72, n° 2.
E. FOERSTER, *Frühchristl. Zeugnisse*, p. 35, n° 25.
Révisée par N. Gauthier en 1967.

Plaque de marbre blanc; h. 32; l. 65; ép. 4; lettres : 2,5-3 cm. Elle est encastrée dans un bloc de grès (*Intr.*, § 3) réemployé, comme le montre le dos; h. 76-71; l. 91; ép. 15 cm.

Maximianus hic in pacae
iacet qui ⟨ui⟩xit annos LXV
et menses IIII et dies XX;
4   Memoriosus et Prudens
fili sui titulum fecerunt.
colombe   vase   colombe

Maximianus ici gît en paix, qui a vécu 65 ans, 4 mois et 20 jours; Memoriosus et Prudens, ses fils, ont fait cette épitaphe.

Au point de vue paléographique, cette inscription relève de l'atelier IV de Saint-Mathias (*Intr.*, § 28-30) : les A, les M, notamment, sont caractéristiques, ainsi que les points après *Maximianus* (l. 1) et aux deux extrémités de la l. 3. Le lapicide s'est visiblement attaché à faire du beau travail : les lignes sont bien espacées, guidées par une double réglure que les lettres suivent exactement, le texte y est disposé avec art, la traverse du A de *annos* (l. 2) a un tracé recherché en courbes, le dernier L de la l. 5 a cette base maniérée qui apparaît si souvent à Trèves (par ex., n°ˢ 9, 24, 26, 55, 57, 58, 61, 68, etc.). Pourtant, il n'a pas réussi à éviter les fautes : à la l. 1, il avait sans doute d'abord commencé sa ligne trop à gauche et il subsiste une haste incisée par erreur; à la l. 2, il a omis de répéter VI dans la formule QVI VIXIT; à la l. 5, il a incisé par erreur, puis martelé une haste après le deuxième T de *titulum* et de même, à la base du F de *fecerunt*, incisé puis martelé un trait horizontal qui transformait ce F en E. Les ligatures NP (l. 1) et NN (l. 2) sont banales.

Au dessous du texte, un vase entre deux colombes : ce motif apparaît aussi aux n°ˢ 61, 170, 174, 175 et 216 (et des motifs voisins aux n°ˢ 90 et 217), avec des représentations assez variées du vase. D'après Gose, on aperçoit peut-être, dans l'ouverture du vase, trois pains eucharistiques comme ceux qui sont représentés au n° 175. Rappelons qu'on aperçoit une grappe dans l'ouverture du vase du n° 61. Le dessin ici est raide et maladroit : on voit à la fois le dessus et le dessous du vase.

En ce qui concerne la langue, notons l'hypercorrection *pacae* pour *pace* (*Intr.*, § 58) et l'emploi, contraire aux règles, de *sui* à la l. 5 (*Intr.*, § 86). Sur la graphie *fili*, v. *Intr.*, § 63.

L. 1 : *Maximianus* est un *cognomen* dérivé de *maximus* et largement attesté, au moins sous sa forme masculine : I. Kajanto (*Latin Cognomina*, p. 276) en connaît 142 exemples, dont 6 seulement au féminin (18 d'entre eux sont chrétiens, dont 3 femmes).

L. 2-3 : l'âge à Trèves est souvent donné avec cette précision (*Intr.*, § 39).

L. 4 : parmi les nombreux *cognomina* forgés à partir de *memor* (cf. *Memorius*, n° 39), Kajanto (*Latin Cognomina*, p. 255) ne cite pas *Memoriosus*. Les Trévires semblent avoir apprécié particulièrement le suffixe -*osus* (sur ce suffixe, voir *Bonosus*, n° 110) : ils ont formé avec cette dérivation un autre nom qui leur est propre, *Leosus* (n° 29).

Prudens est un *cognomen* évoquant une qualité chère aux Romains. I. Kajanto (*Latin Cognomina*, p. 250) ne connaît cependant que 40 hommes ayant porté ce nom, tous païens.

L. 5 : la formule *titulum fecit/fecerunt* ne se rencontre qu'ici et au n° 1. On trouve le verbe *fecit/ fecerunt* employé absolument, avec le même sens, aux n°ˢ 12, 144 et 164.

Gose date cette épitaphe du début du vᵉ siècle. Pour les raisons qui m'ont fait assigner au vᵉ siècle les productions de Saint-Mathias IV, voir *Intr.*, § 132.

Trèves, nécropole de Saint-Mathias. Trouvée en 1888 le long du mur sud de l'église Saint-Mathias, à faible profondeur au dessous du pavement du cloître qui existait autrefois au nord de l'abbaye. Conservée jadis dans la crypte de Saint-Mathias, elle se trouve aujourd'hui dans la bibliothèque du monastère (à titre provisoire).

H. V. SAUERLAND, *Wd. Korr.* 8, 1889, p. 68, n° 29.
F. BUECHELER, *ibid.,* p. 119, n° 51.
KRAUS 118 et *Nachtr.,* t. II, p. 340 (LE BLANT, *N. R.* 360; R. MOWAT, *B. S. N. A. F.,* 1895, p. 175 [DACL XV, 2, s. u. *Trèves,* col. 2757, n° 96]).
CIL XIII, 3865 (RIESE 4337; DIEHL 3260).
S. LOESCHCKE, *Frühchristl. Denkmäler* (1936), p. 136.
GOSE 39.
Révisée par N. Gauthier en 1972.

Plaque de marbre blanc en plusieurs fragments; en réemploi (au dos, une table de jeu); h. 42; l. 70; lettres : 4 cm.

(réduit au 1/5)

Memorio coniugi
dulcissimo qui
uixit annis XXXVII
4   Festa posuit
in pace ! *chrisme*
couronne

A Memorius, son époux très cher, qui a vécu 37 ans, Festa a posé (cette épitaphe); en paix !

Dos

Il n'est pas exceptionnel de voir, comme ici, des tables de jeu utilisées comme plaques funéraires (cf. A. Ferrua, *Tavole lusorie scritte*, dans *Epigraphica* 9, 1947, p. 53-73 et 10, 1948, p. 21-58). A Trèves même, on a trouvé des fragments de deux autres *tabulae lusoriae* (CIL XIII, 3780 et 3781). D'après Mowat (p. 175-177), les mots inscrits sur la table, *Virtus imperi, hostes uincti, ludant Romani,* font allusion aux victoires de Constantin sur les Francs et les Alamans en 306 et aux jeux célébrés à cette occasion, ce qui fournirait, pour l'inscription funéraire, un *terminus post quem,* à vrai dire peu intéressant puisqu'une épitaphe de ce type n'est évidemment pas antérieure au IVᵉ siècle.

La paléographie est originale : elle est plus proche de la capitale classique que de la capitale influencée par la cursive qui apparaît généralement dans notre matériel. Les lettres, qui s'inscrivent exactement entre les deux lignes d'une réglure à peine visible, sont larges, régulièrement espacées. Les hastes des M sont verticales, les traverses se rejoignent au bas de la lettre; les O sont bien ronds et aussi hauts que les autres lettres. Les lettres de la dernière ligne sont particulièrement espacées, pour remplir l'espace disponible. Contrairement à l'habitude, le chrisme a été gravé dans un espace libre au niveau des deux dernières lignes, à droite. Au dessous du texte a été dessinée une simple couronne, sans symbole inscrit au centre; c'est la seule représentation de ce type dans l'épigraphie chrétienne de Trèves (voir *Intr.,* § 44).

La langue est correcte, sans aucun de ces vulgarismes phonétiques si communs à Trèves. Cependant, la durée de la vie de Memorius est construite à l'ablatif, alors que l'accusatif est de règle à Trèves (*Intr.,* § 89).

Le formulaire s'écarte quelque peu des habituelles formules stéréotypées. L'inscription commence par la mention du défunt au datif (comme aux nᵒˢ 9, 32 et 159), ici complément du verbe *posuit;* le mot *titulum* est sous-entendu, comme aux nᵒˢ 28, 32*a* et *b*, 73 et 87.

L. 1 : le nom *Memorius,* dérivé de *memor* à l'aide du suffixe *-ius* si prolifique à partir du IIIᵉ siècle (*Intr.,* § 124), est assez rare. I. Kajanto (*Latin Cognomina,* p. 255) en connaît 7 exemples chez les païens (dont deux au féminin) et 3 chez les chrétiens (dont, à Arles, Le Blant 511).

L. 2 : *Festa* est un *cognomen* très répandu, lié à l'idée de gaieté ou à l'idée de *dies festus,* « jour de fête ». Cependant, il devient plus rare, comme beaucoup de formes simples, à l'époque chrétienne (I. Kajanto, *Latin Cognomina,* p. 221, en connaît 617 emplois, dont 11 seulement chez les chrétiens).

Sur la date de cette épitaphe, les opinions sont très partagées. Sauerland estimait que la forme des V, des R, des N et des M faisait penser à une époque « qui pourrait bien être postérieure encore à celle des carolingiens ». Pas du tout, répondit Bücheler, l'épitaphe est tout au plus du temps de Salvien. Kraus trouve, pour sa part, que la paléographie, la correction de la langue et le laconisme de la formule doivent la faire placer au milieu du IVᵉ siècle, en tout cas au nombre *den ältesten und schönsten epigraphischen Urkunden des Christenthums am Rheine.* Cette dernière opinion me paraît la plus vraisemblable; l'inscription de Memorius paraît juste antérieure au moment où, par suite de la production en série d'épitaphes chrétiennes, le formulaire et les thèmes de la décoration deviennent stables et se répètent d'une pierre à l'autre avec de menues variantes pendant de nombreuses décennies.

I, 40

Trèves, nécropole de Saint-Mathias. Trouvée en décembre 1915 dans la partie sud-ouest du cimetière. Conservée au *Rheinisches Landesmuseum.*

GOSE 40.
E. FOERSTER, *Frühchristl. Zeugnisse,* p. 28, nº 16.
Révisée par N. Gauthier en 1967.

Plaque de marbre en plusieurs fragments, mutilée en bas et restaurée; h. 16; l. 27; ép. 3,5; lettres : 2,3 cm.

Hic qui⟨esc⟩it Mera-
baudis in pacẹ, qui uixit
anno et me(nses) XI; patris
4   dulcissiṃ[i tit]ụlu
p[osuerunt].

(restaurée)

Ici repose Merabaudis en paix, qui a vécu un an et 11 mois; ses parents très doux ont posé cette épitaphe.

La paléographie présente une parenté évidente avec celle de Saint-Mathias I (*Intr.,* § 15). Le *ductus* des lettres est celui de cet atelier mais leurs particularités ont été exagérées : le linteau des T, notamment, a le même mouvement pour ainsi dire « baroque » que sur l'épitaphe de Lycontia (nº 31); le R maniéré est inspiré de ceux qu'on trouve sur certaines pierres de Saint-Mathias I (nº 71 et 85). C'est qu'il ne s'agit que d'une copie, exécutée par un artisan qui n'a pas l'habileté technique qui caractérise l'atelier I : il a tracé une réglure, d'ailleurs plus marquée, mais les traits ne sont pas parallèles (notamment l. 2-3); à la première ligne, il a inscrit *qui uixit* au lieu de *quiescit;* à la l. 2, le premier A n'est pas barré, ce qui donne à la ligature AV l'apparence d'un N incliné. Les lettres sont gravées profondément, mais le ciseau a parfois fait éclater la pierre, provoquant des « bavures », surtout aux empattements. Ligatures : ME (l. 1), AV et NP (l. 2), ME (l. 3).

On peut relever les vulgarismes *anno* pour *annum* (*Intr.,* § 89) et *patris* pour *patres* (*Intr.,* § 50) à la ligne 3, *titulu* pour *titulum,* très rare à Trèves où ce mot apparaît presque sur chaque pierre (*Intr.,* § 82), à la ligne 4.

L. 1-2 : Merabaudis est un nom germanique, le plus souvent attesté sous la forme *Merobaudes* ou *Merobaudis.* Le O bref non accentué qui termine le premier terme a tendance à passer à A en Gaule mérovingienne (*Intr.,* § 56). Ce nom, formé des racines *Mero-,* « célèbre », et *-baudes,* « offrir », est très répandu, surtout dans le dernier quart du IVe siècle et au Ve, si l'on en juge d'après les exemples cités par Schönfeld (*Wörterbuch,* p. 167). Il fut notamment porté par l'un des consuls de 383, mentionné au n° 211. Peut-être faut-il le reconnaître, comme le pensent Gose et Förster, aux n°s 191 et 221, mais ce n'est pas sûr, car chacune des deux racines est utilisée dans la formation de toutes sortes de noms.

L. 3 : patris est mis pour *parentes,* selon l'usage trévire (*Intr.,* § 94).

L. 4 : il faut compléter *dulcissimi,* et non *dulcissimo* (sous-entendu *filio*) comme l'envisage Förster, car le mot *filio* est toujours exprimé dans ce cas (n°s 26, 39, 111, 118, 143, 156; 120, 138, 159).

Cette pierre me paraît pouvoir être située dans la deuxième moitié du Ve siècle pour les raisons suivantes : le nom de Merabaudis est surtout répandu à la fin du IVe et au Ve; la faute de la l. 1, le A non barré de la l. 2, la réglure assez marquée interdisent une datation trop haute; la présence de deux vulgarismes « tardifs » (*Intr.,* § 97) la situe après 430/450.

I, 41

Trèves, nécropole de Saint-Mathias. Trouvée vraisemblablement dans les mêmes conditions que le n° 40 (elle est entrée au musée à peu près en même temps). Conservée au *Rheinisches Landesmuseum.*

GOSE 41.
Révisée par N. Gauthier en 1967.

Fragments d'une plaque de marbre blanc dont le bord primitif subsiste en haut et à gauche; h. 9,5; l. 9; ép. 3,7; lettres : 2 cm. Endommagée au cours du bombardement de 1944.

(état actuel)

Hiç qu*iesci*[t in pace]
Mercur*ina q*[ue uixit ann]-
os XX̣[X...]

Ici repose en paix Mercurina qui a vécu .. ans ...

La paléographie apparente ce fragment aux productions de l'atelier III de Saint-Mathias (*Intr.*, § 25-26); mais les lettres sont plus étroites, notamment le E, et plus serrées.

Cette épitaphe mutilée semble avoir été tout à fait banale : d'où les restitutions proposées (*Intr.*, § 38-39). La l. 2 compte un peu plus de lettres que la l. 1 mais l'écriture y est plus dense.

L. 2 : *Mercurina* est un nom théophore païen comme les chrétiens ne répugnèrent pas à en porter (*Intr.*, § 109). Ce *cognomen* rare (mais *Mercurius* et ses dérivés sont très répandus) n'est guère attesté qu'en Gaule : sur 4 exemples païens cités par I. Kajanto (*Latin Cognomina*, p. 213), 3 sont gaulois et l'on ne connaît pas d'autre *Mercurinus/a* chrétien que notre Trévire. Peut-être faut-il mettre cela en relation avec l'*interpretatio* qui assimila à Mercure des dieux locaux.

Saint-Mathias III a exercé son activité au ve siècle (*Intr.*, § 132).

I, 42

Trèves, nécropole de Saint-Mathias. Trouvée très vraisemblablement au cours des fouilles de 1914-16 dans le cimetière (voir n° 40) car elle est entrée au musée à ce moment-là. Conservée au *Rheinisches Landesmuseum*.

GOSE 42.
Révisée par N. Gauthier en 1967.

Plaque de marbre blanc, mutilée à droite et en bas; h. 14; l. 20; ép. 3,3; lettres : 2-2,5 cm.

    Ic iace[t in pace]
    Monta[n...]-
    s infas q[ui uixit an]-
4 [n]um [e]t m[enses ...]

Cette inscription relève de l'atelier IV (*Intr.*, § 28) de Saint-Mathias : lettres relativement larges, surtout le M, plus espacées que dans les autres types d'écriture, *ductus* caractéristique du A, point avant le mot *infas* (l. 3). A la ligne 1, la barre inférieure du E est à peine incisée, comme si le lapicide avait hésité sur ce qu'il devait faire. A la fin de la ligne 2 subsiste la première haste du N. A la l. 4, Gose a lu : IVMTM... En fait, on aperçoit à gauche le haut d'une haste qui peut avoir appartenu à un N, puis le haut de VM, ensuite la barre supérieure d'un E à la limite de l'éclat qui a fait disparaître la surface de la pierre à cet endroit, enfin T et la partie supérieure gauche d'un M.

Ce fragment présente deux vulgarismes : *ic* sans *h* (*Intr.*, § 72) et *infas* pour *infans* (*Intr.*, § 77).

L. 2 : le défunt s'appelait Montanus/a (I. Kajanto, *Latin Cognomina,* p. 309) — suivi d'un adjectif comme [*innocen*]/*s* —, ou Montanianus, Montanillus, etc.

L. 4 : K. Krämer m'a fait remarquer qu'il fallait restituer l'âge : un an et quelques mois (cf. le terme *infas* à la 1. 3).

L'atelier IV de Saint-Mathias a dû exercer son activité au Ve siècle.

I, 43

Trèves, nécropole de Saint-Mathias. Trouvée en 1886 dans le cimetière, au cours des fouilles effectuées sur le côté nord de l'église. Conservée autrefois dans la crypte de Saint-Mathias, elle a disparu pendant la guerre de 1939-1945.

KRAUS 117, 124 (LE BLANT, *N. R.* 359; CIL XIII, 3866).
GOSE 43.

Fragment de plaque en marbre blanc; h. 12; 1. 16.

(avant 1939/1945)

```
[...] O [...]
Nicetia
[?s]uprema
4         M
```

Il n'y a pas grand-chose à tirer de ce petit fragment. A la 1. 1, Kraus a lu SIOI, Gose, IO : on aperçoit en effet des traces de lettres, notamment deux hastes verticales, mais seul le O me semble sûr, quoique mutilé. A la fin de la 1. 3, il me semble discerner, comme Gose, un A, avec une traverse brisée à peine visible : je ne comprends pas à quoi correspond la bizarre copie figurée de Kraus, que les auteurs du CIL, qui ne paraissent pas avoir revu la pierre, ont transcrite par MV ligaturés.

La paléographie, notamment les M très larges à hastes verticales, rattache cette inscription au type III de Saint-Mathias (*Intr.,* § 25-26). Le cognomen *Nicetius/a,* nom d'origine grecque avec le suffixe *-ius/a* si prolifique à époque tardive, a été porté notamment par un évêque de Trèves au VIe siècle. A la 1. 3, fragment d'un autre nom ou bien une forme de *supremus,* mot qui n'est pas apparu jusqu'ici sur les inscriptions chrétiennes de Trèves.

Saint-Mathias III a exercé son activité au Ve siècle et sans doute plus précisément dans la seconde moitié de ce siècle (*Intr.,* § 132).

I, 44

Trèves, nécropole de Saint-Mathias. Trouvée au cours de l'hiver 1844-45 dans la partie NE du cimetière (*Intr.*, § 5), encastrée dans le couvercle d'un sarcophage. Conservée au *Rheinisches Landesmuseum.*

W. CH. VON FLORENCOURT, *Bonn. Jahrb.* 12, 1848, p. 81, n° IX.
LE BLANT 278 (DACL XV, 2, s. u. *Trèves,* col. 2751, n° 57).
Ph. DIEL, *St-Matthiaskirche* (1881), p. 172, n° 14.
KRAUS 99 et *add.* (de HETTNER), p. [4].
F. HETTNER, *Röm. Steindenkmäler,* n° 341.
CIL XIII, 3867 (RIESE 4341).
GOSE 44.
Révisée par N. Gauthier en 1968.

Partie supérieure gauche d'une plaque en marbre blanc; h. 23; l. 30; ép. 4; lettres : 2,3 cm.

Hic Nonnita [quies]-
cet in pace quẹ [uixit]
annos ...

Ici Nonnita repose en paix, elle qui a vécu ... ans ...

L'écriture de cette épitaphe présente les caractères de Saint-Mathias I (*Intr.*, § 15-18). Les lettres, élégantes, sont bien gravées, les lignes espacées; un espace blanc entoure l'inscription. L'espace disponible au dessous de la dernière ligne ne semble pas avoir été décoré. Le texte est presque complet. A la fin de la l. 2, Hettner a cru voir un A dans la ligature qui suit le Q; il me semble plutôt, comme à Le Blant et Kraus, que c'est une ligature VE. A la ligne 3, le nombre d'années est mutilé : Florencourt avait lu II; mais, comme le fait remarquer Hettner, la deuxième haste dont on aperçoit le haut est beaucoup trop éloignée de la première, qui devait plutôt appartenir à un L; on ne peut savoir si la deuxième appartenait à un chiffre ou à un mot comme *menses, et* ou *dies.*

Dans son état actuel, ce fragment comporte deux vulgarismes très répandus à Trèves : *quiescet* pour *quiescit* (*Intr.*, § 49) et *que* pour *quae* (*Intr.*, § 57).

L. 1 : sur le nom *Nonnita,* voir n° 34.

L. 3 : l'épitaphe, banale jusqu'ici, ne semble pas avoir comporté l'habituelle mention des dédicants (*Intr.,* § 40). La place disponible ne permet guère de restituer que la mention précise de l'âge (mois ou jours, ou les deux très abrégés) ou le souhait *in pace.*

L'activité de l'atelier I de Saint-Mathias, auquel cette pierre appartient, m'a paru se situer dans la deuxième moitié du ɪvᵉ siècle ou au début du vᵉ (*Intr.,* § 18).

I, 45

Trèves, nécropole de Saint-Mathias. Conservée au *Bischöfliches Museum.*

GOSE 45.
Th. K. KEMPF, *Früchristl. Zeugnisse,* p. 197, n° 15.
Révisée par N. Gauthier en 1967.

Plaque de marbre blanc; h. 22,5; l. 33; ép. 4; lettres : 2-2,3 cm.

Hic iacit in pace Numi-
dius qui uixit an(nos) VII;
Valerius et Optata patr-
4   is tetolu⟨m⟩ posuerunt.
colombe   chrisme   colombe

Ci-gît en paix Numidius qui a vécu 7 ans; Valerius et Optata, ses parents, ont posé cette épitaphe

La paléographie présente toutes les caractéristiques de Saint-Mathias II : double réglure légèrement incisée, A à traverse brisée, Q en deux traits, T dont le linteau rectiligne se situe un peu au dessous de la réglure, ligatures NP (l. 1), VA, ET, AT (l. 3), ET et NT (l. 5), abréviation de *annos* surmontée d'un tilde. Le chrisme entre deux colombes est la décoration traditionnelle dans cet atelier. Le trait brisé qui court au dessus des lettres ENVMI à la fin de la ligne 1 est purement accidentel. Une faute qui surprend sur une inscription de cette qualité : *tetolui* (l. 4), qui ne peut s'expliquer par aucune déformation de la langue parlée et qui doit résulter d'une inadvertance du lapicide qui a cru son M terminé alors qu'il n'en avait tracé qu'une haste ou qui a oublié les deux traverses qui auraient donné MP ligaturés (hypothèse K. Krämer).

Cette faute mise à part, le mot présente le double vulgarisme caractéristique de Saint-Mathias II (*Intr.,* § 22) : *tetolum;* de même, on trouve *iacit* pour *iacet* comme au n° 11, de cet atelier. La forme *patris* pour *patres* est courante à Trèves (*Intr.,* § 50).

Le formulaire est, lui aussi, conforme au schéma stéréotypé de Saint-Mathias II (*Intr.*, § 22).

L. 1-2 : Numidius est un *cognomen* « géographique » formé avec ce suffixe *-ius* dont la vogue alla croissant à partir du IIIe siècle (*Intr.*, § 124). Si les noms dérivés d'ethniques ont en général joui d'une grande faveur, *Numidius* lui-même est peu commun : I. Kajanto (*Latin Cognomina*, p. 206) n'en a relevé que six mentions, toutes païennes.

L. 3 : Valerius est un ancien *nomen* qui, lorsque la distinction entre gentilices et *cognomina* vint à s'estomper, fut très souvent choisi comme *cognomen* à cause de sa racine *ualere,* qui était de bon augure (I. Kajanto, *Onomastic Studies,* p. 22). A Trèves même, il fut illustré par l'évêque mentionné au n° 19 et il apparaît encore aux nos 136, 159 et 160.

Optata est un *cognomen* qui, après avoir été extrêmement répandu, passe de mode à l'époque chrétienne : I. Kajanto (*Latin Cognomina,* p. 296) en connaît plus de 800 exemples païens, mais seulement 12 chez les chrétiens. Ce nom est particulièrement commun en Afrique et l'on serait tenté de se demander si ce n'est pas parce qu'elle en était originaire qu'Optata avait appelé son fils Numidius (*Intr.*, § 108).

Patres est mis pour *parentes* (*Intr.*, § 94).

Kempf date cette épitaphe de la première moitié du ve siècle, ce qui correspond à peu près à la période d'activité que j'ai cru pouvoir assigner à Saint-Mathias II (*Intr.*, § 23).

I, 46

Trèves, nécropole de Saint-Mathias. Trouvée en 1827 dans le cimetière (*Intr.*, § 4), encastrée dans le couvercle d'un sarcophage. Conservée au *Rheinisches Landesmuseum*.

J. H. WYTTENBACH, *Neue Beiträge* (1833), p. 20, n° VIII.
L. LERSCH, *Centralmus.* (1842), 3, n° 64.
LE BLANT 279.
Ph. DIEL, *St-Matthiaskirche* (1881), p. 169, n° 3.
KRAUS 84 et *add.* (de HETTNER), p. [3].
F. HETTNER, *Röm. Steindenkmäler*, n° 330.
CIL XIII, 3869 (RIESE 4343; DIEHL 3581 B).
GOSE 46.
Révisée par N. Gauthier en 1968.

Plaque de marbre gris en nombreux fragments; h. 30; l. 68; ép. 3; lettres : 2,5-3 cm.

(réduit au 1/5)

Hic quiescet Nunechius in pa-
ce qui uixit annos pl(us) me(nus) LXXX;
Florentina filia carissima
4   ti⟨t⟩ulum posuit.

Ici repose en paix Nunechius qui a vécu environ 80 ans; Florentina, sa fille très chère, a posé cette épitaphe.

On reconnaît ici l'écriture si caractéristique de l'atelier I de Saint-Mathias (*Intr.*, § 15-18) : forme des lettres, notamment T, Q (la queue de celui de la l. 2 a disparu dans la cassure), O, A, (la traverse des A de la l. 3, peu visible sur la photo, est aussi profondément gravée que le reste), F, L, ligatures NE, NP à la l. 1, ME l. 2, NT l. 3, tildes (peu visibles sur la photo) au dessus des abréviations *pl(us) me(nus)*, grand espace blanc au dessous de l'inscription (cf. n° 44). Il y a un point après *quiescet* (l. 1), *pl(us)* et *me(nus)* (l. 2). A la l. 4, les lettres de *posuit* sont de plus en plus espacées pour occuper toute la place disponible; les points que l'on croit distinguer sont des grains plus foncés dans la pierre. Le lapicide a oublié d'inciser le linteau du deuxième T de *titulum*.

On trouve par deux fois la confusion *i/e* si commune à Trèves (*Intr.*, § 49) : *quiescet* (Saint-Mathias I ne connaît que cette forme) et *menus* (pour *minus*).

L. 1 : la formule *hic quiescet in pace* apparaît plusieurs fois sur les pierres issues de Saint-Mathias I (*Intr.*, § 17).

Le nom grec *Nunechius/a* est largement attesté dans l'onomastique chrétienne : Duchesne, *Fastes épisc.* II, p. 365 et 367 (2 évêques de Nantes); Diehl 3009 D *adn.* et 4131, à Rome (cf. 2887 *adn.*, à Plaisance, *Nonnecius*); Soz. IX, 13, *P. G.* 67, 1624 A; Greg. Tur., *Hist. Franc.* VI, 22, *M. G. H., S. R. M.* I, p. 262-263 (Nonnichius, comte de Limoges). Il est dérivé de νουνεχής, « sage », « raisonnable », à l'aide du suffixe *-ios/-ius,* si prolifique au Bas-Empire (*Intr.*, § 124). Les noms suggérant une qualité morale sont particulièrement fréquents dans notre matériel (*Intr.*, § 114).

L. 2 : L'apparition de la formule *plus minus* sur cette pierre me pose un petit problème. Le Blant (*Inscr. chrét.* I, p. x, note 12) pense qu'elle a été systématiquement employée à Trèves avant de l'être dans le reste de la Gaule (dans les inscriptions datées de Gaule, elle apparaît pour la première fois à Narbonne en 486/7 : Espérandieu, *Inscr. Narb.* 606); mais l'activité de l'atelier I de Saint-Mathias me paraît devoir être située encore plus tôt (*Intr.*, § 18). Peut-être peut-on résoudre cette contradiction apparente en considérant le grand âge de Nunechius, tout à fait exceptionnel pour l'époque, qui aurait conduit à employer cette expression parce que, réellement, on donnait un âge approximatif (80 est un chiffre rond) et non pour se conformer à un formulaire stéréotypé (la formulation des épitaphes de Saint-Mathias I est en effet très variée). A l'appui de l'hypothèse tendant à voir ici un emploi isolé antérieur à la généralisation de la formule dans les épitaphes chrétiennes, je soulignerai le fait que l'abrévation portée sur la pierre est, semble-t-il, tout à fait exceptionnelle : non seulement elle est unique en son genre à Trèves mais encore Diehl, dans les *indices* de son recueil, n'en mentionne pas d'autre cas. On peut aussi songer à une influence directe de Rome, où *plus minus* apparaît dès la deuxième moitié du IVᵉ siècle.

L. 3 : Florentina appartient à une famille de noms extrêmement répandus à Trèves (*Flor...*, n° 128, *Floren...*, n° 186, *Florentina,* 161 et 176, *Florus,* 47); c'est pourquoi, même s'il peut grammaticalement être considéré comme un nom géographique dérivé de la ville *Florentia,* je pense que sa popularité s'explique plutôt par la racine *florere,* d'un agréable présage pour un nouveau-né (cf. I. Kajanto, *Lat. Cogn.,* p. 28 et 46).

L'épitaphe de Nunechius doit appartenir, comme toutes celles de Saint-Mathias I, à la couche la plus ancienne des inscriptions chrétiennes de Trèves (IVᵉ ou tout début du Vᵉ siècle).

I, 47

Trèves, nécropole de Saint-Mathias. Trouvée en 1927 dans le nouveau cimetière. Conservée autrefois dans la crypte de Saint-Mathias, elle se trouve actuellement dans la bibliothèque du monastère.

E. KRUEGER, *Trier. Zeitschr.* 5, 1930, p. 169.
NESSELHAUF 24.
GOSE 47.
Révisée par N. Gauthier en 1972.

Plaque de marbre blanc; h. 30,5; l. 51; ép. 5-6; lettres : 3 cm.

```
      Hic quiescet Pancaria
      que uixit annos XX; Flo-
      rus coniux /et/ patris pro
   4  caritate titulum posue-
      r u n t.
      colombe   olivier   colombe
```

Ici repose Pancaria qui a vécu 20 ans; Florus, son époux, et ses parents ont, par amour, posé cette épitaphe.

La surface de la pierre présente aujourd'hui un aspect rugueux par suite du dépôt de concrétions postérieurement à la gravure. Inscription très correctement gravée, avec les lettres élégantes et l'olivier entre colombes qui caractérisent l'atelier I de Saint-Mathias (*Intr.*, § 15). Le dessin de l'olivier est fort gauche : on aurait bien du mal à l'identifier si l'on ne disposait que de cet exemple. La représentation des colombes aussi est maladroite : les deux pattes ont l'air situées du même côté du corps, comme au n° 61. L. 3, le lapicide avait oublié *et,* qu'il a ajouté au dessus de la ligne. La seule ligature est MP (l. 4). Contrairement à Gose, je ne vois pas de ligature NT à la dernière ligne; on distingue au contraire plus à droite une haste et même, quoique effacé, le linteau d'un T, si bien que les quatre lettres de la dernière ligne sont à peu près également espacées. Nous trouvons plusieurs fois à Trèves cette façon d'espacer démesurément les dernières lettres pour meubler tout le reste du champ épigraphique (par exemple, n°ˢ 46 et 50).

En ce qui concerne la langue, rien de bien particulier à relever, sinon les formes si banales à Trèves *quiescet* pour *quiescit* (*Intr.*, § 49), *que* pour *quae* (*Intr.*, § 57) et *patris* pour *patres* (*Intr.*, § 50) au sens trévire de *parentes* (*Intr.*, § 94).

L. 1 : Pancaria est un nom d'origine grecque (sur sa transcription en latin, voir *Intr.*, § 81) qui semble avoir eu du succès surtout en Occident : F. Preisigke (*Namenbuch*) n'a relevé personne de ce nom dans les sources grecques d'Egypte; Pape-Benseler (p. 1129) cite **IG IV**, 9904; Kajanto (*Onomastic Studies*, p. 83) en connaît 6 exemples à Rome et 1 à Carthage. C'est un nom de bon augure; on souhaite que celle qui le porte « soit l'objet de toutes les faveurs (divines) » ou bien que les dieux « lui donnent toutes les grâces ».

L. 2-3 : Florus suggère l'idée que le porteur de ce nom était « dans sa fleur »; c'est en effet un nom de bon augure plutôt qu'un dérivé de la déesse *Flora* car la forme masculine pose alors des problèmes (I. Kajanto, *Latin Cognomina*, p. 233-234). Après avoir été très répandu, ce nom devient rare à l'époque chrétienne : Kajanto (*ibid.*), qui en connaît des centaines d'exemples, n'en a relevé qu'une vingtaine dans ses sources chrétiennes.

Cette épitaphe, comme toutes les productions de Saint-Mathias I, doit appartenir à la couche la plus ancienne de notre matériel (*Intr.*, § 18).

I, 48

Trèves, nécropole de Saint-Mathias. Trouvée dans la cour du n° 1 d'*Albanastrasse*. Conservée au *Rheinisches Landesmuseum*.

H. LEHNER, *Bonn. Jahrb.* 135, 1930, p. 216 B (brève notice).
P. STEINER, *Germania* 14, 1930, p. 253.
E. KRUEGER, *Trier. Zeitschr.* 5, 1930, p. 168.
S. LOESCHCKE, *Frühchristl. Denkmäler* (1936), p. 130.
NESSELHAUF 25.
GOSE 48.
E. FOERSTER, *Frühchristl. Zeugnisse*, p. 29, n° 17.
Révisée par N. Gauthier en 1967.

Plaque de calcaire blanc, à laquelle manque le coin inférieur gauche; h. 38; l. 43; ép. 9,5; lettres 3-3,5 cm.

Hic quiescet Pasca-
sius qui uixit ann-
us II, mensis VI; hun-
4   c tetulum posuer-
unt parentis.
*colombe   croix monogr.   colombe
avec alpha et omega*

Ici repose Pascasius qui a vécu 2 ans, 6 mois; ses parents ont posé cette épitaphe.

C'est une belle inscription, gravée d'une main sûre. Les lignes sont guidées par une double réglure très légèrement incisée et le champ épigraphique est limité à droite et à gauche par un trait analogue. La paléographie est très proche du type III de Saint-Mathias (*Intr.*, § 25-26), mais les E sont plus étroits. Le milieu du M ne descend pas tout à fait jusqu'à la réglure du bas. La croix monogrammatique, flanquée de l'*alpha* et de l'*omega,* est encadrée de deux colombes qui, contrairement au motif caractéristique de Saint-Mathias III, ne tiennent rien dans leur bec et ne reposent pas sur une branche.

On peut relever de nombreux vulgarismes, tous très communs à Trèves : *quiescet* (*Intr.*, § 49), *annus* (*Intr.*, § 52), *mensis* (*Intr.*, § 50), *tetulum* (*Intr.*, § 49), *parentis* (*Intr.*, § 50).

L. 1-2 : *Pascasius* (forme plus répandue que *Paschasius, Intr.*, § 81) est un des rares noms d'origine chrétienne et sans aucun doute l'un des plus populaires. I. Kajanto (*Onomastic Studies,* p. 86) le relève 36 fois à Rome et 33 fois à Carthage. J. Schrijnen (*Die Namengebung im altchristlichen Latein, Mnemosyne* 1935, p. 274) pense que *Paschasius* était donné comme nom de baptême à des catéchumènes, en s'appuyant sur l'exemple bien connu : *Optatina Reticia siue Pascasia* (Le Blant 525). Kajanto, au contraire (*Onomastic Studies,* p. 109-110), estime que ce nom était plutôt donné aux enfants nés pendant la période pascale et il en donne comme preuve trois inscriptions où le calcul de la date de naissance vérifie son hypothèse. Sans doute était-il naturel de songer à donner ce nom précisément aux enfants nés au moment de Pâques; on peut toutefois imaginer que *Pascasius/a,* comme *Noël/le* chez nous, était aussi donné à des enfants nés à n'importe quelle période de l'année.

L. 3-4 : c'est la seule fois à Trèves, avec le n° 170 dont le caractère tardif est évident, que le mot *titulum* est complété par *hunc.*

Cette belle épitaphe est, comme d'habitude, difficile à dater, fût-ce approximativement : vers 400-450 ?

I, 49

Trèves, nécropole de Saint-Mathias. Trouvée en 1906 devant l'église. Conservée autrefois dans la crypte de Saint-Mathias, elle se trouve aujourd'hui dans la bibliothèque du monastère.

A. VON DOMASZEWSKI - H. FINKE, *Ber. der R. G. K.* 1906-1907, p. 55, n° 9 (RIESE 4348).
CIL XIII, 11 335 (DIEHL 3581 F).
GOSE 50.
Révisée par N. Gauthier en 1972.

Plaque de marbre blanc; h. 23; l. 23,5; ép. 3,5; lettres : 2 cm.

Perses hic quies-
cet in⟦n⟧ pace qui uixit
ann(os) XLV; coniux ka-
4   rissimus titulum
pos-   -uit.
agneau   olivier   colombe

Perses ici repose en paix, elle qui a vécu 45 ans; son époux très cher a posé cette épitaphe.

(Gose 689)

(Gose 776)

La paléographie et le motif de l'olivier au tronc énorme et au maigre feuillage rattachent cette inscription à l'atelier I de Saint-Mathias (*Intr.*, § 15-18). Mais l'habituelle colombe de gauche est remplacée ici par un agneau, thème qui n'apparaît à Trèves que sur de minuscules fragments (Gose 391, 392, 393, 689, 694, 776). La ligature de la ligne 2 (*in pace*) est malencontreuse puisqu'elle double un N déjà complet. A la fin de la l. 3, le dernier I de *uixit* est plus petit afin d'économiser de la place. A la fin de la l. 4, ligature VM. A la dernière ligne, les lettres POS et VIT sont placées, comme souvent, de part et d'autre de la décoration.

On trouve les vulgarismes habituels *quiescet* pour *quiescit* (*Intr.*, § 49), *qui* pour *quae* (*Intr.*, § 85) et la graphie *karissimus* (*Intr.*, § 71), comme au n° 71 qui sort du même atelier.

L. 1 : Perses est un nom d'homme gréco-oriental que les Romains ont adopté sous deux formes : *Perses, -ae* et *Perseus, -i. Persis, -idis* désignait la Perse et devenait parfois, en poésie (Ovide), l'équivalent de *Persica*. Ces nuances se sont rapidement estompées et on en est venu à considérer *Persis* comme l'équivalent féminin de *Perseus*, la forme masculine la plus répandue (*Perseus* : Diehl 3784 = *Bull. comun.*, 1902, p. 78; CIL V, 8930; CIL VIII, 997; CIL X, 8342*a* ; CIL XI, 3328 et 3855; CIL XII, 866, 3100 et 5866; CIL XIV, 1565; *Perses* : CIL IX, 6367). *Persis* est employé comme nom de femme en Orient au IIe siècle apr. J. C. (F. Preisigke, *Namenbuch,* col. 307) et attesté au moins trois fois en Occident (CIL V, 4455, CIL XI, 2442 et 3549). L'énorme fréquence des confusions entre E et I à Trèves, jointe à la rareté de *Perses* comme nom d'homme, me fait conclure, contrairement à l'opinion de Gose, que notre *Perses* (= *Persis*) était une femme et que le *karissimus* de la l. 4 est correct (on n'a d'ailleurs pas d'exemple d'une faute de ce type à Trèves, alors que *qui* est très souvent mis pour *quae*).

L'originalité de cette épitaphe réside dans le motif de l'agneau, rarement représenté en Gaule. Le seul parallèle connu jusqu'ici, une inscription de Lyon où apparaissent encore les *duo nomina* du dédicant (Le Blant 64), est considéré par Le Blant comme appartenant au IVe siècle. Cette indication corrobore les autres indices qui m'ont fait attribuer à la deuxième moitié du IVe ou au tout début du Ve siècle les pierres sorties, comme celle-ci, de l'atelier I de Saint-Mathias.

I, 50

Trèves, nécropole de Saint-Mathias. Trouvée en 1827 dans le cimetière (*Intr.*, § 4), encastrée dans le couvercle d'un sarcophage. Conservée au *Rheinisches Landesmuseum.*

J. H. WYTTENBACH, *Neue Beiträge* (1833), p. 22, n° X.
L. LERSCH, *Centralmus.* (1842), 3, n° 65.
LE BLANT 282 (DACL XV, 2, s. u. *Trèves,* col. 2752, n° 61).
Ph. DIEL, *St-Matthiaskirche* (1881), p. 169, n° 5.
KRAUS 85 et *add.* (de HETTNER), p. [3].
F. HETTNER, *Röm. Steindenkmäler,* n° 331.
CIL XIII, 3872 (RIESE 4349; DIEHL 3586 A).
GOSE 51.
E. FOERSTER, *Frühchristl. Zeugnisse,* p. 30, n° 18.
Révisée par N. Gauthier en 1967.

Plaque de marbre blanc, en réemploi comme le dos en témoigne; il semble que l'on ait de tous côtés, sauf en bas, le bord primitif; h. 19-22; l. env. 30; ép. 3; lettres : 1,6-2 cm.

Hic quiiscit in pace
Piolus qui uixit an(nos) V
et me(nses) II et di(es) XII; Nigrinus
4   pater et Ruriciola
mater tetolu⟨m⟩ posue-
ru-   -nt.
colombe   croix monogr.   colombe

Ici repose en paix Piolus qui a vécu 5 ans, 2 mois et 12 jours; son père Nigrinus et sa mère Ruriciola ont posé cette épitaphe.

La gravure est large et profonde. Les lignes commencent tout contre le bord de la pierre (lui-même oblique). A la l. 1, la pierre est endommagée, ce qui a fait disparaître le haut des lettres VIISC. A la l. 5, le lapicide a gravé par erreur un N au lieu du M de *tetolum*. La même confusion entre M et N apparaît au n° 62 (*nesis* pour *mesis*). Le Blant énumère à ce propos un certain nombre de parallèles avec *cun* ou *quen*: il suffit de jeter un coup d'œil sur les *indices* de Diehl pour voir à quel point ces graphies *cun* et *quen* sont fréquentes, alors qu'il ne connaît pas d'autre exemple de *tetolun*. Je serais donc tentée de dissocier ce cas des précédents et d'y voir une simple étourderie du lapicide; si cette graphie reflétait, comme le pense Gose, une tendance phonétique conduisant les Trévires à confondre M et N en fin de mot, elle ne manquerait pas d'être attestée plusieurs fois puisque l'accusatif *titulum* apparaît sur presque toutes les inscriptions.

Pour le reste, nous nous trouvons devant un spécimen de la production de Saint-Mathias II, bien caractéristique à tous points de vue (*Intr.*, § 21-23): paléographie (notamment la ligature ET, le I inscrit dans le D de *dies*, l. 3), décoration (en particulier le dessin des ailes et de la queue des colombes), langue (vulgarisme *tetolum*), formulaire. Le vulgarisme *quiiscit* (*Intr.*, § 60) apparaît également sur cette autre pierre sortie de Saint-Mathias II qu'est le n° 29.

L. 2 : *Piolus* est un *cognomen* forgé de façon très classique en ajoutant le diminutif *-ulus/olus* (qui apparaît précisément dans le nom de sa mère) à l'adjectif *pius*, lui-même fréquemment utilisé comme *cognomen* (et peut-être à Trèves même : voir n° 187). I. Kajanto (*Lat. Cogn.*, p. 251) n'en connaît pas d'autre exemple mais Grégoire de Tours relate la guérison miraculeuse d'un certain *Piolus, Condatensis clericus* (*Virtut. S. Mart.* II, 26, *M.G.H.*, *S.R.M.* I, p. 618-619).

L. 3 : *Nigrinus/a* est un *cognomen* largement attesté, mais devenu rare à l'époque chrétienne (I. Kajanto, *Lat. Cogn.*, p. 228, en relève 126 cas, dont 3 seulement dans des inscriptions chrétiennes).

L. 4 : *Ruriciola* est aussi un nom rare. I. Kajanto (*Lat. Cogn.*, p. 310) ne connaît pas d'autre exemple de ce dérivé de *Ruricius* qui, lui-même, n'est attesté que 4 fois (à partir de 312). Ce nom est l'équivalent de *Rusticula* (n° 153).

La présence du nom *Nigrinus*, tombé en désuétude après le IVe siècle, confirme les présomptions acquises par ailleurs sur l'antiquité de Saint-Mathias II (*Intr.*, § 23).

I, 51

Trèves, nécropole de Saint-Mathias. Trouvée en 1890 dans le cimetière (Hettner. Gose, à tort, la rattache aux fouilles de 1886, *Intr.*, § 6). Conservée autrefois dans la crypte de Saint-Mathias elle se trouve aujourd'hui dans la bibliothèque du monastère.

F. HETTNER, *Wd. Korr.* 9, 1890, p. 90, n° 49.
KRAUS 129 et *add.* p. [7] (LE BLANT, *N.R.* 368).
CIL XIII, 3876 (RIESE 4352; DIEHL 3581 C).
GOSE 52.
Révisée par N. Gauthier en 1972.

Plaque de marbre blanc en réemploi (le dos est travaillé); h. 16; l. 18; ép. 4; lettres : 1,5-1,8 cm.

Hic quiescit in pa-
ce Priectus qui ui-
xit an(nos) XVI; Vinde-
4   miola mater teto-
lum posuit.
colombe   croix monogr.   colombe

Ici repose en paix Priectus qui a vécu 16 ans; Vindemiola, sa mère, a posé cette épitaphe.

Cette pierre est caractéristique du type II de Saint-Mathias (*Intr.*, § 21-23) par sa paléographie, sa représentation figurée et son formulaire, le vulgarisme *tetolum* compris.

L. 2 : le *cognomen Priectus,* qui apparaît aussi au n° 52, est une forme trévire du nom *Praeiectus,* qui est un *cognomen* largement attesté, surtout chez les chrétiens (I. Kajanto, *Lat. Cogn.,* p. 287, connaît 24 chrétiens et 22 chrétiennes appelés *Prae/Proiectus/a* contre deux païens seulement). Les noms propres à connotation péjorative sont rares dans notre matériel (*Intr.,* § 113. Sur l'évolution qui a conduit à la forme *Priectus,* voir *Intr.,* § 69). Une *Preiecta* apparaît à Lyon, d'après le CIL (Le Blant 56 = CIL XIII, 2421. Le Blant lit *Prelecta*).

L. 3 : il est possible que Priectus soit mort à 16 ans juste car Saint-Mathias II mentionne toujours très exactement l'âge du défunt.

L. 3-4 : Vindemiola est un diminutif du *cognomen Vindemius,* attesté 17 fois (I. Kajanto, *Lat. Cogn.,* p. 364). Quoique formé de façon très normale avec le suffixe *-ulus/olus, Vindemiola* est un nom rare. Il apparaît peut-être aussi dans le sud de la Gaule dans la première moitié du VIᵉ siècle (Le Blant 696, [*Vi*]*ndimola*).

Les inscriptions issues de l'atelier II de Saint-Mathias semblent de la fin du IVᵉ siècle ou de la première moitié du Vᵉ (*Intr.,* § 23).

I, 52

Trèves, nécropole de Saint-Mathias. Trouvée en 1882 dans le cimetière. Conservée au *Rheinisches Landesmuseum.*

F. HETTNER, *Wd. Korr.* 1, 1882, p. 62, n° 222.
KRAUS 104 (LE BLANT, *N. R.* 340 [DACL XV, 2, s. u. *Trèves,* col. 2755, n° 84]).
F. HETTNER, *Röm. Steindenkmäler,* n° 359.
CIL XIII, 3875 (RIESE 4351; DIEHL 3581 C *adn.*).
GOSE 53.
Révisée par N. Gauthier en 1967.

Plaque de marbre blanc mutilée à gauche (un petit fragment a été perdu au cours du bombardement de 1944); h. 25; l. 23; ép. 3,3; lettres : 2-3 cm.

(état actuel)

[Hic quiesc]ịt in
[pace P]rịectus
[qui] *ui*xit an(no)s XXIIII;
4   [titu]ḷum posuit pa-
[te]r et mateṛ;
[in p]ace !

Ici repose en paix Priectus qui a vécu 24 ans; son père et sa mère ont posé cette épitaphe; en paix !

Cette pierre n'a pas été gravée avec le savoir-faire qui est habituel à Trèves. Il n'y a pas de réglure, la gravure manque de netteté, la forme des lettres se rapproche plus de la « capitale rustique » utilisée dans les manuscrits que de la capitale épigraphique : M à quatre traits obliques tendant à dépasser à gauche (l. 5), P à petite panse, T reposant sur une base presque aussi développée que le linteau (l. 4 et 5), abréviation de *annos* marquée par la dernière lettre inscrite dans le N. Dans la mention de l'âge (l. 3), un troisième X, marqué par erreur, a été martelé et IIII gravé par-dessus. La photo publiée par Kraus (planche VIII, 4) permet de constater ce qui a été perdu en 1944 : l. 2, l'extrémité inférieure de la haste du P et la moitié inférieure du R; l. 3, les lettres VI; l. 4, la haste du L, qui était inclinée vers la droite.

L. 1-2 : la restitution *hic quiescit in pace* n'est pas douteuse, puisqu'il s'agit d'une des formules les plus banales de Trèves (*Intr., § 38*).

L. 2 : le nom *Priectus* apparaît aussi au n° 51.

L. 4 : il n'est pas rare de trouver *posuit* au singulier alors que deux personnes ont fait faire la tombe (*Intr., § 88*); notons aussi que, généralement, lorsqu'on précise *pater et mater* au lieu de *patres* ou *parentes,* les noms propres précèdent l'indication de la parenté (*Intr., § 40*).

L. 6 : le souhait *in pace* est banal à la fin d'une épitaphe (*Intr., § 40*).

Ce n'est pas parce que cette pierre a moins belle apparence que la plupart des inscriptions de Trèves qu'elle doit nécessairement être considérée comme tardive. La formulation, la langue sont tout à fait comparables aux autres et l'écriture, quoique non épigraphique, est pleine d'aisance.

I, 53

Trèves, nécropole de Saint-Mathias. Conservée autrefois dans la crypte de Saint-Mathias, elle se trouve aujourd'hui dans le grenier du monastère (voir n° 26).

GOSE 55.
Révisée par N. Gauthier en 1972.

Fragment de plaque en calcaire blanc; h. 25; l. 22; ép. 5; lettres : 2,5-2,8 cm.

[Hic in] pace q[uiescit]
[...]ce Reuoca[tus/a q]-
[ui uix]it annu et [...]   *ou :* ann(os) V et [...]
4 [...]; patris caṛ[is]-
[simi tit]ụlum posu-
[e]runt.

Ici repose en paix ... Reuocatus/a qui a vécu un an (ou 5 ans) et ... ; ses parents ont posé cette épitaphe.

La surface de la pierre semble avoir beaucoup souffert et les lettres sont plus ou moins effacées. Les lettres sont hautes, assez serrées; les T ont le linteau ondulé de Saint-Mathias I (*Intr., § 15*), mais le reste de l'écriture est différent (A à sommet aplati, M à hastes obliques). Il y a une double réglure. On possède la première et la dernière ligne du texte, et l'épitaphe étant construite selon le schéma habituel de Trèves (*Intr.*, § 38-40), les restitutions sont sûres, sauf pour le début de la l. 2. A cette ligne, Gose a interprété comme le reste d'un A le trait oblique que l'on distingue avant le C, mais il pourrait aussi avoir appartenu à un R. A la fin de la ligne, une haste oblique qui ne peut appartenir qu'à un A. A la l. 3, Gose voit une ligature de quatre lettres : NVME. Une ligature aussi exceptionnelle dans une inscription qui n'en présente pas d'autre surprend; je pense, après examen de la pierre, qu'il s'agit plutôt d'une ligature NV et que le trait oblique qui part de l'extrémité du V et coupe le E est accidentel (car si ce trait était voulu, il ne devrait pas y avoir de haste distincte pour le E). A la fin de la l. 4, on aperçoit la haste et le trait oblique du R, au début de la ligne suivante, l'extrémité supérieure droite d'un V.

On reconnaît sur ce fragment le vulgarisme *patris* pour *patres* (*Intr.*, § 50) et, éventuellement, *annu* (*Intr.*, § 52).

L. 2 : le lapicide aurait-il, par distraction, répété *in pace* qui figure déjà à la première ligne, comme le suggère Gose ? On n'a que trop tendance à supposer des fautes du lapicide là où l'on ne comprend pas, mais je ne vois pas non plus quelle autre restitution suggérer.

Le nom du défunt ne peut être que *Reuocatus* ou *Reuocata*, qui semble apparaître aussi au n° 54. Ce *cognomen* rare est un peu plus fréquent chez les chrétiens que chez les païens (respectivement 5 et 7 cas, selon les statistiques de Kajanto, *Latin Cognomina*, p. 356, qui en conclut que ce nom évoquait peut-être l'appel divin aux yeux des chrétiens).

L. 3 : le jeune Reuocatus est mort à un an (*annu* pour *annum* ou *anno*) ou à 5 ans (ligature anormale : le chiffre avait dû être oublié).

L. 4 : le mot *patris* désigne les parents, comme toujours à Trèves (*Intr.*, § 94). Le qualificatif *carissimus* est banal.

I, 54

Trèves, nécropole de Saint-Mathias. Trouvée en 1882 dans le cimetière. Conservée au *Rheinisches Landesmuseum.*

F. HETTNER, *Wd. Korr.* 1, 1882, p. 62, n° 222.
KRAUS 110 (LE BLANT, *N. R.* 346 [DACL XV, 2, s. u. *Trèves*, col. 2755, n° 84]).
F. HETTNER, *Röm. Steindenkmäler,* n° 360.
CIL XIII, 3880 (RIESE 4355; DIEHL 3591).
GOSE 54.
Révisée par N. Gauthier en 1968.

Plaque de calcaire en deux fragments, à laquelle manquait l'extrémité gauche. Le fragment de gauche a disparu au cours du bombardement de 1944. H. 25; l. 45 cm au moment de la trouvaille, 18,5 aujourd'hui; ép. 4; lettres : 3,5 cm.

(avant 1944)

[Hic] *quiescit* in pace
[Re]*uocatus* qui uixit
[plu]*s menus* annos
4   [...]*XV; Franco*l*a* coiux
[s]*ua tetulum* posuit.

Ici repose en paix Reuocatus qui a vécu environ ... ans; Francola, son épouse, a posé cette épitaphe.

La surface de la pierre a été soigneusement polie, mais la gravure effectuée sans soin. Les lignes, tracées sans réglure, sont sinueuses, les traits de profondeur et de largeur très irrégulières (CE, à la fin de la ligne 1, est à peine incisé). Les Q et les C, très ouverts (comme au nº 21), ont un tracé cursif, le F a le même *ductus* qu'au nº 63, les M (surtout celui de la l. 5) ont une largeur excessive. Zangemeister, dans le CIL, lit à tort : l. 1, *cuiescit;* l. 4, *Frnycoia* (le premier A a une traverse peu visible).

On relève un certain nombre de vulgarismes habituels à Trèves : *menus* pour *minus* (*Intr.,* § 49), *tetulum* pour *titulum* (*Intr.,* § 49), *Francola* pour *Francula* (*Intr.,* § 51), *coiux* pour *coniux* (*Intr.,* § 77). L'emploi impropre de *sua* est fréquent (*Intr.,* § 86).

Tout le formulaire est banal (*Intr.,* § 38, 39, 40).

L. 2 : on ne peut restituer que *Reuocatus,* comme au nº 53.

L. 3 : il manque 2 ou 3 chiffres en début de ligne.

L. 4 : E. Ewig (*Trier im Merowingerreich,* p. 70, n. 39) considère *Francola* comme un nom germanique. Mais Schönfeld (*Wörterbuch,* p. 91) fait remarquer à juste titre que le suffixe est latin. Si Francola était peut-être une Franque, ce nom relève de l'onomastique latine, car ce sont les Romains et non les Germains qui avaient l'habitude de donner des noms dérivés d'ethniques (*Intr.,* § 108).

H. I. Marrou range cette inscription parmi celles qui « appartiennent certainement à l'époque franque » (*Germania* 37, 1959, p. 345). La présence de deux vulgarismes « tardifs » (*Intr.,* § 97 : après 430/450) et le nom *Francola* appuient ce jugement.

I, 55

Trèves, nécropole de Saint-Mathias. Trouvée en 1886 le long de la paroi nord de l'église; la pierre portant l'inscription était encastrée dans une grande plaque de grès qui servit vraisemblablement de couvercle à un sarcophage (*Intr.*, § 3). Conservée autrefois dans la crypte de Saint-Mathias, disparue depuis la guerre de 1939-45.

F. HETTNER, *Wd. Korr.* 5, 1886, p. 70-71, n° 52 (J. P. KIRSCH, *Röm. Quartalschr.* 1, 1887, p. 285).
KRAUS 116 et *Amer. Journal of Archaeol.* 2, 1886, p. 427, n° 2 (LE BLANT, *N. R.* 352 [DACL XV, 2, s. u.
   Trèves, col. 2756, n° 87]).
CIL XIII, 3887 (RIESE 4365; DIEHL 2253).
GOSE 56.

Plaque de marbre blanc; h. 35; l. 48 cm.

                    Hic bene pausant⟨i⟩ Scotto,
                    qui uixit annos LXV, coiux d-
                    ulcissima posuit titu⟨l⟩
           4   um pro caritatem;
                    Scotte, pax ti-
                    cum sit !
                    colombe   colombe

A celui qui repose bien ici, Scottus, qui a vécu 65 ans, son épouse très douce a posé cette épitaphe par amour; Scottus, la paix soit avec toi !

Cette pierre présente les caractéristiques paléographiques de l'atelier IV de Saint-Mathias (*Intr.*, § 28-29). La forme du premier L de la l. 3 est courante à Saint-Mathias (n°s 9, 26, 38, 57, 58, 68, 74, 87). La base du second L n'a pas été incisée, faute de place. Un point sépare les deux S du mot *dulcissima* (l. 3); les autres points que l'on aperçoit sur la photo paraissent accidentels. Double réglure très légèrement incisée; à droite, trait vertical destiné à marquer la limite du champ épigraphique mais qui a été dépassé par le lapicide. Une ligature : NE (l. 1). La décoration semble inachevée : la colombe de droite est tout juste esquissée et sans doute était-il prévu à l'origine un motif central, chrisme ou vase.

Outre l'habituelle confusion entre *i* et *e* (*Intr.*, § 50) dont témoigne *ticum* pour *tecum*, on relève les formes *coiux* pour *coniux* (*Intr.*, § 77) et *pro caritatem* pour *pro caritate* (*Intr.*, § 83), qui font partie des vulgarismes rarement attestés avant 430-450 (*Intr.*, § 97).

L. 1 : on a généralement considéré que *pausant* était mis pour le singulier *pausat* et que le défunt s'appelait *Scotto, cognomen* inconnu par ailleurs. K. Krämer a attiré mon attention sur une solution bien préférable, d'ailleurs déjà envisagée par Diehl : si l'on admet que le lapicide a oublié un I après *pausant,* on a la même formule qu'au n° 173 (cf. aussi n° 144) et le nom du défunt (datif complément de *posuit*) est *Scottus,* attesté une dizaine de fois (I. Kajanto, *Latin Cognomina*, p. 202), devenant normalement au vocatif *Scotte* (l. 5).

L. 2-4 : formules conformes aux usages trévires (*Intr.*, § 39-40).

L. 5-6 : le souhait *pax ticum sit* est attesté à Amiens et à Arles (Le Blant 329 A et 533). La formule plus brève *pax tecum* apparaît souvent, notamment à Vaison et à Rome (Diehl 2246-2251 A).

Le Blant date, sans preuve, cette inscription du Ve siècle quoique, souligne-t-il, le souhait *pax tecum,* qui apparaît depuis la période la plus ancienne jusque, probablement, le VIIe siècle, ne puisse « fournir, en Gaule, un moyen d'estimer l'âge des inscriptions sans date ». Son intuition est confirmée par l'appartenance à Saint-Mathias IV, dont l'activité se situe au Ve siècle (*Intr.*, § 132). La présence de deux « vulgarismes tardifs » suggère plutôt la deuxième moitié de ce siècle, comme pour le n° 24, seul autre exemple, à Trèves, d'un souhait final différent du banal *in pace* !

I, 56

Trèves, nécropole de Saint-Mathias. Trouvée en 1902 *Aulstrasse,* dans le voisinage immédiat du mur du cimetière, près d'un sarcophage. Conservée au *Rheinisches Landesmuseum.*

F. HETTNER, *Wd. Zeitschr.* 21, 1902, p. 442 et *Bonn. Jahrb.* 110, 1903, p. 325.
CIL XIII, 3704 (RIESE 2477; DIEHL 676).
GOSE 57.
Révisée par N. Gauthier en 1967.

Plaque de marbre blanc endommagée par le bombardement de 1944; h. 21; l. 53; ép. 3.2; lettres : 2-2,5 cm.

(état actuel)

Siluanus negoti*ator*
hic pausat in pace.

Le marchand Siluanus repose ici en paix.

Cette épitaphe prend place dans le groupe I de Saint-Mathias dont elle présente toutes les caractéristiques paléographiques (*Intr.,* § 15-18). Au dessous du texte subsiste un grand espace blanc qui n'était pas destiné à être décoré, comme le montrent des pierres analogues du même atelier (nos 44 et 46). Le bord inférieur de la pierre est tout à fait irrégulier et, d'après Gose, il en était de même du bord droit. A la l. 1, la barre du G a disparu dans la cassure. La langue et l'orthographe sont parfaitement correctes.

L. 1 : *Siluanus* est le dieu dont le nom est le plus souvent repris comme *cognomen* (I. Kajanto, *Latin Cognomina,* p. 57-58 : 516 exemples, dont 14 chrétiens et 12 chrétiennes). Kajanto, observant que Silvanus n'était pas une divinité de tout premier plan, explique cette popularité par le fait que ce mot est très proche de noms très prisés comme *Silua, Siluester, Siluinus.* Sur les noms théophores païens portés par des chrétiens, voir *Intr.,* § 109.

Les inscriptions de Saint-Mathias I mentionnent parfois, comme ici, la profession (*Intr.,* § 18). D'autres *negotiatores* apparaissent sur des inscriptions païennes de Trèves ou Neumagen (CIL XIII, 3666 et 3703, 4156 et 4157).

Cette pierre est remarquable par sa sobriété. Elle doit appartenir, comme toutes les épitaphes de Saint-Mathias I, à la période la plus ancienne de l'épigraphie chrétienne à Trèves (*Intr.,* § 18).

I, 57

Trèves, nécropole de Saint-Mathias. Trouvée au cours de l'hiver 1844-45 dans la partie N. E. du cimetière (*Intr.,* § 5), encastrée dans le couvercle d'un sarcophage. Conservée au *Rheinisches Landesmuseum.*

W. CH. VON FLORENCOURT, *Bonn. Jahrb.* 12, 1848, p. 79, n° V.
LE BLANT 289 (DACL XV, 2, s. u. *Trèves,* col. 2753, n° 68).
Ph. DIEL, *St-Matthiaskirche* (1881), p. 174, n° 19.
KRAUS 92 et *add.* (de HETTNER), p. [4].
F. HETTNER, *Röm. Steindenkmäler,* n° 342.
CIL XIII, 3906 (RIESE 4367; DIEHL 3242).
GOSE 58.
Révisée par N. Gauthier en 1968.

Plaque de calcaire jurassique en réemploi (comme le montre l'autre face); h. 54; l. 46; ép. 9; lettres: 1,7-3,5 cm. Endommagée en 1944.

(avant 1944)

Dos

```
Colombe   croix  monogr.   colombe
        Vrsa mater po-
        suit titulum pro
        ca⟨r⟩itate; hic
  4     fidelis Simplic-
        ia pausat in
              pace;
        Victorina hic
  8     pausat qui uixit
        annos L.
```

Vrsa, la mère, a posé cette épitaphe par amour; ici, la fidèle Simplicia repose en paix;
Victorina ici repose, elle qui a vécu 50 ans.

Cette plaque est consacrée à deux défuntes (cf. n°ˢ 27 et 70) dont on ne saurait dire si elles sont mortes à des dates rapprochées. La notice consacrée à Victorina (l. 7-9) est écrite en caractères plus petits mais semble de la même main. Le support matériel n'est pas ce beau marbre blanc auquel l'épigraphie trévire nous a habitués, mais un calcaire assez médiocre; par contre, la gravure est de bonne qualité, les lignes bien droites, les lettres de forme régulière. La traverse du A est horizontale, la panse du P et du R ouverte, le linteau du T rectiligne, le O légèrement plus petit que les autres lettres. Le Q (l. 8) a un *ductus* cursif gracieux qui ne se retrouve pas identique à Trèves; la base sinueuse du L est au contraire très courante (voir, par ex., n°ˢ 9, 26, 38, 55, 58, 61, 68, 74, 87, etc.). Le point après *pausat* (l. 5) paraît voulu par le lapicide. A la l. 3, il y a CAPITATE au lieu de CARITATE : ceci peut être dû à une distraction du lapicide qui a oublié de graver le dernier trait du R, mais la fréquence des fautes de ce type invite à chercher une cause plus générale, sans doute une confusion entre les lettres P et R écrites en minuscule cursive au premier stade de rédaction de l'épitaphe (voir n° 37). L. 7, Hettner, suivi par Gose, a voulu voir une ligature NA, donnant le nom inhabituel *Victoriana* (Kajanto, *Lat. Cogn.*, p. 278 : 2 femmes); en réalité, la ligature NA, si elle existait, ne serait pas faite ainsi; le lapicide s'est repris en traçant la traverse du N, mais il n'y a pas de barre de A.

La pierre est ornée d'une croix monogrammatique entre deux colombes, décoration classique (*Intr.*, § 43), mais qui se trouve généralement au dessous du texte et non au dessus. Les n°ˢ 1, 130 et 178 sont des exemples de décoration en tête de l'épitaphe mais ce qui est amusant ici, c'est que le texte lui-même commence par ce qui est habituellement la fin : la mention de la dédicante. L'originalité du formulaire s'arrête d'ailleurs là. Notons que le seul vulgarisme est le pronom *qui* pour *quae* (*Intr.*, § 85).

L. 1 : la mère porte un nom bien caractéristique de Trèves (*Intr.*, § 122).

L. 2-3 : la formule *pro caritate* complète souvent *titulum posuit* (*Intr.*, § 40).

L. 4 : l'adjectif *fidelis* précise que Simplicia était baptisée (voir n° 138). Le nom est un de ces dérivés en *ius/ia* si répandus à partir du IIIᵉ siècle (*Intr.*, § 124). I. Kajanto (*Latin Cognomina*, p. 253) en connaît 76 exemples dont plus de la moitié dans les sources chrétiennes.

L. 5-6 : sur la formule *hic pausat in pace,* voir *Intr.*, § 38.

L. 7 : Victorinus/a est un nom de bon augure, extrêmement populaire (I. Kajanto, *Latin Cogno-mina,* p. 278, en a relevé 884 cas), qui apparaît aussi au n° 68.

Cette double épitaphe peut être datée sans invraisemblance de la première moitié du Vᵉ siècle : la qualité des formules et de la gravure contrastant avec la rusticité du support réemployé me paraissent indiquer une période où les traditions épigraphiques sont bien vivantes mais où, par suite de circonstances accidentelles — par exemple un pillage ou l'insécurité des routes —, l'approvisionnement en plaques de marbre est venu à manquer. Les expressions *pro caritate, fidelis... in pace* n'apparaissent plus à Trèves, semble-t-il, après le Vᵉ siècle (*Intr.*, § 138-139).

I, 58

Trèves, nécropole de Saint-Mathias. Trouvée en 1923 dans la partie occidentale du cimetière, *zwischen Kirchhofweg und Klosterküche*. Conservée autrefois dans la crypte de Saint-Mathias, elle se trouve aujourd'hui au grenier du monastère.

GOSE 61 (R. EGGER, *Bonn. Jahrb.* 157, 1957, p. 329).
Révisée par N. Gauthier en 1972.

Plaque de calcaire, mutilée à droite et en bas; h. 32; l. 20; ép. 2,5; lettres : 2,5 cm. Un fragment perdu pendant la guerre de 1939-45.

(avant 1939-1945)

Susa[nna ? ... i]-
n pa*ce q*[uae uixit a]-
nn*os X*[... tan]-
4   tu*m, de*[posita ? ka]-
lenda$\underset{.}{s}$ [septem]-
bres; m$\underset{.}{a}$[...]-
a⟨t⟩er do[l... titu]-
8   lum p[osuit/erunt].
reste d'une colombe

Il est bien regrettable que cette intéressante inscription soit mutilée. D'après les restitutions possibles, on peut admettre qu'il manque environ huit lettres à chaque ligne. Double réglure bien marquée. La forme des lettres est celle de l'atelier III de Saint-Mathias (*Intr.*, § 25-26). Selon l'usage de cet atelier, il n'y avait apparemment ni ligatures ni abréviations. Le L qui commence la l. 8 présente le *ductus* particulier qui apparaît si souvent à Trèves sur les inscriptions de toutes origines (nᵒˢ 9, 24, 26, 38, 55, 57, 61, 68, etc.). A la l. 1, on aperçoit après le A une haste qui peut avoir appartenu à un I, un H, un N, un P, un R, un M, etc. A la fin de la l. 5 subsiste l'extrémité inférieure du S. L. 7, le lapicide a oublié d'inciser le linteau du T quoiqu'il se soit réservé la place nécessaire. La décoration est trop mutilée pour qu'on puisse savoir si elle reprenait le thème habituel de Saint-Mathias III : on distingue seulement la queue d'une colombe. A gauche de celle-ci, la courbe et les points qu'on aperçoit symbolisent peut-être une grappe sortant d'un vase (cf. n° 61).

L. 1 : Gose complète : *Susa h[ic iacet i]*. L'inconvénient de cette restitution est de faire apparaître un nom, *Susa*, inconnu par ailleurs. Je suggérerai plutôt de reconnaître, avec Ferrua (*Akten*, p. 296), *Susa[nna]*, d'origine biblique, dont I. Kajanto (*Onomastic Studies*, p. 93) connaît 21 exemples à Rome, auxquels on peut ajouter au moins Diehl 2514 *h* (= *Biblioth. d'Arch. Afr.* I, 55), en Afrique. Il reste la place de restituer *iacet* sans *hic,* comme au n° 157, ou même *ic iacet.*

L. 3-4 : Egger propose de restituer, d'après le n° 153 : *annos X[III in quar]/tum* (il faudrait ajouter : ou *X[IIII in quin]/tum*). Hypothèse séduisante, mais il faut rappeler que les formules de ce type sont fort rares en épigraphie et que l'épitaphe de Rusticula est précisément la seule où apparaisse un nombre ordinal (voir n° 153). Il me paraît préférable de restituer *[tan]/tum* qui ne suppose pas de construction anormale et qui est parfois attesté (*uirco XII tantum*, Diehl 1468 = *ICVR* I, 497, en 401; *perit plus mi(nus) an(norum) XXX tantum*, Diehl 1331 *adn.* =CIL IX, 5419; *fecit cu conpare tatu annis V et dies VIIII*, Diehl 4228 = *ICVR, n. s.* (I) 1054).

Puis vient un verbe suivi d'une date. On peut hésiter entre *decessit* et *deposita*. Gose choisit *decessit* mais ce mot n'est attesté qu'une fois à Trèves (n° 153) alors que *depositio* ou *depositus* y est plus répandu (voir n° 167). La deuxième hypothèse me paraît donc plus probable. Avant le début du mot *kalendas,* il ne reste plus beaucoup de place disponible : notre défunte est morte le jour même des calendes ou tout au plus deux jours avant.

L. 5 : on peut hésiter entre les quatre derniers mois de l'année. Etant donné l'espace nécessaire aux restitutions des autres lignes, il me semble qu'il faut choisir le plus long, *[septem]/bres.*

L. 6 : Gose propose de restituer : *ma[ter et fr]/ater,* Egger *Ma[ximus p]/ater.* Les deux hypothèses sont compatibles avec l'espace disponible et les habitudes de l'épigraphie trévire.

L. 7 : le mot commençant par *do...* ne peut être que le participe présent de *doleo,* comme aux n°ˢ 74, 115, 140 et 167. La forme de ce participe est *dolies,* comme au n° 74, ou *dolens,* comme au n° 140, dans l'hypothèse Egger (un seul dédicant) et *dolentes,* comme le remarque Brusin (*Röm. Quartalschr.* 54, 1959, p. 132), dans l'hypothèse Gose (deux dédicants). Mais *dolentes* paraît un peu long et c'est pourquoi Gose a supposé que, par une faute d'accord, la pierre portait *dolies.*

La principale originalité de cette épitaphe réside dans la mention de la date de la mort, si rare à Trèves (*Intr.,* § 41). Mais l'auteur n'a pas été jusqu'à préciser l'année, qui serait si précieuse pour l'historien. L'atelier III de Saint-Mathias, dont relève cette inscription, doit dater du Vᵉ siècle (*Intr.,* § 132).

I, 59

Trèves, nécropole de Saint-Mathias. Trouvée à l'extrémité sud de l'*Euchariusstrasse*. Conservée au *Rheinisches Landesmuseum*.

GOSE 62.
Révisée par N. Gauthier en 1967.

Plaque de marbre blanc veiné de bleu-gris, mutilée à droite et en bas; h. 10; l. 23,5; ép. 2; lettres : 2-2,5 cm.

Talasia ic quies[cet in pace]
quae uixit ann(os) XXV[...];
cariss[im... titulum posuit/erunt].

Talasia ici repose en paix, elle qui a vécu 25 (?) ans; ...

Cette inscription présente une parenté frappante avec les n°s 36 et 61 : toutes trois proviennent de l'atelier I de Saint-Mathias et commencent par la même formule avec le même vulgarisme *ic,* si rare à Trèves (voir n° 36). On peut donc s'aider des deux autres pour restituer les deux premières lignes de celle-ci. Les ligatures sont nombreuses : VAE et NN, l. 2, AR, l. 3. A la fin de la l. 2 subsiste la moitié gauche du V, à la l. 3 seulement le haut des premières lettres.

L. 1 : le nom *Talasia* apparaît aussi semble-t-il, au n° 64. C'est un dérivé en *-ius/a* (*Intr.,* § 124) du nom d'origine grecque *Thalassus/a,* équivalent de *Marinus.* Sur la transcription du Θ par T, voir *Intr.,* § 81. Ce nom, à l'époque chrétienne, est bien attesté, tant en Orient (Pape-Benseler, p. 478; F. Preisigke, *Namenbuch,* col. 127) qu'en Occident (Le Blant 67, à Lyon en 501/502; I. Kajanto, *Onomastic Studies,* p. 86 : 4 exemples à Rome).

L. 2 : si l'on en juge d'après les n°s 36 et 61, l'âge devait être donné avec précision, donc avec mois et jours s'il y avait lieu. Talasia avait entre 25 et 30 ans.

L. 3 : l'adjectif *carissimus* peut se rapporter, soit à Talasia (il était alors au datif), soit au dédicant (il était alors au nominatif); il était suivi ou, plus probablement, précédé d'un nom indiquant le lien de parenté entre la défunte et le dédicant (par ex., *pater carissimus* ou *filiae carissimae pater titulum posuit*). La fin du texte figurait peut-être sur une 4e ligne et l'épitaphe était peut-être complétée par un olivier et des colombes comme au n° 36.

Cette inscription doit dater, comme les autres productions de Saint-Mathias I (*Intr.,* § 18), de la deuxième moitié du ive ou du début du ve siècle.

I, 60

Trèves, nécropole de Saint-Mathias. Trouvée en 1886 dans le cimetière, au cours des fouilles effectuées sur le côté nord de l'église. Conservée au *Rheinisches Landesmuseum*.

KRAUS 117, 59 (LE BLANT, *N. R.* 355).
CIL XIII, 3893/4 (RIESE 4371; DIEHL 2831 *adn.*).
GOSE 64.
Révisée par N. Gauthier en 1968.

Fragment d'une plaque de marbre blanc; h. 12; l. 13; ép. 3,5; lettres : 2 cm.

```
     [...] II et mesis [...]
     [...] Tigris infa[ns ...]
     [...ec]essit pat[res ...]
4    [... pos]uerunt [...]
```

On reconnaît sur cette inscription la belle paléographie caractéristique de l'atelier I de Saint-Mathias (*Intr.*, § 15-8), notamment les T au linteau élégamment ondulé. L'extrémité de ce linteau, seule visible au début de la l. 2, suffit à identifier la lettre avec certitude. Les ligatures sont nombreuses : ME l. 1, NF l. 2, VE (on n'aperçoit pas la haste gauche du V, mais l'inclinaison de la haste du E est caractéristique de cette ligature) et NT à la l. 4. A la l. 1, Kraus a lu [an]n I : dans ce cas, on devrait voir la traverse du N, indiscutablement absente de la pierre; il y avait donc au moins II; encore à gauche, une trace de lettre qui peut avoir appartenu à N.

Le double vulgarisme *mesis* pour *menses* apparaît aussi aux n°s 61, 152 et 215 (*Intr.*, § 77 et 50).

Il est difficile de reconstituer le contenu de cette épitaphe car elle s'écarte des formules habituellement en usage à Trèves et on ne sait même pas quelle longueur approximative restituer à chaque ligne (le bord de la pierre à droite est relativement droit, mais il paraît retaillé en fonction des besoins d'un remploi ultérieur : en effet, en ajoutant 2 ou 3 lettres à la fin de chacune des 3 premières lignes, toutes les 3 se terminent à la fin d'un mot).

L. 1 : c'est incontestablement une mention d'âge, mais le problème est de savoir s'il s'agit de l'âge de Tigris, comme le pense G. Brusin (*Röm. Quartalschr.* 54, 1959, p. 132), ou s'il s'agit d'un deuxième enfant nommé plus haut, comme le pense Gose.

L. 2 : *Tigris* est un de ces noms d'animaux valeureux que les Trévires aimaient bien donner à leurs enfants (*Intr.*, § 122). D'après les statistiques de Kajanto (*Lat. Cogn.*, p. 329), c'est un nom presque exclusivement féminin (et même totalement dans les inscriptions chrétiennes, où il apparaît 22 fois).

L. 3 : on ne peut guère restituer que *recessit* ou *decessit.* C'est sans doute pour cela que Kraus a marqué par inadvertance [*r*]*ecessit,* alors que Hirschfeld, qui a vu la pierre quelques années plus tard, ne parle ni du EC initial, ni de mutilation récente. Gose suppose que le jour de la mort précédait *recessit*. Il faut noter que, dans la longue liste d'exemples insérés par Diehl dans son recueil (Diehl 2807-2843), la date figure toujours après *decessit* ou *recessit,* sauf dans quelques cas où elle est tout à fait en tête de l'inscription; il en est de même à Trèves dans les rares cas où une date apparaît (n°ˢ 97, 170, 204), à une exception près, le n° 153 : *ante quartum idus ianuarias decessit.* Peut-être l'épitaphe de Tigris constitue-t-elle une deuxième exception. Peut-être aussi, s'il s'agit d'une deuxième épitaphe, y avait-il simplement *recessit* ou *decessit,* sans autre commentaire.

L. 4 : sans doute *titulum posuerunt.*

Puisque cette pierre provient de l'atelier I de Saint-Mathias, elle remonte très vraisemblablement au ivᵉ siècle (*Intr.,* § 18).

I, 61

Trèves, nécropole de Saint-Mathias. Conservée au *Bischöfliches Museum* de Trèves.

S. LOESCHCKE, *Frühchristl. Denkmäler* (1936), p. 143-144.
GOSE 69.
Th. K. KEMPF, *Frühchristl. Zeugnisse,* p. 195-196, n° 13.
Révisée par N. Gauthier en 1967.

Plaque de marbre blanc; h. 32; l. 33,5; ép. 2,8; lettres : 3,5-1,5 cm.

Valentia ic quies-
cet in pace qae uixit
ann(os) IIII et mesis VIIII et
4   dies V; patris titulum
posu-   -erunt.
colombe   vase   colombe

Valentia ici repose en paix, elle qui a vécu 4 ans, 9 mois et 5 jours; ses parents ont posé cette épitaphe.

La paléographie est celle, si caractéristique, de l'atelier I de Saint-Mathias (*Intr.,* § 15-18). Cette pierre est en particulier très proche des n°ˢ 36 et 59 : même formule initiale avec les mêmes vulgarismes, même précision dans la mention de l'âge. Mais, ici, l'olivier habituel de Saint-Mathias I est remplacé par un canthare d'où sort, pointillé triangulaire, une grappe de raison (cf. n° 20); ce motif n'est pas très fréquent à Trèves (*Intr.*, § 44). Quant aux colombes, elles sont d'un dessin fort maladroit car les deux pattes semblent prendre naissance du même côté. La gravure du texte est nette et élégante, comme toujours à Saint-Mathias I. Les ligatures sont nombreuses et variées : VA (l. 1), NT (l. 1 et 5), NP (l. 2), AE (l. 2), ME (l. 3), TR (l. 4). Il y a un point après ANN (l. 3). Le dernier I de la l. 2 est plus petit que les autres pour économiser de la place. Enfin, les lettres de la dernière ligne, interrompue, comme souvent, par le motif décoratif, sont sensiblement plus petites.

Cette inscription est truffée de vulgarismes. *Ic* pour *hic, quiescet* pour *quiescit, patris* pour *patres* apparaissent aussi au n° 36. On trouve en outre ici *qae* pour *quae* (*Intr.*, § 70), forme si rare à Trèves qu'on peut se demander s'il ne s'agit pas plutôt ici d'une distraction du lapicide qui aurait oublié le premier trait de la ligature VAE (cf. VA à la l. 1) et *mesis* pour *menses* (*Intr.*, § 50 et 77).

L. *1 : Valentius/a* est un dérivé de *Valens,* moins fréquent que *Valentinus* (voir n° 63). I. Kajanto (*Latin Cognomina,* p. 247) en connaît 25 emplois, dont environ la moitié chez les chrétiens, surtout au féminin.

L. *4 : patres* pour *parentes,* comme si souvent à Trèves (*Intr.*, § 94).

L'épitaphe de Valentia me paraît dater du début du Vᵉ siècle (voir *Intr.*, § 129).

I, 62

Trèves, nécropole de Saint-Mathias. Trouvée en 1851 au sud-ouest du cimetière, en creusant une tombe (Liesen). Conservée autrefois dans la crypte de Saint-Mathias, elle se trouve actuellement dans la bibliothèque du monastère.

B. LIESEN, *Saar und Moselzeitung,* 13 août 1851, n° 190, p. 1-2.
Ph. SCHMITT, *H. Paulinus* (1853), p. 385.
LE BLANT 295 (DACL III, 1, s. u. *cheval,* col. 1292, et XV, 2, s. u. *Trèves,* col. 2754, n° 74).
Ph. DIEL, *St-Matthiaskirche* (1881), p. 177, n° 29.
KRAUS 101 et *add.* (de HETTNER), p. [4].
CIL XIII, 3899 (RIESE 4385; DIEHL 1374).
FINKE 63.
GOSE 70.
Révisée par N. Gauthier en 1972.

Plaque de marbre blanc en nombreux fragments dont certains sont perdus (h. 28; l. 30; ép. 4; lettres : 1,6 cm); encastrée dans une dalle de calcaire (45 × 45 cm).

```
          Hic in pace fidelis qui-
          escit Valentina quae
          uixsit annus XXVIIII et ⟨m⟩esis V;
  4       Germanio ui rginius
          eius pro caritatem
          et fi[lii titul]um
 palme    p[osueru]nt   palme
                 croix monogr. avec
 cheval        alpha et omega dans     cheval
               un double cercle
```

Ici repose en paix la fidèle Valentina qui a vécu 29 ans et 5 mois; Germanio, son mari, et ses enfants ont, par amour, posé cette épitaphe.

(Kraus, *Taf.* XV, 2 montrant l'état de la pierre avant restauration)

(restauré)

La reproduction publiée par Kraus donne une bonne idée de l'état de la pierre au moment de sa découverte, avant la restauration dont elle a été l'objet. On voit qu'à la l. 4, la plus grande partie du G de *uirginius* avait disparu dans la cassure, qu'à la l. 6, on ne distinguait plus que la moitié inférieure de FI, l'extrémité supérieure droite du dernier V et le haut du M final, qu'à la dernière ligne enfin, subsistaient seulement la panse du P et la plus grande partie des lettres NT. Cela explique les erreurs de lecture de Schmitt (l. 4, *Virrinius*) et de Finke (l. 4, *Vi...inius;* l. 6, ETE...; l. 7, P...NI), du moins en partie, car d'autres erreurs ne s'expliquent que par la négligence : Schmitt a déplacé d'une ligne le mot *quae;* Finke, qui donne la pierre *nach Mitteilung Steiners,* écrit pour la l. 3 : *uixsit annus XXVI et mens. II.* Tous deux ont baptisé « agneaux » les chevaux qui figurent au bas de la pierre. A la l. 6, Le Blant a noté le L de *filii* et, à la l. suivante, OS de *posuerunt* comme des lettres visibles sur la pierre, soit qu'il les ait réellement vues et que ce petit fragment ait disparu par la suite (il doit avoir vu l'inscription très peu de temps après sa découverte), soit qu'il ait noté par inadvertance — comme cela lui arrive lorsque la restitution n'est pas douteuse — un peu plus que ce qu'il voyait en effet.

Le *ductus* des lettres est assez comparable à celui de Saint-Mathias II (*Intr.*, § 21), mais les lettres ne remplissent pas l'espace compris entre les deux traits de la réglure, il n'y a pas de ligatures et, bien sûr, le formulaire est différent. A la l. 3, le lapicide a mis *nesis* pour *mesis;* il ne peut s'agir que d'une erreur matérielle, comme au n° 50, et non d'un vulgarisme comme l'est la substitution de N à M dans l'expression *bone memoriae* (Le Blant, *N.R.* 106 et 162; cf. Le Blant 535). A la l. 4, le graveur, ayant sans doute commis quelque erreur, a martelé le début de la ligne, poli de nouveau la surface qui se trouve donc en creux par rapport au reste de la pierre et gravé dessus les lettres GERMANIOVI. A la ligne suivante, il semble avoir commencé par erreur une haste verticale après le C de *caritatem.* La décoration au dessous du texte est sans équivalent en Gaule. Les palmes sont assez rares (à Trèves, n°s 166, 178 et peut-être 91); la croix monogrammatique est souvent inscrite dans un cercle (*Intr.*, § 43) mais non pas dans deux cercles concentriques comme ici. Enfin et surtout, on compte sur les doigts de la main les représentations de chevaux sur des épitaphes chrétiennes (DACL, s.u. *cheval*). En Gaule, il n'en a été trouvé qu'une autre, sur un petit fragment assez énigmatique (Le Blant, *N.R.* 203, à Arles). Le Blant se rallie à l'opinion selon laquelle le cheval serait « une allusion aux textes sacrés qui comparent la vie chrétienne à une lutte, à une course du cirque, où la couronne attend le vainqueur ». A l'appui de cette thèse, on peut citer une épitaphe sarde publiée par de Rossi (*Bull. Arch. Crist.*, 1873, p. 129-134 = Diehl 3400◇) qui montre un cheval harnaché marqué d'un chrisme se diriger (?) vers un autre chrisme. Dans d'autres cas, il apparaît que le cheval est à mettre en relation avec les occupations de la personne à laquelle est consacrée l'inscription (quand le cheval porte un nom, par exemple). Aucune de ces deux explications ne semble satisfaisante ici. C'est sans doute pourquoi A. Ferrua (*Akten*, p. 296) cherche à reconnaître des brebis. Cet animal apparaît quelquefois à Trèves (voir n° 49) mais ici, ce sont indubitablement des chevaux qui sont représentés. Peut-être celui qui a commandé le *titulus* — ou celui qui l'a exécuté —, méconnaissant la signification symbolique de l'habituelle colombe ou de l'agneau, a-t-il décidé de représenter plutôt un cheval sous l'impulsion de sa seule fantaisie (voir *Intr.*, § 44).

Les vulgarismes sont nombreux : *uixsit* (*Intr.*, § 76), *annus* (*Intr.*, § 52), chute du *n* et confusion *e/i* dans le mot *menses* (*Intr.*, § 50 et 77), accusatif après *pro* (*Intr.*, § 83).

L. 1 : le mot *fidelis,* qui indique le chrétien baptisé (voir n° 138), apparaît assez souvent à Trèves, presque toujours joint à la formule *in pace* (voir n° 9).

L. 2 : le nom *Valentinus/a* est particulièrement commun à Trèves (voir n° 63).

L. 4 : *Germanio* est un des nombreux noms formés à partir de l'ethnique *Germanus;* la forme en *-io,* caractéristique de la région (*Intr.*, § 125), est rare : I. Kajanto (*Latin Cognomina*, p. 201) n'en connaît pas plus de 5 ou 6 exemples.

Virginius est un mot très courant en épigraphie chrétienne (Diehl, *ind.* XII, s.u. *uirginia* et *uirginius*) mais dont le sens n'est clairement explicité nulle part. La mention des enfants prouve que ce n'est pas un équivalent de *uirgo.* L'étymologie suggère l'interprétation généralement admise : celui (ou celle) qui est arrivé vierge au mariage. Allant un peu plus loin, Le Blant et Klauser (*ap.* Gose) estiment que *uirginius* est l'équivalent de *monogamus,* « qui ne s'est marié qu'une fois ». Enfin, de Rossi, G. Wilpert (dans Kraus, *Real Encycl. d. Christl. Alterthum,* II, 957, s.u.) et A. Ferrua (*Riv. Arch. Crist.* 34, 1958, p. 219 et *Civiltà Cattolica,* 1936, 4, p. 302) estiment que *uirginius* signifie *uir qui uirginem duxit.* Il faut attendre de voir ce mot apparaître dans un contexte qui l'explicite pour donner raison à l'une de ces opinions contre les autres.

L. 5 : pro caritatem est une formule bien attestée à Trèves (*Intr.,* § 40).

L. 6 : on peut hésiter entre les restitutions *fili, filii* et, à la rigueur, *filia* (un peu long); Riese propose *Fi... :* le seul nom assez court pour la place disponible serait alors *Fida. Fi[delis]*, proposé par Gose, est trop long.

Le Blant pense que, si le nom *Valentinus* se rencontre souvent dans la région, c'est à cause des empereurs Valentinien I et Valentinien II et il ajoute : « Cette circonstance et la bonne exécution du *titulus* semblent permettre d'attribuer notre marbre, sinon au IVᵉ siècle, du moins à une époque voisine de cette période ». Mais l'habileté technique des lapicides trévires s'est maintenue à un haut niveau beaucoup plus longtemps que ne le pensait Le Blant (*Intr.,* § 128) et la faute NESIS pour MESIS, le vulgarisme *pro caritatem* (comme aux nᵒˢ 30 et 55, qui sont de la deuxième moitié du Vᵉ siècle), la présence de trois vulgarismes de type « tardif » (*Intr.,* § 97), la fantaisie qui a substitué des chevaux aux colombes ne me paraissent pas le fait d'une si haute époque. Je pencherais plutôt pour la deuxième moitié du Vᵉ siècle; d'ailleurs, rien n'indique que les noms des empereurs aient eu une influence quelconque sur l'onomastique locale (*Intr.,* § 142).

I, 63

Trèves, nécropole de Saint-Mathias. Trouvée en 1827 dans le cimetière (*Intr.*, § 4), encastrée dans le couvercle d'un sarcophage. Conservée au *Rheinisches Landesmuseum*.

A. DE CAUMONT, *Bull. monumental* 9, 1843, p. 64.
W. CH. VON FLORENCOURT, *Bonn. Jahrb.* 5/6, 1844, p. 329-330, n° 109.
LE BLANT 297 (DACL XV, 2, s. u. *Trèves,* col. 2754, n° 76).
KRAUS 217 et *add.* (de HETTNER), p. [6].
F. HETTNER, *Röm. Steindenkmäler,* n° 332.
CIL XIII, 3895 (RIESE 4382; DIEHL 3592).
S. LOESCHCKE, *Frühchristl. Denkmäler* (1936), p. 139.
GOSE 71.
Révisée par N. Gauthier en 1968.

Plaque de marbre blanc, à laquelle manquent les angles de gauche, de nouveau mutilée pendant le bombardement de 1944; h. 29; l. 29; ép. 3; lettres : 1,7-2,2 cm.

(avant 1944)

[H]*ic re*quiescit
Valentinus *qui*
uixit an(nos) XXXVIII; Marontius pater, Agri-
cia coiux et fili ei-
us tetulum pos(uerunt).
colombe   croix   colombe

4

Ici repose Valentinus qui a vécu 38 ans; son père Marontius, son épouse Agricia et ses enfants ont posé cette épitaphe.

Le principal intérêt de cette inscription réside dans sa paléographie. Le *ductus* des lettres est emprunté à la cursive (notamment Q, L, M, G, F) mais le lapicide a essayé de leur donner un caractère monumental en les traçant bien droites et en faisant des courbes parfaitement régulières (C, O, corps du G, panse du P). Au lieu d'avoir, comme d'habitude à Trèves, une écriture monumentale où se décèle l'influence de la cursive, on a en somme l'inverse, une cursive où l'on a fait passer un souffle « monumental » : cette écriture artificielle n'est pas sans rappeler celle du n° 165. Les ligatures sont nombreuses et variées : NT (l. 2 et 4), MA (l. 3; cf. n °170), TER (l. 4; cf. n° 72, où la ligature TR — sans E — est effectuée selon le même principe; le E apparaît sous forme de 2 petites barres horizontales au bas de la haste), ET (l. 5 et 6), VM (l. 6; rare, elle aussi). La plupart des points que l'on aperçoit sont accidentels; peut-être celui de la l. 4 après *pater* et celui de la l. 6 après *pos*(*uerunt*) ont-ils été voulus, mais ce n'est pas certain. Au début de la l. 6, Le Blant a ajouté par erreur un I qui n'a jamais figuré sur la pierre. La transcription de Caumont est gravement fautive (par ex., l. 3-4, *Mor/omius*).

Entre les deux colombes dont le schématisme linéaire n'est pas dépourvu d'élégance, le chrisme habituel a été remplacé par une croix latine. On trouve de même une croix latine entre deux colombes sur une inscription de Lyon datée de 448 (Le Blant 68) et sur une autre de Trèves (n° 21).

Le vulgarisme *tetulum* est fort commun à Trèves (*Intr.*, § 49); l'amuissement du N de *coniux* y est assez fréquent aussi (*Intr.*, § 77); le mot *eius* (l. 5-6) est correct, mais superflu (*Intr.*, § 86). Enfin, la graphie *fili* pour *filii* remonte à la plus haute antiquité (*Intr.*, § 63).

L. 2 : Valentinus/a est un nom particulièrement populaire à Trèves puisqu'il apparaît aussi aux n⁰ˢ 62, 64, 65 et 158 (Kajanto, *Latin Cognomina*, p. 209, l'a relevé 439 fois dans l'onomastique païenne et 57 fois dans l'onomastique chrétienne). Quoiqu'on puisse, grammaticalement, le considérer comme un *cognomen* « géographique », dérivé d'une des villes appelées *Valentia*, la faveur dont il a joui est plutôt à mettre en relation avec la racine *ualere*, qui en fait un nom de bon augure (*Intr.*, § 115).

L. 3-4 : le nom *Marontius* n'est pas connu par ailleurs. C'est un dérivé en *ius* (*Intr.*, § 124) du nom grec Μάρων, -ωνος, bien attesté à toutes les époques (Pape-Benseler, p. 868).

Pour le nom *Agricia*, voir n° 2.

Ce n'est sûrement pas à Trèves, si conservatrice, que la croix est apparue pour la première fois sur une épitaphe. Comme l'inscription déjà citée de 448 (Le Blant 68) est, selon Le Blant (*N. R.* p. 2), la plus ancienne épitaphe datée où figure une croix, le milieu du vᵉ siècle peut être considéré comme un *terminus a quo*. Valentinus est peut-être décédé dans la deuxième moitié de ce siècle, peut-être aussi encore plus tard s'il faut attribuer une signification aux similitudes paléographiques existant entre cette pierre et celle d'Vrsatius (n° 165). L'analogie de l'écriture maniérée avec celle du n° 72 et du motif avec celui du n° 21 renforce l'impression que l'épitaphe de Valentinus ne peut guère être antérieure au vɪᵉ siècle.

I, 64

Trèves, nécropole de Saint-Mathias ? Le lieu de trouvaille est inconnu mais l'inscription présente la paléographie si caractéristique de Saint-Mathias I. Conservée au *Rheinisches Landesmuseum*.

LE BLANT 298 (DACL XV, 2, s. u. *Trèves*, col. 2753, n° 77).
KRAUS 223 et *Nachtr.*, t. II, p. 342.
F. HETTNER, *Röm. Steindenkmäler*, n° 437.
CIL XIII, 3897 (RIESE 4384).
GOSE 745.
Révisée par N. Gauthier en 1968.

Partie gauche d'une plaque de marbre blanc grisé dont un fragment a disparu au cours du bombardement de 1944; h. 23; l. 17; ép. 3; lettres : 2,5-3,2 cm.

*V*alentinu[s ...]
in pace [...]
qui ui[xit an/annos]
4   L; Tala[sius/a ...]
çar[issim...]

(état actuel)

Cette épitaphe ne présentait visiblement aucune originalité par rapport aux habitudes trévires. Mais elle est trop mutilée pour qu'on puisse choisir entre les différentes formules possibles (*Intr.*, § 38-40). On peut hésiter entre des restitutions longues, du type de celles proposées par Hettner et Gose : *Valentinu*[s hic iacet] / *in pace f*[idelis] / *qui uix*[it annos ...] / *Itala* [coniux] / *cari*[ssima ti/tulum posuit], et des restitutions plus courtes, du type *Valentinu*[s hic] / *in pace* [iacet] / *qui ui*[xit an(nos)] / *L; Tala*[sius] / *car*[issimo] / [filio posuit].

Au point de vue paléographique, ce fragment a tous les caractères du type I de Saint-Mathias (*Intr.*, § 15), en particulier le T à linteau ondulé, les ligatures NT, NP, le *ductus* des L, des Q, des A (l. 3-4; celui de la l. 2 est abîmé); le I plus petit que les autres lettres (l. 1) se retrouve au n° 49, sorti du même atelier. A la fin de la l. 1, on voit la première haste du V; à la fin de la l. 3, on aperçoit l'extrémité supérieure gauche du X; enfin, au début de la dernière ligne subsiste le haut de la courbe du C. Le point marqué par Le Blant et Kraus au début de la l. 4 est accidentel. Sur la reproduction publiée par Kraus, on voit d'une part que le A de la l. 2 était semblable aux autres, d'autre part qu'il subsistait, après le E de *pace,* une haste verticale.

L. 1 : Valentinus est un des noms les plus communs de notre matériel (voir n° 63).

L. 4 : la première lettre est évidemment le nombre d'année, 50, comme nous en avertit son *ductus* différent des autre L, et non, comme tous les commentateurs de la pierre l'ont dit jusqu'à Ferrua (*Akten*, p. 303), une erreur du lapicide pour I.

Le nom qui suit n'est donc pas *Itala,* mais *Talasius* ou *Talasia* (la personne qui a fait faire l'épitaphe n'est pas forcément la femme de Valentinus), nom qui apparaît aussi au n° 59.

Cette pierre, comme toutes celles qui relèvent de Saint-Mathias I, doit être de la deuxième moitié du IVᵉ siècle ou des premières années du Vᵉ (*Intr.*, § 18).

I, 65

Trèves, nécropole de Saint-Mathias. Trouvée au cours de l'hiver 1844-45 dans la partie N. E. du cimetière (*Intr.*, § 5). L'épitaphe était encastrée dans la face interne du couvercle d'un sarcophage (I. Steininger, *Geschichte der Trevirer,* I [1845], p. 281). Conservée au *Rheinisches Landesmuseum.*

W. CH. VON FLORENCOURT, *Bonn. Jahrb.* 12, 1848, p. 82, n° XI.
LE BLANT 296 (DACL XV, 2, s. u. *Trèves*, col. 2754, n° 75).
Ph. DIEL, *St-Matthiaskirche* (1881), p. 171, n° 10.
KRAUS 95.
F. HETTNER, *Röm. Steindenkmäler*, n° 345.
CIL XIII, 3896 (RIESE 4381).
GOSE 72.
Révisée par N. Gauthier en 1968.

Partie gauche d'une plaque de marbre blanc; il est difficile de dire si l'on a en bas le bord primitif car tous les côtés sont coupés assez irrégulièrement; h. 25; l. 23; ép. 2,5; lettres : 2,5-3 cm.

Hic quieṣ[cit Va]-
lentinụ[s qui]
uixsit aṇ[nos]
4 LXLIII et mẹ[...]
et die[s ...]

Ici repose Valentinus qui a vécu ? ans, ... mois et ... jours.

La surface de la pierre a souffert mais la qualité de la gravure était digne des traditions trévires. Les lettres sont hautes et régulières, le L à base horizontale (sauf dans les chiffres), le T à linteau droit. Les lignes sont très espacées; l'espace est plus réduit entre les l. 4 et 5, plus développée au dessous de la l. 5 : c'est peut-être le signe que cette ligne était la dernière et que le lapicide l'a placée en tenant compte du bord actuel qui, à gauche, laisse peu d'espace au dessous de la dernière ligne. Dans ce cas, il manquait, comme au n° 44, l'habituelle mention de ceux qui ont fait faire la tombe.

Le vulgarisme *uixsit* apparaît plusieurs fois à Trèves (*Intr., § 76*).

L'inscription est facile à compléter.

L. 2 : le nom ne peut avoir été que *Valentinus,* si commun à Trèves (voir n° 63).

L. 4 : l'âge de Valentinus pose un petit problème. Tous les éditeurs de la pierre ont compris 64, considérant que le deuxième L était mis pour I, sa base ayant été gravée par erreur. Mais, pour éviter de supposer une erreur dans une inscription par ailleurs correctement gravée, on peut comprendre aussi : L (50) + XLIII (43) = 93 ans. On sait que 40 s'écrit indifféremment XXXX ou XL. Normalement au aurait dû avoir XC, mais la vie était brève en ces temps-là et les lapicides n'avaient pas l'habitude d'avoir à faire intervenir le signe C. La combinaison L, XL (= XXXX), III, permettait de parvenir au même total conformément au principe de la numérotation romaine. Le mot *menses* semble avoir été abrégé.

La concision de l'épitaphe et l'excellente facture des lettres suggèrent pour cette pierre une datation haute, peut-être le IVᵉ siècle.

I, 66

Trèves, nécropole de Saint-Mathias ? (*glaubwürdige Fundangabe* : *St-Matthias,* Kempf). Achetée chez un antiquaire en 1964, au moment où l'on faisait des travaux à St-Mathias. Conservée au *Bischöfliches Museum* de Trèves.

Th. K. KEMPF, *Frühchristl. Zeugnisse,* p. 196, n° 14.
Révisée par N. Gauthier en 1967.

Plaque de marbre blanc endommagée sur ses bords et restaurée; h. 13; l. 15; ép. 2,5; lettres : 1,5 cm.

(réduit au 1/3)

Hic iaçet Veç[t]-
[o]r qui uixit me(nses) XI;
ţitulum posuit
4   Leosa mater /sua/; in pa[ce]!
rameau   chrisme avec   rameau
colombe   l'alpha et l'omega   colombe

Ci-gît Vector qui a vécu 11 mois; Leosa, sa mère, a posé cette épitaphe; en paix !

Cette petite plaque présente une écriture intéressante. Les lignes sont sinueuses, de hauteur irrégulière (la l. 1 s'agrandit en son milieu tandis que la l. 2 se rétrécit au même endroit); les lettres sont tracées d'une main sûre, profondément incisées. Il y a de nombreuses ligatures, dont certaines sont peu courantes : VE (l. 1), ME (l. 2), VL (l. 3), MP (l. 3), AT et NP (l. 4). Le lapicide a ajouté le mot *sua,* avec ligature VA, au dessus de la l. 4. Au dessous du texte, le lapicide a gravé un chrisme à haste verticale très haute entre les lettres *alpha* et *omega,* des colombes tenant un rameau en forme d'X dans leur bec, enfin des rameaux dans l'espace disponible au dessus des colombes de droite et à gauche. Cette décoration se retrouve, — mais tracée avec combien plus d'élégance ! — au n° 103. Il ne reste guère de la colombe de droite que la tête, alors que celle de gauche est presque entière (la cassure coupe la queue). A la fin de la l. 1, seule subsiste une partie de la courbe du C; le T est restitué ainsi que le O du début de la l. 2 et le linteau du T qui commence la l. 3. A la fin de la dernière ligne, les lettres CE ont été refaites.

L. 1 : le nom du défunt ne peut être que *Vector,* mis pour *Victor* (*Intr.,* § 53). Le nom *Victor* est extrêmement commun (voir n° 176), mais la forme *Vector* extrêmement rare : Diehl, dans son index, n'en cite qu'un cas (Diehl 202 = CIL XIII, 5252-5253).

L. 4 : Le nom *Leosa* apparaît au masculin au n° 29.

Le lapicide aurait pu se dispenser d'ajouter *sua,* inutile et impropre (*Intr.,* § 86). Il n'est pas rare que les épitaphes trévires se terminent sur le souhait *in pace* (*Intr.,* § 40).

Kempf date cette pierre de la première moitié du Ve siècle. Elle n'est sûrement pas plus ancienne (à cause, notamment, de l'expression *mater sua*); mais je n'oserais dire qu'elle ne peut être plus récente, car la simplicité du formulaire ne signifie rien à Trèves (*Intr.,* § 37).

I, 67

Trèves, nécropole de Saint-Mathias. Trouvée en 1934 dans le cimetière. Conservée au *Rheinisches Landesmuseum*.

J. B. KEUNE, *Pastor bonus* 45, 1934, 6, p. 371, n. 3.
E. KRUEGER, *Trier. Zeitschr.* 10, 1935, p. 157.
STEINER, *Germania* 19, 1935, p. 69 (brève notice).
NESSELHAUF 27.
GOSE 77.
Révisée par N. Gauthier en 1968.

Plaque de calcaire mutilée en haut à gauche et en bas à droite, endommagée à nouveau au cours du bombardement de 1944; h. 37,5; l. 41,5; ép. 5; lettres : 2,5 cm.

(avant 1944)

[Hic quie]scit Vi-
[... in] pạçe, fi-
[delis, q]ui uixit
4   [annos] III minus
[dies] XXXVIII; nutri-
[c]*i*onis pro ca-
*ri*tate titu-
8   *lu*m posuerunt.
chrisme
avec alpha et
colombe ?   omega dans   colombe ?
un cercle

Ici repose en paix le fidèle Vi... qui a vécu 3 ans moins 38 jours; ses parents nourriciers ont, par amour, posé cette épitaphe.

Ce *titulus* est de qualité inférieure puisqu'il est en calcaire, au lieu du marbre auquel nous sommes habitués (*Intr.*, § 3). Les lettres sont de hauteur et d'espacement inégaux, mais bien lisibles. Leur tracé est influencé par la cursive : les deux barres du F se rejoignent au sommet de la haste, comme aux n°s 1, 2, 63, 91, etc.; les hastes des M sont obliques; la panse du R est ouverte. Le lapicide a incisé asssez profondément une double réglure, que le haut des lettres atteint rarement. Il l'a complétée par un double trait vertical limitant le champ épigraphique à droite; ces traits d'encadrement ne semblent pas avoir eu leur pendant à gauche quoique l'état de mutilation de la pierre ne permette pas d'en juger avec certitude. Au dessous du texte se trouvait une décoration que la maladresse du lapicide, aggravée par les dommages subis, donne quelque mal à identifier : au centre, un chrisme flanqué de l'*alpha* et de l'*omega* et inscrit dans un cercle (motif qui se retrouve aux n°s 119 et 142, qui ne sont pas sans présenter quelque analogie avec cette pierre-ci); sur les côtés, deux motifs très rudimentaires qu'il n'est pas impossible d'interpréter comme les colombes que l'on s'attend à trouver à Trèves (*Intr.*, § 43). Gose dit qu'elles sont tournées vers l'extérieur; je n'en ai pas tant vu.

Dans l'état actuel de la pierre, le seul vulgarisme est *nutricionis* pour *nutriciones* (*Intr.*, § 50).

Il subsiste une part suffisante de l'inscription pour qu'on puisse la compléter à peu près, en tenant compte des formules en usage à Trèves (*Intr.*, § 38-40).

L. 1 : le nom du défunt peut avoir été *Vitalis,* comme le propose Gose, mais aussi, éventuellement, *Viator, Victor, Victura.*

L. 2-3 : on reconnaît le rapprochement *in pace fidelis,* largement attesté à Trèves (voir n° 9).

L. 4-5 : l'âge est donné de la même façon au n° 120. Le nombre d'années semble complet, étant donné l'espace disponible pour la restitution.

L. 5-6 : je ne sais quelle signification exacte donner au mot *nutriciones;* il désigne évidemment ceux qui ont « nourri », donc élevé un enfant, mais celui-ci est-il leur propre fils, un enfant adopté ou un enfant qui leur a seulement été confié (cf. « père nourricier » au sens moderne)? Le seul autre emploi que je connaisse est Diehl 756 (CIL V, 1676), à Aquilée : *Iulie Gaudentiae filiae dulcissime... nutriciones... fecerunt.* Malgré le terme *filiae,* l'apparition de ce mot inusité ne s'expliquerait pas s'il n'était que l'équivalent du banal *parentes* (ou *patres*), comme le pense Nesselhauf.

L. 6-8 : la formule *titulum posuit/erunt* est parfois complétée par *pro caritate* (*Intr.*, § 40).

Gose estime : *Die Inschrift ist etwas vor 400 n. Chr. anzusetzen.* Elle me paraît pouvoir dater aussi du Ve siècle (emploi du calcaire au lieu de marbre, réglure assez profondément gravée, cercle autour du chrisme), mais ne saurait être plus tardive à cause du groupement *in pace fidelis,* du terme *nutriciones* et de la mention *pro caritate* (*Intr.*, § 138-139).

I, 68

Trèves, nécropole de Saint-Mathias. Trouvée vraisemblablement entre 1897 et 1899 au cours de fouilles effectuées dans le cimetière. Conservée autrefois dans la crypte de Saint-Mathias, elle se trouve aujourd'hui dans la bibliothèque du monastère.

E. KRUEGER, *Trier. Zeitschr.* 5, 1930, p. 169.
NESSELHAUF 26.
GOSE 73.
Révisée par N. Gauthier en 1972.

Plaque de marbre blanc, mutilée à droite; h. 35,5; l. 60; ép. 6; lettres : 3 cm.

Hic Victorinus ex trib[unis et ... ? coniux]
aeius iunti in pace quiescent qu[i ...]
annos XVI; nam tulit ille ann[os ... et illa]
4   annos XXVIII; filia aeorum patri[bus ...issimis]
pro caritate titulu[m posuit; in pace]!
colombe   olivier   colombe

Ici reposent Victorinus, ancien tribun, et son épouse ...? réunis dans la paix, qui ... 16 ans; il a atteint ... ans et elle 28 ans; leur fille a, par amour, posé cette épitaphe à ses parents très chers; en paix !

Cette grande et belle épitaphe sort de l'atelier I de Saint-Mathias (*Intr.*, § 15-18); le *ductus* des lettres, en particulier T, O, R, F, leurs proportions élégantes, les ligatures NT (l. 2), NP (l. 2), MP (l. 4), enfin le motif de l'olivier entre deux colombes affrontées sont tout à fait caractéristiques. Le L a le *ductus* maniéré qui apparaît si souvent à Trèves (par exemple, n°s 9, 24, 26, 38, 55, 57, 58, 61, 74, 87 à Saint-Mathias). La place de l'olivier, qui devait se trouver à peu près au milieu de la pierre, montre qu'il manque environ une douzaine de lettres à droite, ce qui est considérable : cette épitaphe devait être de dimensions exceptionnelles pour l'épigraphie chrétienne de Trèves.

Le scripteur a trahi l'effort qu'il faisait pour observer les règles de l'orthographe par les contrépels *aeius* (l. 2), *aeorum* (l. 4), dont nous n'avons pas d'autre exemple à Trèves (*Intr.*, § 58). Il a pourtant laissé échapper les vulgarismes *iunti* pour *iuncti* (*Intr.*, § 78) et *quiescent* pour *quiescunt* (*Intr.*, § 87).

L. 1 : *Victorinus/a* est un nom très répandu qui apparaît aussi au n° 57. Ensuite il faut compléter *ex trib[unis]* ou *ex trib[uno]* car les deux formes sont attestées. La mention éventuelle de la profession fait partie des caractères propres à Saint-Mathias I. De toutes façons, les tribuns de Trèves devaient être particulièrement satisfaits de leur sort puisque, sur 7 laïcs dont nous connaissons la fonction autrement que par cet atelier, 2 se proclament tribuns (n° 107 et 130). On connaît un autre ancien tribun à Lyon (Le Blant 41) mais, dans l'ensemble, les mentions de ce genre ne sont pas fréquentes en épigraphie chrétienne (autres *tribuni* chrétiens : (Diehl 436-442). Sur le tribunat au Bas-Empire, voir n° 130.

A la fin de la ligne, il faut restituer le mot *coniux;* il semble qu'il y ait aussi la place de restituer le nom de la femme à condition qu'il ne dépasse pas trois ou quatre lettres, ce qui est rare en latin (*Vrsa ?*).

L. 2 : l'idée que deux personnes se trouvent réunies au delà de la mort est exprimée aussi au n° 19. On peut rattacher *in pace* à *iunti* ou à *quiescent,* le sens est le même. La fin de la ligne est plus difficile à interpréter. Gose restitue : *qu[ae eum praecessit]/ annos XVI,* et glose dans sa traduction : « qui l'a précédée de 16 ans (dans la mort) »; sans doute trouve-t-on, à Trèves même, le mot *praecessit* (n° 98, 173, peut-être 37), mais jamais — là non plus qu'ailleurs — construit avec un accusatif de durée indiquant de combien l'un a précédé l'autre dans l'au-delà. Ferrua (*Akten*, p. 296), suggère *quae uixit minus eo* ou *quae fuit minus coiuge* (différence d'âge entre le mari et la femme). Mais la construction de la phrase indique que le relatif doit renvoyer aux deux défunts. Nesselhauf suppose — et cela paraît plus vraisemblable — que ces 16 années sont la durée de la vie commune du couple. Il faut imaginer alors une formule comme *fecerunt in coniugio, uixerunt coniugio, fuerunt uno coniugio* (voir Diehl, *Ind.* XII, s. u. *coniugium,* p. 500), mais tout cela est un peu long; une inscription de Milan datée de 404 (Diehl 4280 = CIL V, 6217) fournit un parallèle qui convient exactement comme longueur : *qui simul fecerunt ann. XXVI.* Nesselhauf ajoute que, dans ce cas, l'âge indiqué comme celui de la femme est insuffisant et qu'il doit y avoir une erreur. Mais, si l'on retranche 16 de 28, on trouve 12, qui est précisément l'âge légal auquel les filles pouvaient se marier : dans l'épitaphe milanaise citée ci-dessus, la femme s'était, elle aussi, mariée à 12 ans et, à Trèves même, la petite Macedonia (n° 31), morte à 13 ans, était déjà mariée.

L. 3-4 : il faut donner à *nam* un sens de coordination assez vague, qu'il a souvent en latin tardif; par exemple, dans la *Peregrinatio Etheriae* (7, 4), quatre phrases de suite commencent par *nam.* Puis venait l'âge des conjoints. La formule *tulit annos,* qui est une autre façon de dire *uixit,* apparaît encore au n° 176 et, sous une forme voisine, au n° 37. A la fin de la l. 3, il faut restituer un âge assez avancé puisque Victorinus était retraité. Si les deux époux sont morts à peu de temps l'un de l'autre, il devait y avoir une différence d'âge considérable entre le vieux militaire et sa jeune femme; mais peut-être lui a-t-il survécu de longues années.

L. 4 : à la fin de la ligne, le mot *patribus* (= *parentibus : Intr.*, § 94) était complété par *carissimis* ou *dulcissimis.*

L. 5 : cette formule est banale à Trèves (*Intr.,* § 40). A la fin de la ligne, il faut restituer *in pace* (avec ligatures) pour compléter la ligne et assurer la symétrie avec le début.

La taille et la qualité de ce *titulus,* pour un simple tribun, donne une idée de la relative « démocratisation » de l'épigraphie funéraire à Trèves au moment de son apogée. Le canevas souple du formulaire de St-Mathias I a été adapté avec bonheur au cas particulier que constituait cette double épitaphe. Sans nul doute, ce travail fut fait avant le trouble des grandes invasions (*Intr.,* § 18).

I, 69

Trèves nécropole de Saint-Mathias. Trouvée en 1964/65 dans l'église, à environ 21 m du mur ouest, 30 cm au dessus d'un sarcophage (sur les conditions exactes de trouvaille, voir E. Gose, *Trier. Zeitschr.* 28, 1965, p. 75 et fig. 4). Conservée au *Rheinisches Landesmuseum*.

E. GOSE, *Trier. Zeitschr.* 28, 1965, p. 72-73, n° 3.
E. FOERSTER, *Frühchristl. Zeugnisse,* p. 34, n° 24.
Révisée par N. Gauthier en 1967.

Plaque de marbre blanc (h. 25,5; l. 28; ép. 4; lettres : 1,5-2 cm), encastrée dans une dalle de grès (h. 46; l. 42; ép. 13 cm).

Hic quiescit in pace
Victura quae ui-
xit an(nos) XIIII et di(es) XL; Leo-
4   nia mater tetolum
pos-   -uit.
colombe   chrisme   colombe

Ici repose en paix Victura qui a vécu 14 ans et 40 jours; Leonia, sa mère, a posé cette épitaphe.

Comme ses deux premiers éditeurs l'ont remarqué, cette pierre présente une parenté frappante avec le n° 7 : c'est exactement la même paléographie, ce sont les mêmes colombes dessinées de façon identique, c'est le même chrisme élégant dont les traits sont doublés, lui donnant le relief d'un objet qui pourrait se détacher. La courbe du P se retourne à son extrémité. Les deux inscriptions appartiennent au type II de Saint-Mathias (*Intr.,* § 21-23), comme le montrent le *ductus* des lettres A, Q, L, M, O, T (quoiqu'ici, comme au n° 7, le linteau soit presque au niveau de la réglure), les ligatures NP (l. 1), VA (l. 2) et surtout ET (l. 3) et AT (l. 4), les tildes abréviatifs, le I inscrit dans le D pour *dies,* le chrisme entre deux colombes, le double vulgarisme *tetolum,* enfin le formulaire, avec la mention de l'âge au jour près.

L. 2 : Victura est la forme féminine, dont on ne connaît pas d'autres exemple, du *cognomen Victurus,* lui-même rarement attesté : I. Kajanto en a relevé 2 exemples païens (dont CIL XIII, 6010, en Germanie Supérieure) et 3 chrétiens (*Latin Cognomina,* p. 273), auxquels on pourrait ajouter Diehl 745 A = CIL III, 9515 et Diehl 875 A f = CIL XIII, 10 026, 69. Il ajoute le commentaire : *scarcely from uincere;* quelle que soit l'origine grammaticale de ce nom, il ne me paraît pas douteux qu'il était ressenti comme un équivalent de *Victor* ou *Victorinus,* si populaires à Trèves (n°s 57 et 176).

L. 3 : « 40 jours » est plus simple que « 1 mois et 10 jours ».

L. 3-4 : Leonia est un de ces noms suggérant la force du lion qui ont connu une grande faveur à Trèves (*Intr.,* § 122); la forme *Leonius/a* elle-même est rare : I. Kajanto (*Latin Cognomina,* p. 327) en connaît deux exemples païens (dont CIL XIII, 11 994, en Germanie Inférieure) et deux chrétiens (dont Le Blant 416).

Dans la couche de terre au dessous de ce *titulus,* on a retrouvé, selon Gose, un tesson de poterie du IVᵉ siècle. Gose se demande si l'on peut s'en servir pour dater l'épitaphe et Förster est plus affirmatif, qui dit : *Die Fundumstände sprechen für eine Datierung in die zweite Hälfte des 4. Jahrhunderts.* Ce tesson donnerait tout au plus un *terminus post quem* mais, de toutes façons, il semble que le terrain ait été profondément bouleversé depuis longtemps (on n'a retrouvé aucune trace de corps à proximité de cette pierre tombale, pas plus qu'à côté des n°s 21 et 38 trouvés en même temps) et que la stratigraphie ici n'ait aucune valeur. Victura ne nous apprend donc rien de plus sur la période à laquelle ont travaillé les lapicides de Saint-Mathias II (*Intr.,* § 23).

I, 70

Trèves, nécropole de Saint-Mathias. Trouvée en 1881 dans le cimetière, à une profondeur d'un mètre. Conservée au *Rheinisches Landesmuseum*.

F. HETTNER, *Trierische Zeitung,* 7 mai 1881, n° 125, p. 3 (Rubrique « Lokales ») et *Wd. Zeitschr.* 1, 1882, p. 270.
Ph. DIEL, *St-Matthiaskirche* (1881), p. 181, n° 35.
KRAUS 106 et *add.* (de HETTNER), p. [4] (LE BLANT, *N. R.* 342 [DACL XV, 2, s. u. *Trèves,* col. 2755, n° 84]).
F. HETTNER, *Röm. Steindenkmäler,* n° 356.
CIL XIII, 3904 (RIESE 4391; DIEHL 3102).
GOSE 76 (R. EGGER, *Bonn. Jahrb.* 157, 1957, p. 329).
E. FOERSTER, *Frühchristl. Zeugnisse,* p. 32, n° 21.
Révisée par N. Gauthier en 1967.

Plaque de marbre blanc bleuté; h. 24; l. 20; ép. 2,7; lettres : 1,7-2,4 cm.

Ic quiescet Vita-
lis, Elearius, Codo-
ra, Cofilus /et/ Vita-
4   lianus et Codora
inocentis quie(scunt ?) in pace.

« Inscription de formule confuse », dit Le Blant sans autre commentaire ! Je renonce en effet à essayer de la traduire.

L'écriture de cette inscription imite celle de Saint-Mathias I (*Intr.,* § 20), mais ce n'est qu'une imitation : la queue des Q, le linteau du T sont exagérément ondulés, les mots sont séparés par des points, les ligatures LE et AR de la ligne 2 ne sont pas dans l'esprit de cet atelier (les ligatures NT et NP de la dernière ligne sont, au contraire, normales). Les points qui séparent les mots sont, en principe, à mi-hauteur de la ligne. Cependant, des points oubliés ont été ajoutés en haut de la ligne entre *Codora* et *Cofilus* (l. 3), en bas de la ligne entre *et* et *Codora* (l. 4) et au dessus de la ligne entre *quie* et *in pace* (l. 5); en outre, un point superflu coupe le mot *inocentis* en deux. Enfin, le lapicide a rajouté entre les lignes 2 et 3 le mot *et* qu'il avait omis.

En ce qui concerne la langue, les vulgarismes vocaliques *quiescet* pour *quiescit, inocentis* au lieu de *-es,* sont caractéristiques de notre matériel (*Intr.,* § 49 et 50); l'omission du *h* de *hic* est plus rare (*Intr.,* § 72); c'est l'unique exemple dans l'épigraphie chrétienne de Trèves du mot *innocens* avec un seul *n* (*Intr.,* § 75).

L. 1 : c'est la seule ligne qui soit claire : un certain *Vitalis* repose là. Ce nom, l'un des plus communs de l'onomastique latine (I. Kajanto, *Lat. Cogn.,* p. 30), est largement attesté à Trèves même (n°s 71 et 120). On ne peut pas préjuger du sexe du défunt *a priori* car Kajanto (*op. cit.* p. 24) a identifié 770 hommes et 240 femmes parmi ceux qui ont porté ce nom.

L. 2 : à partir de là, nous nous trouvons devant une avalanche de mots qui semblent des noms propres aussi mystérieux par leur étymologie que par leur fonction dans la phrase. Les seuls éléments certains sont que le nom *Codora* apparaît deux fois (Kraus ne s'en est pas avisé, mais Hettner le corrige dans ses *Addenda*) et que *Cofilus, Vitalianus* et le deuxième *Codora*, étant reliés par *et,* ont même fonction. Pour le reste, on ne peut que faire le bilan des hypothèses avancées. F. Hettner (*Röm. Steindenkmäler*, n° 356) pense que « les six personnes nommées » sont décédées et que, si deux personnes s'appellent *Codora*, c'est peut-être parce que la deuxième est née après la mort de la première; à la dernière ligne, il lit : *qui ein* (= *in*) *pace*. Kraus estime que Vitalis avait cinq enfants qui l'ont suivi dans la tombe; il suppose en même temps, ce qui ne me paraît pas compatible avec cette hypothèse, qu'une sixième ligne a disparu, qui portait : *titulum posuerunt;* d'ailleurs, le blanc qui subsiste sur la pierre au dessous de la l. 5 exclut cette hypothèse. Par ailleurs, il rapproche *Elearius* de *Elarina* (pour *Hilarina*), que l'on trouve sur une autre inscription de Gaule (Le Blant 38), *Codora* de *Codobertus* que l'on trouve dans les *Libri Confraternitatum Sancti Galli, Augiensis, Fabariensis* (éd. P. Piper, *M.G.H.,* p. 13, col. 15, 32; p. 14, col. 17, 31; p. 78, col. 239, 30), *Cofilus* de *Cofili* dans le même ouvrage (*op. cit.* p. 381, col. 102, 13). Riese fait dépendre tous les noms du *quiescet* de la ligne 1 et complète, l. 5, *quie(scant) in pace*. Diehl, sans proposer d'interprétation d'ensemble, suggère de reconnaître les noms *Hilarius, Th(e)odora, Th(e)ophilus*. Gose pense qu'à la ligne 1, *quiescet* est mis pour *quiescunt* et qu'à la ligne 5, *quie* est mis pour *quiescet*, qu'*Elearius* est un nom germanique (Schönfeld, p. 74, fait d'*Elearius* un composé d'*Ele-*, comme *Elemundus,* et d'*-arius* = *-hari*, comme *Hariulfus*) et *Codora* un nom celtique (comme Holder, *Altceltische Sprachsatz,* I, p. 1060).

R. Egger (*Bonn. Jahrb.* 157, 1957, p. 329) s'élève contre l'interprétation de la plupart de ses prédécesseurs : pour lui, on ne peut conclure du mot *in(n)ocentis* que tous sont morts, et non plus que la deuxième Codora est née après la mort de la première. Il considère que Vitalis et la première Codora sont les parents, Cofilus, Vitalianus et la deuxième Codora les enfants; quant à *elearius,* il en fait l'abréviation de *ele(ment)arius :* Vitalis aurait été maître d'école. E. Ewig (*Trier im Merowingerreich,* p. 70, n. 39), qui distingue, d'après Kraus, les noms *Vitalis, Elearius (Hilarius), Codo, Racofilus, Vitalianus, Codora,* les tient pour « germaniques ou trévires » et renvoie à *Cogilfildus* que l'on trouve dans une source d'Echternach au VIIIᵉ siècle (C. Wampach, *Geschichte der Grundherrschaft Echternach,* Luxembourg 1929, n° 54).

A toutes ces hypothèses ajoutons les nôtres : comme les terminaisons en *-filus* (= *philus*) et *-dora* sonnent grec, nous chercherons plutôt une interprétation de ce côté.

Elearius est peut-être une forme vulgaire de *Hilarius*, mais le E entre L et A s'explique difficilement. Si l'on veut y voir, comme Egger, la mention d'un métier, on peut penser à *olearius,* « marchand d'huile », mais la substitution de E au O initial est tout aussi inexplicable.

L 3 : *Codora* et *Cofilus* seraient mis pour *Theodora* et *Theophilus*. Les occlusives aspirées grecques se transcrivent normalement à Trèves par des occlusives simples, sauf φ normalement transcrit par F (*Intr.,* § 81) et la voyelle E en hiatus a tendance à s'amuir (*Intr.,* § 64). La forme vulgaire de *Theodora* et de *Theophilus* est donc *Todora* et *Tofilus* (cf. Diehl 1407 A *adn.* = CIL VIII, 25 290 et 3858 A = *ICVR* I, 1359, *Thodora;* Diehl 861 B = Garrucci III, *tab.* 200, 1 et 3523 *G* = *ICVR n. s.* (I) 3349, *Teodora*). Or les lettres C et T étaient faciles à confondre lorsqu'elles étaient écrites en minuscules cursives et l'on trouve parfois trace d'une telle confusion en épigraphie (J. Guey, *Gallia* 17, 1959, p. 235-236 : il cite *macri* pour *matri*, CIL VIII, 373; *uixic* pour *uixit*, ILAg II, 1108; plusieurs *sartophagi*, CIL VI, 8429, 36 590, X, 3163, III, 8742; enfin, en Gaule, *praeceps aetatem* pour *praeter aetatem*, CIL XII, 1941). C'est ce qui serait produit ici. Peut-on penser que les mêmes déformations ont affecté les noms des moines relevés par Kraus dans les listes de Saint-Gall ?

L. 3-4 : *Vitalianus* n'est pas un *cognomen* très fréquent (I. Kajanto, *Lat. Cogn.,* p. 274 : 24 exemples seulement dans toute l'onomastique latine, dont 6 chrétiens); sa présence ici s'explique par l'habitude de donner aux enfants des noms dérivés de ceux des parents (*Intr.*, § 126), ce qui confirme que les trois derniers noms cités sur la pierre (et reliés par *et*) sont ceux d'enfants de *Vitalis*.

Pourquoi deux fois *Codora* ? Ou bien ce nom désigne la première fois la mère — dédicante pour son mari Vitalis ⟨o⟩*learius* ou défunte elle aussi — et la deuxième fois une fille qui aurait reçu le nom de sa mère (mais cette transmission intégrale du nom n'est pas attestée à Trèves : le genre au moins est différent, comme aux n°ˢ 13 et 22), ou bien il désigne la même personne nommée deux fois par erreur, ou encore deux enfants dont le premier est mort en bas âge, ce qui a permis de réutiliser le nom. En tout cas, il s'agit d'une épitaphe collective, comme au n° 27.

L. 5 : le mot *inocentis,* qui se rapporte à *Cofilus et Vitalianus et Codora,* est employé en épigraphie chrétienne pour désigner les enfants morts en bas âge (*Intr.,* § 95).

Bien des signes attestent que cette inscription est tardive : ces noms déformés jusqu'à en être méconnaissables, les points qui séparent les mots (au lieu d'avoir une fonction purement décorative), l'abréviation anormale *quie(scunt),* les ligatures inhabituelles, le contraste entre la belle apparence de cette pierre et son libellé incompréhensible, etc. On peut, avec H. Marrou (*Germania* 37, 1959, p. 345) et E. Ewig (*Trier im Merowingerreich,* p. 70, n. 39), la dater sûrement de l'époque franque.

I, 71

Trèves, nécropole de Saint-Mathias. Trouvée au cours de l'hiver 1844-45 dans la partie N. E. du cimetière (*Intr.,* § 5). D'après Florencourt (*Bonn. Jahrb.* 12, 1848, p. 71), la pierre formait le couvercle d'un sarcophage, l'inscription tournée vers l'intérieur. Elle était peut-être en réemploi; le bas de la pierre, seulement dégrossi, pourrait avoir été destiné à être planté en terre. Conservée au *Rheinisches Landesmuseum.*

I. STEININGER, *Geschichte der Trevirer* (1845), I, p. 281, n. 1.
W. CH. VON FLORENCOURT, *Bonn. Jahrb.* 12, 1848, p. 71, n° I.
LE BLANT 301 et suppl. t. II, p. 602 (DACL, XV, 2, s. u. *Trèves,* col. 2755, n° 81).
Ph. DIEL, *St-Matthiaskirche* (1881), p. 173, n° 18.
KRAUS 90 et *add.* (de HETTNER), p. [4].
F. HETTNER, *Röm. Steindenkmäler,* n° 346.
CIL XIII, 3687 (RIESE 1785; DIEHL 552).
S. LOESCHCKE, *Frühchristl. Denkmäler* (1936), p. 131.
GOSE 75.
Révisée par N. Gauthier en 1968.

Plaque de grès gris; h. 69; l. 82; ép. 16; dim. du champ épigraphique : h. 35, l. 65; lettres : 2,5-3,5 cm. La pierre a été abîmée par les agents atmosphériques pendant son exposition provisoire en 1887-1889 (Hettner) et s'est encore bien dégradée depuis.

> *Hic quiescit Vitalis qui*
> *uixit aṇnos LX[X]XV; milit-*
> *auit inteṛ Io[uia]n[o]ṣ senio-*
> 4 *ris an(nos) XL; coniux kariṣsima*
> *tiṭuluṃ poṣuit.*
> *colombe   olivier   colombe*

Ici repose Vitalis qui a vécu 85 ans; il a servi dans les Iouiani Seniores *pendant 40 ans; son épouse très chère a posé cette épitaphe.*

(Kraus, *Taf.* XI, 4)

(vers 1890)   (réduit au 1/6)

Pour la lecture des parties disparues, j'ai suivi Florencourt, qui a vu la pierre peu après sa découverte (Steininger l'avait manifestement mal lue; par ex., l. 3, INTERIS MVNVSSENIO); la reproduction publiée par Kraus (*Taf.* XI, 4; sa propre lecture ne semble pas en dépendre) confirme d'ailleurs la lecture de Florencourt. Celui-ci lit sans difficulté les l. 1, 2, 4 et 5. Cependant, j'ai restitué avec Diehl un X supplémentaire, l. 2, d'après la photo de Kraus où les deux X sont trop écartés pour qu'un troisième n'ait pas autrefois existé entre eux. A la l. 3, il voit, après *inter*, la lettre I, puis une courbe qui ne peut appartenir qu'à un O; plus loin, il reconnaît « assez distinctement » un N. Le Blant, qui a vu la pierre à peu près à la même époque, a cru distinguer le V, mais non le N, et aussi le deuxième O (*IOVianOS*); au moment où Hettner rédige ses *Röm. Steindenkmäler,* il lit *I[o]u[iano]s;* le CIL porte, lui aussi, I, un espace, la haste gauche d'un V, un espace plus large, S. La photo de Kraus permet en outre de constater qu'au moment où la photo que je dois à l'obligeance du *Rheinisches Landesmuseum* a été prise, le T qui termine la l. 2 et le L du nombre XL, l. 4, avaient été refaits (ce qui explique la lecture de Le Blant, Kraus, CIL : *AN. XI;* la base originale du L est bien visible sur la reproduction de Kraus — sans doute antérieure à la dégradation de 1887 —, comme il le remarque lui-même à la suite de la correction de Hettner, p. [4]). L. 4, deuxième lettre : Le Blant a noté par erreur E au lieu de I.

Par sa paléographie et le motif de l'olivier entre deux colombes, cette épitaphe est caractéristique de la production de Saint-Mathias I (*Intr.,* § 15-18). Le *ductus* particulier du R (l. 3) se retrouve au n° 85, provenant du même atelier. La langue est correcte dans l'ensemble (sur la forme *senioris* pour *seniores,* voir *Intr.,* § 50; sur la graphie *karissima, Intr.,* § 71).

L. 1 : Vitalis est un des noms les plus communs de l'onomastique latine (voir n° 70); à Trèves même, il apparaît aussi au n° 70 et, sans doute, au n° 120.

L. 2-4 : une des particularités de Saint-Mathias I est de mentionner parfois la profession (*Intr.,* § 18), contrairement aux habitudes de l'épigraphie chrétienne. C'est le cas ici. Le corps des *Iouiani seniores* nous est connu par la *Notitia Dignitatum :* elle le signale comme une *legio palatina* (*Occ.* V, 145), stationnée *intra Italiam* (*Occ.* VII, 3). On a trouvé à Milan l'épitaphe d'un tribun qui avait, lui aussi, servi 40 ans *int(er) Iouianos sen(iores)* (Diehl 441 A = CIL V, 6213). Si l'on accepte l'hypothèse d'E. Demougeot, *L'évacuation des troupes romaines en Alsace* (*Revue d'Alsace* 92, 1953, p. 7-28), p. 12-13, c'est Stilicon qui, en 395, aurait dédoublé beaucoup de *numeri,* dont les *Iouiani,* pour en céder la moitié (le corps des *Iuniores*) au gouvernement de l'Orient. Mais, par ailleurs, les *Iouii iuniores* sont mentionnés sur une tombe de Concordia (Diehl 441 = CIL V, 8753) et D. Hoffmann (*Museum Helveticum* 1963, p. 22) date toute cette série de tombes militaires de l'automne 394 - printemps 395. Pour concilier les deux hypothèses, il faut donc remonter un peu la première date ou abaisser un peu la seconde. Pour A.H.M. Jones (*Later Roman Empire,* Oxford 1964, III, p. 356), la division du corps des *Iouiani* serait intervenue beaucoup plus tôt, en 365, lorsque le *comitatus* fut partagé entre Valentinien et Valens. Enfin, signalons que Grégoire de Tours, citant Sulpicius Alexander, parle d'un tribun des *Iouiani* tué au cours d'une opération sur le Rhin en 388 (*Historia Francorum,* II, 9) et qu'une inscription d'Arles (Le Blant 511) mentionne aussi les *Iouiani* sans préciser s'il s'agit des *iuniores* ou des *seniores :* peut-être ces deux textes sont-ils antérieurs à la division des *Iouiani* en deux corps ou peut-être ont-ils négligé une précision qui, alors, allait de soi.

On trouve plutôt *militauit in* dans les inscriptions païennes et plutôt *militauit inter* dans les inscriptions chrétiennes : c'est l'indice d'une évolution dans l'usage.

Cette pierre est exceptionnelle par ses dimensions et son matériau. Par contre, elle fait partie sans conteste des productions de Saint-Mathias I. Il est probable que, des quarante ans de service de Vitalis, les dernières années seulement se sont déroulées dans un corps de *Iouiani seniores* distinct des *Iouiani iuniores.* Si l'on admet que la séparation des deux corps est intervenue dans la deuxième moitié du IVe siècle et compte tenu de l'âge de Vitalis qui a joui de 25 ans de retraite, notre inscription doit être de la fin du IVe ou du premier quart du Ve siècle, ce qui entre dans les limites chronologiques que différents indices m'ont fait assigner à l'activité de Saint-Mathias I (*Intr.,* § 18).

I, 72

Trèves, nécropole de Saint-Mathias. Trouvée au cours de l'hiver 1844-45 dans la partie N. E. du cimetière (*Intr.*, § 5), encastrée dans le couvercle d'un sarcophage.Conservée au *Rheinisches Landesmuseum.*

W. CH. VON FLORENCOURT, *Bonn. Jahrb.* 12, 1848, p. 80, n° VI.
LE BLANT 291 (DACL XV, 2, s. u. *Trèves,* col. 2753, n° 70).
Ph. DIEL, *St-Matthiaskirche* (1881), p. 171, n° 11.
KRAUS 91.
F. HETTNER, *Röm. Steindenkmäler,* n° 344.
CIL XIII, 3907 (RIESE 4379; DIEHL 4374).
GOSE 65.
E. FOERSTER, *Frühchristl. Zeugnisse,* p. 30-31, n° 19.
Révisée par N. Gauthier en 1967.

Plaque de marbre blanc en 3 fragments; h. 30; l. 30; ép. 2; lettres : 2,2 cm.

Hic iacet Vrsa quae uix(it)
ann(os) VII et mens(es) X; Vrsolus et Romula patres
4   tetolum posuerunt;
in pace ! n(ono) d(i)e ed(u)s agu(st)as.
vigne   chrisme   arbre ?
avec alpha et oméga

Ci-gît Vrsa qui a vécu 7 ans et 10 mois; Vrsolus et Romula, ses parents, ont posé cette épitaphe; en paix ! neuvième jour avant les ides d'août (5 août).

Les lettres sont guidées par une double réglure très légèrement incisée, qu'elles n'atteignent pas tout à fait. L'écriture est étonnamment souple et maniérée (cf., notamment, V, L, M, l'*alpha* du chrisme). Je ne connais pas d'autre exemple à Trèves du *ductus* du V d'*Vrsolus.* l. 2. Les traverses du M sont en arc de cercle, comme au n° 84 A. Le Q est cursif, comme très souvent à Trèves. Les O sont piriformes (cf. notamment l. 4). On trouve les ligatures ET (l. 2), TR (l. 3, semblable à celle du n° 63), RV (l. 4, comme au n° 134) et GV (l. 5, celle-ci sans équivalent à Trèves). Des points encadrent les chiffres de la l. 2 et séparent les derniers mots à partir de *pace.*

Les symboles qui accompagnent le chrisme habituel (*Intr.*, § 43) sont originaux. Dans les végétaux représentés à droite et à gauche, Le Blant, après Florencourt, voyait l'opposition de deux « arbres symboliques, l'un presque desséché, l'autre couvert de feuilles et de fleurs », symbolisant la mort terrestre et la régénération promise. Hettner, suivi par les commentateurs ultérieurs, a reconnu une vigne dans le motif de gauche et cette interprétation ne semble guère pouvoir être mise en doute. Celui de droite est plus mystérieux. Est-ce un figuier, avec son tronc droit et lisse, ses feuilles rares en haut et deux énormes figues au bout des branches à mi-hauteur ? Est-ce, au contraire, un arbuste ou une plante représentée à la même échelle que la vigne de l'autre côté ? Il serait hasardeux de trancher en l'absence de parallèle. En ce qui concerne le chrisme, notons que la panse du P se tourne vers l'extérieur en son extrémité, comme pour amorcer un R, et que le *ductus* de l'*alpha* est une variante décorative d'une forme manuscrite.

Les vulgarismes *Vrsolus* (pour *Vrsulus*) et *tetolum* (pour *titulum*) sont caractéristiques de la région (*Intr.*, § 51 et 49). La réduction de la diphtongue AU à A dans *agustas* est plus rare (*Intr.*, § 60). Enfin, le contrépel *edus* (pour *idus*) est exceptionnel (*Intr.*, § 53; on le trouve en Sicile, Diehl 568 *adn.* = *Not. Scavi*, 1907, p. 767, 33). La disparition du V d'*idus* et du ST d'*augustas* (Le Blant a noté par erreur AGVS) est plutôt due à des abréviations qu'à des vulgarismes, malgré l'absence de tildes comme sur les deux mots précédents; les abréviations *ann*(os) et *mens*(es) (l. 2) ne portent d'ailleurs pas non plus de tilde. En effet, réduire un mot à ses premières lettres et à sa désinence est un procédé d'abréviation fréquent en latin, alors qu'il ne serait pas conforme aux lois phonétiques de supposer l'amuissement des lettres en question qui sont des éléments stables.

L. 1 : Vrsa porte un nom particulièrement répandu dans la région (*Intr.*, § 122) et, selon une coutume bien attestée à Trèves, de même racine que celui de son père *Vrsolus* (*Intr.*, § 126).

L. 2-3 : sur *Vrsolus,* si fréquent dans notre matériel alors qu'il devient rare, partout ailleurs, à l'époque chrétienne, voir *Intr.*, § 122.

Le nom de *Romula* peut être dérivé, comme le pense I. Kajanto (*Lat. Cogn.*, p. 179), du fondateur de Rome. Mais il est plus probable qu'il était ressenti par les intéressés comme un nom géographique, évoquant la capitale de l'empire, pourvu de la dérivation familière en *-ulus/olus* (cf. *Vrsolus*). En effet, *Romulus/a* est de loin le plus répandu des « noms légendaires » relevés par Kajanto et le seul à apparaître un peu partout, au même titre que les noms « géographiques » dont la vogue est au contraire si assurée dans tout l'empire (et en particulier à Trèves : *Intr.*, § 108). Kajanto n'en connaît que 16 exemples dans l'onomastique chrétienne.

Patres est le mot trévire pour *parentes* (*Intr.*, § 94).

L. 5 : la dernière ligne mentionne évidemment un événement qui a eu lieu un jour des ides d'août, mais les abréviations ont longtemps résisté à toute tentative d'interprétation. La présence d'un signe d'abréviation au dessus du N exclut le vulgarisme *in pacen* qu'on rencontre quelquefois (Diehl 3106 A *adn.* = *ICVR, n. s.* (I) 2486; Diehl 3106 A = *Nuovo Bull. Arch. Crist.* 1900, p. 178, 10; peut-être en trouvons-nous trace, à Trèves même, au n° 140). La formule *in pace* apparaît si souvent à Trèves après *titulum posuit/erunt* (*Intr.*, § 40) qu'on doit, sans conteste, la considérer comme indépendante des derniers mots.

La lettre N a généralement été prise pour une abréviation de *nata* et le CIL comprend *n*(ata) *de*(posita), née et morte le même jour; mais l'âge mentionné exclut cette hypothèse. Le Blant lit *n*(ata) *d*(i)e et interprète *nata* au sens spirituel de naissance à la vraie vie par la mort corporelle (cf. Diehl 2707 = Armellini, *Gli antichi cimiteri cristiani*, p. 31 : *natus in pace quintu idus Febru.*; ou encore *ICVR* I, 36 : *Constantino Au[g...]/april. natus est l[... in]/ eternum ann. XX[...]/dormit in pace*). Les autres commentateurs n'ont pas proposé d'hypothèse nouvelle. Il est beaucoup plus simple, comme l'idée en est venue à H. G. Pflaum, de voir dans cette formule une simple date, sans aucun doute celle de la mort ou de l'inhumation, quoiqu'elle ne soit introduite par aucun mot tel que *decessit* ou *deposita* (il en est d'ailleurs de même au n° 21). La notion des nones est tombée en désuétude relativement tôt et l'on trouve en épigraphie chrétienne bien des épitaphes datées du « neuvième jour avant les ides » : à Sufasar, dès 241 (Diehl 2815 = CIL VIII, 21 474), à Ravenne en 579 (Diehl 3167 = CIL XI, 318), à Carthage (Diehl 4568 *adn.* = CIL VIII, 14 051), à Cirta (Diehl 1295 = CIL VIII,

19 671), près d'Aquilée (Diehl 3576 = CIL V, 1694), près de Bourges (Diehl 3649 = CIL XIII, 1315), à Altava en 428/9 (Diehl 2862 A = CIL VIII, 21 726), à Rome (Diehl 3018 C = *Nuovo Bull. Arch. Crist.* 1909, p. 97 et Diehl 4752 = *ICVR* II, 447, 200), enfin, en toutes lettres, à Cologne (Diehl 2918 = CIL XIII, 8481) et près de Cirta (Diehl 2094 = CIL VIII, 5664). Les multiples abréviations de ces derniers mots, dans une inscription qui en compte peu par ailleurs, donnent l'impression que le lapicide a ajouté cette date *in extremis.*

Cette épitaphe semble s'inspirer, mais avec la plus grande liberté, du type II de Saint-Mathias (*Intr.,* § 21-24). Elle lui a emprunté le Q cursif, la ligature ET, la formule *hic iacet,* le vulgarisme *tetolum,* le chrisme. Mais elle est profondément originale par le *ductus* du M, du V, de l'*alpha,* la ligature GV (l. 5), la date qui termine l'inscription et les motifs végétaux qui encadrent le chrisme. Il serait imprudent d'avancer une date avec assurance, mais la paléographie (notamment le P du chrisme tendant vers le R) et la mention du jour de *depositio,* si rare à Trèves (*Intr.,* § 41), parlent en faveur de la fin du Vᵉ siècle ou, plutôt, du VIᵉ siècle (cf. nº 63).

I, 73

Trèves, nécropole de Saint-Mathias. Conservée au *Rheinisches Landesmuseum*.

NESSELHAUF 28.
GOSE 66.
E. FOERSTER, *Früchristl. Zeugnisse,* p. 31, n° 20.
Révisée par N. Gauthier en 1967.

Plaque de marbre blanc en trois fragments; h. 30; l. 45; ép. 3; lettres : 2-2,5 cm. Au dos de l'inscription est légèrement incisé un damier de 8 cases sur 8.

Hic quiescit in pace
Vrsicina qui uixit
annos V et mensis
4   XI et dies III; Elpidius
et Vrsula filiae primae nate po-   -suerunt.
colombe   olivier   colombe

Ici repose en paix Vrsicina qui a vécu 5 ans, 11 mois et 3 jours; Elpidius et Vrsula ont posé (cette épitaphe) à leur fille première-née.

L'écriture est proche du type I de Saint-Mathias (*Intr.,* § 19). Le *ductus* des lettres est le même (notamment A, Q, T, P, M, L), mais les caractères sont plus larges, en particulier E, M, O, et plus espacés;

la barre du F (l. 5) est horizontale. Il y a quelques ligatures : NP (l. 1), AE (2 fois à la l. 5) et NT (l. 6). L'épitaphe est décorée par l'olivier entre deux colombes si caractéristique de Saint-Mathias I (*Intr., § 16*), mais ici, l'olivier est jeune et la colombe de gauche a un tracé curieux qui la fait ressembler à un paon. Le motif s'insère, comme souvent, entre les lettres de la dernière ligne, groupées aux deux extrémités.

Les vulgarismes de cette inscription sont tous très communs à Trèves : *qui* pour *quae* à la l. 2 (*Intr., § 85*), *mensis* pour *menses* à la l. 3 (*Intr., § 50*) et *nate* pour *natae* (*Intr., § 57*) à la dernière ligne.

L. 1 : *hic quiescit in pace* est une des formules en usage dans l'atelier I de Saint-Mathias (*Intr., § 17*).

L. 2 : *Vrsicinus/a* est un nom extrêmement répandu à Trèves (voir n° 74).

L. 3-4 : il n'est pas rare que l'âge, surtout pour des enfants, soit donné au jour près (*Intr., § 39*).

L. 4 : *Elpidius* est un nom d'origine grecque qui n'est apparu qu'assez tard, lorsque les dérivations en *-ius/ia* se sont répandues (*Intr., § 124*). Une *Elpidia* est aussi attestée au n° 119, un Ἐλπίδιος au n° 235a, alors que le hasard des trouvailles n'a pas fait apparaître d'*Elpidius/a* païens dans le périmètre couvert par CIL XIII. Ajoutons qu'un évêque de Lyon dans la première moitié du Ve siècle se nomme *Elpidius* (L. Duchesne, *Fastes épiscopaux*, II, 163). Il ne faudrait pas en conclure que ce *cognomen* fait allusion à l'espérance chrétienne car I. Kajanto (*Onomastic Studies*, p. 89) a montré qu'*Elpis* est aussi fréquent chez les païens que chez les chrétiens. Si son dérivé *Elpidius* paraît plus fréquent chez les chrétiens, cela est dû non à la signification d'*Elpis* mais à la vogue des dérivés en *-ius* à l'époque chrétienne.

L. 5 : *Vrsula* est un de ces *cognomina* inspirés par l'ours qui ont connu une belle popularité dans la région (*Intr., § 122*). Il apparaît aussi aux n°s 72, 75 et 105. Vrsula a donné à sa fille aînée un nom dérivé du sien, selon une coutume bien attestée à Trèves (*Intr., § 126*).

La précision *primae natae* dénote sans doute un attachement particulier des parents pour leur aînée car elle ne fait pas partie des usages épigraphiques (par ex., elle ne figure ni dans les *indices* de Diehl ni dans ceux de CIL XIII).

L. 6 : le mot *titulum* est ici sous-entendu, comme il arrive parfois (*Intr., § 40*).

En raison de ses affinités avec Saint-Mathias I et en même temps de la liberté pleine d'aisance dont elle témoigne par rapport à son modèle (écartement et largeur des lettres, dessin de l'olivier, expression *primae nate*), cette pierre me paraît contemporaine ou presque contemporaine de son modèle (*Intr., § 18*) : on sent qu'il n'y a pas copie servile ou maladroite d'un modèle périmé, mais inspiration auprès d'une source vivante.

I, 74

Trèves, nécropole de Saint-Mathias. Trouvée en 1864. Conservée au *Rheinisches Landes-museum*.

SCHOEMANN, *Trier. Jahresber.* 1865-1868, p. 62.
Ph. DIEL, *St-Matthiaskirche* (1881), p. 178, n° 30.
KRAUS 122 et *add.* (de HETTNER), p. [4] (LE BLANT, *N. R.* 363).
F. HETTNER, *Röm. Steindenkmäler*, n° 350.
CIL XIII, 3908 (RIESE 4372; DIEHL 4179 B *adn.*).
GOSE 67.
Révisée par N. Gauthier en 1968.

Plaque de marbre en nombreux fragments, mutilée à gauche; h. 18; l. 33; ép. 2,7; lettres : 1,7 cm.

[Hic in pace iacet ?] Vrsicinus qui
[uixit ann]os VI et mensis II et
[dies ...; .at]er dol*i*es
4   [titulum] poṣuit.
[*colombe*]   *croix monogr.*   *colombe*

L'écriture est caractéristique de l'atelier III de Saint-Mathias (*Intr.,* § 25-27). Il devait donc y avoir une croix monogrammatique plutôt qu'un chrisme, conformément aux habitudes de cet atelier; il ne subsiste plus aujourd'hui que la boucle du P. Il est bien difficile, dans l'état actuel de la pierre, de voir si la colombe tenait un rameau dans son bec. La qualité technique de l'exécution laisse à désirer : la gravure est de profondeur irrégulière, les lettres inégalement espacées, parfois de tracé maladroit (N, l. 2); le *ductus* du L est courant à Saint-Mathias (n°s 9, 26, 38, 55, 57, 58, etc.). Au début de la l. 1, on aperçoit un reste de haste qui peut avoir appartenu à un T; à la fin de cette ligne, le I, peu visible, n'a pas été noté par Zangemeister dans le CIL. A la l. 3, le I de *dolies,* bien visible sur la reproduction de Kraus, a disparu ainsi que la partie supérieure du S à la ligne suivante.

Sur *dolies* pour *doliens,* voir *Intr.,* § 77.

L. 1 : le sens du début de la ligne n'est pas douteux; étant donné la place disponible, je restituerai *hic in pace iacet* ou *hic bene pausat,* plutôt que *hic requiescit* (Hettner, Gose) ou *hic quiescit* (Kraus) qui paraissent un peu courts.

Vrsicinus est un nom particulièrement populaire chez les chrétiens de Trèves, puisqu'il apparaît aussi au masculin au n° 169 et au féminin aux n°s 73, 166 et 167 (I. Kajanto, *Lat. Cogn.,* p. 330, n'en relève que 38 cas, en majorité chrétiens, dans toute l'onomastique latine). On sait que les noms inspirés de l'ours étaient en honneur à Trèves (*Intr.,* § 122).

L. 2-3 : l'âge est souvent donné au jour près à Trèves (*Intr.,* § 39). Le vulgarisme *mensis* est des plus communs (*Intr.,* § 50). La restitution obligatoire de la l. 2 donne une indication sur la longueur à restituer ailleurs.

L. 3 : il faut restituer quelque degré de parenté : *mater* (Hettner, Gose), *pater* (Kraus) ou *frater.* *Dolies = doliens* est une forme populaire de *dolens* (*Intr.,* § 92) qui apparaît aussi au n° 167 (*dolient*), tandis que la forme classique *dolens* se trouve au n° 140. Le mot *dolens* caractérise la douleur du proche survivant, qu'il s'agisse du mari (n° 140 et 167), de la fille (n° 115), du père, de la mère ou du frère (n° 58 et ici).

Les épitaphes de Saint-Mathias III paraissent dater de la deuxième moitié du v⁰ siècle (*Intr.,* § 132).

I, 75

Trèves, nécropole de Saint-Mathias. Trouvée en 1827 (Diel). Hettner trouve confirmation de cette provenance dans les traces rouges que la terre de Saint-Mathias a laissées sur la pierre (celle-ci est aujourd'hui bien blanche). Conservée au *Rheinisches Landesmuseum.*

L. LERSCH, *Centralmus.,* 3 (1842), n° 67.
LE BLANT 294 (DACL XV, 2, s. u. *Trèves,* col. 2754, n° 73).
Ph. DIEL, *St-Matthiaskirche* (1881), p. 170, n° 8.
KRAUS 216, *add.* p. [8] et (de HETTNER), p. [6].
F. HETTNER, *Röm. Steindenkmäler,* n° 334.
CIL XIII, 3909 (RIESE 4375; DIEHL 3581 E).
GOSE 68.
Révisée par N. Gauthier en 1968.

Plaque de marbre blanc en réemploi (il y a une cavité circulaire au niveau des l. 3-5); h. 18; l. 23; ép. 4,5; lettres : 1,7-2,3 cm.

Hic quiescit in p-
ace Vrsu⟨l⟩a ⟨q⟩ui
⟨u⟩ix(it) annos XXI;
4   Artula ka⟨r⟩a
matir tit-
u⟨l⟩um ⟨p⟩o(suit).

Ici repose en paix Vrsula qui a vécu 21 ans; Artula, sa chère mère, a posé cette épitaphe.

Cette pierre est intéressante au point de vue paléographique. Visiblement le lapicide a éprouvé bien des difficultés à mener sa tâche à bien. Les lignes sont sinueuses, les lettres de hauteur et de largeur inégales, de formes variables. Il semble avoir eu sous les yeux un modèle en minuscule cursive qu'il n'est pas toujours parvenu à déchiffrer ou du moins à transcrire en capitale. Le L est fait comme I (sauf l. 4), forme qui apparaît aussi aux n⁰ˢ 154 et 157; le V est arrondi, ce qui est rare à Trèves (n⁰ˢ 1, 154, 178, 232); le T se caractérise par un linteau presque aussi étroit que la base sur laquelle il repose, comme aux n°s 52 et 119; celui qui termine la l. 5 a un *ductus* particulier qu'on trouve sur certains manuscrits, avec un linteau retombant jusqu'à la base de la lettre (il n'y a donc pas lieu de traiter le dernier trait à part, comme l'ont fait tous les éditeurs de la pierre, qui y ont vu un I inutile, sauf Kraus qui en fait une amorce de V). Le Q de la l. 1 a un tracé cursif, celui de la l. 2 est fait comme un O, ce qui apparaît aussi au n° 37. Au début de la l. 3, deux hastes et un petit trait horizontal constituent une ébauche de U carré, pour laquelle l'épigraphie chrétienne de Trèves n'offre aucun parallèle. A la l. 4, le lapicide a tracé un B à la place du R de *kara*. L. 6, il y a un T à la place du P de *posuit* : cela résulte sans doute de la tendance à ouvrir démesurément la panse du P que l'on observe dans les manuscrits et même sur certaines pierres (cf. n° 135). Enfin, les M anormalement larges (comme aux n° 54, 108, etc.) sont un autre témoignage de l'influence de l'écriture manuscrite. Deux mots sont abrégés : *uix(it)*, comme aux n°s 72, 77 (avec tilde), 144, 160, 181, 184, et *po(suit),* comme au n° 77 (avec tilde).

La langue est plus correcte qu'on ne s'y attendrait à première vue. *Qui* pour *quae* (l. 2) est un vulgarisme fréquent à Trèves (*Intr.,* § 85); la graphie *kara* n'est pas étonnante non plus (*Intr.,* § 71). *Matir* est au contraire une forme tout à fait anormale (*Intr.,* § 54; lecture certaine quoi qu'en dise Hettner).

Le formulaire est banal (*Intr.,* § 38-40).

L. 2 : *Vrsula* est un nom bien caractéristique de l'onomastique trévire (*Intr.,* § 122).

L. 4 : le nom *Artula* est aussi apparu à Deneuvre (n° 259) et peut-être aussi à Neumagen (CIL XIII, 4172 : [...]*Artula*). Son origine a paru obscure, jusqu'au jour où A. Ferrua (*Akten,* p. 304) a suggéré qu'*Artula* pourrait être le calque grec du latin *Vrsula* (*arktos = ursa*), par un processus inverse de Lycontia-Lupantia. Le goût des Trévires pour les noms évoquant les animaux sauvages et l'ours en particulier (*Intr.,* § 122), l'habitude de donner aux enfants des noms rappelant ceux des parents (*Intr.,* § 126), le fait que les deux autres exemples connus de ce nom ont été précisément trouvés en Première Belgique transforment cette hypothèse en certitude.

L'adjectif *carus* à Trèves apparaît toujours au superlatif sauf ici et peut-être au n° 119. On trouve au contraire *karus/a* (en particulier avec un *k*) sur des inscriptions tardives de la région rhénane (voir RICG II) et une fois à Metz (n° 247).

La forme *matir,* le mot *kara,* les V ronds font penser que l'épitaphe d'Artula date du VIe siècle ou d'une époque encore plus tardive.

I, 76

Trèves, nécropole de Saint-Mathias. Trouvée en 1884 dans le cimetière. Conservée au *Rheinisches Landesmuseum.*

F. HETTNER, *Wd. Zeitschr.* 4, 1885, p. 218.
KRAUS 128, *add.* p. [7] (LE BLANT, *N. R.* 367) et *Amer. Journal of Archaeol.* 2, 1886, p. 427, n° 1.
F. HETTNER, *Röm. Steindenkmäler,* n° 364.
CIL XIII, 3905 (RIESE 4402; DIEHL 3586 B).
GOSE 74.
Révisée par N. Gauthier en 1967.

Plaque de marbre blanc mutilée en bas à gauche; h. 18; l. 22; ép. 2,5; lettres : 1,7-2,2 cm.

Hic quiescit in pa-
ce qui uixit an(nos) VIII
e[t] me(nses) V, ̣cui Ṿinardus
4   patẹr et Luperca m-
ạt[e]r tetolum posue-
[ru]nt.
colombe   chrisme   colombe

Ici repose en paix ... qui a vécu 8 ans et 5 mois, à qui son père Vinardus et sa mère Luperca ont posé cette épitaphe.

La surface de la pierre, mal polie, s'est effritée et beaucoup de caractères sont à peine visibles. La forme des lettres s'inspire des épitaphes sorties de l'atelier II de Saint-Mathias : Q cursif, A à traverse brisée, M à hastes droites, L raide à angle obtus, ligature ET (l. 3, 4, 5); enfin, c'est la même représentation figurée : deux colombes linéaires encadrant un chrisme. Mais il manque la qualité des productions de Saint-Mathias II : la surface de la pierre n'a pas été bien polie avant d'y inscrire l'épitaphe, les lettres sont tassées, de hauteur et d'écartement irréguliers (cf. particulièrement la fin des l. 4 et 5); le O de *posuerunt* (l. 5) a la forme d'un D à l'envers. Quoique la forme des lettres soit différente, l'aspect général apparente plutôt cette inscription au n° 27.

L. 1, le linteau ondulé du T est au contraire emprunté à l'atelier I de Saint-Mathias; ligature NP. L. 2, entre E et Q, Hettner et Kraus ont vu un point qui me paraît plutôt un défaut de la pierre. L. 3, il devait y avoir ET ligaturés mais il ne reste plus trace du linteau du T à gauche de la haste. Kraus a lu à tort EMEN, qu'il a restitué *Et MEnses VI.* A la fin de la ligne, le S final est inscrit dans le V (cf. à Trèves, n°s 52, 117, 134 et l'abréviation de *dies* aux n°s 11, 50, 69, 86, 24 et 36). L. 4, le P initial, vu par Hettner, Kraus et Zangemeister dans le CIL, a disparu (cet éclat de la pierre date peut-être du bombardement de 1944); après A, le E ligaturé dans le T a pratiquement disparu. L. 5, la partie supérieure du A de *mater,* que Kraus a restitué à la fin de la l. 4, est visible au début de cette ligne; le E, ligaturé au T, qui suit A, n'est plus visible. On aperçoit à l'extrémité de l'aile de la colombe de gauche un trait oblique qui est peut-être la trace du V de *posuerunt.*

En ce qui concerne la langue, cette épitaphe ne présente pas d'autre incorrection que le vulgarisme *tetolum* qui est de tradition à Saint-Mathias II (*Intr.*, § 22).

L. 1 : formule empruntée à Saint-Mathias II (*Intr.*, § 22).

L. 2 : le nom du défunt a été oublié.

L. 3 : en général, les mentions concernant le défunt d'une part et ceux qui ont fait faire la tombe d'autre part sont simplement juxtaposées; la plupart des inscriptions où elles sont reliées par *cui* (n⁰ˢ 2, 7, 135, 165, 181, 214, 247) semblent tardives. Le P. Ferrua, pour sa part, préfère lier ces trois lettres au nom suivant et lire *Guivinardus;* cette hypothèse est possible car l'état de la pierre, éclatée en cet endroit, ne permet pas de trancher entre C et G, mais elle me paraît inutile (A. Ferrua, *Riv. Arch. Crist.* 34, 1958, p. 219 et *Akten*, p. 296).
   Vinardus est un nom germanique formé des racines *wini*, « ami », et *hart,* « dur », « solide ». D'après M. Th. Morlet (*Noms de personne,* I, p. 226), le nom apparaît sous la forme *Uuinihart* en 773; on le trouve aussi dans les listes des *Libri Confraternitatum Sancti Galli, etc.* (éd. P. Piper, *M. G. H.,* p. 172, col. 59, 22 : *Winardus; Winehart, Winahart* y sont très courants).

L. 4 : Lupercus/a est un nom complètement tombé en désuétude à l'époque chrétienne : I. Kajanto (*Lat. Cogn.,* p. 318) n'en connaît que 2 emplois chrétiens outre le nôtre contre 119 cas païens. Nul doute que ce nom ici ait été senti comme un dérivé de *lupus,* cet animal cher à l'onomastique trévire, plutôt que comme une allusion à l'archaïque fonction sacerdotale.

Cette inscription comporte, comme l'a souligné E. Ewig (*Trier im Merowingerreich,* p. 70, n. 39), un nom germanique et un nom latin. Il est dommage que nous n'ayons pas le nom de l'enfant (il n'y a aucune chance qu'il ait figuré sur le sarcophage lui-même, comme le suggère Hettner, repris par Gose). La présence d'un nom germanique, surtout avec amuissement du H aspiré (*Intr.*, § 99), ainsi que — moins déterminantes — la présence du mot *cui* et les caractéristiques paléographiques, (notamment le D inversé = O de la l. 5 qui témoigne de la décadence du sens de l'écriture), m'incitent à proposer une datation basse : vii° ou plutôt viii° siècle. L'imitation très poussée des épitaphes de l'atelier II de Saint-Mathias montre à quel point restait encore vivante à ce moment-là la tradition remontant à la période la plus glorieuse de la cité.

Trèves, nécropole de Saint-Mathias. Conservée autrefois dans la crypte de Saint-Mathias, elle a disparu pendant la guerre de 1939-1945.

GOSE 137 (R. EGGER, *Bonn. Jahrb.* 157, 1957, p. 330).

Plaque de marbre blanc, mutilée à droite; h. 15,5; l. 16,5 cm.

Beata resc[...]
NATEAINLE[...]
-ta que dema[...]
4   uix(it) ann(os) XL[...]
teto(lum) po(suit/erunt); in p[ace] !

(avant 1939/1945)

Cette inscription est parfaitement lisible, les lettres sont bien formées malgré une grande irrégularité en hauteur et en largeur. Les lignes, bien espacées, sont extrêmement sinueuses. Les A à traverse brisée sont particulièrement larges, les Q sont tracés en deux traits, les O sont plus petits que les autres lettres. Il y a une ligature NN à la l. 4. Les abréviations des deux dernières lignes sont surmontées de longs tildes sinueux. *Vix(it)* est attesté par ailleurs (n⁰ˢ 72, 75, 144, 160, 181, 184) mais les abréviations de la dernière ligne sont inhabituelles (*po(suit)* apparaît au n° 75, sans tilde).

Les deux dernières lignes attestent que cette inscription est bien une épitaphe, mais les trois premières sont incompréhensibles. A titre de curiosité, donnons la lecture d'Egger :

beata resc[uies Re]-
nat(a)e a(ccepta) in le[ge sanc]-
ta qu(a)e d(i)e Ma[rtis dec(essit)].

Il n'y a aucune raison de penser que le lapicide a fait des abréviations sans les signaler dans les trois premières lignes, alors qu'il les a toutes marquées par un tilde dans les deux dernières. Ceci posé, je ne vois même pas comment faire du latin avec les lettres qui subsistent, notamment à la l. 2.

L. 1 : on peut interpréter : *beata res q[ue...]* — car la courbe qui subsiste dans la cassure peut aussi appartenir à un Q. Mais à quelle « chose heureuse » est-il fait allusion ? Ce n'est pas une expression banale en épigraphie chrétienne.

On peut aussi penser que *Beata* est le nom de la défunte et que *resc-* ou *resq-* est mis pour *requiescit* : ce mot a été déformé de toutes les manières (mais d'ailleurs pas de celle-là : Diehl, *ind.* XII, p. 581, s. u.). On peut encore imaginer que *beata* est un adjectif qui se rapporte au nom de la défunte placé après *requiescit,* comme sur une pierre de Mayence, semble-t-il (Diehl 4734 = CIL XIII, 11 920).

L. 2 : natea serait-il une erreur du lapicide pour *natae* ? Il est trop tentant de rectifier un texte qu'on ne comprend pas. Et ensuite, est-ce un ablatif introduit par *in* ou un adjectif *ille-*, avec dissimilation *inle-* ?

L. 3 : de même, faut-il voir ici un ablatif introduit par *de* ou un mot commençant par *dema-* ? On dirait que la lettre suivante est un N.

Les deux dernières lignes, qui reprennent des formules si attendues à Trèves (*Intr.,* § 39-40), ne rendent que plus énigmatiques les trois premières. Le type d'abréviation employé m'inciterait à dater cette inscription de la deuxième moitié du Vᵉ siècle ou du VIᵉ.

I, 78

Trèves, nécropole de Saint-Mathias. Trouvée en 1878 dans le cimetière. Conservée au *Rheinisches Landesmuseum.*

F. HETTNER, *Bonn. Jahrb.* 69, 1881, p. 22, n° 4 (LE BLANT, *N.R.* 42 = 366).
Ph. DIEL, *St-Matthiaskirche* (1881), p. 181, n° 37.
KRAUS 127 et *add.* (de HETTNER), p. [4].
F. HETTNER, *Röm. Steindenkmäler,* n° 353.
CIL XIII, 3835 (RIESE 4305; DIEHL 3583 *adn.*).
GOSE 21.
Révisée par N. Gauthier en 1968.

Fragments gauches d'une plaque de marbre gris; h. 32; l. 20; ép. 2,1; lettres : 2,5-2,9 cm.

Hic [...]-
dentia q[uae uixit an(nos)]
XXVII; Sịc[...]
4   sui *ti*[t]*u*lum po]-
su[it/erunt].
colombe   olivier   colombe

(avant 1944)

NÉCROPOLE DE SAINT-MATHIAS

Cette pierre sort incontestablement de l'atelier I de Saint-Mathias, malgré le linteau à peine ondulé du T de la l. 2, à cause du *ductus* des autres lettres et du motif si caractéristique de l'olivier entre deux colombes (*Intr.*, § 15-18). La restauration de la pierre (après qu'un petit fragment en ait été perdu à la suite du bombardement de 1944) ne permet pas de juger aujourd'hui des dernières lettres visibles l. 3 et 4. Kraus, Hettner et Zangemeister ont lu SIC (l. 3), quoique la photo antérieure au bombardement suggère plutôt la lecture SIG (retenue par Ferrua, *Akten*, p. 294); à la l. 4, SVITI///V (Hettner et le CIL : *sui titu*). On aperçoit encore la pointe du deuxième V de *titulum*.

L. *1* : il faut restituer sans doute *quiescet,* comme sur la plupart des pierres de Saint-Mathias I (*Intr.*, § 17), puis le début du nom de la défunte, qui peut être *Fidentia* ou *Gaudentia* (cf. n° 131).

L. *2* : la restitution indispensable est relativement longue; VAE devaient être ligaturés, *annos* abrégé.

L. *3* : Hettner, suivi par tous les autres commentateurs de la pierre, a proposé de restituer *Sic[co coniux]* comme Le Blant 347. Kraus suggère en outre un nom comme *Sigefridus* ou *Sigobert.* Je n'ai pas, pour ma part, trouvé de restitution satisfaisante, compte tenu du début de la ligne suivante. Certes, on attendrait ici un nom propre suivi d'une indication de parenté; mais si l'adjectif *sui* apparaît bien au début de la l. 4, il faudrait supposer la formule *fili sui,* comme aux n°s 38, 84 ou 104, et la place manque pour ajouter deux noms propres avant *fili.*

L. *4* : Hettner explique *sui* comme un génitif mis pour *suus*, par analogie avec la forme *eius,* et renvoie, à titre de parallèle, au n° 217. Cette comparaison ne me semble pas déterminante car on peut considérer le *sui* du n° 217 comme un complément d'*amantissima*; en outre, une construction aussi incorrecte me paraît invraisemblable sur une pierre sortie de Saint-Mathias I, dont les productions sont si soignées. *Sui* me paraît plutôt un nominatif pluriel.

L. *5* : *posuit* ou *posuerunt,* selon que le sujet est singulier ou pluriel.

L'activité de l'atelier I de Saint-Mathias s'est exercée de 330/350 à 400/425 (*Intr.*, § 18).

I, 79

Trèves, nécropole de Saint-Mathias. Conservée au *Rheinisches Landesmuseum.*

GOSE 63.
Révisée par N. Gauthier en 1968.

Partie inférieure droite d'une plaque de marbre blanc; h. 10; l. 15; ép. 4; lettres : 2 cm.

[...] XVII[.]
[...]t Tertio
[... p]osuerunt.

De cette inscription très mutilée, il ne reste qu'une partie de l'âge du défunt et le nom d'un des dédicants. L'écriture atteste que l'inscription avait été gravée avec la qualité technique habituelle. Les lettres sont hautes, le O circulaire, comme à Saint-Mathias II (*Intr.*, § 21). A la l. 1, on aperçoit avant le nombre une courbe qui peut appartenir à un O (= [*ann*]*o* pour *annos,* comme le pense Gose, mais cette forme, d'ailleurs très rare — une quinzaine d'exemples dans le Diehl — n'apparaît jamais à Trèves) ou plutôt à un D, car la panse est plus large en bas alors que le O de la ligne suivante est bien rond : c'est l'abréviation de *dies*. Cette lettre est suivie d'un point. Le nombre est incertain : après XV, soit 3 hastes suivies d'un V, soit 2 suivies d'un N ou d'un M. Ici commençait le nom du premier dédicant.

L. 2 : *Tertio* est un de ces noms en *-io* prisés dans la région (*Intr.*, § 125). Sous cette forme, il est rare (CIL III, 4908 a, CIL V, 8597; Espérandieu, *Inscr. Narb.* 214), mais la forme *Tertius/a* est très répandue et Kajanto a pu vérifier (*Latin Cognomina*, p. 75) qu'au moins dans certains cas, les noms de ce type correspondaient effectivement à l'ordre de naissance.

L. 3 : sans doute [*titulum p*]*osuerunt* (*Intr.*, § 40).

I, 80

Trèves, nécropole de Saint-Mathias. Trouvée en 1911. Conservée au *Rheinisches Landesmuseum.*

E. KRUEGER, *Trier. Jahresber.* 5, 1912, p. 28 (RIESE 4395).
FINKE 57.
GOSE 19.
Révisée par N. Gauthier en 1967.

Partie supérieure droite d'une plaque en marbre blanc, en réemploi (au dos, moulures à dessin géométrique); h. 19; l. 21; ép. 5,5; lettres : 2,5 cm.

[Hic quiesc]it in pace
[...]ma quae uixit
[an(nos) ...]VIIII; Felix pa⟨t⟩er
4 [et ...]na mater
[tetolum posuerunt].

Le bord primitif n'est conservé qu'en haut; mais l'espace disponible après le mot *pace* à la l. 1 montre que le texte est complet à droite (Gose pense au contraire qu'il faut restituer quelques lettres, par ex. *annos,* l. 2). La restitution de la première ligne montre qu'il manque environ 9 lettres (11 si l'on restitue *requiescit*).

Par sa paléographie et ce qui reste de son formulaire, cette pierre relève de Saint-Mathias II (*Intr.*, § 21-23) : *ductus* des lettres A, E, M, Q, ligatures NP, VA; à la l. 3, le lapicide a oublié le T de *pater,* qu'il avait sûrement l'intention de faire apparaître sous forme de ligature AT ou TE.

A la dernière ligne, la première lettre est un N dont la haste gauche a disparu et non un I (Gose). L. 2, ...*ma* est la fin du nom de la défunte; au début de la l. 3, son âge devait figurer en années et mois ou jours. La fin du nom de la mère est ...*na* (l. 4). Sur *Felix,* voir n° 126.

L'activité de Saint-Mathias II se situe entre 350 et 450, sans doute plutôt entre 390 et 440 (*Intr.,* § 129).

I, 81

Trèves, nécropole de Saint-Mathias. Trouvée en 1882 dans le cimetière. Conservée au *Rheinisches Landesmuseum.*

F. HETTNER, *Wd. Korr.* 1, 1882, p. 62, n° 222.
KRAUS 109 (LE BLANT, *N. R.* 345 [DACL XV, 2, s. u. *Trèves,* col. 2755, n° 84]).
F. HETTNER, *Röm. Steindenkmäler,* n° 362.
CIL XIII, 3926.
GOSE 95.
Révisée par N. Gauthier en 1967.

Plaque de marbre blanc, mutilée à gauche et en bas: h. 14; l. 22; ép. 2,2; lettres : 2,2-2,5 cm.

[Hic] quiescit
[...]sita in pace
[quae] uixit an(nos) V, m(enses) II*I*,
4   [dies] XV; mate[r ti]-
[tulum posuit].

Ici repose ...sita en paix, qui a vécu 5 ans, 3 mois, 15 jours; sa mère a posé cette épitaphe.

La paléographie de cette inscription est correcte. La forme cursive du Q est commune (même sur les pierres relativement anciennes : n° 13 *a*); le linteau du T est rectiligne, la barre du A oblique, les hastes du M verticales, les nombres ont la forme habituelle. L'abréviation d'*annos* est marquée par deux petits tildes décalés vers la droite, comme au n° 31; celle de *menses* par un simple M surmonté d'un tilde, ce qui n'a pas d'équivalent exact à Trèves. A la l. 2, le I de ... *sita* a été gravé sur un défaut de la pierre ou un éclat provoqué par un geste maladroit du lapicide. Dans l'état actuel de la pierre, il n'y a pas de vulgarisme.

Le formulaire de cette inscription est parfaitement banal (*Intr.,* § 38, 39, 40).

L. 2 : Hettner affirme pouvoir identifier un V devant *..sita.* Ce V a en tout cas disparu aujourd'hui car la pierre a été restaurée (Gose affirmant l'existence de cette lettre reproduit Hettner). Mais Kraus ne l'a pas vu non plus et la photo antérieure à la restauration que l'on possède encore semble exclure cette possibilité. Les noms suggérés par Kraus, *Adquisita* ou un diminutif de *Nonnusus,* sont trop longs pour la place disponible.

L. 3 : le I final, signalé par Hettner et Kraus, a disparu dans la restauration.

L. 4 : il y aurait suffisamment de place pour restituer le nom de la mère après *mater,* mais il est rare que le nom suive *mater* (n°⁸ 156, 213), *mater* étant plus souvent employé seul (n°⁸ 7, 18, 52, 120, 147, 155, 157).

En ce qui concerne la date, l'écriture (forme du M, du E, proportions générales des lettres) suggère plutôt le V⁰ siècle, mais aucune autre période n'est exclue.

I, 82

Trèves, nécropole de Saint-Mathias. Trouvée en 1886 dans le cimetière, au cours des fouilles effectuées sur le côté nord de l'église. Conservée autrefois dans la crypte de Saint-Mathias, elle se trouve actuellement dans le grenier du monastère.

KRAUS 117, 74.
GOSE 103.
Révisée par N. Gauthier en 1972.

Fragment de plaque en marbre blanc, dont le bord primitif est conservé à droite; h. 12; l. 13; ép. 2,5; lettres : 2 cm.

[Hic quies]ci[t]
[...]ochar-
[...] an(nos) IIII
4   [...] Euda-

Il y a une double réglure à peine visible que les lettres n'atteignent pas. Un tilde d'abréviation surmonte AN (l. 3). Empattements très développés; A à traverse brisée.

L'épitaphe semble avoir été banale. Le nom du défunt apparaît en partie à la l. 2, son âge à la l. 3. A la dernière ligne, le *cognomen* de celui qui a fait faire la tombe était le nom grec *Eudaemon* (comme Diehl 4488 = *ICVR, n. s.* (I) 3672) ou l'un des nombreux dérivés qui apparaissent dans les sources grecques (cf. par exemple F. Preisigke, *Namenbuch,* col. 110).

I, 83

Trèves, nécropole de Saint-Mathias ? Sur les doutes en ce qui concerne la provenance de la pierre, voir n° 7. Conservée au *Rheinisches Landesmuseum*.

NESSELHAUF 30.
GOSE 533.
Révisée par N. Gauthier en 1968.

Partie droite d'une plaque de marbre blanc (le bord primitif semble subsister à droite); h. 24; l. 12,5: ép. 3,5; lettres : 2-2,2 cm.

```
     [... d]ulcis-
     [sim... qui/ae uixit a]ṇnum
     [et ...]s VI
4    [... ?r]equi-
     [escit ? ...]a pace.
     queue de colombe
```

Cette inscription ne paraît pas avoir compté plus de cinq lignes. La paléographie semble bien la rattacher au groupe des épitaphes issues de Saint-Mathias I (*Intr.*, § 15-18).

Le formulaire sortait quelque peu des sentiers battus, comme souvent à Saint-Mathias I, et cela empêche de compléter ce fragment avec certitude.

L. 1 : l'épitaphe commençait par la mention du défunt ou de la défunte au datif (cf. n°s 6, 9, 32, 39, 159), complétée par une formule comme *dulcissimo infanti* (cf. n° 6).

L. 2 : *annum* plutôt que *ann(os) V, m[enses...]* car, lorsque V est un chiffre, la haste de droite s'arrête généralement à mi-hauteur.

L. 3 : *[mense]s VI* ou *[die]s VI*.

L. 4 : la restitution n'est pas forcément *[r]equi[escit]*; ce peut être *[qua]e qui[escit]* ou encore *[...]e qui [...]*.

L. 5 : le A précédant *pace* exclut *in pace*, et aussi *cum pace*, que l'on trouve quelquefois. On ne peut guère songer qu'à l'expression *cum bona pace*, qui apparaît sur une inscription datée de 469 (Diehl 3114).

Si ce fragment sort bien de l'atelier I de Saint-Mathias, il remonte à la période la plus ancienne de l'épigraphie chrétienne à Trèves (*Intr.*, § 18).

I, 84

Trèves, nécropole de Saint-Mathias. Trouvée vers 1886 dans le cimetière. Conservée autre-fois dans la crypte de Saint-Mathias, elle semble aujourd'hui perdue.

KRAUS 113 (LE BLANT, *N. R.* 349).
CIL XIII, 3853 (RIESE 4394; DIEHL 3583 *adn.*).

Plaque de marbre blanc mutilée à gauche; h. 37; l. 37 (Kraus. La pierre n'était pourtant pas carrée, comme le montre la photo).

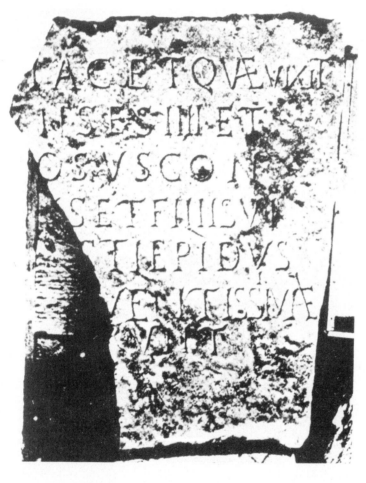

[Hic ...] iacet quae uixit
[... m]ẹnses IIII et
[...]osus con-
4   [iux eiu]s et filii sui
[...] ẹt Lepidus
[...]ụentiss/i/mae
[titulum posue]rụnt.

(Kraus, *Taf.* XII, 4)

La paléographie de cette inscription est étroitement apparentée à celle de l'atelier I de Saint-Mathias (*Intr.*, § 15-19). La seule différence réside dans le *ductus* du F : la barre supérieure est ici presque horizontale. Il y a deux ligatures : VAE, l. 1, et MAE, l. 6, cette dernière, fort curieuse, n'apparaissant pas ailleurs à Trèves. Le lapicide a ajouté au dessus de la ligne le I qu'il avait oublié. A la fin de la l. 1, le mot *uixit* est écrit sensiblement plus petit. Au début de la l. 2, on distingue les 2 barres supérieures d'un E, puis un N dont la traverse est presque invisible sur la photo tandis que de petits traits parasites font ressembler la 2ᵉ haste à une espèce de E. Le seul vulgarisme est l'emploi impropre de *sui* à la l. 4.

L. 1 : le nom de la défunte devait précéder *iacet,* comme aux nᵒˢ 180, 157 ou 38.

L. 2 : restes de l'âge de la défunte; le nombre de jours était mentionné au début de la l. 3, avec *dies* en entier ou en abrégé.

L. 3 : ici commence la mention de ceux qui ont fait faire la tombe : le mari, d'abord, qui portait un de ces noms en *-osus* si fréquents au Bas-Empire : *Bonosus, Leosus,* etc.

L. 4 : après *coniux,* on peut restituer *eius* ou *suus* (comme après *filii*). Cet emploi de *suus* n'est pas inconnu à Trèves (*Intr., § 86).

L. 5 : le nom d'un des enfants a disparu. Le second s'appelait *Lepidus,* un nom devenu rare à l'époque chrétienne (I. Kajanto, *Lat. Cogn.,* p. 283, ne connaît que 4 chrétiens nommés *Lepidus/a*).

L. 6 : Hirschfeld, dans CIL, note VENTISSME, à tort car la photo est parfaitement lisible. Il semble, comme le propose Kraus, qu'il faille suggérer *obsequentissimae* qui apparaît au nᵒ 217. Cet adjectif appelle un nom, qui peut être soit le *cognomen* de la défunte, soit *coniugi* soit *matri,* selon que l'on se place du point de vue du mari ou des enfants, mais la place disponible paraît un peu juste pour une si longue restitution.

I, 84 A

Trèves, nécropole de Saint-Mathias. Trouvée en nov. 1957 (archives photographiques du *Rheinisches Landesmuseum*), dans le jardin de l'abbaye Saint-Mathias. Conservée actuellement dans la bibliothèque du monastère.

J. JANSSENS, *De vroegkristelijke Grafschriften uit Rijn- en Moezelland* (mémoire dactylographié, Louvain, 1969), p. XXI.
Révisée par N. Gauthier en 1972.

Plaque de marbre blanc, mutilée à droite; h. 15,5; l. 20; ép. 5; lettres : 2 cm.

Hic [iacet] in [pace ...]
qui uixet an[nos ...];
Maxemina m[ater ...]
4   [ti]tolum pos[uit/erunt].

Lignes sinueuses. A à traverses brisées; M dont les traverses en arcs de cercle se coupent assez haut; L à base plongeante; O plus petits que les autres lettres. A la l. 1, le verbe est complètement effacé; on peut hésiter entre *iacet* et *pausat* (le mot commence par une haste). La l. 2 se termine par une haste qui est sans doute le début du deuxième N, à moins que ce soit le début d'un nombre inférieur à dix. A la l. 4, un éclat de la pierre a presque emporté les deux premières lettres : TI ou TE.

Les vulgarismes *uixet* pour *uixit*, *Maxemina* pour *Maximina* (*Intr.*, § 49), *titolum* pour *titulum* (*Intr.*, § 51) sont forts communs à Trèves.

Le formulaire est d'une grande banalité (*Intr.*, § 38-40). La partie perdue est relativement importante car il faut prévoir le nom du défunt à la l. 1. Il y avait un adjectif comme *dulcissima* ou un deuxième dédicant l. 3. Sur le nom *Maximinus/a*, voir le n° 221.

L'écriture comparable à celle du n° 72 (notamment M) me ferait plutôt incliner vers le VIᵉ siècle mais, en vérité, cette épitaphe banale peut fort bien avoir un siècle de plus ou de moins.

I, 85

Trèves, nécropole de Saint-Mathias. Trouvée en 1890 dans le cimetière, en préparant des tombes. Conservée autrefois dans la crypte de Saint-Mathias, elle a été perdue, semble-t-il, pendant la guerre de 1939-1945.

F. HETTNER, *Wd. Korr.* 9, 1890, p. 91, n° 49.
KRAUS 130 et *add.* p. [7] (LE BLANT, *N. R.* 369 [DACL XV, 2, s. u. *Trèves*, col. 2756, n° 88]).
CIL XIII, 3788 (RIESE 4340; DIEHL 1504 *adn.*).
GOSE 102.

Fragment d'une plaque de marbre blanc qui semble avoir été retaillée à gauche et en bas; h. 11; l. 15; lettres : 3 cm.

(avant 1939/1945)

[Hic quies]cet in pace
[... ne]ofita quae
[uixit ...]; parentes
4   [titulum posuerunt].

Il est facile de compléter cette inscription en restituant les formules habituelles (*Intr.*, § 38-40).

L'écriture est caractéristique de l'atelier I de Saint-Mathias (*Intr.*, § 15-18) ; la forme maniérée du R (l. 3) apparaît aussi au n° 71, du même atelier. Il faut noter le *ductus* de la ligature ET (l. 1), sans équivalent à Trèves. Le vulgarisme *quiescet* est de règle sur les pierres de cette série (*Intr.*, § 17). La graphie *neofita* résulte de la transcription habituelle des lettres grecques φ et υ (*Intr.*, § 61 et 81).

Le nom (l. 2) et l'âge (l. 3) de la défunte ont disparu. L'intérêt de ce fragment réside dans l'apparition du mot *neofita,* dont la restitution n'est pas douteuse (les traces de lettre en début de ligne ne peuvent appartenir qu'à E ou C). En parcourant les nᵒˢ 1477-1507 du recueil de Diehl, consacrés à l'emploi épigraphique de ce mot, on s'aperçoit qu'il est employé essentiellement dans des inscriptions italiennes du IVe siècle et des premières années du Ve. La seule exception datée est une épitaphe gauloise de 466 (Le Blant, *N. R.* 242, à Saint-Cirq-la-Popie). Le néophyte est celui qui vient de recevoir le baptême; l'usage s'étant établi dans l'Eglise de ne se faire baptiser qu'à l'article de la mort, nombreux sont les chrétiens qui mouraient néophytes (H. Leclercq, DACL XII, 1, s. u. *néophyte*).

L'emploi du mot *neofita* confirme les conclusions qu'on pouvait tirer des caractéristiques paléographiques de cette pierre : elle doit remonter, comme les autres productions de Saint-Mathias I (*Intr.,* § 18), au IVe siècle ou au début du Ve au plus tard.

I, 86

Trèves, nécropole de Saint-Mathias. Conservée autrefois dans la crypte de Saint-Mathias, elle a disparu, semble-t-il, pendant la guerre de 1939-1945.

GOSE 49.

Plaque de marbre blanc, mutilée à gauche; h. 25; l. 17.5; ép. 2; lettres : 2,2 cm.

(avant 1939/1945)

[Hic iacet/quiescit in pa]ce
[... qu]i uixit
[an(nos) ... et me(nses) ...]II et di(es) XVI;
4 [...] pater et Pauli-
[na mater tet]ọlum posu-
[eru]nt.

Cette pierre relève sans conteste de l'atelier II de Saint-Mathias (*Intr.,* § 21-23) : l'abréviation de *dies* (I enclavé dans un D et surmonté d'un tilde), les ligatures AT, ET, AV de la l. 4, MP et NT des l. 5-6 ne laissent aucun doute à cet égard.

On restitue sans peine le formulaire habituel à cet atelier (*Intr.,* § 22). Le nom du défunt a disparu au début de la l. 2, celui de son père au début de la l. 4. Le nom de la mère, *Paulina,* apparaît aussi au n° 118. Gose pense que ce *cognomen* a joui à Trèves d'une faveur particulière à cause de l'influence de l'évêque saint Paulin : cela n'apparaît pas dans les statistiques que l'on peut faire (*Intr.,* § 110).

Les épitaphes de Saint-Mathias II me paraissent remonter au IVe siècle ou à la première moitié du Ve (*Intr.,* § 23 et 129).

I, 87

Trèves, nécropole de Saint-Mathias. Trouvée en 1882 dans le cimetière. Conservée au *Rheinisches Landesmuseum.*

F. HETTNER, *Wd. Korr.* 1, 1882, p. 62, n° 222.
KRAUS 107 et *add.* (de HETTNER), p. [4] (LE BLANT, *N. R.* 343 [DACL XV, 2, s. u. *Trèves,* col. 2755, n° 84]).
F. HETTNER, *Röm. Steindenkmäler,* n° 361.
CIL XIII, 3851 (RIESE 4397; DIEHL 1609 *adn.*).
GOSE 28.
Révisée par N. Gauthier en 1967.

Deux fragments d'une plaque de marbre blanc, dont seul le bord inférieur (jusqu'à son extrémité à droite) subsiste; h. 15; l. 35; ép 2,3; lettres : 2 - 2,5 cm. Quelques lettres ont disparu au cours du bombardement de 1944.

[...]r̞ *secu*[...]
[...]data *i*ace[...]
[in am?]ore Dei; Leontiu̞[s]
4   [et A]delfia posuerunt.

(avant 1944)

Cette inscription, qui s'écarte du formulaire habituellement utilisé à Trèves, est trop mutilée pour qu'on puisse espérer la restituer et la traduire.

La paléographie est proche de celle de Saint-Mathias I et du n° 6 (*Intr.,* § 15-19). Les seules différences sont que les lettres sont plus larges, surtout les O et les E, et que le linteau du T et les barres du F sont horizontaux. Le L est l'exagération d'une forme assez courante dans notre matériel (n°ˢ 9, 38, 57, 58, 68 pour Saint-Mathias). Un point sépare, l. 3, *Leontius* de *Dei.* A la dernière ligne, VE et NT sont ligaturés.

L. 1 : c'est malheureusement un fragment portant les quelques lettres qui subsistaient de cette ligne qui a disparu en 1944. Il ne subsiste plus aujourd'hui que la partie inférieure du R. Il nous reste la photo des lettres suivantes où l'on distingue la moitié d'un E avec ses deux barres inférieures, puis, comme ajoutés après coup, un petit C avec un V inscrit à l'intérieur, enfin une haste qui peut appartenir à un T ou à un I. Kraus n'avait lu que RSE ? mais Hettner affirme être sûr de sa lecture RSECV. Il propose de restituer [Ch]r(istum) secu[ta], ce qui évoque la célèbre inscription damasienne en l'honneur de Pierre et Paul (Ferrua, 20), où il est dit : *Christum ... per astra secuti;* la seule objection est que l'abréviation *Chr.* n'est pas normale, le cas étant généralement indiqué par la dernière lettre du mot.

L. 2 : au début de la ligne subsistent quelques vestiges d'une lettre précédant le D, notamment un trait vertical. Les commentateurs ont préféré considérer ce trait comme accidentel pour pouvoir restituer le nom *Deodata*. Mais on peut penser aussi qu'il s'agit du participe passé du verbe *dare* précédé d'un mot terminé par I. Puis vient le verbe *iacere,* sans doute au présent *iacet.*

L. 3 : Hettner propose de restituer *in amore Dei;* il ne s'agit pas là d'une formule courante. Cependant on en trouve quelques équivalents. Par exemple, il est dit de l'évêque Sacerdos de Lyon, mort en 552, qu'il vécut *in amore et temore D(e)i* (Le Blant, *N. R.* 6). Notons aussi *plenus amore D(e)i* (Diehl 1024 = CIL X, 6218) au VIᵉ siècle. [*Am*]*ore Dei* apparaît encore dans une inscription damasienne, celle du pape Marc (Ferrua, 50). Diehl suggère aussi *in honore Dei,* mais il n'y a pas non plus de parallèle exact. *In timore D(e)i* : Le Blant, *N. R.* 216.

    Leontius est un nom d'origine grecque très répandu en Gaule à la fin de l'Antiquité; il fut porté notamment au Vᵉ siècle par un évêque de Trèves et un autre de Metz. C'est l'équivalent grec de *Leo* et de ses dérivés, si appréciés à Trèves (*Intr.,* § 122). Seule la pointe du V est visible dans la cassure.

L. 4 : le nom de la mère ne peut être qu'*Adelfia,* nom d'origine grecque lui aussi, bien attesté en Occident. Le φ est normalement transcrit par F (*Intr.,* § 81). *Posuerunt* est employé absolument (*Intr.,* § 40).

I, 88

Trèves, nécropole de Saint-Mathias. Conservée autrefois dans la crypte de Saint-Mathias, elle se trouve actuellement dans le grenier du monastère.

GOSE 136 (R. EGGER, *Bonn. Jahrb.* 157, 1957, p. 330).
Révisée par N. Gauthier en 1972.

Partie droite d'une plaque de marbre blanc; h. 35; l. 20,5; ép. 4,5; lettres : 1,5 - 2 cm.

    [...]um teni-
    [...]ue sub an-
    [...]lci que uix-
4   [... e]t di(es) X; patris
    [... tito]lo posu-
    [erunt].
    [*colombe* ...]   *colombe*

Cette pierre, gravée maladroitement en caractères irréguliers et entourée d'un grand espace blanc, n'est pas sans rappeler les nᵒˢ 3 et 54. Mais, contrairement aux deux autres, elle s'éloigne du formulaire habituel. Les traits obliques des lettres A, M, N dépassent le sommet des lettres vers la gauche. La traverse des A se réduit à une ébauche de trait à peine visible. Certains traits sont si légers qu'il est difficile de distinguer les I des E. Il y a un I enclavé dans le D de *dies* (l. 4). L'avant-dernière lettre de la l. 1 est bien N (Egger) et non M (Gose).

Aux trois premières lignes (avant *que*), on ne peut identifier aucun mot attesté par ailleurs à Trèves. Egger propose : [*In hoc sepulcr*]*um tene/*[*tur ... infas q*]*ui sub an/*[*no exit de uita du*]*lci*, mais on pourrait suggérer d'autres hypothèses. Le reste est classique : âge du défunt et mention des dédicants, avec les vulgarismes *patris* pour *patres* et *titulo* ou *titolo* (*Intr.*, § 50 et 83).

Style sophistiqué et exécution grossière : la pierre paraît tardive.

I, 89

Trèves, nécropole de Saint-Mathias. Conservée autrefois dans la crypte de Saint-Mathias, elle se trouve aujourd'hui dans le grenier du monastère.

GOSE 78 (R. EGGER, *Bonn. Jahrb.* 157, 1957, p. 329-330).
Révisée par N. Gauthier en 1972.

Fragment d'une plaque en marbre blanc dont le bord primitif est conservé en bas; h. 30; l. 23; ép. 10; lettres : 2 cm.

```
        [...]MEN[...]
        [...]uatis genit[...]
        [...]t gaudi incli[t...]
  4     [...] conplexsu(.) ret[...]
        [...] terris qua(.) co[...]
        [...] quidem mund[...]
        [... m]eruit reg[na caelestia ?]
  8     [...]i migrauit a[d astra ?]
```

Si mutilée que soit cette inscription, on y reconnaît le vocabulaire caractéristique des épitaphes métriques. On y raconte, en termes choisis, comment le défunt (ou la défunte), ayant été arraché à *ce monde, a mérité* par ses vertus d'*émigrer vers le royaume* du ciel.

L'écriture, guidée par une double réglure, est très raide, très différente de la capitale souple, influencée par l'écriture cursive, que l'on rencontre d'habitude sur les inscriptions chrétiennes de Trèves; les lettres s'inscriraient toutes exactement dans des rectangles. A côté du G de forme classique (l. 3), il y a des G carrés (l. 2, 7, 8) dont le seul autre exemple à Trèves apparaît au n° 186. La fin des mots CONPLEXSV et QVA (l. 4-5) est surmonté de tildes. Egger, qui n'a remarqué que celui de la l. 4, se demande s'il s'agit bien d'un signe d'abréviation. Cela ne me paraît pas douteux : il faut supposer une lettre de plus à chacun de ces mots. On remarquera que l'abréviation fait disparaître la désinence, ce qui est contraire à la norme (cf. DNI pour *Domini*) : cela reflète une époque où la désinence ne jouait plus de rôle essentiel dans la compréhension de la phrase. On trouve un type d'abréviation un peu comparable (MAT pour *mater*) sur l'épitaphe de Modoaldus (n° 147).

Ce fragment est trop mutilé pour qu'il soit possible de restituer même les grandes lignes du texte.

L. 1 : au début de la ligne, on aperçoit dans la cassure le reste d'une courbe qui peut avoir appartenu à un O; peut-être faut-il restituer *nomen,* comme le propose Gose.

L. 2 : la haste au début de la ligne est un I, comme le dit Gose, et non la fin d'une lettre, selon l'interprétation d'Egger, qui suggère : [*si*]*nuatis genit*[*a ripis*]. Je ne vois pas de mot se terminant par *-iuatis;* faudrait-il alors reconnaître le mot *uates,* souvent employé en poésie avec le sens de « poète » (inspiré des dieux), mais qui n'apparaît qu'une fois dans le recueil de Diehl (Diehl 729, 1 = de Rossi, *Roma Sotterran.* III, *tab.* 28, 32*a,* à Rome) ? Le mot suivant est *genitor,* que l'on trouve assez souvent dans les inscriptions métriques, employé au propre ou au figuré, ou le participe *genitus/a.*

L. 3 : gaudium apparaît ici au génitif (*Intr.,* § 63). Egger propose de restituer : *Gaudi incli*[*ta proles*], faisant de *Gaudi* un nom propre (il renvoie à *Gaudilla,* CIL XIII, 3100, 1 et 11 110). Le mot *inclytus* (sur la graphie en i, voir *Intr.,* § 61) sert en effet souvent à décrire le rang illustre du défunt ou de sa famille; mais *gaudium,* dans la poésie funéraire chrétienne, désigne volontiers les joies de la vie éternelle.

L. 4 : conplexsu est mis pour *complexus,* ou *complexum* (*Intr.,* § 76 et 80). On ne peut donc pas retenir l'interprétation d'Egger : *conplexsu ret*[*enta parentum*]. Mais peut-être y avait-il en effet le verbe *retinere,* qui apparaît souvent sur les inscriptions damasiennes. On ne sait pas, bien sûr, si les deux mots se rapportaient l'un à l'autre.

L. 5 : peut-être s'agit-il du corps qui, enfermé (*complexus*) dans le tombeau, est retenu (*ret*[...]) sur terre (*terris*), par opposition à l'âme dont il sera question dans les vers suivants : cf. Le Blant, *N. R.* 156 (tombeau de saint Eutrope, à Orange) : *Eutropium ... corpore complexum nobilis urna tegit.* Egger propose : [*in*] *terris, qua co*[*... lugent*], Gose : *terris qua co*[*iux*]. Nous avons vu que *qua* est en réalité une abréviation (*quas ? quarum ?*).

L. 6-8 : Gose restitue : *... quidem mund*[*o erept.../* m]*eruit reg*[*na caelestia uidere/...*]*i migrauit* [*ad astra*]. Et Egger : [*illa*] *quidem mund*[*um/ des*]*eruit rega*[*lia petens/ castra ... cael*]*i migrauit a*[*d astra*]. C'est en effet dans le contexte d'une pensée analogue que les mots *mundus, regna* ou *regalia, migrauit* apparaissent en général sur les inscriptions métriques (*migrauit* surtout employé au VIᵉ s.).

D'après Le Blant (*Inscr. Chrét.* p. XXIV), le C carré apparaît en 506 pour la première fois sur une inscription datée. Le G carré que nous avons ici signifie donc que cette pierre ne saurait être antérieure au VIᵉ siècle. Le principe selon lequel les mots ont été abrégés plaide, lui aussi, en faveur d'une datation basse. Il y avait donc encore à cette époque, à Trèves, des poètes capables de ciseler — avec quel bonheur, nous ne pouvons pas en juger — une épitaphe en vers et des lapicides capables de la graver correctement. Je dis « encore »; peut-être faudrait-il dire « déjà capables » si, plaçant cette pierre au VIIIᵉ siècle au lieu du VIᵉ, on veut y voir un témoignage de la pré-renaissance carolingienne.

266

I, 90

Trèves, nécropole de Saint-Mathias. Trouvée avant 1904 *Giltenstr. 10 bei Maurermeister Kuhn*. Conservée au *Rheinisches Landesmuseum*.

CIL XIII, 3917 et *add.* fasc. 4, p. 43 (ENGSTROEM 339; RIESE 4403; BUECHELER *suppl.* 2110; DIEHL 4831).
H. GRAEVEN, *Bonn. Jahrb.* 116, 1907, p. 108 (brève mention).
GOSE 79.
Révisée par N. Gauthier en 1968.

Partie inférieure droite d'une plaque en marbre blanc; h. 35,5; l. 37; ép. 7; lettres : 3 cm.

[.........]rặ/ pāruă nŏtặ

[...] pặrĭtūră nĕ́pŏtēs

[.........]tūnă dŏ́mŭm.
reste d'un vase   2 colombes

Dans l'état de mutilation où cette pierre nous est parvenue, le thème de la décoration témoigne seul de son caractère chrétien. Il n'est pas rare de trouver à Trèves un vase entre 2 colombes (nos 38, 61, 170, 174, 175, 183, 216); toutefois le motif qui apparaît ici, et dont malheureusement plus de la moitié est perdu, différait sensiblement des autres : il y avait, non pas une colombe mais deux, de taille différente, de chaque côté du vase; elles reposaient sur ce qui ressemble à un motif végétal, qui ne sortait pas du vase mais passait au dessous. De larges feuilles, semble-t-il, sortaient du vase. La plus grande des colombes tient dans son bec quelque chose qui est difficile à identifier : graines ? rameau d'olivier ? La plus petite regarde vers le bord de la pierre, comme au n° 36.

L'écriture est belle, assez maniérée (R. de la l. 1, traverse des A composée de deux arcs de cercle sécants). Les lettres sont hautes, plutôt étroites, notamment le E (l. 2); les O sont aussi grands que les autres lettres, les hastes des M sont obliques. On discerne de légers traits directeurs. Au début de la l. 1, on aperçoit, au bas de la ligne, un petit trait horizontal qui peut avoir appartenu à un C ou à un E, puis la moitié inférieure de deux lettres qui ne peuvent être que R et A; la boucle du P qui suit est bien visible sur la pierre. Au début de la l. 2

subsistent des traits qui peuvent correspondre soit aux lettres VI, soit à la fin d'un M totalement différent de ceux de la l. 3 (cette dernière lecture est celle de Gose).

Le dessin montre qu'il manque un peu plus de la moitié de la pierre à gauche; nous ne savons pas combien de lignes ont disparu en haut. Il s'agit sans aucun doute d'une inscription métrique : la l. 1 semble la fin d'un pentamètre, les l. 2 et 3 les derniers pieds d'un distique. Les quelques mots identifiables ne suggèrent précisément aucun des lieux communs dont ces épitaphes métriques sont généralement tissées.

L. 1 : Riese propose [litte]ra, Diehl [luc]ra. Le mot suivant, parua, apparaît aussi au n° 230. Cependant, il suffit de parcourir les *indices* du Diehl pour constater combien ce mot, comme les verbes *notare* et *parere*, est rare en épigraphie chrétienne.

L. 2-3 : Bücheler *suppl.* commente : *uelut quaeque modost deducta domum paritura nepotes coniux, hanc Ditis iam tenet una domum.* Cette restitution, même *exempli gratia*, ne me paraît pas très éclairante. *Nepotes*, à la fin de l'Antiquité, peut désigner aussi bien les petits-enfants que les neveux. *Domus*, dans les inscriptions métriques, est souvent employé au sens d'*aeterna domus*, pour désigner la tombe. A. Ferrua (*Akten*, p. 297) fait remarquer justement que le mot précédent ne saurait être *[for]tuna*, suggéré par CIL et Diehl, puisque le pentamètre exige une brève à la place de la première de ces trois syllabes.

Gose, pour des raisons paléographiques, attribue une époque tardive à ce fragment. Le vase montre qu'il n'est pas antérieur au ve siècle (*Intr.*, § 44). Cependant il est d'une époque où l'on sait encore faire des distiques, dont l'art s'est perdu plus tôt que celui des hexamètres. Peut-être faut-il le dater du milieu du ve siècle, comme le n° 19 qui contient un pentamètre.

I, 91

Trèves, nécropole de Saint-Mathias. Trouvée en 1886 dans le cimetière, au cours des fouilles effectuées sur le côté nord de l'église. Conservée au *Rheinisches Landesmuseum*.

KRAUS 117, 37 (LE BLANT, *N. R.* 353; CIL XIII, 3941).
GOSE 132.
Révisée par N. GAUTHIER en 1968.

Fragment de plaque en marbre blanc; h. 12; l. 17; ép. 2; lettres : 2 - 2,5 cm.

[...]us q[ui uixit annos]
plus men[us ...]
fili duciss[imi posue]-
4   runt.

arbres
ou palmes

croix monogr.
avec A et ω
dans un cercle

[arbre ou
palmes]

(Gose 554)

La lecture est sûre (Gose, l. 1 : RSO); l. 3, le lapicide a oublié le L de *dulcissimi* (CIL le note, à tort).

La paléographie fait tout l'intérêt de ce petit fragment. Les lignes étaient séparées par une réglure profondément incisée. A gauche du champ épigraphique, limité par un léger trait vertical, subsiste un espace vierge. Les empattements qui limitent les lettres vers le bas sont souvent décalés vers la droite (1re lettre de chaque ligne, notamment). Q (cf. n° 17) et C de forme cursive; même *ductus* du F qu'aux n°s 54, 63, 140. Tous les éditeurs de la pierre ont appelé « palme » le motif qui flanque la classique croix monogrammatique; en fait, on peut se demander ce que le lapicide a voulu représenter : quelques palmes rassemblées en gerbe (les palmes des n°s 62, 166 et 178 sont d'un dessin analogue, mais isolées) ou bien plutôt un arbre d'un dessin sommaire, comparable à celui d'un autre fragment de Trèves (Gose 554 = CIL XIII, 3953).

Sur les vulgarismes *fili* et *menus,* voir *Intr.,* § 63 et 49.

I, 92

Trèves, nécropole de Saint-Mathias. Trouvée en 1915 dans l'église Saint-Mathias, *vor der Halbsaüle zwischen Sakristei und Vorsakristei an der Nordwand, östlich neben dem Gewölbe, im trockenen Bauschutt* (Gose). Conservée au *Rheinisches Landesmuseum.*

GOSE 401.
Révisée par N. Gauthier en 1968.

Fragment inférieur gauche d'une plaque en marbre blanc; h. 35,5; l. 32; ép. 3; lettres : 2,5 - 3 cm.

ΔOṂ[...]
ΜΗΝΤ[...]
[.]ΤΩΓΗΣ.Θ[...]
4 ΟΝΟΣ.ΣΥΚΑ[...]
Ṭ ΩΠΑΝΤΙ.[...]

L'écriture est soignée : les lignes sont bien droites, les lettres régulières, certains groupes de lettres séparés par des points de forme triangulaire. Les M sont cursifs, comme au n° 211, daté de 383. Le texte commence tout à fait à gauche de la pierre; il subsiste au contraire un vaste espace blanc au dessous.

A la l. 1, après les deux premières lettres, subsiste la partie gauche d'un M cursif comme à la l. 2. A la fin de la l. 2, un reste de lettre où Gose a vu un O. L. 3, une lettre étroite (I ? A ? Δ ?) a disparu au début de la ligne; à la fin, la dernière lettre visible est à coup sûr un Θ et non un Σ (Gose). Au début de la l. 4, on distingue encore le quart inférieur droit d'un O dont le reste a été refait; à la fin de cette même ligne, Gose a cru pouvoir reconnaître un M; la lettre m'a paru réduite à trop peu de chose pour être identifiée. Au début de la l. 5, le linteau du T a été refait; à la fin, une haste verticale qui peut appartenir à différentes lettres.

G. Klaffenbach (dans Gose) a proposé les restitutions suivantes (il est parti de la lecture de Gose que je n'ai pas cru devoir suivre entièrement, comme on l'a vu).

$$\ldots\ldots\ldots\ldots\ldots\ldots\ldots\ldots\ldots\ldots\ldots\ldots\ldots$$
$$\ldots\ \Delta o\mu[\iota\tau\iota\alpha\nu\grave{o}\varsigma\ \grave{\epsilon}\pi o\iota]\text{-}$$
$$[\eta\sigma\acute{\alpha}]\mu\eta\nu\ \tau\grave{o}\ [\mu\nu\eta\mu\epsilon\tilde{\iota}o\nu\ ?\ \text{ou}\ \mu\nu\tilde{\eta}\mu\alpha\ \tau\tilde{\omega}\ \ldots]$$
$$[\tau\grave{o}\ \varkappa]\acute{\alpha}\tau\omega\ \gamma\tilde{\eta}\varsigma\ \Sigma[\ldots]\ \text{ou}\ [\ldots]\acute{\alpha}\tau\omega\ \gamma\tilde{\eta}\varsigma$$
$$[\ldots]o\nu o\varsigma\ \Sigma v\varkappa\alpha\mu[\iota\nu\acute{\iota}\tau\eta]$$
$$[\sigma\grave{v}\nu]\ \tau\tilde{\omega}\ \pi\alpha\nu\tau\grave{\iota}\ \varkappa[\acute{o}\sigma\mu\omega].$$

En l'absence de parallèles locaux, ce fragment me semble trop mutilé pour qu'on se hasarde à le compléter. On peut seulement observer qu'on n'y reconnaît aucun élément des formules stéréotypées des Syriens décédés en Occident (cf. nᵒˢ 10, 93, 112, 168); mais ces formules sont de même absentes du nᵒ 172. Comme le souligne Gose, rien dans le texte ne permet d'affirmer qu'il s'agit d'une inscription chrétienne. H. I. Marrou (*Germania* 37, 1959, p. 343) estime même que ce fragment « ne paraît pas chrétien ». En faveur de l'hypothèse chrétienne retenue par Gose, on peut cependant faire remarquer que la quasi-totalité des inscriptions trévires sur plaques de marbre blanc le sont (mais IG XIV, 2557 est sûrement païen et notre nᵒ 211 incertain) et qu'on ne trouve guère, à Saint-Mathias même, que des inscriptions chrétiennes (mais ce lieu de trouvaille peut résulter d'un réemploi ultérieur).

I, 93

Trèves, nécropole de Saint-Paulin - Saint-Maximin. Trouvée dans l'église Saint-Paulin : *hoc repertum est ... post altare* (Apianus); *legitur in choro Basilicae, ubi tumulus marmoreus S. Paulino inscriptus, rudi insistens lapideae basi, cui deformibus hisce litteris Graecum est inscriptum* (*in* Brower 1626); *in substructione tumbae D. Mari inserta* (Wiltheim). Disparue sans doute lors de la destruction de l'église Saint-Paulin en 1674.

W. PIRCKHEIMER, f° 313 *b*[v] du manuscrit Hartmann SCHEDEL, *Liber Antiquitatum cum Epigrammatibus* (*Bayerische Staatsbibliothek München,* Clm 716).
   (P. APIANVS, *Inscriptiones sacrosanctae Vetustatis,* Ingolstadt, 1534, p. 485; I. I. BOISSARDVS, manuscrits de Paris, *Bibliothèque Nationale, f. lat.* 12509, p. 540 et Imprimés Rés. J 648 *bis,* p. 101.)
A. ORTELIVS - I. VIVIANVS, *Itinerarium per nonnullas Galliae Belgicae Partes,* Anvers, 1584, p. 60.
   (J. SCALIGER, *De Emendatione Temporum,* Leyde, 1598, p. 483;
   K. BROWER, *Annal. Trevir.* (1670) I, p. 63 [cette inscription, absente du manuscrit original, apparaît dans l'édition de 1626];
   A. WILTHEIM, *Luciliburgensia,* p. 144, fig. 71 [LE BLANT 248, suppl. t. II, p. 601 et add. *N.R.* p. 461 [[DACL XV, 2, s. u. *Trèves,* col. 2744-2745, n° 30]]; KRAUS 163 et *Nachtr.* t. II, p. 341 [[RIESE 2515]]];
   CIG 9891;
   IG XIV, 2559 [C. WESSEL, *Inscr. Grec. Vet. Occid.,* Halle. 1936, n° 45]).

(ms. Pirckheimer)

(Wiltheim, ms. Lux. I, p. 232 sic)

(Ortelius-Vivianus)

"Ενθα κεῖτε Εὐσεβία ἐν εἰρίνι, οὖσα ἱερο(κο)μητὶ ἀπὸ κ-
ώμης Ἀδδάνων, ζήσας
4   μικρόπρος ἐτῶν ιε΄, ὑπατίᾳ Ὀνωρίου ὁ η΄ καὶ Κωστιοντίνου τὸ α΄, μηνὶ Πανήμου
ιβ΄, ἡμέρᾳ κι(ρ(ιακῇ) ?); ἐν εἰρίνη !
(d'après Ortelius).

Ici repose Eusebia en paix, étant ...?... du village des Addaniens, ayant vécu environ 15 ans, sous le 8e consulat d'Honorius et le 1er de Constantin (409), le 12 du mois de Panémos, un dimanche (?); en paix !

La copie de Pirckheimer est très mauvaise. Savait-il le grec ? A-t-il vu lui-même l'inscription ou a-t-il copié quelqu'un d'autre ? Elle prouve du moins que la pierre était déjà connue en 1512, date portée sur le manuscrit. La coupure en lignes de l'original est respectée chez Ortelius et Vivianus tandis que Pirckheimer la signale —

quand il y pense — par un signe spécial (de même au n° 112). Apianus semble dépendre de Pirckheimer ou d'une source commune, avec un effort pour éliminer les lettres qui n'existent pas en grec et donner un sens aux mots. Il a omis la fin, après ἡμέρᾳ, de même que Boissard qui en est très voisin.

Les lectures d'Ortelius, de Brower et de Wiltheim sont très proches. Il faut noter que ces trois auteurs ne dépendent pas les uns des autres pour l'indication du lieu de conservation, ce qui constituerait une présomption en faveur de l'indépendance de leurs copies. Mais Brower (ou plutôt celui qui a complété son manuscrit) et Wiltheim semblent avoir vu la pierre sans être capables de la déchiffrer et s'en être remis, pour la lecture, à ce qu'Ortelius et Vivianus avaient noté. Le ps.-Brower divise arbitrairement le texte en groupes de lettres fantaisistes (l. 2 : ΟΤΣΑΙΕΡΟΟΚΜΗΤΙΑ ΠΩΚ; l. 5 : ΟΝ ΩΡΙΟΤΟ ΗΚΑΙ).

Le manuscrit original de Wiltheim est beaucoup plus proche de la leçon d'Ortelius-Vivianus que l'édition Neyen. La seule variante est ΕΙΡΗΝΗ (l. 7) chez Wiltheim.

L'iotacisme fait vivement sentir son influence : κεῖτε pour κεῖται (l. 1), ἱεροκομητί pour ἱεροκομητή (l. 2), ὑπατίᾳ pour ὑπατείᾳ (l. 4-5), εἰρίνι (l. 1-2) et εἰρίνη (l. 7) pour εἰρήνη, κιριακη pour κυριακη, si c'est bien ce mot qu'il faut lire l. 7. Notons encore ἀπώ pour ἀπό, l'emploi du masculin ζήσας pour le féminin ζήσασα (l. 3), du masculin ὁ pour le neutre τό (l. 5). Enfin, le mot Κωνσταντίνου était trop difficile pour le lapicide, qui a gravé Κωστιοντίνου, transcrivant peut-être une déformation populaire de ce nom (seule la disparition du N peut s'expliquer par l'évolution phonétique).

L. 1 : toutes les épitaphes grecques des chrétiens d'origine syrienne décédés en Occident commencent par une formule de ce type (cf. à Trèves, n°ˢ 10, 112, 168). *Eusebios/a* est un nom extrêmement commun dans l'onomastique, tant païenne que chrétienne, de l'Antiquité tardive; à Trèves même, on le trouve sur l'inscription latine n° 120.

L. 2 : l'emploi du participe οὖσα étonne ici. Le Blant attire l'attention sur un cas, à Rome, qui lui paraît comparable (M. A. Boldetti, *Osservazioni sopra i cimiteri di Roma,* 1720, p. 391) : θυγατρὶ γλυκύτατῃ ἀξίᾳ οὔσῃ.

Le mot suivant est inconnu. Depuis Scaliger, on estime, non sans raison, que le lapicide a interverti deux lettres par erreur et qu'il faut lire ἱεροκομητί; cependant, ce mot n'est attesté nulle part. Le Blant (*N. R.* p. 461), à la suite d'une lettre de Cavedoni et d'une remarque de S. Reinach dans la *Revue Archéologique* 1885, 2, p. 92, inclinait à y reconnaître l'ethnique Ἱερακώμη (Scaliger pensait déjà que ἱερά était le « cognomen » de la κώμη). Il existe bien deux localités ainsi appelées (voir Bürchner, P. W., s. u. *Hierokome*) mais l'origine géographique d'Eusebia, précisée immédiatement après, est autre. S'agit-il, comme l'a pensé Ph. Schmitt (*H. Paulinus,* Trèves, 1853, p. 434), d'une indication de fonction : celle qui est chargée de l'entretien du lieu saint ? On a voulu reconnaître ce mot dans une inscription païenne de Reggio de Calabre (IG XIV, 621 : [ἱε]ροκόμος) mais le vocabulaire chrétien ne connaît rien de tel : les textes littéraires et épigraphiques, qui mentionnent souvent les différentes fonctions ecclésiastiques, ne parlent nulle part de cette charge de « sacristine ». D'ailleurs Eusebia est bien jeune pour avoir déjà assumé des responsabilités dignes d'être mentionnées. Kirchhoff (dans le CIG), suivi par A. Lebègue (IG XIV), restitue, à la place d'οὖσα ἱεροκομητί, [θ]υ[γ]ά[τ]ερ, en avouant qu'il ne parvient pas à identifier le nom du père. Wessel, partant de la même hypothèse, aperçoit un Θεόκλητος, décliné à la latine. Malgré les difficultés de lecture dont Brower et Wiltheim font état, je ne vois pas la possibilité de s'écarter à ce point du texte reçu. A. Ferrua (*Akten,* p. 304) se demande si l'un des deux O de la leçon ΟΟΚΜΗΤΙ ne provient pas d'un A, conformément à un vulgarisme phonétique propre aux Syriens, mais ne propose pas d'hypothèse. Finalement, je me demande si la meilleure solution ne serait pas l'idée venue d'abord à Le Blant (commentaire de son n° 248). Par analogie avec la formule καλοκύμητος qu'on trouve ailleurs (IG XIV, 2290, en 471; 2293, en 444, 2298, en 444; 2301; 2354; tous en Italie du Nord), il suggère la lecture ἱεροκοιμητή, *sancte-quiescens.* Il ajoute que cette expression ferait « allusion au saint lieu où la tombe a été découverte » mais c'est peut-être s'aventurer un peu loin car l'inhumation *ad sanctos* n'est exprimée ainsi ni en grec ni en latin. Mieux vaut sans doute, si l'on retient l'éventualité, se contenter d'un sens plus vague : « enterrée conformément aux usages chrétiens ».

L. 2-3 : de Scaliger à Le Blant et Kraus, on a considéré que la κώμη Ἀδδάνων devait être identifiée avec une localité de Cilicie, appelée encore aujourd'hui Adana (avec un seul D comme dans l'Antiquité). Mais Adana, bien connue par toutes sortes de documents (voir, par exemple, Hirschfeld dans P. W. I, s.u. *Adana*), est une cité, siège d'un évêché à l'époque chrétienne, et non une simple *kômè* (cf. J. B. Keune, P. W. suppl. III, s. u. Ἀδδάνων). Par contre, tout porte à identifier notre village avec celui du n° 112 et avec celui que mentionne une épitaphe grecque de Vérone (IG XIV, 2306) : κ(ώμης) Ἀδδάνων τῆς Συρίας. Sans doute le même village est-il nommé sur une inscription de Rome (*ICVR, n. s.* (I) 868 : κώμης Ἀδάνων), la simplification des géminées étant un vulgarisme courant en grec tardif comme en latin. L'épitaphe de Vérone place la *kômè* en Syrie mais il ne faut pas oublier que le mot reçoit souvent une acception plus large que son sens strictement administratif. Il serait intéressant de la localiser avec plus de précision. R. Dussaud (*Topographie historique de la Syrie antique et médiévale,* Paris, 1927, p. 202) reconnaît avec raison le même village sur une inscription de Concordia (IG XIV, 2326 = CIL V, 8727 : κώμης Ἀλάνων [= Ἀδάνων : confusion entre Λ et Δ] ὅρων Ἀπαμέων) et, comme J. H. Mordtmann (*Zeitschr. d. deutschen Morgenländischen Gesellschaft* 41, 1887, p. 304), pense qu'il faut l'identifier avec un village appelé Dana qui se trouve à proximité de Riha, non loin d'Apamée. Toutefois Moritz, dans des remarques sur les localisations de Mordtmann (*op. cit.* p. 306), pencherait plutôt pour un autre Dana, près de Turmanîn, entre Alep et Antioche. H. Seyrig (*Mélanges de l'Université St-Joseph* 37, p. 269, n. 1), dont fait état A. Ferrua, *Akten,* p. 304, ne reprend pas le débat.

L. 4 : μικρόπρος est une expression caractéristique des épitaphes chrétiennes des Syriens d'Occident. On la trouve sous des formes variées : ⟨μι⟩κρόπλους et μικρῷ πλίω à Trèves (nᵒˢ 112 et 168), μικρόπλους à Côme (IG XIV, 2300), μικρόπεος à Concordia en 409/410 (IG XIV, 2332), μικρόπλεω à Vérone (IG XIV, 2306), μηκρόπλως à Rome (*ICVR, n. s.* (I) 1870), enfin σμικρό [π...] (IG XIV, 2331) à Concordia et peut-être [μι]κρόπ(λ)ος (IG XIV, 628). L'alternance λ/ρ dont témoigne la forme μικρόπρος est fréquente dans les textes de l'Antiquité tardive. Cette expression, dont le deuxième terme hésite curieusement entre la forme latine et la forme grecque, est généralement considérée comme l'équivalent de *plus minus.* C'est, en particulier, le sens que lui attribuent G. W. H. Lampe (*A Patristic Greek Lexicon,* Oxford, 1961, s. u. μικρός) et Mommsen (*Hermes* 19, 1884, p. 423, n. 2). Mais Ferrua (*Akten,* p. 304), comme Le Blant et ses prédécesseurs, préfère traduire littéralement : *paulo plus,* et comprendre : ayant vécu un peu au delà de 15 années.

L. 5-6 : ὑπατίᾳ suivi du génitif est, au Vᵉ siècle, la formule normale pour annoncer la date dans l'épigraphie grecque d'Occident (voir n° 211); je ne vois pas pourquoi A. Lebègue (IG XIV) a construit : ἐτῶν ι.´ ἐ[ν ὑ]πατίᾳ.

Le huitième consulat d'Honorius correspond à l'année 409. L'autre consul de cette année-là est Théodose, pour la 3ᵉ fois, qui fut reconnu en Occident (*ICVR* I, 590-595). Ici, le deuxième consul nommé est Constantin III, l'usurpateur de 407-411 reconnu en Bretagne, en Gaule et en Espagne. Aucun texte, aucune autre inscription ne font allusion à ce consulat. Constantin, apparemment, se l'est décerné lui-même, et il n'en a été tenu compte que dans la partie de l'Empire qui reconnaissait son autorité. Ce qui est intéressant, c'est de constater qu'il a reconnu comme collègue au consulat son rival Honorius : ceci est à mettre en relation avec l'ambassade qu'il lui envoya pour solliciter un arrangement à l'amiable (Zos. V, 43). Visiblement, l'usurpateur ne se sentait pas assez fort pour éliminer complètement le souverain légitime et aurait préféré composer avec lui.

L. 6-7 : les commentateurs ne sont pas d'accord sur la construction de la dernière ligne et le sens à lui donner. Scaliger comprenait : μηνὶ πανέμου, IB ἡμέρα, κεῖται βεβαίως ἐν εἰρήνῃ; mais on ne connaît pas de formule analogue à κῖ(ται) β(εβαίως). S. Mattei, dans ses *Graecorum Siglae lapidariae,* Vérone, 1746, p. 57, proposait : *Forte sculptum fuerat* ΓΥΝΑΙΚΙΒ, *coniugi bene merenti in pace,* ce qui n'est pas plus satisfaisant. Il paraît assuré, par des parallèles suffisamment nombreux, que ιβ′ suffit, à lui seul, à indiquer le quantième du mois (Wessel 58 = IG XIV, 2290, à Pavie en 471 : μηνὶ Γορπιέου ς′; Wessel 66 = CIG 9770, à Rome en 465; Wessel 68 = *ICVR, n. s.* (I) 1861). Le mot ἡμέρα doit donc être rattaché à ce qui suit, qui le précise d'une façon ou d'une autre.

Kirchhoff (CIG), suivi par Lebègue (IG XIV), lit : μηνὶ πανέμου ιβ′, ἡμέρα τη β′, en commentant : *Panemi sc. Iulii mensis dies XII illo anno in feriam secundam inciderit.* Cela dépend évidemment du calendrier que l'on adopte comme base de calcul. De multiples calendriers étaient en usage en Orient, dont beaucoup appelaient Panêmos l'un de leurs mois... mais pas toujours le même ! Si l'on consulte la *Chronologie* de V. Grumel (Paris, 1958), on peut constater que le mois de Panêmos correspondait à notre mois de juillet dans le calendrier byzantin et dans le calendrier syrien d'Antioche, aux 20 juin - 19 juillet dans le calendrier alexandrin de Bostra, aux 25 juin - 24 juillet dans le calendrier de Gaza, aux 25 juillet - 23 août dans le calendrier d'Ascalon, aux 20 juillet - 19 août dans celui de Tyr (*op. cit.* p. 300), à notre mois de septembre dans les calendriers de Sidon (p. 175) et de Lycie (p. 171). Le calendrier d'Antioche est le seul où le 12 du mois de Panêmos (12 juillet) 409 tombe un lundi; il est vrai qu'étant devenu, à partir du IVᵉ siècle, le calendrier officiel du patriarcat d'Antioche (*op. cit.* p. 174), il est celui qui a le plus de chance d'avoir été employé ici. Cependant, il me semble que c'est faire au texte une violence excessive que de transformer KI en TH et de négliger la barre surmontant, comme le fait remarquer Le Blant, les lettres KI aussi bien que B et indiquant une abréviation. Le Blant suggère qu'il doit s'agir du nom chrétien du dimanche, ἡμέρα κι⟨ρ⟩(ιακῇ) (cf. IG XIV, 140, 525, 556). L'emploi de I pour Υ n'a rien pour étonner, les sons auxquels ces lettres correspondaient étant alors voisins (cf. l. 4, ὑπατίᾳ). Le lapicide aurait gravé par erreur un B au lieu d'un Ρ. Le 12 panêmos 409 tombe un dimanche dans les calendriers de Tyr (1ᵉʳ août) d'une part, de Sidon et de Lycie (12 septembre) d'autre part.

La lecture ἡμέρα κιριακῇ me paraît plus satisfaisante que ἡμέρα τη β′. Par contre, si l'on admet que la κώμη Ἀδδάνων se trouve dans le district d'Apamée de Syrie, l'emploi du calendrier d'Antioche me paraît plus vraisemblable que celui des calendriers de Tyr, de Sidon, à plus forte raison de Lycie. Peut-être n'est-il pas impossible de concilier la lecture ἡμέρα κιριακῇ avec le calendrier d'Antioche si l'on tient compte du fait qu'une faveur particulière s'attachait au fait de mourir un dimanche (voir n° 97). On peut alors imaginer qu'Eusebia étant morte dans la nuit du dimanche au lundi, on a tenu, au prix d'un léger coup de pouce, à rattacher son décès au jour du Seigneur, tout en adoptant par ailleurs la date du 12 juillet (jour éventuel de l'inhumation).

Quoique perdue et malgré ses difficultés de lecture et d'interprétation, l'épitaphe d'Eusebia présente un intérêt exceptionnel. Elle est seule à faire connaître le double consulat de Constantin III et d'Honorius, ce qui jette un jour complémentaire sur la politique suivie par l'usurpateur. Elle est la seule des inscriptions chrétiennes qui soit datée (avec le fragment insignifiant qui porte le n° 211). Elle complète notre connaissance de la communauté syrienne établie à Trèves, à côté de l' « Addanien » Kassianos (n° 112), du « Kaprozabadaien » Azizos (n° 10), du Syrien Eustasius (n° 32 *b*) et de l'« Oriental » Oursikinos (n° 168).

I, 94

Trèves, nécropole de Saint-Paulin - Saint-Maximin. Trouvée en 1952 dans le nouveau cimetière de Saint-Paulin (Kempf). Conservée au *Bischöfliches Museum* de Trèves.

GOSE 402 A.
Th. K. KEMPF, *Frühchristl. Zeugnisse,* p. 176, n° 1.
Révisée par N. Gauthier en 1967. Je ne peux cependant garantir ma lecture, faite dans les pires conditions : la pierre est fixée à une grande hauteur, sans éclairage rasant, et la lecture supposée a été peinte en rouge vif.

Plaque de diabase en plusieurs fragments, mutilée à droite; h. 42; l. 35; ép. 3,5; lettres : 2,5 cm environ.

Ḥi[c] ṛequiescit i[n p]ace Ạ[...]-
us [qui uix]iṭ an(nos) X̣[...]III, m(enses) II[...];
Suṛ[...]ạ [ma]ṭeṛ ẹ[t] Ẹuon[...]
4   soror ṭ[itul]ụm pṛọ cari[tate]
     colombe   croix monogr. avec   colombe
          alpha et omega
     posuerunt.

La pierre, effritée en surface, est en très mauvais état et le texte est pratiquement illisible. Les mots de la première ligne sont reconnaissables (NP ligaturés car il n'y a que deux hastes pour les deux lettres); à la cassure, il ne reste que l'extrémité inférieure gauche du A. A la deuxième ligne, le V est nettement lisible;

les lettres suivantes sont pratiquement effacées, mais le contexte impose la lecture *s qui uixit;* puis AN, bien lisibles; ensuite, je n'arrive pas à distinguer les lettres NOS, suivies du nombre XI, que voit Gose : je vois un X, qui peut être accidentel et recouvrir un N (les abréviations *an.* et *ann.* sont aussi courantes l'une que l'autre), puis le haut d'une haste verticale qui peut appartenir à un L ou à un I, puis un trait oblique qui semble accidentel (ou appartiendrait à un X, logé dans le L comme il convient pour un chiffre ?), puis un espace où rien n'est visible qu'un point qui peut être, lui aussi, accidentel, enfin 3 hastes verticales; Kempf pour sa part, lit *a*[*nnos*] *III;* après quoi, *m*(*enses*) *II,* de nouveau bien lisible, puis la pierre est mutilée; le nombre de mois était donc compris entre 2 et 4, et sans doute y avait-il place encore pour l'abréviation *d*(*ies*), suivie du nombre de jours. A la l. 3, S suivi d'une lettre qui semble plutôt un V qu'un Y, puis, à nouveau, la pierre est très effacée; on devine encore un R, plus loin un A, plus loin le linteau d'un T suivi des lettres ER; ensuite, deux ombres verticales qui peuvent être la trace des hastes d'un E et d'un T, puis EVON et la cassure. La ligne suivante est un peu plus lisible, quoiqu'on ne puisse distinguer les lettres ITVL de *titulum.* Enfin, la dernière ligne est parfaitement nette, avec ses lettres espacées et sa ligature NT.

Ce que l'on peut encore distinguer de la paléographie révèle une écriture un peu grêle, incisée trop superficiellement mais de bonne facture. La décoration qui, elle, est bien conservée appelle les mêmes remarques. Ces deux colombes affrontées de part et d'autre d'une croix monogrammatique avec l'*alpha* et l'*omega* sont bien dans le style trévire (*Intr.,* § 43), ainsi que le formulaire de l'inscription (*Intr.,* § 38-40).

L. 1-2 : Gose propose de restituer *Azizus* pour le premier nom propre parce que les deux autres noms sont syriens et qu'il y a seulement place pour trois lettres à la fin de la l. 1; une inscription grecque de Trèves (n° 10) mentionne en effet un Syrien de ce nom. A la réflexion, Kempf préfèrerait *Agricius,* comme aux n°ˢ 2, 63, 95 et 97, estimant qu'il y a place pour 4 à 5 lettres. Bien entendu, il existe bien d'autres noms commençant par A, dont beaucoup sont en *-us.*

L. 3 : le nom *Surica* est probable, car les 3 premières lettres sont sûres et il n'y en a pas plus de 2 ou 3 à restituer. Le diminutif *Suricula* apparaît au n° 157. Le nom de la sœur doit être *Euonuma* ou *Euonyma,* un nom de bon augure (*bonum nomen habens,* traduit Gose) attesté en Orient (Pape-Benseler, p. 431) et, semble-t-il, en Occident sous la forme *Eunomus* (CIL VI, 31981; *ICVR, n. s.* (I) 2749) ou *Eunymus* (Diehl 3960 *adn.* = Marucchi, *Monumenti, tab.* 63, 4). Il est intéressant de noter que le nom apparaît ici sous sa forme la plus proche de l'étymologie.

Le nom si nettement gréco-oriental d'Euonyma tend à faire penser que l'ethnique Surica est réellement une indication d'origine et que cette pierre est à joindre, comme celle d'Eustasius (n° 32 *b*), aux inscriptions grecques qui font connaître l'existence à Trèves d'une colonie « syrienne » (*Intr.,* § 42). Quant à savoir ce que faisait cette famille — fabrication de verre soufflé, dit Gose, ou bien tissage de la soie, ajoute Kempf —, cela relève naturellement de la pure hypothèse. Kempf croit pouvoir dater cette épitaphe de la deuxième moitié du IVᵉ siècle. Si la formule *pro caritate* me paraît, à Trèves, caractéristique des IVᵉ et Vᵉ siècles (*Intr.,* § 138), *hic requiescit in pace* ne me semble pas pouvoir être antérieur au Vᵉ siècle. C'est donc ce siècle qui constitue la fourchette la plus vraisemblable. D'ailleurs, c'est à cette époque surtout que les Syriens sont attestés en Gaule (*Intr.,* § 42).

I, 95

Trèves, nécropole de Saint-Paulin - Saint-Maximin. Trouvée en 1896 à proximité de Saint-Maximin. Conservée au *Rheinisches Landesmuseum*.

H. LEHNER, *Wd. Korr.* 15, 1896, p. 228, n° 87 et *Wd. Zeitschr.* 16, 1897, p. 361 (brève notice).
CIL XIII, 3792 (RIESE 4263; DIEHL 3584 *adn.*).
GOSE 404.
Révisée par N. Gauthier en 1968.

Quatre fragments d'une plaque en calcaire, gris en surface, blanc sur la tranche; dimensions primitives : h. 57; l. 67; ép. 5; lettres : 3 cm environ. Très endommagée au cours du bombardement de 1944.

(avant 1944)   (réduit au 1/5)

[Hic iace]t *Acrici*[us]
[qui uixit] *annoș*
[plus mi]ṇus XX[X?]X; titu-
4   *l*[um po]suit M*a*[r?]*ia*
ç*o*[niu]gi [suo]; iṇ pac*e* !
colombe   chrisme avec   colombe
alpha et omega

Ci-gît Acricius qui a vécu environ 40 (?) ans; Maria (?) a posé cette épitaphe à son époux; en paix !

L'inscription, gravée sur une pierre dont la surface s'effrite facilement, s'est encore dégradée depuis que cette photo a été prise. La plaque a été brisée en petits fragments dont certains ont disparu. Ceux qui restent se déchiffrent avec une telle difficulté que tout commentaire paléographique est impossible. L'écriture semble avoir été de bonne facture. On aperçoit une réglure très légèrement incisée. Des traits identiques limitaient le champ épigraphique qu'un large espace blanc entourait de tous côtés, comme aux nᵒˢ 3 et 88. Au dessous du texte figurent un chrisme, flanqué de l'*alpha* et de l'*omega* (le CIL note par erreur l'*omega* à gauche), et deux colombes affrontées; on aperçoit un rameau dans le bec de celle de droite, mieux conservée. A la l. 3, il est difficile de préciser le nombre de X à restituer. A la dernière ligne, il faut restituer quelques lettres entre *coniugi* et *in pace* (ce que Riese et Diehl négligent de faire) : sur la photo, on devine un S.

On peut compléter le formulaire à l'aide des nombreux exemples comparables fournis par l'épigraphie trévire (*Intr.*, § 38-40).

L. 1 : vu l'état de la pierre, on peut se demander si ce n'est pas *Agricius* qu'il fallait lire, avec un G comme partout ailleurs à Trèves (voir nᵒ 2). Cependant, Lehner et Hirschfeld ont cru voir un C : le vulgarisme *Acricius* n'est pas impossible (*Intr.*, § 74).

L. 4 : plutôt que *Mania* (cf. Diehl 3088 *adn.* = CIL VIII, 27 767 e) ou *Maiia* pour *Maia* (CIL XIII, 3357), le nom à restituer doit être *Maria*, féminin du gentilice latin *Marius* et, en même temps, nom sémitique que les chrétiens ont adopté en l'honneur de la mère du Sauveur : à Rome, I. Kajanto (*Onomastic Studies*, p. 95) en a relevé 22 exemples chrétiens et 6 païens; en Gaule, le nom apparaît sur 5 autres inscriptions chrétiennes des VI-VIIᵉˢ s. (Le Blant 47, 576 B, 615, 688; *N. R.* 224) et sur quelques pierres païennes (CIL XIII, 2531 et 8559; CIL XII, 7 exemples).

L. 5 : il est rare que, dans une formule de ce type, le mot indiquant le degré de parenté au datif soit complété par *suus* (c'est le cas au nᵒ 120).

L'emploi d'un matériau autre que le marbre, la formule *plus minus* (*Intr.*, § 39), le possessif superflu *suo* à la dernière ligne interdisent de faire remonter cette épitaphe au delà du Vᵉ siècle. Elle est plus probablement du VIᵉ, à cause du nom *Maria,* qui se répand avec le développement du culte de la Vierge.

I, 96

Trèves, nécropole de Saint-Paulin - Saint-Maximin. Trouvée en 1953 au sud de Saint-Maximin, en construisant le *Versorgungsamt* (*Intr.*, § 12). Conservée au *Rheinisches Landesmuseum*.

GOSE 403.
Révisée par N. Gauthier en 1968.

Plaque de marbre blanc endommagée à droite; h. 12,5; l. 21,5; ép. 3,5; lettres : 1,1-1,5 cm.

Hic iacet Adeudatus
qui uixit annu et men-
ses VII; titulum pos[u]ẹ-
4   runt Eustasius et Calopae; in pace !
colombe   croix monogr.   colombe
avec alpha et omega

(réduit au 1/3)

Ci-gît Adeudatus qui a vécu un an et 7 mois; Eustasius et Calopae ont posé cette épitaphe; en paix !

Cette pierre est caractéristique de l'atelier I de Saint-Paulin - Saint-Maximin (*Intr.*, § 31-32) par sa paléographie et sa décoration comme par son formulaire. Les ligatures sont particulièrement nombreuses : ME (l. 2), VL et MP (l. 3), NT et AL (l. 4), AE et NP (l. 5). Le point entre *et* et *menses* (l. 2) semble accidentel. Les colombes tiennent un rameau dans leur bec. Enfin l'extrémité de la panse ouverte du P se retourne vers la droite et les 4 branches de la croix monogrammatique sont d'égale longueur.

En dehors des noms propres, le seul vulgarisme que présente l'inscription est *annu* pour *annum* (*Intr.*, § 82). *Annu* plutôt qu'*ann. V* : cf. le chiffre 5 de la l. 3.

L. 1 : *Adeudatus* est mis pour *Adeodatus* (*Intr.*, § 52), le plus populaire des noms théophores chrétiens. D'origine africaine comme tous les *cognomina* forgés de cette façon, il a été relevé 44 fois à Rome (la première inscription datée étant *ICVR, n. s.* (I) 1934, de 366 ou 380) et 17 fois à Carthage (Kajanto, *Onomastic Studies*, p. 102); en Gaule, le seul autre exemple de ce nom est un évêque du VIIe siècle — le fondateur du monastère de Saint-Dié ? (L. Duchesne, *Fastes épiscopaux*, III, p. 60) — appelé *Adeodatus* dans une liste conciliaire romaine.

L. 4 : Eustasius et Calopae doivent être les parents, quoique ce ne soit pas précisé, conformément aux habitudes de St-Paulin - St-Maximin I. Leurs noms sont attestés par ailleurs à Trèves (pour *Eustasius*, voir n° 32; pour *Calopae* = Calliope, n° 132). Les parents, qui portent tous deux un nom grec, ont donné à leur fils un nom latin d'origine africaine (et non pas un nom grec, comme le dit Gose).

Il est extrêmement difficile de déterminer la période d'activité de l'atelier I de Saint-Paulin - Saint-Maximin, dont relève l'épitaphe d'Adeodatus (*Intr.*, § 32).

I, 97

Trèves, nécropole de Saint-Paulin - Saint-Maximin. Trouvée en 1916 dans « l'ancienne crypte détruite » (Krüger) de Saint-Maximin. Conservée au *Rheinisches Landesmuseum*.

E. KRUEGER, *Germania* 2, 1918, p. 29, n. 1 (brève notice).
H. LEHNER, *Bonn. Jahrb.* 125, 1919, *Beilage*, p. 39-40.
FINKE 52.
GOSE 410.
Révisée par N. Gauthier en 1967.

Plaque de marbre blanc; h. 36,5; l. 37,5; ép. 3,5; lettres : 1,7 cm.

```
        Recessit die octauo id-
        us maias, die solis, puella A-
        ⟨g⟩recia annoru⟨m⟩ quindeci-
4       m et frater ipsius sa[e]-
rameau colombe    chrisme avec    colombe rameau
            alpha et omega
          dans une couronne
        nior post tertio i⟨d⟩-
        us maias, nomine
        Parrontius, uixit
8       annos XX et ⟨d⟩ies XX.
```

Agrecia, jeune fille de quinze ans, mourut le huitième jour avant les ides de mai (8 mai), *un dimanche, et son frère aîné le troisième jour après les ides de mai* (17 mai); *du nom de Parrontius, il a vécu 20 ans et 20 jours.*

Cette pierre est particulièrement intéressante au point de vue paléographique car elle permet d'entrevoir les phases sucessives d'élaboration d'un texte épigraphique. On sait que, selon J. Mallon (*Paléographie romaine,* Madrid, 1952, p. 57-s.), on peut distinguer trois stades : le papyrus ou la tablette portant le texte écrit en écriture commune, la transcription à la craie, au charbon ou au pinceau sur la surface de la pierre en lettres monumentales et la gravure au ciseau. Rien sur l'épitaphe d'Agrecia ne permet d'identifier le deuxième stade; par contre, les erreurs qui y fourmillent témoignent de l'existence d'un premier état sur papyrus ou tablette. Je ne sais si l'*ordinator,* l'auteur de la deuxième phase, est le même que le graveur, mais il est sûrement distinct de l'auteur du premier stade car il a eu le plus grand mal à transcrire le texte qu'on lui avait soumis : les mots les plus simples, comme *idus* (l. 5,), *dies* (l. 8), n'ont pas été reconnus.

Regardons d'un peu plus près comment l'*ordinator* a travaillé. Il connaissait ses lettres et était capable d'écrire chacune d'elles de façon convenable en capitale, par exemple le premier C, le T d'*octauo* (l. 1), le D qui termine la l. 1, le S de *maias,* le M qui commence la l. 4, etc. Mais il ne savait pas lire, c'est-à-dire que, tout en reconnaissant chaque lettre prise isolément, il ne savait pas les assembler pour saisir le sens des mots; sinon, on ne s'expliquerait pas qu'il n'ait pas écrit correctement, comme il savait le faire, le D d'un mot aussi attendu que le *dies* de la dernière ligne. Il déchiffrait donc son texte original lettre à lettre, ce qui est évidemment un gros handicap puisqu'il ne pouvait s'aider du contexte. S'il reconnaissait la lettre, il la transcrivait avec le *ductus* qu'on lui avait enseigné. S'il ne l'identifiait pas, il se contentait, non sans sagesse, de faire une copie figurée de ce qu'il avait sous les yeux : c'est ce qu'il a fait pour le T de *recessit* et le C d'*octauo* à la l. 1, avec le S de *solis* (l. 2), avec le C d'*Agrecia* (l. 3), le S d'*ipsius* (l. 4), de *post* (l. 5), enfin le T du mot *et* (l. 8). Mais il y a des cas où sa prudence a été prise en défaut : il a cru reconnaître une lettre, mais à tort. Ainsi il a pris pour un S le G d'*Agrecia* (l. 3) et tout le monde à sa suite a lu ce nom *Asrecia* inconnu par ailleurs jusqu'à ce que Ferrua (*Riv. Arch. Crist.* 34, 1958, p. 216) fasse remarquer qu'il connaissait bien des pierres où le G avait la forme d'un S (*Akten,* p. 298, il cite Marucchi, *Monumenti,* tav. LX, 42, *Tisrinus* pour *Tigrinus,* et *ICVR, n.s.* (IV) 12 565, *Ausinda* pour *Augenda*). A la même ligne, il a cru identifier un N dans ce qui n'était qu'une partie d'un M et il a représenté en copie figurée le dernier trait du M dont il ne savait que faire. L. 5 et 8, la lettre D l'a mis dans un embarras analogue : il devait avoir sous les yeux un D fait en 3 traits, $^1\text{D}^3_2$; il a pris les 2 premiers traits pour un L; restait le troisième, qu'il a pris pour un I à la l. 5 et qu'il a représenté en copie figurée à la dernière ligne. Je laisse aux paléographes le soin de déterminer de quel type de cursive (majuscule ou minuscule) il s'agissait sur le modèle que le lapicide a eu en mains, mais il ne me paraît pas douteux qu'il a, en certains endroits, reproduit tels quels des signes qu'il ne comprenait pas. On ne s'explique pas autrement le contraste entre les deux formes des lettres T, S, D, C, M et l'absence de toute forme intermédiaire. Il me semble, en outre, que cet *ordinator* quasi illettré ne peut être que le graveur lui même (s'il y avait eu un *ordinator* spécialisé, il aurait au moins su lire) et c'est pourquoi, faute d'avoir jamais pu les distinguer à coup sûr, j'ai, partout ailleurs, désigné sous le terme général de « lapicide » aussi bien l'*ordinator* que le graveur proprement dit.

Pour en finir avec la paléographie, notons que le lapicide s'est trompé au deuxième E de *recessit* (l. 1) en traçant une panse inutile, qu'il a rajouté au début de la l. 5 un O qu'il avait oublié et qu'il a séparé les lettres, au hasard, par un certain nombre de points. Il a inséré au milieu du texte, ce qui est rare à Trèves (*Intr.,* § 43), une décoration brodant sur les thèmes habituels du chrisme et de la colombe. Le chrisme est inscrit dans une couronne grossièrement stylisée, avec son anneau au sommet, ses feuilles et ses bandelettes; les colombes reposent sur une ligne horizontale et tiennent un rameau dans leur bec; enfin, d'autres rameaux garnissent la place disponible à droite et à gauche : peut-être doit-on les interpréter comme des palmes.

Le texte de cette double épitaphe ne donne pas une très haute idée de la culture de celui qui l'a composé. Pour être à peu près correct, et en respectant les formes du latin tardif, il devrait être libellé comme suit : *recessit die octauo idus maias, die solis, puella Agrecia annorum quindecim et post tertio idus maias frater ipsius saenior, nomine Parrontius, qui uixit annos XX et dies XX.* On a d'autres exemples à Trèves de la tendance à remplacer *eius* par *ipsius* (*Intr.,* § 86). *Saenior* est une hypercorrection pour *senior* (*Intr.,* § 58). Les formes du type *post tertio idus* sont très rares à Trèves (*Intr.,* § 83).

L. 1 : l'indication du jour de la mort est rare dans notre matériel (*Intr.,* § 41). Et c'est la seule fois qu'elle figure en tête. Elle est aussi introduite par le mot *recessit* aux n°s 170 et 204.

L. 2 : les Pères de l'Eglise ont lutté opiniâtrement, mais avec un mince succès, pour faire abandonner les noms païens des jours de la semaine. L'expression *dies solis* pour désigner le dimanche apparaît couramment dans les textes et sur les inscriptions (en Gaule, Le Blant, *N. R.* 277; ailleurs, Diehl, t. III, index VI, p. 311). Si l'on précise qu'Agrecia est morte un dimanche, alors que l'indication correspondante manque pour son frère, c'est peut-être parce que mourir le jour du Seigneur semblait en ce temps-là un gage de salut (voir le commentaire de H.I. Marrou à Le Blant, *N. R.* 298 dans *Mél. Michele Pellegrino*).

Le mot *puella* indique qu'Agrecia n'était pas mariée; on connaît à Trèves 2 autres *puellae,* n° 35 (16 ans) et 127 (12 ans).

L. 3 : le nom d'Agrecia est largement attesté à Trèves (voir n° 2), où il apparaît généralement sous la forme *Agricius/a*.

L'âge est normalement indiqué dans notre matériel par la formule *qui uixit annos* ... Le seul autre exemple du génitif *annorum* ainsi directement rattaché au nom du défunt apparaît sur l'inscription tardive d'Aufidius (n° 214; cf. n° 127). Cette tournure se rencontre dans les textes littéraires à l'époque classique (*Thesaurus,* s. u. *annus,* col. 118) et sur quelques inscriptions chrétiennes, dont le plus grand nombre provient de Rome (voir Diehl).

L 4-5, saenior : le mot apparaît aussi au n° 158, dédié à deux frères.

L. 5-6 : la date est indiquée en comptant le nombre de jours après les ides et non pas avant, selon l'usage classique utilisé à la l. 1. On trouve ce comput employé sporadiquement dès le IVe siècle (Diehl 1539 = *ICVR* I, *suppl.* 1430, en 338; Diehl 4400 A = *Riv. Arch. Crist.* 3/4, 1925, p. 14, en 397; Diehl 4397 = CIL XI, 7539, plus tardive). Comme dans le comput classique, il faut compter le jour des ides lui-même (il est facile de le vérifier en ce qui concerne les deux inscriptions romaines ci-dessus qui mentionnent à la fois le jour de la semaine et l'année, ce qui permet de préciser le quantième du mois); le 3e jour après les ides de mai correspond donc au 17 mai et Parrontius est mort 9 jours après sa sœur. Dans ce cas précis, on a donc fait une même épitaphe pour deux personnes décédées à quelques jours de distance. Mais on ne peut être sûr, faute d'autres indications analogues, qu'il en est de même dans le cas de toutes les épitaphes collectives.

L. 6-7 : la précision *nomine,* qui peut précéder le *cognomen* ou le suivre, est moins fréquente à Trèves (nos 219-220) qu'ailleurs. *Parrontius* est un nom inconnu par ailleurs; I. Kajanto (*Latin Cognomina,* p. 331) le range parmi les dérivés de *Parrus,* nom rare attesté une douzaine de fois, certains cas remontant à l'époque républicaine; A. Ferrua (*Akten,* p. 298) estime qu'il provient peut-être de *parra,* oiseau de mauvaise augure. Cependant, la forme du nom fait plutôt songer à une origine grecque. Pape-Benseler (p. 1142) a relevé plusieurs fois *Parôn, -ônos;* l'habituelle dérivation en *-ios/ius* (*Intr.,* § 124) donnerait *Paronius* mais ne peut-on penser que *Parrontius* en est une dérivation irrégulière en *-tius,* forgée sur le modèle de formes régulières en *-tius,* comme *Leontius ?*

Les commentateurs de cette inscription se sont accordés à la trouver tardive : *frühmittelalterlich,* dit Krüger, *età molto tarda,* estime Ferrua (*Akten,* p. 298), « certainement d'époque franque », juge H. I. Marrou (*Germania* 37, 1959, p. 345). Ce ne sont pas tant les formules employées qui sont significatives que le contraste saisissant entre l'habileté technique du lapicide et son incapacité à déchiffrer un texte élémentaire : ceci est la signature d'une époque où le fait de savoir lire est devenu une brillante exception. Celui qui a rédigé ce texte informe était, lui aussi, fort peu lettré : pourquoi s'est-il résolument écarté des formules éprouvées de l'épigraphie trévire ? Certaines traditions avaient-elles fini par se perdre ? A-t-il cru faire mieux ? En tout cas, cette épitaphe prouve que l'art de graver la pierre s'est maintenu à Trèves alors même que l'instruction la plus élémentaire avait disparu.

I, 98

Trèves, nécropole de Saint-Paulin - Saint-Maximin. Trouvée en 1902 à l'angle des *Rindertanz*-et *Christophstrasse*. Conservée au *Rheinisches Landesmuseum*.

CIL XIII, 3794 (RIESE 4261; DIEHL 4695).
GOSE 719.
Révisée par N. Gauthier en 1968.

Fragment de marbre blanc, complet en haut; h. 17; l. 20; ép. 6; lettres : 2,2 - 2,5 cm.

[Hic quies?]çit in pace Al[...]
[...]ḍum termi?[...]
[...] praecesse[runt ...]
4   [...i]ssimae paṭ[...]
[...] se lumen [...]

Cette inscription était gravée avec soin, mais elle est très mutilée. Au début de la première ligne, on reconnaît les deux extrémités d'un C; à la fin de la même ligne, on a lu jusqu'ici *Afo...*, ce qui ne sonne guère latin, comme le remarque Diehl; il y a en réalité après le A un L comme celui de la l. 5, puis O ou C. A la l. 2, on lit DVMTE, puis le CIL et Gose donnent une ligature VR; mais dans les rares ligatures comparables qu'on trouve à Trèves (VD, n° 195; VE et VL, n° 66), la haste commune au V et à la lettre suivante est inclinée alors qu'ici, elle est parfaitement verticale; par ailleurs, cette combinaison de lettres ne fait guère latin, elle non plus; je pense donc que, malgré les apparences, le trait oblique est accidentel et qu'il faut lire TERMI. A la fin de la ligne, les précédents éditeurs de la pierre ont noté un T : on devrait voir alors le linteau à gauche de la haste, ce qui n'est pas le cas; je n'ai vu qu'une haste qui peut appartenir à toutes sortes de lettres (L, M, N, P, etc.). La troisième ligne ne pose pas de problème. A la fin de la l. 4, on distingue l'extrémité gauche du linteau d'un T. A la fin de la l. 5, on aperçoit le haut et la haste gauche d'un A (CIL, Gose) ou, aussi bien, d'un M.

Les lettres sont généralement larges, notamment les M. Leurs formes varient d'une ligne à l'autre : la traverse du A est tantôt rectiligne (l. 1, *pace*), tantôt brisée (les autres); les hastes du M sont tantôt verticales (l. 2, *dum* et l. 5) et tantôt obliques (l. 2 et 4); le R de la l. 2 est très différent de celui de la l. 3. Le *ductus* très particulier du L apparaît aussi au n° 183. La panse du P est ouverte.

L'épitaphe est trop mutilée pour être intelligible car elle s'écartait du formulaire trévire. Il est impossible de se faire une idée sur le nombre de lettres manquant à droite et à gauche.

L. 1 : le texte commençait sans doute par une formule du type *hic quiescit* (*Intr.,* § 38); en fin de ligne, le nom du défunt ou de la défunte.

L. 2 : les premières lettres peuvent être le mot *dum* ou la fin d'un gérondif/adjectif verbal; puis venait un mot qui appartenait vraisemblablement à la famille de *terminus* quoique cette racine semble inusitée en épigraphie chrétienne.

L. 3 : on reconnaît le verbe *praecesserunt,* qui apparaît aussi au n° 173 et peut-être au n° 37.

L. 4 : ce sont les restes d'une formule comme *filiae dulcissimae* (ou *carissimae*) *patres posuerunt* (*Intr.,* § 40).

L. 5 : Diehl complète : [*dolentes*] *se lumen a*[*misisse*]. C'est une hypothèse *exempli gratia.*

On ne peut que regretter de ne pas posséder en entier cette pierre qui, à en juger par la paléographie (M très larges, formes variées pour une même lettre), semble plutôt tardive.

I, 99

Trèves, nécropole de Saint-Paulin - Saint-Maximin. Trouvée en 1818 à Saint-Maximin (*Intr.,* § 11). Conservée au *Rheinisches Landesmuseum.*

K. F. QUEDNOW, *Beschreibung d. Alterthümer in Trier u. dessen Umgebungen,* II (1820), p. 176.
A. DE CAUMONT, *Bull. monumental* 9, 1843, p. 60.
W. CH. VON FLORENCOURT, *Bonn. Jahrb.* 5/6, 1844, p. 330, n° 110.
LE BLANT 226, suppl. t. II, p. 601 et *add. N. R.,* p. 460-461 (DACL XV, 2, s. u. *Trèves,* col. 2739, n° 6).
KRAUS 152 et *add.* p. [7].
F. HETTNER, *Röm. Steindenkmäler,* n° 398.
CIL XIII, 3795 (RIESE 4266; DIEHL 3082 B).
S. LOESCHCKE, *Frühchristl. Denkmäler* (1936), p. 135.
GOSE 406.
E. FOERSTER, *Frühchristl. Zeugnisse,* p. 36-37, n° 27.
Révisée par N. Gauthier en 1967.

Plaque de marbre blanc en nombreux fragments, en réemploi (le dos est un parement de mur); endommagée au cours du bombardement de 1944; h. 55; l. 93; ép. 4; lettres : 5 cm.

(état actuel)   (réduit au 1/6)

    H*ic* Amant-
    iae in pace
    họspita c-
4   arọ iacet
  colombe   croix monogr.   colombe
    dans une couronne

   Ci-gît en paix, à titre d'hôte, la chair d'Amantia.
ou bien :
   Ci-gît en paix la chair qui donna l'hospitalité à Amantia.

Dos

Cette plaque de marbre est de dimensions inhabituelles. Le texte est disposé au milieu, laissant un large espace blanc tout autour. Les lettres, de taille exceptionnelle, sont larges, bien espacées, régulières. Il n'y a pas de ligatures et les points que l'on aperçoit sont accidentels. La traverse des A, larges et aplatis à leur sommet, est horizontale. Les hastes du M sont verticales et ses traverses se joignent au bas de la ligne. Les O sont bien ronds et aussi grands que les autres lettres. Au dessous de l'inscription, deux colombes encadrent une croix monogrammatique située à l'intérieur d'une couronne stylisée d'où s'échappent deux souples bandelettes; on ne trouve pas à Trèves de motif central identique à celui-ci.

A. Ferrua (*Riv. Arch. Crist.* 34, 1958, p. 215; *Akten,* p. 298) voit dans ce texte un *rozzo pentametro.* Si les mots *hospita* et *caro* appartiennent plutôt au vocabulaire des inscriptions métriques, il ne me semble pas possible d'identifier un vers quelconque dans ces quelques mots (d'ailleurs, Diehl, lui, estime : *titulus metrum sapit trochaicum*).

La formulation est originale et pleine d'intérêt mais bien ambiguë.

L. 1 : Amantius/a est un des nombreux *cognomina* évoquant une qualité morale (*Intr.*, § 114). Le participe présent *amans* a été allongé par le suffixe *-ius/a* que l'on utilise si volontiers à partir du IIIe siècle (*Intr.*, § 124). I. Kajanto (*Latin Cognomina,* p. 255) connaît 12 païens et 29 chrétiens portant ce nom qui, à Trèves, apparaît aussi au n° 100.

L. 2-4 : deux interprétations s'affrontent sur le sens du texte. Le mot *hospitus* en effet est ambivalent et s'applique aussi bien à celui qui donne l'hospitalité qu'à celui qui la reçoit. Aussi les uns soutiennent-ils que, dans ce texte, la chair d'Amantia reçoit l'hospitalité du tombeau, ce qui signifie que sa vraie demeure est au ciel après la résurrection des corps (Florencourt, Ferrua dans l'article cité ci-dessus), les autres que c'est la chair ensevelie dans le tombeau qui a donné l'hospitalité à Amantia, ce qui signifie que le corps n'est pour l'âme qu'une « enveloppe passagère », comme traduit Le Blant (Le Blant, Kraus, Gose, Förster). La première idée est exclusivement chrétienne, alors que la seconde est courante aussi chez les païens (Le Blant cite Sénèque *Ep. ad Lucil.* 120 : *nec domum esse hoc corpus sed hospitium et quidem breue hospitium;* on pourrait ajouter d'innombrables exemples épigraphiques: voir R. Lattimore, *Themes in Greek and Latin Epitaphs,* Urbana, 1942, p. 319). Il n'y a pas, dans le recueil de Diehl, d'autre exemple du mot *hospitus/a.* Mais on y trouve des mots de la même famille, notamment *hospitium* pour désigner le tombeau (à Trèves, n° 19) : ceci renforce la première hypothèse, *hic hospita,* « qui reçoit l'hospitalité dans ce tombeau ». Si l'on regarde le contexte dans les inscriptions où le mot *caro* apparaît, on est au contraire rejeté vers la seconde hypothèse, la chair servant d'abri temporaire à l'esprit ou à l'âme (par exemple, Le Blant 516 : *hic carnis spolium liquit a[d] astra uolans*); cependant, *caro* apparaît aussi en liaison avec l'affirmation explicite de la résurrection des corps (par exemple, Diehl 973 = *ICVR* II, 62, 1; 101, 19 : *caro cuncta resurgit; terrenum nunc terra tegit;* Diehl 1304 = *ICVR* I, 1087). Pour ma part, j'inclinerai plutôt vers l'hypothèse Ferrua pour la raison suivante : la personne d'Amantia était constituée de son corps aussi bien que de son âme; si donc l'auteur avait voulu dire que son corps n'était qu'une enveloppe passagère, il aurait dû normalement préciser *caro hospita spiritus/ui* (ou *animae) Amantiae.* Si, au contraire, il entendait rappeler que le tombeau n'était pas la demeure normale et définitive du corps d'Amantia, sa formulation, *caro Amantiae,* est tout à fait satisfaisante; c'est l'ordre des mots qui l'est moins (on attendrait *hic hospita*), mais il s'explique aisément par le souci de mettre en évidence le nom de la défunte.

Signalons pour mémoire l'étrange lecture de Hettner : *hic Amant/ia ein* (= *in*) *pace/* etc. et sa traduction: *Hier ruht Amantia in Frieden, nur ein Fremdling auf Erden; ihr Fleisch liegt hier.*

Florencourt estime que cette belle inscription est parmi les plus anciennes de Trèves. Et Ferrua (*Akten,* p. 298) : *La forma elegante e distinta dell'iscrizione persuade di attribuirla ancora al sec. IV.* L'omission et de l'âge et des dédicants m'amène à la même conclusion (*Intr.,* § 40).

I, 100

Trèves, nécropole de Saint-Paulin - Saint-Maximin. Trouvée en 1935 à Saint-Paulin, *in der Nähe des alten Brunnens*. Conservée au *Rheinisches Landesmuseum*.

Trier. Zeitschr. 11, 1936, p. 230 (sans nom d'auteur).
NESSELHAUF 34.
GOSE 405.
Révisée par N. Gauthier en 1967.

Plaque de marbre blanc, en réemploi. La surface est cannelée, sauf une bande de 4 cm à droite; peut-être était-ce un revêtement de pilastre. La cassure irrégulière à gauche et en bas est antérieure à l'inscription, qui s'y adapte. Trouvée en 3 fragments; h. 22; l. 28; ép. 3; lettres : 1,5-2 cm.

Hic iacet Amanti-
a qui uixit an(nos) III, men(ses)
VIII, d(iem) I; titulum po-
4 suit Vetranio et
Lea; in pace !
croix monogr.

Ci-gît Amantia qui a vécu 3 ans, 8 mois, 1 jour; Vetranio et Lea ont posé cette épitaphe; en paix !

Cassures et restaurations ont fait disparaître en partie quelques lettres. Les petits traits qui barrent le deuxième I de III (l. 2) sont accidentels. Les lignes s'inscrivent dans les cannelures. Par sa paléographie et son formulaire, cette inscription relève de l'atelier I de Saint-Paulin - Saint-Maximin (*Intr.,* § 31-32). La traverse des A est horizontale, sauf celle du premier A de la dernière ligne, qui est brisée. Les ligatures sont nombreuses : NT (l. 1), ME (l. 2), MP (l. 3), NP (l. 5). L'abréviation de *diem* est marquée par un D barré en oblique, comme aux n°s 30 et 127. La croix monogrammatique interrompt la dernière ligne.

En ce qui concerne la langue, il faut noter le vulgarisme *qui* pour *quae,* largement attesté à Trèves (*Intr.,* § 85), et le verbe *posuit* au singulier alors que le sujet est au pluriel (*Intr.,* § 88).

Le formulaire est banal (*Intr.,* § 38-40).

L. 1 : le nom *Amantia* apparaît aussi au n° 99.

L. 4 : Vetranio est un *cognomen* rare (Diehl 2964 = CIL III, 9509 *b add.* p. 2139) forgé avec le suffixe *-io* cher aux régions celtiques (*Intr.,* § 125). Il est dérivé du mot *ueteranus,* qui est lui-même quelquefois attesté comme nom propre (I. Kajanto, *Latin Cognomina,* p. 320). A. Ferrua (*Akten,* p. 298) pense que ce nom a dû être donné « par imitation du nom du fameux *magister equitum* et empereur de 350 en Illyricum ». La rareté du nom rend cette hypothèse plausible.

L. 5 : Lea est un nom commun dans la région (à Trèves, n°s 219, 220, peut-être 143). Il ne faut pas lui chercher une origine biblique mais le ranger, comme féminin de *Leo* (voir n° 141), parmi les *cognomina* évoquant des animaux aux qualités admirées (*Intr.,* § 122).

Par sa banalité sans âge, cette épitaphe est bien représentative du matériel épigraphique chrétien de Trèves. Si, comme le pense Ferrua (*Akten,* p. 287 et 298), on peut tirer une indication de date du nom de Vetranio en le mettant en rapport avec l'empereur de 350, on est conduit à placer l'inscription entre 370 et 400 (Vetranio devait avoir au moins une vingtaine d'années pour perdre une fille de 3 ans 1/2).

I, 101

Trèves, nécropole de Saint-Paulin - Saint-Maximin. Trouvée en 1920 *Palmatiusstr. (Intr.,* § 10). Conservée au *Rheinisches Landesmuseum.*

FINKE 51.
GOSE 407.
Révisée par N. Gauthier en 1967.

Plaque de calcaire en 5 fragments, dont une partie manque; h. 52; l. 52; ép. 5,5; lettres : 3,5-2 cm.

   Ḥic iacet in pace
   Amạṭa uirgo feḍẹ-
   lis qui uịx̣sit ạ[nn]-
4 os XIII et ṃ[enses ...]
   et dies V[...]
   frater t[itul]ụṃ
   posuiṭ
   colombe [...] *colombe*

Ci-gît en paix Amata, vierge fidèle, qui a vécu 13 ans, ... mois et 5 (?) jours; ..., son frère, a posé cette épitaphe.

Le champ épigraphique est limité par un trait finement incisé, laissant une bande non gravée tout autour du texte. Les lignes sont guidées par une simple réglure et les lettres se touchent d'une ligne à l'autre. La paléographie atteste une forte influence cursive : les C sont très ouverts (comme aux nᵒˢ 21, 54, 119, 131, 135), les M sont larges, avec des hastes obliques, le L a une haste courte et une base très oblique, les deux barres du F se rejoignent au sommet de la haste (cf. nᵒˢ 1. 2, 67, etc.). Les E sont tantôt larges, tantôt étroits (notamment l. 1); la traverse des A est brisée. Les lettres sont plus petites et incisées moins profondément à la fin du texte. A la l. 1, entre I et N, le lapicide a évité un trou dans la pierre. Au dessous de l'inscription, on aperçoit les restes de deux colombes très grossièrement schématisées; le centre devait être occupé par un chrisme ou une croix monogrammatique (*Intr.*, § 43).

La langue présente un certain nombre de vulgarismes, tous attestés par ailleurs à Trèves : *fedelis* (*Intr.*, § 49), *qui* pour *quae* (*Intr.*, § 85), *uixsit* (*Intr.*, § 76).

L. 1   hic iacet in pace est une des formules initiales que l'on trouve à Trèves (*Intr.*, § 38).

L. 2 : Amatus/a est un *cognomen* assez rare : I. Kajanto (*Latin Cognomina*, p. 284) en connaît 12 exemples, dont 4 chrétiens; on pourrait y ajouter 2 évêques de la fin du VIIᵉ et du VIIIᵉ siècles (L. Duchesne, *Fastes épiscopaux*, I, p. 246 et 273). C'est un peu l'équivalent d'*Amandus/a* (nᵒ 3).

On peut se demander comment interpréter la mention inhabituelle *uirgo fidelis :* le mot *uirgo,* qui est rare à Trèves (nᵒ 210), désigne, comme *puella* (voir nᵒ 97), une personne non mariée (Amata aurait légalement pu l'être depuis un an); le mot *fidelis* placé ici signifierait-il que cette virginité était consacrée à Dieu ? Ce n'est pas le sens normal de *fidelis,* qui signifie simplement « chrétien baptisé » (voir nᵒ 138). L'expression *uirgo fidelis* n'a aucune raison d'avoir un sens plus fort que chacun des deux mots pris isolément.

L. 5 : le nom du frère d'Amata devait figurer à la fin de la ligne.

Cette inscription au formulaire banal et gravée sur un matériau de médiocre qualité doit cependant remonter au IVᵉ ou au Vᵉ siècle, à cause de la formule *uirgo fedelis* (*Intr.*, § 139).

I, 102

Trèves, nécropole de Saint-Paulin - Saint-Maximin. Trouvée en 1892 « devant la Porta Nigra » (CIL). Conservée au *Rheinisches Landesmuseum*.

H. LEHNER, *Wd. Korr.* 11, 1892, p. 134, n° 80 et *Wd. Zeitschr.* 12, 1893, p. 397.
CIL XIII, 3799 (RIESE 4270).
GOSE 720.
Révisée par N. Gauthier en 1967.

Partie droite d'une plaque de marbre; h. 33,5; l. 23; ép. 5,5; lettres : 2,7-3,5 cm.

```
    [... ?A]piciola
    [... qua]ẹ uixit
    [an...; titu]lum pos-
 4  [u...] Apic⟨ius⟩
    [... i]n pace.
    frise végétale
```

Plus de la moitié de la pierre est perdue, ainsi que le montre la décoration du bas : on aperçoit l'extrémité du motif qui occupait le centre de la composition. La surface de la pierre est piquetée de trous (par exemple, sous la traverse du A, l. 1, dans le M de la l. 3). Les formes des lettres sont largement répandues à Trèves : A à traverse brisée, L à base oblique, M à hastes verticales, P à boucle non fermée. Au début de la l. 4, on aperçoit avant le A une haste qui peut avoir appartenu à un I ou à un T. A la fin de cette même ligne, les lettres CNC sont inintelligibles : il y a sûrement une erreur du lapicide et le contexte invite à voir là la fin d'un nom propre, donc CIVS. Le passage de IV à N par inattention s'explique facilement. Quant à la confusion entre C et S, dont on n'a pas d'autre exemple dans la région, il faut se résigner à en ignorer la cause. Au dessous du texte, une jolie décoration d'inspiration végétale dont les volutes se déroulent en frise. Ce motif élégant est unique à Trèves. Il me semble témoigner d'un stade d'évolution antérieur aux encadrements à base de pampres de vigne et de colombes des nᵒˢ 197, 214 et 231 (auxquels on peut ajouter le fragment anépigraphe Gose 836) : au lieu de former une bande d'encadrement sur les quatre côtés, les volutes n'occupent ici que la place habituellement dévolue au chrisme et aux colombes au bas de l'inscription, mais déjà elles tendent vers la frise continue.

Ce qui reste de l'épitaphe suffit à montrer qu'elle était parfaitement conforme au formulaire trévire (*Intr.*, § 38-40).

L. 1 : il devait y avoir une formule du type *hic quiescit* suivie du nom de la défunte. Celui-ci semble bien avoir été, conformément à un usage largement attesté (*Intr.*, § 126), un diminutif du nom qui apparaît à la l. 4.

L. 2 : il y a place au début de la ligne pour un mot comme *fidelis* (cf. n°ˢ 34, 57, 117) ou *infans* (cf. n°ˢ 121, 213).

L. 3 : *annos* était plus ou moins abrégé selon la place tenue par le nombre d'années.

L. 4 : on peut hésiter entre une restitution du type *pos/[uit soror]i* et une autre du type *pos/[uerunt ... e]t,* la haste qui commence la ligne pouvant appartenir à ces deux lettres. Sans qu'on puisse exclure totalement l'hypothèse qu'une partie du nom ait disparu, comme à la l. 1, dans la cassure, il faut reconnaître ici, semble-t-il, le gentilice *Apicius* (*Thes.*, s. u. *Appius,* col. 292) utilisé comme *cognomen* (*Intr.*, § 105). Apicius était, étant donné les règles de transmission des noms (*Intr.*, § 126), le père, le frère ou le fils d'Apiciola.

L. 5 : une indication de parenté figurait sans doute au début de la ligne.

Je n'ose proposer une date pour ce fragment que je considère néanmoins comme antérieur au VIIᵉ siècle à cause de la paléographie et du motif décoratif. On observe, sur la décoration du n° 175, la même technique de faux-relief que celle qui a servi ici à dessiner la frise végétale.

I, 103

Trèves, nécropole de Saint-Paulin - Saint-Maximin. Trouvée en 1818 à Saint-Maximin (*Intr.*, § 11). Conservée au *Rheinisches Landesmuseum*.

L. LERSCH, *Centralmus.*, 3 (1842), n° 56.
A. DE CAUMONT, *Bull. monumental* 9, 1843, p. 63.
LE BLANT 230 A (DACL XV, 2, s. u. *Trèves,* col 2740, n° 11).
KRAUS 212, *add.* (de HETTNER), p. [6] et *Nachtr.* t. II, p. 342.
F. HETTNER, *Röm. Steindenkmäler,* n° 394.
CIL XIII, 3800 (RIESE 4271; DIEHL 3584 A).
GOSE 408.
Révisée par N. Gauthier en 1967.

Plaque de marbre blanc en plusieurs fragments; la partie inférieure gauche manque; h. 30; l. 41; ép. 3; lettres : 2-2,6 cm.

(état actuel)

> Hic iacet in pace infas
> *d*ulcissima filia Arabli-
> [a] que uixit [a]nnos VII et
> *rameau colombe alpha chrisme omega colombe rameau*
> 4   [menses ... e]t dies X; titu-
> [lum posuit P]osidonius
> [... pa]ter; en pace !

Ci-gît en paix la très douce enfant Arablia, sa fille, qui a vécu 7 ans, ... mois et 10 jours; Posidonius, son ... père, a posé cette épitaphe; en paix !

Cette pierre constitue, avec le n° 176, l'exemple le plus achevé du type II de Saint-Paulin - Saint-Maximin (*Intr.*, § 33-34). Son originalité consiste dans les points qui séparent un grand nombre de syllabes (toutefois, à la l. 1, le point après PA est accidentel et celui qui suit IA est douteux). On trouve une ponctuation de même type au n° 145 issu, lui aussi, de Saint-Paulin - Saint-Maximin II. Il n'y a que deux ligatures, NP et NF (l. 1), et les mots *annos* et *dies* sont écrits en entier. A la l. 1, le E de *pace*, parfaitement visible sur la reproduction de Kraus, a disparu depuis. D'après Hettner et Zangemeister dans le CIL, il semble que l'on voyait aussi une bonne partie du D au début de la l. 2 et même quelque reste d'un A au début de la l. 3. Caumont a dessiné par erreur une croix monogrammatique au lieu d'un chrisme.

Lersch a voulu reconnaître dans ce texte je ne sais quel rythme poétique « barbare », par analogie avec l'épitaphe d'Artemia à Cologne (Le Blant 353). Cette comparaison n'est pas fondée car le formulaire ici est parfaitement banal alors qu'il y a une recherche d'expression dans l'épitaphe d'Artemia. En ce qui concerne la langue, l'amuissement du N devant S (*infas*, l. 1) est largement attesté à Trèves (*Intr.*, § 77), ainsi que la forme *que* (*Intr.*, § 57). Au contraire, on n'a pas d'autre exemple de la forme *en* pour *in* (*Intr.*, § 49); on en trouve quelques cas hors de la région, notamment à Rome (Diehl, *ind.* s. u. *in pace*, p. 378).

L. 1 : le début est banal (*Intr.*, § 38). Arablia est la plus âgée des *infantes* de Trèves; on sait que ce mot a pris une extension beaucoup plus grande que son sens étymologique (*Intr.*, § 94).

L. 2 : le mot *filia* est inattendu ici, entre *infas* et le nom propre.

    Arablia est, bien entendu, le nom de la défunte (Lersch construit, contrairement à tous les usages trévires, *filia Arabli*). Ce *cognomen* n'est pas attesté par ailleurs et sa racine n'est pas évidente. Le Blant y a vu un nom grec comme celui de Posidonius, hypothèse la plus vraisemblable. Mais lequel ? Hettner, suivi par Gose, y voit un dérivé d'*Arabs* (l'adjectif normal est *Arabios*). A. Ferrua, pour sa part, estime (*Riv. Arch. Crist.* 34, 1958, p. 219) que c'est peut-être une *scrittura errata di Aeraklia* (*per Heraclia*), mais cela me semble bien loin de la forme que nous avons sous les yeux.

L. 3-4 : l'âge, à Trèves, est souvent donné avec la plus grande précision (*Intr.*, § 39).

L. 5 : la place disponible au début de la ligne correspond exactement à la restitution *lum posuit* et s'accommoderait difficilement du verbe au pluriel. Ensuite, le nom ne peut être que *Posidonius*, dérivé du dieu *Poséidon* à l'aide du suffixe *-ius* (*Intr.*, § 124). Les chrétiens, on le sait, n'ont pas répugné à porter ces noms évoquant des divinités païennes (*Intr.*, § 109).

L. 6 : la restitution pose un petit problème. Il y a trop de place pour restituer seulement les deux lettres manquantes de *pater* et pas assez pour restituer [*pater et ... ma*]*ter*, avec le nom de la mère. Kraus, Hettner et Gose pensent qu'il y avait un autre *cognomen* après *Posidonius*; ce serait tout à fait compatible avec la place dont on dispose, mais les doubles *cognomina* sont si rares à Trèves (*Intr.*, § 101) que j'hésite à les suivre. R. Egger (*Bonn. Jahrb.* 157, 1957, p. 330) propose : [*infelix pa*]*ter oder ähnlich*; l'objection qu'on peut lui faire est que le mot *infelix* n'apparaît pas dans notre matériel trévire. Les adjectifs que l'on trouve normalement (*carissimus, dulcissimus, pientissimus*) sont toujours au superlatif, ce qui excède la place disponible. Mais on peut proposer *dolens* qui apparaît parfois (voir n° 74).

    La formule *in pace* termine souvent les épitaphes (*Intr.*, § 40).

Il est difficile de se faire une idée de la période précise à laquelle appartient cette inscription. L'activité de l'atelier II de Saint-Paulin - Saint-Maximin m'a paru s'être située au Vᵉ siècle (*Intr.*, § 34).

I, 104

Trèves, nécropole de Saint-Paulin - Saint-Maximin. Trouvée à Saint-Paulin vers 1674 (Reiffenberg : *jam ante inter cladem, scilicet, quam Augusta Trevirorum a Gallis accepit A. ni fallor 1674; apud S. Paulinum detectus est lapis sepulchralis longus octo, latus autem duos pedes*). Perdue déjà du temps de Schmitt.

I. P. DE REIFFENBERG, *Notas et add. in Broweri Annal. Trevir.* (ms. *Staatsarchiv Koblenz, Abt. 701, Nr.* 601, f° 8).
    (J. BECKER, *Nassau. Annalen* 9, 1868, p.145;
    KRAUS 170 et *add.* p. [8];
    CIL XIII, 3696 [RIESE 2463/4; DIEHL 373].)
Ph. SCHMITT, *H. Paulinus* (1853), p. 438, n° 17 et p. 484 (*Druckfehler*), d'après un manuscrit laissé par le Prof. GOERTZ, décédé en 1824.
    (LE BLANT 230 [DACL XV, 2, s. u. *Trèves*, col. 2740, n° 10].)

(ms. Reiffenberg)

Hic iacet in pace Apronius principales qui uixit
plus m(i)n(us) annos XL; titulum posuit coniux eius
Auentina cum filiis suis; pausat VI cal(endas) nouembris.
vase

Ci-gît en paix le (décurion) principal Apronius qui a vécu environ 40 ans; son épouse Auentina, avec ses enfants, a posé cette épitaphe; il repose depuis le 6e jour avant les kalendes de novembre (27 octobre).

Il est bien peu probable que la division en lignes corresponde à l'original car Reiffenberg, qui a composé son manuscrit vers 1720, ne se souciait pas d'exactitude sur ce point (cf. n° 150) et dit lui-même que la pierre était 4 fois plus longue que large (à moins qu'il n'appelle largeur ce que nous appelons hauteur ?); des lignes si longues ne sont pas dans les habitudes de Trèves. Ph. Schmitt n'a pas vu la pierre lui-même mais en a trouvé la description dans les papiers laissés par un professeur de Trèves nommé Görtz. Nous ne connaissons pas la source de celui-ci; peut-être est-elle, directement ou par l'intermédiaire d'un autre manuscrit, I. P. de Reiffenberg. Schmitt répartit le texte sur 5 lignes, coupées après les mots *principales, annos, eius* et *pausat,* et il ne mentionne pas le vase. En outre, l. 2, il a d'abord noté PLVS M MN N ANNOS, puis, dans la liste des *errata,* il rectifie PLVS M MINVS N ANNOS; Le Blant, interprétant cette formule, estime qu'il faut négliger le premier M, inutile, et voir dans le N qui précède *annos* l'abréviation de *n(umero)*; en réalité, comme l'a remarqué J. Becker, il semble que Görtz ou quelque autre intermédiaire ait incorporé au texte, croyant qu'il s'agissait d'une rectification, une glose explicitant MN en *minus* comme celle qui se trouve précisément en marge du manuscrit de Reiffenberg.

On ne peut évidemment faire aucun commentaire paléographique à partir de la copie de Reiffenberg. Le motif du vase est courant à Trèves (*Intr.,* § 44) mais il est généralement flanqué de colombes. Il se trouvait certainement au milieu de la pierre; Reiffenberg l'a repoussé à droite pour épargner de la place.

On trouve ici l'habituelle confusion *e/i* dans les mots *principales* pour *principalis* (*Intr.,* § 49) et *nouembris* pour *nouembres* (*Intr.,* § 50). *Eius* et *suis,* quoique superflus, sont employés à bon escient (*Intr.,* § 86). *Calendas* est écrit avec un C, contrairement à l'usage le plus répandu (*Intr.,* § 71).

L. 1 : la formule *hic iacet in pace* est banale à Trèves (*Intr.,* § 38). Le nom *Apronius* apparaît aussi au n° 116.

Le *principalis* est un personnage considérable de la cité : à l'intérieur de chaque conseil municipal, quelques décurions — généralement une dizaine —, cooptés ou élus parmi ceux qui ont revêtu toutes les magistratures municipales, constituent le groupe des *principales,* qui semblent avoir eu le contrôle de fait de l'administration locale si l'on en juge par les dispositions du code théodosien tendant à les empêcher d'usurper les pouvoirs de la curie et de pressurer les citoyens moins favorisés (A. H. M. Jones, *Later Roman Empire,* Oxford, 1964, p. 731; les sources sont citées au t. III, p. 230, n. 41-42). L'épigraphie chrétienne nous fait connaître quelques autres *principales* (Diehl 369-372). On constate avec étonnement que les curies continuent à se réunir longtemps après la chute de l'empire romain, notamment dans la Gaule mérovingienne (K. Zeumer, *M. G. H., Legum sectio V, formulae, pars prior,* p. 4, 28, 97, 136, 161, 170, 176, 202, 209). Dans la plupart des cas, on ne sait pas si l'institution des *principales* a, elle aussi, survécu; cependant, ils sont explicitement mentionnés en Anjou en 514-515 et en Touraine vers le milieu du VIIIe siècle (*ibid.,* p. 4 et 136).

L. 2 : sur la formule *plus minus,* voir *Intr.,* § 39.

L. 3 : *Auentinus/a* est un *cognomen* qui évoque l'une des fameuses collines de Rome. I. Kajanto (*Latin Cognomina,* p. 183) en a relevé 43 exemples, dont 4 chrétiens. Il n'est pas rare de voir plusieurs personnes s'associer pour dédier une tombe (par exemple, n°s 21, 47, 63) mais, dans ce cas, les dédicants sont toujours reliés par *et;* la formule *cum filiis suis* n'a pas de parallèle à Trèves.

Il est rare que le jour de la mort soit mentionné sur les épitaphes trévires (*Intr.,* § 41). Par ailleurs, le mot *pausat* qui, comme le remarque Le Blant, est un terme de la langue archaïque qui s'est maintenu dans la langue populaire (*Intr.,* § 93), se trouve un certain nombre de fois à Trèves (*Intr.,* § 38) mais seul le n° 142 A offre *pausauit* avec une date. *Pausauit* et même *pausat* immédiatement suivis d'une date apparaissent ailleurs (Diehl 3238-3243 et Le Blant 667 en 449 à Lyon).

La formule *plus minus* apparaît en 486/7 sur les inscriptions datées de Gaule, sans doute un peu plus tôt à Trèves (*Intr.,* § 39). Le symbole du vase n'est pas antérieur à 400 (*Intr.,* § 44). L'indication de la date précédée de *pausat* se trouve surtout au Ve siècle (cf. l'inscription de 449 citée ci-dessus). On peut donc penser que l'épitaphe du *principalis* Apronius fut rédigée vers la deuxième moitié du Ve siècle, sans qu'une date encore plus tardive soit totalement exclue.

I, 105

Trèves, nécropole de Saint-Paulin - Saint-Maximin. Trouvée, semble-t-il, vers 1607, dans les mêmes conditions que les n°ˢ 118, 120 et 180 (*Intr.*, § 11). Conservée à l'origine au collège des Jésuites (Brower 1626 et 1670 : *in Collegio Societatis Jesu visuntur*). Aujourd'hui perdue.

K. BROWER, *Annal. Trevir.* (1670) I, p. 60 (cette inscription absente du manuscrit original, apparaît dans l'édition de 1626).
   (A. WILTHEIM, *Luciliburgensia*, p. 141, fig. 52; *Annales D. Maximini* [ms. *Stadtbibliothek Trier* 4°
      1621/99, I, p. 203]; [KRAUS 134];
   LE BLANT 231 [DACL XV, 2, s. u. *Trèves*, col. 2740, n° 12];
   CIL XIII, 3801 [RIESE 4272; DIEHL 3584].)
J. BERTHOLET, *Histoire du Luxembourg*, VI (1743), p. 297.

HIC QVIESCET ARCADIOLA
QVE VIXIT *ANN. DI.MEN. XXXIIII.
SVIVRSVIVS · ET
MAVRVS ET HETLEA
TETVLVM POSVE-
RVNT IN PACE.

(*Annal. Trevir.*, p. 60)

Hic quiescet Arcadiola
que uixit ann(os)⟨pl⟩(us) men(us) XXXIIII;
sui Vrsu⟨l⟩us et
4 Maurus et Hetlea
tetulum posue-
runt; in pace!
colombe   croix monogr.   colombe
(invisibles sur la photo)

Ici repose Arcadiola, qui a vécu 34 ans environ; les siens, Vrsulus, Maurus et Hetlea, ont posé cette épitaphe; en paix !

   Descripsit Browerus, dit Wiltheim à propos de cette inscription; celui-ci (ou, plus exactement, son éditeur de 1626) est donc notre seule source, avec peut-être le médiocre Bertholet (*Intr.*, § 154). Wiltheim s'émerveille du soin avec lequel son prédécesseur a respecté les fautes de l'original : *descripsit Browerus pari religione, quâ in superiori* (notre n° 180) *expressis barbarismis.* Songeant à ce que devient l'inscription d'Vrsatius entre ses mains (*Intr.*, § 149 et n° 165), nous soupçonnerions plutôt le continuateur de Brower d'en avoir rajouté quelques-unes. C'est pourquoi il ne faut pas hésiter à le corriger, l. 2, en admettant, avec CIL, Diehl et Ferrua (*Akten*, p. 303), qu'il faut lire PL au lieu de DI : comme il arrive parfois (cf. n°ˢ 75, 154, 157), certains L devaient avoir la forme d'un I (cf., l. 3, VRSVIVS pour VRSVLVS); la confusion de P et de D est moins excusable, car ces lettres ne se ressemblent guère; le premier éditeur ne devait pas connaître l'expression *plus minus* et il a songé, comme il le signale en note, à *annum diebus minus 34,* explication reprise par Wiltheim et Le Blant. Mais jamais *minus* ne s'intercale ainsi entre *dies* et le nombre de jours. J'irai jusqu'à dire que le N lui-même de *men(us)* me semble suspect, car *men.* est une abréviation normale de *menses,* mais non de *minus;* peut-être l'éditeur a-t-il mis une lettre de plus que sur la pierre par inadvertance : le même processus d'inattention a fait rajouter encore un S à Bertholet.

   Voici les autres leçons de ce texte, qui me semblent pouvoir être négligées :
   — l. 2 : Bertholet, *mens.*
   — l. 3 : Bertholet, *et Maurus/*
   — l. 4 : Wiltheim, *Ann. Maximini* (ms. de Trèves), *posuerunt/*
   — l. 5 : Bertholet, *tetelum posuerunt in pace.*
   Peut-être les points des l. 2 et 3 figuraient-ils sur l'original (sauf celui qui termine la l. 2).

   Les vulgarismes qui apparaissent ici sont largement attestés par ailleurs à Trèves : *quiescet* et *menus* pour *quiescit* et *minus* (*Intr.*, § 49), *que* pour *quae* (*Intr.*, § 57), *tetulum* pour *titulum* (*Intr.*, § 49).

(fac-simile des *Frühchristliche Zeugnisse*)

Qui ne croirait qu'il est impossible que le ciel soit refusé aux mérites éminents et que le serviteur attende longtemps, lui, le bienheureux ? Par la tribulation de la mort, le Seigneur recouvra son serviteur; il enleva Auspicius aux terres pour le mêler aux astres. ... connais ... oui, la foi et le fruit premier ... vivants dans la mort et tu ne pourras connaître aucune (autre) tribulation. Il a vécu 29 ans.

L'écriture, particulièrement soignée ainsi que la gravure, occupe une place à part dans l'épigraphie chrétienne de Trèves par les L et les F qui dépassent le haut de la ligne; les F ont en outre trois barres, comme aux n⁰ˢ 154, 192, 204, 215 et 225; mais, alors que la plupart de ceux-ci se distinguent du E par l'inclinaison de la barre supérieure, les F de cette pierre s'en distinguent par leur hauteur et la prolongation vers la gauche, au delà de la haste, de la barre supérieure. Une autre originalité consiste dans la petite base empattée qui se trouve au bas et à droite de la haste du P (le fragment n⁰ 91, certaines lettres du n⁰ 140 et un P du n⁰ 154 présentaient, semble-t-il, la même particularité). Dans l'ensemble, les lettres sont hautes, régulières, assez étroites. Le G est tracé de deux traits comme aux n⁰ˢ 138 et 230. Les C sont très ouverts, les A n'ont pas de traverse, les hastes des M sont obliques.

Cette inscription a été fortement restaurée par le *Bischöfliches Museum* qui l'a en même temps complétée conformément aux restitutions proposées par le Dr. Kempf; beaucoup de lettres avaient partiellement disparu tout en restant identifiables. Au début de la l. 5, une lettre a disparu; pour la seconde, on peut hésiter entre C et G; puis on a la partie supérieure de NO, un petit fragment de la courbe du S; ensuite, plusieurs lettres manquent et le début du fragment suivant porte la deuxième moitié d'un M ou un A. A la ligne suivante, on distingue la moitié supérieure de la haste droite du premier V de *uiuis* et cela suffit pour identifier à coup sûr cette lettre notée par Kempf comme une restitution. Par contre, à la l. 7, celui-ci a identifié comme un A la lettre avant le E qui précède *poteris*, alors que le petit trait oblique qui subsiste peut aussi avoir appartenu à un R ou un M. A la fin de la l. 8, il n'a pas reconnu l'*episemon*, qu'il a lu PS (et interprété : XX *p(lu)s III*). Il est vrai que celui-ci n'a pas tout à fait le *ductus* normal, qui apparaît au n⁰ 141; il est tracé d'un trait, ressemblant ainsi à une espèce de S (cf. n⁰ 178), et la courbe inférieure est fermée par une haste; on pourrait se demander si cette haste ajoute une unité à l'*episemon* si l'on n'atteignait alors, avec les trois autres hastes qui suivent, le total de 10. Malgré sa haste supplémentaire, l'*episemon* sert donc ici à noter, comme d'habitude, le chiffre 6; le lapicide aura simplement voulu expliciter le I qui n'apparaissait plus dans son tracé trop cursif.

Le motif est une des innombrables variantes du thème du chrisme entre deux colombes affrontées (*Intr.*, § 43). Les colombes sont stylisées avec élégance. Les lettres *alpha* et *omega* s'inscrivent dans les quartiers inférieurs délimités par la croix monogrammatique dont le P a nettement la forme d'un R (cf. n⁰ 18). Le monogramme est entouré d'une couronne qui ne se réduit pas ici, comme c'est le plus souvent le cas, à un simple cercle mais qui a une certaine épaisseur. Les rubans qui la maintiennent fermée sont représentés par deux traits à peine arqués.

Cette longue épitaphe est rédigée en hexamètres qui, dans leurs parties conservées, sont tous corrects. Chaque ligne de la pierre correspond à un vers, comme au n⁰ 194, ce qui est loin d'être la règle. La langue est aussi d'une correction digne de remarque puisqu'il n'y a qu'un « vulgarisme », la chute du P d'*exemptum*, l. 4 (*Intr.*, § 78). L'auteur a préféré, conformément aux préceptes des grammairiens de l'époque tardive, utiliser la forme non assimilée *inmiscuit,* à la même ligne (*Intr.,* § 80).

L. 1-2 : les deux négations *non posse* et *negari* équivalent à une affirmation renforcée; le doute exprimé par le verbe *dubitare* est contredit par le subjonctif impliquant un doute en sens inverse : « quelqu'un peut-il avoir un doute là-dessus ? ». Ces jeux subtils, bien dans le goût de l'époque, finissent par obscurcir une pensée pourtant élémentaire : le ciel ne sera pas refusé aux personnes d'éminents mérites. La substitution de l'abstrait *meritum* à son support concret, celui qui a acquis ces mérites, est encore une élégance recommandée par la rhétorique. On trouve une formule comparable à l'idée exprimée ici sur une inscription romaine datée de 447 (Diehl 3419 = *ICVR I,* 737) : *cuius animam ... nemo dubitat caelum pe[tiisse].* Le mot *negari* n'est pas courant en épigraphie chrétienne, sauf dans les inscriptions damasiennes (Ferrua 18, 21, 40).

L'infinitive de la l. 2 doit être entendue : *quis dubitet famulum diu non posse sperare beat...* Ferrua pense que les lettres S et V ont été inversées par erreur et lit : *famulumque d(e)i s(u)p[era]re beat[um].* Si le sens devient simple, la qualité de la pierre me paraît exclure cette faute. *Sp[era]re,* restitué par Kempf, paraît le seul mot compatible à la fois avec l'espace disponible, le sens général et les exigences de la métrique. Par contre, on peut hésiter sur la désinence à restituer à la fin du vers. Kempf note *beat[os]* et glose : « la société des bienheureux »; la construction *sperare beatos* est inattendue et je n'ai pas trouvé de tour comparable dans les exemples cités par le *Thesaurus,* s. u. *beatus.* Malgré le rapprochement que suggère une expression de Paulin de Nole (*Ep.* 13, 7), *ad pacis aeterna beata* (mais l'adjectif substantivé est peut-être *aeterna* plutôt que *beata*), restituer un neutre, *beata,* désignant les joies du ciel, ne paraît pas la meilleure solution; il semble préférable de songer à un accusatif masculin, *beatum,* disjoint du mot *famulum* qu'il qualifie et ayant de ce fait valeur d'attribut : l'auteur estime inconcevable que le bon serviteur attende longtemps le ciel, lui qui est appelé à être bienheureux.

Ces deux lignes sont-elles un témoignage de l'aptitude étonnante des poètes tardifs à écrire pour ne rien dire ou doit-on y chercher quelque profondeur cachée, c'est-à-dire une allusion à des controverses portant sur le sort de l'âme après la mort ? Notre auteur prendrait alors parti pour le passage immédiat de l'âme du juste au ciel (*caelum*), sans séjour préalable dans le sein d'Abraham jusqu'au jugement dernier (voir commentaire au n° 238).

L. 3 : per mortis casum est une redondance — qui paraît d'ailleurs peu attestée — puisque *casus* à lui seul suffit, en particulier dans les inscriptions métriques, à désigner la mort par euphémisme. J'ai traduit ce mot par « tribulation », qui est incontestablement trop fort, pour maintenir le jeu de mots avec la l. 7. *Reparauit* est un mot original que l'on ne trouve guère dans l'épigraphie chrétienne. *Alumnus,* qui désigne proprement l'enfant élevé par d'autres que ses parents, est ici l'exact synonyme du *famulus* de la l. 2 car les enfants ainsi recueillis étaient le plus souvent élevés en vue d'en faire des esclaves (voir n° 12). Le mot est souvent employé, comme ici, au figuré : « disciple, serviteur »; par exemple, on relève, dans la catacombe des saints Pierre et Marcellin, *Sancte Petre, Marcelline, suscipite uestrum alumnum* (Diehl 2138 B = *ICVR, n. s.* (I) 947) et, dans une lettre de Salvien, *gaude ergo, alumna Christi* (*Ep.* 5 = *M. G. H., A. A.* I, 1, p. 114, l. 31; citée par Le Blant 57, p. 126, note).

L. 4 : on trouve très souvent exprimée, en épigraphie chrétienne, l'idée que le corps est allé à la terre tandis que l'âme est montée vers le ciel ou vers les astres (C. Caesar, *Observationes ad aetatem titulorum latin. christian. definiendam spectantes,* Bonn, 1896, p. 42-43). La formulation que l'on trouve ici introduit deux nuances importantes dans cette notion banale : d'une part Auspicius tout entier a été arraché à la terre et d'autre part l'opération est explicitement rattachée à Dieu, ce qui christianise cette conception empruntée au paganisme tardif.

Le *cognomen Auspicius* est dérivé d'*auspex*. On devait le considérer comme un nom de bon augure : « né sous des auspices favorables ». Ce nom qui, à Trèves, apparaît une deuxième fois au n° 215 est peu attesté par ailleurs : I. Kajanto (*Latin Cognomina*, p. 318) cite CIL VIII, 16 406, XIII, 2191 (Lyon), *Inscr. lat. d'Afr.* 101 et aussi Salvien, *Ep.* 4, 1 pour une *Auspiciola*. Le fait que le nom du défunt n'apparaît qu'à la quatrième ligne, après les nobles généralités des l. 1 et 2, est une coquetterie supplémentaire.

L. 5-6 : il est bien dommage que nous n'ayons pas en entier ces lignes qui semble avoir exprimé une pensée originale, chose rare dans la poésie métrique. Kempf complète : [*A*]*gnos*[*ce uia*]*m, nempe fidem, fructumque priorem /*[*Exsoluit f*]*ides* [*u*]*iuis in morte*, et il traduit ainsi : *Erkenne den Weg* (*zum Himmel*), *nämlich den Glauben; den ersten Lohn zahlt der Glaube den Lebenden beim Sterben*. La restitution *uiam* a l'inconvénient majeur d'isoler une brève entre deux longues, au mépris des règles de la métrique si bien observées par ailleurs. Il faut restituer dans la cassure exactement un pied, soit deux syllabes longues si c'est bien un M qui précède le N de *nempe*. Comme une seule lettre a disparu au début de la ligne, il s'agit sûrement du verbe *agnoscere;* plutôt qu'*agnosce*, il peut y avoir eu *agnoscis*, comme plus loin *poteris* (l. 7), ou bien *agnoscens* ou même [*a*]*gnos*[*centia*]*m*, avec synérèse, car ce mot est attesté chez Priscillien (*Tract.* 11, 142). Après *agnoscis* ou *agnoscens,* on peut compléter la restitution par *iam. Nempe* est un mot élégant et vague introduisant une affirmation ou une explication. Si l'on veut que *nempe fidem* explicite le mot précédent — mais je crois que ce n'est pas indispensable car *nempe* est souvent une simple cheville —, on ne peut guère songer qu'à *spem,* employé de façon métonymique : « tu connais (maintenant) l'objet de ton espérance, qui est naturellement aussi (*nempe*) celui de ta foi ». Que désigne donc *fructus prior ?* S'agit-il du fruit qui est premier en importance ou du fruit (de ses labeurs) antérieur (à la mort) ? Ferrua comprend : *agnos*[*cis ia*]*m nempe fidem fructumque priorem ?*

Au début du vers suivant, Kempf restitue [*exsoluit f*]*ides,* nouvelle entorse à la versification car la première syllabe de *fides* est brève et il faudrait une longue pour compléter le deuxième pied. Si le mot se terminant par *-ides* est *fides* ou *uides,* le deuxième pied est un dactyle et il lui faut trois syllabes. Ferrua propose la restitution suivante : [*si tibi namq*(*ue*) *f*]*ides*. La finale du mot suivant, *uiuis,* est longue : sauf erreur du versificateur, il ne s'agit donc pas, comme on serait tenté de le penser à première vue, du présent du verbe *uiuere :* « tu vis dans la mort »; ou bien *uiuis* est mis pour *uiues* (hypothèse Ferrua), ou bien on a ici le datif ou l'ablatif de *uiuus*. J'ai cherché en vain dans les *carmina* funéraires un parallèle susceptible de m'éclairer sur l'idée exprimée ici : elle devait donc être relativement originale. Le poète disait-il en substance qu'Auspicius jouissait désormais de la connaissance qui se substituait à la foi et qu'il voyait dans la mort le fruit des bonnes œuvres accomplies pendant sa vie ? Ou bien, dans la perspective de la restitution proposée par Ferrua, l'auteur s'adressait-il au lecteur pour l'engager à suivre la voie montrée par Auspicius ?

L. 6-7 : l'expression *per mortis casum* de la l. 3 est reprise en deux fois : *morte* à la l. 6 et *casum* à la l. 7. De même, le *cognoscere* de la l. 7 répond à l'*agnoscere* de la l. 5. *Vllum* se rapporte vraisemblablement à *casum*. Le sens de cette dernière ligne est facile à deviner : après la mort corporelle qui donne accès à la vraie vie, Auspicius (ou éventuellement son imitateur) n'a plus rien à craindre. Au début de la ligne, Kempf restitue sans preuves : [*recta in*] *u*[*ia uit*]*ae,* et Ferrua : [*defunct*]*u*[*s uit*]*ae.*

Cette épitaphe est remarquable à tous points de vue. D'après Kempf, on l'a trouvée à un endroit où l'on croyait enterré l'un des trois évêques Bonosus, Leontius et Aprunculus. On est en droit de penser qu'Auspicius n'était pas le premier venu pour être enseveli là et avoir eu droit à un *titulus* pareil; mais rien dans le texte ne donne la moindre indication sur le rang

élevé qu'il devait occuper dans la hiérarchie sociale. Ceci, joint à des considérations plus authen-
tiquement religieuses que dans la plupart des œuvres de ce genre (le ciel promis aux mérites, Dieu
rappelant son serviteur, ce que l'on entrevoit des l. 5-6), donne du prix aux jeux subtils d'un
versificateur maître de son art (*non posse negari, famulum-alumnum, mortis casum - morte, casum,
terris-astris, agnosc...-cognoscere, uiuis in morte*). On aimerait savoir quand fut composé ce que
l'on peut considérer comme la plus belle réussite de la poésie funéraire chrétienne à Trèves.
Elle ne saurait être antérieure à 430 à cause du monogramme latinisé (*Intr.*, § 43), ni postérieure
au VIᵉ siècle à cause de l'écriture et de la versification correcte. Je la situerai plus volontiers dans
la deuxième moitié du Vᵉ siècle (cf. n° 19) qu'au VIᵉ.

I, 107

Trèves, nécropole de Saint-Paulin - Saint-Maximin. Trouvée en 1878, au cours des travaux
de restauration de l'église Saint-Paulin, dans le sol de la place devant l'église. Conservée au
Bischöfliches Museum.

F.X. KRAUS, *Bonn. Jahrb.* 68, 1880, p. 49, n° 1 (LE BLANT, *N.R.* 35 [DACL XV, 2, s. u. *Trèves*, col. 2756,
     n° 92].)
KRAUS 188.
F. HETTNER, *Röm. Steindenkmäler*, n° 383.
CIL XIII, 3680 (RIESE 1828; DIEHL 437).
GOSE 411.
Th. K. KEMPF, *Frühchristl. Zeugnisse*, p. 201, n° 18.
Révisée par N. Gauthier en 1967.

Plaque de marbre blanc en 4 fragments, mutilée à gauche; h. 14; l. 24; ép. 2,1; lettres : 1,2-1,4 cm.

[Hic q]uiescit in pace Babbo qui
[uix]it annus VII et me(nses) VII et dies
[...; ?G]erontius trebunus
4   [...] suo tetolum posuit.
    colonne et draperie   palme   croix

(Gose 691)

*Ici repose en paix Babbo qui a vécu 7 ans, 7 mois et ... jours; le tribun Gerontius (?) a posé cette
épitaphe à son ...*

Les restitutions sûres des l. 1 et 2 montrent qu'il ne manque que trois ou quatre lettres au niveau des 3 premières lignes. Les lettres sont guidées par une double réglure; cependant, leur hauteur est très variable. Les O, bien ronds, sont toujours sensiblement plus petits que les autres lettres. Le linteau des T est particulièrement développé. Les C sont très ouverts, les A ont une traverse brisée, le Q est tracé en deux traits, comme souvent à Trèves, la base du L a été restaurée. Les ligatures sont particulièrement nombreuses : NP (l. 1), NN, ET, ME, ET (l. 2), ET et MP (l. 4). L'abréviation *me(nses)* est surmontée d'un tilde ondulé. A la l. 1, la haste de gauche du V initial coïncide avec la cassure; il en est de même du I qui commence la l. 2. Au début de la l. 3, on aperçoit dans la cassure un petit trait à mi-hauteur de la ligne qui pourrait correspondre à la barre d'un G. La l. 4 est très mutilée : la moitié supérieure des lettres SVO est conservée; à gauche du S ne subsiste aucune trace de lettre, ce qui donne à penser que la lettre qui précédait immédiatement le S était plus petite, donc O. Encore plus à gauche, *uestigia litterarum incerta,* comme dit Zangemeister.

Cette pierre est intéressante par sa décoration, qui n'est pas très courante à Trèves. Il est facile de restituer la partie manquante par simple symétrie. Le motif central était un petit édicule représenté par deux colonnes surmontées d'un arc brisé ou en plein cintre dont on aperçoit l'extrémité droite; l'ouverture était garnie de rideaux formant au niveau du milieu de la colonne un nœud caractéristique de ce type de figuration. Une arcature apparaît sur l'épitaphe de Sarracina (n° 154) mais les parallèles les plus proches sont le n° 222, où apparaît aussi une croix latine, et surtout les fragments anépigraphes Gose 688, 690, 691 et 693, tous quatre issus de la nécropole Saint-Paulin - Saint-Maximin. Les rideaux apparaissent sur les nos 688 et 693 du recueil de Gose; au n° 691 du même recueil se trouve une croix latine identique à celle qui est dessinée ici (et cf. Gose 706); Gose 690 et 693 portent des étoiles (on en trouve aussi sur notre n° 148); ici, l'étoile surmonte la colonne. Entre l'édicule et la croix, une palme, motif que l'on trouve aussi aux nos 62, 166 et 178. Le regard un peu rapide de Kraus, Hettner et Zangemeister a pris la colonne et le reste de draperie pour un arbre.

Le texte comporte un certain nombre de vulgarismes, tous très communs à Trèves : *annus* pour *annos* (*Intr.,* § 52), *trebunus* pour *tribunus* (*Intr.,* § 49), *tetolum* pour *titulum* (*Intr.,* § 49 et 51).

L. 1 : la formule initiale est particulièrement banale à Trèves (*Intr.,* § 38). L'origine du nom *Babbo* n'est pas très claire. Le *Thesaurus* (s. u. *Babbo*) le considère comme « peut-être germanique »; E. Ewig, *Trier im Merowingerreich,* p. 70, n. 39, semble plus affirmatif. M. Th. Morlet (*Noms de personne,* I, p. 49) estime : « Les noms formés avec la racine *bab-* sont des noms enfantins créés par redoublement. Des exemples de cette onomatopée sont attestés dans un certain nombre de langues européennes ». Toujours est-il que ce nom paraît s'être répandu surtout à partir du VIIe siècle (*ibid.*). Un évêque d'Autun signe à un concile de 627 sous le nom de *Babo* qui apparaît plusieurs fois dans les listes des *Libri Confrat. S. Galli, etc.* Je le rapprocherais volontiers du nom *Abbo* (voir n° 1), qui se répand à la même époque.

L. 2 : l'âge à Trèves est assez souvent donné au jour près (*Intr.,* § 39).

L. 3 : le nom ne peut guère être que *Gerontius,* nom d'origine grecque beaucoup plus répandu que *Geronius,* qui apparaît au n° 24. Le premier exemple daté de *Gerontios* que Kajanto ait trouvé (*Onomastic Studies,* p. 26, n. 1) remonte à 316. Il s'est largement répandu en Occident (voir, par ex., l'index de Diehl). Il est inutile de restituer avec Le Blant et Kempf la mention abrégée d'un gentilice, si exceptionnelle dans notre matériel (*Intr.,* § 101), car le nombre de jours peut avoir occupé toute la place disponible (XVIII, par ex.).

Le titre de tribun, très répandu au Bas-Empire (voir n° 130), a survécu, comme tant d'autres, à la domination romaine (cf. n° 177). L'épigraphie chrétienne de Trèves nous fait connaître deux personnages *ex tribunis* (n°s 68 et 130).

L. 4 : Kraus, ayant cru reconnaître le linteau d'un T dans la cassure, restitue, sûrement à tort : [*uo*]*t*[*o*] *suo.* Kempf, ayant cru, pour sa part, identifier un N, complète : [*alum*]*no suo.* La restitution proposée par Le Blant, Hettner, Diehl et Gose, [*fili*]*o suo,* a le mérite d'être banale, même si elle est un peu courte (*Intr.,* § 40).

E. Ewig (*op. cit.,* p. 70, n. 39) considère cette épitaphe comme « vraisemblablement d'époque romaine ». Kraus la classe parmi les productions du Ve siècle d'après la paléographie, la fréquence des ligatures, la croix (*Bonn. Jahrb.*). Le Blant note que « la même arcade est figurée au revers des monnaies de Constantin le Grand et de Julien l'Apostat ». Les raisons invoquées par Kraus en faveur du vᵉ siècle, en particulier le dessin de la croix, avec les hachures qui la garnissent, et aussi le nom *Babbo,* tardivement attesté, me feraient plutôt pencher pour le vıᵉ ou le vııᵉ siècle. Une croix pattée comparable à celle-ci apparaît sur un fragment d'épitaphe postérieur à 496 à Aoste (Isère. Le Blant 391). On sait que le formulaire est resté remarquablement stable à Trèves (cf. n° 154)

I, 108

Trèves, nécropole de Saint-Paulin - Saint-Maximin. Trouvée en 1824 dans le cimetière de Saint-Paulin (*Intr.,* § 9). Conservée au *Rheinisches Landesmuseum.*

M. J. F. MUELLER, *Trierische Chronik* 9, 1824, p. 173 (Ph. SCHMITT, *H. Paulinus* (1853), p. 435, n° 10).
LE BLANT 236 (DACL XV, 2, s. u. *Trèves,* col. 2741, n° 17).
KRAUS 173 et *add.,* p. [8].
F. HETTNER, *Röm. Steindenkmäler,* n° 375.
CIL XIII, 3806 (RIESE 4279; DIEHL 3067).
GOSE 412.
Révisée par N. Gauthier en 1967.

Plaque de marbre blanc mutilée en haut à gauche; h. 22; l. 31; ép. 2,5; lettres : 2,5 cm env.

[Hic] iacet Barbario
[q]ui uixit mensis
VIII et dies XXIIII. in pace !
*colombe   chrisme avec   colombe
alpha et omega*

Ci-gît Barbario qui a vécu 8 mois et 24 jours; en paix !

Le texte est guidé par une double réglure, tracée aussi pour une quatrième ligne éventuelle. La paléographie se caractérise par la juxtaposition de lettres très étroites (par exemple, E, l. 1) et de lettres très larges (par exemple M, l. 2). L'espacement entre les lettres est également très variable. Les A ont une traverse brisée, sauf le dernier, et sont remarquables par leur sommet aplati portant un empattement plus développé à gauche qu'à droite (on a des A un peu comparables aux nᵒˢ 22 et 166). A la dernière ligne, N et P sont ligaturés. L. 2, on aperçoit la queue du Q disparu. Le motif au dessous du texte est banal (*Intr.,* § 43). La boucle du P se retourne vers l'extérieur en son extrémité. Müller a lu par erreur, l. 1, *Barbatio.*

Relevons sur cette courte inscription le vulgarisme si fréquent *mensis* pour *menses* (*Intr.,* § 50).

L. 1 : le *cognomen Barbario* est à rattacher à la série des noms forgés à partir de *barbarus*. Le suffixe *-io* est cher aux régions à peuplement celtique (*Intr.,* § 125); aussi 5 des 6 exemples de ce nom relevés par I. Kajanto (*Latin Cognomina,* p. 312-313) proviennent-ils de CIL III et CIL XIII.

L. 3 : Diehl se demande si l'on doit construire *hic iacet ... in pace.* Cela ne me semble pas nécessaire puisque le souhait *in pace* termine très souvent à Trèves les épitaphes (*Intr.,* § 40). Par contre, il est rare que la mention des dédicants y soit omise.

L'épitaphe de Barbario est remarquable par sa brièveté. Quoique ce soit en général un signe d'ancienneté, les caractéristiques paléographiques (largeur du M et forme du chrisme) me paraissent interdire de remonter au delà du Vᵉ siècle.

I, 109

Trèves, nécropole de Saint-Paulin - Saint-Maximin. Trouvée en 1901 devant l'église Saint-Paulin. Conservée au *Rheinisches Landesmuseum.*

F. HETTNER, *Illustrierter Führer durch das Provinzial-Museum in Trier* (Trèves, 1903), p. 43.
CIL XIII, 3786 (RIESE 2541; DIEHL 1244).
GOSE 413.
Révisée par N. Gauthier en 1967.

Fragment réemployé d'un pilastre de marbre blanc cannelé; l'inscription est sur la face lisse; h. 22; l. 39; ép. 5,2; lettres : 2,2-2,7 cm. La plaque était insérée dans le couvercle d'un sarcophage en grès (*Intr.,* § 3).

Hic iacet Basili-
us subdiac(onus) qui uixit
an(nos) pl(us) m(inus) L; Bonosa fi-
4 lia titulum posuit;
d(ies) d(e)p(ositionis) pr(idie) id(us) ian(uarias).
croix monogr.

Ci-gît le sous-diacre Basilius qui a vécu environ 50 ans; sa fille Bonosa a posé cette épitaphe; jour de l'inhumation : la veille des ides de janvier (12 janvier).

L'inscription est gravée avec soin d'une main élégante. Les lignes sont guidées par un double trait directeur que les lettres n'atteignent pas toujours, notamment en bas. Les mots abrégés (sauf *annos*, l. 3) et le chiffre *L* sont suivis par un point; les abréviations sont en outre marquées par un long tilde sinueux. On remarquera que l'expression *plus minus* (l. 3) est considérée comme un seul mot : un tilde, un point. Les empattements des lettres et, plus encore, de la croix monogrammatique, sont très développés. Les A ont une traverse rectiligne oblique; les C et les O sont plus petits que les autres lettres; le *ductus* des L de la l. 3 se trouve assez souvent à Trèves (par ex., n°s 126, 160, 174, 184, 195, 196, 198, 216), celui du L de *filia* est plus rare (n°s 98, 183); le F élégant de la l. 3 apparaît aussi sur les pierres n°s 126 et 216, déjà signalées. Les traverses du M se joignent à mi-hauteur de la ligne. Les lettres sont plus serrées à la fin de la l. 2, plus petites à la dernière ligne. La croix monogrammatique est un symbole courant à Trèves (*Intr.*, § 43) mais qui apparaît rarement seul (n° 100); le monogramme est constitué avec une croix latine, ce qui est peu fréquent (n°s 165, 184). Il n'y a qu'une ligature, MP à la l. 4.

La langue est parfaitement correcte, fait assez rare pour être noté, et les abréviations usuelles.

L. 1 : la formule initiale *hic iacet* est une des plus communes de Trèves (*Intr.*, § 38).

Basilius est un nom d'origine grecque largement attesté (en Gaule, Le Blant 625, 637-638). Alors que *Basilia* est un très vieux nom, le masculin *Basilius* ne fut créé qu'au IIIe siècle ap. J. C. (I. Kajanto, *Onomastic Studies*, p. 74). Le nom devient très répandu en Occident à partir du IVe et surtout du Ve siècle (*Thes.*, s. u., col. 1771-72).

L. 2 : on a trouvé une autre épitaphe de sous-diacre à Saint-Paulin (n° 170).

L. 3 : sur la formule *plus minus*, voir *Intr.*, § 39. On peut penser que l'âge a été en effet arrondi à 50 ans.

Sur le nom *Bonosus/a*, voir n° 110.

L. 5 : la formule *dies depositionis* suivie d'une date apparaît aussi au n° 127. Il est assez rare que le jour de l'inhumation soit indiqué à Trèves (*Intr.*, § 41).

La date finale est la seule originalité de cette épitaphe banale. Cette indication et surtout la croix latine du monogramme interdisent de remonter au delà de la deuxième moitié du Ve siècle.

I, 110

Trèves, nécropole de Saint-Paulin - Saint-Maximin. Trouvée à St-Maximin en 1607 (Wiltheim, *Annal. Maximini;* voir *Intr.,* § 11). Perdue depuis la fin du XVIIe siècle.

A. WILTHEIM, *Luciliburgensia,* p. 140; *Annales D. Maximini* (ms. *Stadtbibliothek Trier* 4° 1621/99, I, p. 196).
(LE BLANT 237 [DACL XV, 2, s. u. *Trèves,* col. 2741, n° 18];
KRAUS 144;
CIL XIII, 3807 [RIESE 4280; DIEHL 3584 A *adn.*].)

(Wiltheim, ms. Lux. I, p. 261)

Hic iacet Bonosus qui uixit
an(nos) ..., menses VI, dies XIII; titulum posuit ...
4   in pace !

Ci-gît Bonosus qui a vécu ... ans, 6 mois, 13 jours; ... a posé cette épitaphe; en paix !

Wiltheim précise qu'il donne cette inscription *ex schedis Pauli Botbachii,* ce moine de Saint-Maximin qui est sans doute à l'origine de la trouvaille (*Intr.,* § 11) : c'est une bonne référence. Kraus a trouvé la leçon *mens(es),* l. 2, dans le manuscrit des *Annales D. Maximini* qu'il a consulté; il mentionne aussi au dessous de l'inscription un chrisme avec l'*alpha* et l'*omega*. Aucun des manuscrits de Wiltheim que j'ai consultés, tant à Trèves qu'au Luxembourg, ne comportait ces variantes, qui ne sont pas non plus signalées par Le Blant ni le CIL. Les points qui séparent les mots ont sans doute été ajoutés par Wiltheim, selon son habitude. La seule particularité paléographique qu'il ait notée est le N inversé de la l. 2 (un N de ce type apparaît au n° 5). Il ne dit pas si la pierre était mutilée ou l'inscription effacée par endroits.

L. 1 : *Bonosus* apparaît aussi, au féminin, au n° 109 et a été porté par l'évêque de Trèves qui a succédé à saint Paulin (IVe s.; Duchesne, *Fastes épiscopaux,* III, p. 35). Ces noms en -*osus/a* sont tardifs et d'origine africaine (I. Kajanto, *Latin Cognomina,* p. 122); à l'époque chrétienne, leur usage se répandit partout, et notamment en Gaule. Kajanto (*op. cit.,* p. 275) a relevé, surtout à Rome, 23 chrétiens portant le *cognomen Bonosus/a.*

L. 3 : il manque le nom de la personne qui a fait faire la tombe et, sans doute, l'indication du lien de parenté qui l'unissait au défunt (*Intr.,* § 40).

Cette inscription est le type même de l'épitaphe banale comme on en a fait pendant des siècles à Trèves.

I, 111

Trèves, nécropole de Saint-Paulin - Saint-Maximin. Trouvée en 1949 dans la *Stiftstrasse*, au nord-ouest de la place qui se trouve devant l'église Saint-Paulin. Le *titulus* était réemployé comme couvercle d'un sarcophage d'enfant (trouvé sans squelette), la face inscrite tournée vers l'intérieur. Conservée au *Rheinisches Landesmuseum*.

GOSE 414.
E. GOSE, *Trier. Zeitschr.* 24/26, 1956/1958, p. 484-485.
E. FOERSTER, *Frühchristl. Zeugnisse,* p. 39-40, nᵒ 31.
Révisée par N. Gauthier en 1967.

Plaque de marbre blanc; h. 23; l. 50; ép. 4,5-5,5; lettres : 2,2-3,2 cm.

```
    Hic iacet Caiia in pac(e) qua
    uixit ann(os) XXXVIII, mens(em) I, di-
    es XV; Rusticius titulum
4   coni-    2 colombes becquetant    -ugi dul-
    cissim-      une grappe de       -e posui-
                    raisin            -t.
```

Ci-gît en paix Caiia qui a vécu 38 ans, 1 mois, 15 jours; Rusticius a posé cette épitaphe à son épouse très douce.

Les dimensions de la pierre et des caractères sont sensiblement supérieures à la moyenne. Le texte a été gravé avec soin; cependant, les lettres sont de hauteur et surtout de largeur très inégales. Les E sont particulièrement étroits, les M à hastes obliques particulièrement larges. La traverse des A est brisée, la panse du P, largement ouverte l. 1, est fermée à la l. 5; une influence cursive est sensible dans le X de *uixit* (l. 2), le R de la l. 3, les S de la même ligne, le G de la l. 4. Le Q de la l. 1 a une queue peu visible sur la photo.

Le D, semi-circulaire l. 2, tend, l. 4, vers une forme triangulaire (le bas de la panse est moins profondément incisé mais la pierre porte indiscutablement un D et non un P comme le note Gose). Le O de la l. 4 est ovoïde. Il n'y a pas de ligature. Le point après *hic,* l. 1, est accidentel. A la fin de la l. 5, le lapicide a manqué de place et a gravé le T au-dessous. Au milieu des dernières lignes du texte s'insère une décoration sur le joli thème des colombes becquetant une grappe de raisin (cf. nᵒˢ 20 et 183); c'est la seule fois à Trèves que la grappe occupe le centre de la pierre, habituellement réservé au monogramme du Christ ou à un vase. Les colombes sont dessinées dans un style linéaire sans grâce, assez courant dans notre matériel.

Les abréviations d'*annos* et *mensem* sont classiques. Plus intéressante est l'abréviation de *pace* qui ne s'était pas encore trouvée dans la région alors qu'elle est largement attestée à Rome (Diehl 808 A *adn. b*, 2282, 1948 *bc*, 2546, 2610 A, 2807 A *adn.*, 2941 A *b*, 3095 A, 3210 A, 3778 *a*, 3902 C, 4274 B) et en Afrique (Diehl 233, 335 *adn.*, 1246 A, 1381, 1395 A, 2461, 3262 A *adn.*); cependant, on ne peut exclure l'hypothèse que le lapicide trévire ait simplement oublié une lettre. Le vulgarisme *qua* pour *quae* (l. 1) apparaît aussi aux nᵒˢ 117 et sans doute 154 (*Intr.*, § 85). La forme *dulcissime* pour *dulcissimae* est fréquente (*Intr.*, § 57).

Le formulaire est d'une banalité absolue (*Intr.*, § 38-40).

L. 1 : *Caiia,* pour *Caia* (*Intr.*, § 66), est un *cognomen* formé sur le *praenomen Caius.* Lorsque le *praenomen* masculin tomba en désuétude, il fut utilisé comme *cognomen;* dans le cas de *Caius,* la terminaison en *-ius* favorisa la dérivation féminine en *-ia;* cependant — souvenir de l'ancien usage comme prénom —, le masculin fut toujours plus fréquent. I. Kajanto (*Latin Cognomina,* p. 40 et 172) a relevé 17 *Caia* (dont 3 chrétiennes) contre 87 *Caius* (dont 8 chrétiens). L'interprétation d'A. Ferrua (*Akten,* p. 298) qui lit *Catia,* estimant que les deux I sont unis par un trait en haut, me paraît peu probable malgré Diehl 3997 C *adn.* et 4644 *adn.* où ce mot apparaît.

L. 3 : *Rusticius/a* est un nom rare. I. Kajanto (*Latin Cognomina,* p. 311) n'en connaît que deux autres exemples. Cependant, la dérivation en *-ius* est aussi commune (*Intr.*, § 124) que les dérivés de *Rusticus* (voir nᵒ 152).

Il est malaisé de dater une inscription aussi banale. Notons que, d'après Le Blant (*Inscr. Chrét.,* p. XXIV), le D triangulaire n'apparaît pas en Gaule avant 487 (Le Blant 474 B), mais il apparaît à Rome dès 374 (*ICVR, n.s.* (I) 1937. A. E. Gordon, *Album of Dated Inscr.* III, *plate* 156 c) et comme, ici, on peut déceler une influence romaine dans l'abréviation de *pace* et le vulgarisme *qua,* il faut fixer le *terminus post quem* dès les années 380.

I, 112

Trèves, nécropole de Saint-Paulin - Saint-Maximin. Trouvée à Saint-Paulin où elle se trouvait à côté du n° 93. Disparue, comme elle, sans doute en 1674.

W. PIRCKHEIMER, f° 313 *b*ᵛ du manuscrit Hartmann SCHEDEL, *Liber Antiquitatum cum Epigrammatibus* (*Bayerische Staatsbibliothek München*, Clm 716).
A. ORTELIVS - I. VIVIANVS, *Itinerarium per nonnullas Galliae Belgicae Partes*, Anvers. 1584, p. 60.
   (K. BROWER, *Annal. Trevir.* (1670) I, p. 63 [cette inscription, absente du manuscrit original, apparaît dans l'édition de 1626];
   A. WILTHEIM. *Luciliburgensia*, p. 114, fig. 72 [LE BLANT 267 et suppl t. II, p. 602 [[DACL XV, 2, s. u. *Trèves*, col. 2749, n° 46]]];
   CIG 9892;
   KRAUS 164 et *Nachtr.* t. II, p. 341 [RIESE 2516];
   IG XIV, 2560 [C. WESSEL, *Inscr. Grec. Vet. Occid.*, Halle, 1936, n° 46].)

'Ενθάδε κῖτε ἐν ἠρ-
ήνε Κασσιανὸς 'Α- *croix monogr. ?*
βεδσιμίου, ἀπὸ ⟨κ⟩ώ(μης)
⟨'Αδ⟩δ⟨ά⟩νων, ζήσ⟨α⟩-
[[α]]ς ⟨μι⟩κρόπλους ἔτ⟨η⟩ κβ'.
croix monogr.

(Ortelius-Vivianus)

Ici repose en paix Kassianos, fils d'Abedsimios, du village des Addaniens, ayant vécu environ 22 ans.

Chez tous les auteurs susceptibles d'avoir vu la pierre, cette inscription est présentée en même temps que celle d'Eusebia (n° 93). Par conséquent, les observations faites à propos du n° 93 valent également ici. J'ai suivi Ortelius-Vivianus qui ont vu la pierre et dont la lecture est bien meilleure que celle de Pirckheimer. Comme au n° 93, ce dernier a disposé les lignes à son gré, en marquant par un signe la coupure des lignes dans l'original. Voici les variantes que présentent les lectures de Pirckheimer, de Brower et de Wiltheim (d'après le manuscrit original, I, p. 233, la deuxième des pages portant ce numéro) :
   L. 1, Wilth.: KIT
   L. 2, Pirck.: I A̅CCIANOCC
   L. 3, Pirck.: APω; Brow.: K̅Ω̅M.
   L. 4, Pirck., Brow.: ΑΔΔANω̅N; Wilth.: ΛΛΔΛNωN.
   L. 5, Brow.: TIHK̅B; Wilth.: TIHKB.

Il semble que la gravure de la pierre ait été médiocre (Wiltheim, éd. Neyen, p. 144 : inscription *quam Ortelius et Vivianus legere ut et superiorem* [= n° 93], *non parum de litteris bene meriti, lecta scriptura perdifficili, nobisque tradita, ductibus adeo efformatis*). Les traverses devaient être fort peu visibles : Pirckheimer n'a pas distingué les barres du K de *Kassianos*, tout en respectant l'espace nécessaire avant a; Ortelius et Vivianus, eux, n'ont pas vu celles du K de la l. 3. Les variantes dans la lecture d' 'Αδδάνων s'expliquent de la même façon. En outre, le lapicide s'est trompé deux fois coup sur coup au début de la l. 5 : il a ajouté un A superflu à ζήσας et il a incisé N au lieu de MI. Enfin, la fin de la l. 2 pose un petit problème. Les auteurs de l'*Itinerarium* (suivis par Wiltheim) ont représenté un P surmontant un I dont il est séparé par un trait horizontal (Brow. : PI) : cela ressemble à une croix monogrammatique mais comment se fait-il qu'ils ne l'aient pas identifiée puisqu'ils ont reconnu celle qui se trouve au dessous du texte ? Pirckheimer n'a pas vu de lettres et il a peut-être considéré le signe comme un monogramme car il l'a omis au même titre que celui du bas.

Le texte comporte les vulgarismes habituels dus à l'iotacisme : κῖτε pour κεῖται (l. 1), ἠρήνε pour εἰρήνη (l. 1-2).

L. 1 : début habituel des épitaphes grecques des Syriens décédés en Occident (cf., à Trèves même, nᵒˢ 10, 93, 168).

L. 2 : Κασσιανός (*Cassianus*) est un nom d'origine latine largement attesté. Il apparaît sur l'épitaphe d'un autre Syrien originaire de la κώμη Ἀδδάνων (Wessel 44 = *ICVR, n.s.* (I) 868). En Orient, il fut porté notamment par un martyr vénéré à Antioche et par bien d'autres Syriens.

L. 2-3 : celui qui a inséré l'inscription dans le livre de Brower n'hésitait pas à interpréter les signes mystérieux de la fin de la l. 2 et développait : « Archiereus » ! Quelle que soit la signification qu'il faille donner à l'espèce de croix monogrammatique, il n'est pas douteux que l'on a ici la mention de la filiation, comme au nᵒ 10, et que le nom du père est Abedsimios, « serviteur de Simios », étant donné le grand nombre de noms syriens formés sur la racine *Abed-,* par exemple Ἀβιδσήμις (H. Wuthnow, *Die semitischen Menschennamen in griechischen Inschr. u. Papyri des vorderen Orients,* Leipzig, 1930, s. u.), Ἀβεδνεσούβος (CIG 9612, à Rome), Ἀβδασάμσος (H.W. Waddington, *Inscriptions grecques et latines de Syrie,* nᵒ 2569). L. Jalabert et R. Mouterde (DACL, s. u. *Inscriptions grecques chrétiennes,* col. 645, n. 8) ont attiré l'attention sur les temples de Simios, Symbetulos et Léôn, à Kafr Nabô et Qal'at Kâlôta (W. K. Prentice, *Syria, Publication of the Princeton Univ.* III B, 1170 et 1193).

L. 3-4 : sur la localisation du village dont Kassianos était originaire, voir nᵒ 93.

L. 5 : μικρόκλους est une expression hybride courante sur les épitaphes grecques des Syriens d'Occident (voir nᵒ 93).

Il est assez étonnant que, sur les quelques membres de la colonie syrienne de Trèves qui nous soient connus (*Intr.,* § 42), deux d'entre eux soient originaires du même village. Il faut supposer qu'il existait des liens particuliers, soit entre Kassianos et Eusebia (nᵒ 93), soit entre les Addaniens et Trèves (conformément à un phénomène constant : les émigrants de tel village portugais ou sénégalais vont tous dans la même ville de France ou le même quartier). De toutes façons, on peut penser que notre épitaphe n'est pas trop éloignée dans le temps de celle d'Eusebia (nᵒ 93), datée de 409.

I, 113

Trèves, nécropole de Saint-Paulin - Saint-Maximin. Trouvée en 1818 à Saint-Maximin (*Intr.*, § 11). Conservée au *Rheinisches Landesmuseum*.

K. F. QUEDNOW, *Beschreibung d. Alterthümer in Trier u. dessen Umbebungen*, II (1820), p. 176.
LE BLANT 238 (DACL XV, 2, s. u. *Trèves*, col. 2741, nº 19).
KRAUS 154 et *add.* (de HETTNER), p. [5].
F. HETTNER, *Röm. Steindenkmäler*, nº 402.
CIL XIII, 3808 (DIEHL 3988 E).
GOSE 416.
Révisée par N. Gauthier en 1967.

Partie supérieure gauche d'une plaque de marbre, en trois fragments; h. 24; l. 21; ép. 1,5; lettres : 3,5 cm.

Cesar[ius ?...]
VILIXA[...]
rameau   reste de colombe
D
4   I

Seul Quednow signale les lettres D et 1 (l. 3-4) : elles devaient être sur un fragment qui a été perdu très vite. Cependant, on aperçoit encore, semble-t-il, le haut du D au dessous de la queue de la colombe. L'existence de ces deux lettres prouve que la décoration se trouvait au milieu du texte, comme cela arrive parfois (par exemple, pour l'atelier II de Saint-Paulin - Saint-Maximin, voir *Intr.*, § 33). Sans doute, entre les colombes affrontées, se trouvait-il un chrisme ou une croix monogrammatique, comme c'est le cas généralement : on a donc perdu environ les 2/3 de la pierre en largeur. Les quelques lettres qui subsistent sont assez étroites, espacées, de hauteur régulière, gravées avec soin et élégance. La base du L est oblique, la traverse du A horizontale. Le point entre CES et AR (l. 1) est accidentel. A la fin de la l. 2 subsistent la haste gauche et l'amorce de la traverse du A.

L. 1 : l'inscription commençait par un nom propre. Tous ceux qui ont proposé une restitution, Kraus, Zangemeister, Gose, ont suggéré *Cesarius* et, en effet, parmi les *cognomina* dérivés de *Caesar* relevés par I. Kajanto (*Latin Cognomina*, p. 178), le seul qui ait été porté par des chrétiens (7 hommes, 2 femmes) est *Caesarius*. (Sur le vulgarisme *e* pour *ae*, voir *Intr.*, § 57.)

L. 2 : ces quelques lettres ont été très diversement interprétées. Kraus se demande si le L n'est pas mis pour un X (il veut dire V) : [*q*]/*ui uix*(*it*) *a*[*nnos...*]. Diehl considère que c'est le début d'un deuxième *cognomen* (cf. nᵒˢ 145 et 148); mais cette hypothèse est incompatible avec la longue restitution à faire à la l. 1. J'ai songé moi-même à y voir une déformation de *uexillarius :* confusion entre E et I et interversion de X et L par métathèse (v. Väänänen, § 137). Mais cela pose aussi le problème de la restitution de la ligne précédente; on peut songer à une précision du genre de celle qui apparaît sur une pierre de Mayence (CIL XIII, 6948) : *eq[ues / ue]xsillar(ius)*. Sur les *uexillarii,* voir A. Neumann, P.W. VIII A2, col. 2439-2442.

Le reste de décoration atteste seul aujourd'hui le caractère chrétien de ce petit fragment. Le rameau clairement identifiable pour de l'olivier est un signe d'antiquité (*Intr.,* § 38). S'il faut reconnaître à la ligne 2 l'indication de la profession — à plus forte raison si celle-ci est celle de *uexillarius* —, l'attribution au IVᵉ ou au début du Vᵉ siècle est plus probable encore.

I, 114

Trèves, nécropole de Saint-Paulin - Saint-Maximin. Trouvée en 1911 entre l'église Saint-Paulin et la maison du gardien (*Küsterhaus*). Conservée au *Rheinisches Landesmuseum.*

NESSELHAUF 41, 2.
GOSE 417.
Révisée par N. Gauthier en 1968.

Fragments constituant la partie supérieure gauche d'une plaque de marbre bleuâtre; h. 15; l. 25; ép. 2,2; lettres : 3 cm.

⟨h⟩ic quiesci[t in pace]
Comitiu̧[s qui uixit]
ann̦[os ...]

Les lignes sont guidées par une dougle réglure. Le soin dont témoigne la paléographie, qui est très proche de celle de l'atelier III de Saint-Mathias (*Intr.,* § 25), contraste avec la faute du début, où le lapicide a gravé un M au lieu d'un H. Les M à hastes droites sont particulièrement larges.

On peut compléter avec certitude cette épitaphe banale en tenant compte de la place disponible, déterminée par la restitution de la l. 2. Le texte commençait par le classique *hic quiescit in pace* (*Intr.,* § 38), puis venait le nom du défunt et son âge; il était sans doute complété aux lignes suivantes par la mention des dédicants (*Intr.,* § 40).

Le *cognomen Comitius*, dérivé de *comes* à l'aide du suffixe prolifique *-ius/ia* (*Intr.*, § 124), n'est pas attesté par ailleurs; mais I. Kajanto (*Latin Cognomina*, p. 306) signale dans les sources chrétiennes un *Comitiacos* (CIL V, 7530) et deux personnes nommées *Comitiolus* (CIL X, 1229; *Greg. M., Ep.* VIII, 19).

Ce fragment est sans âge dans sa banalité.

I, 115

Trèves, nécropole de Saint-Paulin - Saint-Maximin. Trouvée en 1818 à Saint-Maximin (*Intr.*, § 11). Conservée au *Rheinisches Landesmuseum*.

L. LERSCH, *Centralmus.*, 3 (1842), n° 58.
LE BLANT 241 (DACL XV, 2, s.u. *Trèves*, col. 2743, n° 23).
KRAUS 213 et *add.* (de HETTNER), p. [6].
F. HETTNER, *Röm. Steindenkmäler*, n° 401.
CIL XIII, 3811 (RIESE 4283; DIEHL 4179 B *adn.*).
GOSE 418.
Révisée par N. Gauthier en 1968.

Partie gauche d'une plaque de marbre blanc tirant sur le jaune; h. 25; l. 16; ép. 2,8; lettres : 1,5-2,3 cm.

Couol[dus ? ...]
in pace q[ui uixit a]-
nnus XXX[...]
4   et filia dol[entes ti]-
tulum po[suerunt]
et filius [... ?V]-
ital[...]

Cette inscription, gravée peu profondément, est très effacée, surtout les dernières lignes. Aucun A n'est barré (cf. les n°s 1, 5, 21, 106, 154, 157, 164, 170). Les L ont tous la même forme que celui de la l. 1 : cette base sinueuse tracée avec plus ou moins d'élégance est très commune à Trèves (n°s 9, 24, 26, 38, 55, 57, 58, 61, 68, 74, 87, 128, 133, 148, 157, etc.). La panse du P est très ouverte (cf. n°s 135 et 157). La queue ondulée du Q apparaît aussi aux n°s 14, 157, 186, 225. Il y a une nette parenté paléographique avec le n° 157 quoique cette dernière épitaphe soit mieux gravée. Pas de ligature. Un trait accidentel barre en oblique les l. 4 et 5. A la fin de la l. 1, Lersch et Le Blant ont pris le L pour un reste de B. A la fin de la l. 4, on distingue la haste du E de *dolentes*. Il reste assez de blanc visible au bas de la pierre pour être sûr que la l. 7 était la dernière ligne du texte mais peut-être une décoration analogue à celle du n° 157 a-t-elle disparu.

Le seul vulgarisme visible sur ce fragment est *annus* pour *annos* (*Intr.*, § 52).

L. 1 : l'épitaphe commence par le nom du défunt, comme — entre autres — celle de Suricula (n° 157). Plutôt que *Couolis/us,* suggéré par Hettner, ce nom est sans doute *Couoldeus* (CIL) ou *Couoldus,* comme au n° 132. Puis venait le verbe, *iacet* ou *pausat* vu l'espace disponible (il n'y a pas place pour le *hic* restitué par tous les auteurs).

L. 3 : un premier dédicant figurait à la fin de la ligne; on a généralement proposé, à titre d'exemple, *coniux.*

L. 4 : ce n'est pas un nom propre qu'il faut restituer (Lersch : *Dol*[*ciola*]), mais *dolentes* ou sa forme vulgaire *dolientes* (voir n° 74).

L. 6-7 : il semble qu'on ait rajouté un troisième dédicant qui avait été oublié. Une partie de son nom apparaît à la dernière ligne; peut-être était-ce, comme on le propose depuis Lersch, [*V*]/*ital*[*is*] ou un de ses dérivés (voir n° 70); dans ce cas, il y a place avant le V pour un mot comme *suus, eius* ou *eorum.* Je ne partage pas l'opinion de Hettner, suivie par Gose, d'après laquelle ces deux lignes seraient une addition postérieure, l'épitaphe d'un fils décédé plus tard; contrairement à ce qu'il pense, l'écriture me paraît exactement la même qu'aux lignes précédentes, seulement un peu plus petite comme il arrive souvent.

La paléographie, notamment les A non barrés, donne à penser que ce fragment doit être relativement tardif. A. Ferrua (*Akten,* p. 287-288) pense au contraire qu'un nom africain comme *Quoduultdeus* est *di tal natura che difficilmente comparirebbe nella Treviri dei secoli V e seguenti.* Pourtant la déformation subie par le nom et le O piriforme me paraissent exclure le IV⁰ siècle et même la première moitié du V⁰.

I, 116

Trèves, nécropole de Saint-Paulin - Saint-Maximin. Trouvée à Saint-Paulin (*in D. Paulini fundo,* Brower). Perdue, sans doute lors de la destruction de Saint-Paulin par les Français en 1674.

K. BROWER, *Annal. Trevir.,* ms. *Stadtbibliothek Trier,* 1362 a/110 a, in-4°, p. 62 et éd. (1670) I, p. 59.
    (A. WILTHEIM, *Luciliburgensia,* p. 144, fig. 74 [KRAUS 171];
    LE BLANT 243 [DACL XV, 2, s. u. *Trèves,* col. 2743, n° 25];
    CIL XIII, 3815 [RIESE 4286; DIEHL 3584 B].)
J. BERTHOLET, *Histoire du Luxembourg,* VI (1743), p. 297.

·HIC * QVIESCET DAR-
DANIVS, QVI VIXIT
AN XXXV. APRONI-
VS FRATER TITVLVM
POSVIT IN PACE.

Hic quiescet Dar-
danius qui uixit
an(nos) XXXV; Aproni-
4 us frater titulum
posuit; in pace !
chrisme avec alpha et omega
(qui n'apparaît pas sur la photo)

(*Annal. Trevir.,* p. 59)

Ici repose Dardanius qui a vécu 35 ans; Apronius, son frère, a posé cette épitaphe; en paix !

Si l'on met à part Bertholet, toujours suspect (*Intr.*, § 154), notre seule source est ici Brower. Wiltheim signale en effet à propos de cette inscription : *fidei ejus* (= Broweri) *permittimus* et, de fait, sa transcription est identique à celle des éditions de 1626 et 1670 reproduite ci-dessus. Par contre, sur le manuscrit original de Brower, le nom *Apronius* est écrit tout entier à la l. 3; on n'a pas de raison, on l'a vu (*Intr.*, § 149), de préférer Brower lui-même à son éditeur. Bertholet présente deux variantes par rapport au texte que nous avons retenu : l. 2, /*Dardanius;* l. 3, *annos XXXV.*

L'inscription comporte l'un des vulgarismes les plus répandus à Trèves : *quiescet* pour *quiescit* (*Intr.*, § 49). Le formulaire est parfaitement banal (*Intr.*, § 38-40), ainsi que le chrisme qui se trouve au dessous du texte (*Intr.*, § 43).

L. 1-2 : Dardanius/a est un nom peu commun. I. Kajanto (*Onomastic Studies,* p. 84) en connaît deux exemples à Rome (*ICVR, n. s.* (I) 3133 et (II) 5294), auxquels on peut ajouter un cas en Afrique (Diehl 2546 A *adn.* = *Bibliothèque d'Archéologie africaine,* I, 16). Le nom semble encore plus rare en Orient : il est porté par un évêque d'Illyricum mentionné en 451 au concile de Chalcédoine (E. Schwartz, *Prosopographia,* dans *Acta Concilior. Œcumen.* II, 6, p. 18), mais Preisigke, par exemple, ne l'a pas trouvé dans les sources grecques d'Egypte et, à parcourir Pape-Benseler (p. 272-273), on ne le voit guère porté par de modestes particuliers. Au lieu d'être un nom « géographique » sur l'ethnique des Troyens contemporains, ce *cognomen* pourrait bien avoir avant tout une résonance littéraire et patriotique à travers une influence virgilienne.

L. 3 : Apronius est un *nomen gentilicium* (*Thesaurus,* s. u. *Aper* et *Aprusidius*). Comme beaucoup de gentilices (*Intr.*, § 105), on le trouve aussi comme *cognomen* (CIL III, 2599; II, 6014; XI, 3570; enfin, à Trèves même, n° 104).

I, 117

Trèves, nécropole de Saint-Paulin - Saint-Maximin. Trouvée en 1818 à Saint-Maximin (*Intr.*, § 11). Conservée au *Rheinisches Landesmuseum*.

K. F. QUEDNOW, *Beschreibung d. Alterthümer in Trier u. dessen Umgebungen*, II (1820), p. 176.
L. LERSCH, *Centralmus.*, 3 (1842), n° 61.
A. DE CAUMONT, *Bull. monumental* 9, 1843, p. 61.
LE BLANT 244 et suppl. t. II, p. 601 (DACL XV, 2, s. u. *Trèves*, col. 2743, n° 26).
KRAUS 151.
F. HETTNER, *Röm. Steindenkmäler*, n° 396.
CIL XIII, 3816 (RIESE 4289: DIEHL 1371).
GOSE 421.
E. FOERSTER, *Frühchristl. Zeugnisse,* p. 40-41, n° 32.
Révisée par N. Gauthier en 1967.

Plaque de marbre gris à laquelle manque le coin supérieur droit; h. 30; l. 34; ép. 4; lettres : 1,4-2,4 cm.

     Hic in pace quiesci[t]
     Dicnissima fideles
     qua uixi⟨t⟩ an(num) I, m(enses) VIII, d(ies) V;
4   Dignantius et Meropia
colombe   alpha   croix monogr.   omega   colombe
     patris titulum
     posuerunt.

Ici repose en paix la fidèle Dicnissima qui a vécu 1 an, 8 mois, 5 jours. Dignantius et Meropia, ses parents, ont posé cette épitaphe.

Le lapicide semble s'être inspiré des productions de l'atelier II de Saint-Paulin - Saint-Maximin (*Intr.*, § 33-34). Il en a surtout imité la disposition générale, avec le motif symbolique au milieu du texte, l'*alpha* et l'*omega* étant nettement détachés de la croix monogrammatique. Mais, ici, manquent les rameaux indépendants qui complètent le motif et le chrisme est remplacé par une croix monogrammatique. L'ensemble est beaucoup moins élégant que les productions de cet atelier. Les lignes sont sinueuses et les lettres de hauteur très irrégulière (notamment l. 1 et 4). A la l. 3, *uixit,* le lapicide a d'abord tracé un E au lieu d'un T; il s'est sans doute aperçu de son erreur en cours de route car la barre du milieu est à peine incisée. On voit nettement sur la pierre que le rameau que la colombe de droite tient dans son bec a d'abord été un petit *omega.* Les A ont une traverse rectiligne, horizontale ou légèrement oblique; souvent les hastes des A et des V ne sont pas menées jusqu'à leur intersection. Les barres inférieure et supérieure du E, la barre supérieure du F, la base horizontale du L se prolongent à gauche au delà de la haste. A la l. 1, l'extrémité de la panse du P se retourne vers l'extérieur. Le *ductus* du G (un C auquel une petite courbe vient s'ajouter) est commun à Trèves (cf., par exemple, n°s 127, 175, 218). Le deuxième I de *Dignantius* (l. 4), plus petit, est inscrit sous le linteau du T. L'abréviation de *menses* et *dies* par un simple M et un simple D est assez rare (n°s 26, 88 ?, 169), du moins à Trèves. Ligatures NP (l. 1), VA (l. 3), NT et ME (l. 4), NT (l. 6). Il n'est pas toujours facile de distinguer les points et les trous accidentels; il semble que les seuls points voulus soient après AN et M, l. 3.

Ce texte qui ne présente aucune difficulté de lecture a cependant été souvent mal transcrit : l. 2, Quednow, Lersch, Le Blant, *Dignissima;* l. 3, Quednow, *uixii,* Caumont, *uixit,* Zangemeister (CIL), *quae uixie.*

En ce qui concerne la langue, notons *Dicnissima* pour *Dignissima* (*Intr.,* § 74), *fideles* pour *fidelis* (*Intr.,* § 49), *qua* pour *quae* (*Intr.,* § 85) qui est une forme assez rare (n°s 111 et 154), enfin *patris* pour *patres* (*Intr.,* § 50).

Le formulaire est conforme au schéma habituel (*Intr.,* § 38-40).

L. 2 : la défunte portait, selon une coutume bien attestée à Trèves (*Intr.,* § 126), un nom dérivé de celui de son père. *Dignissimus/a* est un nom rare : I. Kajanto (*Latin Cognomina,* p. 180) n'en connaît que deux autres cas, tous deux masculins, CIL XIII, 8058, 8 et *Liber Pontificalis* I, 261 (a. 498/514). Cependant, comme le remarquait déjà Le Blant, on connaît bien d'autres *cogonima* formés de superlatifs (Kajanto, *Latin Cognomina,* p. 104). Ils furent surtout en faveur à époque tardive.

Le mot *fidelis,* qui insiste sur l'appartenance à la religion chrétienne, est fréquent à Trèves (*Intr.,* § 95).

L. 4 : les noms dérivés de *dignus* sont nombreux (Kajanto, *Latin Cognomina,* p. 357), mais le *cognomen Dignantius* semble de formation assez tardive; le premier exemple connu se trouve dans ces listes de moines recensés par les *Libri confraternitatum S. Galli, etc.* (p. 181, col. 89, 25; cf. p. 64, col. 182, 35 : *Dignentius*).

Meropia est aussi un nom rare (CIL X, 2338; *-ius,* Socr. I, 19, 3; ce fut encore un des nombreux noms de Paulin de Nole). C'est un nom d'origine grecque, formé avec le suffixe *ius/ia,* si prolifique à basse époque (*Intr.,* § 124).

L. 5 : *patris* est mis pour *parentes* (*Intr.,* § 94).

Les mots *in pace ... fideles,* le vulgarisme *qua* qui fait songer à une influence venue de Rome m'incitent à faire remonter l'épitaphe au IVᵉ ou au Vᵉ siècle (*Intr.,* § 139).

I, 118

Trèves, nécropole de Saint-Paulin - Saint-Maximin. Trouvée dans l'abbaye Saint-Maximin par Paul Botbach, vers 1607 (*Intr.*, § 11); l'inscription était gravée sur une plaque de marbre que l'on a retirée d'un sarcophage, où elle était probablement encastrée (*pulcherrimas Sarcophagis exemptas, ex marmore cubitales prope tabellas*, Brower 1670, p. 40). Perdue, sans doute lors de l'invasion française de 1674 (*Intr.*, § 152).

K. BROWER, *Annal. Trevir.* (1670) I, p. 40 (brève notice) et 60 (ces deux mentions, absentes du manuscrit original, apparaissent dans l'édition de 1626).
A. WILTHEIM, *Luciliburgensia*, p. 140, fig. 48; *Annales D. Maximini* (ms. *Stadtbibliothek Trier* 4° 1621/99, I, p. 196).
   (LE BLANT 246 et suppl. t. II, p. 601 [DACL XV, 2, s. u. *Trèves*, col. 2744, n° 28]; KRAUS 133; CIL XIII, 3889 [RIESE 4290 A; DIEHL 3590].)
J. BERTHOLET, *Histoire du Luxembourg*, VI (1743), p. 296.

Plaque de marbre (Brower 1670, p. 40).

Sedatus et Paulina
patres dulcissimae filiae
Dunamiolae titulum posu-
4   erunt, quae uixit
annos tres et menses quinque
et dies uiginti.
*chrisme avec alpha et omega
dans une couronne*

(Wiltheim, ms. Lux. I, p. 260)

Sedatus et Paulina, ses parents, ont posé cette épitaphe à leur fille très douce Dunamiola, qui a vécu trois ans, cinq mois et vingt jours.

La tradition est remarquablement unanime sur cette inscription. Bertholet est identique à Wiltheim. La seule différence entre ce dernier et l'éditeur de Brower est que celui-ci ligature tous les AE. Nous avons reproduit la transcription de Wiltheim, qui dit la tenir de son fidèle informateur Paul Botbach. Les points qui séparent les mots ont été, comme d'habitude, ajoutés par Wiltheim (il n'y en pas dans l'édition Brower).

L. 1 : **Sedatus** est un *cognomen* assez rare chez les chrétiens (I. Kajanto, *Latin Cognomina*, p. 262 : 125 exemples, dont seulement 4 chrétiens et 2 chrétiennes). **Paulinus/a** est plus courant (Kajanto, *ibid.*, p. 244 : env. 400 païens, 48 chrétiens) : il a été porté notamment par l'un des évêques les plus prestigieux de Trèves au IVe siècle (Duchesne, *Fastes épiscopaux*, III, p. 35); il apparaît aussi au n° 86.

L. 3 : le nom *Dunamiola* n'est pas attesté par ailleurs. Il est formé du nom grec *Dunamios,* que l'on trouve chez Ammien Marcellin (XV, 5, 3-5), et du suffixe latin *-ulus/-olus* (sur ces noms composites, voir *Intr., § 100*). C'est l'équivalent de *Potentina.*

Contrairement à l'habitude *(Intr., § 39-40)*, la mention de la défunte ne vient pas en tête, mais se trouve intégrée à l'intérieur de la formule consacrée aux dédicants, comme au n° 24.

Cette épitaphe devait être particulièrement soignée : le texte ne comporte aucun vulgarisme, les trois nombres sont écrits en toutes lettres, ce qui est rare *(Intr., § 39)*, et la couronne qui entoure le chrisme semble avoir été dessinée avec un souci de réalisme et d'élégance, comme au n° 39, au lieu de se réduire, comme souvent, à une évocation schématique. Je la daterais volontiers du IVe ou du Ve siècle, ce que ne dément pas le parallèle avec le n° 24.

I, 119

Trèves, nécropole de Saint-Paulin - Saint-Maximin. Trouvée en 1919, réemployée dans le chœur latéral nord de Saint-Maximin, datant du début de l'époque gothique. Conservée au *Rheinisches Landesmuseum.*

E. KRUEGER, *Trier. Jahresber.* 12, 1918/19, p. 52 = *Bonn. Jahrb.* 126, 1921, *Beilage,* p. 52 (J. P. KIRSCH, *Röm. Quartalschr.* 31, 1923, p. 101).
FINKE 54.
GOSE 422.
Révisée par N. Gauthier en 1967.

Plaque de calcaire mutilée en bas; h. 32; l. 52; ép. 17; lettres : 2,5 cm.

Hic requiescit
in pace Elpidia qui
uixit plus menus an-
4   nus XL; Carus coniux
suus titulum posuit.
colombe   chrisme avec   colombe
alpha et omega
dans un cercle

Ici repose en paix Elpidia qui a vécu environ 40 ans; Carus, son époux, a posé cette épitaphe.

Cette inscription est gravée sur une plaque de calcaire exceptionnellement épaisse; on a aplani le champ épigraphique rectangulaire tandis que les bords, désormais en relief, étaient laissés à l'état brut. Les lignes, sinueuses, sont très rapprochées les unes des autres. Les lettres sont tracées d'une main rapide mais sûre d'elle-même. Certaines sont devenues, avec l'usure du temps, presque illisibles, notamment à la première et à la deuxième ligne; cependant une lecture attentive ne laisse subsister aucun doute. La gravure est inégalement large et profonde, en partie à cause du grain assez gros de la pierre. Les A ont une traverse oblique rectiligne, les hastes du M (l. 3) sont obliques, le C de *Carus* (l. 4) est particulièrement ouvert. A la dernière ligne, les lettres du mot *titulum* sont informes : le linteau des T n'est pas plus long que le trait horizontal sur lequel ils reposent (comme aux n°s 52 et 75); le second ressemble même plus à un L qu'à un T, avec cette base qui se prolonge et remonte vers la droite; le I est gravé sur un défaut de la pierre; V est correctement tracé mais le L n'a pratiquement pas de base alors que celles des autres, quoique peu visibles sur la photo, sont bien marquées et assez longues, et il faut beaucoup de bonne volonté pour baptiser M les quatre hastes jetées pêle-mêle à la fin du mot. Au dessous du texte était figuré un chrisme avec l'*alpha* et l'*omega,* inscrit dans un cercle; il est partiellement effacé aujourd'hui. A gauche et surtout à droite de ce chrisme subsistent quelques traits correspondant aux habituelles colombes (*Intr.,* § 43).

La langue ne présente aucune particularité remarquable. Les formes *qui* pour *quae* (*Intr.,* § 85), *menus* pour *minus* (*Intr.,* § 49), *annus* pour *annos* (*Intr.,* § 52) sont toutes largement attestées, de même que l'emploi incorrect de *suus* (*Intr.,* § 86).

Le formulaire est, lui aussi, d'une grande banalité (*Intr.,* § 38-40).

L. 2 : Elpidia est un nom grec qui apparaît au masculin au n° 73.

L. 4 : on peut se demander si *Carus* est le nom du mari (hypothèse retenue notamment par G. Brusin, *Röm. Quartalschr.* 54, 1959, p. 133) ou si c'est un adjectif qualifiant *coniux* (hypothèse retenue par Gose). J'opterai pour la première solution au nom de la banalité absolue de ce *titulus* car, sauf au n° 75, l'adjectif *carus,* à Trèves, apparaît toujours au superlatif et il vient après le mot qu'il qualifie (sauf au n° 24). Le *cognomen Carus/a,* largement attesté dans les sources païennes (à Trèves, CIL XIII, 3707), est rare chez les chrétiens (I. Kajanto, *Latin Cognomina,* p. 284 : 191 exemples païens, 1 chrétien auquel on peut ajouter Diehl 3702 et sans doute 1911, 3245 et 4265 E).

Les formules *hic requiescit in pace* et *plus menus* apparaissent en Gaule dans la deuxième moitié du ve siècle (*Intr.,* § 38-39), à Rome une cinquantaine d'années plus tôt.

I, 120

Trèves, nécropole de Saint-Paulin - Saint-Maximin. Trouvée dans l'abbaye Saint-Maximin par Paul Botbach, vers 1607 (*Intr.*, § 11) : l'inscription était gravée sur une plaque de marbre que l'on a retirée d'un sarcophage (*pulcherrimas Sarcophagis exemptas, ex marmore cubitales prope tabellas,* Brower 1670, p. 40). Perdue, sans doute lors de l'invasion française de 1674 (*Intr.*, § 152).

K. BROWER, *Annal. Trevir.* (1670) I, p. 40 (brève notice) et 60 (ces deux mentions, absentes du manuscrit original, apparaissent dans l'édition de 1626).
(CIL XIII, 3822 [RIESE 4296; DIEHL 3583 B].)
A. WILTHEIM, *Luciliburgensia*, p. 139, fig. 47; *Annales D. Maximini* (ms. *Stadtbibliothek Trier* 4° 1621/99, I, p. 196).
(LE BLANT 249 et suppl. t. II, p. 602 [DACL XV, 2, s. u. *Trèves*, col. 2745, n° 31]; KRAUS 136.)
J. BERTHOLET, *Histoire du Luxembourg*, VI (1743), p. 296.

Plaque de marbre (Brower 1670, p. 40).

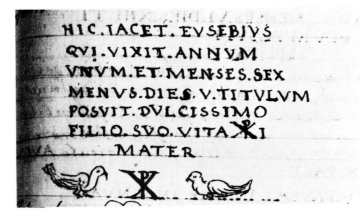

Hic iacet Eusebius
qui uixit annum
unum et menses sex
4 menus dies V; titulum
posuit dulcissimo
filio suo Vitachr(ist)i (?)
mater.
colombe   chrisme   colombe

(Wiltheim, ms. Lux. I, p. 260)

Ci-gît Eusebius qui a vécu un an et six mois moins 5 jours; Vitachristi (?), sa mère, a posé cette épitaphe à son fils très doux.

Wiltheim, que j'ai suivi, dit qu'il utilise ici les notes de Paul Botbach. La version de l'édition Brower est identique, à ceci près que le chrisme de la fin de la l. 6 est détaché du texte, plus grand (il occupe la hauteur des l. 6 et 7) et non suivi d'un I; on sait que les lectures de cette édition sont souvent fautives (*Intr.*, § 149). Bertholet, dont les leçons ont encore moins de valeur (*Intr.*, § 154), donne *dies quinque* (l. 4) et *Vita Christi* (l. 6). La panse du P manque aux chrismes de Kraus et au premier chrisme de Le Blant (l. 6), sans doute parce que la copie manuscrite du livre de Wiltheim qu'ils ont utilisée était défectueuse. Wiltheim a, selon son habitude, séparé les mots par des points (qui ne figurent pas dans l'édition de Brower).

La langue est correcte. Le seul vulgarisme est *menus* pour *minus* à la l. 4 (*Intr.*, § 49).

L. 1 : **Eusebius** est un nom d'origine grecque. De formation tardive (v. *Intr.*, § 124) — le premier exemple daté trouvé par Kajanto, en Egypte, remonte à 295 (*Qnomastic Studies,* p. 26, n. 1) —, il devint extrêmement populaire tant en Orient qu'en Occident (voir, par ex., Preisigke,

Namenbuch, col. 114, pour l'Egypte et Kajanto, *ibid.,* p. 83, pour la Rome chrétienne); cf., à Trèves, n° 93 (*Eusebia*).

L. 3-4 : comme souvent à Trèves (*Intr.,* § 39), l'âge est donné au jour près. Mais, au lieu d'ajouter les années, les mois et les jours, on a retranché 5 jours au six mois qui, constituant une demie-année, étaient en somme un chiffre rond. Cette façon de compter n'est pas rare (voir l'*Index XII* de Diehl, s. u. *minus,* p. 555) et apparaît aussi à Trèves au n° 67.

L. 4 : le nom de la mère apparaît sans aucun doute à la fin de la ligne; mais comment faut-il l'interpréter ? La disposition des *Annales Trevirenses,* retenue par le CIL et Diehl, — *Vita* et, plus loin, un chrisme indépendant — incite à identifier le nom *Vita,* que Kajanto (*Latin Cognomina,* p. 274) a relevé une fois à Rome (CIL VI, 20 729). Au contraire, la copie de Wiltheim (et l'on sait que son informateur est plus digne de confiance que l'éditeur des *Annales Trevirenses*) intègre le chrisme dans le texte et le fait suivre d'un I : c'est là une abréviation très commune (cf., à Trèves même, n° 168); le chrisme équivaut à *Christ-* et la lettre qui suit indique la désinence. Le nom de la mère dans ce cas est *Vitachristi,* que Wiltheim rapproche des noms africains *Deusdedit, Quoduultdeus, Deogratias,* etc. Le Blant commente : « Ces sortes d'appellations bien connues, qui expriment toutes un sentiment de respect ou de reconnaissance pour la divinité, ne présentent aucune analogie de composition avec le nom de *Vita Christi,* dont rien ne me paraît justifier l'existence ». Je ne suis pas de son avis et je pense qu'il faut enrichir de ce nom la liste des noms « théophores » chrétiens (V. Kajanto, *Onomastic Studies,* p. 102) : il suggère le souhait que celle qui le porte ait en elle la vie du Christ, ce qui est au cœur même de la vie chrétienne. Kraus estime qu'il faut « très probablement » reconnaître ici le nom *Vitalis,* mais cette interprétation me paraît devoir être écartée car il faut non seulement supposer qu'un L a été pris pour un chrisme (ce qui est tout de même bien différent) mais aussi qu'un S a été négligé, et ceci dans les deux lectures indépendantes dont nous disposons (en négligeant Bertholet, qui dépend peut-être de l'une ou de l'autre).

Cette épitaphe est tout à fait conforme au schéma habituel de l'épigraphie chrétienne de Trèves. Elle me paraît remonter au IVe siècle ou à la première moitié du Ve à cause du chrisme sans cercle ni lettres apocalyptiques (*Intr.,* § 43) et de la formation *Vitachristi.*

I, 121

Trèves, nécropole de Saint-Paulin - Saint-Maximin. Trouvée en 1936 près de l'église Saint-Maximin. Conservée au *Rheinisches Landesmuseum*.

Trier. Zeitschr. 12, 1937, p. 281 *c* = *Trier. Berichte* 1936, p. 281 *c* (sans nom d'auteur; H. KOETHE selon
    Nesselhauf 33, 1).
GOSE 423.
Révisée par N. Gauthier en 1967.

Plaque de calcaire en 3 fragments; la partie inférieure gauche manque; h. 26,5; l. 27; ép. 3; lettres :
3,3-4 cm.

Euthymi-
us in⟨f⟩ans
[quiesc]et in
4   [pace fi]delis.

L'enfant Euthymius repose en paix, fidèle.

La pierre est très irrégulièrement incisée. Certains traits sont normalement gravés, d'autres le sont à peine, comme les traverses du M (l. 1), la deuxième haste du N, la traverse du A (l. 2), les barres supérieures du E (l. 3) et le linteau du T suivant (ce qui explique que Nesselhauf ait lu ces 2 lettres : LI), la panse du D et le S final (l. 4). La barre supérieure du F manque totalement. La cinquième lettre de la première ligne est actuellement un V mais la lettre a été refaite; les trois éditeurs de la pierre, qui l'ont sans doute vue en meilleur état avant le bombardement de 1944, donnent un Y, comme aux nᵒˢ 31, 121, 133 et 142 A.

On reconnaît l'habituel vulgarisme *quiescet* pour *quiescit* (*Intr.*, § 49).

L. 1 : Euthymius est un *cognomen* d'origine grecque assez peu répandu (F. Preisigke, *Namenbuch*, col. 111, a relevé 2 hommes et une femme de ce nom dans les sources grecques d'Egypte), surtout en Occident (I. Kajanto, *Onomastic Studies,* p. 83, en cite 2 exemples à Rome : *ICVR, n. s.* (II) 4905 et *Nuovo Bull. Arch. Crist.* 1902, p. 225).

L. 2 : le mot *infans,* dont le sens s'est progressivement élargi (*Intr.,* § 94), signifie qu'Euthymius est mort à quelques mois ou quelques années.

L. 3-4 : il faut sans aucun doute restituer ici la formule *in pace fidelis* qui est amplement attestée à Trèves (voir n° 9).

Cette épitaphe est remarquable par sa concision. Il manque la mention traditionnelle de l'âge et des dédicants. Par contre, on relève les mots *fidelis* et *infans.* Un tel formulaire est, à Trèves, caractéristique du IVe siècle (*Intr.,* § 40 et 139).

I, 122

Trèves, nécropole de Saint-Paulin - Saint-Maximin. Trouvée en 1906 à Saint-Paulin, à l'entrée du cimetière près de la maison du sacristain (*Küsterhaus*). Perdue, semble-t-il (ni le Dr. Gose ni le Dr. Kempf n'ont pu m'indiquer où elle se trouverait).

NESSELHAUF 38.
GOSE 424.

Deux fragments d'une plaque de marbre blanc dont le bord primitif n'était conservé qu'en haut (Gose); h. 11,5; l. 29,5; ép. 1,5; lettres : 1,5-2 cm.

> [...] potest dolere genus [...]
> [...]s hic sita est Eutropia [...]
> [...]is artus mors repent[...].

Gose, je ne sais à partir de quelle source, indique encore un A reconnaissable au début de la l. 1 et un L au début de la l. 3. Il y avait, dit-il, une réglure.

La langue est correcte. Le vocabulaire est celui des épitaphes métriques mais la scansion ne permet même pas de parler de *quasi-uersus.*

L. 1 : genus est très utilisé dans la poésie funéraire pour désigner « la race », « le lignage »; cf. n° 29 A et 135. Cette ligne exprimait la douleur des proches devant la mort d'Eutropia.

L. 2 : hic situs/a est, qui n'est pas apparu par ailleurs dans l'épigraphie chrétienne de Trèves, est fréquent dans les inscriptions métriques.
> *Eutropius/a* est un nom d'origine grecque (Preisigke, *Namenbuch,* col. 114, le relève fréquemment dans les sources grecques d'Egypte) qui se répandit en Occident au Bas-Empire et fut notamment porté par un évêque d'Orange dans la deuxième moitié du Ve siècle (Le Blant 503).

L. 3 : le mot *artus* est fréquemment employé dans la poésie funéraire de Gaule, surtout au VIe siècle (voir le commentaire de L. Pietri à Le Blant 209, 1). G. Brusin (*Röm. Quartalschr.* 54, 1959, p. 133), tenant compte du L signalé par Gose, propose [*fragi*]*lis artus;* mais *artus* est généralement au pluriel. Les mots *repente* ou *repentinus* n'apparaissent guère en épigraphie chrétienne (ils ne figurent même pas dans les *indices* du Diehl) où l'idée de mort soudaine est plus volontiers rendue par le verbe *rapuit.* Mais l'idée qui inspirait cette ligne est claire : la mort s'est soudain emparée du corps d'Eutropia.

Cette pierre, mutilée, puis perdue, dont il ne subsiste même pas une photo, a connu bien des vicissitudes. On aimerait avoir quelque idée de son aspect et de son écriture pour voir si elle corrobore l'impression, donnée par le vocabulaire et l'absence de mètre poétique, qu'il pourrait bien s'agir d'une inscription tardive (VIᵉ-VIIᵉ s.).

I, 123

Trèves, nécropole de Saint-Paulin - Saint-Maximin. Trouvée « quelques années » (Schneider) avant 1847 dans le cimetière de Saint-Paulin, entre l'église actuelle et les fondations de l'ancienne (*Intr.*, § 8). Conservée, depuis 1853, aux *Staatliche Museen* de Berlin (DDR), *Antiken-Sammlung*.

J. SCHNEIDER, *Bonn. Jahrb.* 12, 1848, p. 69-70 (KRAUS 176 et *Nachtr.* t. II, p. 341).
Ph. SCHMITT, *H. Paulinus* (1853), p. 435, nº 11 (LE BLANT 250 [DACL, XV, 2, s. u. *Trèves*, col. 2745, nº 32]).
W. SPEMANN, *Beschreibung der antiken Skulpturen zu Berlin* (1891), nº 1219.
F. HETTNER, *Röm. Steindenkmäler*, nº 377.
CIL XIII, 3825 (RIESE 4298; DIEHL 3590 B).
GOSE 425.
Je n'ai pas vu la pierre mais l'excellente photo envoyée par le musée de Berlin est vraisemblablement plus lisible que l'original.

Plaque de marbre blanc complète (l'inscription est postérieure à la cassure du bord gauche), en réemploi (2 profondes incisions horizontales divisent la surface en 3 bandes à peu près égales); h. 20; l. 27; lettres : 1,5 cm.

Hic iacet Exsope[r]anti-
a qui uixit ann(os) VIIII, men(ses) IIII,
dies XV; titulum posuit
4   Albins et Tirintina
patre[s]; in pace !
*colombe   croix monogr.   colombe
avec alpha et omega*

Ci-gît Exsoperantia qui a vécu 9 ans, 4 mois, 15 jours; Albins et Tirintina, ses parents, ont posé cette épitaphe; en paix !

La surface de la pierre étant très érodée, la lecture de l'inscription est malaisée, quoique les lettres aient des formes régulières et soient bien espacées. A la l. 1, le R, plus petit que les lettres voisines et dont la haste est inclinée vers la gauche, se devine à peine. A la l. 2, ma lecture est certaine, malgré CIL (*que*), Schneider, Schmitt et Le Blant (*ann. IIII*). L. 4, seul Zangemeister, dans le CIL, a vu un V plus petit que les autres lettres dans le mot *Albinus;* il a lu aussi *Tirentina*. L. 5, CIL : *patr[es]*, les autres auteurs : *patres*. Ligatures : NT (l. 1), ME (l. 2), VL et MP (l. 3), NT (l. 4), NP (l. 5). Schneider note un trait horizontal au dessus du I de *qui* (l. 2) mais c'est un trait accidentel.

Outre les formes des *cognomina* (voir plus bas), on peut relever deux formes « vulgaires » : *qui* pour *quae* (*Intr.*, § 85) et le singulier *posuit* employé pour le pluriel *posuerunt* (*Intr.*, § 88).

L. 1 : *Exsoperantia* est un vulgarisme pour *Exsuperantia,* forme plus commune en latin classique qu'*Exuperantia* (sur la confusion entre O et U bref, voir *Intr.*, § 51). Ce nom de bon augure a joui d'une grande popularité à l'époque tardive : I. Kajanto (*Latin Cognomina,* p. 277) a relevé 64 personnes nommées *Exsuperantius/a* dans des sources chrétiennes contre 9 seulement dans des sources païennes. Cf., à Trèves, *Exsuperius* (n° 165).

L. 4 : si le V d'*Albinus* n'a pas été ajouté comme le laisse supposer Zangemeister, il est difficile de savoir s'il s'agit d'une abréviation (cf. n° 18) ou d'un vulgarisme (*Intr.*, § 62). Ce *cognomen* tiré de la couleur des cheveux ou de la peau, comme tous les noms de semblable origine (voir *Intr.*, § 112), se raréfie à l'époque tardive : I. Kajanto (*Latin Cognomina,* p. 277) n'en connaît que 7 exemples chrétiens, tous au masculin. Le nom de la mère n'est pas attesté par ailleurs. On a voulu y voir jusqu'ici une forme populaire de *Terentina,* *cognomen* dérivé du gentilice *Terentius.* Mais il faut noter que le deuxième E de *Terentius/inus* est stable (voir l'index de Diehl) et que, précisément à Trèves, on ne trouve la lettre I à la place d'un E long classique que devant S (*Intr.*, § 50), sauf quelques rares cas. On peut songer aussi à un nom géographique d'origine grecque, dérivé de la ville de Tirynthe immortalisée par Homère, le nom ayant été transcrit en latin selon les usages de l'époque (*Intr.*, § 61 et 81).

L. 5 : Schneider se demande s'il ne faudrait pas restituer [*quiescit*] *in pace,* non que ce verbe lui semble nécessaire mais parce qu'il a l'impression que des lettres se sont effacées sur la pierre. Le simple vœu final *in pace* est en tout cas la forme habituelle à Trèves (*Intr.*, § 40). Les Trévires disent volontiers *patres* pour *parentes* (*Intr.*, § 94).

Rien ne permet d'assigner une date à cette épitaphe banale à tous points de vue (*Intr.*, § 38-40 et 43). Les vulgarismes laissent supposer qu'elle est postérieure à 430/450 (*Intr.*, § 97).

I, 124

Trèves, nécropole de Saint-Paulin - Saint-Maximin. Trouvée en 1888, à Saint-Maximin (dans la caserne ou auprès). Conservée au *Rheinisches Landesmuseum.*

F. HETTNER, *Wd. Zeitschr.* 8, 1889, p. 275.
KRAUS 161 (LE BLANT, *N. R.* 375).
F. HETTNER, *Röm. Steindenkmäler,* n° 406.
CIL XIII, 3827 (RIESE 4300; DIEHL 1371 *adn.*).
GOSE 426.
Révisée par N. Gauthier en 1967.

Deux fragments d'une plaque en marbre gris; celui de droite a été perdu à la suite du bombardement de 1944; h. 19; l. (au moment de la trouvaille) 19; ép. 3; lettres : 2,3 cm.

(avant 1944 - Kraus, *Taf.* XVII, 6)

[Hic ...]ṭ in pac*ae Fa*[...]
[... fi]delis q*ui uixi*[t ann,..]
[... mens]is X; pro *merito* [...]
4   [...]ṣ uir eiu*s titu*[lum]
[posuit] *i*[n pace ?]
croix monogr.   orante   croix monogr.

(état actuel)

(Gose 348)

Le bord primitif est conservé en haut. Il ne doit pas manquer grand'chose en bas, seulement le bas du corps de l'orante. A gauche, il manque 7 à 10 lettres, à en juger d'après la l. 1 où la restitution la plus courte est *hic iacet,* la plus longue *hic quiescit.* Il est plus difficile de savoir ce qui a disparu à droite (quelques lettres seulement si *posuit* était écrit à la l. 5). Les lettres sont assez étroites, de hauteur très irrégulière, inégalement espacées. La haste du P dépasse au dessus de sa boucle; les A ont une traverse brisée; la base du L, courte, est légèrement oblique. Le linteau des T était très court. Au début de la l. 1. la haste et une partie du linteau du T sont nettement visibles; à la fin de la même ligne, on voyait la partie inférieure de deux hastes légèrement obliques que Hettner a d'abord interprétées comme les restes de TA (*Wd. Zeitschr.*); il s'est ensuite rallié à l'avis de Kraus qui y voyait les restes d'un V (*Röm. Steindenkmäler*). C'est cette dernière opinion qui a prévalu depuis; la mauvaise qualité de la pierre, où des hastes qui devraient être verticales sont légèrement inclinées, et de la photo de Kraus ne permettent plus aujourd'hui de juger de la question. Au début de la l. 2, toute la boucle du D est conservée. Au début de la l. 4, on distingue nettement la moitié supérieure du S; avant cette lettre, Kraus et Hettner dans un premier temps (*Wd. Zeitschr.*) ont cru identifier un I, Hettner dans un deuxième temps (*Röm. Steindenkmäler*) et le CIL un V; en réalité, le petit reste de lettre qu'on aperçoit n'autorise aucune conclusion. A la fin de la même ligne, on voyait l'extrémité supérieure gauche d'un V.

La décoration est malheureusement mutilée, elle aussi. Il subsiste la tête, une partie du buste et le bras gauche de l'orante, la croix monogrammatique qui se trouvait à sa gauche et la partie supérieure (notamment la boucle du P) de celle qui se trouvait à sa droite. La figure de l'orante, si caractéristique des catacombes romaines, est très rare en Gaule. Elle apparaît cependant plusieurs fois à Trèves, sur des fragments aujourd'hui anépigraphes qui portent dans le *Katalog* de Gose les n°⁵ 348 (plus exactement, un homme nu dans la position de l'orant), 688 et 689. A ces quelques exemples, on peut joindre, avec Le Blant, la curieuse pierre de Deneuvre (M.-et-M.), n° 259.

La forme *pacae* pour *pace* apparaît aussi au n° 38 (*Intr., § 58*); la forme *mensis* est courante (*Intr., § 50*).

Le texte suivait les lignes générales du formulaire trévire (*Intr., § 38-40*), tout en s'en écartant sur quelques points.

L. 1 : l'épitaphe commençait par une formule du type *hic quiescit in pace* (*Intr., § 38*), puis venait le nom de la défunte, une femme puisque son mari intervenait à la l. 4. Il y a bien des noms commençant par *Fa...* ou *Fau...* Le Blant propose *Faustina,* Hettner, *Fatalis* ou *Fauentia,* Gose *Fauentia,* Kraus *Fauentia* comme au n° 12, *Fausta, Faustiniana* (cf. n° 216), *Fauorina.*

L. 2 : à moins que le *cognomen,* particulièrement long, se soit poursuivi au début de la l. 2, il y a place pour un autre mot avant *fidelis.*

Il n'y a pas lieu de s'étonner de trouver *qui* alors que l'antécédent était au féminin (*Intr., § 85*).

L. 3 : la suggestion de Kraus, *pro merito* [*pientissimus ?*], est peu vraisemblable. Les autres éditeurs de la pierre, sauf Le Blant qui ne propose rien, restituent *pro merito* [*eius*]. Les mentions *pro meritis* (notamment dans la région de Mayence, CIL XIII, 7085, 7119, 11 884) et surtout *ob meritis* appartiennent au vocabulaire de l'épigraphie païenne (voir CIL XIII, *index,* p. 195). Elles apparaissent quelquefois, avec diverses variantes, sur des inscriptions chrétiennes (Diehl 4164-4165 A; 280; 1005, 6; 2009, 10; 2156).

L. 4 : Kraus a cherché un *cognomen Vireius,* complétant [*coniux eius*] *Vireius.* Il faut évidemment, comme l'ont vu Le Blant et Hettner dans les *Röm. Steindenkmäler,* construire *uir eius = coniux eius* et voir, dans le S qui précède, la dernière lettre du nom propre. *Vir* apparaît sporadiquement avec le sens de *coniux;* dans les inscriptions chrétiennes datées recueillies par Diehl, il est attesté en 344 (Diehl 2817 = *ICVR* I, 78), 407 (Diehl 3154 = *ICVR* I, 577), 438 (Diehl 3791 B), 522 (Diehl 4254 = CIL X, 4496) et 629/30 (Diehl 3673 = CIL VIII, 9953 *add.* p. 2065). Cet usage est attesté par ailleurs dans la région (Diehl 53 = CIL XIII, 7660).

L. 5 : on restitue généralement, en fonction des restes de lettres qui subsistaient sur le fragment de droite : *posuit in pace.* Les restes sont trop minimes pour que la restitution soit certaine mais c'est de loin la solution la plus vraisemblable (*Intr., § 40*).

Il est une fois de plus bien difficile d'assigner une époque à l'inscription. L'orante est-elle un signe d'antiquité ? Le peu que l'on aperçoit de la facture de son vêtement ne contredit pas cette hypothèse, non plus que la saveur païenne de la formule *pro merito* (3 des 9 exemples relevés par Diehl sont des années 381-398).

I, 125

Trèves, nécropole de Saint-Paulin - Saint-Maximin. Trouvée à Saint-Paulin entre 1583 et 1614 (Wiltheim). Perdue, sans doute presque aussitôt.

A. WILTHEIM, *Luciliburgensia,* p. 143; *Annales D. Maximini* (ms. *Stadtbibliothek Trier* 4° 1621/99, I, p. 207).
    (LE BLANT 251 [DACL XV, 2, s. u. *Trèves,* col. 2745, n° 33];
    W. BRAMBACH, *Corpus Inscr. Rhenan.* (1867), n° 802;
    KRAUS 169;
    CIL XIII, 3726).

Fedula

Si l'on en croit les explications de Wiltheim, on aurait trouvé un sarcophage de tuiles avec une pierre où aurait été gravé le simple nom de Fedula : *In aditu alicubi,* dit-il dans ses *Luciliburgensia, sub Dio effossum structile ex opere figlino sepulchrum, et ad id incisum lapidi, ut narrare solebat Agritius, D. Maximini abbas, Fedula.* Lui-même n'a donc pas vu la pierre, mais tient ce renseignement de l'abbé Agritius, sans doute Jean Agritius de Reckingen, qui fut abbé de Saint-Maximin dans le deuxième quart du xviiᵉ siècle (*Gallia Christiana,* XIII, p. 542). Le mot Fedula est incorporé au texte, au lieu d'en être détaché et d'être représenté sous forme figurée comme les autres inscriptions. Les *Annales D. Maximini* donnent une description plus détaillée sans être plus claire : *In horto haud longe a porta Coenobii, sepulchrum Reinero Bivero abbate effossum est, coctili latere structum; media obtinebat arca lapidea ossium humanorum plena. Arcae operimento pyramis modico ex lapide insistebat, fixo in cuspide vexillo. Adscriptum Fedula.* R. Biwer fut abbé de 1583 à 1614 (*Gallia Christania,* XIII, p. 542).

Ph. Schmitt (*H. Paulinus,* p. 444, n° 32) estime que *Fedula* devait être simplement une marque de fabrique estampillée sur une des tuiles constituant la tombe, comme Brower en signale dans les *Annales Trevirenses,* I, p. 40, en les prenant pour des *tituli* écrits sur l'argile avant cuisson. Mais Wiltheim parle bien de *pierre.* Le Blant et Kraus après lui, estiment que la tombe devait être chrétienne parce que *Fedula* est un *nomen contumeliosum;* on a, depuis, limité beaucoup la valeur de cet argument (*Intr.,* § 113).

Inscrire le seul nom sur la pierre tombale est contraire à toutes les habitudes épigraphiques, tant païennes que chrétiennes, de Trèves. Mais c'est un usage que l'on trouve à basse époque dans certaines régions, notamment dans l'ouest de la Gaule (par exemple, Le Blant 576 A, B, C, D, E, 577). Peut-être était-ce le cas ici, encore que cela cadre mal avec l'usage bien romain des tombes en tuiles.

Fedula est une forme vulgaire de *Foedula* (*Intr.,* § 59) qui apparaît encore sous la forme *Fedola* au n° 21. Ce *cognomen* péjoratif semble typiquement gaulois : en dehors de Trèves, I. Kajanto (*Latin Cognomina,* p. 286) ne connaît que deux autres femmes de ce nom, toutes deux du Midi de la Gaule (Le Blant 546 et 412). Peut-être doit-on y joindre l'*Atessiata Fidula* de Lyon (CIL XIII, 2067).

I, 126

Trèves, nécropole de Saint-Paulin - Saint-Maximin. Trouvée en 1911 près de la sacristie de Saint-Paulin. Conservée au *Rheinisches Landesmuseum.*

P. STEINER, *Germania* 15, 1931, p. 119.
J. B. KEUNE, *Trier. Zeitschr.* 6, 1931, p. 160.
NESSELHAUF 35.
GOSE 427.
Révisée par N. Gauthier en 1968.

Quatre fragments d'une plaque de marbre blanc dont une bonne partie manque à gauche; h. 25; l. 25; ép. 2; lettres : 2,6-3,1 cm.

[Hic quiescit] Felix, ueste sa-
[cra, qui uixit] in seculo an(nos) L,
[Christi ues?]tigia se[cut]us;
4 [... et ?P]orcarius
[titulum posue]run[t].

Ici repose Felix, de la garde-robe impériale, qui a vécu en ce siècle 50 ans, suivant les traces du Christ (?); ... et Porcarius (?) ont posé cette épitaphe.

Quoique la plupart des lettres soient de forme différente, l'élégance de cette écriture fait songer à l'atelier I de Saint-Mathias (*Intr.*, § 15). Les lignes, bien espacées, sont guidées par une double réglure. Les lettres sont hautes et assez étroites, notamment le E; le C et le G sont au contraire larges. La traverse du A est brisée, le linteau du T rectiligne. La barre supérieure du F est ondulée et oblique, comme aux nᵒˢ 109 et 216. Le L à base courbe se prolongeant sous la lettre suivante (sauf pour le nombre 50, l. 2) est assez fréquent à Trèves (nᵒˢ 2, 109, 160, 174, 184, 195, 196, 198, 216). Il n'y a pas de ligature. L'abréviation *an(nos)* est surmontée d'un tilde sinueux et le nombre *L* est flanqué d'un point de part et d'autre. Au début de la l. 1, on aperçoit l'extrémité du linteau du T de *quiescit*. La restitution obligatoire de la l. 2 montre qu'il manque environ 11 lettres.

La langue semble avoir été correcte dans l'ensemble. Sur le vulgarisme *seculo* (l. 2), voir *Intr.*, § 57.

L. 1 : *Felix,* nom de bon augure essentiellement masculin, est de loin le nom le plus répandu de l'onomastique latine (I. Kajanto, *Latin Cognomina,* p. 26, l'a relevé 3670 fois comme nom d'homme, 46 fois comme nom de femme). A Trèves, il apparaît encore aux nᵒˢ 80 et 190 et il fut porté par un évêque de la fin du IVᵉ siècle (L. Duchesne, *Fastes épiscopaux,* III, p. 36).

La mention de la profession, toujours exceptionnelle en épigraphie chrétienne sauf pour les clercs, est un peu moins rare à Trèves (*Intr.,* § 18) et, précisément, un autre employé *a ueste sacra* est mentionné au n° 37. Ce service est mal connu. D'après E. Böcking, *Notitia Dignitatum* (Bonn, 1839-1853), p. 298*, suivi par Hettner (*Röm. Steindenkmäler,* n° 340), il faut distinguer le *comes uestiarii,* subordonné au *comes sacrarum largitionum* (*Notitia Dignitatum, Occ.* XI, 94), du *comes sacrae uestis* (chef de service de nos deux Trévires) qui aurait été subordonné au *praepositus sacri cubiculi* (le chapitre consacré à ce personnage manque, on le sait, dans la *Notitia Dignitatum*). Il est question du *comes sacrae uestis* dans le Code théodosien (XI, 8, a. 409) : *non praepositum uel primicerium sacri cubiculi, non castrensem, non comitem sacrae uestis, non ceteros cubicularios...;* le contexte semble en effet faire du *comes sacrae uestis* un *cubicularius.* Mais, au début du VIᵉ siècle, Cassiodore mentionne la *uestis sacra* dans une *formula comitiuae sacrarum largitionum* (*Var.* VI, 7 = *M.G.H., A.A.* XII, p. 181, l. 9-10) : *Vestis quoque sacra tibi antiquitus noscitur fuisse commissa, ne quid quod ad splendorem regium pertinet tuis minus ordinationibus oboediret.* Peut-être, malgré l'*antiquitus* de Cassiodore, la situation a-t-elle évolué en un siècle ? Ou *uestis* a-t-il ici un sens vague ? Seeck (*P. W.* IV, col. 671, n° 83) et Jones (*Later Rom. Emp.,* p. 567) font de ce *comes* un *cubicularius.*

L. 2 : la formule *uixit in seculo,* fréquente ailleurs, se trouve rarement à Trèves (nᵒˢ 135, 139 et 173). En Gaule, elle est surtout commune à basse époque (cf., par exemple, les inscriptions d'Andernach, RICG II) et la première épitaphe datée où elle apparaisse est de 524 (Le Blant, *N. R.* 106, à Vienne). Mais elle était en usage en Italie dès les dernières décennies du IVᵉ siècle (cf. Diehl 2732-2736).

L. 3 : Steiner le premier a proposé de restituer *Christi uestigia secutus,* ce qui correspond exactement à la place disponible. Cette formule originale pour exprimer sa fidélité au Christ peut être rapprochée de celle de Damase (Ferrua 20) : *Christum per astra secuti.*

L. 4-5 : ici venait, comme d'habitude à Trèves (*Intr.,* § 40), la mention de ceux qui avaient fait faire la tombe. Le verbe est au pluriel; il y avait donc très vraisemblablement deux noms à la l. 4. Le deuxième nom ne peut guère être que *Porcarius,* dont on a quelques exemples (Le Blant 48 et 55, à Lyon; Vives 203, *Prorcaria*).

Cette épitaphe, tout en étant conforme au schéma général de l'épigraphie trévire, s'écarte des formules stéréotypées qu'on trouve le plus souvent. Cette originalité, les caractéristiques paléographiques, la mention *ueste sacra* (voir n° 37) indiquent que la pierre doit être datée de la fin du IVᵉ ou des toutes premières années du Vᵉ siècle. La présence de la formule *uixit in seculo* à cette date est une anomalie qui peut s'expliquer par une influence romaine, dont on a d'autres exemples à Trèves (cf. *Intr.,* § 44), à un moment où les services impériaux constituaient un pont entre l'empereur résidant à Trèves et l'administration demeurée dans la ville éternelle. Félix appartenait à un milieu assez cosmopolite et ceux qui ont rédigé son épitaphe n'étaient peut-être pas gaulois (rappelons que son collègue Bonifatius, n° 37, était peut-être d'origine africaine).

I, 127

Trèves, nécropole de Saint-Paulin - Saint-Maximin. Trouvée en 1901 devant l'église Saint-Paulin. Conservée au *Rheinisches Landesmuseum*.

CIL XIII, 3829 (ENGSTROEM 435; RIESE 4301; DIEHL 3566).
GOSE 429.
Révisée par N. Gauthier en 1967.

Plaque de marbre blanc mutilée à droite; h. 15; l. 30; ép. 4,5; lettres : 1,9-2,2 cm.

Hoc tegetur [tumulo]
puella Flauia [annorum]
duodecem; L[...]
4   frater titolu[m posuit];
d(ies) depo(sitionis) XV k(a)l(endas) [...]

Dans ce tombeau est ensevelie Flauia, jeune fille de douze ans; son frère L... a posé cette épitaphe; jour de l'inhumation : le 15e jour avant les kalendes de...

Les restitutions des l. 1, 2 et 4, qui ne sont pas douteuses, montrent qu'il manque 6 à 7 lettres à droite, soit environ 1/3 de la pierre. La photo est parfaitement lisible parce que les lettres ont été peintes en rouge au musée mais beaucoup de traits sont à peine incisés; la traverse des A, la barre médiane des E (l. 2) se réduisent parfois à un point. Les lettres sont de hauteur et de largeur inégales, d'espacement irrégulier. La boucle des P est ouverte, la base des L légèrement oblique, les hastes du M obliques; les traverses du M se joignent dans la partie supérieure de la ligne; le *ductus* du G est assez commun à Trèves (cf. par ex. nos 117, 175, 218). La forme du F sort de l'ordinaire : les F à trois barres ne sont pas rares (à Trèves, nos 154, 192, 204, 215, 225; voir Le Blant, *Inscr. Chrét.*, p. xix et CRAI, 1881, p. 244-7); ces F se distinguent généralement des E par le fait que la barre supérieure est oblique; mais ici, il y a à la fois la barre normale d'un E et la barre oblique des F de ce type. Le F de la l. 4 est identique à celui de la l. 2 mais la barre du milieu n'est pas visible, soit qu'elle ait été oubliée par le lapicide, soit qu'il l'ait gravée si légèrement qu'elle se soit effacée. A la fin de la l. 3, il y a place pour une lettre entre M et L et l'on aperçoit en effet un certain nombre de traits parmi lesquels il est difficile de distinguer ceux qui sont accidentels et ceux qui sont voulus par le lapicide (avait-il commencé à tracer par erreur une lettre qu'il a ensuite effacée ?); le point est accidentel. A la fin de la l. 4 subsiste seulement la première haste du V de *titolum*. Les abréviations de la dernière ligne sont signalées par un léger trait barrant la dernière lettre du mot abrégé (celui de *depo(sitionis)* semble cependant accidentel). Après KL, quelques traces illisibles, puis l'extrémité d'une haste : on a généralement lu I mais je ne serai pas aussi affirmative. L'âge est écrit en toutes lettres, comme il arrive parfois (*Intr.*, § 39).

Les formes *tegetur* pour *tegitur*, *duodecem* pour *duodecim*, *titolum* pour *titulum* relèvent des confusions entre E et I bref, entre O et U bref qui sont si communes à Trèves (*Intr.*, § 49 et 51). E. Engström a reconnu le début d'un hexamètre à la l. 1 et un « mètre dactylique » à la l. 2. Ce serait singulièrement forcer la réalité que de considérer cette épitaphe comme une inscription métrique; l'auteur a simplement emprunté aux auteurs de *carmina* funéraires la formule poétique *hoc tegitur tumulo;* tout le reste du texte est en prose.

L. 1 : la restitution *hoc tegetur tumulo* n'est pas douteuse car cette formule toute faite est attestée ailleurs (Le Blant, *N.R.* 232 à Clermont, Diehl 1589 = CIL XIII, 11 963 à Bingen, Le Blant 575 à Pern, près de Cahors; cf. Diehl 166, 3, 1093, 1 et 3547 *adn.*). Sur le mot *tumulus,* rare à Trèves, voir n° 170.

L. 2 : la même tournure exactement apparaît au n° 97 : *puella Agrecia annorum quindecim.* La restitution est donc certaine.

    Flauius, gentilice des empereurs flaviens et de la dynastie constantinienne, est un des *nomina* les plus répandus (I. Kajanto, *Onomastic Studies,* p. 17, 1). Lorsque l'usage du gentilice se perdit, il fut repris comme *cognomen* (*Intr.*, § 105) quoiqu'assez rarement (Kajanto, *ibid.*, p. 22, en a relevé une douzaine d'exemples dans le matériel épigraphique chrétien de Rome). A Trèves, *Flauius* apparaît comme gentilice au n° 130.

L. 3 : le nom du frère devait figurer à la fin de la ligne.

L. 5 : la mention du jour de la mort ou de l'inhumation ne s'est jamais généralisée à Trèves (*Intr.*, § 41). La formule *dies depositionis* apparaît aussi au n° 109. Le mois indiqué commençait peut-être par un I mais il n'y a aucune raison de préférer, comme le fait Gose, *Ianuarias* à *Iunias* ou *Iulias.*

Gose date cette épitaphe de la fin du Ve ou du début du VIe siècle. Les formules employées interdisent en effet un datation plus haute. Elles autorisent (notamment celle de la l. 1 car l'usage du mot *tumulus* se répand au VIe dans les inscriptions datées de Gaule et celle des l. 2-3 par son analogie frappante avec le n° 97) une datation plus basse. L'inscription de Clermont portant *hoc tegetur tumulo* (Le Blant, *N. R.* 232) est de 548 ou 621.

I, 128

Trèves, nécropole de Saint-Paulin - Saint-Maximin. Trouvée en 1937 *in der Thebäerstrasse Nr. 59/61.* Conservée au *Rheinisches Landesmuseum.*

Trier. Zeitschr. 13, 1938, p. 250 c = *Trier. Berichte* 1937, p. 250 c (sans nom d'auteur).
GOSE 435.
Révisée par N. Gauthier en 1967.

Deux fragments d'une plaque de marbre blanc; h. 9,3; l. 13,5; ép. 2; lettres : 2,7 cm.

[...]t Flor-
[... qui ui]xit an-

L'espace disponible au dessus et à droite du texte montre que la partie conservée est la fin des deux premières lignes. On ne peut savoir si le bord irrégulier actuel est le bord primitif ou s'il résulte de cassures comme celles qui ont mutilé la pierre. L'inscription était gravée avec soin en lettres élégantes, plus hautes que larges; la paléographie présente un air de famille évident avec celles qui, à Trèves, caractérisent les inscriptions chrétiennes de bonne facture, comme celles de Saint-Mathias I.

Cette épitaphe semble avoir été conforme au formulaire habituel (*Intr.*, § 38-40) : une formule initiale du type *hic quiescit* ou *hic iacet,* le nom, l'âge et sans doute ensuite la mention des dédicants Le nom était l'un des innombrables *cognomina* formés sur la racine *florere* ou *florus* (cf., à Trèves, nᵒ 186, *Floren...*; nᵒˢ 46, 161, 176, *Florentina*; 129, *Florentius*; 47, *Florus*).

Ce fragment peut appartenir à la série la plus ancienne des *tituli* trévires, sans qu'on puisse exclure, par suite de la longue survie des modèles les plus antiques dans cette cité, une date sensiblement plus récente.

I, 129

Trèves, nécropole de Saint-Paulin - Saint-Maximin. Trouvée en 1911 dans l'église Saint-Paulin « en installant le chauffage ». Conservée au *Rheinisches Landesmuseum.*

NESSELHAUF 41, 8.
GOSE 433.
Révisée par N. Gauthier en 1968.

Fragment de plaque en marbre blanc, dont le bord primitif est conservé en haut; un petit morceau en bas a été perdu à la suite du bombardement de 1944; h. 16; l. 16,5; ép. 3,8; lettres : 2,5-3 cm.

(état actuel)

[... ?Fl]orentius [...]
[... ?la]udabilis [...]
[...]ụẹ ẹt paru[...]
4   [..]e[...]

Cette inscription est gravée avec beaucoup de soin mais les lettres manquent d'élégance. Elles sont tantôt très larges (O à la l. 1, DA à la l. 2), tantôt très étroites (l. 3); les hastes du N (l. 1) ne sont pas parallèles. La traverse des A est brisée, la base oblique du L se poursuit sous la lettre suivante. Les lignes sont guidées par une double réglure à peine visible. A la l. 1, on aperçoit au dessous du O un petit trait qui pourrait être l'extrémité de la base d'un L comparable à celui de la l. 2. A la fin de la même ligne subsiste la plus grande partie d'un cercle qui peut appartenir à un O ou à un Q. A la fin de la l. 2, après le S, on distingue l'extrémité supérieure d'une haste, trop petite pour déterminer à quelle lettre elle appartenait : I, E (Nesselhauf), M (Gose), N, P, R, etc. Le E dont une partie subsistait à la l. 4 a disparu; il devait être déjà très mutilé car Gose, dans son commentaire, hésite entre E et F; Nesselhauf, quant à lui, lit REI.

Cette épitaphe s'écartait des formules traditionnelles à Trèves. On ne peut pas même savoir, tant elle est mutilée, si elle était en vers ou en prose.

L. 1 : la première ligne ne peut guère être que le *cognomen* si répandu *Florentius* (I. Kajanto, *Latin Cognomina,* p. 233 : *Florentius/a,* 33 fois dans des sources païennes, 92 fois dans des sources chrétiennes), suivi d'un O ou plus probablement d'un Q, début de *quiescit* (Nesselhauf, Gose) ou de *qui.*

L. 2 : ...*udabilis* (il ne faut pas prendre pour une ligature AV le trait accidentel entre A et B) est évidemment la fin d'un adjectif. Si l'on consulte le dictionnaire d'O. Gradenwitz (*Laterculi uocum latinarum,* Leipzig, 1904) où les mots sont classés par ordre alphabétique inverse, on constate que les seuls mots se terminant ainsi sont *laudabilis, allaudabilis, illaudabilis, collaudabilis, fraudabilis, insudabilis.* Le seul qui me paraisse susceptible de convenir est le premier, restitué par Nesselhauf et Gose : on trouve l'épithète *uir laudabilis* sur un certain nombre d'inscriptions des vᵉ et vɪᵉ siècles, surtout en Italie (cf. Diehl 254-s., 1291, 2138 B, 4, 560, 368, 1345 *a*); il s'agit d'une formule élogieuse qui ne correspond pas à une fonction ou à une classe sociale précises comme *uir clarissimus* et qui peut s'appliquer à des comtes (Diehl 254, 254 *adn.*), des médecins (Diehl 255), des décurions (Diehl 368), etc. Il ne semble pas que cette formule ait suivi immédiatement le nom du défunt comme on pouvait s'y attendre. L'hypothèse de Gose, selon laquelle il y avait peut-être ensuite un mot comme *magister,* est tout à fait gratuite. Nesselhauf propose quelque chose comme *ex comite.*

L. 3 : cette ligne, qui ne s'insère dans aucun des moules épigraphiques habituels, décourage toute tentative des restitution (*paru*[*it ?*], *paru*[*us ?*]). Gose, dans la ligne de sa restitution pour la ligne précédente, suggère : [*erudi*]*veet* (*erudivit*) *parv*[*ulos...*].

Ces lettres de médiocre facture malgré le soin évident que le lapicide a mis à les tracer paraissent le fait d'une époque tardive. Si l'on reconnaît la formule *uir laudabilis* à la l. 2, c'est une indication dans le même sens. Cette inscription ne saurait en tout cas être antérieure à la deuxième moitié du vᵉ siècle.

I, 130

Trèves, nécropole de Saint-Paulin - Saint-Maximin. Trouvée en 1818 à Saint-Maximin (*Intr.,* § 11). Conservée au *Rheinisches Landesmuseum.*

L. LERSCH, *Centralmus.,* 3 (1842), n° 60.
LE BLANT 252 et *add.* t. II, p. 606 (DACL XV, 2, s. u. *Trèves,* col. 2745, n° 34).
Th. MOMMSEN, *Ephemeris Epigraphica* 5, 1882, p. 123, n° 28.
KRAUS 214 et *add.* (de HETTNER), p. [6].
F. HETTNER, *Röm. Steindenkmäler,* n° 400.
CIL XIII, 3681 (RIESE 1829; DIEHL 470).
O. FIEBIGER - L. SCHMIDT, *Inschriften-Sammlung zur Geschichte der Ostgermanen* (Vienne, 1917), n° 85.
GOSE 430.
Révisée par N. Gauthier en 1967.

Fragments d'une plaque de marbre blanc; le *titulus* a été encore endommagé au cours du bombardement de 1944; h. 50; l. primitive 57; ép. 3; lettres : 4 cm.

chrisme dans un cercle
Fl(auius) Gabso, p[ro]-
tector domes-
tic[us, e]x ṭribu-
4 [nis, hic re]*quies*-
[cit; ... V]*rsụ*-
[s posuit; in p]aç*e* !

(avant 1944)

Flauius Gabso, protector domesticus, *ancien tribun, repose ici; ... Vrsus a posé (cette épitaphe);*
en paix !

Cette belle inscription est très mutilée aujourd'hui. Les lignes sont guidées par une double réglure à peine visible. Les lettres, très espacées entre elles, sont d'une grande régularité; toutefois, le A de la l. 1 n'est pas barré alors que celui de la l. 6 a une traverse horizontale. Les lettres O et Q sont aussi grandes que les autres, contrairement à ce que l'on observe souvent à Trèves. Il n'y a qu'une ligature, ME à la l. 2. Les mots sont séparés par des points, comme aux nᵒˢ 18, 31, 70, 155 (il n'y en a pas ailleurs : celui qui semble apparaître entre S et O à la l. 1 résulte d'un choc accidentel). La décoration, placée, contrairement à l'habitude (*Intr.*, § 43), au dessus du texte, consiste en un simple chrisme inscrit dans un cercle à peine incisé. Au début de la l. 4, on aperçoit dans la cassure l'extrémité supérieure d'une lettre : Le Blant, Kraus et Hettner ont identifié un C, restituant [*hi*]c (CIL : [*hi*]c; Gose, sans doute par inadvertance : [*hi*]c requies/). Ce reste de lettre peut tout aussi bien avoir appartenu à un E, ce qui autorise la restitution proposée par Lersch, [*Hic re*]quies/[*cit*], plus satisfaisante pour la place disponible.

L. 1 : Fl. est l'abréviation normale de *Flauius*, un des gentilices les plus répandus sous le Bas-Empire (sur 1738 personnes ayant un *nomen* dans les inscriptions chrétiennes de Rome, 149 portent le nom de *Flauius* d'après I. Kajanto, *Onomastic Studies,* p. 16), d'ailleurs devenu un titre plus qu'un nom proprement dit (A. Mocsy, *Der Name Flavius als Rangbezeichnung in der Spätantike,* dans *Akten des IV. Intern. Kongress f. Griech. u. Lat. Epigraphik, Wien 1962,* Vienne, 1964, p. 257-263). A Trèves, cette épitaphe-ci est la seule de tout le matériel chrétien, avec peut-être le nᵒ 145, où l'on trouve les *duo nomina* (gentilice et *cognomen*), ce qui confirme la valeur particulière à accorder à *Flavius. Gabso* est un *cognomen* de consonance barbare inconnu par ailleurs; on peut le rapprocher, comme le fait Gose, du nom *Rapso* qui apparaît sur une épitaphe de Lyon (Le Blant 59) et aussi de la série de noms barbares en -o de Worms (Le Blant 345-347). Son origine étymologique n'en demeure pas moins obscure (M. Schönfeld, *Wörterbuch,* p. 97). D'après Bottenhorn (*Germanische Namen auf altchristlichen Inschriften,* dans *Wegweiser des Röm.-Germ. Zentralmuseums* 17, 1940, p. 39), *Gabso* serait un nom burgonde du Vᵉ siècle, venant de *gâba.*

L. 2-3 : Le Blant fait très justement remarquer que Fl. Gabso ne peut pas avoir été « incorporé dans les *protectores domestici* après avoir exercé les fonctions de tribun » car le grade de tribun représente une promotion par rapport à celui de *protector domesticus,* comme le montre le *cursus* d'un certain nombre de personnages historiques et les textes des codes. Après avoir consulté Borghesi qui suggéra avec réserves la restitution [*mo*]x au lieu d'*ex* (*ma anche di esso non sono molto soddisfatto*), il fit sienne cette hypothèse, qu'il appuya par un certain nombre de textes littéraires, par exemple Lactance, *De mort. persec.,* 19 : *statim scutarius, continuo protector, mox tribunus.* Mais cette tournure, naturelle dans un récit, est tout à fait contraire aux usages épigraphiques en la matière et il faut chercher une autre explication, compatible avec la restitution [*e*]x tribu[*nis*].

Les *protectores domestici* sont relativement bien connus. L'épigraphie nous en fait fait connaître un autre à Trèves même, un certain Hariulfus, *regalis gentis Burgundionum* (RICG I, 5*). Le grade de *protector* était à l'origine destiné aux soldats sortis du rang; à partir de 354 au plus tard (*Amm.,* XIV, 10, 2), on distingua parmi eux une élite qui reçut le nom de *protectores domestici.* A la même époque à peu près, des fils de hauts personnages furent nommés *domestici* sans avoir effectué un long service : par exemple, le burgonde cité ci-dessus était déjà *protector domesticus* lorsqu'il est mort à 20 ans (sur leur statut, voir A. H. M. Jones, *The Later Roman Empire,* Oxford, 1964, p. 636-640 et les notes, et H. J. Diesner, *P. W., suppl.* XI, s. u. *protectores* (*domestici*), col. 1113-1123). De là on passait immédiatement tribun, les sources l'attestent fréquemment. Les tribuns se multiplient au Bas-Empire et le mot désigne la plupart des officiers supérieurs (Jones, *op. cit.,* p. 640-643 et W. Ensslin, *P. W.,* VI A 2, s. u. *tribunus,* col. 2447-2448); l'épigraphie chrétienne en fait connaître deux autres à Trèves (nᵒˢ 68 et 107). Ce titre fut donné aussi à des fonctionnaires civils assimilés, par exemple les *tribuni ac notarii.* Enfin il fut donné à titre purement honorifique à des personnes n'ayant jamais exercé effectivement ce service (*Cod. Iust.,* XII, 8, 2). C'est sûrement dans cette dernière catégorie qu'il faut ranger le tribunat de Flauius Gabso : Mommsen suggère qu'il fut *dimissus cum tribunatu epistulari.* Il a donc achevé sa carrière *ex tribunis* sans avoir jamais été *tribunus.*

L. 5 : il y a place pour un mot avant le nom propre, sans doute l'indication du lien de parenté qui unissait le défunt et le dédicant. Ou encore *tit(ulum) p(osuit)* (Hettner, Gose).

Le nom du dédicant est très certainement, comme on le pense depuis Le Blant, *Vrsus* ou son dérivé *Vrsulus/a,* si fréquents dans la région (*Intr.,* § 122).

L. 6 : si le nom est *Vrsus,* on peut restituer *posuit in pace,* comme au n° 39 (sur *posuit* employé absolument, voir *Intr.,* § 40). Si c'est *Vrsulus/a,* il faut que *posuit* ait été mis en abrégé, ce qui est fort rare. Si l'on restitue *tit(ulum) p(osuit)* à la ligne précédente, il y a place pour *Vrsulus* avec des lettres très espacées comme les dernières de la ligne ou bien *Vrsus pater* en caractères plus serrés. De toutes façons, le sens général de ces deux lignes n'est pas douteux.

Ce *titulus* est intéressant. Il est rare qu'une épitaphe chrétienne donne autant de précisions sur le statut socio-professionnel du défunt. Le nom de Flauius Gabso est un témoignage parmi tant d'autres du rôle joué dans l'armée par les barbares romanisés. La précision de la mention *protector domesticus ex tribunis* qui nous place dans le cadre des rouages complexes et bien huilés de la machine administrative du Bas-Empire, les caractéristiques paléographiques et la sobriété de la décoration, tout concourt à démontrer que cette épitaphe fait partie du groupe le plus ancien de Trèves et doit être assignée, comme le fait Kraus, au IVᵉ siècle.

I, 130 A

Trèves, nécropole de Saint-Paulin - Saint-Maximin. Trouvée vraisemblablement à Saint-Maximin, où elle était conservée au XVIIᵉ siècle (*Visitur ... apud Divi Maximini, pariete peristylii in marmore quadro, ceu plintide insculptum*, Brower, d'accord avec Wiltheim; *ad S. Paulinum*, Apianus, et *ad S. Martinianum*, Pirckheimer, sont donc des erreurs). Déjà perdue du temps de Hontheim (*Prodromus*, 1757, p. 198 : *Videbatur olim in peristylio S. Maximini*).

W. PIRCKHEIMER, fᵒ 313 *b*ʳ du manuscrit Hartmann SCHEDEL, *Liber Antiquitatum cum Epigrammatibus* (*Bayerische Staatsbibliothek München*, Clm 716).
    (J. B. DE ROSSI, *Bull. Arch. Crist.* 1, 1864, p. 13 [LE BLANT 674 B].)
P. APIANVS, *Inscriptiones sacrosanctae Vetustatis* (Ingolstadt, 1534), p. 487 (M. SMETIVS, *Inscriptionum antiquarum quae passim per Europam Liber*, Nimègue, 1588, fol. CXLIII, 6).
C. BARTH, *Adversariorum commentariorum Libri LX* (Francfort, 1624), p. 2429 (t. II).
I. I. BOISSARDVS, manuscrits de Paris, *Bibliothèque Nationale, f. lat.* 12 509, p. 538 et Imprimés Rés. J 468 bis, p. 100.
K. BROWER, *Annal. Trevir.* (1670) I, p. 59 (manuscrit *Stadtbibliothek Trier*, 1362 *a*/110 *a*, in-4ᵒ, p. 63).
    (LE BLANT 255 [DACL XV, 2, s. u. *Trèves*, col. 2746, nᵒ 35].)
A. WILTHEIM, *Luciliburgensia*, p. 141, fig. 53, et *Annales D. Maximini* (ms. *Stadtbibliothek Trier* 4ᵒ 1621/99, I, p. 201).
    (KRAUS 167 et *Nachtr.* t. II, p. 341;
    CIL XIII, 3832 [RIESE 4302; DIEHL 3584 C].)
J. BERTHOLET, *Histoire du Luxembourg*, VI (1743), p. 297.

Hic iacet Galla,
   que uixit an(nos) X, dies XXX;
   titulum posuerunt
4 Marturius et Sil-
   uia;
   in   *croix monogr.*   pace !
   avec alpha et omega
   colombe   colombe

(Wiltheim, ms. Lux. I, p. 263)

Ci-gît Galla, qui a vécu 10 ans, 30 jours; Marturius et Siluia ont posé cette épitaphe; en paix !

J'ai choisi de suivre la leçon du manuscrit autographe des *Luciliburgensia* parce que Wiltheim précise : *descriptus mea manu* et qu'il est, de loin, le plus digne de notre confiance (*Intr.*, § 151). Il n'est pas impossible cependant que les trois lettres de la l. 5 soient à rattacher ou à la ligne précédente ou à la ligne suivante, comme le suggèrent les autres traditions. Comme toujours, Wiltheim a séparé les mots par des points dont il ne faut pas tenir compte. Les repentirs du mot *titulum* (l. 3), avec correction dans la marge, semblent témoigner d'un effort pour rendre une ligature VL. A la l. 4, le Y de *Martyrius* devait être transcrit, conformément à une habitude bien répandue à Trèves (*Intr.*, § 61), par un V comme en témoignent la lecture de Pirckheimer, celle de Boissard et, semble-t-il, la surcharge de la lettre par Wiltheim lui-même.

Il y a de nombreuses variantes entre les différentes leçons. Pirckheimer répartit les lignes de façon différente, note *d(ies)* en abrégé, lit *Maturius* au lieu de *Marturius* et ne parle ni du monogramme ni des colombes. Barth répartit le texte sur deux lignes et omet *in pace* et le motif décoratif. Brower note un chrisme au lieu d'une croix monogrammatique. Voici les autres variantes de ceux qui paraissent avoir vu la pierre ou une copie perdue (Apianus dit : *haec Treviris a Pirckeymero excripta sunt* mais sa lecture n'en dépend pas) :

L. 2 : ms. Brower, Barth, Boissard, *quae;*
     Apianus, *ann. X d. XXX;* Boissard, *ann. X, d. XXIX.*

L. 4 : Apianus, *MAPTYRIVS;* Barth, Brower, *Martyrius;*
     Bertholet, *Syluia.*

Cette épitaphe semble avoir été banale à tous points de vue. Le vulgarisme *que* pour *quae* est fort commun à Trèves (*Intr.*, § 57).

L. *1* : *Gallus/a* est un *cognomen* d'origine ethnique extrêmement répandu, quoique surtout dans la documentation païenne (I. Kajanto, *Latin Cognomina*, p. 51, l'a relevé 370 fois, dont 9 seulement dans des sources chrétiennes). La majorité des exemples chrétiens provient de Gaule (outre le nôtre, Le Blant 378, 558, 559, *N. R.* 442), ce qui est étonnant si l'on songe que se dire *Gallus* en Gaule ne paraît pas un moyen de se singulariser ! Aux exemples épigraphiques cités, on pourrait ajouter encore plusieurs évêques gaulois (L. Duchesne, *Fastes épiscopaux*, I, p. 223 et 248, II, p. 36 et 37).

L. *4* : *Marturius/a* est l'un des rares *cognomina* spécifiquement chrétiens. Il n'est pas autrement attesté en Gaule mais, à Rome, I. Kajanto (*Onomastic Studies*, p. 99) en a relevé 28 exemples.
    Siluia est un gentilice dont l'usage comme *cognomen* a été facilitée par sa parenté avec les multiples dérivés de *silua : Siluester, Siluanus, Siluio*, etc. Il est attesté trois autres fois, au féminin, dans l'épigraphie chrétienne de Gaule (Le Blant 221, 438 A; *N. R.* 111).

L. *6* : le souhait *in pace* est commun à la fin des épitaphes trévires (*Intr.*, § 40).

Tout est trop banal dans cette inscription pour qu'on puisse tenter de lui attribuer une date.

I, 131

Trèves, nécropole de Saint-Paulin - Saint-Maximin. Trouvée en 1779 en creusant les fondations de la nouvelle *Canonicalhaus,* « à main gauche quand on va de la *Landstrass* à l'église Saint-Paulin » (Clotten). Conservée à Bruxelles, Musées Royaux d'Art et d'Histoire (anc. coll. Hagemans).

M. CLOTTEN, *Trier. Wochenblättgen,* 1779, n° 8 (21 février).
    (Ph. SCHMITT, *H. Paulinus* [1853], p. 440-441, n° 24; LE BLANT 256; J. LEONARDY, *Trier. Inschriften-*
    Fälschungen [1867], p. 34, I.)
H. SCHUERMANS, *Bull. des commissions royales d'art et d'archéologie* 8, 1869, p: 337, n° 158 (LE BLANT,
    N. R., p. 55 [DACL XV, 2, s. u. *Trèves,* col. 2746, n° 36]).
F. X. KRAUS, *Bonn. Jahrb.* 50/51, 1871, p. 250.
KRAUS 172 et *Nachtr.,* t. II, p. 341.
F. HETTNER, *Röm. Steindenkmäler,* n° 386.
CIL XIII, 3833 (RIESE 4303; DIEHL 3586).
F. CUMONT, *Catalogue des sculptures et inscriptions antiques des musées royaux du Cinquantenaire* (2e éd.,
    Bruxelles, 1913), n° 200.
GOSE 436.
Révisée par N. Gauthier en 1973.

Plaque de marbre gris-jaunâtre; h. 29; l. 29; ép. 1; lettres : 2-3 cm.

Hic quiescit in pa-
ce Gaudentiolus
qui uixit an(nos) VII et
4   men(ses) VI et dies XV; tetulum posuer-
unt Gaudenti-
us et Seriola
8   pater et mater
chrisme avec alpha et omega

Ici repose en paix Gaudentiolus qui a vécu 7 ans, 6 mois et 15 jours; ses père et mère Gaudentius et Seriola ont posé cette épitaphe.

Quoique cette inscription ait été signalée pour la première fois par le faussaire Clotten (*Intr.,* § 155), son authenticité n'a été mise en doute par aucun de ses nombreux éditeurs. Cependant, dans son compte rendu du recueil de Kraus (*Literarische Rundschau für das katholische Deutschland* 18, 1892, col. 114), K. Künstle a émis sur l'authenticité de la pierre (ainsi que du n° 214) des doutes qui ont paru solidement fondés à Kraus lui-même (*Nachtr.* au t. II, p. 341). Tout récemment, ces doutes sont devenus certitude pour J. Janssens (*De vroegkristelijke Grafschriften uit Rijn- en Moezelland,* p. 17). Quels sont leurs arguments ?

Künstle trouve que le lieu de trouvaille est bien incertain, comme pour rendre tout contrôle impossible; en effet, au renseignement fourni par Clotten (et rappelé plus haut), on peut opposer celui de Ph. Schmitt, qui parle de la maison qui porte le n° 38, logement du *Gymnasiallehrer Thomas Simon.* Ceci ne prouve rien contre l'authenticité car, alors, le fait que la pierre soit baptisée albâtre par Clotten, pierre grise par Schuermans, grès rouge par Kraus, marbre jaunâtre par Cumont devrait nous faire conclure qu'elle n'a jamais existé alors qu'elle existe bel et bien ! Künstle ajoute que l'abréviation d'*annos* (AN avec des tildes sur chaque lettre) est inconnue dans la région; actuellement, elle apparaît, à Trèves même, aux n°s 31 et 81 (aux n°s 22 et 200, A et N sont en outre séparés par un point). Il dit encore que le motif qui apparaît au dessous du texte sort de l'ordinaire : sans doute si on le considère comme un chrisme (Zangemeister, Hettner, Gose) auquel manque la boucle du P, encore que ce thème répété à satiété ait connu toutes les déformations possibles; mais en fait, la panse du P, ouverte et tournée vers la gauche, est nettement identifiable sur la pierre. D'ailleurs, il n'est signalé ni par Clotten ni par Schuermans (qui, pourtant, publie une reproduction exacte) et Hettner se demande s'il n'aurait pas été ajouté par Clotten; Cumont ne le pense pas et, de fait, ces traits maladroits ne paraissent pas en contradiction avec la paléographie du texte. Enfin, Künstle trouvait les noms bizarres : nous verrons que leur formation a obéi aux règles les plus communes de l'onomastique latine. Janssens ajoute qu'il est surprenant que les noms soient apparentés, précisément comme au n° 214 provenant du même Clotten, alors que cette coutume, pour être bien attestée à Trèves (*Intr.,* § 126), n'est cependant pas le cas le plus fréquent; les exemples toutefois en sont suffisamment nombreux pour que la coïncidence ne soit pas invraisemblable. Janssens avance encore les arguments suivants : la formule *tetulum posuerunt Gaudentius et Seriola pater et mater* est un *hapax* à Trèves; le trait au dessus du texte n'est pas une décoration bien répandue; le marbre coloré est très rarement employé dans cette ville; l'inscription est particulièrement malhabile. Là encore, rien ne me paraît constituer une présomption de faux : la formule de dédicace est une des innombrables variantes de cette mention à Trèves (*Intr.,* § 40; cf. par exemple : *titulum posuerunt parentes Concordius pater et mater Vrs...,* n° 156). Le marbre coloré, le chrisme déformé ou incompris, le trait horizontal isolé en haut de la pierre, la paléographie malhabile sont autant de détails concordants qu'on s'attend à trouver sur un *titulus* de pauvre qualité. Précisément, je crois qu'un faussaire médiocre comme Clotten n'aurait pas réussi à forger une inscription aussi « vraisemblable » jusque dans le *ductus* des lettres et la formation des *cognomina* sans copier des éléments disparates empruntés tels quels à d'autres pierres. Je conclus donc à l'authenticité indiscutable de l'épitaphe.

Les lignes sont sinueuses, les lettres de hauteur et de forme irrégulières. Les points apparents sont accidentels sauf ceux qui encadrent AN (l. 3). Le G a le même *ductus* qu'aux n°s 63 et 214; Zangemeister et Gose n'ont pas vu la queue, qui est à peine incisée, et ont lu *Caudentiolus* et *Caudentius.* Les Q, les C très ouverts, les M très larges à hastes obliques sont influencés par la cursive. Le linteau des T est très court. Les E sont hauts et étroits. Clotten a lu *dies XVI* à la l. 4. Hettner a cru distinguer un *alpha* et un *omega* entre les branches du chrisme; c'est l'hypothèse la plus vraisemblable, quoiqu'on voie seulement que le petit espace entre les branches du chrisme a été travaillé : on discerne très vaguement la moitié gauche d'un A.

La langue de cette épitaphe est correcte. Le seul vulgarisme est *tetulum* pour *titulum* (*Intr.,* § 49).

L. 1 : début banal (*Intr.,* § 38).

L. 2 : I. Kajanto (*Latin Cognomina,* p. 260) ne connaît pas d'autre exemple du nom *Gaudentiolus* dans l'onomastique latine. Ce *cognomen* est cependant un diminutif très normalement dérivé de *Gaudentius.* Les parents ont, semble-t-il, forgé ce *cognomen* pour donner à leur fils un nom qui soit dérivé des deux leurs : la racine est empruntée au nom du père *Gaudentius* (sur cet usage, voir *Intr.,* § 126) et le diminutif au nom de la mère *Seriola.*

L. 5-8 : le plus souvent, les mots *titulum posuit/erunt* sont à la fin du texte; la disposition que l'on trouve ici (avant le nom des dédicants) est cependant bien attestée (*Intr.,* § 40).

Gaudentius/a est un nom particulièrement à la mode à l'époque chrétienne (I. Kajanto, *Latin Cognomina,* p. 260 : une centaine d'exemples chrétiens contre 20 dans l'épigraphie païenne). Ceci est dû au fait que les *cognomina* en -*ius/a* sont des formations tardives (*Intr.,* § 124) et non, comme le pensaient Le Blant (*Inscr. Chrét.,* n° 73) et Cumont, à ce que ce nom évoque « la joie intérieure du fidèle qu'attend une vie bienheureuse ».

Seriola porte un nom dont la signification est justement inverse du celle du nom de son mari. La même coïncidence se trouve à Rome (Diehl 1130 = *ICVR* I, 376) où une inscription de 389 mentionne un prêtre *Gaudentius* dont la femme s'appelle *Seuera*. I. Kajanto (*Latin Cognomina*, p. 344) préfère voir dans le nom *Seriola* un diminutif de *seria*, « la petite jarre », mais cette hypothèse me semble d'autant moins plausible que les *cognomina* empruntés à des noms d'objets sont aussi absents de notre matériel que sont fréquents ceux qui font allusion à une particularité morale (*Intr.*, § 104). Peut-être *Serius* apparaît-il au n° 155.

Je serais bien en peine de proposer une date : la médiocrité du *titulus* n'est pas forcément le signe d'une époque « décadente » mais aussi bien de clients qui ne voulaient pas y mettre trop cher !

I, 132

Trèves, nécropole de Saint-Paulin - Saint-Maximin. Trouvée entre 1941 et 1944 à 26 m au nord du chœur de l'église Saint-Maximin. Conservée au *Rheinisches Landesmuseum*.

Trier. Zeitschr. 18, 1949, p. 320 (sans nom d'auteur).
GOSE 419.
Révisée par N. Gauthier en 1967.

Plaque de marbre blanc en nombreux fragments retaillée à gauche et peut-être à droite; h. 17,5; l. 28; ép. 1,8; lettres : 3-3,5 cm.

[Hic q]uiecet in pace Ger-
[...] qui uixet ano num(ero)
[unu?]ṃ et mes[e]s VIII; titul-
4 [um po]suet C̣ouoldus pa-
[ter et] ṃa[[r]]ter Ca[l?]ọpẹṣ.
chrisme

Ici repose en paix Ger... qui a vécu (un ?) an et 8 mois; Couoldus son père et sa mère Calopes ont posé cette épitaphe.

Les lignes sont guidées par une réglure faiblement incisée. La gravure est large et profonde, les lettres sont grandes mais les traits ne sont pas tracés d'une main sûre et l'ensemble de l'écriture manque de netteté. Les lettres sont de largeur inégale et irrégulièrement espacées. Les C sont très ouverts, les E plutôt larges, les A ont une traverse horizontale, le G a un *ductus* en 2 traits assez fréquent à Trèves (n°s 22, 60, 62, 63, 101, 117, 127, 131, 175, 214, 217, 218, le n° 217 étant celui de la série qui a la forme la plus voisine), les hastes des V sont souvent détachées à la base, les M à hastes verticales sont larges. Il y a une ligature, NP, à la l. 1; le lapicide a aussi essayé, semble-t-il, de ligaturer ET à la l. 3 mais sans succès : dans l'état actuel des choses, la barre supérieure du E constitue la partie gauche du linteau du T et deux barres sont esquissées le long de la haste de celui-ci. A la l. 4, on peut se demander s'il n'y a pas une tentative du même genre, réussie cette fois : la barre supérieure du E dépasse en effet nettement vers la gauche; cependant, le lapicide a ensuite gravé un T indépendant. Au début de la l. 2, il ne subsiste plus du Q que sa queue; au début de la l. 3, la haste précédée d'un petit trait oblique ne peut avoir appartenu qu'à un M; à la même ligne, la deuxième voyelle de *meses* a disparu : on peut se demander s'il y avait place pour un E ou seulement pour un I; de même, à la dernière ligne, la haste dont on aperçoit le haut entre le A et le O de *Ca[.]opes* appartenait-elle à un L ou à un I ? H. U. Instinsky (*Gnomon* 31, 1959, p. 143) trouve l'espace bien réduit pour restituer un L mais l'on peut songer à un L à base plongeante se prolongeant sous le O suivant.

L'inscription est si fautive qu'il n'est pas toujours facile de distinguer les erreurs matérielles du lapicide des vulgarismes phonétiques. Le R superflu de *mater* (l. 5) est sûrement dû à une inadvertance du lapicide. L'absence du S de *quiescere* (l. 1) n'est attestée à Trèves, où le mot apparaît tant de fois, qu'au n° 145; on a cependant quelques autres cas dans la région (*Intr.*, § 74). La fin de la l. 2 pose aussi un problème. *Anonum* n'est pas une forme « vulgaire » d'*annorum* car l'index de Diehl n'offre aucun parallèle. Restent en présence deux hypothèses : ou bien le lapicide a gravé par erreur un nouveau N au lieu de R et, en même temps, a mis un génitif au lieu de l'accusatif attendu (hypothèse de Gose) ou bien il faut reconnaître ici le mot abrégé *num(ero)* (hypothèse de Ferrua, *Akten*, p. 299, qui lit : *ano(s) num(ero) [dece]m*). Il faut préférer la seconde solution, à laquelle on peut trouver un parallèle à Trèves même (n° 179 : *[a]nnos n(umero) II;* cf., par exemple, Vives 174, datée de 643 : *anno(s) plus minu numero XXV*); considérant que le S final est stable à Trèves, notamment dans le pluriel d'*annus*, je pense qu'*ano* doit être considéré comme un singulier, dont nous avons d'ailleurs d'autres exemples (*Intr.*, § 83 : n°s 18, 29 et 40) et qu'il faut restituer par conséquent *ano num(ero) [unu]m*. La consonne double a été simplifiée, ce qui est encore un phénomène peu courant à Trèves (*Intr.*, § 75).

Il y a d'autres remarques à faire, sans s'attarder pour l'instant sur la forme des noms propres. A la l. 2, le I bref de *uixit* est noté par E, conformément à une évolution amplement documentée à Trèves (*Intr.*, § 49) ... sauf précisément en ce qui concerne le mot *uixit* (seuls autres exemples : *uixet*, n° 84 A, 132, *uicset*, 180, *uixset*, 238). Par contre, le même phénomène s'exerce très fréquemment sur *quiescit*, comme ici à la l. 1, et un certain nombre de fois sur *posuit*, comme ici l. 4 (*Intr.*, § 49). L'amuissement du N de *menses* est banal (*Intr.*, § 77). Enfin, le singulier *posuet* est mis pour le pluriel (*Intr.*, § 88).

Le formulaire est banal (*Intr.*, § 38-40). Gose a supposé que le texte était tronqué à droite et à gauche. Ce n'est pas impossible mais, en espaçant un peu les quatre lettres qu'il faut restituer au début de la l. 1, elles occupent la place nécessaire à la restitution des 4 ou 5 lettres qui manquent entre les l. 3 et 4 et 4 et 5.

L. 1 : à la fin de la ligne apparaît le début du nom du défunt, par exemple *Germanio* (cf. n° 62) ou *Geronius* (cf. n° 24).

L. 2-3 : si l'on considère que le mot *annus* est au pluriel (voir plus haut), il faut compléter *[dece]m* ou *[noue]m*, comme le propose Gose; si l'on pense qu'il est au singulier, il faut restituer *[unu]m*.

L. 4 : *Couoldus* est une déformation du nom africain *Quoduultdeus*, simplifié par amuissement de la semi-voyelle [w] (*Intr.*, § 70), amuissement du *d* et du *t* (*Intr.*, § 78) et chute du *e* en hiatus (*Intr.*, § 64). Il semble que cela ait été la forme normale du nom à Trèves puisqu'un *Couol[...]* apparaît au n° 115. Ces *cognomina* théophores en forme de phrase sont, comme chacun sait, d'origine carthaginoise (*Intr.*, § 110); I. Kajanto connaît 30 chrétiens nommés *Quoduultdeus* à Carthage (*Onomastic Studies*, p. 102).

L. 5 : *Calopes* est une forme populaire du nom d'origine grecque *Calliope*, très répandu en Occident (*Thesaurus*, s. u., col. 91); à Trèves, il se trouve aussi sous les formes *Calopae* (n° 96) et *[C]alliopis* (n° 189). On « latinise » souvent la déclinaison des noms grecs en -η en ajoutant un S au nominatif. Le I primitif a dû passer au degré [y] et se combiner plus ou moins avec les L précédents, donnant un son analogue à celui de l'italien *figlio*. Le lapicide n'a pas su transcrire ce son complexe.

La banalité du formulaire contraste avec les originalités de la transcription graphique. Pour A. Ferrua (*Akten*, p. 287-288), le nom *Quoduultdeus*, qui indiquerait clairement un Africain, est à mettre en relation avec l'afflux d'étrangers dans la Trèves de la deuxième moitié du IVᵉ siècle et n'apparaîtrait pas aux siècles suivants. Le nom certes est importé d'Afrique, mais n'a-t-il pu ensuite se perpétuer chez les Trévires ? L'inscription recèle plusieurs vulgarismes tardifs (*Intr.*, § 97), notamment la simplification de la double consonne dans *ano* qui est un phénomène attesté très tard dans notre matériel. L'écriture ne fait pas très ancienne non plus. Je songerais volontiers au VIᵉ siècle.

I, 133

Trèves, nécropole de Saint-Paulin - Saint-Maximin. Trouvée en 1900 à Saint-Paulin. Conservée au *Rheinisches Landesmuseum*.

CIL XIII, 3839 (RIESE 4310; BUECHELER *suppl.* 2264; DIEHL 4832).
GOSE 438.
Révisée par N. Gauthier en 1967.

Fragment d'une plaque de marbre blanc dont le bord primitif est conservé en haut; h. 35; l. 14; ép. 2,7; lettres : 2,7-3 cm.

```
      [...] G̣lyceria [...]
      [...]ṭi coniun[x ...]
      [...]er dono [...]
4     [... si]ṇe fine dol[or...]
      [...]r̠ uicturu[. ...]
      [...]P̣ITVENTV[...]
      [...]VI[...]
```

L'inscription a été gravée avec un visible souci d'élégance dont témoignent notamment la base du L (forme courante à Trèves : par exemple, n°s 115, 128, 148, 157, 167, etc.) et la barre supérieure du F, unique en son genre à Trèves. Notons au passage le Y de la l. 1 : on en trouve aussi aux n°s 31, 121 et 142 A. Les autres lettres sont plus hautes que larges, les O ovales, les E plutôt étroits, les C bien circulaires. A la l. 1, la première lettre est mutilée, si bien qu'on peut hésiter entre C et G; à la fin de la ligne subsiste une haste qui est peut-être un I. Au début de la l. 2, il ne reste plus du T que la partie droite de son linteau; à la fin de la même ligne, on aperçoit un empattement qui peut avoir appartenu à un X. A la fin de la l. 3 subsiste une haste qui peut avoir appartenu à un I, un M ou un N. A la l. 5, E. Lommatzsch donne par erreur un S pour le R initial. A la fin de la l. 7, on aperçoit un petit trait que le CIL, suivi par Lommatzsch et Gose, interprète comme l'extrémité gauche du linteau d'un T; il me semble que ce peut être aussi seulement l'*apex* d'une autre lettre.

Les quelques mots que l'on identifie dans ce fragment appartiennent au vocabulaire des inscriptions métriques. A la l. 2 apparaît la graphie étymologique *coniunx* (*Intr.*, § 80). Etant donné que l'espace blanc visible au dessous de la l. 7 est supérieur à un interligne, l'inscription ne comprenait vraisemblablement pas plus de 7 lignes.

L. 1 : le nom de la défunte était *Glyceria*, dont la racine grecque évoque une idée de douceur. Si *Glycera* est très répandu en Orient (Pape-Benseler, p. 253) et même en Occident (par exemple, CIL XII, 1626, 3601, 3389, 4689 *l*), la forme *Glyceria* est plus rare (sur la formation de noms en *-ius/ia,* voir *Intr., §* 124) : Pape-Benseler (p. 253) signale une martyre de ce nom, célébrée le 13 mai; dans l'épigraphie chrétienne d'Occident, ce nom apparaît deux autres fois (Diehl 1718 = *Not. Scavi* 1908, p. 465, et 1442 A *adn.* = *B.S.N.A.F.,* 1905, p. 247).

L. 3 : depuis le CIL, on propose de restituer [*semp*]*er.*

L. 4 : depuis CIL, on propose : [*si*]*ne fine dol*[*orem*]. Seule la finale ne me paraît pas assurée. Le reste est un cliché dont les poètes païens ont usé et abusé (par exemple, Ovide, *Amor.* II, 10, 11 : *Quid geminas, Erycina, meos sine fine dolores ?; Pont.* I, 10, 23 : *Sed uigilo uigilantque mei sine fine dolores;* CIL XIII, 11 895, à Mayence : *Amissum, m*[*ate*]*r, Trophimum si*[*n*]*e fine doleto*). Cette formule s'adaptait trop bien au mètre pour être négligée par les versificateurs chrétiens en mal d'inspiration, malgré l'enseignement optimiste qui leur apprenait que la mort n'est qu'une séparation provisoire et qu'on devrait se réjouir plutôt que de se lamenter de voir les êtres chers à l'abri des tribulations de la vie terrestre (*ICVR* I, 1122, 1179; *ICVR, n. s.* (I) 713; *Bull. Arch. Crist.,* 1894, p. 77).

L. 5 : Diehl propose de restituer [*sempe?*]*r uicturu*[*s in aeuum ?*]. Je ne sais à quel mot se rapporterait dans sa pensée *uicturu*[*s*] (forme également suggérée par CIL), pas au défunt puisque l'épitaphe est celle d'une femme dont le nom, *Glyceria,* apparaît normalement à la l. 1. Ce participe futur, qui n'apparaît guère en épigraphie chrétienne, se trouve cependant deux autres fois à Trèves (n° 19, *uicturis membris,* et n° 217, *titulum cum aeternetate uincturum*).

L. 6 : on peut comprendre [...]*pi tuentu*[*r...*], comme on l'a fait jusqu'ici, ou [...]*pit uentu*[*r...*] Le premier verbe est fort peu attesté en épigraphie chrétienne : *hic natus caramque tuens ex munere iugalem,* à Vienne en 562 (Le Blant 462), (*Christus*) *numerum gregis ipse tuetur,* à Rome dans une inscription damasienne (Ferrua 17). Le participe futur de *uenire* est un peu plus employé : *adiuro bos omnes pos me bentu*[*ros*] (Diehl 3861 = CIL X, 761), [...] *anima uentura* [...] (Diehl 3869 A = *Not. scav.,* 1898, p. 261, 5), *uiuax uenturos gloria per populos* (Diehl 391, 8 = CIL XIII, 128 add. p. 2), *uenturi saecli gloria testis erit* (Le Blant, *N. R.* 6), *nomen Amanti uenturi meriti prescia causa dedit* (Diehl 1061 *a,* 5-6 = CIL V, 1623).

Cette épitaphe paraît avoir évoqué un certain nombre de thèmes habituels à la poésie funéraire, qu'elle soit païenne ou chrétienne. Les mots identifiables peuvent tous être interprétés dans un sens païen, même le *uicturu*[.] de la l. 5 si, comme au n° 217, ce n'est pas Glyceria mais son *titulus* qui est appelé à survivre. Mais ceci n'est pas rare dans les inscriptions métriques chrétiennes et le support (mince plaque de marbre) ainsi que le lieu de trouvaille attestent que Glyceria appartenait à la religion chrétienne. L'écriture (forme du F, Y) suggère le IVe siècle ou le début du Ve.

I, 134

Trèves, nécropole de Saint-Paulin - Saint-Maximin. Trouvée en 1956 dans le cimetière de Saint-Paulin, dans les fondations d'un pilier extérieur sur le côté ouest de la chapelle mortuaire (*Friedhofskapelle*) (Kempf). Conservée au *Bischöfliches Museum*.

Th. K. KEMPF, *Das Heiligtum des Bischofs u. Martyrers Paulinus in Trier* (Trèves, 1958), p. 6-7.
GOSE 481 A (A. DEMAN, *Latomus* 26, 1967, p. 488-490).
Th. K. KEMPF, *Frühchristl. Zeugnisse,* p. 200, n° 17.
Révisée par N. Gauthier en 1968.

Plaque de marbre blanc dont la partie gauche est perdue; h. 17; l. 27; ép. 5,8-7; lettres : 1,5 cm.

[*croix ?* innocens ? a]d Domino transiit Hari-
[... in nomine] Cristi, qui uixit annus
[... ?qu]ę uita excedens melio-
4 [r... ...ta ui]ta perennem meruit
[...te] corona haec lecuit
[sanctis ? requies s]ociatur honore.
[... ka]l(endas) Mai(as).

On trouve ici les mêmes thèmes qu'aux n⁰ˢ 193 et 194 (voir n° 193), au point qu'on peut restituer à partir de ces deux inscriptions une partie du texte manquant.

Le lapicide a travaillé avec soin. La base des L, notamment, témoigne d'une volonté d'élégance. Les lignes sont guidées par une double réglure assez profondément incisée, que les lettres n'atteignent pas. Les M sont larges, avec des hastes très obliques; les O bien ronds sont beaucoup plus petits que les autres lettres; les barres des E sont assez courtes; les A ont une traverse rectiligne oblique, sauf celui de *transiit* (l. 1) dont la traverse est brisée; la forme du Q (l. 2) ne se retrouve, à Trèves, qu'au n° 178. Il y a quelques ligatures, NN (l. 2 et 4) et RV (l.4); cette dernière n'est attestée que deux autres fois à Trèves (n⁰ˢ 32 et 72). Notons enfin les grands tildes ondulés couvrant plusieurs lettres qui marquent les abréviations de la dernière ligne. Le point qui semble séparer *perennem* de *meruit* (l. 4) est un défaut de la pierre, comme celui qu'on aperçoit au-dessous, entre le A et le E de la l. 5. Cette écriture présente une certaine analogie avec celle du n° 193. Au début de la l. 1 ne subsiste plus que la partie courbe du premier D; puis la surface de la pierre est abîmée et le O a presque disparu, ainsi que les 4 premières lettres de la ligne suivante. Au début de la l. 4, il ne reste plus du T que la partie droite de son linteau. L. 6, la moitié du O a disparu dans la cassure. A la dernière ligne, seule la haste du L subsiste; le tilde se prolonge vers la gauche au dessus de lettres disparues.

Cette longue épitaphe se pare des plumes de la poésie. La forme métrique a paru à Gose méconnaissable aujourd'hui. Mais si l'on prend pour modèle le n° 194, où la disposition en lignes respecte la coupure des vers, et si l'on restitue les lettres supplémentaires conservées dans les formules identiques du n° 193, on obtient le résultat suivant :

[Innocens ? a]d Domino transiit Hari[... īn/nōmǐně]/Crīstī

    qui uixit annus ...

[qu ?]ē ūīta ēxcēdēns mělǐŏ[r...⌣⌣/‾⌣⌣/ūī]tā

(sic)

pěrēnnēm měrǔīt [...⌣⌣/⌣⌣...tě] cǒrōnā

hāec lěcǔīt [sānctīs ? rěquǐēs s]ǒcǐātǔr hǒnōrě.

    [... ka]l(endas) Mai(as).

Il semble que, comme aux n°ˢ 170 et 193, l'auteur se soit inspiré d'une inscription en hexamètres (en l'occurrence le n° 194, éventuellement par l'intermédiaire du n° 193), sans se soucier lui-même de faire des vers. Ainsi le début. sauf les deux pieds et demi *in nomine Cristi* sûrement empruntés au n° 194, ne peut entrer dans un hexamètre; la formule banale *qui uixit annus* ... a aussi été insérée sans souci de la métrique. La date de la mort, comme il est de règle en pareil cas, ne fait pas partie du *carmen*. Le reste est constitué par des hexamètres corrects, sauf la première syllabe de *perennem*, prise pour une longue. Le nombre de pieds à restituer à chaque vers nous donne une idée de la largeur de la partie perdue : 5 ou 6 syllabes à la l. 4, 5 à 7 à la l. 5, 5 ou 6 à la ligne 6. On peut en conclure qu'il manque 4 à 6 syllabes aux l. 1-3 (soit un peu moins qu'aux lignes suivantes puisque la cassure coupe les lignes en biais). En ce qui concerne la langue, les formes *Cristi* (*Intr.*, § 81), *annus* (*Intr.*, § 52). *lecuit* pour *licuit* (*Intr.*, § 49) relèvent de phénomènes abondamment attestés à Trèves. L'hésitation sur la désinence dont témoigne la formule *ad Domino* (que l'on trouve aussi au n° 193) est au contraire extrêmement rare (*Intr.*, § 83).

L. 1 : le rapprochement avec le n° 193 suggère la restitution *innocens* qui, éventuellement précédée d'une croix, correspond exactement à la place disponible. *Hari-* n'est pas un nom complet comme le pense Kempf, mais la première partie d'un nom germanique dont la fin se trouvait au début de la l. 2. On a à Trèves l'épitaphe d'un prince burgonde nommé *Hariulfus* (RICG I, 5*) mais ce premier terme peut, selon l'usage germanique, se combiner avec bien d'autres racines : *Haribertus, Harimodus, Harigundis,* etc. (M. Th. Morlet, *Noms de personne,* I, p. 123; Schönfeld, *Wörterbuch,* p. 126-128). La racine *Hari-* signifiant « armée », elle entre surtout, mais non exclusivement, dans la composition de noms masculins.

L. 2 : après la fin du nom (vraisemblablement deux syllabes), il reste 2 à 4 syllabes à restituer. Par analogie avec le n° 194, il faut compléter par *in nomine,* comme le fait Kempf, plutôt que par *seruus, puer* ou *famulus* (Gose, Deman). L'épigraphie chrétienne offre un certain nombre de formules analogues à *in nomine Christi* (voir n° 194).

L. 3 : il faut restituer au début de la ligne le nombre d'années et, vu l'espace disponible, le nombre de mois, peut-être même le nombre de jours si l'indication des mois était suffisamment abrégée.

    Kempf restitue ensuite *atque;* cette interprétation est évidemment incompatible avec la composition métrique que j'ai cru reconnaître. La difficulté, si l'on restitue comme je l'ai fait le relatif féminin est qu'il y a la forme *qui* à la ligne précédente. Mais l'on trouve très fréquemment à Trèves *qui* pour *quae* (*Intr.*, § 85) et peut-être *quae* pour *qui* au n° 141. On peut penser ou bien que *Hari-* était une femme et que le lapicide a mis la première fois *qui* pour *quae,* ou bien que c'était un homme mais que, recopiant textuellement un passage où il y avait *que* (car c'est à des femmes que sont dédiés aussi bien le n° 194 que le n° 193), l'auteur de l'inscription n'a pas songé à modifier le genre du relatif (hypothèse retenue par Deman).

L. 3-6 : voir le commentaire du n° 193, où l'idée du passage de la vie d'ici-bas à une autre meilleure et l'honneur d'être enseveli à proximité des restes des saints sont exprimés en termes identiques.

L. 7 : le jour de la mort ou de l'inhumation était mentionné comme aux n°ˢ 193 et 170 (*Intr.,* § 41).

Cette pierre est si proche à tous points de vue du n° 193 qu'elle doit en être à peu près contemporaine. Mais il est impossible de savoir qui a copié l'autre. Ces deux épitaphes présentent en outre suffisamment de points communs avec celle d'Vrsinianus (n° 170) pour ne pas en être trop éloignées dans le temps (voir n° 170).

I, 135

Trèves, nécropole de Saint-Paulin - Saint-Maximin. Trouvée en 1817 dans l'ancienne église Saint-Maximin. Conservée au *Rheinisches Landesmuseum.*

M. F. J. MUELLER, *Trier. Wochenblatt,* 44 (29 octobre 1820).
L. LERSCH, *Centralmus.,* 3 (1842), n° 55.
W. CH. VON FLORENCOURT, *Bonn. Jahrb.* 5/6, 1844, p. 331-335, n° 111.
LE BLANT 261 et suppl. t. II, p. 602 (DACL VII. 2, s. u. ΙΧΘΥΣ, col. 2044, n° 86 et XV, 2, s. u. *Trèves,* col. 2747, n° 40).
KRAUS 153 (J. KLINKENBERG, *Röm.-christl. Grabinschr.,* 1890, p. 12).
F. HETTNER, *Röm. Steindenkmäler,* n° 393 (BUECHELER 792).
CIL XIII, 3683 (RIESE 2546; DIEHL 444).
GOSE 440.
E. FOERSTER, *Frühchristl. Zeugnisse,* p. 41-42, n° 33.
Révisée par N. Gauthier en 1968.

Plaque de marbre gris, en plusieurs fragments, dont quelques-uns manquent; h. 22; l. 48; ép. 4; lettres : 1-2 cm. Légèrement endommagée au cours du bombardement de 1944.

(avant 1944 : restaurée)

croix monogr. Hīc rĕqŭíēs dătă ́Hlōdḗrīci ́mēmbră sĕp̤[l]c̮r̆ŭm
                              (sic)
        quī căp̆ŭs ́i̅n nŏmĕŕȯ ui̮c̮ārii ́nōmĭnĕ ́su̅m̤[p]ṣ̤it.
        Fuit in pupulo gratus et in suo genere pr[i]ṃus.
    4   Cui uxor nobelis pro amore tetolum fie[ri] iussit;
        qui uixit in saeculo annus plus menu̧s [...]L (*ou* I ?);
        cui deposicio fuit in saecu̧l[o] VII ka[l(endas) aug]u̧stas.
        poisson ?   poisson   colombe   vase   colombe

Ici, dans ce sépulcre, le repos a été donné aux membres de Hlodericus, qui a pris la tête d'un numerus en qualité de uicarius. Il fut aimé du peuple et premier de sa race. Sa noble épouse, par amour, lui a fait faire cette épitaphe, à lui qui a vécu en ce siècle environ ... ans, et dont l'inhumation eut lieu, en ce siècle, le 7ème jour avant les kalendes d'août (26 juillet).

Cette épitaphe de notable a été l'objet d'une attention particulière, comme l'indiquent les dimensions de la pierre, la longueur et la recherche du texte, l'abondance de la décoration. Cependant, l'écriture est mal assurée. Comme le note Le Blant, un bon nombre de barres se réduisent presque à des points, comme si le lapicide, après en avoir marqué l'extrémité, avait omis de joindre celle-ci à la haste. Les lignes montent vers la droite, la forme des lettres varie d'une fois sur l'autre (par ex. Q, l. 1 et 2). Les E sont très étroits mais la haste ne dépasse pas les barres comme dans la plupart des inscriptions mérovingiennes. Le C est tantôt étroit et presque carré (*Hloderici*, l. 1), tantôt large, proche de la cursive (*cui*, l. 4). Les O sont légèrement plus petits que les autres lettres, souvent de tracé maladroit. Le S est constitué de trois traits disjoints (par ex. *iussit*, l. 4). M à hastes obliques; P à boucle largement ouverte; A à traverse brisée. X de la l. 4 (*uxor*), T de *tetolum* (même ligne) nettement influencés par l'écriture manuscrite. Enfin, les L ont un *ductus* très particulier qu'on ne trouve sur aucune autre inscription rhénane : la base du L constitue une boucle qui revient vers la haste, parfois jusqu'à la toucher; il y a même encore un petit trait supplémentaire, repartant vers la droite, aux L de *tetolum* (l. 4) et *saeculo* (l. 6). Ce L me paraît le dernier avatar de la forme recherchée que l'on voit sur beaucoup de pierres trévires (par ex. n°⁹ 9 ou 133).

La décoration est curieuse. Les lignes plus courtes (2, 3 et 5) sont terminées par de petits traits sans signification précise, destinés à meubler. Au début de la première ligne, là où les inscriptions tardives portent souvent une croix, on reconnaît une croix monogrammatique. Le long du bord, en haut et à droite, des traits ondulés courant entre deux lignes directrices constituent une sorte de cadre comme on en voit souvent sur les pierres tardives (à Trèves. n°ˢ 191 et 202). Au dessous du texte, on reconnaît à droite, malgré la maladresse du dessin et la mutilation de la pierre, le motif du vase entre deux colombes, qui est largement attesté à Trèves (*Intr.*, § 44). A gauche de ce motif, un poisson et, encore à gauche, un animal étrange qui, selon Hettner, Gose, Brusin (*Röm. Quartalschr.* 54, 1959, p. 131) et K. Böhner (*Fränk. Altert. d. Trier. Landes* I, p. 242) qui y voit la preuve des influences égyptiennes à Trèves, pourrait bien être un crocodile ! Cela ressemble tout autant à un lézard, espèce plus commune sur les bords de la Moselle... D'ailleurs, le DACL III, 2, s. u. *crocodile*, col. 3044, ne signale qu'une représentation de cet animal, sur une lampe du Fayoum. Selon l'interprétation de Brusin, le sens de la figuration serait le suivant : « le poisson, c'est-à-dire le chrétien, peut être victime du mal ou du malin » (le crocodile). C'est aller bien loin dans l'hypothèse, d'autant plus que l'animal de gauche, quel qu'il soit, ne semble nourrir aucune intention hostile à l'égard du poisson (il a la bouche fermée). Je penserais volontiers que la figure énigmatique est un autre poisson, qui ressemble aussi peu à un poisson que la colombe de gauche ressemble peu à une colombe. C'est la seule représentation du poisson à Trèves. D'ailleurs, ce symbole si souvent figuré aux débuts de l'art chrétien (voir F. J. Dölger, IXΘΥC, *Das Fischsymbol in frühchristlicher Zeit*, 1910-1943) est rare sur les pierres gauloises généralement plus tardives (voir Le Blant, *N. R.* 334, inscription de Cimiez datée de 474). Ici, on peut songer aussi à une influence germanique (le défunt s'appelle Hlodericus), car il y a, semble-t-il, dans l'art issu des grandes invasions (bijoux, notamment), des figurations du poisson indépendantes du christianisme (E. Salin, *La Civilisation mérovingienne*, 4, Paris, 1959, p. 176-180). On aurait la résurgence d'un symbole chrétien tombé en désuétude, sous l'influence de l'art germanique (cf. n° 254, à Metz).

La lecture du texte ne présente pas de difficultés majeures. C'est bien Hlodericus qu'il faut lire, avec un L ligaturé au H. A la fin de la l. 1, il faut restituer, pour *sepulcrum*, un L analogue aux autres : la pierre a été maladroitement restaurée aux l. 1, 2, 3, 4 et 6 (cf. Kraus, *Taf.* XVII, 2, sans les restaurations). La partie disparue était un peu plus large que celle qui a été imaginée. A la l. 2, on peut hésiter, compte tenu de la place disponible, entre la forme *sumpsit* et le vulgarisme *sumsit;* la première semble plus vraisemblable. A la l. 4, Zangemeister, dans le CIL, a vu *nobilis;* en fait, la 4ᵉ lettre du mot est un E aux barres à peine indiquées comme beaucoup d'autres du texte. A la fin de la l. 5, Le Blant note un I, ce qui est plus satisfaisant pour l'esprit (X ne suffit pas à remplir le trou qui précède) mais la base de L est très probable (cf. les I de VII, l. 6).

L'épitaphe unit de faibles moyens d'expression à de grandes ambitions en la matière. Le résultat n'est sûrement pas à la hauteur des espérances de l'auteur ! Ainsi, la première ligne constitue un hexamètre correct mais il est impossible de trouver une construction grammaticale dans ces nominatifs alignés en série : *requies, data, membra, sepulcrum*. Faire de *sepulcrum* une espèce

d'apposition (Hettner), supposer le verbe *être* sous-entendu, chercher un « nominatif absolu »
comme on en trouve parfois chez Grégoire de Tours (voir l'index de W. Levison à l'*Historia
Francorum* dans *M. G. M., S. R. M.* I, 1² (1951), p. 617, s. u. *nominatiuus absolutus*) ne permettent
pas de construire la phrase : il faudrait quelque chose comme *hic requies data Hloderici membris
in sepulcro*. La deuxième ligne est également un hexamètre, à une faute près. Ensuite, Hettner
voit encore deux hexamètres défectueux (l. 4, « hexamètre à sept pieds », dit-il !) mais, à mon
avis, il n'y a plus trace de mètre identifiable. D'ailleurs, à partir de la l. 3, le style change et devient
aussi simple que le début était obscur : c'est parce qu'on passe de la poésie à la prose. Lersch et
Klinkenberg, quant à eux, ont cru reconnaître, du début à la fin, une poésie rythmée par six
accents par ligne mais la répartition de leurs accents est arbitraire. En fait, cette épitaphe est un
mélange d'hexamètres et de prose, comme les n°ˢ 170, 134 et 193.

    Les vulgarismes abondent. Le plus rare est le *capus* de la l. 2, si déroutant que Lersch et Le Blant ont
voulu le corriger en *carus*. C'est en réalité un doublet de *caput*, comme le prouve une inscription romaine remontant au plus tôt au VIᵉ siècle (CIL VI, 29 849 *a*) : *Roma capus mundi*. La forme *deposicio* pour *depositio* (l. 6)
résulte d'un phénomène d'assibilation qui n'est pas sans exemple à Trèves (*Intr.*, § 67). Enfin, l'hésitation entre
i et *e*, entre *o* et *u* est totale : *nomero* pour *numero, pupulo* pour *populo, nobelis* pour *nobilis, tetolum* pour
titulum, annus pour *annos, menus* pour *minus* (voir *Intr.*, § 49 à 54).

L. 1 : le sens est clair, si la construction ne !'est guère : le défunt enterré là s'appelait Hlodericus.
    C'est un nom composé de deux racines fréquemment employées dans l'onomastique germa-
    nique : *Hlode-*, « célèbre » (cf. Chlotharius, Chlodomeris, Chlothouechus), et *-ricus*, « roi »
    (cf. Hilpericus, Alaricus, Fridiricus, Theudericus, etc.). Il fut porté par le fils de Sigebert
    le Boîteux, roi des Francs Ripuaires à Cologne, que Clovis fit assassiner après qu'il eut
    lui-même tué son père (Greg. Tur., *Historia Francorum* II, 37 et 40, *M. G. H., S. R. M.* I, 1²
    (1951), p. 87, l. 17 et p. 89-91; le ms. C 1, du IXᵉ s., donne la forme *Hlodorichum*).
    Il est intéressant de noter que la forme normale du nom, en latin mérovingien, serait *Chlodo-
    ricus.* Selon H. d'Arbois de Jubainville (*Etudes sur la langue des Francs à l'époque méro-
    vingienne*, Paris, 1900, p. *164-*168), le premier exemple de *h* initial au lieu de *ch* n'est
    pas antérieur, sur les diplômes originaux, à 695 (*Haino* pour *Chaino :* Tardif n° 35 = Pertz
    n° 68). Mais on trouve déjà la forme *Hariulfus* (pour un Burgonde) sur une inscription
    trévire (RICG I, 5*) qui ne peut guère être postérieure au début du Vᵉ siècle. Toutefois,
    ce n'est pas avant le VIIIᵉ siècle que le *o* final du premier terme peut être remplacé par un *e*
    (*Leodefridus* en 709 : Tardif 43 = Pertz 76; *Chilpericus* en 716 : Tardif 46-50 = Pertz 81-
    84, 87). La forme *Hlodericus* date donc notre inscription du VIIIᵉ siècle.

L. 2 : on peut faire l'économie des hypothèses de Bücheler, *num pro capos innumeros an nomine
    accusatiui loco ?* car la construction est relativement claire : Hlodericus s'est trouvé à la tête
    d'un *numerus,* avec le nom de *uicarius.* Le problème est de savoir quel sens donner aux
    mots *uicarius* et *numerus.* On a jusqu'ici donné à *uicarius* un sens civil : dans la Gaule
    franque, les *uicarii* étaient les adjoints des *comites.* Comme eux, ils avaient des attributions
    surtout judiciaires : ils étaient responsables de la justice et de l'ordre dans les villes secondaires
    et, au chef-lieu de la cité, remplaçaient le comte pendant ses absences ou s'occupaient des causes
    mineures (cf. par ex. le vicaire Animodus dans Greg. Tur., *Historia Francorum,* X, 5). Dans
    ce cas, il faut donner à *numerus* un sens vague : cf. par ex. Paul. Nol., *Nat. 5 S. Fel.* :
    numerus ductu pastoris (= *episcopi*) *egebat;* Florencourt traduit : *in der Menge;* Hettner :
    unter den Menschen. Mais *numerus* est aussi un mot du vocabulaire militaire : après
    avoir eu un sens technique précis au Haut-Empire (voir H. T. Rowell, P.W. XVII, 2, s. u.),
    il tendit, à partir du IVᵉ siècle, à désigner indistinctement n'importe quel corps de troupes
    (A. H. M. Jones, *The Later Roman Empire,* Oxford, 1964, t. II, p. 610 et 654-655). Le mot
    uicarius désigne alors un grade militaire (*Ibid.* p. 675, avec la note 158) : par exemple,
    il y avait un *uicarius* à Deutz, le fort situé sur la rive droite du Rhin, en face de Cologne

(CIL XIII, 8274. Cf. Diehl 443 = CIL VI, 37 280, un autre *uicarius* militaire). J'avoue ne pas avoir de raison déterminante de donner au terme si vague de *uicarius* un sens civil plutôt que militaire. *Caput* peut s'appliquer aussi bien à un commandement militaire (cf. *Thes.* s. u., col. 422, l. 71-s.) qu'à des honneurs civils (par exemple, près de Vienne en 562 : [*u*]*rbes ab antiqua noueletate erat capud,* Le Blant 462).

L. 3 : c'est un petit développement sur les titres de gloire du défunt, comme il y en a tant, notamment sur les épitaphes viennoises du VIᵉ siècle. Ce qui a paru digne d'être signalé, c'est qu'il s'est attiré la reconnaissance du peuple (l'idée est commune mais cette formulation rare) et qu'il était le premier de sa race (même remarque). Bien entendu, il faut écarter l'interprétation de Le Blant, selon laquelle la formule *in suo genere primus* signifierait « qu'il y avait différents grades dans la fonction de *uicarius* ». H. Leclercq renchérit : Hlodericus « appartenait à l'administration *in suo genere primus,* une manière de ' chef de bureau ' » !

L. 4 : après avoir souligné le rang social du défunt, sa femme tient encore à mentionner le sien; les mots *nobilis* et *genus,* ici séparés, sont unis au nᵒ 29 A (*de nobile genere*). *Vxor* apparaît peu à Trèves (nᵒˢ 144, 217, 232), où l'on trouve généralement *coniux.* La dédicace de la tombe est liée à la présentation du défunt par le relatif *cui,* comme sur plusieurs autres inscriptions (voir nᵒ 76). La formule *pro amore* (nᵒ 225, cf. nᵒ 147, *in amure ipsius*) est infiniment plus rare que *pro caritate* (voir *Intr.,* § 40). De même, la formule attendue serait *titulum posuit* (*Intr.,* § 40), à la rigueur *titulum fecit* (voir nᵒ 1) plutôt que ce *fieri iussit* qui n'a de parallèle qu'au nᵒ 214.

L. 5 : la formule *uixit in saeculo,* dont l'usage en Gaule s'est répandu tardivement, apparaît rarement à Trèves (voir nᵒ 126). L'âge de Hlodericus pose un petit problème : après *menus,* on attend le début du nombre; si, par ailleurs, la lettre qui figure sur le fragment de droite est bien un L, on ne peut supposer entre les deux qu'un X, ce qui ne suffit pas à remplir la place disponible. Hettner envisage, sans raison, LXI. Peut-être le lapicide a-t-il mis par erreur L pour I ou peut-être le nombre était-il écrit sous une forme inhabituelle, par exemple XXL pour XXX. En tout cas, les petits traits qui suivent le L sont des signes sans signification, comme aux l. 2 et 3.

L. 6 : lorsque le jour de l'inhumation est indiqué à Trèves, le mot *depositio* apparaît généralement dans la formulation (*Intr.,* § 41). La formule *cui* (ou *cuius*) *depositio est* + date apparaît en 474 sur les inscriptions datées de Gaule (Le Blant 631). On la trouve sporadiquement au VIᵉ siècle.

A part Florencourt qui pense que la pierre peut être du Vᵉ siècle plutôt que du VIᵉ, tout le monde s'accorde à la placer à l'époque franque : VIᵉ (Gose, Förster), fin du VIᵉ - début du VIIᵉ (Le Blant, Kraus), fin du VIIᵉ - début du VIIIᵉ (DACL). Il n'est pas nécessaire de s'étendre longuement sur les raisons qui imposent une datation basse : cadre à festons, croix monogrammatique au début de la l. 1, paléographie, vulgarisme *capus,* formules *fieri iussit, in saeculo, cui depositio fuit,* etc. La forme du nom *Hlodericus* montre même, nous l'avons vu, que l'épitaphe n'est pas antérieure au VIIIᵉ siècle.

I, 136

Trèves, nécropole de Saint-Paulin - Saint-Maximin. Trouvée en 1653 à Saint-Paulin. Les conditions de la trouvaille étaient relatées dans une lettre du recteur du collège des Jésuites Türck à A. Wiltheim autrefois conservée à la Bibliothèque de Giessen (*Hs.* 125) et qui a brûlé au cours d'un bombardement à la fin de 1944. Le CIL donne sur ce manuscrit les indications suivantes : *Türck rector collegii soc. Jesu litteris ad A. Wiltheim litteris paulo ante 24. Mai 1653 datis cod. Gissensis n° 125 fol. 88 et fol. 87ᵛ, ubi adnotat Wilth. ʻ haec vera est inscriptio ʼ.* Et plus haut : ʻ *non ita pridem in horto decani* ʼ - ʻ *hortus dñ decani adiacet areae quae fuit antehac coemeterium seu etiam forum paulinianum, in medio crux stat, per illam venientes a Mosella recta ingrediuntur basilicam Paulinianam* ʼ *additur fᵒ 89ʳ* - ʻ *Ad S. Paulini detecta est tumba sepulchralis lapidea, in qua ad pedes matris peculiare loculamentum fuit pro extincta prole apposita quoque foris lamina quadrata ex gypso, cuius hanc inscriptionem vidi et exscripsi* ʼ *Türck, fᵒ 88.* La pierre fut ensuite acquise par le collège de Wiltheim et offerte à l'archiduc Léopold (*Luciliburgensia*, p. 143 : *in horto Sarcophagus e saxo cum tabellâ Parii marmoris, quam a venerabili Collegio impetratam, misimus antehâc Serenissimo Archiduci Leopoldo, in tantum grato munere, ut litteris Collegio peramplas egerit gratias*). Elle est perdue depuis.

TUERCK, ms. de la Bibliothèque de Giessen n° 125, *fol.* 88-89ᵛ (perdu).
K. BROWER, *Annal. Trevir.* (1626), *Stadtbibliothek Trier* 10/97-2°, p. 72 : sur cet exemplaire, un dessin manuscrit qui semble ancien a ajouté cette épitaphe à la droite des deux autres.
A. WILTHEIM, *Luciliburgensia*, p. 143, fig. 69; *Annales D. Maximini* (ms. *Stadtbibliothek Trier* 4° 1621/99, I, p. 191);
    (LE BLANT 263 [DACL XV, 2, s. u. *Trèves*, col. 2748, n° 42];
    KRAUS 168;
    CIL XIII, 3843 [RIESE 4313; DIEHL 3587]).

Hic iacet Ia-
nuaria quae
uixit an(nos) pl(us)
4   m(inus) L; titulum
posuit Valeri-
us conpari
suae; in pace !
colombe   croix monogr.   colombe

(Wiltheim, ms. Lux. I, p. 231 sic)

Ci-gît Ianuaria qui a vécu environ 50 ans; Valerius a posé cette épitaphe à sa compagne; en paix !

J'ai suivi, comme d'habitude, le manuscrit autographe des *Luciliburgensia*. Le texte ne paraît avoir présenté aucune difficulté de lecture. Cependant, Le Blant et Kraus omettent les colombes (sans doute à la suite du manuscrit qu'ils ont consulté). Sur le dessin de l'exemplaire des *Annales Trevirenses* de la Bibliothèque de Trèves, le texte est disposé en 5 lignes seulement et la lecture est sensiblement différente : *Hic iacet Ianuaria / quae uixit A.P.I.M.L* (sic) */ titulum posuit / Valerius compa/ri suae in pace /.* Au dessous, un monogramme constantinien flanqué de l'*alpha* et de l'*omega* à l'intérieur d'une très belle couronne. L'exemplaire des *Annales D. Maximini* que j'ai pu consulter à Trèves donne le texte sur 4 lignes, sans motif décoratif, avec la leçon *compari sua.*

L'épitaphe semble n'avoir présenté, chose rare, aucun « vulgarisme ». Si l'on en croit Wiltheim, comme il est raisonnable de le faire (*Intr.,* § 151), il y avait la forme non assimilée *conpari* (*Intr.,* § 80).

Le formulaire est d'une grande banalité (*Intr.,* § 38-40).

L. 1-2 : Ianuarius/ia, quoiqu'il ne soit pas autrement attesté dans notre matériel trévire, est un des *cognomina* les plus répandus de l'onomastique latine. I. Kajanto (*Lat. Cogn.,* p. 29 et 218) l'a rencontré 2 007 fois, dont 72 fois pour des chrétiens et 80 pour des chrétiennes. Sa popularité, bien plus grande que celle des autres noms tirés du calendrier, s'explique par le caractère faste du début de l'année.

L. 5-6 : Valerius est un nom largement attesté à Trèves (voir n° 45).

Le mot *compar* est d'un usage très fréquent à Rome et en Italie, pour désigner tant le mari que la femme. Il est fort rare dans le reste de l'épigraphie chrétienne (Diehl, *ind.* XII, p. 497).

Si l'apparition du mot *compar* indique une influence romaine, il faut dater l'inscription de la fin du IVᵉ siècle ou du début du Vᵉ (*Intr.,* § 129; pas avant à cause de la mention *plus minus*). Le monogramme sans lettres apocalyptiques ni cercle est une indication dans le même sens.

I, 137

Trèves, nécropole de Saint-Paulin - Saint-Maximin. Trouvée entre 1848 et 1853 (Hettner fait remarquer que Ph. Schmitt, curé de Saint-Paulin à partir de 1848, dit l'avoir trouvée lui-même, dans son livre paru en 1853) dans le cimetière de Saint-Paulin. Conservée au *Rheinisches Landesmuseum.*

Ph. SCHMITT, *H. Paulinus* (1853), p. 440, n° 22.
LE BLANT 264 (DACL XV, 2, s. u. *Trèves,* col. 2748, n° 43).
KRAUS 178 et *add.* p. [8].
F. HETTNER, *Röm. Steindenkmäler,* n° 378.
CIL XIII, 3844 (RIESE 4314; DIEHL 3112 A *adn.*).
S. LOESCHCKE, *Frühchristl. Denkmäler* (1936), p. 133.
GOSE 441.
E. FOERSTER, *Frühchristl. Zeugnisse,* p. 42, n° 34.
Révisée par N. Gauthier en 1967.

Plaque de marbre gris incomplète à gauche, en réemploi (la face portant l'inscription est moulurée); h. 21; l. 26; ép. 3; lettres : 2-2,7 cm.

Ḥic ⟨q⟩uiescit Ile⟨ci⟩-
ụs in pace ⟨f⟩e⟨d⟩ele.
*croix monogr. avec alpha
et omega dans une couronne*

profil
(d'après Gose)

Ici repose Ilecius en paix, fidèle.

L'inscription est gravée sur la partie plane de la pierre, au dessus de la moulure. La gravure est excellente mais le *ductus* des lettres est pour le moins surprenant : le Q de *quiescit* (l. 1) est semblable au P de *pace* (l. 2), le D qui termine la l. 1, s'il n'est pas mis pour CI, est à l'envers (cette forme n'est pas inconnue; cf., par exemple, Le Blant 362 à Augst), le F et le D de *fedele* (l. 2) se réduisent à de simples hastes quoique le lapicide ait laissé la place nécessaire pour les compléter (l'espace vierge se trouve ici, comme il est normal, à droite de la haste du D), les branches de la croix monogrammatique manquent. Celle-ci est décalée vers la gauche par rapport au milieu du texte.

La formulation (*Intr.,* § 38) et la décoration (*Intr.,* § 43) de l'épitaphe sont assez banales. Son originalité réside dans sa brièveté : l'âge du défunt et la mention des dédicants manquent (*Intr.,* § 39-40).

L. 1 : le nom *Iledus* est inconnu par ailleurs. Si le lapicide ne s'est pas trompé dans ses lettres, on peut songer à un hypocoristique germanique formé sur *hild*, « combat » : M. Th. Morlet (*Noms de personne,* I, p. 132) cite les noms de *Hildo, Hildela,* attestés à une époque tardive; une inscription de Briord (Le Blant 379) nomme un *Ildelo* en 487. A. Ferrua (*Akten,* p. 299) suggère de reconnaître en *Iledus* soit le nom *Lydus* avec un I euphonique et E pour Y, soit plutôt *Ilecius* pour *Ilicius* (Diehl 1772 B-1773). Notons enfin que deux évêques gaulois se sont appelés *Illidius* (L. Duchesne, *Fastes épiscopaux,* II, p. 33 et 97).

L. 2 : Le Blant s'est demandé s'il fallait lire *fidelis* ou *fideli.* Il faut, comme l'ont fait les autres commentateurs, comprendre *fidelis,* par analogie avec les autres inscriptions trévires où apparaissent les mots *in pace fidelis* (voir n° 9). Les formes *fedelis* (n°ˢ 20, 101, 137, 140, 152, 200, 204) ou *fideles* (n° 117) pour *fidelis* relèvent d'un vulgarisme caractéristique de la région (*Intr.,* § 49); par contre, le S final est stable à Trèves : son omission résulte donc probablement d'un oubli du lapicide.

Le formulaire de cette épitaphe est caractéristique du IVᵉ siècle : mention *in pace fidelis* (*Intr.,* § 139), omission de l'âge et des dédicants (*Intr.,* § 40). C'est la raison qui me fait adopter, pour le nom du défunt, la lecture *Ilecius,* conformément à l'une des hypothèses de Ferrua, en supposant que le lapicide, qui n'a pas su tracer correctement les lettres Q (l. 1), F et D (l. 2), a en outre gravé ꝯ pour CI (formes graphiquement voisines en capitale). Un nom germanique est, en effet, exclu à une période aussi précoce et l'adjonction d'un I prothétique devant un L (*Iledus* pour *Ledus = Lydus*) ne correspond à aucune tendance euphonique. Par contre, le prêtre romain, deux fois mentionné, Ilicius (Diehl 1772 B-1773) vivait à la fin du IVᵉ siècle.

I, 138

Trèves, nécropole de Saint-Paulin - Saint-Maximin. Trouvée à Saint-Maximin en 1607 (Wiltheim, *Annal. Maximini;* voir *Intr.,* § 11). Conservée autrefois au collège des Jésuites de Trèves (Brower 1626 et 1670); aujourd'hui, seul un petit fragment subsiste, conservé au *Rheinisches Landesmuseum.*

K. BROWER, *Annal. Trevir.* (1670) I, p. 53 (cette inscription, absente du manuscrit original, apparaît dans l'édition de 1626).
A. WILTHEIM, *Luciliburgensia,* p. 140, fig. 49; *Annales D. Maximini* (ms. *Stadtbibliothek Trier* 4° 1621/99, I, p. 196).
J. BERTHOLET, *Histoire du Luxembourg,* VI (1743), p. 296.
L. LERSCH, *Centralmus.,* 3 (1842), n° 68.
LE BLANT 265 (DACL XV, 2, s. u. *Trèves,* col. 2748, n° 44).
KRAUS 143 et *Nachtr.* t. II, p. 340.
F. HETTNER, *Röm. Steindenkmäler,* n° 392.
CIL XIII, 3690 (RIESE 438; DIEHL 353).
GOSE 442.
Révisée par N. Gauthier en 1967.

Plaque de marbre blanc dont seul le coin supérieur droit subsiste; h. 12; l. 12; ép. 2,5; lettres : 2 cm.

HIC.PAVSAT.IN.PACE.INGENVA
CHRISTIANA.FIDELIS.VRSACIVS
CVRSOR.DOMINICVS.PIENTISSE
T.OCTAVM.DECEMKALENDAS.FE
BARPIAS.QVI.VIXIT.ANOS.XXVIII
TITVLVM.POSVIT.DVLCESI
ME.SVE.  MATRVNE
 IN.CHRISTO

(Wiltheim, ms. Lux. I, p. 261)

état actuel

Hic pausat in pace I*ngenua*
christiana fidelis; V*rsacius*
*cursor dominicu*s PIENTISSE
4   *T octaum decem ka*l*endas* fe-
bar⟨r⟩*ias, qui uixit anos XXVIII,*
titulum posuit dulcesi-
me sue matrune
colombe   chrisme avec   colombe
alpha et omega
8   *in Christo !*

Pour rendre la traduction intelligible, je rétablis un ordre logique en indiquant le chiffre des lignes en exposant :

[1] *Ici repose en paix Ingenua,* [2] *chrétienne baptisée;* [4] *(elle mourut) le dix-huitième jour avant les kalendes de février* (15 janvier), [5] *elle qui a vécu 28 ans;* [2] *Vrsacius,* [3] *courrier de la couronne,* [6] *a posé cette épitaphe à sa très douce* [7] *épouse;* [8] *dans le Christ !*

Wiltheim, dont j'ai suivi le manuscrit (complètement dénaturé dans l'édition de Neyen), dit qu'il recopie ici le moine Paul Botbach, qui est sans doute à l'origine de la trouvaille (*Intr.,* § 11) et dont le sérieux est digne de la confiance que Wiltheim plaçait généralement en lui quoiqu'il en doute ici : *multiplex peccatum, an sculptoris vitio, an describentis, incertum; forsan utriusque* (*Luciliburgensia*). Le texte proposé par l'éditeur de Brower (qui dépend peut-être aussi de Botbach) est très voisin; les seules variantes sont l'omission de toutes les ligatures et la leçon *matrunae* (l. 7). Le manuscrit des *Annales Maximini* que j'ai consulté à Trèves présente la leçon FE/BRAPIAS (l. 4-5). On peut constater que le dessin de Wiltheim ne tient pas compte des ligatures des l. 1, 3 et 4 visibles sur le petit fragment qui subsiste. Comme toujours, il a séparé les mots par des points mais le seul nettement visible sur la pierre (avant les deux dernières lettres de la l. 3) ne figure pas sur son manuscrit. Le médiocre Bertholet donne, l. 5, *annos;* l. 7, */suae matrunae.*

Le fragment conservé permet de constater que la gravure était d'assez médiocre qualité : le trait est de profondeur inégale (dernières lettres de la l. 2, par exemple) et la surface de la pierre s'est souvent écaillée sous le choc d'un ciseau malhabile. A la l. 3, les lettres PIENTIS semblent avoir été regravées sur un autre mot qui pourrait être *recessit* ou sa forme vulgaire *recesset* (selon que le dernier E résulte d'une retouche ou non) : le R aurait été transformé en P, le I rajouté, le E suivant laissé tel quel, NT ligaturés tracés sur un C qu'on aperçoit encore distinctement, les barres, visibles également, d'un autre E, effacées pour le transformer en I, un S ajouté, le S suivant non retouché. Au début de la ligne suivante, on aurait oublié de supprimer ou de retoucher le T qui termine *recessit*. L'avantage de cette hypothèse est d'introduire la date par un verbe (quoique ce ne soit pas indispensable à Trèves, voir n° 21) et surtout d'expliquer le T qui commence la l. 4, inexplicable autrement. Reste à savoir pourquoi on aurait corrigé une formule satisfaisante pour la remplacer par une autre qui n'a pas grand sens : si l'on peut admettre que *pientisse* est mis pour *pientissime* (*Intr.,* § 92), il n'en est pas moins vrai que ce mot s'insère difficilement dans le contexte. Le reste de la pierre n'appelle guère de remarques paléographiques. Un G en spirale comme celui de la l. 1 apparaît au n° 230; c'est une forme courante à l'époque carolingienne. La barre supérieure du E et du F dépasse la haste à gauche. Les ligatures sont nombreuses : VA l. 1, NT l. 3, ND l. 4, auxquelles il faut ajouter au moins AV et MK l. 4, d'après Wiltheim. La décoration est une des variantes du thème banal du chrisme entre deux colombes affrontées (*Intr.,* § 43).

La langue de cette inscription appelle de nombreuses remarques. Tout d'abord, l'ordre des formules est bouleversé d'une façon qui rend l'inscription inintelligible : la date et la durée de vie des l. 4 et 5 semblent se rapporter à Vrsacius alors qu'il s'agit évidemment de la défunte Ingenua. Si l'on veut reconnaître à la fin de la l. 3 quelque forme du barbare *pientis* (*Intr.,* § 92), à quoi le rattacher ? à *Ingenua* deux lignes plus haut, ou à *matrune* 4 lignes plus bas ? De toutes façons, c'est une construction anormale. *Octaum decem* est mis pour *octauum decimum;* le lapicide a confondu chiffres cardinaux et ordinaux; l'amuissement de la semi-voyelle [w] devant la voyelle correspondante *u* dont témoigne la forme *octaum* est un phénomène peu attesté à Trèves, mais bien connu par ailleurs (*Intr.,* § 70). On ne peut accepter le *febarpias* (l. 4-5) fourni par la tradition manuscrite : aucune des innombrables formes vulgaires relevées par Diehl dans l'index VI de son recueil (p. 293) ne contient de P et il faut admettre que le lapicide ou les épigraphistes du XVIIe siècle ont omis le trait oblique du deuxième R. On aboutit ainsi à une lecture *febarrias* (avec chute du *u* non accentué en hiatus et déplacement du premier R, phénomènes attestés par ailleurs); étant donné le nombre de ligatures, on peut aussi supposer une ligature BRVA (B.A) dont la complexité aurait échappé aux éditeurs du XVIIe siècle, ce qui nous rapprocherait de la forme normale (*februarrias* pour *februarias*). La simplification de consonnes doubles dont témoignent les mots *anos* et *dulcesime* (l. 5-6) n'est pas fréquente à Trèves (*Intr.,* § 75). Les vulgarismes voca-liques *dulcesime* pour *dulcissimae* (*Intr.,* § 49 et 57), *sue matrune* pour *suae matrunae* (*Intr.,* § 57) y sont au contraire très répandus. Mais il est rare que *o* long soit noté par V comme c'est le cas dans la forme *matrune* (*Intr.,* § 52).

L. 1 : le verbe *pausat* apparaît moins souvent à Trèves que *iacet* ou *quiescit* (*Intr.,* § 38).

Ingenuus/a, dont l'étymologie fait allusion à la condition libre de celui qui le porte, est un *cognomen* presque tombé en désuétude à époque tardive, ce qui semble indiquer qu'on ne sentait dans ce nom aucune nuance morale (sur la fréquence des noms évoquant une qualité morale, voir *Intr.,* § 114) : I. Kajanto (*Latin Cognomina,* p. 314) l'a relevé 600 fois dans des sources païennes et seulement 5 fois (dont 4 au féminin) dans des sources chrétiennes.

L. 2 : l'expression *christianus/a fidelis* n'est pas sans exemple en épigraphie chrétienne (Diehl 1334-1337 = CIL XI, 2551; V, 7977; III, 13 529; V, 1709; Diehl 310 *a* = CIL VIII, 12 260). Les deux mots ne font pas double emploi : *christianus* désigne celui qui a choisi la religion du Christ, même s'il n'est encore que catéchumène, *fidelis* est réservé aux chrétiens baptisés. Par exemple, un texte du code théodosien (XVI, 7, 2), daté de 383, prend des mesures différentes à l'égard des *christiani ac fideles* et des *christiani et catechumeni tantum* qui retourneraient au paganisme (pour d'autres textes reflétant cette distinction, voir *Thes.*, s. u. *fidelis,* col. 657, 1. 80-82). Wiltheim qui, déjà, connaissait cette nuance de sens en conclut qu'Ingenua, selon la coutume largement répandue à l'époque, a été baptisée à l'article de la mort et que son mari a voulu le faire savoir en l'inscrivant sur l'épitaphe. Rien ne permet de confirmer cette hypothèse d'ailleurs plausible.

Le *cognomen Vrsacius* apparaît sous la forme *Vrsatius* au n° 165. Contre Gose, il faut donner raison à A. Ferrua (*Riv. Arch. Crist.* 34, 1958, p. 217) qui estime que la forme correcte est *Vrsacius.* En effet, I. Kajanto (*Latin Cognomina,* p. 329) ne connaît pas d'autre *Vrsatius* que celui du n° 165 alors qu'il a relevé 33 exemples d'*Vrsacius/a.* Par suite de l'assibilation des groupes [t + y] et [k + y] (*Intr.,* § 67), la différence de prononciation entre *Vrsacius* et *Vrsatius* tendit à disparaître, ce qui explique que la deuxième forme se soit répandue avec le temps (dans les *Libri confrat. S. Galli, etc.,* 13 *Vrsacius/a,* 8 *Vrsatius/a*). Ce nom est un des nombreux dérivés d'*ursus,* si caractéristiques de l'onomastique des pays d'origine celtique en général et de Trèves en particulier (*Intr.,* § 122).

L. 3 : les *cursores,* dont l'existence est largement attestée par l'épigraphie et les sources littéraires (*Thes.,* s. u. *cursor*), étaient, sous l'Empire, des fonctionnaires inférieurs chargés de transmettre les messages officiels; leurs fonctions exactes sont mal connues (A. H. M. Jones, *The Later Roman Empire,* Oxford, 1964, p. 582). Un autre *cursor* a été enseveli à Trèves (CIL XIII, 3689 : *nuncius Augusti uelox pede cursor*). A ma connaissance, la formule *cursor dominicus* n'est attestée que très tardivement, dans un papyrus de Ravenne daté de 540 où est signalé un *praepositus cursorum domnicorum* (G. Marini, *I papiri diplomatici raccolti ed illustrati,* Rome, 1805, 115, col. 1, 15. Marini pense que ce papyrus date de la domination de Vitigès, avant la reconquête justinienne qui a eu lieu précisément cette année-là). On sait que l'on qualifiait aussi de *dominicus* ce qui touchait au roi dans la Gaule mérovingienne (voir *Thes.,* s. u. *dominicus,* col. 1888, 1. 75-82). Par conséquent, nous ne pouvons savoir si Vrsacius servait l'empereur ou quelque modeste souverain local. Wiltheim (*Annales Maximini*) et Kraus pensent même qu'Vrsacius n'était pas un fonctionnaire civil mais un fonctionnaire d'église, *cleri pontificumque nuncius et sacri census,* comme ce porteur de lettres Cardamates que Paulin de Nole, dans une de ses lettres, appelle *cursor dominicus* (*ep.* 21, 2 = C.S.E.L. 29, p. 150; cf. *ep.* 15, 14, 19); mais la formulation de Paulin de Nole est trop littéraire pour qu'on puisse en inférer l'existence d'une fonction ecclésiastique que rien, par ailleurs, ne laisse supposer.

L. 4-5 : le T qui commence la l. 4 ne s'explique, nous l'avons vu, que s'il a été oublié lors de la retouche qui a abouti au *pientisse* de la ligne précédente. Kraus, pour sa part, se demande : *T ob ante ? Vielleicht verhauen.* Hettner, suivi par Gose, interprète *pientisse[m]/e* en expliquant qu'il faut chercher le E dans le T conservé au début de la l. 4. Un autre point obscur est la raison pour laquelle cette date — 15 janvier — qui ne peut être que celle de la mort ou de l'inhumation intervient ici. Une hypothèse plausible est que le lapicide a déplacé par distraction les 3 mots *Vrsacius cursor dominicus.* S'apercevant de son erreur, et que le mot *recessit* rattachait cette date à *Vrsacius* au lieu d'*Ingenua,* il l'a remplacé par *pientissime* qui, dans son esprit, renvoyait à *matrune* (l. 7) et faisait dépendre la date de *titulum posuit.*

La formule suivante, *qui uixit anos XXVIII,* donne évidemment l'âge d'Ingenua à sa mort, quoiqu'il soit grammaticalement impossible de rattacher cette relative à un antécédent. Sur *qui* comme pronom relatif féminin, voir *Intr.,* § 85.

L. 7 : le mot *matrona,* qui est ici l'équivalent de *coniux,* a un sens assez vague : *matrona est quae iam nupsit, et dicta matrona quasi mater nati uel quia iam mater fieri potest, unde et matrimonium dictum,* dit Isidore (*Orig.,* 9, 5, 8). On le trouve parfois joint à *uxor* ou *coniux* en épigraphie (*Thes.,* s. u., col. 486, l. 26-34). Il est rare dans les inscriptions chrétiennes (les *indices* du recueil de Diehl le signalent 9 fois).

L. 8 : Kraus, et plus encore Hettner, sont tentés d'interpréter *in Christo* comme une glose du monogramme au-dessus, à mettre au compte du premier transcripteur de la pierre. Ce n'est pas nécessaire car cette acclamation termine parfois les épitaphes chrétiennes (Diehl 3370 B - 3372 A; à Mayence, Diehl 3312 = CIL XIII, 11 918) quoiqu'à Trèves, on trouve plutôt *in pace* (*Intr.,* § 40). On peut aussi considérer *in Christo* comme le complément de *posuit* (cf. n° 177).

Le Blant, pour qui Vrsacius ne peut être qu'un courrier impérial, date cette épitaphe de la « fin du IVe siècle, époque à laquelle les empereurs cessèrent de résider à Trèves »; Kraus, qui en fait un fonctionnaire ecclésiastique, penche plutôt pour le Ve. La médiocrité de la gravure, l'incroyable charabia du texte, le nombre et la nature des vulgarismes (*Intr.,* § 97) pour une inscription qui a quelque prétention me paraissent incompatibles avec la qualité que les lapicides trévires atteignaient sans effort au temps de leur grande activité, que tout le monde s'accorde à placer aux IVe-Ve siècles. L'épitaphe d'Ingenua me paraît donc plus tardive, ce que confirme la forme en C du nom *Vrsacius.* Peut-être faut-il la placer au VIe siècle, où l'on trouve souvent des E assez larges, avec les 3 barres d'égale longueur. En tout cas, ce n'est pas au service de la couronne impériale qu'Vrsacius remplit son office, mais au service d'une autre couronne, sans doute celle du roi d'Austrasie dont Trèves dépendit généralement à partir de la mort de Clovis.

I, 139

Trèves, nécropole de Saint-Paulin - Saint-Maximin. Trouvée en 1608 dans l'enceinte de l'abbaye Saint-Maximin; la tombe contenait deux mèches de cheveux féminins entrelacées (Brower : *Visendum et raritate sua novum Trevericae matronae monumentum in ejusdem S. Maximiniani monasterii septis erutum anno salutis MDCVIII, in quo flagella duo crinium implexorum ex coma muliebri tot saeculorum aetatibus supererant*). Perdue, sans doute lors de l'invasion française de 1674 (*Intr.*, § 11).

K. BROWER, *Annal. Trevir.* (1670) I, p. 61 (cette inscription, absente du manuscrit original, apparaît dans l'édition de 1626).
     (LE BLANT 302 [DACL XV, 2, s. u. *Trèves*, col. 2755, n° 82]; CIL XIII, 3826 [RIESE 4294; DIEHL 2748].)
A. WILTHEIM, *Luciliburgensia*, p. 141, fig. 50; *Annales D. Maximini* (ms. *Stadtbibliothek Trier* 4° 1621/99, I, p. 198).
     (KRAUS 135.)
J. BERTHOLET, *Histoire du Luxembourg*, VI (1743), p. 296.

(Wiltheim, ms. Lux. I, p. 262)

        Quiescet in pace Ipsychius quae
        uixit in seculo annos XXVIII,
        menses IIII; Archontus coniugi
4   carissime titulum posuit.
        colombe   chrisme   colombe

Ipsychius repose en paix, elle qui a vécu en ce siècle 28 ans, 4 mois; Archontus a posé cette épitaphe à son épouse très chère.

On sait la qualité douteuse des leçons transmises par les *Annales Trevirenses* (*Intr.*, § 149). Aussi ai-je adopté, comme le plus probable, le texte donné par Wiltheim dans son manuscrit des *Luciliburgensia;* il dit l'avoir copié sur les fiches de Paul Botbach, ce moine de Saint-Maximin qui s'intéressait aux antiquités et constitue généralement une source d'informations sûre. C'est vraisemblablement Botbach lui-même qui a découvert la tombe d'Ipsychius car ses recherches ont mis au jour, dans les années 1607-1608, à Saint-Maximin, un certain nombre d'inscriptions chrétiennes (*Intr.*, § 11). Les autres traditions présentent avec celle que j'ai retenue les variantes suivantes :
— l. 1 : Bertholet et Wiltheim, *Annal. Maximini* (ms. de Trèves), *quiescit;* Brower, *Ypsichius;*
— l. 2 : Brower, *saeculo;*
— l. 3 : Wiltheim, *Annal. Maximini* (ms. de Trèves), *congugi.*

Wiltheim a, comme toujours, séparé les mots par des points qui ne figuraient pas sur la pierre (Brower 1670, lui, a seulement mis des points entre les trois propositions).

Le texte comporte quelques vulgarismes, fort communs à Trèves : *quiescet* (*Intr.*, § 49), *seculo* et *carissime* (*Intr.*, § 57).

L. 1 : l'omission de *hic* dans la formule initiale est exceptionnelle (*Intr.*, § 38). *Ipsychius* est très certainement une forme populaire pour *Psychius :* on a introduit un I euphonique devant un groupe de consonnes difficile à prononcer (*Intr.*, § 65). Il reste que, même sous cette forme, le nom n'est attesté nulle part ailleurs; les recueils onomastiques ne signalent même aucun dérivé de ψυχή, ni en Orient ni en Occident. Toutefois, le mot ψυχή lui-même est attesté comme nom de femme (Pape-Benseler, p. 1700); *Psychius* en est une dérivation en *-ius,* selon un procédé qui connut une grande faveur à partir du IIIᵉ siècle (*Intr.*, § 124); pour ces noms en *-ius,* surtout lorsqu'ils sont d'origine grecque, on trouve parfois la forme masculine appliquée, comme ici, à des femmes (I. Kajanto, *Onomastic Studies,* p. 41-42, en donne toute une série d'exemples). E. Fränkel (P. W. XVI, 2, col. 1646) estime avec vraisemblance qu'*Ipsychius* est un nom d'affection : « ma petite âme ».

L. 2 : la formule *uixit in saeculo* se rencontre peu à Trèves (nᵒˢ 126, 135 et 173).

L. 3 : le nom *Archontus* est évidemment dérivé du grec ἄρχων, -οντος, d'ailleurs attesté comme nom propre (par ex., Preisigke, *Namenbuch,* col. 59). Mais on attendrait plutôt *Archontius* avec le suffixe habituel *-ius* (*Intr.*, § 124), qui est attesté 2 fois comme gentilice (*Thesaurus,* s. u. *Arcius,* col. 469).

Dans son ensemble, cette inscription est conforme au schéma habituel des épitaphes trévires, avec la décoration si commune du chrisme entre deux colombes (*Intr.*, § 38-40 et 43). Les deux noms grecs (surtout avec une forme féminine en *-ius*), la sobriété du chrisme (sans lettres apocalyptiques ni colombes) me paraissent des signes d'antiquité, malgré la formule *uixit in seculo* (tardive dans le reste de la Gaule mais attestée à Rome dès le IVᵉ siècle : *Intr.*, § 39) : Ipsychius a dû mourir à la fin du IVᵉ siècle ou au Vᵉ.

I, 140

Trèves, nécropole de Saint-Paulin - Saint-Maximin. Trouvée en 1890 au coin de la *Schöndorfer-strasse* en face de l'école, entre St-Paulin et St-Maximin. Conservée au *Rheinisches Landesmuseum.*

F. HETTNER, *Wd. Korr.* 9, 1890, p. 89, n° 49 et *Wd. Zeitschr.* 10, 1891, p. 405 (brève notice).
KRAUS 193, *add.* p. [8] et *Nachtr.* t. II, p. 341 (LE BLANT, *N.R.* 380).
F. HETTNER, *Röm. Steindenkmäler,* n° 390.
CIL XIII, 3847 (RIESE 4318; DIEHL 1372).
GOSE 443.
Révisée par N. Gauthier en 1968.

Plaque de marbre blanc, aujourd'hui en 2 fragments (sans doute depuis le bombardement de 1944); h. 29; l. 30; ép. 4,5; lettres : 3-3,5 cm.

(avant 1944)

[H]*ic ia*çet Isạ
qui uixit *in* pace fed[e]/*lis*
*a*nnos p(lus) m(inus) ẊẊX; Fortio coiuẋ
4 [su/ei]*us* ḍolens *ti*tuḷum posụiṭ.
chrisme avec alpha et omega

Ci-gît Isa qui a vécu en paix, fidèle, environ 30 ans; Fortio, son époux affligé, a posé cette épitaphe.

La surface de la pierre, profondément érodée lors de la trouvaille, s'est encore effritée depuis, rendant la lecture difficile malgré la taille des lettres. Le chrisme, notamment, a presque disparu, surtout que son milieu se trouvait dans l'axe de la cassure. Les lettres sont hautes et étroites, même le M malgré ses hastes obliques, très serrées sauf à la première ligne. Les O sont en général sensiblement plus petits que les autres lettres. Le A de la l. 2, seul bien visible, a une traverse brisée (Kraus semble donc avoir eu tort de se corriger sur ce point dans ses *addenda*), le C est très ouvert, les deux barres du F se joignent au sommet de la haste comme en un certain nombre d'autres cas (en particulier n°ˢ 54, 63, 91), l'empattement situé à la base des lettres est parfois décalé vers la droite (par ex., F, l. 2, et R, l. 3) comme au n° 106, la base oblique du L se prolonge sous la lettre suivante. A la l. 2, on a, jusqu'à maintenant, lu PACEN. On distingue en effet la trace d'un N, mais si légèrement incisé que le lapicide a dû se raviser au moment même où il le gravait et le faire disparaître. A la fin de la même ligne, Hettner, suivi par tous les autres éditeurs de cette inscription, lit FED et, en caractères plus petits au dessous de la ligne, LIS. On peut en général faire confiance à ses lectures mais je dois avouer n'avoir décelé aucune trace de ces trois dernières lettres alors que la pierre à cet endroit-là ne semble pas avoir particulièrement souffert depuis sa découverte.

Le texte présente trois vulgarismes : *qui* pour *quae* (*Intr.*, § 85), *fedelis* pour *fidelis* (*Intr.*, § 49) et *coiux* pour *coniux* (*Intr.*, § 77). Tous trois sont largement attestés à Trèves.

L. 1 : le nom *Isa* est inconnu par ailleurs. Hettner (*Röm. Steindenkmäler*) commente : *Isa = Issa = Ipsa* et Kraus le rapproche du nom d'un fleuve de Norique. E. Ewig (*Trier im Merowingerreich,* p. 70, n. 39) le considère comme un nom germanique. De fait, la racine *isarn-,* « fer », apparaît souvent sous la forme courte *is-* dans les noms germaniques. D'après M. Th. Morlet (*Noms de personne,* I, p. 148), l'hypocoristique *Isa* n'est attesté que vers 1034-1058, mais la forme masculine *Iso* se trouve à St-Gall dès 762. On peut négliger l'interprétation de Gose qui donne à *Isa = ipsa* le sens de *domina.*

L. 2 : la formule *uixit in pace,* fréquente ailleurs, notamment en Afrique (Diehl 2673-2686), n'apparaît à Trèves que sur cette pierre. D'après Le Blant (*Inscr. Chrét.* t. II, p. 575), dans les inscriptions datées de Gaule, elle est attestée pour la première fois en 486; depuis, est apparu à Lyon un exemple daté de 484 (P. Wuilleumier, *Inscr. Lat.* n° 297). *In pace* est suivi, selon une habitude largement attestée à Trèves — mais après le nom du défunt et non *uixit* — (voir n° 9), de l'adjectif *fidelis* se rapportant à la défunte et soulignant son appartenance à la religion chrétienne.

L. 3 : Fortio est l'un des *cognomina* forgés à partir de l'adjectif *fortis.* I. Kajanto (*Latin Cognomina,* p. 257) connaît 12 exemples de ce nom, parmi lesquels celui-ci seul est chrétien. On sait que le suffixe *o/io* a joui d'une faveur particulière dans les pays de peuplement celtique (*Intr.*, § 125).

L. 4 : le mot *dolens* caractérise aussi le dédicant aux n°s 74, 115 et semble-t-il, 58 et 167 (cf. Diehl 4172-4180). Pour le premier mot, on peut restituer [*su*]*us* aussi bien qu'[*ei*]*us* car les deux sont amplement attestés à Trèves (*Intr.*, § 86).

La date de l'inscription fait difficulté. Si l'on veut trouver au nom *Isa* une origine germanique, il faut descendre jusqu'au VIIe siècle (*Intr.*, § 99) et même au VIIIe en raison de sa forme. Cependant le formulaire avec *in pace fidelis* (quoique ce soit le seul cas où la formule soit construite avec *uixit*), *dolens* (qui, à Trèves comme ailleurs, apparaît surtout aux IVe-Ve siècles), la langue, voire l'écriture, me semblent plutôt indiquer le Ve siècle.

I, 141

Trèves, nécropole de Saint-Paulin - Saint-Maximin. Trouvée en 1854 dans le chœur de l'église St-Maximin (note manuscrite de G. Schneemann citée par Kraus) plutôt que sous les débris qui entouraient les sarcophages de pierre situés sur le sol romain de la « Basilique », en même temps que le n° 186 (Schmitt), car celle-ci n'accueillait en tout cas pas de tombes à l'époque paléochrétienne. (Sur la cause possible de la méprise de Schmitt qui dit avoir relevé lui-même ces inscriptions dans la « Basilique », voir n° 186.)

Ph. SCHMITT, dans *Mittheilungen aus dem Gebiete der kirchlichen Archäologie u. Geschichte der Diöcese Trier, vom historischarchäologischen Verein,* 1 (Trèves, 1851), p. 80 (pour le nom de l'auteur, voir *ibid.* p. 126, *Geschichtliches*).
J. MARX (selon CIL XIII, p. 589) plutôt que F. LINTZ (selon Gose 770), *Die Basilika in Trier, deren Geschichte u. Einweihung zur evangelischen Kirche am 28. Sept. 1856* (Trèves, 1857), p. 28, n° 80 (je n'ai pu trouver cet ouvrage).
KRAUS 196, 2 et *add.* p. [8] (LE BLANT, *N.R.* 388).
F. HETTNER, *Röm. Steindenkmäler,* n° 412.
CIL XIII, 3850 (RIESE 4322; DIEHL 3110 B).
S. LOESCHCKE, *Frühchristl. Denkmäler* (1936), p. 134.
GOSE 732.
Révisée par N. Gauthier en 1967.

Plaque de marbre blanc veiné de rouge; h. 22; l. 29; ép. 4; lettres : 1,5-2 cm.

Hic quiescit in pa-
ce Leo quae ui-
xit annos IIII et
4   men(ses) VII et XII.

Ici repose en paix Leo qui a vécu 4 ans, 7 mois et 12 (jours).

L'écriture est originale par ses lettres de taille et de formes très irrégulières, inégalement espacées, qui témoignent cependant d'une grande aisance dans leur tracé. Les E sont étroits, avec une légère tendance de la haste à se poursuivre au delà de l'intersection avec la barre supérieure (l. 1 et 2); la traverse des N rejoint les hastes très en deçà de leurs extrémités; la traverse des A, très oblique, tend au contraire à couper la haste de droite à son extrémité inférieure (notamment l. 3); les Q sont tracés de deux traits, comme souvent à Trèves (cf., en particulier, n°s 13 *a,* 17, 81, 131, 143); la base du L est oblique; le M à hastes obliques a un *ductus* analogue à celui des n°s 2 et 127. A la l. 1, les lettres NP sont ligaturées. A la l. 4, seul Zangemeister a reconnu l'*episemon* (= 6) qui apparaît dans le nombre de mois (on le trouve aussi aux n°s 13 *a*, 33, 106 et 178). Avant *XII*, le lapicide semble avoir oublié le mot *dies* qui n'est jamais sous-entendu à Trèves où, cependant, la mention du nombre de jours apparaît fréquemment (*Intr.*, § 39). Kraus et Hettner ont lu à tort XI, négligeant la haste plus petite, comme au-dessus, mais parfaitement gravée qui suit le nombre XI. Au dessous du texte se trouve un large espace blanc, comme cela se présente parfois à Trèves (par exemple à Saint-Mathias I : voir *Intr.*, § 15).

L. 2 : le nom *Leo,* qui apparaît aussi au n° 28, est un de ces *cognomina* suggérant la force et le courage de l'animal sauvage qui jouissaient d'une faveur particulière chez les Trévires (*Intr.,* § 122). I. Kajanto (*Latin Cognomina,* p. 327) connaît 111 chrétiens de ce nom. C'est normalement un nom masculin dont le féminin est *Lea* (voir n° 100; 41 exemples selon Kajanto); aussi estime-t-on généralement que le relatif *quae* est mis ici, à titre exceptionnel, pour le masculin *qui* (*Intr.,* § 85). Peut-être cependant n'est-il pas exclu qu'une femme se soit appelée *Leo* puisque l'on connaît au moins une femme appelée *Vrso* (Diehl 4152 A = Bosio, *Roma sotterran.,* a. 1632, p. 403*c,* a. 1650, p. 386 : *Leoni dulcissimo marito coiux Vrso se biba fecit,* etc.).

Le formulaire de cette épitaphe est parfaitement banal (*Intr.,* § 38-39) mais il manque l'habituelle mention des dédicants (*Intr.,* § 40), malgré le grand espace demeuré libre au-dessous. L'écriture (lettres exceptionnellement espacées avec E très étroits) rappelle quelque peu celle du n° 160. Doit-on songer au Ve siècle ?

I, 142

Trèves, nécropole de Saint-Paulin - Saint-Maximin. Trouvée à une profondeur de 2 m au n° 27 de la *Schöndorferstr.* Conservée au *Rheinisches Landesmuseum.*

CIL XIII, 3856 (RIESE 4327; DIEHL 3581 A).
GOSE 445.
Révisée par N. Gauthier en 1967.

Plaque de marbre blanc grossier dont le coin supérieur gauche et le coin inférieur droit sont perdus; endommagée au cours du bombardement de 1944; h. 27; l. 33; ép. 1,5 cm; lettres : 1,8 cm.

(avant 1944)

       [Hic] *quiesc*it in p*açç* Lupicinus
       [qu]i uixit ⟨a⟩nn(ós) pl(us) m(inus) LXX, men(ses) III et des
       ...; Veneria coniux carissim*a* titu-
colombe   chrisme avec alpha et omega   colombe
                  dans un cercle
4   *l*um posuet.

Ici repose en paix Lupicinus qui a vécu 70 ans, 3 mois et ... jours; Veneria, son épouse très chère, a posé cette épitaphe.

Cette inscription se devine plutôt qu'elle ne se lit. La surface mal polie de cette pierre à gros grain se dégrade aisément : il semble que certaines lettres, lisibles au moment de la découverte et notées par le CIL, ne l'étaient déjà plus au moment où la photo ci-contre a été prise et, dans son état actuel, la pierre est encore plus effacée, sans compter les mutilations supplémentaires. J'ai donc adopté la lecture du CIL pour les lettres disparues aujourd'hui. L. 1, on voit sur la photo que le Q de *quiescit* était mutilé. Au début de la l. 2 manquent Q et V; les lettres suivantes sont bien visibles et il est certain que le lapicide a oublié le A de *annos;* après le deuxième N, il y a une espèce d'énorme point, puis la formule abrégée *pl(us) m(inus)*, avec le M logé à l'intérieur du L comme s'il s'agissait de noter un nombre (cf. LXX); ensuite vient le nombre d'années, bien lisible, puis *men(ses)* en abrégé suivi d'un certain nombre de hastes, 2 selon CIL et Gose, 3 m'a-t-il semblé, enfin *et des,* à peu près lisible, où sûrement le I de *dies* ne figure pas; le S final, qui n'a été vu ni par le CIL ni par Gose, n'est cependant pas douteux. Le nombre de jours se trouvait au début de la l. 3; Domaszewski, dans le *Corpus,* a noté la moitié inférieure d'un X dont on ne distingue plus rien aujourd'hui; le nom *Veneria* est à peu près lisible si l'on prend garde à la ligature NE; les dernières lettres de la ligne ont presque disparu. La dernière ligne se trouve au dessous du chrisme; on distingue nettement *posuet,* avec un E et non pas un I comme ont noté le CIL et Gose.

Autant qu'on puisse en juger dans l'état de conservation de la pierre, les lettres sont régulières et de bonne facture, avec des L à base oblique plongeante et des M à hastes obliques. Le grand chrisme dans un cercle, avec l'*alpha* et l'*omega* entre ses branches, est bien reconnaissable; il y avait en outre, à droite et à gauche, deux colombes affrontées d'un dessin rudimentaire qu'on ne distingue qu'à la suite d'une observation attentive (de celle de gauche, la queue seule subsiste).

La langue est à peu près correcte. Le vulgarisme *posuet* pour *posuit* entre dans la série la mieux représentée à Trèves (*Intr.,* § 49). Par contre, on peut se demander si la forme *des* pour *dies* résulte d'une étourderie du lapicide (cf. *annos*) ou bien d'une assibilation de [d + y] (*Intr.,* § 67) qui n'est pas attestée à Trèves mais qui n'est pas rare ailleurs (voir les *indices* de Diehl, p. 307 et 513).

Le formulaire est banal (*Intr.,* § 38-40).

L. 1 : Lupicinus est un des nombreux dérivés de *lupus.* I. Kajanto (*Latin Cognomina,* p. 328) connaît 2 païens et 6 chrétiens portant ce *cognomen.* On sait que les *cognomina* évoquant le loup et l'ours jouissaient à Trèves d'une faveur toute particulière (*Intr.,* § 122).

L. 2 : le caractère prudent de la formule *plus minus* contraste avec la précision que suggère la mention du nombre de jours. Il n'est pas impossible que Veneria ait connu le jour mais non l'année de la naissance de son mari (ce n'est peut-être pas une coïncidence si le nombre d'années indiqué est un chiffre rond, 70); on peut penser au contraire que cette formule hybride résulte de la combinaison de l'ancien formulaire trévire qui aimait préciser l'âge au jour près et du nouveau qui avait adopté l'expression *plus minus* pour rendre compte de l'ignorance où l'on était désormais de son état-civil (*Intr.,* § 39). Il n'y a pas d'autres exemples à Trèves d'une formulation de ce type, que l'on trouve parfois ailleurs.

L. 3 : Veneria est un *cognomen* formé sur le nom de la déesse Vénus, qui a joui d'une grande popularité, notamment chez les femmes. I. Kajanto (*Latin Cognomina,* p. 214) a relevé 361 fois ce nom dans ses sources païennes et 45 fois dans ses sources chrétiennes. Sur l'attitude des chrétiens à l'égard de tels noms hérités du paganisme, voir *Intr.,* § 109.

L'expression *plus minus* qui apparaît à la fin du IVe siècle à Rome et à Trèves (*Intr.,* § 39) et éventuellement la forme *des* si celle-ci est bien un vulgarisme et non une faute matérielle du lapicide datent cette pierre du Ve ou du VIe siècle environ.

I, 142 A

Trèves, nécropole de Saint-Paulin - Saint-Maximin. Trouvée récemment à Saint-Paulin sur un sarcophage contenant des monnaies (en cours d'expertise). Conservée au *Bischöfliches Museum.*

Inédite.
Vue par N. Gauthier en 1972.

Plaque de marbre blanc, brisée en nombreux fragments lors de la trouvaille; h. 65; l. 76; ép. 2,8; lettres : 3,5 cm.

> Hic quiescit in pace Lycontiu[s]
> presbiter; titulum poṣueru[nt]
> frat[re]s sui Quiriaçus et Leosa;
> 4   pridẹ k(a)l(endas) nou(em)br(es) pausauit,
> feria qarṭa.
> *croix monogr. avec alpha et omega*

Ici repose en paix le prêtre Lycontius; ses frère (et sœur) Quiriacus et Leosa ont posé cette épitaphe; il est décédé la veille des kalendes de novembre, mercredi (31 octobre).

Les dimensions de cette belle plaque de marbre sont exceptionnelles. Les deux mots de la dernière ligne sont aux deux extrémités de la ligne pour laisser la place au haut du chrisme qui occupe en outre un espace de 37 cm au dessous du texte. La paléographie n'appelle pas de remarques particulières : Q en deux traits L à base plongeante, M à hastes obliques, A à traverse rectiligne. Les abréviations *kl* et *noubr* (l. 4) sont surmontées d'un tilde ondulé. La croix monogrammatique, dessinée avec deux traits parallèles, sauf la boucle du P qui n'en comportait qu'un, a presque entièrement disparu : il ne reste que le haut, l'extrémité du bras gauche, l'extrémité de la haste gauche de l'*alpha,* un fragment de la courbe de l'*omega.*

Alors que le nom de Lycontius est écrit avec un *y,* conformément à l'étymologie grecque, *presbiter* est écrit avec un *i,* comme au n° 214. La réduction du son [kʷ] à [k] est attestée par le vulgarisme *qarta* (l. 5) et le contre-épel *Quiriacus* (QV rendant ici le K grec); les exemples de ce type ne sont pas fréquents à Trèves (*Intr.,* § 70). La forme *pride* se trouve parfois en Gaule (voir n° 153, *pridem*). Le verbe *pausare* est un vieux verbe qui, après avoir été éclipsé pendant la période du latin classique, réapparaît dans les textes chrétiens (à Trèves, *Intr.,* § 38). Le parfait *pausauit* marque l'entrée dans le repos définitif. Il est donc logique de le trouver pour introduire la date du décès (plus logique que le présent utilisé au n° 104). La formule *pausabit* + date est attestée sur deux inscriptions romaines datées respectivement de 353 et 402 (Diehl 3239 = *ICVR* I, 117 et Diehl 3239 *adn.* = *ICVR n.s.* (I) 3219). Enfin, *fratres* désigne à la fois les frères et les sœurs, comme *filii* les fils et les filles.

L. 1 : début banal (*Intr.,* § 38). Le nom *Lycontius* est déjà attesté à Trèves sous sa forme féminine (voir n° 31).

L. 2 : l'épigraphie trévire fait connaître d'autres prêtres (n°ˢ 199 et 214). Contrairement à l'habitude, l'âge de Lycontius n'est pas donné.

L. 3 : l'épitaphe est l'œuvre du frère et de la sœur du défunt. Cela indique que Lycontius n'avait pas de femme ou d'enfant en état de s'en charger. Peut-être n'était-il pas marié, conformément aux recommandations de plus en plus pressantes de l'Eglise ?
    Cyriacus est un nom largement attesté en Occident à partir du IVᵉ siècle (cf. *Thes.* s. u.). La forme *Quiriacus* n'est pas rare (par exemple, *ICVR* I, 136, datée de 358).
    Le nom *Leosus/a* est déjà attesté au n° 29.

L. 4-5 : sur l'indication de la date de la mort à Trèves, voir *Intr.,* § 41. L'intérêt majeur réside dans l'emploi de l'expression *feria qarta* pour désigner le mercredi. On sait que les

Pères de l'Eglise ont lutté avec obstination pour faire abandonner les vieilles appellations des jours de la semaine, qu'ils trouvaient trop marquées par le paganisme : « ce sont de bien piètres chrétiens ceux qui désignent chacun des jours par le nom même des démons, parlant ainsi du jour de Mars, de Mercure, de Jupiter, de Vénus et de Saturne, démons qui n'ont jamais créé aucun jour », s'écrie Martin de Braga dans son *De correctione rusticorum,* écrit en 572. Alors que l'usage classique ne connaissait que *feriae,* au pluriel, ils ont proposé d'employer *feria* suivi d'un nombre ordinal pour désigner chacun des jours de la semaine, sauf le dimanche (premier jour) et le samedi (7e jour). En fait, nulle part en Occident, sauf au Portugal, le nouvel usage n'a réussi à supplanter l'ancien et le mot *feria* n'apparaît presque jamais sur les inscriptions chrétiennes (comparer avec l'emploi des termes traditionnels dans *l'index* de Diehl, t. III, p. 311-312). Peut-être n'est-ce pas un hasard si l'expression *feria qarta* apparaît à Trèves sur l'épitaphe d'un prêtre, qui peut avoir été plus sensible que d'autres à l'intérêt de ce changement d'habitudes.

Il faut espérer que les monnaies trouvées dans le sarcophage permettront de dater cette intéressante épitaphe.

I, 143

Trèves, nécropole de Saint-Paulin - Saint-Maximin. Trouvée en 1920 dans la *Palmatiusstr.,* côté sud, à proximité de l'intersection avec la *Thebäerstr. (Intr.,* § 10). Conservée au *Rheinisches Landesmuseum.*

E. KRUEGER, *Trier. Jahresber.* 13, 1921/22, p. 50, n° 11 = *Bonn. Jahrb.* 127, 1922, p. 314, n° 11.
FINKE 59.
GOSE 446.
Révisée par N. Gauthier en 1967.

Deux fragments d'une plaque de marbre blanc; h. 24; l. primitive : 30,5; ép. 2,5; lettres : 1,5-1,7 cm.

[Hic requies]çit
Macedonia quae
uixit ann[o u]no et me-
4   ses q[u...]
[...] Lea
dulcissimae fili-
ae suae t[it]ulum
8   posu[it/erunt].
au centre : *chrisme dans une couronne*
avec [alpha] et omega

Ici repose Macedonia qui a vécu un an et ... mois ... Lea pour sa fille très douce a posé cette épitaphe.

La pierre était évidemment posée horizontalement pour qu'on puisse en déchiffrer l'inscription. Le texte, inscrit dans un rectangle, se déroule sur deux lignes concentriques limitées par des traits profondément incisés. Les angles de chaque ligne sont occupés par un rameau très stylisé. Le centre, c'est-à-dire la plus grande partie du champ épigraphique, était occupé par un grand chrisme dont subsiste la partie inférieure droite; ce chrisme était flanqué des lettres *alpha* et *omega* (seul l'*omega* subsiste) et inscrit dans une large couronne. Le lapicide a figuré la couronne en traçant un cercle constitué par une simple ligne à l'intérieur, un autre cercle constitué par des oves ou de toutes petites feuilles à l'extérieur et, entre les deux cercles concentriques, une rangée de feuilles à nervure centrale mises bout à bout. Il y avait en outre des dessins, fort peu visibles dans leur état actuel, entre le texte et la couronne. Finke et Gose ont distingué une colombe en haut à droite et un agneau en bas à droite. On aperçoit en effet, en lumière rasante, la colombe en haut (la tête a disparu) et un quadrupède qui doit être un agneau en bas. L'espace encore disponible est meublé par des rameaux. Le coin inférieur gauche est conservé mais on n'y aperçoit plus que des traits indistincts.

L'écriture est très correcte quoique les lettres soient de dimensions inégales et d'espacement varié. Le Q est tracé en deux traits, comme si souvent à Trèves. Les hastes du M sont verticales. Le L a une base légèrement oblique et plongeante; à la l. 6, on ne voit pas la base du L de *filiae* mais on ne peut dire si elle a disparu ou si elle a toujours manqué. A la l. 3, Finke a noté par erreur *annis*, sans doute en recopiant un peu vite Krüger qui donne *ann[is]*.

La langue appelle peu d'observations : la forme *meses* pour *menses* témoigne une fois de plus de l'amuissement du N devant S (*Intr.*, § 77); la forme *ann[o u]no* est au contraire une originalité à Trèves où l'accusatif de durée est presque toujours respecté (*Intr.*, § 89).

Le formulaire est d'une grande banalité (*Intr.*, § 38-40).

L. 1 : parmi les formules habituelles à Trèves (*Intr.*, § 38), celle qui semble le mieux convenir ici à cause de sa longueur est *hic requiescit* (à la rigueur *hic in pace quiescit* mais cette formule semble un peu longue car les lettres paraissent avoir été plus espacées qu'à la l. 3 qui est de même longueur).

L. 2 : le nom *Macedonia* apparaît aussi au nº 32.

L. 3-5 : *ann[o u]no* est la seule restitution possible, comme l'a vu Gose. Par contre, le nombre de mois n'est pas nécessairement *q[uinque]* (Finke, Gose) mais aussi bien *q[uattuor]*. Peut-être y avait-il aussi, comme le suggère Gose, le nombre de jours plus ou moins abrégé.

L. 5 : il semble y avoir un espace disponible entre la fin de la mention d'âge et le mot *Lea*. Peut-être y avait-il un autre dédicant (le père, en l'occurence, mais rien n'indique s'il s'appelait *Macedonius* comme le propose Gose) ou peut-être seulement un mot comme *mater*. *Lea* est un *cognomen* amplement attesté à Trèves (voir nº 100).

L. 8 : il faut restituer *posu[it]* ou *posu[erunt]* selon qu'il y avait un ou deux dédicants.

La banalité du formulaire contraste avec la disposition matérielle de l'inscription autour de ce grand chrisme qui me paraît le signe d'une époque relativement tardive. Une inscription est ainsi disposée en cercle autour d'un grand chrisme devenu roue (⊕) sur une pierre trouvée dans un cimetière franc de Germanie (Le Blant, *N. R.* 424). La présence de deux vulgarismes « tardifs » (*Intr.*, § 97) confirme que la pierre est postérieure à 450.

I, 144

Trèves, nécropole de Saint-Paulin - Saint-Maximin. Trouvée en 1953 au sud de Saint-Maximin, en construisant le *Versorgungsamt* (*Intr.*, § 12). Conservée au *Rheinisches Landesmuseum*.

GOSE 447 (R. EGGER, *Bonn. Jahrb.* 157, 1957, p. 331; J. MOREAU, *Trier. Zeitschr.* 24/26, 1956/1958, p. 285).
E. FOERSTER, *Frühchristl. Zeugnisse*, p. 43-44, n° 35 *a*.
Révisée par N. Gauthier en 1967.

Plaque de marbre blanc en nombreux fragments, encastrés dans une dalle de grès (dimensions de la dalle : h. 50; l. 70; ép. 12-15 cm); h. 31; l. 43; ép. 2; lettres : 2,5-4 cm.

(réduit au 1/5)

> Drula uxori suae ca-
> rissimae Mamer⟨t⟩inae
> fecit et ⟦f⟧filia eorum
> 4   Sensuta, qui uix(it) an-
> nos LX, bene pausan-
> ti *alpha   chrisme   omega*
> *dans un cercle*
> 8   fecit.

Drula a fait (cette épitaphe) pour sa femme très chère, et leur fille Sensuta (pour sa mère) qui a vécu 60 ans et repose bien.

Les lettres sont grandes mais de hauteur et de largeur irrégulières; la gravure est grêle. Les trois dernières lignes sont disposées sans élégance autour du chrisme. Pour J. Moreau, la répétition de *fecit* et quelque différence d'écriture entre les quatre dernières lignes et les trois premières prouvent peut-être que l'inscription à l'origine n'avait que trois lignes et fut ensuite complétée par un deuxième lapicide. Je pense qu'il faut faire l'économie de cette hypothèse car les lettres varient sensiblement d'une ligne à l'autre mais pas particulièrement entre les l. 3 et 4 (par exemple, à la l. 3, la barre supérieure du F est tantôt horizontale, tantôt oblique). Il y a, par ailleurs, quelques caractéristiques générales : L à base plongeante, A à traverse horizontale, C largement ouverts, M à hastes obliques. A la première ligne, il y a un point entre L et A. A la l. 2, le T de *Mamertinae* est identique au I qui suit, comme aux n°s 1 et 52. A la fin de la l. 4, les lettres AN sont liées. La petite barre horizontale que l'on aperçoit sur la photo au milieu du premier I de *filia* (l. 3) est une veine du marbre et non pas un trait gravé. Le lapicide a répété par inadvertance le F qui commence ce mot. A la l. 4, la cassure a fait disparaître la partie inférieure du deuxième S de *Sensuta* mais la lettre n'est pas douteuse.

Le symbole banal du chrisme dans une couronne (*Intr.*, § 43) est traité avec quelque originalité. La couronne se réduit, comme souvent, à un simple cercle circonscrit au chrisme; les rubans qui la tiennent sont cependant représentés par des traits sinueux. Le lapicide a ajouté au monogramme un trait horizontal, ce qui donne à l'ensemble l'allure d'une roue (syncrétisme voulu avec un vieux symbole celtique ?). L'*alpha* et l'*omega*, généralement logés entre les branches du X, sont rejetés à l'extérieur du cercle.

Dans son état actuel, la phrase est inintelligible. Il est évident que l'âge mentionné aux l. 4-5 est celui de la mère, à laquelle se rapporte aussi l'expression *bene pausanti*. Pour rétablir la correction grammaticale, on pourrait vouloir bouleverser complètement l'ordre des mots : *Drula uxori suae carissimae Mamertinae, qui uix(it) annos LX, bene pausanti fecit et filia eorum Sensuta fecit.* Mais une erreur de ce genre a peu de chances de s'être produite et la répétition de *fecit* reste peu heureuse. Il me semble beaucoup plus probable que notre lapicide, dont nous avons surpris la négligence par ailleurs, a simplement oublié le mot *matri;* les deux membres de phrase sont alors à peu près équilibrés : *Drula uxori suae carissimae Mamertinae fecit et filia eorum Sensuta matri qui uix(it) annos LX, bene pausanti fecit.* Il n'est pas rare de trouver *qui* avec un antécédent féminin (*Intr.*, § 85).

L. 1 : Gose lit *Drul(...) auxori suae,* considérant que le point marque une abréviation. Mais la forme *auxori* n'est attestée nulle part et aucun *cognomen,* dans notre matériel, n'est noté en abrégé. Il vaut mieux penser, avec A. Ferrua (*Riv. Arch. Crist.* 34, 1958, p. 217) et Egger, que le mari s'appelait *Drula, cognomen* inconnu par ailleurs, sans doute d'origine barbare (le *Thesaurus* signale un *Drulent...* en Mésie inférieure, CIL III, 12 395). Egger songe à une origine celtique parce que Holder I, 1330 signale un endroit dénommé *Drulliacus* (sans indiquer sa source). Le mot *uxor* est aussi rare à Trèves que *coniux* y est fréquent : on ne le retrouve qu'aux n°s 135, 217 et 232 *b.*

L. 2 : *Mamertinus/a,* dérivé du nom du dieu Mars à travers la forme osque *Mamers,* — ou emprunté aux habitants de Messine, qui se prétendaient fils de Mars, *Mamertini ?* — n'est pas un *cognomen* très répandu. I. Kajanto (*Latin Cognomina,* p. 55) en connaît 17 exemples païens, dont deux femmes, et deux exemples chrétiens (ICVR, *n.s.* (II) 6195 et le nôtre). C'est un dérivé du nom *Mamertus,* porté par un évêque de Vienne (Le Blant 404).

L. 3 : le verbe *fecit* est infiniment moins utilisé en épigraphie chrétienne que *posuit* (*Intr.*, § 40); on le trouve employé absolument aux n°s 12 et peut-être 164, et précédé de *titulum* aux n°s 1 et 38.

L. 4, *Sensuta* : I. Kajanto (*Latin Cognomina,* p. 249) ne connaît qu'une deuxième personne de ce nom, païenne (*A. Ep.* 1906, n° 109), en Pannonie. Egger pense que ce nom aussi serait d'origine celtique (Holder III, 56, s. u. *-uto-s, -ut-a*). L'abréviation *uix(it)* n'est pas rare à Trèves (n°s 72, 75, 160, 181, 184; avec tilde, n° 77).

L. 5 : le datif *bene pausanti* se retrouve aux n°s 55 et 173 et la formule *bene pausat/ant* aux n°s 32 *b* et 158.

Cette épitaphe est originale aussi bien par son onomastique que par sa formulation. Il manque l'habituelle formule initiale *hic iacet, hic quiescit,* etc. (*Intr.,* § 38). Même dans ce cas, il est bien rare que le premier nom à apparaître ne soit pas celui du défunt; cela ne se trouve guère qu'aux n⁰ˢ 24, 57 et 118. Elle ne saurait être antérieure au Vᵉ siècle à cause du trait horizontal supplémentaire du chrisme cerclé.

I, 145

Trèves, nécropole de Saint-Paulin - Saint-Maximin. Clotten range cette pierre, avec les n⁰ˢ 30, 215 et bon nombre de faux, dans un groupe d'épitaphes trouvées, selon lui, à Saint-Maximin (*in dem Benediktiner Moenchen abtey bezierke zum H. Maximinus bey Trier gefundenen Inschriften von Zeiten der Roemer*). Mais on sait (*Intr.,* § 155) le cas que l'on doit faire de ses informations et j'aurais hésité à lui faire confiance si, dans ce cas précis, la paléographie n'appuyait ses dires La pierre se trouvait en 1852 dans la collection Daubrée (Simon). Celui-ci, en 1884, la donna au Musée du Louvre (Paris) où elle est encore.

M. CLOTTEN, *Antiquités de Trèves,* manuscrit 1433 de la *Bibliothèque Municipale* de Reims, p. 8.
V. SIMON, *Mémoires de l'Académie de Metz* 33, 1851-1852, 1ʳᵉ partie, p. 230, fig. 5.
LE BLANT 275 et *N. R.,* p. 54 (DACL XV, 2, s. u. *Trèves,* col. 2750, n⁰ 54).
A. HERON DE VILLEFOSSE, B. S. N. A. F. 1884, p 255 (brève notice).
KRAUS 208.
F. HETTNER, *Röm. Steindenkmäler,* n⁰ 434.
CIL XIII, 3861 (RIESE 4334; DIEHL 1373 A).
GOSE 736.
Révisée par N. Gauthier en 1971.

Plaque de marbre blanc mutilée en haut et en bas; h. 22; l. 37; ép. 4,5; lettres : 2,5-3 cm.

Ihc i̯n [pa]c̣e requiȩ-
cit Martiola, fidelis,
                              chrisme
in pace;   *avec alpha*   Sambatius
                              et omega
4   Vrsus fi̯ius souṣ titu-
[lum posuit.]

Ici repose en paix Martiola, fidèle, en paix; Sambatius Vrsus, son fils, a posé cette épitaphe.

Au milieu des faux sortis de l'officine Clotten (*Intr.*, § 155) se trouvent tout de même quelques inscriptions authentiques, parmi lesquelles on range celle-ci. A l'appui de cette estimation surtout intuitive vient maintenant le fait qu'elle présente l'ensemble des caractéristiques paléographiques de l'atelier II de Saint-Paulin - Saint-Maximin qu'on n'avait pas jusqu'ici isolé dans le matériel épigraphique de la ville.

Les formes des lettres sont donc les mêmes que sur les autres pierres de Saint-Paulin - Saint-Maximin II (*Intr.*, § 33) : prolongement vers la gauche des barres et des boucles de F, E, L, D, B; M à hastes verticales qui se prolongent au dessus du point d'intersection avec les traverses, etc. La boucle du R est ouverte et sa barre oblique détachée comme sur un certain nombre d'autres pierres, en particulier le n° 151 qui provient du même atelier. On distingue une double réglure finement incisée mais le haut des lettres est très au dessous de la réglure supérieure. La seule ligature est NP (l. 3). Comme au n° 103, du même atelier, des points en forme de triangles séparent les syllabes; il y en a même un entre *in* et *pace*, au sein de la ligature NP, entre la traverse du N et la haste commune au N et au P. Conformément aux traditions de Saint-Paulin - Saint-Maximin II, le chrisme symbolique se trouve au milieu du texte; il repose sur une ligne ondulée; l'*alpha* et l'*omega* qui le complètent sont assez éloignés du chrisme. Il n'y a pas ici de colombes. Au milieu de la l. 1, il ne reste plus que la base des lettres P et A. Le bas de plusieurs lettres de la l. 4 a disparu dans la cassure.

Il est difficile de dire si les deux anomalies de la l. 1, *ihc* pour *hic* et *requiecit* pour *requiescit*, sont des fautes du lapicide qui a placé sa traverse entre les 2 dernières des 3 hastes de HI au lieu des 2 premières (cf. THI au n° 37, l. 1) et qui a oublié le S en changeant de ligne, ou bien si ce sont des vulgarismes témoignant de l'amuissement de l'H (en général, le H est plutôt omis que déplacé : *Intr.*, § 72; *ihc* est un hapax) et du S (*Intr.*, § 78; à rapprocher du [q]uiecet du n° 132 qui pose le même problème). A la l. 4, *sous* pour *suus* est aussi une forme isolée, non seulement dans notre matériel mais dans l'ensemble des inscriptions recensées par Diehl dans son recueil (mais il relève *soi* = *suae,* Diehl 3659, et *so* = *suo,* Diehl 4133 G et 811 e); sur l'emploi pour *eius, Intr.*, § 86.

Les formules employées sont largement attestées à Trèves (*Intr.*, § 38 et 40). Cependant, l'âge n'est pas mentionné, contrairement à l'habitude.

L. 1-3 : les formules *hic in pace requiescit* (n° 13 a) et *fidelis in pace* (voir n° 9) sont toutes deux attestées mais, lorsqu'on les emploie conjointement (n°ˢ 152, 162), *in pace* n'est évidemment pas répété comme il l'est ici.

L. 2 : *Martiola* est un *cognomen* dérivé du nom du dieu Mars. Ce diminutif est peu commun : I. Kajanto (*Latin Cognomina*, p. 167) ne connaît que 7 païennes de ce nom; chez les chrétiens, on ne peut guère relever qu'un *Martolus* à Toulouse (Le Blant 600). Les chrétiens n'hésitaient pas, on le sait (*Intr.*, § 109), à donner à leurs enfants les noms de dieux païens.

L. 3-4 : le fils de Martiola portait un double *cognomen,* ce qui est unique dans notre matériel. En effet, malgré sa terminaison en *-ius, Sambatius* ne peut guère être considéré comme un *nomen gentilicium* à cause de son origine évidemment barbare (sur la vogue des *cognomina* en *-ius/ia,* voir *Intr.*, § 124) : il est dérivé du sabbat juif. Les juifs eux-mêmes ont surtout donné à leurs filles le nom *Sabbatis* (17 exemples dans le *Corpus Insc. Iud.*) que l'on trouve d'ailleurs aussi chez des païennes. Chez les chrétiens, on trouve surtout la forme *Sabbatius/a* : I. Kajanto (*Onomastic Studies,* p. 106-107) l'a rencontrée une quarantaine de fois à Rome; un évêque de Metz qui a siégé entre 350 et 450 a aussi porté ce nom (L. Duchesne, *Fastes épisc.* III, p. 54). La graphie avec M est largement attestée : *Sambatius* dans l'un des catalogues épiscopaux de Metz (Duchesne, *Ibid.,* p. 48), *Sambat[i]ola* près de Vesoul (CIL XIII, 5458), *Sambacius* dans les *Libri Confrat. S. Galli, etc.* (p. 174, col. 64, 7).

Vrsus est extrêmement commun (voir n° 169 et *Intr.*, § 122).

I. Kajanto, étudiant à Rome les doubles *cognomina* (*Onomastic Studies,* p. 24-30), en conclut (p. 30) que cette mode a été brève et qu'elle est contemporaine de l'*early stratum of Christian Epigraphy. A fortiori* devrait-il en être de même à Trèves où l'épigraphie chrétienne apparaît bien plus tardivement. Cependant, la formule *hic requiescit in pace* n'est pas attestée avant 467 dans les inscriptions datées de Gaule (Le Blant, *N. R.* 134) ni avant le début du Ve siècle à Rome même et aucun indice n'invite à faire remonter l'activité de Saint-Paulin - Saint-Maximin II jusqu'au IVe siècle (*Intr.*, § 132). Une hypothèse séduisante, quoiqu'indémontrable, de K. Krämer éliminerait l'anomalie que constitue ce double *cognomen* isolé dans notre matériel. Il propose de voir là deux défunts et de lire : *hic in pace requiescit Martiola fidelis, in pace Sambatius; Vrsus filius sous*, etc. La répétition *d'in pace* serait en même temps plus explicable. Mais on attendrait *et* entre *fidelis* et *in pace*.

I, 146

Trèves, nécropole de Saint-Paulin - Saint-Maximin. Trouvée en 1920 dans la *Palmatiusstr.,* au coin de la *Thebäerstr.* (*Intr.*, § 10). Conservée au *Rheinisches Landesmuseum.*

E. KRUEGER, *Trier. Jahresber.* 13, 1921/22, p. 50, n° 13 = *Bonn. Jahrb.* 127, 1922, p. 314, n° 13.
FINKE 60.
GOSE 448.
Révisée par N. Gauthier en 1968.

Moitié droite d'une plaque de marbre blanc; h. 41; l. 15,5; ép. 3; lettres : 1,5-1,8 cm.

[...]ic qui⟨escit qui ui?⟩xit
[...]; Maura co-
[niux tit]ulum posu-
4   [it; in] pace !
croix monogr. avec [alpha] et omega

... ici repose, qui a vécu (?) ...; Maura, son épouse, a posé cette épitaphe; en paix !

Le fragment qui subsiste est très effacé, surtout à la l. 1 (la netteté de la photo est due au fait que, comme partout à Trèves, les traits ont été repassés à la peinture rouge). C'est ce qui explique les différences de lecture. De la première lettre de la l. 1, seule la haste finale est bien visible : Finke y a vu un H et Gose un N. Par ailleurs, je ne pense pas qu'il faille interpréter avec Gose l'ombre que l'on aperçoit, sur la photo, à l'intérieur du C comme un O car il n'y a absolument rien de visible sur la pierre. Il est vrai que ce que l'on peut deviner du Q suivant se réduit pratiquement à sa queue horizontale. Le principal argument contre ce O enclavé me paraît l'ensemble de la paléographie, où la seule ligature est le très classique MP (l. 3), où les lettres sont régulières et bien espacées et où les mêmes lettres CO sont très normalement inscrites à la fin de la l. 2. A la l. 2, il ne subsiste plus rien de la traverse des A. Les hastes des M sont verticales, la base du L bien horizontale. La dernière ligne est en caractères plus petits. Comme souvent, elle est interrompue en son milieu pour faire place au motif décoratif, ici une croix monogrammatique flanquée d'un *alpha* (disparu) à gauche et d'un *omega* à droite. L'emplacement du monogramme ainsi que les restitutions certaines des l. 3 et 4 montrent que la moitié de la pierre a disparu.

L. 1 : cette ligne est sûrement fautive mais comment doit-on la corriger ? Gose propose de comprendre quelque chose comme [*Aristo*]*nico q(ui) uixit.* A. Ferrua (*Riv. Arch. Crist.* 34,

1958, p. 217) veut reconnaître le nom *Nico, -onis.* Certes, ce nom est attesté (Diehl 2288 B *adn.,* 3475 A, 3398 *adn.,*), surtout en Orient (Pape-Benseler, p. 1009; Preisigke, *Namenbuch,* col. 235) mais le O est loin d'être sûr, nous l'avons vu, et, surtout, les deux restitutions proposées s'insèrent malaisément dans le cadre rigide du formulaire trévire (*Intr.,* § 38-39), fidèlement respecté dans le reste de l'inscription. Je pense pour ma part que le lapicide a voulu utiliser la formule banale *N... hic quiescit, qui uixit annos ...;* dans la partie perdue de la l. 1 figurait donc le nom du défunt; puis le lapicide a commencé à inscrire HICQVI et, faisant alors un saut hardi du même au même, il a repris son texte après le dernier groupe VI, celui de *uixit.* La mention de l'âge du défunt correspond bien à la place disponible au début de la l. 2.

L. 2 : le nom *Maurus/a* apparaît plusieurs fois à Trèves (voir n° 37).

L. 3-4 : la mention du dédicant, complétée par le souhait *in pace,* est d'une grande banalité (*Intr.,* § 40).

La seule originalité de cette épitaphe réside dans la négligence du lapicide.

I, 147

Trèves, nécropole de Saint-Paulin - Saint-Maximin. Trouvée en 1936 à l'intérieur de l'église Saint-Maximin, dans la nef latérale nord devant la porte de la sacristie. Conservée au *Rheinisches Landesmuseum*.

Trier. Zeitschr. 12, 1937, p. 281, *b* = *Trier. Berichte* 1936, p. 281, *b* (sans nom d'auteur; H. KOETHE selon Nesselhauf).
NESSELHAUF 31.
GOSE 450 (R. EGGER, *Bonn. Jahrb.* 157, 1957, p. 331).
E. FOERSTER, *Frühchristl. Zeugnisse*, p. 44-45, n° 36.
Révisée par N. Gauthier en 1967.

Plaque de marbre blanc en quatre fragments; h. 27; l. 41; ép. 4; lettres : 1,5-2 cm.

 croix Hic requiescit u̇ir uenerabelis adolisceṇs nu(mine) Modoal(dus)
 qui uixit plus mi(nu)s an(nos) XVI; obiet
4 in pace quod ficit m(e)ns(is)
 F(e)br(uariu)s dies VIII, cuius pater et mat(er)
 in amure ipsius titul(um) posui-
 runt; in pace !
 oiseau *croix monogr. avec* *oiseau*
   alpha et omega

Ici repose un jeune homme du nom de Modoaldus, homme vénérable, qui a vécu environ 16 ans; il mourut en paix le 8ᵉ jour du mois de février, lui dont le père et la mère, dans leur amour pour lui, ont posé cette épitaphe; en paix !

Cette longue épitaphe est intéressante à tous points de vue. La paléographie est caractéristique des pierres du VIIe ou du VIIIe siècle (cf., par exemple, Le Blant, *N. R.* 107), avec la croix anillée qui précède le texte, les E dont les hastes dépassent les points d'intersection avec les barres, la gravure variable en largeur et en profondeur qui reproduit dans la pierre les grasses et les maigres de l'écriture manuscrite. Tout ici témoigne d'un soin extrême : les lignes, guidées par une double réglure à peine incisée, sont bien droites, les lettres sont de dimensions constantes, d'espacement régulier, ce qui est assez rare dans les inscriptions de cette époque pour valoir la peine d'être noté; certaines lettres témoignent de recherches calligraphiques dans l'esprit du temps : les Q (cf., par exemple, P. Wuilleumier, *Inscr. lat.* nº 297, à Choulans), les B et les R sont décomposés en leurs éléments devenus indépendants et dont les courbes se referment exagérément sur elles-mêmes; la boucle du P présente aussi ce mouvement hélicoïdal, de même que les extrémités de certains S (par exemple, *plus*, l. 3); de légers traits à fonction purement décorative agrémentent encore le haut de la haste des P (l. 3, 6, 7), du B de la l. 3, du F de la l. 5, vers la gauche. Les A ont une traverse rectiligne très oblique. La haste du L dépasse son point d'intersection avec la base; les O sont presque aussi grands que les autres lettres (cependant, ils ne reposent pas sur la réglure inférieure). Il y a des ligatures (NE l. 1, MA liés au T suivant à la fin de la l. 5, NT l. 7), des abréviations signalées par des traits horizontaux pourvus d'empattements au dessus des mots abrégés (en général) ou une courbe logée dans la dernière lettre notée (l. 6), des points entre certains mots mais pas tous, enfin un trait ondulé précédé d'un léger trait oblique pour meubler l'espace disponible à la fin de la l. 4. Les dernières syllabes (l. 7) sont anormalement espacées, pour meubler toute la ligne. C'est par inadvertance que Nesselhauf a lu *obiit* (l. 3) et noté *m(e)ns[is]* (l. 4).

Le début de l'épitaphe est précédé d'une croix, chose aussi rare à Trèves qu'elle est courante ailleurs (nº 29 A seulement). Plus remarquable encore est la décoration au dessous du texte, inspirée, mais avec quelle liberté ! du thème habituel du chrisme entre des colombes. Le P de la croix monogrammatique, devenu un R traité dans le même esprit que ceux du texte en en accentuant le maniérisme jusqu'à la caricature, ressemble à une hampe au sommet de laquelle flotteraient de souples rubans. Les lettres *alpha* et *omega*, dont la disposition est inversée, sont représentées suspendues aux bras de la croix par de petites chaînes, comme celles qui étaient nécessaires pour les monogrammes en métal suspendus dans les églises. Le monogramme est en forme de croix latine, ce qui est rare (*Intr.*, § 43). Quant aux paisibles colombes, elles sont devenues des oiseaux de proie au bec et aux serres redoutables.

La langue est très éloignée du latin classique. On trouve les vulgarismes habituels résultant de la prononciation [e fermé] de I bref — *uenerabelis* pour *uenerabilis*, *obiet* pour *obiit* (*Intr.*, § 49) — et [o fermé] du V bref — *adoliscens* (*Intr.*, § 51) — mais d'autres formes correspondent à des phénomènes beaucoup moins courants : le I d'*adoliscens* et de *ficit* notant un E long classique (voir *Intr.*, § 50), le V de *nu(mine)* et d'*amure* notant un O long classique (*Intr.*, § 52), le I de *posuirunt* notant un E bref classique (*Intr.*, § 54). L'emploi d'*ipsius* pour préciser l'expression *in amore* est aussi une tournure caractéristique du « latin vulgaire » (*Intr.*, § 86).

Le formulaire est conforme dans son schéma général (*Intr.*, § 38-40) aux traditions trévires tout en intégrant un certain nombre d'éléments nouveaux propres aux inscriptions les plus tardives de Gaule.

L. 1 : l'expression *uir uenerabilis* est un titre honorifique assez vague qui, à Trèves, apparaît aussi sur l'épitaphe de Ludubertus (nº 29 A). Il convient aussi bien à des clercs (Diehl 489, 1152 *adn.*, 1153, 1156 *adn.*, 1168 *adn.*, 1174, 3851) qu'à des laïcs comme ici (Diehl 3499 = *ICVR I,* 331 *add.* p. 576 *suppl.* 1715, en 383; Diehl 4311 = *ICVR, n. s* (I) 3175, en 367). En Gaule, le mot *uenerabilis* apparaît, en 469 près de Lyon (Le Blant 87), pour la première fois sur une inscription datée; l'expression *uir uenerabilis* se trouve pour la première fois en 487 à Briord (Le Blant 379). Le testament d'un diacre de Verdun, daté de 634 (W. Levison, *Das Testament des Diakons Adalgisel-Grimo, Trier. Zeitschr.* 7, 1932, p. 69-85), est signé par un certain nombre de *uenerabilium uirorum seu magnificorum,* à savoir l'évêque de Verdun, un archidiacre, un prêtre, deux diacres.

L. 2 : nous n'avons pas d'autre mention à Trèves d'*adulescens.* Tout le monde jusqu'à Egger avait lu *Numodoal,* interprété comme un nom germanique inconnu par ailleurs. Egger fit remarquer que ce prétendu nom était surmonté de plusieurs tildes abréviatifs et en conclut qu'il fallait lire *num(ine)* (= *nomine*) *Odoal(dus)* (= *Audoualdus,* Förstemann I, 203). Sa remarque est pertinente et il faut sans aucun doute renoncer à *Numodoal,* surtout qu'il n'est pas rare de voir le nom propre précédé du mot *nomine* (à Trèves, n⁰ˢ 97, 219, 220), notamment sur des inscription tardives. Toutefois, il ne me semble pas qu'il faille reconnaître ici le nom *Odoaldus* car la monophtongaison de la racine *Aud-* (voir Schönfeld, p. 174, s. u. *Odoin*), survenue très tôt dans les langues « ostiques », n'est pas, chez les Francs, attestée avant le *Polyptique d'Irminon* (éd. Longnon, XII, 8, *Odaldus*), d'après la nomenclature dressée par M. Th. Morlet (*Noms de personne,* I, 45). Le nom est, par exemple, noté *Audoaldus* en 715 (A. Bruckner, *Regesta Alsatiae aeui merouingici et karolini,* Strasbourg-Zurich, 1949, 88). Je pense, pour ma part, qu'il faut reconnaître ici le nom *Modoaldus,* formé des deux racines *Mod-,* « cœur, courage » (Schönfeld, p. 168, *Modaharius, Modefredus*) et *-oaldus* (= *waldus* ⟨ *waldan,* « régner, gouverner »; cf. *Austroaldus, Ragnoaldus,* etc.). Ce nom, qui apparaît peut-être aussi au n⁰ 180, fut porté au VII⁰ siècle par un évêque de Trèves et un autre de Langres (v. n⁰ 180). L'abréviation *no(mine)* est attestée (Le Blant 377, à Briord vers 630) au même titre que *nom(ine).* On ne peut tirer aucun enseignement de la façon dont sont placés les tildes abréviatifs (cf. l. 3 et 5); ce qui est étonnant, c'est qu'il y ait 3 tildes alors qu'en tout état de cause, il ne semble y avoir que deux abréviations.

L. 3 : c'est la seule fois à Trèves que l'on trouve *plus minus* (*Intr.,* § 39) abrégé de cette façon. La formule *obiit in pace,* familière à Lyon et à la Viennoise à partir de 486 (Le Blant 662), n'apparaît par ailleurs à Trèves qu'au n⁰ 201 (*Intr.,* § 41).

L. 4-5 : la datation à partir du 1ᵉʳ du mois, comme de nos jours, introduite par la formule *quod ficit mensis ... dies ...,* est caractéristique de la Gaule franque (voir L. Levillain, *Bibl. Ec. Chartes* 73, 1912, p. 409-435). Sur cet emploi de *cuius,* voir n⁰ 21.

L. 6 : la formule habituelle à Trèves est *pro caritate* (*Intr.,* § 40); on trouve 2 fois *pro amore* (n⁰ 135 et 225; cf. Le Blant 399, à Vienne) mais on n'a pas d'autre exemple de la formule *in amore ipsius;* le parallèle le plus voisin apparaît à Lyon sur une inscription de Choulans (P. Wuilleumier, *Inscr. lat.* n⁰ 297) : *in amorem eius.*

L. 7 : le souhait *in pace* termine fréquemment les épitaphes trévires (*Intr.,* § 40); on remarquera qu'*in pace* figure déjà à la l. 4.

Le nom germanique, qui apparaît si tardivement à Trèves (*Intr.,* § 99), la paléographie, le comput utilisé pour indiquer le jour de la mort montrent le caractère tardif de cette épitaphe qui ne saurait guère être antérieure à la deuxième moitié du VII⁰ siècle. Ces éléments ainsi que la croix qui précède le début de l'inscription et la formule *obiet in pace* témoignent d'influences venues du reste de la Gaule. Mais en même temps, on voit combien restent vivaces les traditions trévires : un début tout simple, *hic requiescit,* au lieu des longues formules en usage dans le reste de la Gaule mérovingienne (*in hoc tumulo requiescunt membra,* etc.), l'âge, le jour de la mort mais non l'année, même à l'intérieur de l'indiction, la mention des dédicants, le souhait final *in pace,* les thèmes de la décoration, quelques avatars qu'aient pu connaître le chrisme ou les colombes, tout cela se fait à Trèves depuis des siècles. Si l'on trouve ces éléments dans une inscription du VII⁰ ou du VIII⁰ siècle, ils doivent figurer *a fortiori* dans une épitaphe du VI⁰; cela prouve bien qu'à Trèves, on ne peut pas conclure de l'antiquité du formulaire à l'antiquité de la pierre. Un problème subsiste, qui est celui-ci : si le *titulus* de Modoaldus témoigne d'influences extérieures, cela est-il dû à la volonté explicite et exceptionnelle de celui qui l'a commandé ou à une ouverture générale des ateliers de lapicides aux usages en vigueur dans le reste de la Gaule franque ? Autrement dit, y a-t-il à Trèves des *tituli* tout à fait traditionnels contemporains de celui-ci ou bien est-on en droit de conclure que l'épitaphe de Modoaldus marque un terme au delà duquel tous les *tituli* portent la marque de ce qui se fait au même moment dans le reste de la Gaule ?

I, 148

Trèves, nécropole de Saint-Paulin - Saint-Maximin. Trouvée en 1953 au sud de Saint-Maximin, en construisant le *Versorgungsamt* (*Intr.*, § 12). Conservée au *Rheinisches Landesmuseum*.

GOSE 454 (H. U. INSTINSKY, *Gnomon* 31, 1959, p. 143).
Révisée par N. Gauthier en 1967.

Partie gauche d'une plaque de marbre blanc, en nombreux fragments; h. 59; l. 58; ép. 2,5; lettres: 5.5-6,2 cm.

		In hoc [sepul]- cro i[acet] Proba[tius ?]
	4	palati[nus ...].
colombe	*alpha*	*chrisme entouré d'étoiles* [...]

Dans ce sépulcre gît Probatius (?), officier du palais ...

Voici une très belle inscription, aux caractères exceptionnellement grands et espacés. Le lapicide a donné de l'élégance à ses lettres en faisant contraster des hastes fermes et des barres ou des boucles sinueuses (H, R, P, A, L). La boucle du P et du R est ouverte, le O ovale, aussi haut que les autres lettres. A la fin de la l. 3, il ne reste du A que la petite base horizontale qui terminait la haste de gauche mais cela suffit pour identifier la lettre parce qu'une haste verticale se verrait malgré la cassure. Le champ épigraphique est limité, à quelque distance du bord de la pierre, par un trait à peine visible; à l'intérieur de ce cadre, il y a une double réglure à peine incisée, elle aussi; enfin, les lettres sont plus ou moins espacées selon les lignes pour que les mots soient coupés logiquement et que cependant toute la ligne soit occupée. L'emplacement du monogramme prouve qu'on a perdu la moitié de la pierre et, en effet, les 5 lettres conservées à la l. 1 supposent une restitution de 5 lettres, les 4 de la l. 2 une restitution de 4 lettres; c'est pourquoi je pense qu'à la dernière ligne, où il y a 6 lettres dans la partie conservée, il faut en restituer 6.

La décoration au dessous du texte était tout aussi soignée. La colombe de gauche, qui tient un rameau dans son bec, devait avoir son pendant à droite. Il ne subsiste plus que la partie supérieure gauche du chrisme constantinien. Il était, semble-t-il, entouré d'étoiles finement tracées, dont deux subsistent à gauche. Entre les étoiles et la colombe, on reconnaît un *alpha* avec une traverse très oblique; l'*omega* a disparu. Au dessous des étoiles et de l'*alpha*, on distingue un trait sinueux qui ressemble aux bandelettes stylisées de la couronne qui entoure parfois le chrisme (par exemple, n°s 20, 97, 99, 144).

L. 1-2 : le mot *sepulcrum* est un mot noble que l'on ne trouve guère que dans les épitaphes métriques ou sur des *tituli* de notables (à Trèves, n°s 135 et 170).

L. 3 : le nom du défunt était *Probantius* (Gose) ou *Probatius* car, ici, on peut hésiter sur le nombre de lettres à restituer. Les deux formes, forgées à partir du verbe *probare* et à l'aide du suffixe *-ius/ia* si prolifique à partir du III° siècle (*Intr.,* § 124), sont bien attestées (2 exemples de *Probantius*, 7 de *Probatius/a* dans l'index de Diehl).

L. 4 : Gose a restitué *Palati*[*olus*] (et, dans son commentaire, *Palati*[*nus*]). *Palatinus* est largement attesté comme *cognomen* (à la douzaine d'exemples romains connus de Kajanto, *Latin Cognomina,* p. 184, il faut ajouter au moins deux africains, correspondants d'Augustin, *Ep.* 175 et 218). Notre homme serait donc désigné par deux *cognomina*. Mais la chose est si exceptionnelle à Trèves où le simple *cognomen* est de règle (*Intr.,* § 101) qu'il est bien plus vraisemblable — comme le pensent R. Egger (*Bonn. Jahrb.* 157, 1957, p. 331-332) et Instinsky — que *palatinus* est un nom commun désignant, comme en d'autres cas à Trèves (*Intr.,* § 38), la fonction du personnage. L'épithète *palatinus* s'applique à tous ceux, militaires ou civils, qui sont rattachés plus directement au palais impérial. En un sens plus restreint, *palatinus* sans autre précision désigne les fonctionnaires des finances, dépendant du *comes sacrarum largitionum* ou du *comes rerum priuatarum* (W. Ensslin, P. W. XVIII, 2, s. u. *Palatini,* col. 2539-2540) : c'est sans doute cette acception qu'il faut retenir ici. Le mot apparaît sur une inscription mutilée de Briord (Le Blant, *N. R.* 102) et sur un certain nombre d'autres pierres chrétiennes (Diehl 121, 357, 482 *adn,* 482 *a,* 813).

La beauté de cette épitaphe est digne d'un fonctionnaire impérial. La présence à Trèves d'un tel personnage suppose que la cité est encore d'obédience romaine (ou l'était encore peu de temps auparavant si l'on estime que le défunt a pu être honoré d'un titre correspondant à une fonction qu'il n'exerçait plus effectivement au moment de sa mort). En fait, la pierre date du IV° siècle, comme le montrent l'écriture (*Intr.,* § 36), l'indication de la fonction (*Intr.,* § 38) et l'omission de l'âge et des dédicants (*Intr.,* § 40).

I, 149

Trèves, nécropole de Saint-Paulin - Saint-Maximin. Trouvée dans le pavement devant le grand autel de l'église Saint-Maximin (*In pavimento quod ante aram maximam tesselis Pariis et Numidicis compositum est, dimidiata sepulchralis tabella et ipsa Parii marmoris durat hujus modi quam utcumque explere licet*, Wiltheim, *Annal. Maximini*). Perdue.

A. WILTHEIM, *Luciliburgensia*, p. 141, fig. 57; *Annales D. Maximini* (ms. *Stadtbibliothek Trier* 4° 1621/99, I, p. 202).
    (LE BLANT 280 [Ph. DIEL, *St-Matthiaskirche* (1881), p. 176, n° 25; DACL XV, 2, s. u. *Trèves*, col. 2751, n° 59];
    KRAUS 146; CIL XIII, 3870 [RIESE 4346; DIEHL 4161 *adn.*].)

Moitié droite d'une plaque de marbre blanc (Wiltheim).

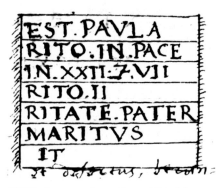

[...] est Paula
[...]rito in pace
[...] in XXII ? VII
[...]rito II
[pro ca?]ritate pater
[...] maritus
[posu?]it.

(Wiltheim, ms. Lux. I, p. 224 sic)

Wiltheim est, une fois encore, notre seule source. C'est par erreur que Le Blant indique Saint-Mathias comme provenance et que le CIL donne *et* au lieu de *est* (l. 1). Les points qui séparent les mots ont très certainement été ajoutés par Wiltheim, selon son habitude.

Il est dommage que nous ne possédions pas en entier cette inscription qui s'écarte quelque peu des formules les plus stéréotypées de Trèves.

L. 1 : Le Blant et Kraus proposent de restituer *defuncta est Paula*. Il faut noter que ce verbe. fréquent ailleurs, n'est pas encore apparu à Trèves, où l'on trouve par contre *hic posita est* (n°s 194, 226), *hic sita est* (n° 122) et *hic conditus* (n° 217). De toutes façons, les formules initiales avec *est* sont exceptionnelles.
    Paulus/a est un nom extrêmement répandu : I. Kajanto (*Latin Cognomina*, p. 243-244) en connaît plusieurs centaines d'exemples, dont 90 chrétiens et 36 chrétiennes; la faveur dont il a joui chez les chrétiens s'explique sans doute en partie par le souvenir de l'Apôtre.

L. 2 : personne n'a trouvé de restitution à suggérer pour le début de la ligne.

L. 3 : Le Blant propose [*quae uixit an*]*n*(*os*)? *XXII*, *h*(*oras?*) *VII*. C'est là l'hypothèse la plus vraisemblable, quoique la mention de l'heure ne soit jamais apparue à Trèves. Cependant, si Wiltheim a pris la peine de faire une copie figurée, identique dans ses deux ouvrages, du signe qui sépare les deux nombres, c'est parce qu'il ne croyait pas pouvoir l'identifier à un H.

L. 4 : Le Blant suggère [*et fecit cum ma*]*rito* [*an ?*]*;* cette formule, quoiqu'elle ne soit jamais apparue à Trèves, est courante ailleurs pour indiquer la durée de la vie conjugale. Mais ici, le mot *annos* aurait été omis avant le chiffre II.

L. 5 : on peut reconnaître ici avec Le Blant la formule fréquente *pro caritate* (*Intr.*, § 40).

L. 6 : plutôt qu'un seul nom propre pour deux dédicants, il devait y avoir la mention d'un troisième dédicant, par exemple, *pater,* [*frater et*] *maritus.* Sur le mot *maritus,* rare à Trèves, voir n° 173.

L. 7 : il faut supposer qu'il y avait *titulum posuit* pour *posuerunt* (*Intr.*, § 88) ou bien que Wiltheim a marqué comme un I ce qui était en réalité la dernière haste d'un N.

L'emploi de formules originales, notamment d'un verbe avec *est* à la l. 1, et du mot *maritus* au lieu de l'habituel *coniux* indiquent peut-être que ce fragment appartenait à une période antérieure au VIe siècle, surtout s'il faut reconnaître à la l. 5 l'expression *pro caritate* (*Intr.*, § 138).

I, 150

Trèves, nécropole de Saint-Paulin - Saint-Maximin. Trouvée en 1702 ou 1703 à Saint-Maximin (« lorsqu'on rebâtit l'église » — après sa destruction en 1674 — « on trouva en creusant les épitaphes suivantes », celle-ci et le n° 162, Martène et Durand; *ad S. Maximinum, Anno MDCCIII. ex marmore inventus, Luciliburgensia,* ms. d'Orval). Perdue.

I. P. DE REIFFENBERG, *Notas et add. in Broweri Annal. Trevir.* (vers 1720; ms. *Staatsarchiv Koblenz, Abt. 701, Nr.* 601, *f°* 8).
    (J. BECKER, *Nassau. Annalen 9,* 1868, p. 139-145.)
A. WILTHEIM, *Luciliburgensia,* p. 143, n. 1, fig. 67 (cette inscription, absente du manuscrit original, fut notée dans la marge sur l'exemplaire manuscrit qui se trouvait à l'abbaye d'Orval et dont Neyen se servit pour son édition des *Luciliburgensia;* je n'ai pu trouver ce manuscrit, aujourd'hui égaré ou disparu).
    (LE BLANT 281 et *suppl.* t. II, p. 602 [DACL XV, 2, s. u. *Trèves,* col. 2751, n° 60];
    KRAUS 148 et *add.* p. [7];
    CIL XIII, 3871 [RIESE 4347; DIEHL 3288 A].)
E. MARTENE et U. DURAND, *Voyage littéraire de deux Religieux Bénédictins* (dit *Second Voyage littéraire...,* Paris, 1724), p. 284.
L. MURATORI, *Novus Thesaurus Veterum Inscriptionum* (Milan, 1739-1742), p. 1923, n° 5.

   Tabula è candido marmore etiam quadrata (Reiffenberg).

(ms. Reiffenberg)

face a :

HIC .IACET.PERPETVVS.
IN .CRISTO .DEO .SVO ⳨.
BENE .ME ⳨ RITVS.
QVI .VI   XIT.ANNOS.
XXV .LECONTIA .
MATER .TITVLVM .
POSVIT .IN PACE .

Hic iacet Perpetuus
in C⟨h⟩risto Deo suo,   *croix monogr.*
bene me-   *chrisme avec*   -ritus,
4   qui ui-   *alpha et omega*   -xit annos
XXV; Lecontia
mater titulum
posuit; in pace !

(*Luciliburgensia,* fig. 67)

face b :

[...]V[...] coniuge tua et filios tuos.
*chrisme avec alpha et omega   6 cercles   colombe
dans un cercle*

a) Ci-gît Perpetuus dans le Christ son Dieu, plein de mérite, qui a vécu 25 ans; Lecontia, sa mère,
a posé cette épitaphe. En paix !

Le manuscrit de Reiffenberg fournit la tradition de loin la plus détaillée que nous ayons de cette
inscription. Il est, en particulier, le seul à décrire la face *b* de la pierre, que j'ai donc donnée d'après lui. Cependant, pour la face *a,* j'ai préféré suivre la leçon du manuscrit d'Orval des *Luciliburgensia,* qui m'a paru avoir
plus de chances d'être conforme à l'original (sauf, l. 2, *Cristo,* où le reste de la tradition donne *Christo,* même
Kraus qui dit suivre les *Luciliburgensia;* je me demande si Neyen n'a pas fait une faute en recopiant son
manuscrit).

Face a. Reiffenberg a sûrement vu la pierre. Il sépare un grand nombre de syllabes par un,
deux ou trois points de différentes formes et commente : *latus unum* (notre face *a) sic signatum
singultus lachrimantis videtur exprimere.* Nous lui laisserons l'entière responsabilité du lyrisme
de son interprétation mais nous retiendrons qu'il a été frappé par une anomalie dans l'aspect
général de l'inscription, d'autant plus qu'il insiste après l'avoir transcrite : *Quam inscriptionem
intermixtis illis punctis turbatam...* Toutefois, que les points aient eu précisément la forme,
l'emplacement, le nombre que Reiffenberg a représentés, voilà qui me semble douteux. On saisit
sur le vif l'intervention de sa subjectivité à l'occasion de la croix monogrammatique de la l. 2,
qui doit la forme bizarre qu'elle revêt sur son manuscrit au fait qu'il y a vu une abréviation de *per :
Quam inscriptionem [...] sic legendam arbitror. Hic jacet Perpetuus in Christo Deo suo per bené
meritus,* etc.

La disposition en lignes des érudits anciens est toujours sujette à caution (cf. la diversité des traditions
manuscrites pour le n° 130 A). Je ferais volontiers confiance à celle du manuscrit d'Orval, où les lignes sont
courtes, la croix monogrammatique placée à la fin de la l. 2 comme pour meubler un espace disponible, le chrisme
avec l'*alpha* et l'*omega* à peu près au milieu du texte tant en hauteur qu'en largeur comme au n° 169. Martène
et Durand coupent les lignes après *Christo, meritus, XXV,* et placent le chrisme avec *alpha* et *omega* au dessous
du texte. La l. 4 est donc chez eux nettement plus longue que les autres, ce qui n'est guère vraisemblable.

En ce qui concerne la lecture, voici les variantes par rapport au texte que j'ai retenu, qui est celui de
l'édition Neyen des *Luciliburgensia,* à l'exception de *Christo,* l. 2.
L. 1, Reiffenberg : *Perpetuos.*
L. 2, Martène et Durand : *perbenemeritus* (on remarquera que c'est ce qu'avait cru comprendre Reiffenberg;
cf. n° 162). La copie de Muratori est identique à celle de Martène et Durand, sauf, l. 5, *Leontia.* Il précise :
E schedis Ambrosianis; misit etiam Bimardus. Bimardus legit Legontia. J. Bimard de la Bastie (1703-1742) est

un antiquaire dauphinois qui a collaboré au rassemblement des inscriptions du *Novus Thesaurus*. Je ne sais quelle est l'autre source de Muratori, trouvée par lui à la Bibliothèque de Milan dont il fut le conservateur de 1694 à 1700. Ce ne peut être, comme c'est souvent le cas (voir CIL XIII, II, 1, p. 305), Accursius (1489-1546) puisque celui-ci est mort bien avant la découverte de cette inscription.

L. 1 : le *cognomen Perpetuus* est un nom de bon augure largement répandu. I. Kajanto (*Latin Cognomina*, p. 274) en a relevé 86 exemples dans ses sources païennes, 14 exemples féminins et 3 exemples masculins dans ses sources chrétiennes; ce dernier chiffre est sûrement insuffisant puisqu'à notre défunt, il faut ajouter au moins trois évêques gaulois (Duchesne, *Fastes épiscopaux,* II, p. 93 et 304, III, p. 189, n. 5) et un néophyte romain (Diehl 1478 = *ICVR, n. s.* (I) 2087).

L. 2 : la formule *in Christo Deo suo* est tout à fait inhabituelle. Le repos du mort est souvent placé, en Gaule surtout, *in Christo* (voir Diehl 3278-3301) ou *in Christi nomine* (Le Blant 29 A, 322, 395; à Trèves, n° 194) mais la précision *Deo suo* ne se retrouve pas en épigraphie. A. Ferrua (*Akten,* p. 285 et 303) estime trouver là l'écho des controverses ariennes; c'est sans doute le terme *Deus,* habituellement réservé à Dieu le Père, qui lui donne ce sentiment. Il faut noter cependant que, si la formule exacte *in Christo Deo suo* n'est pas attestée par ailleurs, le groupement *Christus Deus* apparaît un bon nombre de fois (Diehl, t. III, p. 197, B, *a*) dans des textes où rien ne laisse deviner une pointe anti-arienne. C'est pourquoi je me demande si notre formule n'est pas simplement l'équivalent du *Hic requiescit in Domino* du n° 219.

L. 3 : bene meritus ou *bene merens,* couramment employés ailleurs pour qualifier le défunt, n'apparaissent pratiquement jamais à Trèves (il semble y avoir eu une forme de *bene meritus* au n° 151).

L. 5 : le nom de la mère pose un petit problème. *Lecontia* est-elle une déformation de *Leontia* ou de *Lycontia?* Le Blant, suivi par Kraus, opte pour *Leontia* en commentant : « On remarquera [...] une aspiration semblable à celle qui a fait *pucella* de *puella* ». Kraus ajoute que le catalogue épiscopal de Trèves donne *Legontius* pour un évêque de la première moitié du ve siècle (Duchesne, *Fastes épiscopaux,* III, p. 33); il ne faut pas oublier cependant que les manuscrits conservés ne sont pas antérieurs au xe siècle. A. Ferrua au contraire (*Akten,* p. 303) reconnaît ici la transcription de *Lycontia,* selon le même processus que celui qui a conduit de *Dynamius* au *Dedamius* du n° 27. *Leontius* est un nom assez répandu dans la région, surtout au ve siècle (il apparaît peut-être au n° 87), mais *Lycontius/a* est attesté aux n°s 31 et 142 A. Non sans hésitation, je me rallierai plutôt au point de vue du P. Ferrua car notre matériel n'offre aucun exemple de l'insertion d'une consonne entre deux voyelles pour éviter un hiatus et ce phénomène, au moins dans la région, doit être plus tardif.

L. 6-7 : la fin de l'épitaphe est banale (*Intr.,* § 40).

Rien ne permet d'avancer une date pour ce *titulus,* qui paraît avoir subi des influences extérieures à Trèves (l. 3 et peut-être 2). A. Ferrua (*Akten,* p. 285) pense que la formule anti-arienne *in Christo Deo suo* et le nom *Lycontia* ne sont pas postérieurs au ive siècle.

Face b. Cette face, qui ne nous est connue, rappelons-le, que par Reiffenberg, est énigmatique. Son caractère chrétien est assuré par la colombe et surtout le chrisme.

La pierre étant perdue, rien ne permet de chercher, en comparant les deux faces, à identifier la plus ancienne. D'après le dessin de Reiffenberg, il y avait une grande lacune, puis un V, puis une nouvelle lacune, réduite semble-t-il, enfin les mots *coniuge tua et filios tuos* qui ne sont pas susceptibles de prendre place dans l'habituel schéma trévire. Au dessous du texte se trouvaient un chrisme flanqué des lettres *alpha* et *omega,* inscrit dans un grand cercle, puis six autres cercles de plus en plus petits au fur et à mesure qu'on allait vers la droite, enfin une colombe.

Pour J. Becker, les quelques mots seraient les restes d'une prière adressée par la femme et les enfants au défunt pour qu'il leur serve d'intercesseur auprès de Dieu. C'est là une hypothèse dont la fragilité saute aux yeux : on n'a aucun parallèle, même lointain, dans la région et la chute du M de l'accusatif qu'elle suppose (*coniuge tua* pour *coniugem tuam*) est fort peu commune à Trèves (*Intr.,* § 82). Mieux vaut admettre que l'on ne peut rien tirer de cette bribe de phrase.

Si le chrisme et la colombe sont parmi les symboles les plus répandus à Trèves (*Intr.,* § 43), il n'en est pas de même des cercles, qui sont uniques en leur genre. J. Becker parle d'une pierre de Coblence où l'on voit des cercles sécants, décroissant de gauche à droite. A. Ferrua (*Akten,* p. 304) renvoie à un exemple semblable de la catacombe de S. Lorenzo, qu'il a analysé dans *Epigraphica,* 1948, p. 57, n° 131. Il s'agit d'une plaque de *loculus* provenant d'une catacombe romaine, actuellement conservée au Musée du Vatican, Galerie lapidaire, *Parete XXIV,* n° 38 (selon Ferrua; n° 35 selon l'édition faite depuis par Zilliacus, *Sylloge Inscriptionum Christianarum ueterum Musei Vaticani,* Helsinki, 1963) : on y voit six petits cercles avec un point au milieu. Ferrua se demande si les cercles proviennent d'une table de jeu réutilisée (dans ce cas, elle aurait été anormalement longue) ou s'ils ont été gravés en même temps que l'inscription. Selon lui, dans le deuxième cas et même dans le premier, ces cercles ont été gravés — ou laissés — dans une intention allégorique. Mais laquelle ? Six a été considéré par les Anciens comme un nombre parfait mais cela ne prouve pas grand-chose car, dit Ferrua, il en est de même pour beaucoup d'autres nombres. L'équipe de H. Zilliacus interprète ces cercles comme des pains et renvoie à des figures analogues sur deux pierres publiées par Marini. Le sens à attribuer à de tels cercles est donc totalement inconnu. J'ajouterai, pour ma part, qu'il n'est pas sûr qu'il faille en chercher un car un motif aussi simple peut aussi avoir une fonction purement décorative : meubler un espace vierge, conformément à cette horreur du vide qui caractérise les lapicides antiques. Je rapprocherais plutôt le dessin de Reiffenberg d'un sarcophage trapézoïdal mérovingien trouvé dans la villa romaine de Nennig et qui est entièrement couvert de cercles de taille variée, le plus grand d'entre eux contenant une rosette (K. Böhner, *Die fränkischen Altertümer d. Trier. Landes,* Berlin, 1958, I, p. 241 et II, *Taf.* 69).

I, 151

Trèves, nécropole de Saint-Paulin - Saint-Maximin. Trouvée en 1920 dans la *Palmatiusstr.* (voir *Intr.,* § 10) d'après Krüger, dans la *Schöndorferstr.* d'après Gose. Conservée au *Rheinisches Landesmuseum.*

E. KRUEGER, *Bonn. Jahrb.* 127, 1922, p. 314, n° 12 = *Trier. Jahresber.* 13, 1921/1922, p. 50, n° 12.
GOSE 452 (R. EGGER, *Bonn. Jahrb.* 157, 1957, p. 331).
Révisée par N. Gauthier en 1968.

Fragment d'une plaque en marbre blanc, complète en haut; endommagée au cours du bombardement de 1944; h. 14,5; l. (au moment de la trouvaille) 19,5; ép. 4,7; lettres : 2,3 cm.

(avant 1944)

[...]*ex* bene meriṭ[...]
[...] *Primiano Eu*[...]
[... i]n cariṭạ[te ...]
rameau   colombe   chrisme [...]
                              avec alpha

La paléographie montre que cette pierre provient de l'atelier II de Saint-Paulin - Saint-Maximin (*Intr.,* § 33). La décoration, qui est tout aussi caractéristique de cet atelier, devait donc se trouver au milieu du champ épigraphique, ce qui montre que la plus grande partie de la pierre est perdue. Le R, avec sa boucle ouverte et sa barre oblique détachée, a tout à fait le même *ductus* qu'aux n°s 145 (du même atelier) et 183. Pour le début de la première ligne, Krüger note : C...EX. En réalité, d'après la photo montrant l'état de la pierre avant guerre, il y avait, immédiatement avant le E, un reste de lettre que l'on peut interpréter comme un C ou plutôt comme un S. D'après la même photo, le T à la fin de la l. 1 était entier; un éclat portant la haste de ce T a sauté depuis.

Tout ce que l'on peut dire de l'épitaphe d'après ce petit fragment, c'est qu'elle était tout à fait différente du schéma trévire (*Intr.,* § 38-40). Dès lors, toute tentative de restitution est illusoire. Contentons-nous de recenser celles qui ont été proposées sans perdre de vue qu'on pourrait en suggérer bien d'autres.

L. 1 : Egger complète : [*i*]*c ex benemerit*[*o genere nato*]*;* Gose : *benemerit*[*o in pace*]. L'adjectif *benemeritus,* qualifiant le défunt, est extrêmement courant mais il n'est pas normalement précédé d'*ex.* Il est vrai que les lettres EX constituent peut-être la fin d'un mot (le nom du défunt ? Il semble plutôt apparaître à la ligne suivante).

L. 2 : on reconnaît le nom *Primianus,* dont I. Kajanto (*Latin Cognomina,* p. 291) a relevé 48 exemples chez les païens, 6 chez les chrétiens, pour une seule *Primiana,* païenne. Ensuite venait l'un des innombrables noms grecs commençant par *Eu...* Gose pense que Primianus était le défunt et Eu... peut-être le dédicant.

L. 3 : on ne peut guère restituer qu'*in caritate,* dans un contexte différent du *pro caritate* qui accompagne parfois *titulum posuit* (*Intr.,* § 40).

L'activité de Saint-Paulin - Saint-Maximin II se situe au Ve siècle (*Intr.,* § 132).

I, 152

Trèves, nécropole de Saint-Paulin - Saint-Maximin. Trouvée en 1818 à Saint-Maximin (*Intr.*, § 11). Conservée au *Rheinisches Landesmuseum*.

L. LERSCH, *Centralmus.*, 3 (1842), n° 57.
LE BLANT 284 (DACL XV, 2, s. u. *Trèves,* col. 2752, n° 63).
KRAUS 149 et *add.* (de HETTNER), p. [5].
F. HETTNER, *Röm. Steindenkmäler,* n° 399.
CIL XIII, 3883 (RIESE 4358; DIEHL 1370 *adn.*).
GOSE 456 (G. BRUSIN, *Röm. Quartalschr.* 54, 1959, p. 133).
Révisée par N. Gauthier en 1968.

Partie supérieure gauche d'une plaque de marbre blanc; h. 30; l. 18; ép. 4,7; lettres : 2,5-3 cm.

Hic req[uiescit]
Rustiç[... in p]-
ace feḍ[elis qui]
4   uixsit a[nnos ...]
X, meṣis [..., dies]
VII; poṣuit[t/runt ...]
[.]tiola [...]
8   [?au]ạ nep[ti ...]

Les restitutions sûres des l. 1 et 3 montrent qu'il manque à droite environ 7 lettres, soit un peu plus de la moitié de la pierre. On ne peut savoir ce qui manque en bas, sans doute peu de choses si l'on tient compte du fait que la mention des dédicants vient généralement en fin d'inscription et qu'on la reconnaît ici aux l. 6-8.

· La gravure semble l'œuvre d'un artisan peu habile dans son art : il a souvent éclaté la surface de la pierre en incisant ses traits. Mais les lettres sont bien régulières, de formes tout à fait habituelles dans notre matériel. Au début et à la fin de la l. 7 subsistent des hastes qui peuvent avoir appartenu aux lettres I, M ou N. Au début de la dernière ligne, on distingue un fragment de trait oblique qui peut avoir appartenu à un V (M n'est pas exclu car l'endroit de la pierre qui aurait porté la haste verticale de droite a disparu). Ensuite venait un A dont subsiste le bas de la haste droite. A la fin de la même ligne, après le P, il y a une haste verticale qui peut être soit un I, soit le début d'un M ou d'un N ou d'un P, soit un T comme on l'a généralement interprété :

dans ce dernier cas, le linteau est moins développé que celui des autres T du texte et dénué d'empattement à gauche.

Ce texte a souvent été transcrit avec négligence. L. 3, Lersch : fel[iciter]. L. 5, Lersch : mens[es...]. L. 7, Lersch : YYTULAI; Le Blant, Hettner, CIL, Gose : NTIOLA; Kraus : NTIOLA M[ater]. L. 8, Lersch, Gose : NEPT; Le Blant, Kraus, Hettner, CIL : .ANEPT... Enfin, Le Blant met des points de suspension au début de chaque ligne comme si nous ne possédions pas à gauche le bord primitif et Diehl ne cite que les l. 2-3.

Plusieurs vulgarismes apparaissent sur ce fragment : fedelis (Intr., § 49), uixsit (Intr., § 76), mesis pour menses (Intr., § 50 et 77).

On reconnaît aisément, au moins dans les sept premières lignes, les formules habituelles à Trèves (Intr., § 38-40).

L. 2 : Rustic[us], proposé par Le Blant et Kraus, est un peu court mais le défunt (ou la défunte) portait sûrement un cognomen formé sur cette racine, peut-être Rusticulus/a (comme au n° 153) ou Rusticinus/a.

L. 3 : sur le rapprochement d'in pace et de fidelis, voir n° 9.

L. 7 : fragment d'un nom propre, peut-être Gaudentiola, généralement suggéré (cf. n° 131), ou Viuentiola (CIL), sans doute suivi du mot mater, comme le propose Kraus.

L. 8 : Brusin a proposé une lecture ingénieuse des quelques lettres qui avaient laissé ses prédécesseurs perplexes : [a]ua nept[i]. Si V et T ne sont pas, contrairement à ce qu'il laisse entendre, les seules interprétations possibles des lettres qui commence et termine la ligne, cette restitution n'en paraît pas moins séduisante. Si la grand-mère portait le nom se terminant en -tiola de la l. 7, elle était seule dédicante et aua devait être complété par un adjectif comme dolens à la fin de la l. 7. Sinon, -tiola est la fin du nom de la mère et il faut restituer ensuite, l. 7, [mater et] ou — plus logiquement mais c'est un peu long — [mater filie et].

A cause de sa formule initiale assez développée, je crois cette pierre du Ve siècle : in pace fidelis n'apparaît plus à Trèves après cette époque (Intr., § 139). Inversement, hic requiescit in pace n'est pas antérieur au début du Ve siècle, même à Rome. Enfin, chacun des vulgarismes est attesté isolément avant 430/450 mais l'apparition simultanée de uixsit et de mesis (sans n) situe plutôt l'inscription après les années 430 (Intr., § 97).

I, 153

Trèves, nécropole de Saint-Paulin - Saint-Maximin. Trouvée en 1896 près de Saint-Maximin, à proximité immédiate d'un sarcophage qui contenait différents objets (voir Wd. Korr., p. 226). Conservée au Rheinisches Landesmuseum.

H. LEHNER, Wd. Korr. 15, 1896, p. 226-227, n° 87, b, et Wd. Zeitschr. 16, 1897, p. 361 (brève notice).
CIL XIII, 3882 (RIESE 4357; DIEHL 3050).
S. LOESCHCKE, Frühchristl. Denkmäler (1936), p. 128.
GOSE 455.
E. FOERSTER, Frühchristl. Zeugnisse, p. 45, n° 37.
Révisée par N. Gauthier en 1967.

Plaque de marbre blanc-bleuté, encastrée dans une dalle de calcaire (h. 50; l. 66; ép. 13 cm) en forme de demi-cercle qui appartient à une ancienne base de colonne (le profil est mouluré et le trou de fixation subsiste au dos); h. 15; l. 37; lettres : 1,5-2,3 cm.

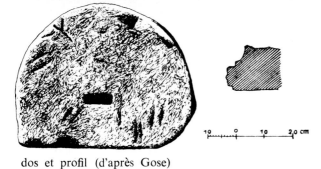

dos et profil (d'après Gose)

Titulum Rusticula, ante quartum idus ianuarias decessit;
depostionem habuit pridem idus ia-
4   nuarias;   annus habuit XXII in t-   -ertium.
*colombe   croix monogr. avec   colombe
alpha et omega*

Epitaphe de Rusticula; elle mourut le quatrième jour avant les ides de janvier (10 janvier); *son inhumation eut lieu la veille des ides de janvier* (12 janvier); *elle avait de 22 à 23 ans.*

Les lignes sont guidées par une double réglure; cela n'empêche pas l'écriture d'être extrêmement sinueuse, notamment à la l. 2 où les I voltigent au dessus de la ligne d'écriture. La base des L est oblique et plongeante, les M sont larges, avec des hastes obliques; la barre du R ne descend pas jusqu'à la ligne de base; les C sont très ouverts; les A ont une traverse horizontale; dans les deux N d'*annus* (l. 4), les deux hastes de droite sont plus hautes que celles de gauche. Il n'y a ni ligature ni abréviation. Rien n'autorise à supposer avec les auteurs du CIL une ligature IT dans le mot *depostionem* (l. 3) car le T est absolument semblable aux autres; la haste du I devrait dépasser le linteau du T, comme le fait d'ailleurs le I voisin. Il n'y a pas trace non plus de la petite haste intercalée entre S et T par Lehner. Vers la fin de la l. 3, il est évident, quoique la pierre soit abîmée, que le lapicide avait d'abord gravé par inadvertance un nouveau D au lieu du S final d'*idus;* s'apercevant de son erreur, il s'est corrigé en martelant la haste et en prolongeant la panse du D par une courbe en sens inverse (en haut). A la dernière ligne, un coup a presque fait disparaître la deuxième haste de XXII. Les deux dernières lignes sont interrompues en leur milieu pour faire place aux motifs décoratifs chers à Trèves (*Intr.*, § 43) : des colombes affrontées (on a manqué de place pour la queue de celle de gauche) de part et d'autre d'une croix monogrammatique flanquée de l'*alpha* et de l'*omega;* l'extrémité de la boucle du P se retourne vers l'extérieur, esquissant un R.

La langue présente plusieurs particularités intéressantes. Le mot *titulum* placé en tête peut être compris (Gose, Förster) comme une espèce de titre; sur une épitaphe de Calabre (Diehl 4169 A = *Nuovo Bull. Arch. Crist.* 1900, p. 272), le mot *titulum* occupe seul la première ligne entre deux croix monogrammatiques; à la deuxième ligne vient le nom au nominatif, *Ianuarius;* cependant, aucun verbe ne dépend de ce nominatif, le reste de l'épitaphe étant constitué par des relatives; ceci semble indiquer qu'en réalité, *Ianuarius* dépend de *titulum* et que ce nominatif a valeur d'un génitif. C'est la solution que propose Diehl pour notre inscription : *nominatiuus assimilatione quadam ortus est;* et de renvoyer à son n° 3058 D = *ICVR* I, 461 où un nom qui devrait être au nominatif est au datif par attraction de datifs voisins (le phénomène n'est donc pas exactement le même) : *hic iacens dulcissima coniux Rosulae; benemerenti in pace.* Il y a d'autres parallèles plus proches : à Trèves même, le n° 218 (*titolu Hagdulfus*) en Italie, Diehl 398 A = CIL VI, 2995. 32 750 (*titulus Aurelius Ikarus*). J'adopte donc le point de vue de Diehl et admets que le nominatif *Rusticula* s'explique par assimilation avec le mot précédent. Le nominatif de celui-ci est normalement *titulus* mais les lapicides, qui n'avaient guère l'usage de ce mot à ce cas, le considèrent souvent comme un neutre (par exemple dans l'épitaphe de Ianuarius citée ci-dessus). Il n'y a pas d'autre exemple de syncope du I de *depositio* à Trèves (cf. *Intr.*, § 62) mais le mot y apparaît rarement et le phénomène est attesté ailleurs (Le Blant, *N.R.* 303 à Toulouse; 9 exemples romains dans Diehl). Je n'ai pas trouvé d'autre exemple de *pridem* pour *pridie* (l. 3); sa formation s'explique peut-être à partir de *pride* que l'on rencontre parfois (à Trèves, n° 142 A; en Gaule, Le Blant 381 et 565; *N.R.* 180; à Rome, Diehl 2807 A, 4394 B, 4399 A), par un contrépel rétablissant un M final qui n'avait jamais existé. Le vulgarisme *annus* est amplement attesté à Trèves (*Intr.*, § 52).

L. 1 : **Rusticula** est un des innombrables *cognomina* forgés à partir de *rusticus* (cf. *Rusticius,* n° 111, et *Rustic...,* n° 152). I. Kajanto (*Latin Cognomina,* p. 311) en connaît 3 ou 4 exemples païens et un seul chrétien en dehors de celui-ci (CIL V, 5219, daté de 527). Ajoutons une sainte mérovingienne (*Vita Rusticulae, M.G.H., S.R.M. IV*).

L. 2 : le jour de la mort est rarement indiqué à Trèves (*Intr.*, § 41) et, dans ce cas, plutôt avec le verbe *recessit. De*[*cessit*] apparaît peut-être cependant au n° 58. Ce verbe, fréquent à Rome, est rare en Gaule (on le trouve sur deux inscriptions d'Autun, dont l'une datée de 378, Le Blant 5 et 7).

L. 3 : la formule *depositionem habet* (au présent) est exclusivement romaine (Diehl 3047-3049). Il est exceptionnel de voir mentionnées comme ici et la date de la mort et celle de l'inhumation (peut-être aussi au n° 227). Il est vrai que souvent, semble-t-il, l'inhumation avait lieu le jour même de la mort (voir, par exemple, Diehl 1209 = CIL XI, 4996).

L. 4-5 : la tournure *annus habuit XXII in tertium* n'apparaît pas ailleurs, mais on peut la rapprocher de formules analogues : *uissit annos deceotto in decenobem* (Diehl 4002 A, à Rome), *Iusti anorum sex in septe* (Diehl 4582 = CIL XII, 2198), *quattuor in quinto ad Chr(istu)m detulit annos* (Diehl 2912 = CIL XIII, 8478 à Cologne).

Gose, citant presque mot pour mot la conclusion de Lehner, estime : *Die ganz missverstandene Anwendung des Wortes titulum, die Form pridem statt pridie, sowie die Form des Christogramms weisen auf sehr späte Zeit hin.* Förster partage aussi cette opinion. Des mêmes observations je tirerai la conclusion inverse. Les exemples d'un emploi comparable de *titulus* suivi d'un nominatif que nous avons relevés en Italie ne paraissent pas particulièrement tardifs; la forme *pridem* étant un hapax, on ne peut en tirer aucune conclusion; par contre, la forme *depostio* est attestée au IVe siècle et peut-être même avant (Diehl 158, dans le cimetière de Calliste; Diehl 3035 C = CIL XI, 4040, datée de 380; Diehl 3835 C = CIL III, 9508, datée de 382); la croix monogrammatique a un dessin tout à fait normal. A cela on peut ajouter que la paléographie, si elle n'est pas particulièrement esthétique, ne présente aucun des traits caractéristiques de l'époque franque, comme l'étroitesse des E, les hastes dépassant l'intersection avec les barres ou les boucles, les D en *delta,* les O en losange, etc. La liberté totale de l'auteur à l'égard du formulaire trévire me paraît plutôt un indice d'antiquité, ainsi que l'emploi du mot *decessit,* mais la forme en R de la croix monogrammatique se trouve surtout, en Gaule, dans la deuxième moitié du Ve siècle et la première moitié du VIe (*Intr., § 43*). Je placerais donc volontiers l'inscription peu après 450.

I, 154

Trèves, nécropole de Saint-Paulin - Saint-Maximin. Trouvée en 1824 dans le cimetière de Saint-Paulin (voir *Intr.*, § 9). Conservée au *Rheinisches Landesmuseum*.

M. J. F. MUELLER, *Trierische Chronik* 9, 1824, p. 172-173.
L. LERSCH, *Centralmus.*, 3 (1842), n° 66.
Ph. SCHMITT, *H. Paulinus* (1853), p. 435, n° 9.
LE BLANT 286 et *add.* t. II, p. 606 (DACL XV, 2, s. u. *Trèves*, col. 2752, n° 65).
KRAUS 175 et *add.* (de HETTNER), p. [6].
F. HETTNER, *Röm. Steindenkmäler*, n° 376.
CIL XIII, 3885 (RIESE 4361; DIEHL 3581 D).
GOSE 457.
E. FOERSTER, *Frühchristl. Zeugnisse*, p. 46, n° 38.
Révisée par N. Gauthier en 1967.

Plaque de marbre blanc veiné de bleu, en plusieurs fragments; h. 22; l. 45; ép. 2; lettres : 2 cm.

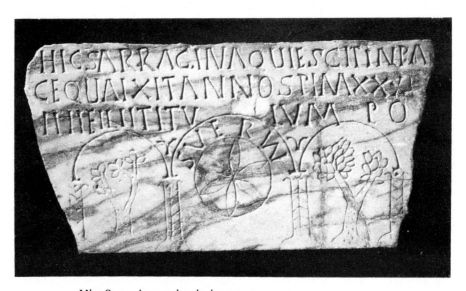

     Hic Sarracina quiescit in pa-
     ce qua ⟨u⟩ixit annos p⟨l⟩(us) m(inus) XXXI;
     IIII ⟨f⟩ilii titulum po-
4   suerun.
     sous des arcades :
     arbre   rosette   arbre.

Ici, Sarracina repose en paix, elle qui a vécu environ 31 ans; ses 4 fils ont posé cette épitaphe.

La gravure est large et profonde, les lettres sont tracées avec application mais celui qui a fait ce travail ne paraît pas avoir été très familiarisé avec l'écriture épigraphique : aucun A n'est barré, les C sont très ouverts, les R sont tracés en 2 traits au lieu de 3 (cf. n° 67), les V des deux premières lignes sont ronds, ce qui, à Trèves, ne se trouve par ailleurs qu'aux n°ˢ 1, 75, 178 et 232, les P sont ouverts et la haste de celui de la l. 3 porte à sa base un empattement vers la droite comme aux n°ˢ 91 et 106; les hastes des M sont obliques; le F de *filii* (l. 3) a trois barres, comme aux n°ˢ 106, 192, 204, 215 et 225, mais, contrairement à ces exemples où la barre supérieure est différente de celle d'un E, rien ici ne permet de le distinguer des E. Il y a un point entre le C et le I de *Sarracina* (l. 1). A la l. 2, le lapicide a oublié le V de *uixit*, puis la base oblique (cf. ligne suivante) du L de *pl(us)*; la haste qui suit *XXX* est incisée plus légèrement que le reste mais cela ne me semble pas une raison suffisante pour estimer, comme Hettner (repris par Gose), que ce trait a été gravé plus tard. La ligne 5 est inscrite à l'intérieur de l'arc central; les lettres VN sont ligaturées et il est difficile de savoir si l'absence du T final est un vulgarisme ou résulte d'une distraction du lapicide qui aurait oublié le linteau d'un T ligaturé avec VN.

La décoration rompt avec la tradition du chrisme et des colombes. Quatre colonnes à larges bases supportent trois arcs suggérés par de simples arcs de cercles pourvus à leurs extrémités d'empattements vers l'intérieur de l'arc. Ce motif de la colonnade est très rare à Trèves : on le trouve aussi au n° 222 et sur quelques fragments anépigraphes publiés par Gose (Gose 688, 690, 691 et 693). La façon dont la base des colonnes coïncide avec les bords de la pierre à droite et à gauche montre, comme la disposition en lignes, que la cassure irrégulière de ces bords est antérieure à l'inscription. Entre les arcs, au dessus des colonnes, le vide est comblé par deux petits motifs en forme d'Y. Sous les arcades latérales sont dessinés deux arbres. On sait que les ouvriers de l'atelier I de Saint-Mathias aimaient représenter des oliviers (*Intr.*, § 16); ici, le dessin est assez différent, quoique moins déroutant qu'au n° 72, et l'on ne saurait dire si l'artiste a prétendu représenter une espèce déterminée. L'arbre de droite est sensiblement plus fourni que celui de gauche. Le Blant en tire argument, avec plus de raison qu'au sujet du n° 72, pour y voir l'opposition entre « un arbre verdoyant et plein de vigueur » et « un arbre flétri et presque entièrement dépouillé de son feuillage », symbolisant « la mort terrestre et la régénération promise »; il s'appuie (t. II, *add.*) sur un passage de Grégoire de Tours (*Historia Francorum*, X, 13) disant : *Hanc enim resurrectionem et illa quae cernimus elementa demonstrant, id est dum arbores in aestate foliis tectae, hieme ueniente nudantur; succedente uero uerno tempore quasi resurgentes, in illud quod prius fuerant foliorum tegmine uestiuntur.* Le thème de la renaissance de la végétation symbolisant la résurrection promise au fidèle est certes banal et l'on sait le rôle qu'il a joué dans certains cultes à mystères; cependant, j'hésite à suivre Le Blant sur une voie qui ne me paraît pas assez assurée : les parallèles iconographiques qu'il invoque (cf. DACL I, 2, col. 2691-2709, s. u. *arbre*) me semblent autant de cas particuliers, ne relevant pas obligatoirement d'une explication commune. Ici, l'arbre de gauche est plutôt jeune et grêle que « flétri et presque entièrement dépouillé de son feuillage » et l'on pourrait trouver un autre symbolisme fondé sur le thème de la croissance. En fait, je ne pense pas qu'il faille attribuer à l'auteur de cette épitaphe un sens des symboles aussi raffiné. Sous l'arc du milieu, un peu plus grand que les autres, se trouve une rosette à six branches inscrite dans un cercle. Ce motif, unique dans notre matériel trévire, est très fréquent à l'époque franque; il apparaît notamment sur une stèle anépigraphe trouvée, elle aussi, à Saint-Paulin (Th. K. Kempf, *Frühchristliche Zeugnisse*, p. 231, n° 28, photo) et sur un sarcophage trouvé à Nennig, près de Trèves (*Frühchristl. Zeugnisse*, p. 97-98, n° 67, avec photo).

En ce qui concerne la langue, il est difficile de savoir s'il faut reconnaître, l. 2, la forme *qua*, attestée aux n°ˢ 111 et 117 (*Intr.*, § 85), ou si le E de *quae* a été oublié par le lapicide en même temps que le V de *uixit*; la chute du T final de *posuerunt*, qui est sans exemple à Trèves (*Intr.*, § 82), doit sans doute être mise au compte de la maladresse du lapicide plutôt que de l'évolution linguistique.

L. 1 : Sarracina est un *cognomen* d'origine géographique, conformément à un usage aussi solidement attesté en Orient qu'en Occident (*Intr.*, § 108). Ce nom, dont je ne connais pas d'exemple dans les sources latines, est attesté deux fois au VII° siècle ap. J. C. dans les sources grecques d'Egypte (F. Preisigke, *Namenbuch*, col. 362), avec un seul P, conformément à la graphie habituelle de l'ethnique (voir *Intr.*, § 75).

L. 2-3 : faut-il lire *XXXI; IIII filii* ou *XXXIIIII; filii?* Seul Le Blant qui néglige, comme Hettner, la haste qui termine la l. 2 a joint à XXX les hastes du début de la l. 3. Il est plus conforme aux habitudes épigraphiques de serrer les derniers signes que de couper un nombre en deux, surtout si l'on tient compte du fait qu'il y a en tout cinq hastes et qu'il devrait donc y avoir un V à la place. Selon toute vraisemblance, Sarracina est morte à 31 ans et ses quatre fils lui ont dédié l'épitaphe.

Le formulaire de l'inscription est aussi banal (voir *Intr.,* § 38-40) que la décoration est originale. Celle-ci, avec ses arcades et sa rosette, ne peut guère être antérieure au VIe siècle. D'ailleurs, dans les inscriptions datées de Gaule, le V rond apparaît en 449, 501, 545 ou 605 (Le Blant 667, 381, 556 D).

I, 155

Trèves, nécropole de Saint-Paulin - Saint-Maximin. Trouvée en 1938 dans la moitié occidentale de l'église Saint-Maximin, en réemploi dans un mur. Conservée au *Rheinisches Landesmuseum.*

Trier. Zeitschr. 14, 1939, p. 244 = *Trier. Berichte* 1938, p. 244 (sans nom d'auteur).
GOSE 458.
Révisée par N. Gauthier en 1967.

Partie inférieure gauche d'une plaque en marbre blanc; h. 28,5; l. 18; ép. 2,5; lettres : 3 cm.

(avant 1944)

	[Hic iacet in pace]
	Seri*us* q[ui uixit]
	an(nos) II et me(nses) III [et d(ies) ...];
4	mater et p[ater ti]-
	tulum po[suerunt].

colombe   croix monogr. avec   [colombe]
alpha et omega

Ci-gît en paix Serius qui a vécu 2 ans et 3 (?) mois, ... jours; son père et sa mère ont posé cette épitaphe.

L'écriture est très régulière; tous les mots sont séparés par des points. Les E sont relativement étroits, le Q que l'on aperçoit à la fin de la l. 1 est tracé en deux traits, comme souvent à Trèves (cf. notamment nᵒˢ 170 et 193), les traverses des A sont brisées, le linteau du T est arqué vers le bas, les hastes des M sont obliques, la base du L est plongeante. Au dessous du texte, une colombe portant un rameau dans son bec devait avoir son pendant à droite. Au milieu, une croix monogrammatique dont le P a nettement la forme d'un R, un *alpha* et l'extrémité gauche d'un *omega*.

Le formulaire est si banal qu'il est facile de reconstituer l'inscription en entier. Il manque la moitié de la pierre à droite (emplacement du chrisme, restitution sûre des l. 4 et 5). La formule *q[ui uixit]* à la l. 2 constitue une restitution de longueur identique et, par conséquent, il manque seulement une ligne en haut, qui portait la formule initiale (*Intr.*, § 38) : *hic iacet in pace* correspond exactement au nombre de lettres attendu; *hic requiescit,* quoique plus court, pourrait convenir à la rigueur. Le seul doute concerne la restitution de la l. 3 : le nombre de mois était 3 ou 4, car une haste a pu disparaître dans la cassure, puis venait le nombre de jours (*Intr.*, § 39), le mot *dies* étant abrégé en *di(es)* ou *d(ies)*.

Serius est un *cognomen* très rare (I. Kajanto, *Latin Cognomina,* p. 256, n'en connaît pas d'autre exemple) mais une *Seriola* est attestée à Trèves même (nᵒ 131).

Le seul indice chronologique est fourni par la croix monogrammatique en forme de R caractérisé, qui ne me paraît guère antérieure, à Trèves, à la deuxième moitié du vᵉ siècle (*Intr.*, § 43).

I, 156

Trèves, nécropole de Saint-Paulin - Saint-Maximin. Trouvée en 1936 à Saint-Maximin devant le chœur latéral sud, tout près du n° 172. Conservée au *Rheinisches Landesmuseum*.

Trier. Zeitschr. 12, 1937, p. 281, *a* = *Trier. Berichte* 1936, p. 281, *a* (sans nom d'auteur : H. KOETHE selon Nesselhauf).
NESSELHAUF 32.
GOSE 460.
Révisée par N. Gauthier en 1967.

Fragments d'une plaque en marbre blanc, dont le bord primitif est partiellement conservé en haut et en bas; h. 22; l. 37; ép. 3,5; lettres : 2-2,7 cm.

```
        [Hic p]ausat in pace Spu[ri...a]
        [...] quae uixit annu et [menses ... et]
        [die]s septe; dulcissime filia[e titu]-
    4   [lu]m posuerunt parentes Co[nc]-
        [o]rdius          pate[r et]
        colombe      chrisme    [colombe]
        mate -             -[r] Vr[s...]
```

Ici repose en paix Spuri...a ... qui a vécu un an, ... mois et sept jours; ses parents Concordius, son père, et Vrs..., sa mère, ont posé cette épitaphe à leur très douce fille.

L'écriture ressemble à celle de l'atelier II de Saint-Paulin - Saint-Maximin mais elle a beaucoup moins d'élégance (*Intr.*, § 33-35). Comme sur les inscriptions de ce type, les traits horizontaux ont tendance à dépasser à gauche leur point d'intersection avec les hastes verticales (voir notamment L, l. 3), les traverses de M et N coupent les hastes en-deçà de l'extrémité de celles-ci, les hastes obliques (A et V), souvent, ne sont pas poursuivies jusqu'à leur intersection. Mais on ne trouve pas ici les empattements ondulés qui caractérisent cet atelier, ni la traverse brisée du A; la hauteur des lettres est irrégulière (par ex., l. 4-5); enfin, la décoration est différente : le motif est au bas et non au milieu de la pierre, il n'y a pas trace, du moins en l'état actuel, d'*alpha* à gauche du chrisme, la colombe qui subsiste en partie (la tête a disparu dans la cassure) manque totalement d'élégance; on distingue encore le rameau qu'elle tenait dans son bec. Il y a des ligatures : NP (l. 1), VAE (l. 2), MP et NT deux fois (l. 3). A la l. 2, il y a un point après *et*. Les nombres sont écrits en toutes lettres, comme au n° 176, issu de Saint-Paulin - Saint-Maximin II : le mot *septe* (l. 3) montre qu'il faut lire *annu* et non *ann(os)* V (d'ailleurs, lorsque V est un chiffre, la haste de droite s'arrête généralement à mi-hauteur). A la fin de la l. 2, on aperçoit dans la cassure la haste de gauche du M de *menses;* à la fin de la ligne suivante, il ne reste plus que l'extrémité inférieure de la haste gauche du A; le R de *parentes* (l. 4) a été restauré; au début de la l. 5, seule subsiste la boucle du R. Le R de *mater* (l. 6) se trouvait au dessous du P de *pater*.

En ce qui concerne la langue, il faut remarquer l'absence des permutations habituelles *e/i, o/u*. Par contre, les mots *septe* (l. 3) et éventuellement *annu* (à moins qu'il s'agisse d'un autre phénomène : *Intr.,* § 84) témoignent d'une chute du *m* final aussi rare à Trèves qu'elle est fréquente à Rome ou en Afrique (*Intr.,* § 82). Sur le vulgarisme *dulcissime,* voir *Intr.,* § 57.

Le formulaire est tout à fait conforme aux usages trévires (*Intr.,* § 38-40).

L. 1-2 : l'épitaphe était dédiée à une petite fille, comme le montre le *quae* de la l. 2; celle-ci portait un nom rare, apparemment dérivé de l'ancien *praenomen Spurius* (I. Kajanto, *Latin Cognomina,* rappelle, p. 163, qu'un consul de 176 avait pour *cognomen Spurinus* et signale, p. 156, deux exemples païens du nom *Spurianus*). Ensuite, un mot comme *infans* (n°ˢ 121, 213).

L. 4-6 : la redondance *parentes ... pater et mater* est unique dans notre matériel. Pour le père, on ne peut restituer d'autre nom que *Concordius* (voir n° 13 *b*) et, pour la mère, un des innombrables dérivés d'*Vrsus/a* (*Intr.,* § 122).

Cette pierre ne me paraît pas pouvoir être antérieure à l'atelier II de St-Paulin - St-Maximin (*Intr.,* § 34); je la daterais volontiers du VIᵉ siècle. Elle présente d'ailleurs deux vulgarismes « tardifs » (*Intr.,* § 97).

I, 157

Trèves, nécropole de Saint-Paulin - Saint-Maximin. Trouvée en 1920 dans la *Palmatiusstr.* au coin de la *Thebäerstr. (Intr., § 10).* Conservée au *Rheinisches Landesmuseum.*

E. KRUEGER, *Bonn. Jahrb.* 127, 1922, p. 314, n° 10 = *Trier. Jahresber.* 13, 1921/1922, p. 50, n° 10.
FINKE 62.
GOSE 461.
Révisée par N. Gauthier en 1967.

Plaque de marbre blanc, en réemploi (le dos est un fragment de revêtement mural, avec l'extrémité supérieure d'un pilastre en faible relief); h. 18; l. 26; ép. 3,5; lettres : 2 cm.

Suricu⟨l⟩a filia iace-
t in pace, qui u̬ixi-
t annos sex; pa-
4   ter et mater
titulum posuer(u)nt.
*colombe   croix monogr.   [colombe]
avec alpha et [omega]*

Dos et profil (d'après Gose)

Suricula, leur fille, gît en paix, elle qui a vécu six ans; son père et sa mère ont posé cette épitaphe.

La gravure est profonde et large, l'écriture dense. Les lettres sont de forme simple, plutôt larges pour Trèves. Le linteau des T est rectiligne et horizontal, les hastes du M sont verticales; la traverse manque dans trois A des l. 1-2, elle est horizontale dans les autres. La boucle des P est largement ouverte. La queue du Q est sinueuse et à peine incisée. La base du L est inspirée de la forme maniérée si fréquente à Trèves (voir, par ex., n°s 9, 24, 26, 38, 55, etc.). A la l. 1, le lapicide a oublié la base du premier L, qui ressemble donc à un I auquel manquerait le petit empattement de la base. A la l. 2, un choc a endommagé les lettres VI; elles ne sont cependant pas douteuses. Gose fait remarquer que les 4 dernières lignes commencent par un T, ce qui doit être une facétie du lapicide.

La langue est assez correcte. Il est fréquent de trouver *qui* pour *quae (Intr., § 85).* A la dernière ligne, le deuxième *u* de *posuerunt* est omis; il est difficile de dire si cette particularité, à laquelle on peut trouver quelques parallèles à Trèves même, est une abréviation ou un vulgarisme (voir n° 18).

Le formulaire et la décoration sont caractéristiques des habitudes trévires *(Intr., § 38-40).*

L. 1 : l'épitaphe commence par le nom de la défunte, suivie de la mention *filia* qui fait double emploi avec *pater et mater*, l. 4. Selon Gose, *Suricula* serait un diminutif de *sura*, « le mollet »; que ce nom provienne de *Sura = Syra* lui paraît invraisemblable. Sans doute *Sura* est-il un *cognomen* bien attesté, connu par exemple par P. Cornelius Lentulus Sura, l'un des complices de Catilina. Mais les *cognomina* faisant allusion à une particularité physique se raréfient sous l'Empire (*Intr.*, § 112) alors que les noms d'origine géographique sont particulièrement fréquents dans notre matériel (*Intr.*, § 108) : c'est donc sûrement dans cette catégorie qu'il faut classer *Suricula*. *Suricus* signifie à proprement parler « originaire de Syros », l'une des Cyclades. Mais, considérant le peu de notoriété dont jouissait alors cette petit île et l'importance démographique, économique et culturelle de la Syrie, je pense que les hommes de ce temps considéraient plutôt *Syricus* comme un dérivé de *Syrus* (sur ces glissements de sens, voir, par exemple, *Valerius, Intr.*, § 105), ce qui explique la popularité de *Siricius* et de *Sirica* à l'époque chrétienne (cf. n° 94 et *index* de Diehl, p. 150). Le diminutif *Suricula/Siricula* n'est pas attesté par ailleurs en épigraphie chrétienne. L'hypothèse Ferrua (*Akten*, p. 300 : *Soricula* = « petite souris » est peu vraisemblable.

La banalité de cette épitaphe ne permet pas de lui assigner une date. L'écriture et la forme *posuernt* font cependant plutôt songer au VIᵉ siècle qu'au IVᵉ.

I, 158

Trèves, nécropole de Saint-Paulin - Saint-Maximin. Trouvée en 1953 au sud de Saint-Maximin, en construisant le *Versorgungsamt* (*Intr.*, § 12). Conservée au *Rheinisches Landesmuseum*.

GOSE 468 (R. EGGER, *Bonn. Jahrb.* 157, 1957, p. 332; FERRUA, *Akten*, p. 300).
Révisée par N. Gauthier en 1967.

Deux fragments d'une plaque de marbre blanc à gros grain; celui de droite a été perdu au cours du bombardement de 1944; h. 19; l. actuelle : 22; ép. 3,5; lettres : 2,5-3 cm.

[H]ic bene pa[usa]-
ṇt in pace seni[o]ṛ *Va-*
lentinus qui ṿ[ixi]*t* an(nos)
4 p(lus) m(inus) IIII et iuṇ[ior St]*efa*-
nus an(nos) [...].

(avant 1944)

Ici reposent bien en paix l'aîné Valentinus qui a vécu environ 4 ans et le cadet Stephanus, de ... ans ...

La première ligne est gravée avec soin sur une surface bien lisse; le reste est écrit d'une écriture plus dense sur une surface beaucoup plus irrégulière et légèrement en retrait par rapport à la précédente. Il est évident qu'une pierre déjà utilisée comme épitaphe chrétienne a été martelée à l'exception de la ligne qui pouvait resservir et qu'elle a reçu une nouvelle inscription. L'écriture n'est d'ailleurs pas très différente sur les deux parties, seulement plus belle et plus aérée sur la surface du haut. Peut-être est-ce le même lapicide qui a gravé les deux inscriptions successives (éventuellement parce que la première n'aurait finalement pas été utilisée). Les E sont étroits, les P ouverts (sauf l. 2), le L (l. 3) a une base plongeante, les hastes du M sont obliques.

A la fin de la première ligne, l'extrémité de la haste droite du A final apparaissait sur le petit fragment perdu. Le N qui commence la deuxième ligne est presque effacé et n'a d'ailleurs pas été vu par Gose. Après le N de *senior,* on aperçoit le haut de la haste du I, qui a été négligée par Gose et interprétée comme un P par Egger; sur le fragment de droite, de l'autre côté de la cassure, l'extrémité d'un trait plus oblique que la haste d'un A ou d'un M ne peut appartenir qu'à un R. A la l. 3, la haste gauche du V de *uixit* subsiste dans la cassure sur le fragment de gauche. L. 4, les dernières lettres visibles sur la partie gauche sont I, V et le haut d'un N (Gose : IVI; Egger : MAX); sur l'autre fragment, on distingue l'extrémité des barres supérieure et médiane d'un E (à la rigueur d'un F), puis un F dont la barre supérieure, ondulée comme aux n°ˢ 14 et 133, se poursuit au dessus du A suivant (il a été identifié pour la première fois par A. Ferrua), enfin un A (Gose et Egger ont lu IA).

On a ici, comme en un certain nombre d'autres cas (*Intr.,* § 3), une plaque collective, dédiée à deux frères sans doute décédés presque en même temps. La langue, pour autant qu'on puisse juger, était parfaitement correcte, ce qui est suffisamment rare pour valoir la peine d'être noté.

L. 1 : la formule *hic bene pausat/ant* n'est pas fréquente à Trèves (n° 32 *b; bene pausanti,* n°ˢ 55, 144 et 173).

L. 2 : ni Gose ni Egger n'ont reconnu les mots *senior* et *iunior* (l. 4); il est vrai qu'on ne trouve dans l'index de Diehl aucun exemple de l'emploi de ces deux mots pour distinguer des frères. On est sûr qu'il ne s'agit pas d'opposer père et fils puisque le plus âgé n'a que quatre ans.

L. 2-3 : Valentinus est un nom très commun à Trèves (voir n° 63).

L. 4 : Gose a lu *an(num) p(rimum) m(enses) IIII.* Il faut évidemment reconnaître le banal *p(lus) m(inus)* (*Intr.,* § 39). Le *cognomen* du cadet ne peut être, comme l'a reconnu Ferrua, que *Stefanus,* normalement orthographié avec F (*Intr.,* § 81 et 110).

L. 5 : qui uixit est sous-entendu avant *annos.* Après le nombre d'années, il y a encore place pour le nombre de mois ou une formule comme *in pace.* Il manque l'habituelle mention des dédicants à moins, ce qui n'est pas impossible, que la pierre ne soit pas complète en bas.

A cause de la mention *plus minus* (*Intr.,* § 39), cette pierre ne peut être antérieure à la fin du IVe siècle. Elle ne paraît pas beaucoup postérieure au Ve siècle (écriture, langue, formule *hic bene pausat in pace*).

I, 159

Trèves, nécropole de Saint-Paulin - Saint-Maximin. Trouvée en 1913/15 à Saint-Maximin. Conservée au *Rheinisches Landesmuseum*.

GOSE 469.
Révisée par N. Gauthier en 1967.

Plaque de marbre en trois fragments, dont une partie est perdue en bas; h. 37; l. 68; ép. 4,3; lettres : 3,5 cm.

(réduit au 1/5)

      Valeriae filiae
      dulcissimae quae̦
      ḥic requiescet i̦n
4   [pace], quae uixit an[n(os)]
      [...] ḍies [...].

A Valeria, sa fille très douce, qui repose ici en paix, qui a vécu ... ans, ... jours.

Capitale élégante et régulière, tracée avec le plus grand soin. Les lettres et les lignes sont particulièrement espacées entre elles (les lettres du nom de la défunte sont encore plus espacées que les autres). Il y a plusieurs ligatures : AE, l. 1 et 2, VA, l. 2, VAE, l. 4. Au dessus de l'épitaphe, il y a un A et deux traits obliques tracés légèrement qui sont sans rapport avec le texte. Le A notamment n'est pas un *alpha* symbolique car il n'y a pas trace d'*omega* et, d'ailleurs, cette disposition sans chrisme n'apparaît jamais à Trèves.

Le seul vulgarisme est la forme *requiescet* (l. 3) pour *requiescit,* fort commune dans la région (*Intr.,* § 49).

L. 1 : cette épitaphe commence, comme quelques autres à Trèves (*Intr.,* § 38), par le nom de la défunte au datif. *Valerius/a* est un nom très répandu à Trèves (voir nº 45).

L. 3 : c'est ici seulement, et sous forme de relative, qu'intervient la formule *hic requiescet in pace,* qui figure normalement en tête (cf. nº 6).

L. 4-5 : la fin des lignes ne paraissant avoir coupé aucun mot, *annos* devait être abrégé en *ann(os);* au début de la l. 5 figurait soit le nombre d'années en toutes lettres suivi de [*et*] *dies,* soit le nombre d'années en chiffres, suivi de *menses* en abrégé (ME ou MEN) avec le nombre de mois en chiffres, enfin, *dies* non précédé de la conjonction *et.* Après *dies* venait le nombre de jours. Etant donné la façon dont la pierre est brisée, il est impossible de savoir si cette ligne était la dernière ou si l'habituelle mention des dédicants (*Intr.,* § 40) figurait au dessous.

Je serais bien en peine de fixer une date, même très approximative, à cette belle épitaphe. Notons cependant que la formule *hic requiescit in pace* n'apparaît qu'en 467 sur les inscriptions datées de Gaule (Le Blant, *N. R.* 134) et au début du vᵉ siècle à Rome. A cause du datif initial, de l'écriture élégante et régulière aux lettres espacées, du large blanc autour du texte, elle pourrait être du vᵉ siècle (cf. nº 6).

I, 160

Trèves, nécropole de Saint-Paulin - Saint-Maximin. Trouvée en 1911 à Saint-Paulin, entre l'église et la maison du gardien (*Küsterhaus*). Conservée au *Rheinisches Landesmuseum*.

J. B. KEUNE, *Trier. Zeitschr.* 6, 1931, p. 159.
NESSELHAUF 36.
GOSE 470.
Révisée par N. Gauthier en 1967.

Plaque de marbre blanc en 4 fragments, mutilée en haut à gauche; h. 34; l. 55; ép. 3 ; lettres : 2,5 cm.

```
   [Hic i]acet Vale-
   [ri]u̥s  qui  uix(it)
   an(nos)  XXXV;  Selen-
4  tia  coniox
   titolum  [p]os-
   uit;  in  pace !  Dip(ositio)  qu(i)n(to  ante)  id(us)  /Iun(ias).
```

Ci-gît Valerius, qui a vécu 35 ans; Selentia, son épouse, a posé cette épitaphe; en paix ! Inhumation le cinquième jour avant les ides de juin (9 juin).

La paléographie est originale par l'espace considérable qui sépare les lettres. Celles-ci sont si légèrement incisées que certains traits sont à peine visibles malgré le bon état de conservation de la pierre. Elles sont plus hautes que larges; les E sont particulièrement étroits; les A ont une traverse oblique, les L une base courbe descendant au dessous de la ligne qui est fréquente à Saint-Paulin - Saint-Maximin (nos 109, 126, 174, 184, 195, 196, 198), le M des hastes verticales et des traverses qui se joignent au milieu de la ligne; la boucle du P (l. 6) est largement ouverte. VA à la l. 1, NP à la l. 6 sont ligaturés. L'inscription fut conçue avec *pace* comme dernier mot; puis on a rajouté en petits caractères et en abrégé la date de la *depositio;* le mot *iun(ias),* qui ne tenait pas sur la ligne, a été inscrit au-dessus; le I (et non E, comme le note Gose) de *dip(ositio)* est surmonté d'un tilde abréviatif; la queue du Q de *quinto* est bien incisée mais elle est peu visible sur la photo car elle n'a pas été, comme le reste de l'inscription, peinte en rouge; la pierre est abîmée après le V et on distingue mal le N; il ne semble pas, cependant, qu'il y ait eu, même à l'état de ligature, le I noté par Gose. Au début de la l. 2, il ne reste plus que la partie inférieure du V; à la l. 3, la première voyelle de *Selentia* est bien E et non I, malgré Nesselhauf et Gose.

Les vulgarismes *Selentia* pour *Silentia* (*Intr.,* § 49), *titolum* pour *titulum* (*Intr.,* § 51) sont communs à Trèves; des formes du type *coniox* pour *coniux* (*Intr.,* § 55) et *dipositio* pour *depositio* (*Intr.,* § 50), quoique attestées, y sont plus rares. L'abréviation *uix(it)* n'est pas exceptionnelle (nos 72, 75, 77, 144, 181, 184).

L. 1-2 : comme il ne manque que deux lettres au début de la l. 2, le nom du défunt ne peut être que *Valerius,* très commun à Trèves (voir n° 45).

L. 3-4 : *Selentia* est un *cognomen* en *-ius/ia* (*Intr.,* § 124) dérivé du participe présent *silens* et, pour l'instant, non attesté par ailleurs; on connaît une *Selentiosa* à Lyon (Le Blant 62, a. 334).

L. 6 : le souhait *in pace* complète souvent la mention des dédicants (*Intr.,* § 40). L'indication du jour de *depositio* est plus rare (*Intr.,* § 41 ; elle est alors introduite par *dies depositionis* ou *depositionem habuit* plutôt que par le seul mot *depositio* qui ne se retrouve qu'au n° 161.

La date de l'inhumation, ajoutée *in extremis,* constitue la seule originalité d'une épitaphe par ailleurs banale. Comme elle ne figure jamais à Trèves sur une inscription datable du IVe siècle, cette indication confirme l'impression donnée par l'espacement excessif des lettres et conduit à placer plutôt l'inscription au Ve siècle, sans que le VIe soit totalement exclu.

I, 161

Trèves, nécropole de Saint-Paulin - Saint-Maximin. Trouvée à Saint-Paulin. Perdue.

L. LERSCH, *Centralmus.,* 3 (1842), n° 71 (LE BLANT 253; KRAUS 187; CIL XIII, 3831 [RIESE 4387; DIEHL 3581 B *adn.*]).

Lersch ne donne aucune indication de matériau ni de dimensions.

```
v· PACEVE
ITAÑiETMÊ·
⌐REÑINAI
OSVITDP̄           4
+SEPTE
```

[Hic ... i]ṇ pace Ve[...]
[... qui/ae uix]it an(num) I et me(nses) [...]
[... Fl]ọrentina ti[tu]-
[lum p]osuit; d(e)p(osit..) [...]
[... ka]l(endas) septe(mbres).

(Lersch)

Si l'on en croit la transcription de Lersch, le mot *in* (l. 1) était suivi d'un point, les lettres NT et AT (l. 3) était ligaturées et les abréviations *an(num)*, *me(nses)* (l. 2) et *d(e)p(ositio)* ou *d(e)p(ositus/a)* étaient surmontées d'un tilde. A la dernière ligne, l'espèce de croix qu'il a notée en fac-similé avant le S doit correspondre à la base d'un L, barrée en signe d'abréviation (cf. nᵒˢ 127 ou 201); il note la fin du mot *septembres* comme un développement et non comme une restitution; le signe d'abréviation faisait, dans ce cas, défaut.

Le formulaire de cette épitaphe semble avoir été banal (*Intr.*, § 38-40); seule l'indication du jour de l'inhumation est moins fréquente (*Intr.*, § 41). A la fin de la l. 1 apparaît le début du nom du défunt ou de la défunte, que Lersch propose de compléter *Ve[nantia]*; comme le fait remarquer Kraus, bien d'autres *cognomina* commencent par *Ve...* (cf., à Trèves, *Veneria*, nᵒ 142, et *Vetranio*, nᵒ 100). A la l. 3, le nom de la dédicante était sûrement, comme le propose Lersch, *Florentina* plusieurs fois attesté à Trèves (voir nᵒ 46).

I, 162

Trèves, nécropole de Saint-Paulin - Saint-Maximin. Trouvée en 1702 ou 1703 à Saint-Maximin (*Apud S. Maximinum, A. 1702, cum D. Abbas Nicetius operis mercenariis officinam exstrueret, repertum est marmor candidum, et quadrum latitudinis sesquipedalis, in quo licet fossorum incuriâ fracto et lacero, haec tamen adhuc apparebant,* Reiffenberg; « lorsqu'on rebâtit l'église » — après sa destruction en 1674 —, « on trouva en creusant les épitaphes suivantes », celle-ci et le n° 150, Martène et Durand; *ad S. Maximinum, Anno MDCCIII, ex marmore inventus, Luciliburgensia,* ms. d'Orval). Perdue.

I.P. DE REIFFENBERG, *Notas et add. in Broweri Annal. Trevir.* (vers 1720; ms. *Staatsarchiv Koblenz, Abt.* 701, *Nr.* 601, f° 5)
  (J. BECKER, *Nassau. Annalen* 9, 1868, p. 140-143).
A. WILTHEIM, *Luciliburgensia,* p. 143, n. 1, fig. 68 (cette inscription, absente du manuscrit original, fut notée dans la marge sur l'exemplaire manuscrit qui se trouvait à l'abbaye d'Orval et dont Neyen se servit pour son édition des *Luciliburgensia;* je n'ai pu retrouver ce manuscrit, égaré ou disparu aujourd'hui).
  (LE BLANT 300 et *suppl.* t. II, p. 602 [DACL XV, 2, s. u. *Trèves,* col. 2754, n° 80);
  KRAUS 147 et *add.* p. [7];
  CIL XIII, 3903 [RIESE 4389; DIEHL 1374 *adn.*].)
E. MARTENE et U. DURAND, *Voyage littéraire de deux Religieux Bénédictins* (dit *Second Voyage littéraire...,* Paris, 1724), p. 284.
L. MURATORI, *Novus Thesaurus Veterum Inscriptionum* (Milan, 1739-1742), p. 1871, n° 5, et p. 1965, n° 8.

Plaque de marbre blanc.

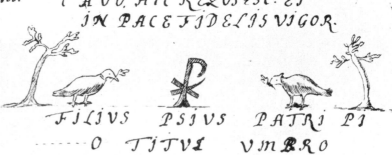

(ms. Reiffenberg)

Cauo hic requiescet
in pace fidelis; Vigor
olivier   colombe   chrisme   colombe   olivier
filius [i]psius patri pi-
4   [entissim]o titulum pro
[caritate p]osuit.

Cauo repose ici en paix, fidèle; Vigor, son fils, a, par amour, posé cette épitaphe pour son père très pieux.

Reiffenberg précise que cette plaque de marbre a été endommagée par les ouvriers qui l'ont découverte. Cela explique sans doute que le manuscrit d'Orval (*Luciliburgensia*) ignore les cinq premières lettres de la l. 1, soit qu'elles n'aient guère été lisibles, soit qu'un morceau se soit perdu. Le même auteur anonyme ne signale pas les oliviers mais place un *alpha* et un *omega* aux côtés du chrisme. Martène et Durand, eux aussi, mentionnent un chrisme flanqué de l'*alpha* et de l'*omega* entre deux colombes, sans olivier. Par contre, ils commencent l'inscription par *Viuo hic requiescet*, etc. Coïncidence assez troublante, Reiffenberg croit justement pouvoir comprendre le texte qu'il a transcrit *Cauo hic...* de la façon suivante : *uiuo hic requiescit et in pace fidelis uigor, filius ipsius patri pientissimo titulum proprio aere posuit.* Cela appelle la comparaison avec le n° 150 où les Bénédictins écrivent (l. 2) *perbenemeritus*, comme Reiffenberg dans sa transcription en cursive. Dans un cas comme dans l'autre, je ne vois pas comment expliquer cet emprunt limité à un seul mot. Pour le reste, le texte est le même quoique disposé différemment (on sait que les érudits anciens prêtaient peu d'attention à la répartition en lignes de l'original). La leçon de Martène et Durand est donc celle-ci (on notera le passage de *pi...o* à *pio*) :

VIVO HIC REQVIESCET IN PACE
FIDELIS VIGOR.
colombe   chrisme avec alpha et omega   colombe
FILIVS IPSIVS PATRI PIO
TITVLVM PRO ... OSVIT.

Muratori, p. 1871, propose le même texte que les deux Bénédictins, avec la mention *ex Browero* quoique cette inscription ne figure ni dans le manuscrit ni dans aucune des éditions de Brower; sa source est donc probablement Martène et Durand. A la p. 1965, après l'indication *misit Bimardus* (voir n° 150), il donne comme une autre inscription ce qui est en réalité la fin de cette épitaphe, sous la forme :

alpha   chrisme   omega
FILIVS IPSIVS PATRI PIO
colombe   TITVLVM POSVIT   *colombe*

Peut-être une moitié de la pierre était-elle déjà perdue à ce moment-là. Pourtant, la copie de Bimard, mort en 1742, ne saurait être de beaucoup postérieure à celle des Bénédictins, qui ont voyagé entre 1718 et 1724. Dans le manuscrit d'Orval, outre la différence dans les symboles représentés, le texte est un peu moins complet que celui de Reiffenberg; il manque : l. 1, CAVO H, l. 3, FI, l. 5, O; en outre, l. 2, il y avait VIGVR (tout ceci en supposant que la leçon de Neyen est conforme au manuscrit). Il m'a paru, comme à Becker, que le manuscrit de Reiffenberg avait des chances d'être le plus proche de l'original : le texte qu'il donne ne présente aucune anomalie alors que, visiblement, il l'a très mal compris. Je ne suis pas sûre que les points qu'il met après *Cauo, requiesc* (l. 1) et *Vigor* (l. 2) aient réellement figuré sur la pierre (les épigraphistes d'autrefois n'y prêtaient pas plus d'attention qu'à la disposition en lignes). Il est difficile de savoir dans quelle mesure les arbres qu'il a représentés ressemblent à l'original : plutôt qu'aux troncs énormes des oliviers de Saint-Mathias I, ils font songer à la jolie branche d'olivier du n° 4 (cf. aussi n° 91 et Gose 554). Les colombes tenaient un rameau dans leur bec.

L'épitaphe semble avoir été banale. Le vulgarisme *requiescet* pour *requiescit* est amplement attesté à Trèves (*Intr.*, § 49). L'affaiblissement du sens d'*ipse* est confirmé par des emplois d'*ipsius* analogues à celui-ci aux n°⁸ 97 et 147 (*Intr.*, § 86).

L. 1 : Becker (p. 140) pense que *hic* est mis pour *hoc* et que *cauo* équivaut à *tumulo* ou *sepulchro* mais les rapprochements qu'il effectue avec d'autres inscriptions gauloises pour soutenir cette interprétation ne sont pas très convaincants... Il faut sûrement reconnaître au début de la ligne le nom du défunt puisque même les leçons qui ne donnent aucun mot avant *hic* indiquent du moins une lacune : c'est donc à tort que Diehl met la ponctuation après *Vigor*, faisant ainsi de ce nom le sujet de *requiescet*. Ceci dit, ni la leçon *Cauo* ni la variante *Viuo* ne donnent des *cognomina* bien attestés. Il semble toutefois que les pays celtiques aient connu des noms forgés sur la racine de *Cauo;* le *Thesaurus* a relevé, s. u. *?Cauo : nom. Britann. Inscr. christ. Brit.* 133, *-o Seniargii,* et s. u. *Cauonius, -a : nom. gent., nisi est nom. celt. Röm.-germ. Korr. Bl.* I, 1909, *L. -us Victor.* Pour le *Cauolus* signalé par l'*Onomasticon* de de Vit (II, 188), il renvoie à l'article *Gauolus* (non paru). Il s'agit d'une inscription perdue d'Aquilée (CIL V, 837), pour laquelle les deux leçons *Cauolus* et *Gauolus* sont attestées (CIL choisit *Gauolus;* ce n'est, de toutes façons, pas un dérivé du gentilice *Gauius*). Enfin, I. Kajanto (*Latin Cognomina,* p. 245) a relevé trois exemples de *Cauus/a* (CIL XIII, 10 002, 549; XI, 5477 et, incertain, IX, 1867).

    Viuo, quant à lui, n'est attesté nulle part, semble-t-il, mais, comme le remarque Kraus, on peut songer à une formation sur *uiuus* (d'autant plus que les pays celtiques ont un goût particulier pour les formations en *-o,* voir *Intr., §* 125).

L. 2 : le groupement *in pace fidelis* est largement attesté à Trèves (voir n° 9).

    Le *cognomen* Vigor, dont I. Kajanto (*Latin Cognomina,* p. 248) a relevé 4 exemples dans ses sources païennes (tous dans CIL III), a été porté aussi par un évêque de Bayeux au VIe siècle (Duchesne, *Fastes épiscopaux,* II, p. 220). L'emploi de noms abstraits comme *cognomina* est très répandu dans l'Antiquité tardive (voir n° 219, *Hilaritas*); ces noms ont généralement une connotation plus morale que physique.

L. 3-5 : les restitutions ne font aucun doute. Le superlatif *pientissimus* apparaît aux n°s 9 et 36 (cf. n° 138). La formule *pro caritate* est largement répandue à Trèves (*Intr., §* 40).

Les formules *hic requiescit in pace fidelis,* attestée aux n°s 30 et 145, datables du Ve siècle (*Intr., §* 132), et *pro caritate,* qui n'apparaît plus après le Ve siècle (*Intr., §* 138), montrent que l'inscription remonte vraisemblablement au Ve siècle.

I, 163

Trèves, nécropole de Saint-Paulin - Saint-Maximin. Trouvée en 1878 devant l'église Saint-Paulin comme le n° 107, selon Gose; le n° d'inventaire du musée montre qu'il provient de la collection Giesen (*Intr., §* 10). Conservée au *Rheinisches Landesmuseum.*

NESSELHAUF 41, 3.
GOSE   476.
Révisée par N. Gauthier en 1967.

    Fragment d'une plaque de marbre blanc, complète en haut; h. 14; l. 22; ép. 3,4; lettres : 2,7-3,5 cm.

[Hic ... in] pace Vita[l...]
[... qui ui]xit [...?]
[...]P[...]

La paléographie présente une ressemblance frappante avec celle de l'atelier I de Saint-Mathias; le lapicide a notamment repris, outre les proportions générales des lettres, le linteau ondulé des T (*Intr.*, § 15) en accentuant son mouvement de façon presque caricaturale; la réglure est très légèrement incisée et n'est si visible sur la photo que parce que, contrairement à l'habitude du *Rheinisches Landesmuseum*, elle a été, elle aussi, peinte en rouge. Au début de la l. 2, on aperçoit l'extrémité supérieure de la lettre précédant le X; à la fin de la même ligne, il y a un espace blanc assez considérable : peut-être n'a-t-on perdu aucune lettre.

L'épitaphe commençait sans doute par la formule *hic quiescit in pace*, fréquente à St-Mathias I (*Intr.*, § 17), plutôt que par [*Hic in*] *pace Vita*[*lis quies/cit*] (Nesselhauf, Gose) qui n'est pas attestée à Trèves. Si l'on a presque toute la pierre à droite, le nom du défunt se poursuivait au début de la l. 2, soit *Vitalis* (voir n° 70) suivi d'une formule comme *infas innos* (cf. n° 3) vu l'espace disponible, soit *Vitalianus/a* (voir n° 70) suivi d'un mot tel que *fidelis* (cf. n° 117). A la l. 3, reste du nom du dédicant ou du mot *p*[*ater*].

I, 164

Trèves, nécropole de Saint-Paulin - Saint-Maximin. Trouvée en 1911 entre l'église Saint-Paulin et la maison du gardien (*Küsterhaus*) (*Intr.*, § 10). Conservée au *Rheinisches Landesmuseum*.

NESSELHAUF 41, 9.
GOSE 467.
Révisée par N. Gauthier en 1967.

Plaque de marbre blanc en deux fragments, mutilée à droite et en bas; h. 14; l. 27,5; ép. 5; lettres : 2,2 cm.

Hic iacet Vṛṣ[... quae uixit]
anṇum et dies [...; ... dul]-
ciss[i]me fịcịru[nt ...]-
4   s. Aẹl[i]a quẹ uixị[t ...]

La gravure des lettres est extrêmement irrégulière; certaines sont à peine incisées, notamment les I; c'est le cas du I de *iacet* (l. 1) qui ne semble pourtant pas avoir disparu dans la cassure (on aperçoit tout juste une ombre à la place qu'il devrait occuper), de la traverse rectiligne du A qui commence la l. 2, des deux I de *ficirunt* (l. 3) dont seule la partie supérieure est incisée (le 1er n'a pas été peint en rouge comme les autres lettres, le 2e me paraît plutôt un I que le E vu par Nesselhauf et Gose). Les barres des E, y compris celle du milieu, dépassent la haste vers la gauche (la barre inférieure du E de la l. 1 n'a pas été peinte par le restaurateur). A la l. 2, on voit aujourd'hui un R restitué sottement dans la cassure recimentée alors que subsistent les deux hastes et une partie de la traverse du N d'*annum*. A la l. 3, le deuxième I de *dulcissime*, disparu dans la cassure, a été refait. A la fin de la même ligne, on distingue le bas de la haste gauche du N. La dernière ligne est difficile à lire : après S et A apparaît un E tout petit (non repeint) logé dans la partie supérieure de la ligne, puis L, une lettre disparue dans la cassure, A, Q (la queue n'est pas colorée), ensuite, me semble-t-il, un V assez petit, un E oncial dont la partie courbe est presque invisible, enfin VIXI (ce dernier I à peine incisé et non repeint). La hauteur des lettres est irrégulière et leur forme varie d'une ligne à l'autre (par ex., M l. 2 et 3,

V l. 1 et 4). Je n'ai pas vu à la fin de la l. 2 le X noté par Nesselhauf et Gose ni le A de la l. 4 (*quae*) noté par les mêmes auteurs.

En ce qui concerne la langue, relevons les formes *dulcissime* pour *dulcissimae* et sans doute *que* pour *quae* (*Intr.*, § 57), *ficirunt* ou, en tout cas, *ficerunt* pour *fecerunt* (*Intr.*, § 50).

L'importance des restitutions indispensables montre qu'il manque à droite une grande partie de la pierre; il est plus difficile d'évaluer ce qui manque en bas.

L. 1 : le nom de la défunte était *Vrsa* ou l'un de ses nombreux dérivés (*Intr.*, § 122).

L. 2 : après l'âge, il faut restituer une formule comme *filiae* ou *matri dul/cissime*.

L. 3 : le verbe *fecit/erunt* est employé plus rarement que *posuit/erunt* (*Intr.*, § 40); il semble ici utilisé absolument, comme aux n°ˢ 12 et 144. Notre épitaphe a aussi en commun avec le n° 144 une construction manifestement inhabituelle; à la fin de la ligne devait apparaître le sujet de *ficirunt,* [*parente*]/*s,* comme le suggèrent Nesselhauf et Gose, ou, à la rigueur, quelque chose comme [*fili eiu*]/*s.*

L. 4 : un âge apparaît de nouveau à la fin de cette ligne; il doit donc s'agir ici d'une seconde défunte, dont la mention n'est pas introduite par une formule comme *hic iacet* (mais celle-ci pouvait se trouver à la ligne suivante). *Aelia* est un des gentilices les plus communs; il fut, comme tant d'autres, utilisé comme *cognomen* après la décadence des *duo nomina* (*Intr.*, § 105).

Il n'est guère possible d'assigner une date à ce fragment.

I, 165

Trèves, nécropole de Saint-Paulin - Saint-Maximin. Sans doute trouvée à Saint-Paulin où elle était en 1584 (Ortelius-Vivianus) et encore au XVIIe siècle (Wiltheim). Transportée à Mannheim au XVIIIe siècle (Lamey : *Treviris Mannheimium allata*) et conservée au *Reiss-Museum* de cette ville.

A. ORTELIVS - J. VIVIANVS, *Itinerarium per nonnullas Galliae Belgicae Partes* (Anvers, 1584), p. 59.
K. BROWER, *Annal. Trevir.* (1670) I, p. 61 (ms. *Stadtbibliothek Trier*, 1362 a/110 a, in-4°, p. 62).
A. WILTHEIM, *Luciliburgensia*, p. 144, fig. 73.
A. LAMEY, *Acta Academiae Theodoro Palatinae* 3, 1773, p. 43.
LE BLANT 292 (DACL XIV, 2, s. u. *portier*, col. 1529, n° 1 et XV, 2, s. u. *Trèves*, col. 2753, n° 71).
J. BECKER, *Nassau. Annalen* 7, 1864, 2, p. 57, n° 2.
F. HAUG, *Röm. Denksteine des Antiquariums in Mannheim* (Constance, 1877), n° 50.
KRAUS 165 et *add.* p. [8].
F. HETTNER, *Röm. Steindenkmäler*, n° 384.
CIL XIII, 3789 (RIESE 2543/4; DIEHL 1288).
GOSE 462.
E. FOERSTER, *Frühchristl. Zeugnisse*, p. 52-53, n° 51; Th. K. KEMPF, *ibid.*, p. 206, n° 20 A.
Révisée par N. Gauthier en 1967.

Plaque de marbre blanc en deux fragments; sans doute à l'origine encastrée dans un sarcophage (Wiltheim : *Sarcophagus ad parietem unâ parte pertingens, alterâ Epitaphium exhibet Ursatii Ostiarii ... titulum*); h. 29; l. 29; ép. 3,5; lettres : 2,2 cm.

Hic quiescit
Vrsatius us-
tiarius qui ui-
4   xit an(nos) LXVII, cui
Exsuperius fi-
lius tetulum posu/it.
colombe   croix monogr.   colombe

Ici repose Vrsatius, portier, qui a vécu 67 ans, à qui son fils Exsuperius a posé cette épitaphe.

Lecture d'Ortelius - Vivianus   Lecture de Wiltheim

HIC QVIESCIT VRSATIVS VSTLA-
RIVS QVI VIXIT AN. LxVII. CVI *ESV-
PERIVS VSILLIVS TITVLVM POSVIT.

* EXVPE-
RIVS.

Lecture des *Annal. Trevir.*, p. 61

Avec des fragments des n°s 28 et 138, cette pierre est la seule des inscriptions paléochrétiennes de Trèves connues aux XVIe et XVIIe siècles qui soit parvenue jusqu'à nous. Nous pouvons donc ici, possédant l'original, négliger la tradition manuscrite ou imprimée (les différentes leçons des auteurs des XVI-XVIIe siècles figurent sur les reproductions ci-dessus, destinées à permettre au lecteur de se faire une opinion sur la valeur des anciennes publications : cf. *Intr.*, § 147-151); à partir de Le Blant, la transcription est correcte.

La paléographie est intéressante. Les lignes sont guidées par une double réglure légèrement incisée. Les lettres sont gravées profondément et bien espacées entre elles; elles sont, dans l'ensemble, larges et de *ductus* tout à fait conforme à la capitale épigraphique (H, C, S, T, V, X, etc.). Quelques-unes contrastent par leurs formes empruntées à l'écriture manuscrite : le Q formé de 2 traits est très répandu à Trèves (par ex., atelier II de Saint-Mathias, *Intr.*, § 21), mais il est rare que la queue remonte si haut (n° 222 et surtout 63); la traverse du A (surtout l. 2 et 4) est anormalement oblique, ce qui est aussi le cas au n° 63 qui présente encore en commun avec l'épitaphe d'Vrsatius le *ductus* du L, du T avec un linteau particulièrement développé, les ligatures ET et VM à la dernière ligne, enfin l'abréviation AN surmontée d'un tilde ondulé pour *annos*. En outre, on trouve ici des R où le trait oblique est complètement indépendant de la panse, comme aux n°s 71, 85, 147, et un F d'un tracé absolument original dans toute l'épigraphie trévire : les deux barres sont tracées d'un trait et ne rencontrent pas la haste. Enfin, la haste du E a tendance à dépasser les barres en haut et en bas, ce qui est exceptionnel à Trèves (n° 147). Le lapicide a ajouté au dessus de la ligne les deux dernières lettres de son texte au lieu de les disposer, comme souvent, de part et d'autre des colombes (par exemple, n° 36 ou 50). Au dessous du texte est représenté le motif habituel du chrisme entre des colombes (*Intr.*, § 43). La croix du monogramme est ici une croix latine (comme aux n°s 109 et 184) alors que c'est en général une croix grecque. Les colombes tiennent une petite boule dans leur bec, sans doute quelque graine.

En ce qui concerne la langue, notons, outre le vulgarisme *tetulum* (*Intr.*, § 49), la forme *ustiarius* pour *ostiarius* qui apparaît fréquemment à basse époque (*Intr.*, § 52).

Le formulaire est tout à fait conforme aux usages trévires (*Intr.*, § 38-40).

L. 2 : le nom *Vrsatius* est une forme vulgaire (*Intr.*, § 67) du *cognomen Vrsacius* (voir n° 138).

L. 2-3 : Vrsatius était *ostiarius,* c'est-à-dire portier, le rang le plus humble de la hiérarchie ecclésiastique, ancêtre de nos bedeaux. On le considère comme un *clericus,* mais les candidats à la prêtrise ne sont pas normalement astreints à passer par l'ostiariat. La fonction existe, semble-t-il, depuis le IIIe siècle (H. Leclercq, DACL XIV, 2, s. u. *portier*). On connaît une dizaine d'inscriptions mentionnant des portiers (Diehl, *ind.* VII, p. 374, s. u. *ostiarius*), dont la moitié avec un V initial, comme ici.

L. 4 : la mention des dédicants est parfois reliée à la première partie de l'épitaphe par le relatif *cui* (voir n° 76).

L. 5 : *Exsuperius* est un nom de bon augure, dérivé d'*exsuperare* et formé à l'aide du suffixe *-ius* (*Intr.*, § 124). Kajanto (*Latin Cognomina,* p. 278) connaît 11 païens et 24 chrétiens nommés *Exsuperius/a.* Cf. *Exsoperantia,* n° 123.

Malgré son formulaire à l'ancienne mode, sa gravure soignée et sa décoration traditionnelle, je crois qu'il faut dater cette pierre du VIe ou du VIIe siècle : en effet, l'indication donnée par les E dont la haste dépasse les barres (cette forme, surtout commune au VIIe s., apparaît, d'après Le Blant, *Inscr. Chrét.*, p. XXIV, au début du VIe s. sur les inscriptions datées de Gaule) est confirmée par la croix latine du monogramme, le caractère artificiel de l'écriture où les formes de l'écriture manuscrite alternent avec les formes monumentales, enfin la forme *Vrsatius* qui se répandit tardivement.

I, 166

Trèves, nécropole de Saint-Paulin - Saint-Maximin. Trouvée en 1916 dans le cimetière de Saint-Paulin. Conservée au *Rheinisches Landesmuseum.*

NESSELHAUF 41, 7.
GOSE 463 (R. EGGER, *Bonn. Jahrb.* 157, 1957, p. 332).
Révisée par N. Gauthier en 1967.

Partie droite d'une plaque de calcaire gris; h. 22; l. 24; ép. 3,5; lettres : 2,2-2,5 cm.

[Hic ...] Vrsecina
[... quae u]ịxit plus
[minus ann]ụs LX ex uno
4   [...] ṣorola
[...] *colombe ?   palme.*

La surface de la pierre est fort irrégulière. Les lettres sont de hauteur variable et, dans l'ensemble, assez larges. Chose curieuse, les empattements sont à droite des hastes qu'ils terminent (par ex., VN, l. 3, et LA, l. 4). La barre du R de la l. 1 coïncide si bien avec un défaut de la pierre que cela semble voulu par le lapicide. A la l. 3, le X de 60 est logé dans le L, comme il convient pour un nombre; il ne reste plus que la haste droite du V qui commence la l. 3 et la moitié inférieure du S de la l. 4. La palme, motif peu courant à Trèves (*Intr.*, § 44), avait sûrement sa symétrique à gauche mais je ne sais s'il en était de même de la colombe tournée vers la gauche ou si elle occupait le centre de la décoration. On peut d'ailleurs se demander si ce volatile à longue queue traînant sur le sol est bien la colombe répétée — et déformée — à satiété sur les *tituli* trévires (*Intr.*, § 43) ou si le lapicide, comme au n° 135, a choisi de représenter quelque autre oiseau; on dirait un paon à la queue fermée, au repos (cf., à Vienne, Le Blant 689, daté de 491 ou 526, et le sarcophage dit de saint Léonien, qui doit dater du VIᵉ siècle, A. et A. Allmer, *Atlas des inscriptions antiques et du Moyen Age de Vienne*, Paris, 1875, pl. 47).

On reconnaît sur ce fragment les formes *Vrsecina* pour *Vrsicina* (*Intr.*, § 49) et *annus* pour *annos* (*Intr.*, § 52), chères aux Trévires.

L. 1-2 : il devait y avoir un début comme [*Hic in pace*] *Vrsecina* [*iacet*] (Nesselhauf, Gose) ou plutôt [*Hic quiescit*] *Vrsecina* [*in pace*] (cf. nᵒˢ 46, 67, 81) car *in pace* apparaît généralement à la fin de la formule (*Intr.*, § 38). Sur le nom *Vrsicinus/a*, voir n° 74.
    Puis venait l'âge, donné de façon approximative (*Intr.*, § 39).

L. 3 : les mots *ex uno,* faute de parallèle en épigraphie paléochrétienne, sont énigmatiques, surtout qu'on ne sait pas s'ils se rapportent à ce qui précède ou, ce qui est plus probable, à ce qui suit. A. Ferrua (*Akten,* p. 300) estime que *LX ex uno* doit signifier 59, tout en soulignant combien la phrase est étrange. Egger estime qu'il faut comprendre *ex uno* à partir d'une formule de Terentianus Maurus (IIIᵉ s. apr. J. C.) citée par le *Thesaurus* (s. u. *ex,* col. 1125, 22) : *quoniam ex uno possunt coniuncta referri.* Peut-être ces mots introduisaient-ils la durée de la vie conjugale (cf., à Trèves, n° 217 et, à Mayence, Diehl 3312 = CIL XIII, 11 918, *fuimus uno coniugio menses XII*).

L. 4 : Nesselhauf et Gose considèrent *-sorola* comme la fin d'un nom. Ferrua (*Akten,* p. 300) croit qu'il y avait *uxsorola.* Egger et G. Brusin (*Röm. Quartalschr.* 54, 1959, p. 133) y ont vu, avec raison me semble-t-il, un mot entier qui, pour Egger, est une forme vulgaire du diminutif *Surula* (cf. n° 157) et, pour Brusin, un diminutif de *soror* (*sororula* > *sororla* > *sorola;* cf. italien *sorella*). Cette dernière hypothèse me paraît la plus vraisemblable quoique je ne connaisse pas d'autre exemple de cette forme.

L'expression *plus minus* indique que cette épitaphe n'est pas antérieure aux dernières décades du IVᵉ siècle (*Intr.*, § 39). La palme repousse le *terminus post quem* d'un siècle encore (*Intr.*, § 44).

I, 167

Trèves, nécropole de Saint-Paulin - Saint-Maximin. Trouvée en 1953, au sud de Saint-Maximin, en construisant le *Versorgungsamt* (*Intr.*, § 12). Conservée au *Rheinisches Landesmuseum*.

GOSE 464.
Révisée par N. Gauthier en 1967.

Plaque de marbre blanc dont la moitié droite est perdue; h. 29; l. 28,5; ép. 2,5; lettres : 2,6 cm.

```
    Vrsicina̧[e uxori su?]-
    ae, d(epositae ?) in paç[e, quae uix]-
    it annus X[..., ...]-
4   ius coniṷ[x suus do]-
    lient titu̧l[um posuit].
colombe    croix monogr. avec    [colombe]
           alpha et [omega]
```

Pour Vrsicina, sa femme (?), inhumée en paix, qui a vécu ... ans, ...ius, son époux affligé, a posé cette épitaphe.

Cette inscription est gravée en belle capitale profondément incisée. Cependant, les lettres sont très irrégulièrement espacées (notamment l. 4). Il y a un point entre N et P (l. 2) et entre C et O (l. 4). Les lettres sont larges, sauf les E. La base du L a la forme que l'on trouve si souvent à Trèves (par exemple, nᵒˢ 9, 24, 26, 38, 55, 57, 58, 61), exagérée jusqu'à la caricature. A la fin de la première ligne, la haste oblique permet d'identifier un A. A la fin de la l. 3 subsiste la partie gauche du X et, à la fin de la l. 4, la haste gauche et le bas d'un V. La décoration au dessous du texte est banale (*Intr.*, § 43) : une grasse colombe, qui devait avoir sa symétrique à droite, et une belle croix monogrammatique.

En ce qui concerne la langue, relevons la forme *annus* pour *annos*, amplement attestée (*Intr.*, § 52), et la forme bizarre *dolient :* le participe présent de *doleo* est souvent déformé et l'on trouve *dolies* (nᵒ 74) ou *doliens, -tis;* ici, la racine *dolient* privée de désinence a été considérée comme un nominatif.

L'emplacement du chrisme montre que la moitié de la pierre a disparu, soit 7 à 8 lettres. Le formulaire s'écarte quelque peu du schéma trévire (*Intr.*, § 38-40), ce qui teinte d'incertitude les restitutions proposées.

L. 1 : Vrsicinus/a est un des noms les plus communs de notre matériel (voir nᵒ 74). Si l'on en juge par la désinence qui se trouve au début de la l. 2, l'épitaphe commençait par un datif, comme aux nᵒˢ 6, 9, 32, 39, 83, 159. Ensuite, je propose *uxori suae* parce que cela correspond au nombre de lettres attendu mais il y a peut-être d'autres restitutions possibles; le mot *uxor* apparaît à Trèves aux nᵒˢ 135, 144 (*uxori suae carissimae*), 217 et 232. Gose complète : [*quiesc*]/*aed (?)*, qui est une solution désespérée.

L. 2 : D ne peut être que l'abréviation de *decessit* ou de *depositae*, étant donné le contexte. *Decessit* n'apparaît à Trèves qu'au n° 153, *depositus* ou *depositio* y est beaucoup plus fréquent (nᵒˢ 109, 127, 135, 153, 160, 161, 199, 202, 203); en outre, la formule *depositus/a in pace*, généralement suivie, il est vrai, de la date d'inhumation, est d'une extrême banalité, en particulier à Rome (Diehl 2967-2997 F). Je préfère donc cette deuxième hypothèse.

L. 3 : il manque la fin de l'âge et le début du nom du mari.

L. 4 : comme au n° 140, on peut hésiter entre *suus* et *eius*.

Je ne sais trop quelle époque assigner à cette inscription qui sort de l'ordinaire. *Annus* pour *annos* n'apparaît pas sur les témoins les plus anciens (*Intr.*, § 97) mais, après le Vᵉ siècle, on ne trouverait plus, je pense, une formule comme *d(eposita)* ou *d(ecessit) in pace* sans qu'elle soit suivie d'une date.

I, 168

Trèves, nécropole de Saint-Paulin - Saint-Maximin. Trouvée en 1888 à Saint-Maximin en creusant une canalisation sous le porche d'entrée. Conservée au *Rheinisches Landesmuseum*.

F. HETTNER, *Wd. Korr.* 7, 1888, p. 165-166, n° 118 (J. P. KIRSCH, *Röm. Quartalschr.* 3, 1889, p. 304) et
    Röm. Steindenkmäler, n° 405.
KRAUS 160 (LE BLANT, *N. R.* 374 [DACL XV, 2, s. u. *Trèves*, col. 2756, n° 90]).
IG XIV, 2561 (RIESE 2517; DIEHL 3288 A *adn.*; C. WESSEL, *Inscr. Grec. Vet. Occid.*, Halle, 1936, n° 18).
S. LOESCHCKE, *Frühchristl. Denkmäler* (1936), p. 137.
GOSE 402.
E. FOERSTER, *Frühchristl. Zeugnisse*, p. 35-36, n° 26.
Révisée par N. Gauthier en 1968.

Plaque de marbre blanc à gros grain; h. 22; l. 36; ép. 1,7; lettres : 2-2,5 cm.

⸌Ὧδε κῖται ἐν α☧ω
Οὐρσικῖνος Ἀνατο-
λικός· ἔζησεν δὲ
μικρῷ πλίω ἔτη
4   κθ´. Qui uixit an(nos) XVIIII.

Ici repose dans le Christ Oursikinos, Oriental; il vécut environ 29 ans. Qui vécut 19 ans.

La gravure de l'inscription est de profondeur très inégale. La plaque, fendue en son milieu (voir Kraus, *Taf.* XVII, 1), a été restaurée. Elle n'est pas parfaitement rectangulaire. En outre, les lignes ont tendance à descendre vers la droite. Les traverses sont souvent à peine incisées. A la l. 1, on a peint sur la pierre TE ligaturés mais le E est plus que douteux : on aperçoit un trait oblique très léger en bas (le ciseau du lapicide a dû glisser) mais il n'y a pas trace de barre médiane. On ne voit plus rien de la traverse du A qui suit. Par contre, à gauche du chrisme, il y a un petit A (non repeint), très peu visible mais certain. L'*omega* qui termine la ligne ne doit donc pas être considéré comme la marque du datif mais comme la lettre apocalyptique, faisant pendant à cet *alpha* (contrairement à ce que dit A. Ferrua, *Akten,* p. 297, qui n'a pas vu l'A). L. 3, les points de part et d'autre du Z semblent accidentels mais les lettres sont plus espacées, comme pour leur laisser place. Seule l'oblique du Z est nettement incisée. A la dernière ligne, les mots latins sont séparés par des points. Noter la forme du π à la l. 4 (Kraus, Hettner et Gose l'attribuent à l'ignorance que le lapicide aurait eue du grec, ce qui me semble démenti par le *ductus* très sûr des autres lettres).

La langue n'appelle pas de remarques particulières. Κῖται (l. 1) et πλίω (l. 4) sont mis pour κεῖται, πλείω par iotacisme.

L. 1 : variante de la formule habituelle (voir par ex. n° 93).

L. 2 : Vrsicinus (voir n° 74) est un nom caractéristique de la Première Belgique. H. U. Instinsky (*Gnomon* 31, 1959, p. 145) s'est étonné de le voir porté par un Oriental et s'est demandé si notre Oursikinos était le fils, né à Trèves, d'un immigrant oriental ou bien si c'était un immigrant ayant changé de nom.

Au sujet d' Ἀνατολικός, G. Brusin (*Röm. Quartalschr.* 54, 1959, p. 133) renvoie à une mosaïque d'Aquilée où Anatolius est à la fois ethnique et nom. C'est une hypothèse inutile puisqu'à Trèves comme ailleurs (voir n° 10), les Orientaux aimaient bien préciser sur les épitaphes leur patrie d'origine. Mais quelle était au juste cette patrie ? Après avoir désigné l'Orient en général, le mot Ἀνατολικός en vint à désigner seulement l'Asie mineure. Hettner, auquel Kraus donne raison, estime que le sens d'« oriental » est trop vague pour convenir et qu'il faut retenir ici la deuxième acception. Gose relève que ce mot apparaît vraisemblablement aussi sur une épitaphe de Monastirine (Ἀ[νατ]ολικός, R. Egger, *Forschungen in Salona,* II [Vienne, 1926], p. 96, n° 180; Egger conclut aussi au sens d' « originaire d'Asie Mineure »). A Ferrua, au contraire, estime qu'il faut comprendre qu'Oursikinos était syrien, comme les autres Orientaux connus à Trèves (n° 10, 32 *b*, 93, 112). Il s'appuie sur le fait que, dans les sources des ive et ve siècles, le diocèse d'Orient est celui de Syrie-Palestine et que, dans l'épigraphie de ce temps, on mentionne constamment des magistrats *per Orientem,* c'est-à-dire pour la région de Syrie-Palestine. Il fait remarquer que, dans les controverses théologiques, notamment lors de la querelle nestorienne, les « Orientaux » tout court sont les évêques du Patriarcat d'Antioche. Tous ses arguments sont incontestables. Ce n'est pas avant l'époque turque que le mot Ἀνατολικός a désigné l'Asie Mineure.

L. 4-5 : sur la formule μικρῷ πλίω, voir n° 93. La durée de vie est donnée aussi bien en latin qu'en grec mais les deux nombres ne coïncident pas. Il semble que le lapicide ait oublié un X en latin.

Kraus estimait que l'utilisation du monogramme constantinien (l. 1) comme *compendium* et non comme symbole isolé traduisait une haute antiquité et il se déclarait disposé à placer l'inscription parmi les plus anciennes qui soient parvenues jusqu'à nous, la faisant remonter peut-être à l'époque constantinienne. Ce n'est pas impossible mais il faudrait d'autres emplois analogues du chrisme dans la région pour étayer l'hypothèse (le seul parallèle, lointain et de surcroît douteux, serait Vitachristi au n° 120). Il est certain que le formulaire n'est pas exactement celui que les Syriens d'Occident ont employé à partir du début du ve siècle et que l'on trouve sur les autres épitaphes syriennes de Trèves : mais est-ce signe d'antiquité ou d'originalité ? Je n'ose me prononcer.

I, 169

Trèves, nécropole de Saint-Paulin - Saint-Maximin. Trouvée en 1952 en préparant une tombe dans le nouveau cimetière de Saint-Paulin, à env. 100 m à l'est de l'église, en même temps que le n° 94 (Kempf). Conservée au *Bischöfliches Museum*.

Th. K. KEMPF, *Das Bischöfliche Museum in Trier* (Trèves, 1954), p. 38 et *Frühchristl. Zeugnisse*, p. 178, n° 2. GOSE 465.
Révisée par N. Gauthier en 1967.

Plaque de marbre blanc, à surface non polie, encastrée dans une pierre semi-cylindrique de calcaire jurassique (h. 40; l. 51; ép. 22 cm); h. 20; l. 25; ép. 3; lettres : 1,8-2 cm.

> Hic iacet Vrsicinu-
> s qui uixit annos
> L, m(enses) IX, d(ies) VI; fratres
> 4   dulcissimi Vr-
> sinus et Vrsus
> *chrisme avec alpha et omega*
>   *dans un cercle*
> in pace
> titulum posuerunt.

Ci-gît Vrsicinus qui a vécu 50 ans, 9 mois, 6 jours; ses frères très doux Vrsinus et Vrsus ont posé, en paix, cette épitaphe.

Un trait accidentel parcourt la pierre de haut en bas vers le milieu. La surface de la pierre n'étant pas polie et les lettres étant, comme toujours à Trèves, retracées à la peinture rouge, la pierre elle-même est moins lisible que la photo. En particulier, le chrisme, le mot *pace* (l. 6) et presque toutes les lettres du milieu sont pratiquement invisibles. L'écriture est soignée et régulière, avec des lettres assez larges, surtout le M. La traverse des A, le linteau des T, la base des L, la barre supérieure des F, tous ces traits sont bien horizontaux. Les hastes des M sont obliques. A la l. 1, Gose a noté *iacit* mais l'on distingue les barres du E (*iacet*) lu par Kempf. A la dernière ligne, il semble que les lettres VM aient été ligaturées. Le coin inférieur gauche du *titulus* paraît avoir toujours manqué puisqu'aucune lettre n'a disparu. Le chrisme traditionnel est inséré, comme il arrive parfois (*Intr.*, § 43), dans le corps du texte. L'*alpha* est plus visible que l'*omega* qui a souffert de la mutilation.

La langue est parfaitement correcte. Le formulaire est un exemple achevé du schéma caractéristique de Trèves (*Intr.*, § 38-40).

L. 1 et *4-5 :* les trois frères portaient des noms dérivés de la même racine, selon une mode dont la famille de Constantin elle-même témoigne (sur ces noms apparentés dans une famille, voir *Intr.*, § 126). Les nombreux dérivés d'*ursus* ont, par ailleurs, joui d'une faveur toute particulière à Trèves (*Intr.*, § 122). *Vrsicinus/a* est l'un des plus prisés (voir n° 74); *Vrsus/a* apparaît aussi aux n°ˢ 57, 72 et 145; *Vrsinus/a* n'est pas attesté par ailleurs dans l'épigraphie chrétienne de Trèves (mais I. Kajanto, *Latin Cognomina,* p. 330, en connaît 107 exemples païens et 12 autres chrétiens).

L. 6 : le souhait *in pace,* s'adressant évidemment au défunt, suit souvent à Trèves la mention des dédicants (*Intr.*, § 40). Cette formule a, ici, été considérée comme partie intégrante de la dédicace, ce qui n'a guère de sens.

Par son encastrement dans une dalle de pierre, par son formulaire, par son onomastique, par son chrisme, cette inscription est le type même de l'épitaphe chrétienne telle qu'on en a fait à Trèves pendant des siècles. La forme, nullement caractéristique, du Q et du S ne me semblent pas constituer des indices suffisants pour la situer avec Kempf *in die Zeit nach 400.*

I, 170

Trèves, nécropole de Saint-Paulin - Saint-Maximin. Trouvée en 1824 dans le cimetière de Saint-Paulin (*Intr.*, § 9). Conservée au *Rheinisches Landesmuseum*.

M. J. F. MUELLER, *Trierische Chronik* 9, 1824, p. 172-173.
L. LERSCH, *Centralmus.*, 3 (1842), n° 54.
Ph. SCHMITT, *H. Paulinus* (1853), p. 366-368 et p. 434, n° 8.
LE BLANT 293 (DACL XV, 2, s. u. *Trèves*, col. 2754; cf. I, col. 488).
KRAUS 174, *add.* (de HETTNER), p. [5] et *Nachtr.* t. II, p. 341.
      (J. KLINKENBERG, *Röm.-christl. Grabinschr.*, p. 12-13; H. DUENTZER, *Bonn. Jahrb.* 90, 1891, p. 180).
F. HETTNER, *Röm. Steindenkmäler*, n° 374 (BUECHELER 773).
CIL XIII, 3787 (RIESE 2542; DIEHL 3453 = 1244 *adn.* = 2177 *adn.*).
S. LOESCHCKE, *Frühchristl. Denkmäler* (1936), p. 131.
GOSE 466.
E. FOERSTER, *Frühchristl. Zeugnisse*, p. 47, n° 39; Th. K. KEMPF, *ibid.*, p. 198, n° 16 A.
Révisée par N. Gauthier en 1968.

Plaque de marbre gris en plusieurs fragments. Selon Schmitt (p. 366), des traces de chaux montrent qu'elle fut autrefois scellée. H. 26; l. 70; ép. 4,5; lettres : 2,3-2,9 cm.

(réduit au 1/5)

Vrsiniano subdiacono sub hoc tumulo ossa
quiescunt, qui merui/t/ sanctorum sociari sepulcra
quem nec Tartarus furens nec poena saeua nocebi[t].
4   Hunc titulum posuit /Ludu/la dulcissima coniux.
R(ecessit) V k(alendas) D(ecembres). Vixit annis XXXIII.
        colombe   vase   colombe

Sous ce tombeau reposent les ossements du sous-diacre Vrsinianus, qui a mérité d'être associé aux sépulcres des saints, (et) contre lequel le châtiment cruel du Tartare en fureur ne prévaudra point. Ludula, sa très douce épouse, a posé cette épitaphe. Il est mort le 5ᵉ jour avant les kalendes de décembre (27 novembre). Il a vécu 33 ans.

La graphie de ce texte est plus appliquée qu'élégante. Quoique les lignes soient guidées par une double réglure finement incisée, les lettres sont de hauteur irrégulière. Le lapicide a ajouté au dessus de la ligne le T (l. 2) et les lettres LVDV (l. 4) qu'il avait oubliés. Il a corrigé d'autres erreurs en martelant la pierre et en regravant ensuite : NEC, l. 3, et VIXIT, l. 5 (on aperçoit encore, entre le V et le I, une lettre mal effacée qui est un petit L et non pas le deuxième I — VIIXIT — que Hettner a cru voir). Aucun A n'est barré, sauf celui qui est inscrit dans le M de *dulcissima* (l. 4), constituant une ligature qui, à Trèves, ne se retrouve qu'au n° 63 (encore les hastes y sont-elles obliques); il n'est pas impossible que cette ligature anormale soit l'effet d'un oubli réparé. Le trait qui semble barrer le dernier A de la l. 1 sur la photo n'est qu'une veine foncée dans le marbre. Les O et les C sont en général plus petits que les autres lettres. Les Q sont cursifs, les E étroits, les L ont une base oblique dépassant la haste à gauche, le F une barre supérieure nettement oblique, les M des hastes verticales. Le lapicide a dessiné une *hedera* après le mot *quiescunt* (l. 2) et a séparé par de petits cercles ou des triangles les mots de la dernière ligne. Les colombes encadrant un canthare (motif que l'on trouve aussi aux n°s 38, 61, 174 et 175) sont traitées avec un souci de réalisme : un trait légèrement incisé à quelques millimètres du contour donne au vase une impression de relief et des extrémités de plume sont figurées sur les ailes des colombes.

L. 2, les dernières lettres ont été restaurées. On aperçoit cependant des restes de la gravure initiale, qui permettent d'écarter la lecture de Lersch (*sepulcro*) et celle de Le Blant et Kraus, suivant la plupart de leurs prédécesseurs (*sepulcri[s]*). On peut hésiter entre la forme *sepulcrum,* avec ligature RVM (position soutenue par Hettner) et la forme *sepulcra,* les lettres R et A se touchant faute de place, comme C et E à la ligne suivante (CIL, Gose). La lecture *sepulcra,* qui évite de supposer une ligature dans un texte qui n'en compte qu'une, m'a aussi paru plus satisfaisante pour le sens. A la l. 4, Le Blant, suivi par Kraus, lit à tort LVPVLA : la haste ne descend pas au dessous de la boucle et cette boucle est bien fermée alors que celle des P est ouverte. A. Ferrua (*Akten,* p. 300) allègue, en faveur de la lecture LVPVLA, que le lapicide a écourté sa haste faute de place mais la raison ne me paraît pas suffisante.

Si on ne trouve ici aucun des vulgarismes phonétiques si caractéristiques de Trèves, les fautes de construction, rares pour l'ensemble de notre matériel, abondent. A la l. 1, *Vrsiniano subdiacono* remplit à la fois la fonction d'un datif (cette inscription lui est consacrée) et celle d'un génitif (complément d'*ossa*). A la ligne suivante, le passif *sociari* est construit avec un accusatif, construction dont l'index de Diehl n'offre pas d'autre exemple. L. 3 enfin, *nocebit* est également considéré comme un verbe transitif, ce qui apparaît sporadiquement à toutes les époques (voir E. Forcellini, *Totius Latinitatis Lexicon,* s. u. *noceo*) et plus fréquemment chez les auteurs chrétiens, en particulier dans le texte de la Vulgate (A. Blaise, *Dictionnaire latin-français des auteurs chrétiens,* s. u. *noceo*). L'ablatif *annis* pour indiquer une durée est exceptionnel à Trèves (*Intr.,* § 89).

Le rythme poétique de ce texte a été pour la première fois analysé par Lersch. Il a remarqué que l'*hedera* de la l. 2 signalait la fin du premier vers mais qu'on ne pouvait, pour autant, identifier des hexamètres ou des distiques. Il propose alors la solution suivante. Le mot *Vrsiniano* serait à placer seul en tête de l'épitaphe : « A Vrsinianus ». La partie poétique serait constituée de quatre vers libres, rythmés par six accents et terminés par un dactyle et un spondée (le fait que le deuxième I de *sociari* soit considéré comme bref étant, dit-il, un phénomène courant). On aurait ainsi :

Vrsiniano
Sùbdiàconò sub hòc tumulo ossa quiéscunt,
Qui meruìt sanctòrum sociàri sepùlcro,
Quèm nec Tàrtarus fùrens nèc poèna sàeua nocébit.
Hùnc titulùm posuìt Ludulà dulcissima còniux.

D'autres ont essayé de perfectionner son système, en évitant notamment de dissocier *Vrsiniano* et *subdiacono,* qui vont manifestement ensemble. Klinkenberg propose :

Vrsiniàno sùbdiacòno sub hòc tumulo òssa
quiéscunt, qui meruìt sanctòrum sociàri sepùlcris.
quèm nec tartàrus fùrens nec poèna sàeua nocébit.
hùnc titulùm posuìt Lupulà dulcìssima còniux.

Hettner suggère de ne pas essayer de faire entrer les deux premiers mots dans un vers et H. Düntzer (*Jahrb. d. Ver. f. Alterthumsfreunde* 1, 1842, p. 98) de considérer tout le début jusqu'à *quiescunt* comme *extra uersum*.

Qu'il soit vain d'essayer de reconstituer des hexamètres, mêmes fautifs, est évident. Mais la solution proposée par Lersch et acceptée depuis (avec des variantes qui montrent que la répartition des accents ne s'impose pas d'elle-même !) présente le défaut de répartir les accents selon la quantité des syllabes, notion largement perdue de vue depuis le IIIe siècle, plutôt que selon l'accent tonique, seul perçu à l'époque où fut rédigée l'inscription. Il me semble qu'on peut au contraire identifier des fragments d'hexamètres à peu près corrects, empruntés à quelque modèle, auxquels on a accolé, sans aucun souci de métrique ou de rythme, les éléments de la « fiche d'état-civil » du défunt. L'usage de ce procédé est attesté à Trèves, où les n°s 134 et 193 contiennent, à côté d'indications en prose, des hexamètres empruntés au n° 194. Pour que le deuxième vers soit complet, il suffirait, comme le fait remarquer Hettner, d'ajouter *ossibus* entre *sanctorum* et *sociari,* ce qui, en outre, rend la construction moins anormale, *sociari* étant simplement mis pour *sociare* (on rencontre fréquemment des vulgarismes de ce type chez Grégoire de Tours) : cette observation renforce l'hypothèse d'un emprunt maladroit. Le vers 3, rebelle à toute tentative de scansion, semble une addition non métrique de l'auteur de l'épitaphe (c'est d'ailleurs quand même un emprunt !). On a donc ce texte composite :

Vrsiniano subdiacono sūb hōc tŭmŭlo ōssă quĭescŭnt,

(sic)

Quī mĕrŭit sānctōrum ⟨ōssĭbūs⟩ sŏcĭārī sĕpŭlcră,

Quem nec Tartarus furens nec poena saeua nocebit.

Hūnc tĭtŭlūm pŏsŭit Ludula dūlcīssĭmă cōnĭūx.

L. 1 : Vrsinianus est un nom qui apparaît aussi sur une inscription de Paris (Diehl 433 = CIL XIII, 3033). On sait que les *cognomina* dérivés d'*ursus* sont particulièrement répandus à Trèves (*Intr.,* § 122). Le sous-diaconat (voir E. Griffe, *La Gaule Chrétienne à l'époque romaine,* III, 1965, p. 91-93) est une fonction attestée, pour Rome et Carthage, depuis le milieu du IIIe siècle; pour la Gaule, le premier sous-diacre connu n'est signalé qu'à l'extrême fin du IVe siècle (Paulin de Nole, *Ep.* 17, 3, *C.S.E.L.* 29, p. 126). L'épigraphie trévire nous fait connaître un autre sous-diacre, également marié (n° 109). En ce qui concerne l'obligation du célibat pour les sous-diacres, la discipline ecclésiastique de la Gaule mérovingienne est assez flottante : certains conciles autorisent le sous-diacre à contracter mariage, d'autres non. De toutes façons, les clercs pouvaient avoir été mariés avant leur accession au sous-diaconat (*Dict. de Théol. Cathol.,* s. u. *Célibat ecclésiastique,* col. 2082).

Sub hoc tumulo ossa quiescunt : nous ne connaissons aucune formule comparable à Trèves. Le mot *ossa* n'y apparaît jamais; il est d'ailleurs rare sur les pierres chrétiennes, alors que la formule *ossa quiescunt* se trouve fréquemment dans les *carmina* funéraires païens (J. A. Tolman, *A Study of the sepulchral Inscriptions in Bücheler's Carmina Epigraphica,* Chicago, 1910, p. 20-21). Le mot *tumulo* est exceptionnel à Trèves (il apparaît dans l'inscription tardive n° 191 et il faut le restituer au n° 127). Dans les régions de Gaule qui connaissent les inscriptions datées, le mot se trouve en 466 à Saint-Cirq-la-Popie (Le Blant, *N. R.* 242); les autres exemples datés sont postérieurs à 504 (P. Wuilleumier, *Gallia* 1, 1943, 1, p. 149-150, à Saint-Romain en Viennoise). *Tumulus* est l'équivalent de *sepulcrum* et l'on trouve généralement *in hoc tumulo;* toutefois, la préposition *sub* figure sur une épitaphe mérovingienne de Choulans (P. Wuilleumier, *Inscr. lat.* 299); comme celle-ci se trouvait encastrée dans le pavement d'une église, on voit que l'expression ne fait pas forcément allusion à un tertre, comme le voudrait le sens classique. L'emploi de *sub* suggère peut-être que la dalle était horizontale.

L. 2 : être inhumé le plus près possible du tombeau d'un martyr ou d'un saint était un privilège fort recherché car on y voyait l'assurance que le saint intercéderait pour le défunt auprès du Seigneur et lui garantirait une immortalité bienheureuse. L'inhumation *ad sanctos* est souvent explicitement mentionnée dans l'épitaphe et l'on pourrait aujourd'hui allonger beaucoup la liste dressée par Le Blant dans son commentaire à notre texte (cf. Diehl 2126-2187). A Saint-Paulin même, les nᵒˢ 134, 193 et 194 se prévalent aussi d'être ensevelis à proximité d'un ou plusieurs corps saints (la mutilation des pierres ne permet malheureusement pas de préciser ce dernier point). Il n'y a aucune raison de supposer, comme le fait Kempf, que le vers était à l'origine *qui meruit sanctis sociari honore sepulcrum,* pour le rapprocher de la formulation des autres pierres. Par contre, il n'est pas douteux que toutes ces personnes se sont placées sous la même protection. Laquelle ?

Les commentateurs de l'inscription, sauf Ph. Schmitt, ne se sont guère posé la question. Gose note simplement qu'il doit s'agir de saint Paulin, E. Ewig (*Trier im Merowingerreich,* p. 29, n. 81) qu'il peut s'agir de saints aussi bien que de martyrs. J'essaierai ailleurs de mettre un peu d'ordre dans les traditions concernant l'église Saint-Paulin. Le culte des martyrs de la légion thébaine n'y est pas antérieur au XIᵉ siècle et des documents du haut Moyen-Age ne sauraient donc y faire allusion. Celui de saint Paulin, l'évêque de Trèves mort en exil pour avoir refusé de se plier à la politique arianisante de l'empereur Constance, remonte au contraire à la fin du IVᵉ siècle, comme le prouvent l'archéologie et l'hagiographie. L'évêque Félix, constructeur de la basilique, en profita pour se faire enterrer près du confesseur et les inscriptions nᵒˢ 134, 170, 193 et 194 montrent que son exemple fut suivi par d'autres. Le problème est que le seul texte complet, celui d'Vrsinianus, porte le pluriel, *sanctorum.* Cela signifie-t-il qu'au moment où il fut rédigé, l'évêque Félix faisait déjà, lui aussi, l'objet d'un culte ? On peut considérer que le culte de Félix existait lorsqu'on écrivit à Trèves, au Xᵉ ou au début du XIᵉ siècle, une *Vie de saint Félix,* mentionnant ses miracles, le jour et le lieu de son inhumation (sur cette *Vita,* inédite, voir E. Winheller, *Die Lebenbeschreibungen der vorkarol. Bischöfe von Trier, Rheinisches Archiv,* nᵒ 27, Bonn, 1935, p. 136). Cela ne permet pas de savoir ce qu'il en était avant l'époque carolingienne. Si le pluriel *sanctorum* ne désigne pas Félix en même temps que Paulin, il n'existe qu'une autre solution : dans ce texte où divers emprunts ont été mis bout à bout plus ou moins adroitement, le pluriel *sanctorum* a été recopié avec le reste de la formule sans qu'on s'avise qu'un saint seulement, Paulin, était ici honoré.

L. 3 : cette ligne s'inspire visiblement, comme Ph. Schmitt l'a remarqué, d'un passage du sermon 12 de Maxime de Turin (*C. C.* 23, p. 41-42), qui exalte précisément les bienfaits que l'on peut attendre de la proximité de saintes reliques : *Cuncti martyres deuotissime percolendi sunt, sed specialiter ii uenerandi sunt a nobis, quorum reliquias possidemus. Semper enim nobiscum sunt, nobiscum morantur, hoc est et in corpore nos uiuentes custodiunt et de corpore recedentes excipiunt : hic ne peccatorum nos labes assumat, ibi ne inferni horror inuadat. Nam ideo hoc a maioribus prouisum est ut sanctorum ossibus nostra corpora sociemus, ut, dum illos Tartarus metuit, nos poena non tangat, dum illos Christus illuminat, nobis tenebrarum caligo diffugiat.* On voit que l'inscription reprend la pensée, et les termes *sanctorum, sociemus/sociari, Tartarus, poena,* sans toutefois citer le sermon mot à mot. L'auteur de l'épitaphe trévire a notamment introduit les adjectifs *furens* et *saeua,* à moins qu'il faille les attribuer à quelque jalon intermédiaire entre Maxime de Turin et lui (car l'expression *Tartarus furens,* qui ne paraît pas se trouver dans Virgile ou quelque autre auteur classique, est peut-être trop bien trouvée pour être l'œuvre de notre Trévire).

L. 4 : la mention de la dédicante ne surprend pas dans une épitaphe trévire (*Intr.,* § 40). *Ludula* est un nom germanique dont la racine est *hlūdha,* « célèbre ». Suivant M. Th. Morlet, *Noms de personne,* I, p. 132, « la spirante gutturale *h* devant *l* est tombée à des dates variables suivant les dialectes à partir du IXe siècle ». Mais une inscription de Worms (Le Blant 346), qui paraît antérieure à l'époque carolingienne, porte le nom *Ludino,* qui est un autre hypocoristique formé sur la même racine (cf. *Intr.,* § 73). A Trèves, on retrouve cette racine dans la première partie des noms *Ludubertus* (n° 29 A) et *Hlodericus* (n° 135).

L. 5 : l'interprétation des quatre lettres de gauche ne fait pas difficulté. Il y a longtemps que l'on a reconnu qu'il s'agissait de la date de décès. On trouve parfois le verbe *recessit* (n°s 37, 97, 204) lorsque la date est indiquée sur une épitaphe trévire (*Intr.,* § 41).

Les commentateurs ont attribué cette pierre au IVe ou à la première moitié du Ve siècle. L'emprunt à Maxime de Turin fait du début du Ve siècle un *terminus post quem* — Kempf dit 465 mais il faut distinguer l'auteur des Sermons, mort en 420, d'un évêque homonyme de Turin qui souscrit aux synodes de Milan et de Rome dans les années 451-465 (E. Dekkers, *Clavis Patrum Latinorum,* Bruges, 1961, p. 37, n. (a)) —. Rien n'exclut une date beaucoup plus tardive, qui me paraît devoir être retenue pour toutes sortes de raisons : contraste entre la prétention du texte et la pauvreté de l'exécution, mélange de prose et d'hexamètres, nom germanique, amuissement du *h* guttural dans ce nom, indication du jour de la mort. Plusieurs de ces particularités se retrouvent aux n°s 134 et 193, qui présentent trop d'analogies avec l'épitaphe d'Vrsinianus pour n'être pas à peu près de la même époque. En particulier, il est remarquable que l'on ait ici un nom latin (Vrsinianus) et un nom germanique (Ludula) et que les deux autres inscriptions présentent aussi un nom latin (-imia) et un nom germanique (Hari-) : pendant fort longtemps, en effet, la proportion de noms germaniques est restée infime à Trèves (*Intr.,* § 98-99). Je daterais volontiers ce groupe d'épitaphes du VIIIe s., notamment à cause de la forme *Ludula* sans *h,* et j'y verrais un jalon intéressant dans l'histoire du culte de Paulin et peut-être déjà de Félix.

I, 171

Trèves, nécropole de Saint-Paulin - Saint-Maximin. Trouvée à Saint-Paulin (du temps de Kraus, elle se trouvait dans la crypte, mais pas *in situ*). Conservée au *Bischöfliches Museum*.

KRAUS 192 et *Amer. Journal of Archaeol.* 2, 1886, p. 428, n° 5 (LE BLANT, *N. R.* 379).
CIL XIII, 3908 A (RIESE 4373; DIEHL 2194 *adn.*).
GOSE 717 (A. FERRUA, *Riv. Arch. Crist.* 34, 1958, p. 218).
Th. K. KEMPF, *Frühchristl. Zeugnisse*, p. 197, n° 16.
Révisée par N. Gauthier en 1967.

Plaque de marbre blanc mutilée; le dessus est lisse, le dessous de la plaque porte des stries profondes; l'inscription est sur la tranche; entre celle-ci et le dessous de la plaque, un pan coupé; l'angle primitif est conservé à gauche. Kraus se demandait si la destination première de la pierre n'était pas d'être une table d'autel; Kempf, considérant que l'espèce d'arc de cercle qui constitue le bord opposé à l'inscription est d'origine, estime que cette plaque constituait le sol d'une niche arrondie, recouvrant sans doute un sarcophage d'enfant encastré dans le mur; N. Duval (communication orale) y a reconnu le tailloir d'un chapiteau (le côté gauche n'était pas destiné à être vu car il est fort irrégulier). Dimensions actuelles de la pierre : 58 × 57 cm. Champ épigraphique : h. 3; l. 26 cm; hauteur du chanfrein : 4,5 cm; lettres : 2 cm.

Vrsio, uiuas in D[eo/omino ...]

Vrsio, vis en Dieu (ou : *dans le Seigneur*) ...

La gravure est profonde et soignée. Le O est large et un peu plus petit que les autres lettres; la traverse du A, horizontale, est à peine incisée.

Kraus, CIL et Gose complètent : *uiuas in D[eo]*. Mais, comme le fait remarquer Kempf, il manque une bonne partie du champ épigraphique à droite; il propose, pour sa part, de restituer : *Vrsio uiuas in D[omino ⳨ cum tuis in aeternum]*. De préférence à cette formule inhabituelle, je suggèrerais : *Vrsio, uiuas in D[omino ⳨ semper]*, sur le modèle des plus longs graffiti de la *Liebfrauenkirche* (voir n°ˢ 235-236); cf. sur le linteau d'un mausolée africain (Hr Zouta), à gauche d'une croix grecque, la formule *In Deo semper Victoriani bibant* (= *uiuant*) (H. I. Marrou, *Bull. d'archéol. alg.* 3, 1968, p. 348-s.). Il s'agit là cependant d'une simple hypothèse car les supports sont trop différents pour que le parallèle soit probant. Gose cite une phrase de Klauser selon laquelle l'addition de la formule *in Deo* montre que le vœu s'adresse à un défunt. Ferrua le réfute à juste titre en citant les acclamations avec *in Deo* ou *in Christo* adressées évidemment à des vivants, en particulier une coupe de verre trévire (Kraus 209 : *uiuas in Deo Z(ήσαις)* ou plutôt, conformément à la rectification de Ferrua, *uiuas in Deo s(emper)*). Des formules de ce genre sont en effet très courantes sur des objets personnels (voir Diehl 2194-2195), dans des graffiti (voir n°ˢ 235-236), sur les épitaphes de certaines régions (voir Diehl 2193 A-s.).

Ce caractère privé présente quelque contradiction avec le support, si celui-ci est bien un tailloir, à moins qu'il n'ait appartenu à un monument funéraire dédié à Vrsio. Si tel n'est pas le cas, si la pierre provient d'un monument construit pour la communauté chrétienne, Vrsio ne peut guère être que le généreux donateur qui l'a fait construire à ses frais. N. et Y. Duval (*Mél. de l'Ecole française de Rome — Antiquité* 84, 1972, p. 714-719) ont fait un relevé d'acclamations de ce type en Afrique (surtout : *A untel, ... uita !*) et constaté (p. 714-715) : « La plupart de ces acclamations apparaissent à l'entrée de bâtiments privés (maisons, thermes ou chapelles funéraires), inscrites de manière nettement visible soit dans la mosaïque du seuil, soit sur le linteau de la porte principale. Le nom au datif désigne alors le propriétaire du lieu et, si l'inscription a originellement et avant tout une vertu apotropaïque, elle vise aussi, comme une enseigne, à faire connaître le nom des maîtres ». Dans le cas particulier d'un monument public, « l'hypothèse la plus séduisante serait celle du donateur qui a financé sur sa fortune privée la construction du bâtiment » (p. 719).

Vrsio est un nom caractéristique de la région (*Intr.,* § 122 et 125).

I, 172

Trèves, nécropole de Saint-Paulin - Saint-Maximin. Trouvée en 1936 sous le pavement de l'église Saint-Maximin, encastrée dans un bloc de calcaire de h. 47-51, l. 109, ép. 44-47 cm. La plaque reposait sur un lit de mortier et était maintenue par quatre fixations, sans doute en métal; on voit les trous préparés pour elles dans le bloc de calcaire. Conservée au *Rheinisches Landesmuseum*.

R. HERZOG, *Trier. Zeitschr.* 13, 1938, p. 79-120 (F. DOELGER, *Byz. Zeitschr.* 39, 1939, p. 268; A. GRENIER, *Rev. Et. anc.* 41, 1939, p. 144-145; A. FERRUA, *Civiltà cattolica* 90, 1939, I, p. 114-129 [F. HALKIN, *Analecta Bollandiana* 67, 1959, p. 93-94]; *A. Ep.* 1939, 181).
GOSE 478 (J. MOREAU, *Trier. Zeitschr.* 24/26, 1956/1958, p. 285).
H. I. MARROU, *Germania* 37, 1959, p. 346-349 et *B.S.N.A.F.* 1959, p. 204-206.
M. GUARDUCCI, *Frühchristl. Zeugnisse*, p. 54-71, n° 52.
Révisée par N. Gauthier en 1968.

Fragments d'une plaque de marbre blanc. mutilée à droite et à gauche; h. 36,4; l. 35; ép. 1,8-2,5; lettres : 1,5-2,2 cm.

'Αγνὴν παρ[θένον ...]
Εὐστόργιος θῆκ[ε ...]
σκην⟨α⟩ῖς παν[...]
4 ἀμνὸν τ'ἀβρὰν ἐοῦ[...] ou τ' ἄβρα νέου[...] ?
ὄφρα πανημέριος
[ὕ]μνοις πατέρα πα[ντοκράτορα ? ...]
[με]λπομένη μεθ᾿ο̦[...] ou μεθο̦[...]
8 [Χρι]στῷ πανβασιλ[εῖ ...]
[Πνε]ύματι σὺν ⟨ἁ⟩γίῳ [...]
[... κ]αμοι ou [...]α μοι φίλον α[...]
[...]όθε ἀπροφανῖ α̦[...]
12 [...]ώσσοισι πατράσ[ι ...]
[...]ν σφαλλομενὸ[ς ou ις ...]
[σωφ]ροσύνης τ᾿ ἀρετῆ[ς ...]

... une jeune fille pure (ou : ... la jeune Agnès) ...
Eustorgios a posé ...
dans les tabernacles ...
4 et un tendre agneau (ou : et l'agneau, en bonne servante) ...
pour (tandis) que, tout le jour, ...
par des hymnes ...
chantant le Père tout-(puissant ?) avec ...
8 le Christ, roi universel ...
avec l'Esprit-Saint ...
... qui m'est cher ? ...
... imprévu ...
12 ... à nos (? tes ?) pères ...
... chancelant (? tombé ?) ...
de la sagesse et de la vertu.

Cette inscription était exceptionnellement longue, si l'on en juge par la cavité creusée dans le bloc de calcaire pour la recevoir (85 × 37 cm). Mais le champ épigraphique ne couvrait peut-être qu'une partie de la surface disponible, le reste étant occupé par des motifs décoratifs. Il est difficile de juger de la longueur des lignes d'après le fragment qui subsiste : on a tantôt l'impression que quelques lettres suffiraient (l. 6-9), tantôt l'impression qu'il manque plusieurs mots (l. 11-14). Le texte semble avoir été disposé avec beaucoup de soin. Il y a un petit espace au dessus de la première ligne et au dessous de la dernière, un blanc plus considérable à gauche et, sans doute aussi, à droite. Les caractères de la première ligne sont plus grands et plus espacés que les autres. Cependant, les lignes sont fort serrées (cf. les autres inscriptions grecques de Trèves, nos 10, 92, 211); les lettres sont de hauteur et de largeur inégales et de formes variées. La traverse des A est plus ou moins oblique et située plus ou moins haut, et parfois (l. 3 et 9) elle manque, ce qui prête à confusion avec Λ. Les Σ sont tantôt carrés, tantôt ronds (l. 12); à la l. 2, la haste dépasse le trait horizontal supérieur. Les O sont plus ou moins gros, plus ou moins ronds. A la l. 9, les lettres ΓΙ, liées, se confondent avec Π. Selon Herzog, la paléographie date la pierre des environs de 350; selon Ferrua, plutôt de la fin du IVe ou du début du Ve siècle. Aucun de ces deux auteurs n'apporte d'argument à l'appui de son hypothèse.

Le texte est manifestement poétique, par son style et par sa langue (Ferrua relève comme propres au langage poétique le mot ὄφρα ainsi que la fréquence de τε). Toujours selon Ferrua, les débuts des l. 5, 7, 13, 14 semblent appartenir à « des vers dactyliques ». On peut se demander s'il s'agissait d'hexamètres ou de distiques élégiaques. Herzog pense que c'étaient des hexamètres. Mais les lambeaux qui subsistent sont-ils suffisants pour que l'on puisse trancher en toute certitude la question de savoir si l'auteur de l'inscription a réellement cherché (et mal réussi) à faire des vers ou s'il s'est contenté d'un rythme et d'un vocabulaire poétiques ? Ferrua, notant que ce qui reste pèche gravement contre la métrique, se montre sévère : « Io penso che non fossero essi che un misero centone di emistichi o frasi poetiche accozzate da ogni parte malamente insieme, in modo da produrre un suono ed un ritmo da volgarissimi esametri ». Vulgarisme : τ pour θ devant l'esprit rude de ἄβρα (l. 4).

L'inscription est très mutilée. Son premier éditeur, R. Herzog, a cru pouvoir, pourtant, en proposer une restitution complète, en hexamètres, que voici :

> Ἁγνὴν παρθένον μάρτυρα ἐπικαλῶμεν.
> Εὐστόργιος θῆκεν τήνδ'εἰκόνα παρθένου Ἁγνῆς
> σκηναῖς παναγίοις παραπεμπομένης ὑπ'ἀδελφέων
> 4 ἀμνόν τ'ἀβρὰ νέου φύσαντ' ἐρίου παραγούσης,
> ὄφρα πανημέριος λιγυροῖς θεὸν ἱλάσκηται
> ὕμνοις πατέρα παντοκρατῆ, κτίστην ἕνα πάντων,
> μελπομένη μεθ' ὁμηγύριος μακάρων καλὸν ᾆσμα
> 8 Χριστῷ πανβασιλῆι καθεζομένῳ παρὰ πατρί
> πνεύματι σὺν ἁγίῳ, τρισσὴν μονάδ' εὐλογέουσα.
> ὅς κἀμοὶ φίλον ἀμνὸν ἄγουσ' ἐφάνης ἐν ὀνείρῳ
> ὑψόθε(ν) ἀπροφανῖ, ἀπολάμπουσ' ὡς ποτε θάμβει
> 12 ἀγλώσσοισι πατράσι φίλοις τε παρήγορος ἄλγους.
> Ἡμῖν σφαλλομένοισι παρίστασο προστάτις, Ἁγνή,
> σωφροσύνης τ' ἀρετῆς τε φαεινότατον παράδειγμα.

A. Grenier a traduit ce poème :

« Invoquons la vierge martyre Agnès. Eustorgios a dédié cette image de la vierge Agnès telle que, dans les demeures sacrées, elle se trouve escortée par ses sœurs, conduisant le tendre agneau vêtu de jeune laine, et chante tout le jour en des hymnes éclatants au milieu du chœur des bienheureux, Dieu, le Père tout-puissant, créateur unique de toutes choses, et le Christ-Roi assis à côté du Père, et l'Esprit-Saint, célébrant la Trinité une. Ainsi, à moi aussi, tu es apparue en songe, conduisant ton agneau. Venant d'en haut à l'improviste, tu as ébloui mes yeux comme autrefois ceux de tes parents, muets d'étonnement, et de tes amis, lorsque tu vins consoler leur peine. Aux pécheurs que nous sommes, montre le chemin, ô Agnès, modèle admirable de sagesse et de vertu ».

Le principal intérêt de cette restitution est de témoigner de la vitalité de la culture grecque classique en Allemagne au XXe siècle. Elle n'a, bien entendu, aucune chance de refléter, si peu que ce soit, le texte perdu. Il faut revenir à nos modestes restes pour essayer de leur arracher le maximum de ce qu'ils contiennent.

L. 1 : Ἀγνὴν παρ[θένον]. La restitution est assurée, d'autant plus que, dans la cassure, on aperçoit un petit fragment d'arc de cercle susceptible d'appartenir à un θ.

Dès le premier mot, les interprétations divergent. Selon l'hypothèse fantaisiste d'Herzog, il s'agit de la célèbre martyre romaine Agnès; celle-ci aurait d'ailleurs été inventée par le pape Jules (337-352) pour donner corps à la propagande en faveur de l'ascétisme féminin apportée à Rome par Athanase, lequel aurait ensuite porté la même propagande à Trèves. L'article de R. Herzog propose ainsi toute une histoire des origines du culte de sainte Agnès, qui lui a valu une réfutation ironique et sévère de la part d'A. Ferrua (*Civiltà cattolica* 90, 1939, I, p. 119-126). Je me limiterai ici à ce qui, dans la théorie d'Herzog, concerne proprement l'inscription de Trèves. Récemment, E. Ewig (*Trier im Merowingerreich,* Trèves, 1954, p. 155) et Th. Klauser (*Jahrbuch f. Antike u. Christentum* 8/9, 1965/66, p. 226) maintiennent l'attribution à la petite martyre de Rome.

Pour le P. Ferrua, J. Moreau et L. Robert (communication orale du 19 juillet 1972), l'expression de « vierge sainte » qualifie une jeune fille dont le nom devait figurer dans la partie disparue de la pierre. A l'appui de cette hypothèse, on peut faire valoir que παρθένος est aussi couramment employé en épigraphie grecque que *uirgo* en épigraphie latine : *ICVR, n. s.* (I) 4011 et *Röm. Quartalschr.* 11, 1897, p. 227 (un homme) à Rome, IG XIV, 105 et 187 à Syracuse. Les deux jeunes filles de l'épitaphe IG XIV, 187 sont dites ἀγνὲ παρθένοι. Rien ne permet de savoir si, dans l'un ou l'autre de ces cas, il faut entendre παρθένος au sens de « vierge consacrée »; lorsque l'âge est donné, il s'agit d'êtres jeunes, qui pourraient seulement ne pas être encore mariés.

Pour M. Marrou, c'est une « Vierge Sainte d'une dignité suréminente », et non une quelconque chrétienne. Il fait remarquer qu'un cantique byzantin pour la fête de la Conception de la Très Sainte Mère de Dieu (*P. G.* 106, 1013 A) commence précisément par ces mots : Ἀγνὴν Παρθένον, Θεόπαιδα μητέρα ἐσομένην... « Sans doute, ajoute-t-il, il est peu probable qu'à cette date archaïque (notre inscription ne peut guère être plus tardive que le début du Vᵉ siècle), nous ayons affaire à un hymne formellement consacré à la Vierge Marie (l'épithète ἀγνή figure cependant dans la plus ancienne prière mariale connue, le *Sub tuum praesidium,* attestée par le *P. Rylands 470* qu'on ne peut descendre très bas, même s'il ne remonte pas, comme on l'a cru, au IIIᵉ siècle), mais notre ἀγνὴν Παρθένον pourrait fort bien désigner l'Église comme, semble-t-il, dans le v. 14 de la fameuse inscription d'Aberkios (fin IIᵉ s. Sur l'interprétation de ce texte, voir en dernier lieu : A. Müller, *Ecclesia-Maria, die Einheit Marias u. der Kirche²,* Fribourg (Suisse), 1955, 43-44 [aujourd'hui, on pourrait ajouter M. Guarducci, *Ancient Society* (Louvain) 2, 1971, p. 174-203]). Non qu'il faille y voir une influence directe de ce texte phrygien : l'expression et sa valeur ecclésiologique appartiennent à la tradition chrétienne la plus générale puisqu'elles remontent à saint Paul lui-même : II *Cor.* 11, 2 b : ' Je vous ai fiancés à un époux unique comme une vierge pure, παρθένον ἀγνήν, à présenter au Christ' » (*Germania,* p. 348). On peut ajouter que l'expression θεομήτορα παρθένον ἀγνὴν Μαρίαν apparaît sur une inscription de Bostra qui est peut-être de la deuxième moitié du Vᵉ siècle (H.W. Waddington, *Inscriptions grecques et latines de la Syrie,* n° 1914).

Enfin, M. Guarducci, tout en reconnaissant qu'on trouve parfois παρθένος ἀγνή dans des inscriptions métriques à caractère funéraire (elle renvoie à W. Peek, *Griechische Versinchriften* I, Berlin, 1955, n° 1184, l. 1, qui est une inscription païenne de Sébastopolis du Pont; nous avons vu plus haut qu'il y avait au moins une exemple chrétien, IG XIV, 187), pense que Ἀγνήν est plus probablement le nom de la défunte qui figure, comme il est normal, au début de la ligne; peut-être le lui aurait-on donné en songeant à la martyre romaine. Il faut noter que le nom Agnès ou Hagnès, jusqu'ici inconnu à Trèves et fort rare, semble-t-il, en Orient (un exemple dans le *Namenbuch* de F. Preisigke et un Ἄγνος dans le Supplément de D. Foraboschi, Milan, 1971), se trouve dans l'épigraphie païenne de Rome et d'ailleurs.

A. Ferrua en a dressé la liste suivante : CIL VI, 11 257, 18 908, 15 032, 19 139, 19 140, 21 708; CIL VIII, 7630; X, 1933, 6890; XII, 1609.

Pour ma part, il me semble que l'emploi du grec en pays latin montre qu'il s'agit d'une inscription à caractère privé et que ce caractère privé, à son tour, suggère fortement l'hypothèse de l'épitaphe. H. I. Marrou, rallié à ce point de vue (1971), souligne, à titre de confirmation, que la plaque de marbre était encastrée dans une dalle de calcaire analogue aux dalles de calcaire ou de grès dont l'usage funéraire est amplement attesté à Trèves (nᵒˢ 12, 35, 38, 55, 69, 106, 144, 153, 169). La jeune morte s'appelait-elle Agnès ou son nom figurait-il dans la partie disparue de la l. 1 ? Seule la découverte d'autres fragments de la pierre permettrait d'en décider.

L. 2 : à la fin de la ligne, on ne distingue que l'extrémité d'une haste, qui pourrait appartenir à différentes lettres. Cependant, la restitution θῆκ[ε] ou θῆκ[εν] n'a pas été mise en doute. Pour Ferrua, l'emploi de θῆκε (au lieu d'ἀνέθηκε qu'on trouverait dans une inscription votive) montre qu'il s'agit d'une inscription funéraire; en réalité, la suppression de l'augment est simplement une licence poétique.

Eustorgios n'est pas un nom très répandu : il ne semble pas, jusqu'ici, avoir été relevé en Syrie; F. Preisigke et D. Foraboschi, pour l'Egypte, en citent une demi-douzaine d'exemples (y compris Eustorgis, Eustorgion), auxquels il faut ajouter l'inscription latine Diehl 446A = CIL III, 410. Prenant prétexte de cette rareté, Herzog s'est cru autorisé à identifier notre personnage avec le premier des deux évêques Eustorgius de Milan; pour les besoins de la cause, il lui faisait effectuer un petit voyage à Trèves vers 358 (il aurait remplacé l'évêque Paulin alors exilé). H. I. Marrou (*Germania,* p. 347) a bien souligné « le triple paradoxe de voir le grec choisi par un évêque milanais pour célébrer une martyre romaine dans la ville latine de Trèves ». D'ailleurs, comme le rappelle A. Ferrua, Eustorgius de Milan a reçu un successeur avant 355. Il s'agit en réalité d'un homonyme de l'évêque milanais, inconnu par ailleurs, qui, s'il est vrai que l'inscription soit l'épitaphe d'une jeune fille, est peut-être son père (A. Ferrua, M. Guarducci), en tout cas l'auteur ou le dédicant de l'inscription. Margherita Guarducci remarque qu'Eustorgios semble seul dédicant et rapproche ce fait du μοί de la l. 10.

L. 3 : au dessus des dernières lettres de la ligne suivante, les commentateurs ont cru distinguer ις, puis une lettre. Pour ma part, je distingue deux empattements, l'un au dessus de la deuxième haste du N, l'autre au dessus de l'espace entre E et O, puis la barre inférieure d'une lettre qui peut être un Σ carré ou un E, enfin deux amorces de hastes qu'on ne peut identifier (Π ? IN ? III ? H ? etc.). R. Herzog restituait παν[αγ]ίοις, sans exclure la lecture παν[τίμο]ις. A. Ferrua rejette παναγίοις parce qu'il lui semble — à tort — improbable qu'un O d'une largeur normale ait pu trouver place entre les restes conservés des deux I. Je crois qu'on n'a pas assez d'éléments pour proposer aucune restitution. Les σκηναί dont il est question ici sont les *aeterna tabernacula,* les demeures éternelles du Paradis, dont parle, par exemple, Luc au chapitre 16, verset 9 (mais là, l'adjectif précède le nom : εἰς τὰς αἰωνίους σκηνάς); le mot est souvent employé dans ce sens chez les Pères de l'Eglise (voir les références dans G.W. Lampe, *A Patristic Greek Lexikon,* s. u.). Comme le remarque A. Ferrua, entre la l. 2 et la l. 3, on est passé du corps qui repose au lieu marqué par l'inscription à l'âme parvenue au Paradis.

L. 4 : la coupure des mots est sujette à discussion. Ἀβρά se rapporte-t-il à Ἀγνή repris comme sujet ou à ἀμνός qui peut être masculin ou féminin ? Dans le premier cas reste νέου[...], que l'on peut considérer comme le génitif de l'adjectif νέος, se rapportant à un nom au génitif situé dans la partie perdue de la ligne (Herzog), ou bien comme une forme du verbe νέομαι, « aller, s'en aller » (Ferrua); mais il faut observer avec Margherita Guarducci que le verbe νέομαι est intransitif (il faudrait donc supposer un autre verbe perdu, dont dépendrait l'accusatif ἀμνόν) et surtout que la seule forme de νέομαι autorisée par les lettres qui subsistent est la deuxième personne de l'impératif νέου, ce qui s'insère assez mal dans le reste de notre texte. Dans le deuxième cas, il reste εου[...], que M. Guarducci complète ἐοῦσαν. L'agneau serait à concevoir comme l'image de cette enfant innocente, nommée Agnès.

Chacun sait que l'agneau est l'animal symbolique de sainte Agnès. C'est ce qui portait R. Herzog à identifier l'héroïne de notre poème avec la martyre romaine. A. Ferrua fit alors observer que ce n'était que vers 560, sur une mosaïque de Saint-Apollinaire le Neuf à Ravenne, qu'on voyait apparaître cet attribut. Mais depuis, A. Ferrua lui-même a publié (*Civiltà cattolica* 110, 1959, I, p. 141-150, fig. 2) une fresque de la catacombe de Commodilla, qui ne peut guère être postérieure à 380 et qui représente une jeune fille avec un agneau : d'après l'auteur, vraisemblablement sainte Agnès. Cela ne prouve pas, bien entendu, qu'il soit question de la sainte sur notre inscription. Cela prouve seulement, comme Ferrua le suggère dans l'interprétation de la fresque de Commodille, que le jeu de mots ἀγνή (la pure)-*agnus* (l'animal innocent par excellence) était déjà familier aux esprits de la fin du IVe siècle, comme l'atteste aussi Augustin (*Serm.* 273, 6) : *Agnes latine agnam significat; graece castam.* Margherita Guarducci peut donc souligner cette rencontre à l'appui de sa thèse : on compare la jeune fille à un agneau parce qu'elle s'appelle Agnès. Il ne faut pas s'étonner, dit-elle, que le deuxième A soit considéré comme court dans un poème qui n'observe pas toujours rigoureusement les lois de la métrique. H. I. Marrou, de son côté, fait observer que, dans le grec du Nouveau Testament, « ἀμνός (à la différence d'ἀρνίον) ne s'emploie qu'à propos de l'Agneau de Dieu, du Christ » et que ce mot, ainsi que les expressions qui suivent, « s'entendent aussi bien et beaucoup mieux encore si on les applique à l'Eglise eschatologique, l'Epouse de l'Agneau (*Apoc.* 21, 9)». Il faut toutefois noter que, dans l'Apocalypse, c'est le mot ἀρνίον qui désigne l'Agneau.

L. 5-7 : la restitution est impossible mais le sens n'est pas douteux. Celle à qui l'inscription est consacrée célèbre sans cesse (πανημέριος semble un adverbe mis pour πανημέριον puisque, si c'était un adjectif, on attendrait πανημέρια, au féminin), en chantant ([με]λπομένη) des hymnes ([ὕ]μνοις), les trois personnes de la Sainte Trinité.

Celle-ci est très communément invoquée en épigraphie grecque, le plus souvent par la doxologie au Père, au Fils et au Saint-Esprit ou par la formule du signe de croix, mais parfois aussi dans des formules moins stéréotypées contenant des réminescences de formules bibliques ou liturgiques (voir, par exemple, W. K. Prentice, *Fragments of an Early Christian Liturgy in Syrian Inscriptions,* dans *Transactions and Proceedings of the Amer. Philol. Assoc.* 33, 1902, p. 81-100, ou G. Lefebvre, *Recueil des Inscriptions grecques chrétiennes d'Egypte,* Le Caire, 1907, p. XXIX). Cependant, je n'ai trouvé aucun parallèle, même lointain, à la formule que nous devinons ici.

L'auteur nomme d'abord le Père, dont on notait sans doute la toute-puissance. R. Herzog complétait πα[ντοκρατῆ]. Je songerais plutôt à πα[ντοκράτορα] : Παντοκράτωρ est l'adjectif spécifique de Dieu le Père. (On le trouve dans la Deuxième Epître aux Corinthiens, 6, 18, pour désigner le Dieu de l'Ancien Testament). Il apparaît ainsi sur les inscriptions un peu partout (par exemple : en Egypte, G. Lefebvre, *op. cit.,* n° 48, daté de 409, nos 64 et 541; à Naxos, A. De Ridder, *Bull. de correspondance hellénique* 21, 1897, p. 23-24, n° 10 : ὁρκί[ζ]ομε[ν ...]/ Παντοκρά(τορα) καὶ τὸν ἡ/μῶν Κύριον ☧ , μηδένα ἕτερον τεθῆναι; à Rome, en 401, adjuration analogue, introduite par la formule Ὁρκίζομε δὲ ὑμᾶς [διὰ τὸν Πα]/ ντοκράτορα, R. Paribeni, *Nuovo Bull. Arch. Crist.* 16, 1910, p. 59. Plus proche de II *Cor.* 6, 18, apparaît la formule Κ(ύρι)ε ὁ Θ(εὸ)ς ὁ Παντοκράτωρ, L. Jalabert, R. Mouterde, C. Mondésert, *Inscriptions grecques et latines de la Syrie,* Paris, 1955, IV, n° 1578; cf. IG XIV, 187, à Syracuse : κατὰ τοῦ Θεοῦ τοῦ Παντοκράτορος).

L. 8 : après le Père vient le Fils, caractérisé comme le « roi universel (πανβασιλ[εῖ]), selon une épithète d'origine biblique (*Si* 50, 15/17) qui est appliquée au Christ par Eusèbe (*Hist. eccl.* X. 4, 16, *S. C.* 55, p. 86) et Athanase (*Ep. ad episc. Aegypti et Libyae*, 23, *P. G.* 25, 593 A, et *Apol. ad Const., P. G.* 25, 628 B), entre autres (voir le *Patristic Greek Lexikon* de Lampe). Prentice (Art. cité, p. 98, n° 20) cite une inscription : Κύριος βασιλεύει εἰς ἐῶνα, qui s'inspire du *Ps.* 29(28), 10 : Καθιεῖται Κύριος Βασιλεὺς εἰς τὸν αἰῶνα, peut-être par l'intermédiaire d'usages liturgiques.

On aperçoit tout à fait à l'extrémité de la ligne la partie supérieure d'une haste qui a été interprétée par Herzog comme le reste d'un H mais qui peut aussi bien avoir appartenu à un E. Le Σ carré, au début de la ligne, est entièrement visible.

L. 9 : enfin le Saint-Esprit. H. I. Marrou est frappé par l'emploi de σύν, dont l'attribution à la troisième personne de la Trinité joue un grand rôle dans le traité *De Spiritu Sancto* de Basile de Césarée. Celui-ci y a même dressé, comme à notre intention, la longue liste de tous les emplois antérieurs de σύν pour introduire le Saint-Esprit (ch. 29, *P. G.* 32, 200 B - 208 A). Σύν est nicéen; les ariens préféraient employer ἐν. Mais Marrou indique avec raison qu'il ne faut pas épiloguer sur la théologie implicite de cette formule dans un texte poétique comme celui que nous avons.

Le dernier mot de la ligne est généralement lu ἁγίῳ car c'est celui qu'on attend. Seul Ferrua lit ἀπό; il semble toutefois que la courbe dont un reste subsiste avant la cassure soit située trop au dessus de la ligne pour être un O, alors que l'*omega* (l. 8) est précisément suspendu assez haut au dessus de la réglure inférieure.

L. 10 : Herzog : [ὡς κ.]ἀμοί; M. Guarducci : [αἵ κ.]ἀμοί. Il semble qu'Eustorgios intervienne personnellement mais le texte est véritablement trop mutilé pour être même deviné.

L. 11-fin : au début de la l. 11, R. Herzog suggère ὑψόθε⟨ν⟩. Mais cela paraît trop court à Margherita Guarducci, qui propose [θει]όθε⟨ν⟩, attesté pour θεόθεν dans une novelle de Justinien (82, 9). Il se passe quelque chose d'imprévu ou d'indicible (ἀπροφανῖ).

Au début de la l. 12, la restitution de R. Herzog, [ἀγλ]ώσσοισι, est acceptée par M. Guarducci. On aperçoit tout à fait à la fin de la ligne la haste du I (qui pourrait d'ailleurs aussi bien appartenir à une autre lettre si la syntaxe n'imposait un I). Qui sont « les pères », πατράσι, dont il est question ici ? M. Guarducci y reconnaît l'habitude trévire d'employer *patres* pour *parentes*. Mais Eustorgios paraissait seul jusqu'ici. S'agit-il donc des ancêtres de la jeune fille ? ou des Patriarches ?

L. 13, R. Herzog complète, au début : [ἡμῖ]ν; M. Guarduci : [πᾶσι]ν. Ce peut être tout ce qu'on veut. Ensuite, σφαλλόμενο[ς] ou σφαλλομένο[ισι] implique l'idée d'avoir vacillé, d'être tombé, ou encore d'être prostré de chagrin.

Au début de la l. 14, tout le monde est d'accord pour lire [σωφ]ροσύνης.

R. Herzog, suivi sur ce point par Margherita Guarducci, interprète ces dernières lignes comme une allusion à la légende de sainte Agnès. Pour Herzog, l'inscription se trouvait sous un portrait de la martyre et commémorait un rêve d'Eustorgios, au cours duquel Agnès lui serait apparue. Il met cela en rapport avec un passage de la *Passio* où la sainte, accompagnée d'un agneau et d'autres vierges, apparaît à ses parents et à ses amis pleurant sur sa tombe et leur recommande de ne plus se lamenter mais au contraire de se réjouir avec elle. M. Guarducci est d'accord pour voir dans les l. 11-13 une allusion au rêve mentionné dans la *Passio* : l'apparition céleste, la surprise des parents, sans voix devant la figure surnaturelle, tout cela lui semble clairement attesté dans les bribes de mots des l. 11-12. Eustorgios souhaiterait pour lui-même la vision dont les parents de la martyre furent honorés. La dernière ligne s'adresserait plutôt à la sainte qu'à son homonyme trévire. A. Ferrua et H. I. Marrou ne discernent rien de tel. « Le dédicant paraît prier pour lui

l. 10 : κάμοί ?) et peut-être les siens : ce pourrait être pour demander le pardon de ses 'chutes' (l. 13, σφαλλόμενος), pour obtenir de participer à la 'sagesse et à la vertu' (l. 14, σωφροσύνης τ'ἀρετῆς) », dit H. I. Marrou.

De cet éblouissant feu d'artifice d'interprétations érudites, que conclure ? Je regarderai avec suspicion non seulement l'extraordinaire reconstruction de R. Herzog, mais même l'interprétation que Margherita Guarducci propose des dernières lignes car elle me semble insuffisamment étayée par ce qui en reste. Il faut observer, d'ailleurs, que le culte de sainte Agnès, déjà attesté, pour Rome, par la *Depositio Martyrum* qui remonte à 336, ne s'est que tardivement répandu ailleurs. On connaît très peu d'églises qui lui soient consacrées (Ravenne, Capoue, Parenzo, enfin près de Béziers = Le Blant 610) et, sauf celle de Gaule qui paraît avoir été dédiée en 450, aucune n'est antérieure au VIe siècle. La *Passio sanctae Agnetis* date, selon M. Guarducci, du début du Ve siècle; on ne sait pas, bien entendu, quand elle parvint à Trèves.

Un certain nombre de points peuvent cependant être considérés comme assurés. Une inscription rédigée en grec dans une ville latine et trouvée dans une nécropole ne peut être qu'une épitaphe, rédigée par un membre de cette colonie hellénophone que nous savons nombreuse à Trèves (n°s 10, 93, 112, 168, 211). Le dédicant s'appelait Eustorgios; la défunte était une jeune fille, peut-être nommée Agnès, peut-être vierge consacrée mais aucun de ces deux derniers points n'est certain.

De quand dater ce texte, exceptionnel par son contenu théologique ? A. Ferrua (*Akten*, p. 301) estime « peu probable qu'on ait écrit un poème pareil et avec de telles lettres après le IVe siècle à Trèves ». Je ne partage pas entièrement ce sentiment. D'après P. Lambrechts (*L'Antiquité classique* 6, 1937, p. 35-61), c'est à partir du début du Ve siècle seulement que les Juifs et les Orientaux ont mis la main sur le commerce gaulois : Trèves était sans aucun doute un centre d'échanges assez important encore pour qu'une colonie d'Orientaux y soit fixée. Par ailleurs, l'inscription métrique de l'évêque Cyrillus (n° 19) montre qu'au moins jusque vers 450, la culture à Trèves n'était pas plus décadente qu'ailleurs. Il reste vrai que le IVe siècle conviendrait bien aussi car la présence de l'empereur devait motiver le passage ou la résidence de bien des Orientaux, pour des raisons politiques ou économiques. On peut donc hésiter entre le IVe et le Ve siècle, sans exclure totalement le VIe.

I, 173

Trèves, nécropole de Saint-Paulin - Saint-Maximin. Trouvée en 1900 au n° 27 de la *Schöndorferstr.* Conservée au *Rheinisches Landesmuseum.*

CIL XIII, 3877 (RIESE 4350; DIEHL 3242 A *adn.*).
GOSE 459.
Révisée par N. Gauthier en 1967.

Partie gauche d'une plaque de marbre blanc, en plusieurs fragments dont l'un, en haut, a été perdu au cours du bombardement de 1944; h. 34; l. 25,5; ép. 2,2; lettres : 2,2-3 cm.

montrant le fragment perdu en 1944

état actuel

Ec bene *pausa*[nti in pace ? ...]-
ro Priimi*tiua* [titulum posuit ?]
marito ṣuo qụ[i uixit in sae]-
4   culo annios qu[...aginta]
quinque, qui me [in domini]-
ca pace preceṣṣi[t ... aug]-
us-   -[tas].
colombe   *croix monogr. avec*   [*colombe*]
alpha et omega

A ...rus reposant bien ici en paix (?); Priimitiua a posé cette épitaphe (?) pour son mari qui a vécu en ce siècle quarante (ou cinquante)-cinq ans, qui m'a précédée dans la paix du Seigneur le ... de juillet (ou d'août).

L'écriture est bien lisible mais fort irrégulière. Il y a un trait horizontal entre les l. 2 et 3. Les lignes sont sinueuses, les lettres de hauteur et de largeur inégales. Les E sont larges, la barre des R est très courte, il y a un O en forme d'œuf à la l. 2, les M ont des hastes obliques, les A des traverses brisées et la haste droite dépasse l'intersection avec celle de gauche au sommet, le L a une base plongeante, la queue du Q est sinueuse et horizontale. A la fin de la l. 1, on apercevait sur le fragment perdu l'extrémité de la haste gauche du A. Aux l. 3 et 4, un S et un N ont disparu dans la restauration de la pierre mais ils sont parfaitement visibles sur la photo de la pierre dans son état antérieur à la guerre. A la l. 5, la surface de la pierre est effritée à l'endroit où se trouvait la queue du Q de *qui*. Au dessous du texte, le lapicide a dessiné les symboles habituels à Trèves (*Intr.,* § 43) : deux colombes dont seule celle de gauche subsiste et une croix monogrammatique dont le haut est perdu. Les branches de la croix sont terminées par de petits triangles. Un *alpha* et un *omega* complètent le monogramme.

La langue de ce texte est assez différente de celle que l'on trouve généralement à Trèves. Par exemple, dans l'adverbe *hic*, la chute du H se trouve parfois, encore que rarement (*Intr.,* § 72), mais jamais le I n'est noté par un E comme ici (*Intr.,* § 53). De même, je ne vois pas bien quel phénomène linguistique a pu amener le lapicide à doubler le I de *Primitiua* (l. 2). Il a aussi introduit, sans plus de raison apparente, un I superflu dans le mot *annos* (l. 4) : l'index de Diehl lui-même n'en offre pas d'autre exemple. Il semble qu'il ne faille pas chercher d'explication trop rationnelle aux fantaisies orthographiques de ce lapicide. Seul le vulgarisme *precessit* pour *praecessit* est attendu (*Intr.,* § 57) : c'est la forme la plus répandue en épigraphie chrétienne.

L'emplacement du monogramme montre qu'une bonne partie du texte a disparu à droite. Cependant, l'écriture est si irrégulière qu'une même longueur ne correspond pas toujours au même nombre de lettres. Comme, par ailleurs, le formulaire n'est pas exactement conforme au schéma trévire, les restitutions restent quelque peu hypothétiques.

L. 1-2 : il semble que la fin du nom du défunt apparaisse au début de la l. 2. Cela invite à compléter *pausa*[*nti*], avec un datif, à la l. 1, suivi sans doute d'*in pace* (cf. n°s 32 *b*, 55, 144 et 158). Une inscription d'Arles (Le Blant 511) commence par une formule très voisine : *bene pausanti in pace Fl. Memorio.*

      Primitiuus/a, l'équivalent du grec *Protogenes* (I. Kajanto, *Latin Cognomina,* p. 18), est un nom qui, après avoir été très répandu, surtout à Rome, est devenu plus rare à l'époque chrétienne : I. Kajanto (*op. cit.,* p. 290) qui l'a trouvé 688 fois dans ses sources païennes n'en connaît que 26 exemples chrétiens. Pour la partie à restituer l. 2, la formule *titulum posuit* convient par son sens et sa longueur.

L. 3 : le mot *maritus,* courant ailleurs (voir l'index de Diehl), ne se trouve à Trèves qu'ici et, semble-t-il, au n° 149. Puis il faut restituer la formule *qui uixit in saeculo,* qui n'apparaît que 4 fois à Trèves (voir n° 126).

L. 4 : Gose complète *quinquaginta;* on peut aussi songer à *quadraginta.*

L. 5-7 : l'idée que la personne décédée a précédé les survivants dans la paix du Seigneur est familière à l'épigraphie chrétienne (Diehl 2846-s. et, en particulier, à Saint-Cirq-la-Popie, Le Blant, *N. R.* 242 : *qui praecessit in pace dominica* suivi de la date, 466). A Trèves, elle était peut-être aussi exprimée aux n°s 37 et 98. Le jour de la mort était ensuite indiqué (*Intr.,* § 41) : celle-ci survint entre le 16 juillet et le 13 août.

L'ensemble des caractères paléographiques, en particulier la forme des E et les petits triangles qui terminent les branches du chrisme, la formule *uixit in saeculo* qui apparaît à Trèves plus tôt que dans le reste de la Gaule (*Intr.,* § 39), le début *hic bene pausanti* me paraissent suggérer le ve siècle. La formule *praecessit in pace* fait penser à A. Ferrua (*Akten,* p. 300) que le défunt était africain. Mais, en parcourant les exemples cités par Diehl 2846-s., on peut constater que la formule n'est pas aussi exclusivement africaine qu'on le dit parfois.

I, 174

Trèves, nécropole de Saint-Paulin - Saint-Maximin. Trouvée en 1953 au sud de Saint-Maximin, en construisant le *Versorgungsamt* (*Intr.*, § 12). Conservée au *Rheinisches Landesmuseum,*

GOSE 420.
Révisée par N. Gauthier en 1968.

Plaque de marbre blanc, en deux fragments, dont la partie supérieure gauche est perdue; h. 28,5; l. 31,5; ép. 2; lettres : 2,5 cm.

[Hic iacet ...]eg(?)or
[qui uix]it ann(os) L;
[...]ola coniux
4   [t]itulum posuit;
in pace !
colombe   vase   colombe

Ci-gît ...egor (?) qui a vécu 50 ans; ...ola, son épouse, a posé cette épitaphe; en paix !

La paléographie est élégante. Les lettres sont régulières, les lignes bien droites et bien espacées. Le L a, à la l. 2 et à la l. 4, un *ductus* assez répandu à Trèves (par ex., nᵒˢ 109, 126, 184, 195, 196, 198) mais celui de la l. 3 ne ressemble qu'à ceux du nᵒ 134. La même recherche s'affiche l. 1 : le O tout petit est presque enclavé dans la lettre qui précède et que Gose a pris pour un C alors que j'inclinerais plutôt à y voir un G constitué, comme souvent, d'un C auquel on a ajouté une queue ondulée (cf. nᵒ 22 ou 60). Il y a plusieurs ligatures : NN (l. 2), MP (l. 4) et NP (l. 5). Le mot *annos* et le chiffre L (l. 2) sont encadrés par des points; il est difficile de dire si le point que l'on aperçoit entre le V et le X de *coniux* a été voulu par le lapicide. On remarquera que la répartition des mots en lignes est faite avec beaucoup de soin; ceci me fait penser que, dans le cas douteux de la l. 1, la fin de la ligne correspond aussi à la fin d'un mot. A la même ligne, on aperçoit avant le E une haste qui peut avoir appartenu à I, F, H, M, N, P, T mais qui exclut le D proposé par Gose. Le bas de la haste du R qui termine cette ligne a disparu dans une éraflure. Le texte est complété par une décoration qui ne manque pas d'élégance : c'est le motif, plusieurs fois traité à Trèves (*Intr.*, § 44), du canthare entre deux colombes.

Le formulaire est rigoureusement conforme au schéma caractéristique de Trèves (*Intr.*, § 38-40).

L. 1 : ce qui reste de l'inscription excluant toute surprise, il faut restituer une des formules initiales habituelles (*Intr.,* § 38). La plus courte est *hic iacet;* même dans cette hypothèse, il ne reste guère la place que de deux lettres pour le début du nom du défunt; par ailleurs, lorsqu'on a restitué au début de la l. 2 l'indispensable [*qui uix*]*it,* toute la place disponible est occupée; il aurait de toutes façons été surprenant, nous l'avons vu, que ce mot soit le seul à être coupé. Quel est donc ce *cognomen* mystérieux ? Gose avait pensé à *Decor,* qui est exclu par la haste qu'on distingue avant le E, ainsi que [*Gr*]*egor*[*ius*] proposé par A. Ferrua (*Akten,* p. 299).

L. 3 : le nom de la femme se terminait par le diminutif très commun *-ola.*

Ce *titulus* est bien représentatif du travail de qualité issu des ateliers paléochrétiens de Trèves. Le vase ayant été adopté vers 400 à Trèves (*Intr.,* § 44), l'inscription est sans doute du Vᵉ siècle.

I, 175

Trèves, nécropole de Saint-Paulin - Saint-Maximin. Trouvée en 1911 réemployée dans le mur du grenier de la maison du gardien (*Küsterhaus*) de Saint-Paulin, à l'occasion de la construction d'un conduit de cheminée. Conservée au *Rheinisches Landesmuseum*.

J. B. KEUNE, *Trier. Zeitschr.* 6, 1931, p. 159.
S. LOESCHCKE, *Frühchristl. Denkmäler* (1936), p. 140.
NESSELHAUF 37.
GOSE 474.
E. FOERSTER, *Frühchristl. Zeugnisse,* p. 48, n° 40.
Révisée par N. Gauthier en 1967.

Trois fragments constituant la partie inférieure gauche d'une plaque en marbre blanc; h. 33; l. 54,5; ép. 5,8; lettres : 4,2 cm.

annos X[...];
Vigilantiu[s coniu]-
x ti⟨t⟩ulum p[osuit].
colombe   vase   colombe

Les lettres sont d'une taille supérieure à la moyenne et très espacées, plus larges que sur la plupart des inscriptions chrétiennes de Trèves. C'est une écriture d'apparat comme le montrent le L dessinant un bel angle droit, le M à hastes verticales dont les traverses se joignent au bas de la ligne et même le *ductus* du G pourtant influencé par la cursive (on a joint une queue cursive à un C monumental, comme aux nos 117 et 127).

Le lapicide a oublié d'inciser le linteau du deuxième T de *titulum,* dont la haste n'est pas non plus terminée comme un I. Seul le bas des lettres de la l. 1 subsiste; après le X, je n'ai pas trouvé trace du L signalé par Nesselhauf et Gose. La haste gauche du V qui termine la l. 2 est encore visible dans la cassure; la boucle du P (l. 3) a disparu.

Le principal intérêt de cette pierre réside dans la décoration, la plus belle peut-être que nous ayons à Trèves. Les colombes et le vase se détachent en relief sur la pierre légèrement creusée tout autour : le dessin est beaucoup moins schématique qu'à l'ordinaire. On voit dans le canthare de petits objets ovoïdes sur la nature desquels on a discuté. Gose y voit « le pain eucharistique », M. Guarducci (*Graffiti sotto S. Pietro,* I, p. 513) « peut-être des fragments de pain consacré », G. Brusin (*Röm. Quartalschr.* 54, 1959, p. 133) plutôt des fruits. Quant à A. Ferrua, après avoir cru reconnaître des grains de blé (*Riv. Arch. Crist.* 34, 1958, p. 215), il se déclare convaincu par une suggestion de De Bruyne, selon laquelle le contenu du vase serait « simplement de l'eau, représentée de cette façon pour rendre les jeux de la lumière sur sa surface » (*Akten,* p. 301). Il en conclut que l'idée exprimée ici n'est pas celle de la communion (très rarement représentée) mais celle beaucoup plus commune du *refrigerium* céleste. Le thème du vase entre deux colombes est largement attesté à Trèves (*Intr.,* § 44) mais la comparaison avec les autres figurations ne permet de tirer aucun enseignement sur ce point précis. Ferrua rapproche notre pierre du n° 38 mais la représentation de l'intérieur du vase sur ce dernier *titulus* ne me paraît pas de nature à renforcer l'hypothèse de l'eau.

Il ne reste que la fin de l'épitaphe, qui paraît avoir été conforme au formulaire en usage à Trèves (*Intr.,* § 38-40). Les restitutions certaines des deux dernières lignes ainsi que la disposition des colombes montrent qu'il ne manque que 5 à 6 lettres à droite.

L. 1 : après le nom du défunt, qui était une femme puisque l'épitaphe est dédiée par son mari, et la formule *qui/quae uixit,* l'âge était mentionné.

L. 2 : le dédicant s'appelait *Vigilantius, cognomen* formé selon le procédé habituel de la dérivation en *ius/ia* (*Intr.,* § 124) mais peu répandu. I. Kajanto (*Latin Cognomina,* p. 359) n'en connaît qu'un exemple païen (CIL VIII, 8549, *qui et Vigilantius*) et deux autres chrétiens (*Inscr. lat. de Tunisie* 201, *Bigulantius,* et *ICVR, n. s.* (I) 2454, *Vigilantius*).

Le vase entre deux colombes apparaît au Vᵉ siècle dans les inscriptions datées de Gaule (*Intr.,* § 44). Ce beau *titulus* date peut-être de ce siècle mais il n'est pas impossible non plus qu'il soit postérieur d'un ou plusieurs siècles car la paléographie témoigne clairement de l'imitation de modèles anciens et l'on sait que l'habileté technique des lapicides trévires s'est presque toujours maintenue à un niveau assez élevé pour permettre la réussite de telles imitations.

I, 176

Trèves, nécropole de Saint-Paulin - Saint-Maximin. Trouvée en 1818 à Saint-Maximin (*Intr.*, § 11). Conservée au *Rheinisches Landesmuseum*.

L. LERSCH, *Centralmus.*, 3 (1842), n° 63.
LE BLANT 299 (DACL XV, 2, s. u. *Trèves,* col. 2754, n° 78).
KRAUS 155 et *add.* p [7] et (par HETTNER), p. [5].
F. HETTNER, *Röm. Steindenkmäler,* n° 395.
CIL XIII, 3900 (RIESE 4400; DIEHL 3242 A).
GOSE 472.
Révisée par N. Gauthier en 1968.

Fragments d'une plaque de marbre gris (le haut à gauche et le bas à droite manquent); h. 32; l. 48; ép. 2,8; lettres : 1,6-2 cm. En réemploi (au dos, moulure).

(état actuel)

> ...oris paus-
> [anti .]ạ[.]ọ [inf]ạṇ[ti d]ulcissimo
> [qu]i tulit annos duọs et mensis
> *rameau   colombe   alpha   chrisme   omega   colombe   rameau*
> 4   decem et diẹṣ tredecem;
> titulum posụerụnt Victor
> [et] Florentina pat[res ...i]-
> [ssi]mi; cum pace.

Par malheur, ce sont précisément les parties originales du texte qui ont disparu : il est donc difficile de les restituer. Ce type paléographique constitue ce que nous avons appelé Saint-Paulin - Saint-Maximin II (*Intr.,* § 33-34), avec sa décoration si caractéristique au milieu du texte. Le raffinement du dessin des lettres et des colombes contraste avec le matériau réemployé et qui portait déjà à gauche deux traits profonds que le lapicide a évités (l. 4-5). Tous les points que l'on aperçoit sont accidentels. Les nombres sont écrits en toutes lettres. Il y a deux ligatures, ME (l. 4) et NT (l. 5 et 6). Du début de la l. 2, il ne reste que des bases de lettres peu déchiffrables; il semble toutefois que les derniers restes avant la cassure ne soient compatibles qu'avec le mot *infanti.* A la fin de la l. 6 subsiste la haste du R. On ne peut savoir si *pace* était le dernier mot du texte ou non. Lersch a lu : l. 3, *menses;* l. 6, LORENTINAET. Gose a noté par erreur au début de la l. 7 un I disparu.

En ce qui concerne la langue, on trouve les vulgarismes habituels *mensis* pour *menses* (*Intr.,* § 50) et *tredecem* pour *tredecim* (*Intr.,* § 49).

L. 1 : J. W. Steiner, qui a publié cette pierre dans son *Codex Inscriptionum Danubii et Rheni* (nᵒ 1780), a proposé de restituer [*in nomine Saluat*]*oris,* hypothèse que Kraus et Hettner jugent irrecevable. Diehl pourtant commente ainsi cette ligne : *luseris* [*in nomine domini saluat*]*oris,* en renvoyant à ses nᵒˢ 2443 et 2455, et Gose adopte cette restitution. Des formules de ce genre, courantes sur les pierres commémorant la construction d'un édifice sacré, sont plus rares sur de simples épitaphes (Diehl 2444-2461). Surtout, le mot *saluator* paraît un usage africain (Diehl 2443 *cum adn.,* notamment CIL VIII, 9703 : *in nomine domini saluatoris*). La grande faiblesse de l'hypothèse de Steiner, c'est l'absence de parallèles, même approximatifs, dans la région. Sa force réside dans la difficulté de proposer autre chose (fin du nom du défunt, avec la confusion génitif/datif ?).

L. 2 : il vaut mieux restituer, avec Diehl et Gose, *pausanti* (cf. nᵒ 73) que *pausat* (Kraus, Hettner). Le nom du défunt au datif devait suivre.

L. 3 : la périphrase *tulit annos* apparaît aussi au nᵒ 68 (voir nᵒ 37).

L. 5 : le nom *Victor,* qui apparaît aussi au nᵒ 66, est un des plus communs de l'onomastique latine : I. Kajanto (*Latin Cognomina,* p. 30) en a relevé 1699 cas, dont 129 chrétiens. Il fut porté notamment par un évêque de Metz et un autre de Worms (L. Duchesne, *Fastes épiscopaux,* III, p. 54 et 161).

L. 6 : Florentina (voir nᵒ 46) *patres dulcissimi* ou *carissimi.*

L. 7 : autant le souhait final *in pace* est répandu (*Intr.,* § 40), autant la formule *cum pace* l'est peu. A Trèves, elle apparaît peut-être au nᵒ 202 et c'est tout. Il est donc difficile de savoir si *cum pace* terminait l'inscription, comme aux nᵒˢ 2727-s. de Diehl ou si ces mots introduisaient un verbe, comme sur l'inscription de Valentinianus à Cologne (Le Blant 355) : *in albis cum pace recessit.* L'activité de Saint-Paulin - Saint-Maximin II m'a paru se situer, selon toute probabilité, au Vᵉ siècle (*Intr.,* § 132).

I, 177

Trèves, nécropole de Saint-Paulin - Saint-Maximin. Trouvée en 1818 à Saint-Maximin (*Intr.*, § 11). Conservée au *Rhenisches Landesmuseum*.

L. LERSCH, *Centralmus.*, 3 (1842), n° 59.
LE BLANT 283 (DACL XV, 2, s. u. *Trèves*, col. 2752, n° 62).
KRAUS 150, *add.* (de HETTNER), p. [5] et *Nachtr.* t. II, p. 340.
F. HETTNER, *Röm. Steindenkmäler*, n° 397.
CIL XIII, 3692 (RIESE 4262; DIEHL 118 *adn.*).
GOSE 453.
Révisée par N. Gauthier en 1967.

Fragment de plaque de marbre blanc, en réemploi (au dos, trace d'une cavité et d'une inscription dont subsistent les lettres VIVOS); h. 35; l. 21; ép. 6; lettres : 2-2,5 cm.

Dos (d'après Gose)

[... ex c]omite h[ic]
[in pace ...]t qui uixi[t]
[annos ...gin]ta, mense[s]
[...] *colombe   omega*
4 [... ?Pr]incipia cǫ[n]-
[iux et ... tit]ụlum in no[m?]-
[ine Christi ? pos]uerun[t].

La pierre est complète en haut et en bas. A en juger d'après ce qui subsiste de la décoration, il manque peu de chose à droite, une ou deux lettres selon les lignes; à gauche, au contraire, il manque plus de la moitié du *titulus*, entre 11 et 15 lettres environ d'après les restitutions possibles l. 3. Aussi les tentatives de restitution restent-elles largement hypothétiques. Cette inscription est très proche des productions de Saint-Paulin - Saint-Maximin II (*Intr.*, § 34-35). Les lettres ont les particularités paléographiques décrites au paragraphe 33 de l'introduction mais elles sont proportionnellement plus larges et plus espacées. Les lignes, guidées par une double réglure à peine visible, sont inégalement hautes et espacées. La seule ligature est VE (l. 6). *Menses* est écrit en entier, comme il est de règle à Saint-Paulin - Saint-Maximin II et, toujours selon l'usage de cet atelier, la décoration se trouve au milieu du texte. Cependant, les rameaux qui, ailleurs, garnissent les extrémités à droite et à gauche, sont ici remplacés par les lettres *alpha* et *omega* (c'est sûrement à tort que Le Blant considère que l'*omega* « devait occuper à peu près le milieu de la partie droite ») et le chrisme central devait être inscrit dans une couronne plus ou moins schématisée d'où s'échappaient des rubans, non seulement en bas (comme aux n°s 20, 97, 99), mais apparemment aussi en haut. Il faut vraiment beaucoup de bonne volonté pour apercevoir à la fin de la l. 1 le I noté par tous les éditeurs de la pierre; par contre, à la fin de la l. 2, on reconnaît une haste dans la cassure. A la fin de la l. 5, on reconnaît de même une haste après le O, ce qui exclut la restitution *inno[centissimo]* (Lersch, Le Blant, Kraus), qui d'ailleurs n'était pas non plus satisfaisante pour le sens (*innocens* s'applique à des enfants morts en bas âge).

L. 1 : l'épitaphe commence par le nom du défunt; l'usage du gentilice est trop rare à Trèves (n° 130) pour qu'on puisse supposer avec Hettner qu'il y en avait un ici. Puis venait, comme en un certain nombre d'autres cas (*Intr.,* § 18 et n°s 104, 107, 113, 126, 130, 135, 138), la mention de la fonction. La restitution *[ex c]omite,* proposée par Lersch, n'a depuis été contestée par personne; Gose toutefois s'inquiète de ne connaître que la formule *ex comitibus;* mais le singulier est aussi attesté (par ex., Diehl 99 et 254). Le mot *comes* s'applique à des hommes exerçant des fonctions très différentes (O. Seeck, P.W. IV, col. 622-679, s. u. *comites*) mais toujours importantes. En général, on précise lesquelles : par exemple, *[co]mes domesticorum* (CIL XIII, 8262, 5, à Cologne en 392/4) ou *comes per utramque Germaniam* (Amm., XXVII, 1, 2). A partir du IVe siècle, ce titre peut aussi être purement honorifique (Hettner estime que c'était sans doute le cas ici) : il est le couronnement d'une carrière qui n'a pas nécessairement comporté une charge effective de *comes* (P. W., art. cité, col. 635-636). Par ailleurs, on appelait *comites* les grands de l'aristocratie germanique et eux-mêmes ont volontiers porté ce titre après le démembrement de l'Empire romain. Le Franc Arbogast qui, à la fin du Ve siècle, gouvernait Trèves alors sortie de l'orbite romaine, était appelé *comes.*

L. 2 : la place disponible permet de restituer *in pace* avant un verbe comme *quiescit, iacet* ou *pausat* (*Intr.,* § 38).

L. 3 : annos, écrit en entier comme *menses,* était suivi d'une nombre écrit en toutes lettres, *triginta, quadraginta,* etc.

L. 4 : Lersch comprend : *[pr]incipi a co[...].* Il vaut sûrement mieux restituer, comme on le fait depuis Le Blant : *[Pr]incipia co[n/iux].* Je ne vois pas d'autre *cognomen* se terminant par *-incipia.*

L. 5 : au début de la ligne, il y a la place pour restituer, après *coniux,* soit le nom d'un autre dédicant soit, plus probablement, son degré de parenté avec le défunt (cf. n°s 47 et 63), par exemple *filii* (Hettner, Gose) ou *patres.* A la fin de la ligne et au début de la ligne suivante, — la restitution *inno[centissimo]* étant exclue pour les raisons exposées plus haut — on ne peut guère proposer qu'*in nomine Christi,* conformément à la suggestion de Hettner, reprise par le CIL et Gose. Les formules de ce type figurent normalement soit en tête, soit à la fin, soit rattachées à un verbe dont le sujet est le défunt (par exemple n° 150); le fait de déposer, comme ici, une pierre tombale « au nom du Christ » n'a pas grand sens; sans doute est-on parvenu à cette formule, dont on trouve d'ailleurs peu d'équivalents (Diehl 3378 A = *ICVR, n. s.* (I) 538, *Felix pater et Septimina mater in Chr(isto) fecerunt;* cf. Diehl 3378 B - 3379), par une mauvaise compréhension de formules comme celles du n° 138 où l'invocation finale *in Christo* pouvait être interprétée comme faisant partie intégrante de la formule de dédicace qui précède immédiatement.

La parenté paléographique avec l'atelier II de Saint-Paulin - Saint-Maximin pourrait fournir quelque indice de datation si cet atelier n'était lui-même si difficile à situer dans le temps. Il ne me semble pas en tout cas qu'il puisse être antérieur au Ve siècle. Le titre de *comes* sans autre précision ne fournit aucun *terminus ante quem* puisqu'il a survécu à l'effondrement de la domination romaine et que l'institution du *comes ciuitatis,* par exemple, ne s'est même généralisée qu'aux VIe-VIIe siècles (voir L. Musset, *Les invasions : les vagues germaniques,* Paris, 1965, p. 283).

I, 178

Trèves, nécropole de Saint-Paulin - Saint-Maximin. Trouvée en 1953 au sud de Saint-Maximin, en construisant le *Versorgungsamt* (*Intr.*, § 12). Conservée au *Rheinisches Landesmuseum*.

GOSE 483.
Révisée par N. Gauthier en 1967.

Partie droite d'une plaque de marbre blanc à gros grain; h. 28; l. 34,5; ép. 3,5; lettres : 2,7-3,8 cm.

```
        palme    chrisme dans un cercle    palme
                  avec alpha et omega
         [...]      pater et
         [... mater]  dulcissim-
         [a ...]entio dulcissi-
  4      [mo filio t]itulum posuer-
         [unt, qui uix]it annos quat-
         [tuor et me]nssis septem et di-
              es XXVII.
```

..., son père, et ..., sa mère très douce, ont posé cette épitaphe pour ...entius, leur très doux fils, qui a vécu quatre ans, sept mois et 27 jours.

La paléographie est intéressante. Les lettres sont grandes et bien lisibles mais penchées tantôt d'un côté et tantôt de l'autre et de hauteur irrégulière. Aux lettres capitales sont mêlées des D et des Q minuscules (un Q de même forme apparaît au n° 134) et des V ronds (qui ne sont attestés à Trèves qu'aux n°s 1, 75, 154 et 232).

Les O sont constitués de deux arcs de cercle sécants, forme qui, sur les inscriptions datées de Gaule, apparaît pour la première fois en 347 (Le Blant, *N.R.* 297). Les hastes des M sont obliques, les traverses des A horizontales. La dernière ligne est écrite en tout petits caractères, faute de place. Le E est de forme onciale (seul exemple à Trèves avec le n° 207). Le nombre de jours est écrit en chiffres alors que les autres le sont en toutes lettres. Un espace vierge sépare *XX* du reste, peut-être pour éviter un défaut de la pierre. L'*episemon,* qui équivaut à 6 (Gose l'a pris pour un V), n'est pas très répandu à Trèves (n°ˢ 13 *a,* 33, 106, 141).

Le motif décoratif est placé ici en haut de la pierre, ce qui est exceptionnel (*Intr.,* § 43). Le chrisme dans un cercle est un symbole banal mais ici, la boucle du P est à l'envers et l'*alpha* est constitué de trois traits en zig-zag : selon A. Ferrua (*Riv. Arch. Crist.* 34, 1958, p. 216), c'est la « forme ouverte propre aux *codices* d'écriture provinciale ». Deux palmes, motif peu répandu à Trèves (n°ˢ 62, 107, 166, peut-être 91), se détachent du cercle.

La langue est correcte, à l'exception du mot *menses* (l. 6) où le S est doublé (cas unique à Trèves; voir *Intr.,* § 75) et le deuxième E noté par I (*Intr.,* § 50).

Le formulaire de cette épitaphe présente l'originalité de ne pas commencer par une des formules habituelles (*hic iacet, hic quiescit,* etc. *Intr.,* § 38) ni même par le nom du défunt au datif mais par le nom des dédicants (disparu avec la partie perdue de la pierre, l. 1 et 2). Le nom du défunt, terminé par *-entius,* n'apparaissait qu'à la l. 3. L'âge, donné, comme souvent à Trèves (*Intr.,* § 39), au jour près, terminait l'épitaphe (l. 5-7).

Si l'ordre des formules est quelque peu bouleversé, on retrouve la plupart des éléments chers à l'épigraphie paléochrétienne de Trèves : mention des dédicants, âge donné avec précision, goût de formules telles que *filio dulcissimo* (ou *mater dulcissima,* car il y en a même deux ici), chrisme. La paléographie nous avertit de la date tardive de l'épitaphe : en effet, dans les inscriptions datées du reste de la Gaule, le V rond n'apparaît pas avant 449 (Le Blant 667) et le E oncial avant 527 (Le Blant 613 A). La palme également, à Trèves, est un symbole tardif (*Intr.,* § 44).

I, 179

Trèves, nécropole de Saint-Paulin - Saint-Maximin. Trouvée en 1905 dans le cimetière de Saint-Paulin (Gose) et provenant de la collection Giesen (*Intr.*, § 10). Conservée au *Bischöfliches Museum*.

NESSELHAUF 39 (fragment du bas).
GOSE 439.
Th. K. KEMPF, *Frühchristl. Zeugnisse*, p. 183-184, n° 6 B.
Révisée par N. Gauthier en 1967.

Partie droite d'une plaque de marbre blanc, en 2 fragments; h. 30,5; l. 20; ép. 2,5; lettres : 2-2,5 cm.

(Fac-similé des *Frühchristliche Zeugnisse*)

[...]ESVRV
[... a]nnos n(umero) II
[... soro]r eius
4 [... qu]ae uixit dies XXXV;
[...]hirpila patres
[titulum] posuerun[t].
colombe

Cette épitaphe est *dédiée* à deux enfants ayant vécu respectivement *2 ans* et *35 jours* par *leurs parents*.

La surface de la pierre est quelque peu abîmée. Les lignes sont guidées par une double réglure que les lettres n'atteignent pas. Celles-ci sont de taille et de formes irrégulières, pourvues d'empattements très développés, profondément incisées. A la l. 1, il ne semble pas y avoir de point voulu par le lapicide. A la l. 2, il y a 2 N ligaturés, puis OS, puis un point, puis N plutôt que IV (Gose) car la traverse est liée aux deux hastes, puis de nouveau un point, ensuite II nettement identifiable pour un nombre avec le deuxième I plus petit que le premier, enfin un dernier point. Au début de la l. 3, on aperçoit avant le R le reste d'une courbe qui peut avoir appartenu à un O. L. 4, le bas du A noté par Nesselhauf, Gose et Kempf a aujourd'hui disparu dans la restauration; il reste la moitié inférieure du E et du V; pour le T final de *uixit*, le lapicide avait d'abord gravé une ligature ET puis, voyant son erreur, il a martelé quelque peu les deux barres inutiles du E. A la l. 4, il y a, comme l. 2, un point de chaque côté du nombre. L. 5, il reste la moitié supérieure du H avec la plus grande partie de sa traverse, les A ne sont pas barrés, le T a été restauré. La colombe est bien laide.

L. 1 : je n'ai pas de restitution plausible à proposer pour cette ligne; peut-être ces quelques lettres appartiennent-elles à un *cognomen*. Kempf propose [*Hic data est requ*]*ies Vrv/*[*icae* (= *Vrbicae*)], ce qui me semble impossible pour deux raisons : la formule *hic requies data* n'est attestée qu'une fois à Trèves, dans une inscription très particulière (n° 135); il n'existe aucun exemple dans cette ville de permutation entre *b* et *v*.

L. 2 : Gose lit [*a*]*nnos IV II,* sans interpréter, Kempf comprend 6, avec IV retourné. En fait, il faut reconnaître là l'abréviation de *n(umero)* (A. Ferrua, *Akten,* p. 299). S'il n'y a qu'un parallèle (n° 132) à Trèves, cette formule est largement attestée ailleurs (Diehl 129 = CIL VI, 1537 *add.* p. 3142; Diehl 161 = *Bull. Arch. Crist.* 1881, p. 67; Diehl 438 = CIL VI, 31 979, etc. En Gaule, Le Blant 591, près de Bordeaux, en 405, et Le Blant 396 à Aoste, en 547).

L. 3 : on pourrait hésiter entre *frater* et *soror* s'il n'y avait *quae* à la ligne suivante. La restitution proposée par Kempf *hic pausat et soror,* est fantaisiste, ne s'appuyant sur aucun emploi analogue du mot *et.*

L. 5 : HIRPILA est considéré comme la fin du nom de la mère par Nesselhauf et comme un nom complet par Gose et Kempf. Je ne vois pas à quelle racine se rattachent ces 7 lettres. Le nom du père devait se trouver au début de la ligne.

Cette épitaphe, qui fait partie de la série des *tituli* collectifs (n°s 6, 19, 57, 63, 70, 97, 158), est datée par Kempf de la 2e moitié du ve siècle. Je ne comprends pas assez ce fragment pour oser proposer une date. Toutefois, il ne me semble pas que l'âge puisse être indiqué avec *numero,* à Trèves, avant le ve siècle.

I, 180

Trèves, nécropole de Saint-Paulin - Saint-Maximin. Trouvée à Saint-Maximin vers 1607, dans les mêmes conditions, semble-t-il, que les nᵒˢ 105, 118 et 120 (*Intr.*, § 11). Conservée à l'origine au collège des Jésuites (Brower 1626 et 1670 : *in Collegio Societatis Jesu visuntur*). Aujourd'hui perdue.

K. BROWER, *Annal. Trevir.* (1670) I, p. 60 (cette inscription, absente du manuscrit original, apparaît dans l'édition de 1626).
   (A. WILTHEIM, *Luciliburgensia*, p. 141, fig. 51; *Annales D. Maximini* [ms. *Stadtbibliothek Trier* 4ᵒ 1621/99, I, p. 203];
   LE BLANT 287 [DACL XV, 2, s. u. *Trèves*, col. 2753, nᵒ 66];
   KRAUS 145 et *Nachtr.* t. II, p. 340;
   CIL XIII, 3892 [RIESE 4370].)

SV ∴ NINVS HIC IACET QVI *V
ICSET * ANNVS Iɪɪ ET ME
NSES II. TITVLVM POSVE
RVNT MOCDO ∴∴∴ IMA.
∴∴∴∴∴∴∴∴∴ ⁄⁄⁄⁄⁄ ☧ ∴∴∴∴∴

Su...ninus hic iacet qui u-
icset annus III et me-
nses II; titulum posue-
4   runt Mocdo...ima
   ... *chrisme* ...

(*Annal. Trevir.*, p. 60)

    Ci-gît Su...ninus qui a vécu 3 ans et 2 mois; Mocdo... ont posé cette épitaphe.

Descripsit Browerus retentis ex fide Barbarismis, note Wiltheim à propos de cette épitaphe. Le précieux témoignage de son correspondant P. Botbach fait donc défaut ici et nous devons nous contenter de la lecture de l'éditeur de Brower, que nous savons médiocre épigraphiste (*Intr.*, § 139). Peut-être est-ce à la fantaisie de ce dernier que nous devons ces noms bizarres, *Su...ninus* et *Mocdo...* (cf. Hetlea, nᵒ 105, que nous tenons de la même source). Wiltheim, sans doute parce qu'il ne connaissait pas de nom commençant par *Su...*, a corrigé la l. 1 en *S[at]V[r]NINVS*. Sur le manuscrit des *Annales D. Maximini* conservé à Trèves, on trouve seulement NINVS, en début de ligne.

    Les formes *uicset* pour *uixit* (*Intr.*, § 49 et 76) et *annus* pour *annos* (*Intr.*, § 52) sont plausibles, sans qu'on puisse affirmer qu'elles figuraient bien sur la pierre.

L. 1 : *Su...ninus* est un nom curieux, I. Kajanto, *Latin Cognomina,* ne connaît aucun nom présentant à la fois ce début et cette fin. Pour qu'il s'explique par une racine germanique, il faudrait qu'il ne manque qu'une lettre (une *Sunnina* apparaît dans un diplôme daté de 700 environ, Tardif nᵒ 40) ou bien qu'un nom germanique complet, à deux racines, ait reçu une dérivation latine *-ninus,* ce qui est peu probable.

L. 4 : les manuels d'onomastique ne connaissent pas de nom commençant par *Mocdo...* Kraus suggère fort à propos de songer à l'évêque de Trèves *Modoaldus* (VIIᵉ siècle; à la même époque, un autre *Modoaldus* est évêque de Langres : L. Duchesne, *Fastes épiscopaux,* III, p. 38 et II, p. 188). Le C supplémentaire sera dû à une négligence de lecture. Le nom apparaît encore au nᵒ 147.
    ...ima doit être la fin du nom d'une autre personne, justifiant le pluriel *posuerunt.* Ensuite, il pouvait y avoir une formule du genre *patres filio carissimo.*

Si c'est bien un nom germanique que l'on doit déchiffrer l. 4, cette épitaphe n'était pas antérieure au VIIᵉ siècle car les noms germaniques apparaissent très tardivement à Trèves (*Intr., § 99*).

I, 181

Trèves, nécropole de Saint-Paulin - Saint-Maximin. Trouvée avant 1853 près de Saint-Paulin (*Bei Paulin, ich weiss nicht wo, gefunden*, Schmitt, *H. Paulinus, Druckfehler; Ich fand ihn im Garten des Hrn. Kochs, Id.*, note manuscrite citée par Kraus). Disparue (« appartient à une collection particulière », Le Blant; *j. verschwunden*, Kraus).

Ph. SCHMITT, *H. Paulinus* (1853), p. 444, n° 29 et p. 484, *Druckfehler*.
LE BLANT 269 (KRAUS 177; CIL XIII, 3854 [RIESE 4364; DIEHL 3584 D *adn.*]; DACL XV, 2, s. u. *Trèves*, col. 2749, n° 48).

Selon Schmitt, la plaque de marbre blanc à gros grain était complète mais les 5 premières lettres de la l. 1 et les 2 premières de la l. 2 étaient effacées; selon la planche de Le Blant (fig. 172), la pierre était mutilée en haut. Peut-être Schmitt avait-il fait un croquis trop approximatif qu'il n'a plus su interpréter au moment de rédiger. Toujours est-il que je ne crois pas devoir mettre en doute l'exactitude du dessin de Le Blant sur ce point (c'est d'ailleurs lui que Kraus et le CIL ont préféré suivre). H. 12; l. 13 cm (Le Blant; *9″ auf 9″, 3″ dick*, Schmitt). Kraus, qui n'a pas vu la pierre, est le seul à dire qu'elle était en marbre gris.

(Le Blant)

[Hic ia]çet [...]
[...]b̦audes qui
u̦ix(it) an(nos) III et di(es) XIII,
4   cui Lopolus
pater titolo
posuit; in pace !
chrisme   vase   chrisme

Ci-gît ...baudes qui a vécu 3 ans et 13 jours, à qui son père Lopolus a posé cette épitaphe; en paix !

D'après la figure de Le Blant, il ne restait, l. 1, que la partie inférieure de la courbe du C et la moitié inférieure de la haste du T. Au début de la l. 2, précédant la ligature AV, subsiste la courbe inférieure d'une lettre qui peut avoir été B ou S; Schmitt et tous ses successeurs ont noté S; cependant, H. I. Marrou (*Germania* 37, 1959, p. 346) a justement remarqué qu'il valait mieux lire *-baudes;* d'ailleurs, Le Blant lui-même avait eu quelque hésitation après coup puisque, sur son exemplaire de travail (*Bibliothèque de l'Institut*, à Paris, ms. 6596 (1)), il a barré le S et marqué à la main dans la marge : B ? Du V qui commençait la l. 3, il ne restait que le bas. Les lettres AV (l. 2), ET (l. 3) et NP (l. 6) étaient ligaturées. Le mot *dies* était noté par un I inscrit dans le D lui-même surmonté d'un tilde légèrement ondulé, comme aux n°ˢ 11, 50, 69 et 86. Par contre, rien ne signalait, semble-t-il, l'abréviation de *uixit*. Il y avait un point après *cui* (l. 4). Il est prudent de ne faire aucun commentaire sur la forme des lettres, rendue souvent de façon assez approximative par Le Blant. La décoration était constituée par un canthare massif flanqué de deux chrismes constantiniens entre les branches desquels se trouvaient de petits motifs décoratifs en forme de V. Le thème du vase n'est pas rare à Trèves (*Intr., § 44*) mais c'est la seule fois qu'on le trouve entre deux chrismes. C'est le chrisme, habituellement, qui se trouve au centre de la composition et je ne connais pas d'autre exemple des fantaisies qui le garnissent ici.

Si la forme *titolum* pour *titulum* n'a rien pour surprendre à Trèves (*Intr., § 51*), par contre, y trouver une désinence en -*o* au lieu d'une désinence en -*um* est extrêmement rare (*Intr., § 84*).

Le formulaire est conforme aux habitudes locales (*Intr.*, § 38-40).

L. 2 : alors que la lecture -*saudes* ne permet de restituer aucun nom courant, la lecture -*baudes* suggère aussitôt un nom germanique composé avec cette racine, comme *Merobaudes* (n° 40), *Hariobaudes, Mallobaudes, Gennobaudes,* etc.

L. 4 : Lopolus, forme vulgaire de *Lupulus* (*Intr.*, § 51), est un des nombreux *cognomina* forgés à partir de *lupus* (*Intr.*, § 122). I. Kajanto (*Latin Cognomina*, p. 328) ne connaît pas d'autre chrétien sur les 78 exemples de ce nom relevés par lui.

Le vase est un motif qui a dû apparaître à Trèves dès le début du Ve siècle (*Intr.*, § 44).

I, 182

Trèves, nécropole de Saint-Paulin - Saint-Maximin. Trouvée sans doute vers 1906 à l'église Saint-Paulin. Conservée au *Rheinisches Landesmuseum.*

GOSE 514.
Révisée par N. Gauthier en 1968.

Plaque de marbre gris-bleu, mutilée de tous côtés sauf en bas; h. 11,5; l. 16; ép. 2,3; lettres : 2-2,5 cm.

```
  [annos ...]II et me[nses]
  [...; t]itulu po[suit]
  [ .]edula dulc[issi]-
4 [m]a soror.
```

La pierre a été retaillée pour quelque usage, nous ne savons combien de centimètres on a supprimé à droite et à gauche. La disposition en lignes des restitutions est donc purement arbitraire. Les lignes sont sinueuses, la forme des lettres n'appelle pas de remarques (L à base plongeante, A à traverse brisée, M à hastes obliques). En ce qui concerne la langue, il faut relever ici un des rares exemples trévires d'apocope du M final (*Intr.*, § 82), au mot *titulum* (l. 2).

Le début de l'épitaphe, avec une formule comme *hic iacet* et le nom du défunt (*Intr.*, § 38), a disparu. Il reste la fin de la mention de l'âge et une partie de la dédicace. La restitution certaine entre les l. 3 et 4 montre qu'il manque 5 lettres. S'il en était à peu près de même entre les l. 2 et 3, il ne reste, après la fin du mot *po[suit]*, que la place d'une ou deux lettres pour le début du nom de la sœur (par exemple *Sedula* comme au n° 228 ou *Fedula* comme au n° 125).

La chute du *m* final (*titulu*) n'apparaît à Trèves que sur des pierres postérieures au IVe siècle.

I, 183

Trèves, nécropole de Saint-Paulin - Saint-Maximin. Trouvée en 1906 à Saint-Paulin. Conservée au *Rheinisches Landesmuseum*.

A. VON DOMASZEWSKI - H. FINKE, *Ber. der R. G. K.* 1906/1907, p. 55, n° 8 (RIESE 4398).
CIL XIII, 11 334 (DIEHL 4161 *adn.*).
GOSE 451.
Révisée par N. Gauthier en 1967.

Partie gauche d'une plaque en marbre blanc; h. 32; l. 29; ép. 1,7-3,3; lettres : 3-3,5 cm.

Hic quiesc[it ...]
qui uixit ann[os ..., menses ...],
dies XX; Palladi[us/a ...]
4   pro caritate ti[tulum posuerunt];
in pace !
*colombe becquetant une grappe
qui sort d'un vase*

*Ici repose ... qui a vécu ... ans, ... mois, 20 jours; Palladius/a ..., par amour, ont posé cette épitaphe;
en paix !*

Les lignes courent entre une double réglure à peine incisée. Les lettres sont étroites et élégantes. La traverse des A est horizontale, la queue des Q sinueuse, la boucle des P ouverte; la boucle du R est ouverte et le trait oblique détaché. Le L a le même *ductus* qu'aux n°s 98 et 109. Notons la recherche qui a présidé à la disposition des lignes : aucun mot n'est coupé et la ligne commence alternativement un peu en retrait et tout à fait au bord de la pierre. Le même soin paraît avoir été accordé à la décoration, dont nous avons perdu la moitié mais que nous pouvons restituer par symétrie. Le motif du vase entre deux colombes, qui apparaît aussi aux n°s 38, 61, 170, 174, 175, 216 et 217, est traité ici avec quelque originalité : un pampre de vigne portant une grappe supporte la colombe qui becquète le raisin; tout cela est schématisé dans un style linéaire qui ne manque pas d'élégance. Un motif un peu analogue est traité au n° 90, mais avec quelle gaucherie !

La langue semble avoir été correcte et le formulaire banal (*Intr.,* § 38-40). Le dessin montre qu'il manque un peu plus de la moitié du texte.

L. 1 : le nom du défunt devait être long; on peut aussi restituer *in pace* qui, cependant, apparaît déjà à la l. 5.

L. 3 : on reconnaît le nom d'origine grecque *Palladius/a,* très fréquent en Orient (voir, par ex., F. Preisigke, *Namenbuch,* col. 261) et amplement attesté aussi dans les sources latines (9 exemples dans le Diehl). Il faut ensuite restituer l'indication de la parenté (par exemple *filio carissimo*) ou, plus vraisemblablement, *et* et le nom d'un deuxième dédicant (*posuerunt* convient mieux, à la ligne suivante, que *posuit* qui est trop court).

L. 4 : la formule *pro caritate* apparaît parfois dans le formulaire trévire (*Intr.,* § 40).

L. 5 : il en est de même du souhait *in pace* (*Intr.,* § 40).

L'expression *pro caritate* disparaît, à Trèves, après le Vᵉ siècle (*Intr.,* § 138). Le vase, lui, n'apparaît pas avant (*Intr.,* § 44). L'inscription doit donc remonter à ce siècle, ce qui convient bien aux caractéristiques de l'écriture.

I, 184

Trèves, nécropole de Saint-Paulin - Saint-Maximin. Trouvée en 1937 dans la *Thebäerstr.,* nᵒˢ 59/61. Conservée au *Rheinisches Landesmuseum.*

Trier. Zeitschr. 13, 1938, p. 250 *b* = *Trier. Berichte* 1937, p. 250 *b* (sans nom d'auteur).
GOSE 473.
Révisée par N. Gauthier en 1967.

Partie inférieure d'une plaque de marbre blanc, en deux fragments; h. 28,5; l. 24; ép. 3,6; lettres : 2,2-2,7 cm.

    [... qu]i̦ uix(it) a̦[nnos]
    [...]X̣X; Victurinu-
    [s] coiox titolum
4   pos-   -uit.
   croix croix monogr. croix

... qui a vécu ... ans; Victurinus, son époux, a posé cette épitaphe.

L'inscription a été gravée avec soin. Les lignes sont espacées, les lettres de la dernière ligne nettement plus petites que les autres. Comme il arrive souvent, les dernières lettres ont été disposées aux deux extrémités de la ligne, de part et d'autre du motif central. Les lettres sont plutôt étroites. La base plongeante du L se raccorde par une courbe à la haste, comme aux n°s 2, 109, 126, 160, 174, 195, 196, 198 et 216. La forme particulière de M, avec ses hastes verticales et ses traverses en arc de cercle, se trouve aussi au n° 72. A la fin de la l. 1, Gose a cru reconnaître un A et un S; si l'on reconnaît aisément la haste gauche et la traverse oblique d'un A, je n'ai pas trouvé trace, pour ma part, d'un reste de S. Au début de la l. 2, le même auteur a lu VS ligaturés; il s'agit en réalité de la fin de l'âge du défunt qui se terminait par deux X liés comme il est d'usage pour noter des chiffres; outre le dernier X parfaitement conservé, il subsiste la partie inférieure droite du précédent. La décoration qui accompagne le texte est originale : la croix n'apparaît à Trèves qu'aux n°s 22, 63, 107 et, au début de la première ligne, aux n°s 29 A, 135 et 147; il est rare aussi que la croix monogrammatique soit une croix latine (n°s 109, 147, 165).

La forme *coiox* reflète la tendance à l'amuissement du *n* de *coniux* (*Intr.*, § 77); en outre, le voisinage d'un *o* accentué a influencé le *u* de la deuxième syllabe (*Intr.*, § 55). Le vulgarisme *titolum* pour *titulum* est un des plus communs de l'épigraphie trévire (*Intr.*, § 51).

Le formulaire est tout à fait banal. On peut donc supposer que l'épitaphe commençait par une formule du type *hic iacet* ou *hic quiescit,* suivie du nom du défunt (*Intr.*, § 38).

L. 1-2 : il subsiste quelques restes de l'âge du défunt, donné en années ou peut-être en années et jours étant donné l'espace disponible. L'abréviation *uix(it)* apparaît parfois à Trèves (n°s 72, 75, 77, 144, 160, 181).

Le nom *Victurinus/a* est attesté par ailleurs (Diehl 3028 A = CIL IX, 1371, datée de 462; Diehl 481 = CIL V, 8743). On peut se demander s'il s'agit d'un diminutif de *Victurus,* attesté 4 fois dans le recueil de Diehl, ou d'une forme de *Victorinus,* si commun à l'époque chrétienne (sur *ō* noté par *u,* voir *Intr.*, § 52). A Trèves, *Victura* apparaît au n° 69, *Victorinus/a* aux n°s 57 et 68.

La première épitaphe datée décorée d'une croix au dessous du texte, en Gaule, remonte à l'année 516 (Le Blant, *N. R.* 135, en Viennoise; on y trouve d'ailleurs aussi une croix monogrammatique de forme latine). Cette indication est confirmée par la langue qui fournit 430/450 comme *terminus post quem* (*Intr.*, § 97).

I, 185

Trèves, nécropole de Saint-Paulin - Saint-Maximin. Trouvée avant 1853 près de l'église Saint-Paulin. Conservée au *Rheinisches Landesmuseum*.

Ph. SCHMITT, *H. Paulinus* (1853), p. 439, n° 18.
LE BLANT 304 et note manuscrite (Bibliothèque de l'Institut, à Paris, ms. 6596 (1), n° 304).
KRAUS 186.
F. HETTNER, *Röm. Steindenkmäler*, n° 381.
CIL XIII, 3925 (DIEHL 762 A *adn.*).
GOSE 487.
Révisée par N. Gauthier en 1967.

Plaque de marbre blanc, mutilée à droite et peut-être en bas; h. 13; l. 16 (au moment de la trouvaille); ép. 1,9; lettres : 1,6-2 cm. Endommagée à droite au cours du bombardement de 1944.

(avant 1944)

Hic quiesç[it ...]
quae ụix[it ann(os) ...]
mense *uno* [dies ...];
4   titu*lum po*[suit ...]-
tinus *alum*[n...].

On a sûrement la dernière ligne de l'inscription car sinon on apercevrait le haut des lettres de la ligne suivante dans l'espace disponible. Il y avait peut-être, comme le pense Hettner (repris par Gose), un monogramme et des colombes au dessous du texte mais peut-être aussi le bord irrégulier que l'on voit actuellement est-il le bord inférieur d'origine. A droite, il devait manquer, lors de la trouvaille, à peu près la moitié de la pierre. La paléographie n'appelle pas de remarques particulières : les lettres sont régulières et de bonne facture; Q cursif, A à traverse brisée, M à hastes verticales.

Le formulaire est si banal (*Intr.*, § 38-40) que, malgré l'étendue des lacunes, la compréhension du texte ne présente aucune difficulté.

L. 1 : le nom du défunt (une femme à en juger d'après le *quae* de la ligne suivante) se trouvait à la fin de cette ligne.

L. 2-3 : l'espace disponible montre que l'âge était donné en années, mois et jours. On ne sait pas à quel cas se trouvaient *annus* et *dies* mais il faut noter que le nombre de mois est à l'ablatif, ce dont on n'a pas d'autre exemple à Trèves (*Intr.*, § 89).

L. 5 : -tinus est la fin d'un nom comme *Valentinus* ou *Florentinus* (Kraus). Ensuite, on peut hésiter entre *alumnus,* désignant le dédicant (Schmitt, Le Blant en marge de son exemplaire, note manuscrite en italien : *forse meglio ALVMnus*), et *alumnae,* désignant la défunte (Le Blant 304, Kraus, Hettner, CIL, Diehl, Gose). Sur la condition des *alumni,* voir n° 12. Ensuite, il reste de la place pour *suus* ou *suae,* comme au n° 12, et éventuellement *in pace.*

Le mot *alumnus* ne semble plus attesté en épigraphie après le ve siècle. Cette épitaphe est donc vraisemblablement du IVe ou du Ve siècle, comme le n° 12. L'écriture ne contredit pas cette datation.

I, 186

Trèves, nécropole de Saint-Paulin - Saint-Maximin. Trouvée peu avant 1848 au cours de la restauration de l'église Saint-Maximin, avec plusieurs grands sarcophages (Florencourt), plutôt que dans la « Basilique » (Schmitt, voir n° 141; peut-être ces pierres avaient-elles été transportées, après avoir été trouvées, à la « Basilique », où Schmitt a cru les découvrir). Conservée au *Rheinisches Landesmuseum.*

W. CH. VON FLORENCOURT, *Bonn. Jahrb.* 12, 1848, p. 86, n. 1 (LE BLANT 232 = *N. R.* 387 [DACL XV, 2, s. u. *Trèves,* col. 2741, n° 13]).
Ph. SCHMITT, *Mittheilungen aus dem Gebiete der kirchlichen Archäologie der Diöcese Trier vom historisch-archäologischen Verein,* 1, (Trèves, 1856), p. 79 (pour le nom de l'auteur, voir p. 126, *Geschichtliches*).
J. MARX (selon CIL XIII, p. 589, plutôt que F. LINTZ, selon Gose 770, qui semble plutôt, d'après le lemme de Hettner, le nom de l'éditeur), *Die Basilika in Trier, deren Geschichte u. Einweihung zur evangelischen Kirche am 28. Sept. 1856* (Trèves, 1857), p. 28, n° 80. Je n'ai pas pu trouver cet ouvrage.
KRAUS 156 = 196, 1 et *Nachtr.* t. II, p. 341.
F. HETTNER, *Röm. Steindenkmäler,* n° 411.
CIL XIII, 3802 (RIESE 4273).
GOSE 729.
Révisée par N. Gauthier en 1967.

Plaque de marbre blanc mutilée à gauche; h. 22; l. 28; ép. 2,5; lettres : 2,5 cm.

[Hic iacet A]regius qui
[uixit ...], di(es) XII; Floren-
[tia/tina coniu]x titulum
4 [posuit; i]n pace !
[*colombe*]   *croix monogr.*   *colombe*
            avec alpha et omega

Ci-gît Aregius qui a vécu ..., 12 jours; Florentia (ou Florentina), son épouse, a posé cette épitaphe;
en paix !

Les restitutions à effectuer et la décoration montrent que la moitié de la pierre à peu près a été perdue. Une formation calcaire s'est déposée par endroits à la surface, masquant certains traits, en particulier la base du L de la l. 2. Les lettres sont larges, espacées (surtout à la dernière ligne), tracées avec soin. Il y a même une recherche toute spéciale dans la base du L, tangente à la haste, toute en courbes et encore plus maniérée que la forme que nous trouvons souvent à Trèves (par ex. n°s 115, 128, 133, 148, etc.). La queue également recherchée du Q apparaît aussi aux n°s 14, 115, 157, 186 et 225. Les O et les D sont larges, la traverse du A est horizontale, les hastes du M sont verticales. A la l. 1, on aperçoit avant le R l'extrémité d'un trait oblique qui peut avoir appartenu à un A ou à un R. A la même ligne, la forme du G résulte d'une correction du lapicide qui avait commencé à tracer une lettre carrée (E ?) lorsque, s'apercevant de son erreur, il inscrivit à l'intérieur la courbe normale du G; l'enduit qui devait dissimuler les traits erronés a évidemment disparu aujourd'hui (Florencourt, lui, a noté C). La copie de Marx (= Kraus 196, 1 et Le Blant, *N. R.* 387) est très mauvaise. Le thème de la décoration est banal à Trèves (*Intr.*, § 43); la stylisation de la colombe, qui tient un rameau dans son bec, est élégante.

Le formulaire est si banal (*Intr.*, § 38-40) qu'on le restitue sans peine.

L. 1 : même en restituant le début le plus court que l'on connaisse à Trèves : *hic iacet,* il ne reste plus la place de restituer grand-chose avant REGIVS. Il faut donc reconnaître ici, avec plus d'assurance qu'on ne l'a fait jusqu'à maintenant, le nom barbare *Aregius* ou *Aridius* (les groupes [d + y] et [g + y] s'étant assibilés se prononcent de la même façon, *Intr.*, § 67-68), bien attesté en Gaule, surtout au vi^e siècle (voir *Thesaurus,* s. u. *Aredius*); il fut notamment porté par plusieurs évêques de Gaule (L. Duchesne, *Fastes épiscopaux,* I, p. 287 et 312, II, p. 41, 169 et 483) et, à Trèves même, par le père d'Arbogast, comte de Trèves dans la 2e moitié du ve siècle (*M.G.H., Ep. merow. et karol. aeui,* I, *Ep.* III, d'Auspicius de Toul, p. 136, l. 17 : *pater in cunctis nobilis fuit Arigius*). E. Ewig, *Trier im Merowinger-reich,* p. 57, est d'ailleurs tenté d'identifier notre défunt comme le père d'Arbogast sans autre raison que cette coïncidence de nom. L'origine de ce nom demeure obscure. E. Förste-mann, *Altdeutsch. Namenbuch,* I, 137, propose de le rattacher au nom *Arigis,* lombard; Schönfeld, *Wörterbuch,* p. 24, n'est pas d'accord; H. d'Arbois de Jubainville, *Etudes sur la langue des Francs,* p. 40-41, trouve *Aridius* ou *Aredius* caractéristique du burgonde et pense que la forme en francique serait *Charitheus.*

L. 2 : il ne semble pas y voir assez de place pour restituer après *uixit* (même abrégé) à la fois un nombre d'années et un nombre de mois (contrairement à ce que proposent Hettner et Gose) mais seulement l'un ou l'autre.

L. 2-3 : le nom de la femme d'Aregius, compte tenu de l'espace disponible, ne peut avoir été que *Florentia* (cf. [*Fl*]*orentius* au n° 129) ou *Florentina* (voir n° 46).

Cette épitaphe est trop banale pour qu'on puisse l'attribuer à un siècle plutôt qu'à un autre

I, 187

Trèves, nécropole de Saint-Paulin - Saint-Maximin. Trouvée en 1920 *Palmatiusstrasse* (*Intr.* § 10). Conservée au *Rheinisches Landesmuseum.*

GOSE 434.
Révisée par N. Gauthier en 1968.

Partie gauche d'une plaque de marbre blanc; h. 16,5; l. 12,5; ép. 4; lettres : 1,7-2,2 cm.

Hic qui[escit ...]
pius q[ui uixit ...];
Ḟlorin[us/a pro cari]-
4   tate suạ [titulum po]-
sue[t/runt].
colombe   [...   *colombe*]

La surface de la pierre n'a pas été polie et ce fragment serait fort peu lisible si les lettres, comme partout à Trèves, n'avaient été soulignées à la peinture rouge. A la l. 2, la queue du Q existe sur la pierre mais n'a pas été peinte en rouge. Les lignes sont très sinueuses. La forme des lettres a été empruntée aux *tituli* de Saint-Mathias I (*Intr.*, § 20) mais il manque la perfection technique propre à cet atelier. Le linteau des T, comme sur d'autres copies (n°s 31 et 40), est exagérément sinueux. L. 4, les lettres VA sont ligaturées. La dernière ligne était interrompue en son milieu pour faire place à la décoration. On aperçoit le cou de la colombe après le E mais la tête a disparu. Comme il devait y avoir un chrisme ou quelque autre motif du même genre (*Intr.*, § 43-44) entre les deux colombes, il est clair qu'il manque beaucoup plus de la moitié de la pierre.

Le texte est trop mutilé pour pouvoir être complété. Il semble avoir été assez banal.

L. 1-2 : la restitution sûre de la l. 4 montre qu'il faut restituer une dizaine de lettres. Il y avait donc *hic quiescit* suivi du début du nom du défunt qui se termine par *-pius* à la l. 2, à moins qu'il faille lire *Hic qui[escit in pace]/Pius* mais le cognomen Pius est tombé en désuétude à l'époque chrétienne : I. Kajanto, *Latin Cognomina,* p. 251, en a relevé seulement trois exemples dans ses sources chrétiennes contre environ 200 dans ses sources païennes. Puis venait, comme d'habitude (*Intr.*, § 39), la mention de l'âge qui doit avoir occupé la totalité ou la quasi-totalité de l'espace disponible.

L. 3-5 : c'est la mention du ou des dédicants. Un nom apparaît au début de la l. 3. Aucune restitution satisfaisante ne semble compatible avec les 2 L peints sur la pierre par les services du musée (il pourrait y avoir une voyelle à la fin de la l. 2 mais cela ne donne aucun nom connu). Gose a identifié la première lettre comme un F et l'on aperçoit en effet les deux barres du F, à peine incisées comme toutes les barres et les boucles. Le dédicant s'appelait donc *Florinus* ou *Florina :* ce nom, comme *Florus* (n° 47), était sans doute considéré comme un nom de bon augure à cause de sa racine commune avec *florere*.

La formule *pro caritate* n'est pas rare à Trèves (*Intr.,* § 40) mais elle n'y est pas complétée par le mot *sua*. A la dernière ligne, il semble qu'il faille compléter *posue[t]* pour *posuit* (*Intr.,* § 49) comme l'a fait Gose puisqu'il paraît n'y avoir eu qu'un dédicant. Mais la symétrie demande qu'aux trois lettres de gauche répondent trois lettres à droite, soit R, V et NT ligaturés. On peut hésiter entre les deux solutions.

La banalité de ce fragment décourage toute tentative de datation.

I, 188

Trèves, nécropole de Saint-Paulin - Saint-Maximin. Trouvée avant 1842, très vraisemblablement à Saint-Paulin puisque Ph. Schmitt dit avoir trouvé la pierre *im Archiv der Paulinuskirche*. Contrairement à ce que pensent les auteurs du CIL, on ne peut pas l'identifier avec le *Fragment einer marmoren, christlich-römischen Grabschrift mit dem Namen Florentina* trouvé en 1852 dans la *Pfützenstr.* et signalé par G. Schneemann, *Das römische Trier und die Umgegend* (Trèves, 1852), p. 53, n° 227, puisque l'inscription était déjà publiée par Lersch en 1842. Si l'indication de trouvaille donnée par Schneemann est exacte, sa *Florentina* ne peut être identifiée avec aucune de celles que nous connaissons et il faut considérer l'inscription (dont il ne donne pas le texte) comme perdue. Conservée au *Rheinisches Landesmuseum*.

L. LERSCH, *Centralmus.,* 3 (1842), n° 73.
Ph. SCHMITT, *H. Paulinus* (1853), p. 436, n° 12.
LE BLANT 254.
KRAUS 183.
F. HETTNER, *Röm. Steindenkmäler,* n° 391.
CIL XIII, 3830 (RIESE 4396).
GOSE 431.
Révisée par N. Gauthier en 1967.

Partie de la moitié gauche d'une plaque en marbre blanc; h. 24; l. 32; ép. 6,5; lettres : 3-3,3 cm.

Hic quiesc[it ...]-
a qui uixit [...; Fl]-
orentin[us/a ... tit]-
ulum po[suit/erunt].
colombe [... *colombe*]

La surface de la pierre est si profondément rongée que certaines lettres ont presque complètement disparu. Par ailleurs, ce qui subsiste de la décoration montre que plus de la moitié de la pierre est perdue. Par contre, je me demande si le coin inférieur gauche ne manquait pas déjà au moment de la gravure car le texte est complet à gauche et les lignes, malgré l'espace blanc laissé à gauche en haut, commencent de plus en plus en retrait à mesure que l'on descend. Les lettres sont grandes et bien espacées, les O de même taille que les autres lettres; la forme du L est banale à Trèves (voir, par ex., n° 115).

Les lectures sont assez variables. L. 1, Lersch, Schmitt et Le Blant ont seulement lu : *Hic q...*; Kraus et CIL : *Hic q...s...*; Hettner et Gose : *Hic quiesc.*. A la l. 2, Le Blant a noté par erreur : A Q VIXIT ... Gose et Hettner ont cru discerner *an[nos ...]* à la fin de la ligne. L. 3, Lersch, *Florentin.*; Schmitt, Le Blant, Kraus, CIL : *Florentinu[s]*; Hettner et Gose : *Florentinus*. J'avoue ne rien avoir vu des lettres FL notées par tous les auteurs; la surface de la pierre est pourtant particulièrement lisse à cet endroit. A la fin de la ligne, on aperçoit une haste oblique qui peut en effet avoir appartenu à un V plutôt qu'à un A.

Ce fragment ne présente guère d'intérêt. On peut hésiter entre des restitutions plus ou moins longues, soit *Hic quiesc[it ...]/a qui uixit [annos ...; Fl]/orentin[us pater tit]/ulum po[suit]* (hypothèse courte qui est à la base des restitutions de Lersch et de Kraus) ou bien *Hic quiesc[it in pace ...]/a qui uixit [annos ... men(ses) ..., Fl]/orentin[us et ... patres tit]/ulum po[suerunt]* (hypothèse qui est à la base de la restitution Hettner-Gose). De toutes façons, le formulaire est banal (*Intr.*, § 38-40). Le A qui commence la l. 2 est la dernière lettre du nom du défunt qui était donc, selon toute vraisemblance, une femme. Il n'est pas rare de trouver *qui* avec un antécédent féminin (*Intr.*, § 85). Le nom qui apparaît à la l. 3 ne peut guère être que *Florentinus*, *cognomen* fort commun (voir n° 46).

La banalité de ce fragment exclut toute tentative de datation.

I, 189

Trèves, nécropole de Saint-Paulin - Saint-Maximin. Trouvée en 1937 dans le *Thebäerstr.* n°ˢ 59-61. Conservée au *Rheinisches Landesmuseum*.

Trier. Zeitschr. 13, 1938, p. 250 *a* = *Trier. Berichte* 1937, p. 250 *a* (sans nom d'auteur).
GOSE 415 (R. EGGER, *Bonn. Jahrb.* 157, 1957, p. 330; A. FERRUA, *Riv. Arch. Crist.* 34, 1958, p. 217; H. U. INSTINSKY, *Gnomon* 31, 1959, p. 143).
Révisée par N. Gauthier en 1967.

Fragment d'une plaque de marbre blanc dont le bord primitif paraît conservé à droite; h. 10; l. 25; ép. 3,5; lettres : 2,7 cm.

[...]ri dulcis-
[simo C]alliopis coiux
[et fili?]us Soluianus
[titulum posuerunt].

Les lettres sont élégantes, guidées par une double réglure à peine visible. Le L a une base légèrement plongeante et a tendance à enclaver la lettre suivante. Les O ont une forme d'œuf caractéristique, la boucle du P n'est pas fermée. A la l. 3, la haste gauche du A (et non celle de droite comme sur les pierres de Saint-Mathias I) dépasse actuellement le sommet mais la pierre paraît éclatée à cet endroit; la traverse est brisée alors que celle du A de la l. 2 est horizontale. A la l. 1, les restes des deux premières lettres ont été diversement interprétés : IVI (Gose), AT (Ferrua, Instinsky), RI (Egger). On ne peut hésiter qu'entre RI et RT car la lettre de gauche, avec sa haste gauche bien verticale et son trait à droite très oblique, est certainement un R. Le T ne donnant aucun sens possible, il faut donc choisir RI.

Le fragment est difficile à comprendre. Ferrua a proposé de restituer : [*hic paus*]*at dulcis* [*C*]*alliopis, coiux s*[*u*]*us Solvianus* [*titulum posuit*]. A cette hypothèse qui a l'avantage d'être économique, j'objecterai qu'à Trèves, où *dulcissimus* est si courant (n°ˢ 13 *b,* 26, 27, 30, 35, 39, 40, 55, 83, 91, 103, 111, 118, 120, 138, 143, 156, 159, 164, 169, 170, 176, 178, 182), *dulcis* n'apparaît jamais et que *dulcissimus* lui-même est toujours épithète d'un nom commun indiquant le plus souvent le degré de parenté entre le défunt et le dédicant; en outre, je ne crois pas qu'on puisse lire AT au début de la l. 1. C'est pourquoi je préfère la restitution d'Egger, plus conforme aux usages locaux : ... [*compa*]*ri dulcis*[*simo*]/[*C*]*alliopis coiuxs* [*et fi*]/[*li*]*us Soluianus* ... Je placerai seulement toutes les restitutions en début de ligne car le bord de droite, relativement régulier, me paraît le bord primitif (les trois S sont bien alignés l'un au dessous de l'autre). Le mot *compar* est attesté à Trèves au n° 136 (*conpari suae*). On peut aussi songer à une formule comme [*coniugi et pat*]*ri* si l'on admet [*fili*]*us* à la l. 3. La forme *coiuxs* n'est pas inconnue (Diehl 4651 = *ICVR, n. s.* (I) 3670). Dans cette hypothèse, on peut imaginer un début de type classique, par exemple *hic quiescit* suivi du nom du défunt.

L. 2 : le nom ne peut être que *Calliopis,* que l'on trouve encore à Trèves sous les formes *Calopae* et *Calopes* (voir n° 132).

L. 3 : Soluianus est un *cognomen* absolument inconnu par ailleurs. Le P. Ferrua suggère de reconnaître ici le nom *Saluianus* car, dit-il (*Akten* p. 288), c'est une habitude propre aux Syropalestiniens de remplacer A par O dans la prononciation et dans l'écrit. *Saluianus* est en effet un nom largement attesté au moins chez les païens (I. Kajanto, *Latin Cogn.* p. 177 : 85 païens, 4 chrétiens).

De son hypothèse sur le vulgarisme *Soluianus/Saluianus,* Ferrua tire la conclusion que l'inscription est de la deuxième moitié du ivᵉ siècle. Même si son hypothèse est fondée (*Saluianus* est cependant un *cognomen* bien latin), il ne faut pas oublier combien les Syriens étaient nombreux dans la Gaule mérovingienne. Je n'oserais, pour ma part, avancer aucune date pour ce fragment. Le O piriforme se trouve surtout au viᵉ siècle en Gaule, mais un siècle plus tôt à Rome.

I, 190

Trèves, nécropole de Saint-Paulin - Saint-Maximin. Trouvée en 1910 dans le cimetière de Saint-Paulin. Conservée au *Rheinisches Landesmuseum* si elle n'est aujourd'hui détruite.

NESSELHAUF 41, 4.
GOSE 428.
Je n'ai pas trouvé trace de ce fragment, quoique Gose ne le mentionne pas comme disparu à la suite du bombardement de 1944.

Fragment d'une plaque en marbre blanc complète en haut; h. 10,5; l. 9; ép. 3,1; lettres : 1,8 cm.

```
    [Hic qui]escit [in pace]
    [...]ctian[us/a qui/quae]
    [uixit a]nnus pl(us) [m(inus) ...]
4   [...]; Felix p[ater]
    [titulum posuit].
```

La surface de la pierre semble ne pas avoir été polie ou bien avoir été dégradée. Aussi la lecture, au moins d'après la photo, est-elle difficile. Faute d'être suffisamment sûre de ce que je croyais voir, j'ai repris la transcription de Nesselhauf qui, lui, a dû voir la pierre. Les lettres semblent avoir été de petite taille mais de bonne facture, plus hautes que larges, bien régulières, tout à fait conformes aux caractères habituels de la paléographie paléochrétienne de Trèves. Au début de la l. 2, on ne distingue rien sur la photo du C signalé par Nesselhauf et Gose; par contre, à la fin de la même ligne, il y a encore une lettre après le N qui ressemble à un V rond (donc différent de celui de la l. 3) plutôt qu'à un A dont les hastes ne se joindraient pas en haut.

On reconnaît sans peine le formulaire trévire qui permet de compléter largement ce fragment (*Intr.*, § 38-40). Le nom du défunt apparaît à la l. 2; pour *Felix* (l. 4), voir n° 126. La formule *plus minus* indique que la pierre n'était pas antérieure à la fin du IVᵉ siècle (*Intr.*, § 39), et plus probablement au Vᵉ. Le vulgarisme *annus* est un indice qui va dans le même sens.

I, 191

Trèves, nécropole de Saint-Paulin - Saint-Maximin. Trouvée en 1922 dans la *Kirchstrasse,* près de Saint-Paulin. Conservée au *Rheinisches Landesmuseum.*

E. KRUEGER, *Bonn. Jahrb.* 128, 1823, p. 153 (brève notice).
FINKE 61.
GOSE 449 (R. EGGER, *Bonn. Jahrb.* 157, 1957, p. 331; G. BRUSIN, *Röm. Quartalschr.* 54, 1959, p. 133;
    A. FERRUA, *Akten,* p. 299; E. VETTER, *Rheinisches Museum für Philologie* 103, 1960, p. 366-372).
Révisée par N. Gauthier en 1967.

Plaque de marbre blanc en deux fragments, mutilée à gauche et en bas; h. 14,5; l. 28; ép. 2; lettres : 1,5-2,3 cm.

[...]audes Treue[r] hoc re-
[...]dicibus plaçuit pari
[sociari ?] tomolo co[i]ux Nonụ-
4   [sa ? ... ka]lendas ạ[g]ụ[s]tạ[s].

L'inscription est peu lisible car elle a été gravée sur une pierre non polie et a en outre souffert au cours du temps. La paléographie présente toutes les caractéristiques d'une époque tardive. Les lettres sont anguleuses, de hauteur et de forme très irrégulières. Les O sont minuscules et le premier O de *tomolo* (l. 3) est en forme de losange. La boucle du P est très petite. La base du L, tantôt rigide (l. 2), tantôt souple (l. 3), fait avec la haste un angle obtus. Les C, quoique plus grands que les O, sont plus petits que les autres lettres. A la première ligne, le R de *Treuer,* signalé par les différents éditeurs de la pierre, a disparu aujourd'hui dans la restauration : on n'aperçoit plus que l'extrémité de la barre oblique. Au début de la l. 2, la boucle du D est bien reconnaissable. A la fin de la 3ᵉ ligne, la dernière lettre est un V tendant vers la forme U (Finke et Gose l'ont interprétée comme IS, Egger et Ferrua comme N, Vetter comme O). A la dernière ligne, Finke et Gose ont seulement lu LENDAS, Egger a vu AGUST après ces premières lettres, tandis que BRUSIN voyait ACO et Vetter AGOSTA. Pour ma part, il m'a semblé distinguer, après LENDAS, un A, puis un fragment de courbe susceptible d'appartenir à un G ou à un C, puis la moitié supérieure d'un V, un espace où je n'ai rien aperçu, enfin le linteau d'un T et le haut d'un A. Je ne sais comment, Vetter a lu une lettre de plus que tout le monde à gauche : B à la l. 1, V à la l. 2, C l. 3, A l. 4. Le texte est encadré par une bande festonnée analogue à celles que l'on trouve aux nᵒˢ 135 et surtout 202. Cette ornementation semble le dernier avatar du thème élégant de la vigne tel qu'il apparaît au nᵒ 214, par l'intermédiaire de motifs plus abstraits tels que ceux qui décorent le nᵒ 231. L'espèce de nœud qui constitue l'angle a pris la succession du vase encore bien identifiable au nᵒ 231.

Nous ne savons pas quelle proportion de la pierre a été perdue. Il semble cependant que nous en ayons la plus grande partie. Sa formulation originale a excité la sagacité des chercheurs et on a proposé des restitutions fort diverses, que voici :

Finke (d'après Keune, dit-il), Gose :

[Mero]baudis treuer hoc re-
[quiescit ? iud]icibus placuit pari
[sociar]i tomolo coiux nonis
    [ca]lendas

Egger :

[Flauius Merob]audes Treuer hoc re-
[quiescit.ut iu]dicibus placuit pari
[sorte abrepta hoc] tomolo coiux Nonn-
[osa die ... ka]lendas A(u)gust[as de]-
[posita est in pace.]

Vetter :

[Flauius Mero]baudes Treuer hoc re-
[latus est, ut i]udicibus placuit, pari-
[terq(ue) inlata hui]c tomolo coiux Nono-
[sa die XIIII k]alendas Agosta[s].

Faute de parallèles épigraphiques, toute reconstitution du texte et même seulement du sens est condamnée à demeurer hypothétique.

L. 1 : au début de la ligne apparaît la fin d'un nom germanique, sans doute la racine *-baudes* (cf. n° 181) entrant en composition avec une autre : on a jusqu'à présent suggéré *Merobaudes,* comme au n° 40, mais bien d'autres noms sont possibles (*Bainobaudes, Gennobaudes, Hariobaudes, Mellebaudes,* etc.). Chose étonnante pour un homme du pays, on a ensuite précisé qu'il était trévire. Une *ciuis Treuera* a été enterrée à Bordeaux en 258 (Diehl 4445 A = CIL XIII, 633); *Treuer* a aussi été adopté comme *cognomen* (CIL VI, 31 141 *b,* 15).

    Hoc paraît un adjectif démonstratif se rapportant à un nom comme *titulo* ou *tumulo* ayant figuré dans la partie disparue des l. 1-2. Vetter y voit un vulgarisme pour *huc* mais ce mot n'est guère utilisé en épigraphie chrétienne (5 exemples dans l'index de Diehl, dont un au moins peut être interprété comme un vulgarisme pour *hoc*) et l'hypothèse ne me semble pas nécessaire.

L. 2 : il est tentant de restituer *re/[quiescit]* au début de la ligne mais il est difficile d'insérer ce verbe, fût-ce *exempli gratia,* dans un contexte satisfaisant. Surtout, quel est donc le mot qui se terminait par *-dicibus* ? Finke et Gose ont songé à *iudicibus* et en ont conclu que le défunt avait été inhumé avec des juges : hypothèse désespérée ! Egger, d'accord pour restituer *iudicibus,* pense qu'il s'agit plutôt des juges des morts dans l'Au-delà, c'est-à-dire des Douze Apôtres (il renvoie à Lc XXII, 30 et Mt XIX, 28) : en l'occurrence, il s'agirait du décret providentiel qui aurait fait mourir en même temps le mari et la femme. Outre que la pensée me paraît encore plus artificielle qu'il n'est d'usage dans les *carmina* funéraires, j'ai cherché en vain un tel emploi de *iudices* en épigraphie chrétienne; *iudex* y apparaît toujours au singulier, renvoyant à *Deus* ou *Christus.* Vetter opte aussi pour *iudicibus* mais, pour lui, le défunt serait Flauius Merobaudes, consul en 377 et 383, ferme soutien de Gratien, qui, d'après le panégyriste de Théodose (*Paneg. lat.* XII, 28, 4-5, Galletier t. III, p. 95), fut mis à mort par l'usurpateur Maxime; les juges dont il est question ici seraient ceux qui, après avoir condamné Fl. Merobaudes, l'auraient cependant autorisé à être enseveli ici. Ce roman historique me paraît exclu par le *titulus* lui-même qui ne saurait être du IVe siècle. Enfin, Ferrua, lui, restitue [*co*]*dicibus* et pense qu'il s'agit des *codices* testamentaires du mari : celui-ci aurait, si je comprends bien, demandé par testament à être inhumé avec sa femme. Mais, là encore, les parallèles épigraphiques font défaut : le mot *codex* n'est même pas attesté dans le recueil de Diehl. L'explication de cette l. 2 reste à trouver.

L. 3 : on ne sait comment se construisait la phrase pour que *coiux* soit sujet mais il semble que les deux époux aient été enterrés dans le même tombeau (*pari tomolo*). Le nom de la femme ne peut guère avoir été que *Nonusa* qui est attesté (également avec un seul N) au n° 222. L'évolution phonétique qui a conduit aux formes *tomolo* (*Intr.*, § 51) et *coiux* (*Intr.*, § 77) est bien documentée à Trèves.

L. 4 : il y avait ici une date, deuxième quinzaine de juillet. Etait-ce celle de la mort, ou de l'inhumation, du mari, de la femme, des deux ? Qui saurait le dire ? La forme *agustas,* avec réduction de *au* en *a,* est attestée au n° 72.

Malgré tant d'hypothèses ingénieuses, l'inscription reste énigmatique. Ce qui est certain, c'est qu'elle est fort tardive. D'après Le Blant (*Inscr. Chrét.,* t. I, p. xxv), les O en forme de losange comme celui de la l. 3 n'apparaissent pas avant 585 dans les inscriptions datées de Gaule. Le chrisme et les colombes qui se sont perpétués si longtemps à Trèves ont laissé la place à un encadrement géométrique d'inspiration barbare. Le mot *tumulum* n'a d'autre parallèle trévire que le n° 170, évidemment tardif. Tout concourt à faire penser que cette pierre ne peut pas être antérieure au VIIe siècle.

I, 192

Trèves, nécropole de Saint-Paulin - Saint-Maximin. Trouvée en *1869 in der Kirche zu St. Maximin* (Hettner). Conservée au *Rheinisches Landesmuseum*.

SCHOEMANN, *Jahresber. d. Gesellsch. f. nützl. Forschungen*, 1865/68, p. 62, VII.
KRAUS 158 et *add.* (de HETTNER), p. [5] (LE BLANT, *N.R.* 372 [DACL XV, 2, s. u. *Trèves*, col. 2756, n° 89]).
F. HETTNER, *Röm. Steindenkmäler*, n° 404 (BUECHELER 771).
CIL XIII, 3675 (RIESE 4403; DIEHL 183).
GOSE 479.
Révisée par N. Gauthier en 1967.

Plaque de marbre blanc, mutilée à gauche et en bas; h. 20; l. 40; ép. 2,5; lettres : 2,2-2,5 cm.

                    [... h]ic posita est clarissima femina
                    [... q]uae meruit, miserante Deo, ut funus
                    [...] nesciret natae quae mox in pace se-
            4   [cuta est]; concessum est solamen ei [...]
                    [... q]ue potuit cr[...]
                                R

... a été déposée ici, femme de rang sénatorial, ... qui a mérité, grâce à la miséricorde divine, d'ignorer le trépas de sa fille qui l'a bientôt suivie dans la paix; il lui fut accordé la consolation ...

La pierre, trouvée en 4 fragments (voir la reproduction de Kraus), a été restaurée. La paléographie témoigne d'une certaine recherche (traverses légèrement ondulées du M et du N, haste de droite ou de gauche du A et du V se prolongeant au delà du point d'intersection avec l'autre haste). Les lettres sont hautes, étroites, très serrées les unes contre les autres, de hauteur inégale pour gagner encore de la place sans nuire à la clarté (par ex., I de *meruit*, l. 2, C de *clarissima*, l. 1, logé sous le linteau du T qui précède, VM de *concessum*, l. 4).

On sent l'influence de l'écriture cursive dans les P à boucle largement ouverte, les C très ouverts, le R à barre oblique très courte de *miserante* (l. 2), le S incliné vers la droite à la fin de la même ligne, le Q tracé en deux traits (fréquent à Trèves). Les O sont en forme de poire; les A ont une traverse tantôt rectiligne, tantôt brisée; les E sont très étroits; les F à 3 barres (comme aux nos 154, 204, 215, 225) se distinguent des E par l'inclinaison de la barre supérieure qui est en outre dépourvue d'empattement. Au début de la l. 2, on aperçoit avant le V la queue d'un Q. Au début de la l. 3, il ne subsiste plus que l'empattement inférieur de la haste de gauche du N. A la fin de la l. 4, on distingue après le I une haste verticale suivie d'une traverse oblique dont il ne reste plus que le haut : N selon Kraus, Hettner, CIL, Gose, mais aussi bien M, m'a-t-il semblé. A la fin de la l. 5, il ne reste plus que la moitié supérieure du R, qui n'est cependant pas douteux (la boucle du P, lettre qui n'aurait d'ailleurs aucun sens après C, est faite un peu différemment); ensuite, des restes de lettres non identifiables (Gose lit II). De la ligne suivante ne subsiste plus qu'un R; il n'y a aucune trace de lettre dans la cassure à gauche; à droite, Hettner a cru reconnaître le début d'un M, Gose celui d'un E. Remarquant que les lettres semblent avoir été beaucoup plus écartées qu'aux lignes précédentes, Hettner, repris par Gose, estime que cette sixième ligne devait être la dernière. Notons que, malgré la densité de l'écriture, il n'y a ni ligature ni abréviation.

Cette épitaphe est écrite en hexamètres parfaitement corrects. La disposition sur la pierre ne tenait pas compte de la répartition en vers mais on peut facilement reconstituer celle-ci si l'on tient compte du fait que le 5e pied doit être un dactyle; on constate alors qu'il manque environ un pied au début des 4 premières lignes. Hettner et Bücheler se sont amusés à compléter les vers :

Hettner :

> [Ursula h]ic posita est clarissima femina [gente]
> quae meruit miserante deo ut funus [Hilarinae]
> nesciret natae quae mox in pace se[cuta est]
> concessum est solamen ein...

Bücheler :

> [Paulina h]ic posita est clarissima femina [mater]
> [q]uae meruit miserante deo ut funus [acerbum]
> nesciret natae quae mox in pace se[cuta est]
> concessum est solamen ei n[atam superesse ?]
> .[q]ue potuit cr[edi multos uictura per annos ?]

Contentons-nous de recenser le nombre de pieds manquants :

[− ⏑⏑ / h]īc pŏsĭtă ēst clārīssĭmă fēmĭnă / [− ⏑]

[q]uaē mĕrŭit mĭsĕrāntĕ Dĕŏ ūt fūnŭs [⏑⏑ / − ⏑]

nēscīrĕt nātaē quaē mōx īn pācĕ sĕ[cūtă ēst];

cōncēssum ēst sōlāmĕn ĕi [− ⏑⏑ / − ⏑⏑ / − ⏑]

[.]uē pŏtŭit cr[...]

Les vers 2, 3 et 4 commencent à peu près les uns au dessous des autres sur la pierre. S'il en est de même du vers 5, ce qui est probable car les trois premiers pieds du v. 4 ne sont pas particulièrement courts, [.]ue potuit est le début du vers; cela signifie qu'avant *potuit*, il n'y avait qu'une syllabe, qui était longue; la seule restitution possible est alors *que*, malgré le fait que *quae* soit écrit deux fois correctement dans le reste du texte (l. 2 et 3) et que ce vulgarisme (*Intr.*, § 57) soit le seul de toute l'inscription.

L. 1 : l'épitaphe commençait par le nom de la défunte, qui occupait le premier pied; puis venait la formule *hic posita est,* très fréquente dans les inscriptions métriques (J. A. Tolman, *A Study of the sepulchral Inscriptions in Bucheler's Carmina Epigraphica Latina,* Chicago, 1910, p. 23). *Clarissima femina,* souvent écrit en abrégé, est l'expression consacrée pour désigner les femmes appartenant à la classe sénatoriale.

L. 2 : pour compléter le vers 1, il faut restituer un mot de deux syllabes au début de la ligne. La pensée exprimée dans les vers suivants est assez touchante : l'auteur de l'épitaphe se félicite que cette mère soit morte avant d'avoir vu la mort de sa fille qui devait la suivre de près dans la tombe; une douleur lui fut ainsi épargnée et c'est sans doute là le motif de la consolation à laquelle il est fait allusion au vers 4. Le verbe *meruit,* qui se plie bien aux exigences du mètre, apparaît fréquemment dans les inscriptions poétiques (à Trèves, n°ˢ 89, 134, 170, 193).

L'expression *miserante Deo* n'est pas fréquente en épigraphie paléochrétienne; on la trouve cependant sur l'épitaphe d'une femme de Vienne baptisée par Saint Martin (Le Blant 412) : *mundum, Domino miserante, reliquit.* Dans un tout autre contexte, elle apparaît au début de l'inscription gravée sur le linteau de l'église dédiée par Rusticus de Narbonne en 445 (Le Blant 617) : *Deo et Christo miserante.*

Funus, chez les poètes, notamment Virgile, désigne souvent la mort plutôt que les funérailles (*Thesaurus,* s. u., col. 1604, l. 52-s.); c'est presque toujours cette acception que le mot a dans les épitaphes métriques chrétiennes (cf., par ex., Le Blant, *N. R.* 438, à Cologne : *innocens funere captus*).

L. 3 : on ne peut savoir si le premier mot de la ligne (et dernier du vers 2) qualifiait *funus* (hypothèse de Bücheler) ou précisait *natae* (hypothèse Hettner). Notons seulement que le mètre, partout respecté dans ce fragment, exige que la 2ᵉ syllabe de *funus,* normalement brève, soit allongée par position, donc que le mot suivant commence par une consonne. Il manque au vers 2 brèves, une longue et une commune.

Le mot *natus/a,* quoiqu'il apparaisse dans une épitaphe en prose au n° 73, fait plutôt partie, lui aussi, du vocabulaire poétique. Le relatif qui suit se rapporte normalement à *nata.* C'est-à-dire que ce n'est pas, comme l'a compris Le Blant, la mère qui « est morte sans avoir su que sa fille l'avait précédée dans la tombe », mais comme l'ont vu tous les autres auteurs, l'inverse : la fille est morte durant le court laps de temps qui a séparé le décès de la mère de la rédaction de l'épitaphe.

L. 4 : au début de la ligne, la restitution *se/[cuta est],* acceptée de tous, est aussi satisfaisante pour le sens que pour la métrique. La fin de la ligne est trop mutilée pour pouvoir être complétée. Le mot *solamen* apparaît peut-être aussi au n° 196; il n'est pas très fréquent (*ICVR* I, 1179, 9-10 : *Sola tamen tanti restant solamina luctus, quod tales animae protinus astra petunt;* cf. Diehl 201 B, 17 et 1091, 6).

L. 5 : l'idée qu'il est naturel que les enfants survivent à leurs parents est un thème banal des épitaphes métriques. Il n'est donc pas impossible que, comme le suggère Bücheler, l'idée exprimée ici ait été la suivante : à sa mort, la mère a pu *croire* que sa fille lui survivrait de longues années. Cela aurait constitué la consolation dont il est question l. 4. En tout cas, je ne vois pas de restitution compatible avec la lecture de Zangemeister et Gose : CRII...

L. 6 : Kraus pense qu'il s'agit des restes d'une croix monogrammatique flanquée de l'*alpha* et de l'*omega*. Le R parfaitement identifiable sur la pierre ne me paraît pas compatible avec cette hypothèse.

Il est bien rare de rencontrer en épigraphie, comme c'est le cas ici, une idée personnelle, exprimée de surcroît dans un style sobre et une langue correcte. La paléographie témoigne, elle aussi, qu'on a cherché à fuir la banalité sans tomber dans l'extravagance. Quand donc a-t-on fait exécuter ce *titulus* ? Le F à trois barres semble en Gaule avoir été en faveur surtout aux IVe et Ve siècles (Le Blant, p. XIX); notons qu'on le trouve à Lyon sur deux épitaphes de *clarissimae feminae* (Le Blant 50 et 58) et, à Vienne, sur celle où apparaît aussi l'expression *Domino miserante* (Le Blant 412). Les O piriformes sont plutôt caractéristiques du VIe siècle (un des premiers exemples datés de Gaule apparaît à Anse en 498, Le Blant 12). Dans ces conditions, on est tenté de placer la pierre au Ve siècle : l'inscription de l'évêque Cyrillus (no 19) est là pour prouver que les malheurs de Trèves pendant la première moitié de ce siècle n'avaient point entraîné de décadence culturelle immédiate. Certes, K. F. Stroheker (*Der senatorische Adel im spätantiken Gallien,* Tübingen, 1948, *Karte* II, p. 233) ne connaît plus de famille sénatoriale à Trèves au Ve siècle; mais cela témoigne peut-être surtout de la pauvreté de nos sources sur la région à cette époque. D'ailleurs, notre clarissime anonyme n'était pas forcément originaire de Trèves.

I, 193

Trèves, nécropole de Saint-Paulin - Saint-Maximin. Trouvée en 1901 près de l'église Saint-Paulin. Conservée au *Rheinisches Landesmuseum*.

CIL XIII, 3914 (RIESE 4404; DIEHL 3490).
GOSE 481 (A. DEMAN, *Latomus* 26, 1967, p. 488-490).
Révisée par N. Gauthier en 1968.

Fragments d'une plaque en marbre blanc, complète en haut, en réemploi (dos orné d'un relief décoratif); h. 32; l. 33; ép. 3,5; lettres : 2-2,5 cm. La plaque a encore été endommagée au cours du bombardement de 1944.

(état actuel)

Dos

    [*croix ?* inn]oçens ad Domino [transiit ?]
    [... p]ụella requiescet i[n pace]
    [...] qụe uita excedens m[elior...]-
4 [ta ui]ta peṛennem ṃerui[t ...]
    [...]te coṛona haec [lecuit sanc]-
    [tis ? req]ụies socịatur ono[re ...]
    [...]ṛ cạusạ dolore se[...]
8 [...]uạ rapuit io[...]
    [uixit an...]III et me(nses) III ẹt [dies...]
    [... augu]ṣt(a)[s ...]

On reconnaît aisément les thèmes abordés dans cette épitaphe mais le texte est trop mutilé pour être traduisible. On comprend que la *jeune fille innocente* qui *repose* là a rejoint le *Seigneur*, que, *quittant cette vie* pour une vie *meilleure, elle a mérité* celle qui est *durable*, avec la *couronne de gloire*, et que cela *a permis à son repos d'être associé avec honneur* à celui des saints. Suivent des considérations sur la *douleur* causée par la mort qui *a ravi* prématurément la jeune fille, enfin l'indication de son âge et du jour de sa mort.

La paléographie est très claire mais dépourvue de grâce. Les lettres sont incisées très profondément mais leur tracé manque de netteté car la surface de la pierre s'est souvent légèrement écaillée sous le choc d'un ciseau malhabile. Une double réglure bien visible sépare les lignes plus qu'elle ne les guide tant les lettres, qui n'occupent jamais la totalité de l'espace ainsi délimité, montrent de liberté à leur égard. La largeur des lettres est aussi irrégulière que leur hauteur; d'une façon générale, les M à hastes droites, les N, les T sont plutôt larges, les C et surtout les O sont tout petits. La base des L est oblique sans toutefois descendre au dessous de la ligne. Les A a traverse brisée ont deux hastes fortement obliques dont l'intersection est surmontée d'un petit trait vertical précédant l'empattement. Le Q de la l. 2 est tracé en deux traits, comme si souvent à Trèves. Le X de la l. 3 est cursif. Il y a deux ligatures ET à la l. 9. L'abréviation *me(nses)* est surmontée d'un tilde ondulé couvrant les deux lettres. Un tilde comparable, qui semble s'être prolongé à droite au delà de la cassure, surmonte le T de la l. 10. La lecture dans son ensemble est sûre puisque le fragment était autrefois en bon état; la cassure coïncide aux l. 2, 3 et 4 avec des hastes verticales; à la l. 10, on distingue avant le T le haut de la courbe d'un S (et non E comme notent le CIL et GOSE). Le fragment anépigraphe à gauche ne me paraît pas à sa place car il manque des lettres à gauche (ne serait-ce que le V de la l. 6 vu par les auteurs du CIL).

Plusieurs lignes du texte sont communes à ce fragment et aux n°s 134 et 194. Tout le monde a été frappé de cette parenté au fur et à mesure qu'on découvrait ces pierres mais on n'en a pas encore, me semble-t-il, tiré toutes les conséquences. En effet, le rapprochement des *tituli*, tous trois mutilés mais pas exactement au même endroit, permet bien des observations intéressantes. On peut tout d'abord constater que l'écriture du n° 194 est tout à fait différente de celle des deux autres, tandis qu'il existe certaines analogies entre les n°s 134 et 193 à ce point de vue-là : même réglure assez profondément incisée que les lettres n'atteignent pas, mêmes O tout petits et bien ronds, même X cursif, mêmes T larges à linteau rectiligne, mêmes tildes abréviatifs couvrant plusieurs lettres. Cependant, les deux pierres ne sont certainement pas de la même main (cf. notamment L, M, Q). En ce qui concerne le texte, ce sont aussi les n°s 134 et 193 qui sont les plus proches. Le n° 194 se composait uniquement, ou à peu près, des 4 hexamètres dont subsistent les derniers pieds; les deux autres inscriptions étaient plus longues et comprenaient, outre ces vers, des indications en prose, notamment la formule initiale, rebelle à toute scansion; les l. 7 et 8 du n° 193, qui semblent appartenir à deux hexamètres, n'ont pas d'équivalent sur les deux autres pierres. Pour les trois vers communs, le n° 194 donne le dernier mot du vers, les n°s 134 et 193 se complétant partiellement permettent de reconstituer une bonne partie du reste :

que uīta excēdēns m[ĕlĭŏr...⏑⏑/⏑⏑...tă ŭī]tă

sic

pĕrēnnēm mĕrŭī[t⏑⏑/...⏑⏑...]tĕ cŏrŏnă

haēc [lĕcŭĭt sānctīs ? rĕq]uĭēs sŏcĭătŭr ŏnŏ[rĕ].

Au premier vers, je suis amenée à répéter *uita,* le mot *uita* conservé sur la pierre à la l. 3 ne pouvant en aucun cas se trouver à la fin du vers comme au n° 194 (d'ailleurs, le mot précédent n'est pas le même dans les deux cas). On voit que cette disposition suppose des restitutions de longueur comparable pour chaque ligne de la pierre : 8 ou 9 syllabes de la fin de la l. 3 au début de la l. 4, 4 à 6 syllabes plus le *T* de *meruit* de la l. 4 à la l. 5, 6 ou 7 syllabes de la l. 5 à la l. 6 (des écarts de 2 ou 3 syllabes pour un même espace disponible n'ont rien d'invraisemblable; cf., sur la partie conservée, l. 5, 5 syllabes, l. 6, 8 syllabes). Il manquait donc à peu près la même chose aux autres lignes. Rien ne permet de savoir comment répartir ces restitutions entre la fin d'une ligne et le début de la suivante; il faut cependant prévoir à gauche au moins l'espace nécessaire pour les 4 premières lettres du mot *innocens* (l. 1).

Ce ne sont pas seulement les formules mais aussi les vulgarismes que ces *tituli* s'empruntent les uns aux autres. L'hésitation sur les désinences dont témoigne la forme *ad Domino*, phénomène si rare à Trèves (*Intr.*, § 83), apparaît aussi au n° 134. Les autres vulgarismes sont plus communs : *requiescet* pour *requiescit* (*Intr.*, § 49), *que* pour *quae* (*Intr.*, § 57), *onore* sans H comme au n° 194 mais non au n° 134 (*Intr.*, § 72).

Le vocabulaire et les thèmes évoqués sont bien caractéristiques de la poésie funéraire.

L. 1 : au début de la ligne, il faut compléter *innocens,* éventuellement précédé d'une croix comme il arrive sur les inscriptions tardives. Le terme *innocens* est généralement employé pour des enfants morts en bas âge (*Intr.*, § 95), ce qui va bien avec l'idée de mort prématurée suggérée par le verbe *rapuit* (l. 8).

A la fin de la ligne (se continuant éventuellement au début de la l. 2), il faut un verbe de mouvement ayant pour complément *ad Domino;* on peut suggérer, par analogie avec le n° 134, *transiit* (cf., à Cologne, Le Blant 353 : *innocens subito ad caelesti[a reg]na transiui[t]*). L'idée que le défunt s'en est allé vers le Seigneur apparaît fréquemment dans les épitaphes métriques mais le verbe le plus souvent utilisé est *migrauit* (par ex., Le Blant 623, à Aix en 492/507 : *migrauit ad Dominum*). Le participe *transita*, qui permettrait d'unir les l. 1 et 2 en une seule phrase, n'est pas attesté en épigraphie chrétienne. Le nom de la défunte est normalement sujet du premier verbe. Il peut donc s'être trouvé soit avant *innocens* soit plutôt immédiatement après *transiit* comme au n° 134.

L. 2 : le mot *puella* devait suivre immédiatement le nom de la défunte (si ce dernier n'était pas le premier mot de l'inscription) puisqu'on ne peut pas restituer plus de 8 ou 9 syllabes d'une ligne à l'autre. Les autres *puellae* connues à Trèves ont respectivement 16 ans (n° 35), 15 ans (n° 97) et 12 ans (n° 127). Le mot *innocens* à la l. 1 suggère que celle-ci ne devait guère dépasser la dizaine d'années. A la fin de la ligne, la haste qu'on aperçoit dans la cassure incite à compléter, avec Diehl, *in pace* (sur cette formule, voir *Intr.*, § 38). Le fait que le verbe *requiescet* ne peut avoir figuré sur le n° 134 prouve que le début n'était pas identique sur les deux pierres. Il reste un espace disponible entre *pace* et le *que* de la l. 3 : peut-être y avait-il le mot *fidelis,* comme aux n°s 62, 117, 121 et 137.

L. 3 : au début de la ligne, on aperçoit encore l'extrémité de la queue d'un Q comme celui de la l. 2; d'après le fac-similé du CIL, on n'en a jamais vu beaucoup plus. *Vita* est un ablatif dépendant d'*excedens*. Le rapprochement avec le n° 134 permet de restituer ensuite *melio...,* donc l'adjectif *melioris,* ce qui exclut *me[rito ui]ta* envisagé par Diehl et *mi[grauit de hoc mundo]* suggéré par Gose. Peut-être y avait-il un ablatif *meliore* construit avec le deuxième *uita*. Deman propose, à titre d'hypothèse, *meliore praedita* (ou *predita*) *uita*. L'idée que mourir, c'est passer de cette vie à une autre meilleure est souvent exprimée dans les inscriptions chrétiennes (par exemple : *caruit presentem uitam [quam iuuan]te D(omi)no mutauit in me[liorem],* Diehl 3487 = CIL XIII, 3098).

L. 4 : Kempf propose, à propos du n° 134, la restitution *melio[rem uitam i]ta perennem*. Mais c'est trop court. *-ta* est plutôt la fin du mot *uita* si l'on peut, comme il paraît légitime de le faire, restituer à l'aide de la partie conservée du n° 194. Toujours d'après le n° 194, il y avait auparavant un mot finissant par *-ta,* sans doute un adjectif ou un participe au nominatif féminin (Deman suggère, comme nous venons de le voir, *praedita*). *Perennem* peut se rapporter à *uita* ou *corona,* exprimés à l'accusatif ou sous-entendus (Deman pense que *corona,* à la ligne suivante, est mis pour *coronam* mais le M final est remarquablement stable à Trèves, *Intr.*, § 82), ou à un autre mot exprimé après *meruit;* c'est le mot *uita* que *perennis* qualifie généralement (voir le commentaire de L. Pietri à Le Blant 335). Si le vers était correct, *meruit,* comme *lecuit* à la ligne suivante, était suivi d'un mot commençant par une consonne qui allongeait la finale -*it,* naturellement brève.

L. 5 : au début de la ligne, -*te* peut être la fin d'un ablatif absolu, par exemple [*Christo praestan*]*te* (Diehl) ou [*Domino tribuen*]*te* (Deman) qui sont conformes à la métrique attendue, ou bien un adjectif se rapportant à *corona,* si ce mot est à l'ablatif, [*fulgen*]*te corona* (Riese), précédé d'un autre mot (génitif ?).

Haec en tête de vers paraît reprendre *puella* (à moins qu'il reprenne *corona,* ou que ce soit un neutre pluriel, ou encore qu'il faille construire *haec requies*). Le parallèle avec le n° 134 oblige à restituer ensuite *lecuit* ou *licuit.* Deman propose de restituer ainsi le vers : *Haec* [*licuit fieri : req*]*uies sociatur ono*[*ri*]*;* la construction est satisfaisante mais on ne voit pas de quel honneur il s'agit. *Licet,* à l'époque chrétienne, est parfois construit de façon personnelle avec le sens d'« avoir la permission » ou d'« être permis » mais je ne vois pas alors quelle construction l'articulerait avec *sociatur.*

L'image de la couronne de vie apparaît dans le Nouveau Testament (Jc 1, 12 : *cum probatus fuerit, accipiet coronam uitae;* Ap. 2, 10 : *esto fidelis usque ad mortem et dabo tibi coronam uitae*) et a été plusieurs fois reprise dans des inscriptions funéraires (Diehl 104 *a,* 10 = CIL VI, 31 934, 37 113 : *emeritamque ferat melior mihi uita coronam;* Diehl 1851, 4 = CIL XI, 4966 : *aeternam caelo meruit perferre coronam;* Le Blant 512, 16 : *sanctorum socius fruitur cum laude coronam*). On trouve groupés sur notre épitaphe les différents thèmes associés à l'image de la couronne : celui d'une vie meilleure, celui de l'éternité et celui de de l'union aux saints (l. 6).

L. 6 : au début, on peut restituer *quies* (Diehl) ou plutôt *requies,* comme au n° 135. La restitution *ono*[*re*] est garantie par les n°ˢ 134 et 194 (Diehl : *ono*[*ri*], ainsi que Deman). L'honneur dont il est question ici ne peut être que celui de l'inhumation *ad sanctos,* comme au n° 170 trouvé non loin de là (sur l'identification de ces saints, voir le commentaire du n° 170). Kempf propose, dans son étude du n° 134, de restituer [*sanctis requies s*]*ociatur honore;* le mot *sanctis* vient meubler exactement le blanc qui subsistait dans ce vers.

L. 7-8 : les précieux compléments du n° 134 font ici défaut. *Causa* paraît au nominatif puisque sa finale est considérée comme une brève. Ensuite, on peut comprendre *dolores e...,* comme on l'a fait jusqu'ici, ou *dolore se...;* notons que le mot *dolor* apparaît le plus souvent au singulier. A la ligne suivante, il faut penser à quelque chose comme [*mors sae*]*ua* (Gose) *rapuit io*[*uenam ?*]; on trouve à Clermont en 549 ou 621 (Le Blant, *N.R.* 232) : *mors inueda abstolit iouenim.*

Deman rétablit ainsi le texte, *exempli gratia : sic nimii* (ou *sic patribus*) *lenitur causa doloris, et illa quam mors sorte ardua rapuit, iucunda quiescit,* avec *dolores* pour *doloris* et *iocunda* pour *iucunda.*

L. 9-10 : l'âge était mentionné en fin d'inscription, comme au n° 170 (alors qu'il apparaît à la l. 2 au n° 134). Pour le nombre d'années, il y avait sûrement un autre chiffre, dont on aperçoit l'extrémité supérieure droite, avant III; étant donné les mots *puella* (l. 2) et *innocens* (l. 1), on ne peut guère hésiter qu'entre 9 (VIIII) et 13 ans. A la l. 10, le tilde qui surmonte le T exclut la restitution *et* [*oras*] proposée par Diehl. Il s'agit d'une abréviation; par comparaison avec les n°ˢ 134 et 170, on songe à l'indication du jour de la mort (ou de l'inhumation) et, de fait, les deux lettres qu'on aperçoit se rattachent aisément à une forme sans doute peu abrégée (peut-être seulement la voyelle finale : voir n° 18) du mot *augustas.*

Outre des analogies paléographiques, cette pierre a en commun avec le n° 134 des formules empruntées tant à la partie en prose (*ad Domino*) qu'à celle en vers (*uita excedens ... sociatur honore*). Avec le n° 194, la parenté se limite à la partie versifiée; Nesselhauf (à propos du n° 194) estimait que ces deux *tituli* pourraient être de la même main; en réalité, les écritures sont très différentes et un auteur conscient de la métrique comme celui du n° 194 n'y aurait pas mêlé des formules en prose comme ici. Des trois épitaphes, quelle est celle qui a servi de modèle ? C'est très certainement le n° 194 (voir sa conclusion). Les deux autres me paraissent sensiblement plus tardives, à cause de la paléographie (O tout petits), du mélange d'hexamètres et de prose recherchée (cf. n° 170), du vulgarisme *ad Domino*, du nom germanique qui apparaît au n° 134. Il ne semble pas possible de dire laquelle des deux a précédé l'autre. Je ne serais pas étonnée que les l. 7 et 8 de notre épitaphe aient été empruntées aussi à une autre inscription. Les n°ˢ 134 et 193 doivent être à peu près contemporains de l'épitaphe du sous-diacre Vrsinianus (n° 170), c'est-à-dire du VIII° siècle ou au plus tôt du VII°.

I, 194

Trèves, nécropole de Saint-Paulin - Saint-Maximin. Trouvée en 1911 dans le jardin situé entre l'église Saint-Paulin et la maison du sacristain; l'actuelle maison du sacristain étant la sacristie de l'ancienne église détruite au XVII° siècle (*Intr.,* § 8), la pierre se trouvait donc à l'intérieur de l'ancienne église, comme celle d'Vrsinianus (n° 170). Conservée au *Rheinisches Landesmuseum.*

J. B. KEUNE, *Trier. Zeitschr.* 6, 1931, p. 159.
NESSELHAUF 41, 13.
GOSE 482 (A. DEMAN, *Latomus* 26, 1967, p. 488-490).
Révisée par N. Gauthier en 1968.

Partie droite d'une plaque de marbre blanc, peut-être mutilée aussi en bas; h. 21; l. 22; ép. 3,7; lettres 2,7-3,2 cm.

[...]imia in nomine /Ḉḥr(ist)i
[...]ta uita
[... c]orona
[... so]ciatur onor/e.

On voit assez d'espace vierge au dessous de la l. 4 pour être sûr que celle-ci était la dernière ligne complète. Peut-être le bord inférieur n'a-t-il jamais été régularisé ou peut-être au contraire le bord actuel résulte-t-il d'une mutilation : dans ce cas, il y avait dans la partie disparue une mention abrégée de l'âge ou de la date de décès comme au nº 170 ou encore quelque motif décoratif. Les lignes sont guidées par une double réglure légèrement incisée que les lettres n'atteignent pas toujours. Les O, de forme ovale, sont nettement plus petits que les autres lettres. Les hastes des M sont verticales et leurs traverses se joignent au milieu de la ligne. Les hastes des A et des V ne sont pas poursuivies jusqu'à leur point d'intersection. Les ligatures semblent avoir été nombreuses : NN (l. 1), AV (l. 2), ATV (l. 4), cette dernière unique en son genre à Trèves. Il y a une ponctuation triangulaire à la fin de la l. 2 et une *hedera* (comme au nº 170) à la fin de la l. 3. Le lapicide a ajouté au dessus de la l. 1 le mot XPI (le X, indiqué comme une restitution par les différents éditeurs de la pierre, est en fait nettement visible) et, au dessus de la l. 4, le E final. Il n'y a plus trace du C de *corona* noté par Nesselhauf.

Il s'agit évidemment d'une épitaphe métrique. La disposition typographique, avec ses lignes tantôt trop longues, tantôt trop courtes pour l'espace disponible, montre que le lapicide a tenu à respecter la coupure des vers et, en effet, les quelques mots de ce fragment constituent des fins d'hexamètres. Par ailleurs, ce sont visiblement les mêmes formules qui reparaissent aux nᵒˢ 134 et 193, quoique la paléographie et la disposition en lignes soient tout à fait différentes : cette pierre-ci devait être un peu plus large que les deux autres, à en juger d'après la place des mots les uns par rapport aux autres (par ex., le mot *sociatur,* l. 4, est ici en retrait par rapport à *corona,* l. 3, alors que c'est le contraire qui se produit aux nᵒˢ 134 et 193). On est donc fondé à compléter cette inscription à l'aide des deux autres fragments, moins mutilés. On obtient le texte suivant :

> (sic)
> [... ...]imia in nomine Christi
>
> [que uita excedens melior... ...]ta uita
>
> (sic)
> [perennem meruit... ...te c]orona
>
> [haec lecuit sanctis ? requies so]ciatur onore.

L. 1 : -*imia* est la fin du nom de la défunte, qui ne paraît pas s'être intégré au rythme du vers. La restitution du début de la ligne fait problème; en effet, le début des nᵒˢ 134 et 193 ne peut être d'aucune aide ici car il n'est pas métrique et le soin avec lequel le lapicide du nº 194 a fait coïncider lignes et vers exclut à mon sens l'hypothèse que la partie perdue de la première ligne ait été une formule en prose.

Les formules du type *in nomine Christi* se trouvent plutôt en tête de l'inscription (Diehl 2450-2461). Elles apparaissent cependant parfois après le premier verbe (Diehl 1946, 2452-2452 B, 2458). En Gaule, on a *hic iacet in nom[ine Christi ?]* à Lyon (Le Blant 29 A; cf. Le Blant 49), *hic requiiscit bone memoreae in Chr(ist)i no(mine)* à Briord en 626 (Le Blant 375), *in Chr(ist)i nomene in huc loc[u requiescunt]* à Aoste (Isère) en 496 (Le Blant 391), *in Chr(ist)o nomine Adalhildis hic requiescit* à Amiens dans une inscription tardive (Le Blant 322).

L. 2 : la très large restitution permise par le rapprochement avec les nᵒˢ 134 et 193 permet d'éliminer la deuxième hypothèse envisagée par Nesselhauf, qui était de lire *[...]t Auita.* C'est, sans doute possible, le mot *uita* qu'il faut reconnaître ici.

L. 2-5 : ces trois lignes sont communes aux nᵒˢ 134, 193 et 194 (elles sont commentées au nº 193).

L'élégance de l'écriture et surtout le soin avec lequel le lapicide a respecté la disposition en vers suggèrent que c'est cette épitaphe qui a servi de modèle aux nᵒˢ 134 et 193. Ce fragment en effet est entièrement (sauf le nom de la défunte ?) et sciemment métrique, alors que les auteurs des n°ˢ 134 et 193, comme celui du n° 170, semblent surtout avoir cherché un style noble, sans se soucier du caractère métrique ou non des formules qu'ils employaient : d'où le caractère hétérogène de leurs compositions qui indique que les hexamètres qui s'y trouvent ont été empruntés à une épitaphe qui, elle, se voulait métrique et qui paraît bien être celle-ci. Le n° 170 étant plus proche, tant par la paléographie que par le style, des n°ˢ 134 et 193 que de ce fragment-ci, ce dernier semble bien constituer le plus ancien témoignage d'un inhumation *ad sanctos* à Saint-Paulin. L'emploi de la formule *in nomine Christi* dont le premier exemple daté en Gaule remonte, nous l'avons vu, à 496 (Le Blant 391) et qui devient de plus en plus commune au fur et à mesure que l'on se rapproche du Moyen-Age interdit de faire remonter ce témoignage au delà de la fin du Vᵉ siècle. Inversement, la maîtrise, même imparfaite, de la poésie métrique et les caractéristiques paléographiques (réglure peu marquée, lettres sans raideur, O de forme ovale légèrement plus petits que les autres lettres mais non minuscules) interdisent de descendre trop bas. Il me semble vraisemblable que cette pierre date du VIᵉ siècle; d'ailleurs, la formule la plus proche de l'idée exprimée aux l. 3-4, *sanctorum socius fruitur cum laude coronam* (voir n° 193), se trouve sur une inscription d'Arles datée de 553 (Le Blant 512).

I, 194 A

Trèves, nécropole de Saint-Paulin - Saint-Maximin. Trouvée en 1936 dans la nef latérale nord de l'ancienne église Saint-Maximin. Conservée au *Rheinisches Landesmuseum*.

Inédite, semble-t-il.
Vue par N. Gauthier en 1972.

Fragments d'une plaque de marbre en réemploi (au dos : deux dauphins s'enroulant autour d'un trident; cadre mouluré); le bord primitif est conservé en bas; h. 41; l. 37,5; ép. 3; lettres : 1,8-2 cm.

```
        [...]ṢFLA.Ọ.Ạ[...]
        [...]ui f̣uisti in nomiṇ[e ...]
        [...]tẹ recipit et inf̣ra[...]
   4    [...] et socius adgregar[...]
        [...]te turba fratrum te ạ[...]
        [...]t optaVERANTEVIVS ha[...]
        [...]uem raptim mors f̣lẹnḍa u[...]
   8    [...]tẹ pro cuị[us ...]ṣ[.]ạm cesṣ[...]
        [...]a planctis non plangat m[...]
        [...]us habet cuius bis quina sigṇạ [...]
        [... lu]stris addidisque annis VIII con[...]
  12    octauo idus martias hic in[...]
            Leodomundus nepos ⟨s⟩uos p[oni ?]
            iussit.
```

Dos

Le texte était particulièrement long. Les lignes sont guidées par un double trait directeur que les lettres, de hauteur assez irrégulière, n'atteignent pas toujours. L'écriture est caractéristique de l'époque franque, avec les hastes des lettres B, D, E, F, N, P dépassant le point d'intersection avec les panses ou les barres (cf. nº 147), et avec la recherche calligraphique dont témoigne la queue du Q (analogue au Q du nº 147). Les O des dernières lignes sont de plus en plus petits. La pierre était-elle déjà mutilée au moment où l'on a gravé l'inscription ? Aux trois dernières lignes, rien ne semble perdu à gauche.

L'état de mutilation du texte ne permet guère de se faire une opinion sur la langue. A la l. 4, on avait préféré, comme souvent (*Intr.*, § 80), la forme non assimilée du verbe, *aggregare*. Le vocabulaire employé est celui des inscriptions métriques mais ce n'était pas une épitaphe en vers. Peut-être des lambeaux d'hexamètres avaient-ils été empruntés ici ou là pour suppléer à l'inspiration défaillante de l'auteur, comme aux nᵒˢ 170, 134 et 193.

L. 1 : j'avoue ne pas être parvenue à trouver une hypothèse satisfaisante pour les quelques lettres qui subsistent. Entre le A et le O, la haste ne peut guère appartenir qu'à un I (la largeur ne paraît pas suffisante pour T ou P); après le O, B ou D. Est-ce le reste du nom du défunt ? Il existe des noms germaniques formés sur la racine *Flat-*, « pureté », « éclat » (M. Th. Morlet, *Noms de personne*, I, p. 89) et la racine *hludh*, « célèbre », peut prendre la forme *Flot-* (*Ibid.* p. 132-133).

L. 2 : la forme *fuisti* montre que le texte s'adressait au défunt. Après *in nomine*, faut-il restituer *Christi*, comme au nº 194 ?

L. 3 : *recipit* est peut-être mis pour le parfait *recepit*, faisant ainsi allusion à l'accueil que le Seigneur aura réservé au défunt (cf. Diehl 1314 = CIL XI, 315, à Ravenne en 571 : *quem mise[ri]cors Deus iustum re[cep]it;* la formule *receptus in pace* apparaît une douzaine de·fois).

L. 4-5 : il y a sûrement ici une allusion à une inhumation *ad sanctos*, comme aux nᵒˢ 170 (*qui meruit sanctorum sociari sepulcra*), 134, 193 et 194. Que désigne l'expression *turba fratrum* ? S'agit-il de la foule des frères (= moines) venus conduire le défunt à sa dernière demeure ? Ou bien de la foule de ses frères en sainteté, tous les justes morts avant lui qu'il rejoint au Paradis ? Les parallèles épigraphiques (Diehl 967, 44; 1051, 7; 1986, 1; 3433, 8) suggèrent nettement la deuxième hypothèse.

L. 6 : le lapicide a oublié plusieurs lettres, ou bien n'a pas compris le texte qu'il était chargé de graver. Ou encore — hypothèse désespérée — il faudrait lire *optauerante uius* pour *optante huius*.

L. 7 : on devine les banalités habituelles sur la mort soudaine (*raptim*) qui suscite les pleurs des proches (*flenda*).

L. 9 : le jeu de mots *planctis non plangat,* bien caractéristique des élégances de l'Antiquité tardive, reste obscur faute de contexte.

L. 10-11 : l'âge du défunt, exprimé en lustres et années supplémentaires (*addidis* = *additis,* semble-t-il), paraît avoir été 58 ans (cf. à Vienne, à la fin du VIᵉ siècle, l'épitaphe de Siluia, Le Blant 438 A, l. 15-16 : *Ter quinum rapida uergebant tempora lustrum et super adiectus tertius annus erat*).

L. 12 : le 8ᵉ jour avant les ides de mars (8 mars) était le jour de la mort ou de l'inhumation.

L. 13-14 : Leodomundus est celui qui a fait faire la·tombe. L'habituel *posuit* est ici remplacé par une formule avec *iussit,* comme sur deux autres pierres tardives (nᵒˢ 135 et 214 : *fieri iussit*). L'infinitif mutilé était sans doute *p[oni].*

Leodomundus est un nom germanique porté notamment par deux des évêques signataires du concile de Paris en 614 (C. de Clercq, *Concilia Galliae A. 511 - A. 695, C.C.* 148 A, p. 280, l. 161 et p. 281, l. 185). A l'époque mérovingienne, *nepos* peut signifier aussi bien petit-fils que neveu. Il semble que le mot suivant ait été *suus,* le lapicide ayant oublié de répéter le S et mis un O à la place du deuxième V.

Gose avait négligé cette inscription qu'il considérait comme médiévale. L'écriture est au contraire très caractéristique des VIIᵉ-VIIIᵉ siècles, ainsi que les idées exprimées et leur formulation. La pierre a été trouvée à Saint-Maximin, alors que les autres mentions d'une inhumation *ad sanctos* concernent soit Eucharius et Valerius (n° 19), soit surtout saint Paulin (nᵒˢ 134, 170, 193, 194). Elle est contemporaine ou légèrement antérieure à la plus ancienne *Vie de saint Maximin* connue (VIIIᵉ siècle : *AA. SS. Mai.* VII; cf. n° 19) et confirme l'essor du culte de Maximin à ce moment-là.

I, 195

Trèves, nécropole de Saint-Paulin - Saint-Maximin. Trouvée en 1870 à Saint-Paulin, « dans le couvent du Bon Pasteur, à l'extrémité du jardin derrière la maison principale » (*Jahresber.*). Conservée au *Rheinisches Landesmuseum.*

Jahresber. d. Gesellsch. f. nützl. Forschungen, 1869/71, p. 143 (sans nom d'auteur).
KRAUS, *add.* (de HETTNER), p. [7], n° 306.
F. HETTNER, *Röm. Steindenkmäler,* n° 385 (BUECHELER 1742).
CIL XIII, 3916 (RIESE 4406, 2; DIEHL 1744; DACL, s. u. *veuve,* col. 3026, n° 26).
GOSE 484.
Révisée par N. Gauthier en 1968.

Partie supérieure droite d'une plaque de marbre blanc; h. 16; l. 28; ép. 2,4; lettres : 2,2-2,7 cm.

```
      [...] pietasque  pudoṛ/quẹ
      [...]ṭ tempore lucịṣ
      [... u]iduitatis ḥ[on...]
   4  [...]ṛạṇ[...]
```

On reconnaît un certain nombre de thèmes chers à la poésie métrique : il s'agit d'une femme, remarquable par sa *piété* et sa *pudeur,* qui a cessé de jouir de la *lumière* du jour. Elle avait connu un certain temps de *veuvage.*

L'allure générale de la paléographie n'est pas sans rappeler quelque peu celle du n° 196 : dans les deux cas, les lignes sont particulièrement espacées et courent entre les deux traits d'une double réglure à peine incisée que les O n'atteignent pas tout à fait, les lettres sont de largeur très variable (O, C, D, T sont très larges, V, E sont assez étroits), la base courbe du L est entièrement située au dessous de la ligne, la boucle du P est ouverte.

Mais ici, les A sont plus larges, avec un sommet aplati et une traverse brisée, le M (l. 2) est aussi particulièrement large. Le bord primitif est conservé en haut. A droite, il a disparu mais l'on possède la fin des deux premières lignes; le lapicide, soucieux de faire coïncider la fin de la ligne et la fin du vers mais manquant de place, a placé QVE au dessus de la l. 1. Au début de la l. 2 subsiste dans la cassure le bas d'un T et l'extrémité droite de son linteau; à la fin de la même ligne, il ne reste plus que la partie supérieure du I et du S. A la fin de la l. 3, on aperçoit dans la cassure l'extrémité gauche de la traverse qui unit les deux hastes du H. La dernière ligne est très mutilée : R et A ne sont pas douteux; avant le R, on distingue un petit trait horizontal en haut de la ligne (E, F ou T); après le A, la partie supérieure d'une haste verticale et d'une traverse oblique qui ne peuvent appartenir qu'à un N (malgré Bücheler qui hésite entre N et V). Ligature VD, l. 1.

Il suffit de scander ce fragment pour y reconnaître des fins d'hexamètres :

$$[\_\overset{\smile\smile}{}/\_\overset{\smile\smile}{}/\_\overset{\smile\smile}{}/]\ \text{pi\~et\'asqu\~e}\ \text{p\~ud\=orqu\~e}$$

$$[\_\overset{\smile\smile}{}/\_\overset{\smile\smile}{}/\_\overset{\smile\smile}{}/\_\_]t/\ \text{t\=emp\~or\~e}/\ \text{l\=uc\~is}$$

(sic)

$$[\_\overset{\smile\smile}{}/\_\overset{\smile\smile}{}/\_\overset{\smile\smile}{}/\ \text{u}]\text{id\~u\~it\'atis}\ \text{h}[\overset{\smile}{o}\text{n}.....]$$

Il manque donc à gauche trois à quatre pieds.

L. 1 : contrairement, semble-t-il, au n° 196, le mot *pieta*s paraît devoir être pris ici dans son acception chrétienne de « dévotion religieuse ». Dans ce cas, on le trouve souvent joint à *fides* (Diehl 87, 1 = *ICVR* I, 654; Le Blant 473, *fide pietateque potens;* Diehl 4752, 2 = *ICVR* II, 447, 200; etc.). Sur une pierre datée de 376, on trouve *fidis, pudor et pietas* (Diehl 365 = CIL XI *add.* p. 1296). A Vienne, on a [*p*]*ietas ... probitasq*(*ue*) *pudorq*(*ue*) (Le Blant 457 b).

L. 2 : la lumière était pour les Anciens le symbole même de cette vie (cf. *lumen,* n° 98) et la poésie funéraire évoque volontiers la mort à l'aide d'images montrant le défunt abandonnant la lumière du jour. Cependant, l'expression *tempus lucis* n'est pas attestée dans le recueil de Diehl; on trouve plutôt *tempus uitae,* comme au n° 197.

L. 3 : tous les auteurs restituent [*u*]*iduitatis h*[*onore*] ou *h*[*onestae*]. Ces deux derniers mots s'accordent avec les exigences métriques alors que la première syllabe de *uiduitas* est brève là où l'on attendrait une longue. Ce dernier mot est rarement attesté (Le Blant 473; Diehl 1719 = *ICVR, n. s.* (I), 3148; Diehl 2359 = CIL V, 7792); on trouve plutôt *uidua* (Diehl 1735-1745). Dans la plupart des épitaphes où elle apparaît, la mention du veuvage peut être interprétée comme une simple indication d'état-civil, sans qu'une valeur spirituelle particulière paraisse attachée à cet état : elle complète la mention de l'âge et éventuellement celle de la durée de la vie conjugale (par ex., Diehl 1737 = CIL IX, 5517). Il ne semble pas en être de même ici où le contexte, dans la mesure où on peut l'imaginer, implique une considération particulière pour la situation de veuve (si l'on restitue *honore*) ou, au moins, pour les mérites qu'acquiert une veuve de conduite honorable (si l'on restitue *honestae*). Un sentiment analogue est exprimé sur une autre inscription de Gaule (Le Blant 473, *uiduitatis fructibus rifert*[*a*]). Peut-être s'agit-il ici d'une de ces veuves consacrées à Dieu dont il est souvent question dans les conciles gaulois (notamment au concile de Tours en 567, canon 21 : C. de Clerq, *Concilia Galliae,* II, p. 184-188). Les qualités attendues d'une veuve sont explicitées sur une épitaphe milanaise (Diehl 1740 = CIL V, p. 618, 10) : *laeta suis lacrimis, ieiuno corpore pasta, prodiga pauperibus, nam sibi parca nimis, nec satis ista putans eadem post fata reliquit* (cf., à Tabarka, Diehl 1743 = *Bull. arch. du Comité des Trav. histor.,* 1911, p. CLXXII, [*ui*]*duitatis et ue*[*r*]*ecundie preconium, castita*[*t*]*is et p*[*i*]*etatis exe*[*mplum*]).

Au lieu de *uiduitatis,* on pourrait compléter *assiduitatis* ou *indiuiduitatis* mais aucun de ces deux mots n'est attesté en épigraphie chrétienne.

L. 4 : peut-être le verbe *transire* apparaissait-il ici (cf. n° 134). Toutefois, bien d'autres restitutions sont possibles.

L'analogie paléographique avec le n° 196 peut faire penser que les deux épitaphes ne sont pas trop éloignées dans le temps. Par ailleurs, pour autant qu'on puisse juger, la versification était à peu près correcte, ce qui n'est plus le cas dans des inscriptions évidemment tardives comme les n°s 134 et 170. Les énumérations de vertus comme celle de la l. 1 ont été très en faveur dans la Gaule du VIe siècle (cf., par exemple, l'épitaphe métrique de l'évêque de Lyon Sacerdos, mort en 552, Le Blant, *N. R.* 6). Enfin, il existe certains points de comparaison possibles avec le n° 194 : dans les deux cas, le lapicide a mis un vers par ligne, en plaçant les dernières lettres du vers au dessus de la ligne si la place disponible s'avérait insuffisante; on trouve aussi (l. 4 au n° 194, l. 1 au n° 195) des ligatures avec V qui n'apparaissent par ailleurs qu'aux n°s 30, 32, 63, 66, 72, 134, 138 et 177. Toutes ces indications convergent vers le VIe siècle qui a donc des chances d'être l'époque de notre *titulus.*

I, 196

Trèves, nécropole de Saint-Paulin - Saint-Maximin. Trouvée en 1902 dans le cimetière de Saint-Paulin. Semble perdue (un certain nombre de fragments, trouvés à Saint-Paulin, ont disparu : ils ne se trouvent ni à Saint-Paulin, ni au *Bischöfliches Museum,* ni au *Rheinisches Landesmuseum,* sans être officiellement considérés comme perdus).

NESSELHAUF 40.
GOSE 532.

Fragment d'une plaque de marbre blanc; h. 25,5; l. 19; ép. 4,5; lettres : 2-2,3 cm.

```
        [...]ṃis sola[...]
        [... t]etulo pietạ[...]
        [...]ṛaui et casu p[...]
 4      [... men?]ses undeciṃ [...]
        [... uix?]it an[...]
```

Il est impossible de se faire une opinion sur l'étendue de ce qui manque. Les lignes, guidées par une double réglure, étant particulièrement espacées, il y a peut-être eu d'autres lignes au dessus du haut de la pierre tel qu'on le voit sur la photo. Au dessous de la l. 5, des traits semblent indiquer qu'il y avait encore au moins une ligne (à moins que ce soient des restes de décoration ?). Les lettres sont dans l'ensemble plus hautes que larges; cependant, les courbes des C, des D, des O sont à peu près circulaires. La base souple des L se prolonge sous la lettre suivante; le A a une traverse rectiligne; les E sont étroits, la boucle du P est ouverte, les hastes du M verticales et ses traverses se joignent un peu au dessous du milieu de la ligne. Il y a deux ligatures : AV (l. 3) et ND (l. 4).

À la l. 1, Nesselhauf note IIS; mais la première lettre est un M dont on voit nettement les traverses. Au début de la l. 2, on aperçoit l'extrémité d'un trait horizontal qui peut avoir appartenu à un E ou à un T (le contexte montre que c'était un T). À la fin de la même ligne, on reconnaît un A dans la cassure. Au début de la ligne suivante subsiste un trait oblique plus incliné que la haste d'un A et qui appartenait donc à un R. À la fin de cette ligne, la boucle du P est bien visible (Nesselhauf note I).

Un fragment aussi mutilé ne permet pas de se rendre compte si l'inscription était rédigée en vers mais on peut observer que les quelques mots identifiables appartiennent au vocabulaire habituel des épitaphes métriques. On reconnaît le vulgarisme *tetulo,* si fréquent à Trèves (*Intr.,* § 49).

L. 1 : comme le suggère Gose, on peut compléter *sola[men]* ou *sola[cium],* deux mots qui apparaissent volontiers dans les inscriptions métriques. Si les deux premières lignes expriment une seule idée, celle-ci peut être que les soins apportés aux funérailles et à la tombe constituent pour les proches la seule consolation à la perte d'un être cher (cf., par ex., Diehl 3606 = CIL V, 8988 *d : memoriam corpori posui cuius aspectum aliquid solacii fore confido* ou, plus proche dans sa formulation, Bücheler 1203, 9-10 : *Dat tamen haec patronae pietas solacia fidae / iugera quot terrae dedicat hic tumulus*). Le mot *solamen* se trouve à Trèves au nº 192. À titre de pure hypothèse, on peut songer pour compléter le premier mot à *[lacri]mis* ou à un adjectif au superlatif.

L. 2 : on reconnaît les mots *titulus* et *pietas* (ce dernier se retrouve au nº 195). Gose suggère : *[t]etulo(m) pieta[te fecerunt]* mais la rareté des confusions sur les cas à Trèves (*Intr.,* § 83) rend cette hypothèse improbable.

L. 3 : pour le premier mot, on peut songer, avec Nesselhauf et Gose, à *[g]ravi. Casus* apparaît deux fois au nº 106.

L. 4 : est-ce la mention d'une durée de 11 mois ? L'âge, en tout cas, paraît indiqué à la ligne suivante.

Il faut se résigner à ne pas savoir plus de cette épitaphe que ce qu'elle veut bien nous apprendre, c'est-à-dire fort peu de choses et malheureusement rien qui puisse donner la moindre indication sur sa date. Il n'est pas exclu cependant, à cause d'une certaine parenté paléographique (voir nº 195), qu'elle date du même siècle que le nº 195 (c.-à-d. peut-être le VIᵉ). Comme il arrive parfois pour les épitaphes à prétention poétique, ce sont le lieu de trouvaille et la date plutôt que le vocabulaire employé qui attestent le caractère chrétien du *titulus.*

I, 197

Trèves, nécropole de Saint-Paulin - Saint-Maximin. Trouvée en 1911 dans la cheminée de la maison du sacristain. Semble perdue (voir n° 196).

NESSELHAUF 41, 14.
GOSE 617 (fragm. inf. gauche) et 643 (R. EGGER, *Bonn. Jahrb.* 157, 1957, p. 332; G. BRUSIN, *Röm. Quartalschr.* 54, 1959, p. 134).

Trois fragments d'une plaque de marbre blanc; h. 33; l. 54; ép. 5,8; lettres : 3,7 cm.

[...]o tempore uit[ae]
[... p]retium
[...] re[de?]mtum

Le principal intérêt de ce petit fragment réside dans la bande d'encadrement qui présente une similitude frappante avec celle du n° 214 et authentifie ainsi cette inscription suspecte (voir n° 214) : sur le fragment de gauche subsistent une grappe et une feuille de vigne, sur celui de droite la tête d'un oiseau picorant un grain.

La paléographie n'est pas sans présenter également quelque analogie avec celle du n° 214 : lettres raides, plutôt larges à l'exception du E qui est au contraire étroit, O bien circulaires, M aux hastes verticales dont les traverses se joignent un peu au dessous du milieu de la ligne. La décoration montre que l'on a la l. 1 de l'inscription et l'espace disponible à droite de la l. 2 que c'était la fin de la ligne; il ne doit donc pas manquer grand-chose à droite aux l. 1 et 3.

Cette disposition en lignes inégales jointe au vocabulaire employé suggère qu'il s'agit d'une épitaphe métrique et que la disposition en vers est respectée sur la pierre. Et en effet les quelques mots que l'on a là constituent les derniers pieds d'un distique et demi :

$$...o\,/\,t\bar{e}mp\breve{o}r\breve{e}\,/\,u\bar{\imath}t\breve{..}...$$

$$...\,p]r\breve{e}ti\breve{u}m$$

$$...\,r\breve{e}d\bar{e}mt\breve{u}m$$

On peut en conclure qu'à la l. 1, il manque tout juste la désinence du mot *uita* et que la l. 3 est complète à droite. A gauche, il manque environ 4 pieds.

Toute tentative de restitution d'une inscription aussi fragmentaire est par avance vouée à l'échec.

L. 1 : il faut sans doute restituer *tempore uit[ae],* formule courante des inscriptions métriques (Diehl 1747, 5 = CIL XI, 2836 add. p. 1296; Diehl 3360, 1 = CIL V, 6742; Diehl 3443 A, 1 = *ICVR, n. s.* (I) 1146; Diehl 3426, 3 = CIL VIII, 20 907). Nesselhauf, suivi par Gose, suggère : [*... duct?]o tempore uit[ae ? ...*] (ces deux auteurs n'ont pas vu qu'on avait pratiquement la fin de la ligne); Egger propose : [*pr]o tempore uita[e],* ce qui est plus vraisemblable. Mais on peut aussi songer à un adjectif se rapportant à *tempore.* L'expression *tempore lucis* apparaît au n° 195.

L. 2 : on ne peut guère restituer que *pretium* (Nesselhauf, Gose) qui satisfait aux exigences du mètre et qui apparaît parfois dans les inscriptions métriques (4 fois dans Diehl).

L. 3 : Nesselhauf, suivi par Gose, lisait *...eredem tum...* Brusin et Egger ont à juste titre proposé de reconnaître plutôt le mot *redemtum* (pour *redemptum*). A vrai dire, les premières lettres du mot sont fort peu lisibles sur la photo : la première pourrait aussi bien être P ou B, la 3e B, P, R, la 4e se réduit à son extrémité supérieure. Cependant, aucun autre mot que *redemtum* ne paraît compatible avec ces restes de lettres. Quant à la lettre précédant le R, où Nesselhauf et Gose ont cru reconnaître un E, je ne me hasarderai pas à en proposer une identification. Le mot *redemptus/a* apparaît un certain nombre de fois en épigraphie chrétienne (Diehl 1614-1615 *cum adn.,* 1718, 3485, 4837, 10).

Ce fragment pourrait être à peu près contemporain de l'épitaphe d'Aufidius (n° 214) avec laquelle il présente une telle ressemblance par sa décoration et sa paléographie, donc précarolingien. Cependant, le motif d'encadrement remonte au Ve siècle. On peut se demander si les auteurs du n° 214 ont puisé leur inspiration sur des exemples anciens du Midi de la Gaule ou d'Italie ou bien si ce thème méditerranéen avait aussitôt pénétré à Trèves où on l'aurait repris pour faire l'épitaphe d'Aufidius. Dans le deuxième cas, le fragment que l'on a ici pourrait être l'un de ces modèles anciens et remonter au Ve siècle. La présence de distiques, plus difficiles à composer et plus rares que de simples hexamètres, me paraît un argument en faveur de cette datation haute (cf. n° 90).

I, 198

Trèves, nécropole de Saint-Paulin - Saint-Maximin. Trouvée en 1903 *an der Paulinuskirche* (CIL). Conservée au *Rheinisches Landesmuseum*.

CIL XIII, 3785 (DIEHL 1170 *adn.*).
GOSE 511.
Révisée par N. Gauthier en 1968.

Partie inférieure droite d'une plaque de marbre blanc veiné de gris; h. 24; l. 29; ép. 4; lettres : 3,5 cm. Légèrement endommagée au cours du bombardement de 1944.

(avant 1944)

[...]APRES[...]
[...]*re* locus.
colombe

L'écriture est bien caractéristique des inscriptions paléochrétiennes de Trèves de bonne facture : lettres de dimensions constantes, plus hautes que larges, régulièrement espacées, L à base courbe descendant au dessous de la ligne, fréquent dans cette nécropole (nos 109, 126, 160, 174, 184, 195, 196). Les lettres sont plus espacées à la deuxième ligne qu'à la première. Au dessous du texte subsiste une colombe, motif trévire par excellence (*Intr.,* § 43), qui, avec une autre colombe symétrique à gauche, devait encadrer un motif central, sans doute un chrisme ou une croix monogrammatique. Comme en bien d'autres cas, les deux pattes de la colombe semblent prendre naissance du même côté, faute d'un trait marquant la perspective (cf., par ex., nos 108 et 183).

Un petit fragment en haut à gauche a disparu en 1944. D'après la photo conservée de l'état ancien, on distinguait au début de la première ligne un trait horizontal au bas de la ligne (C ou plutôt E), puis le bas d'une haste verticale et un trait oblique (K ou plutôt R car la barre du K descend rarement aussi bas, cf. n° 21 ou 127); au début de la deuxième ligne, le R aujourd'hui très mutilé était presque entier. La fin de la l. 1 fait problème. On reconnaît aisément la partie inférieure de la courbe d'un S. Puis viennent des restes de lettres que CIL, Diehl et Gose interprètent comme appartenant à un B, ce qui leur permet d'identifier à la l. 1 le mot *presbiter*. Cette hypothèse est insoutenable car les traits qu'on aperçoit sont tous rectilignes et il n'y a pas trace de la panse d'un B. Il me semble reconnaître d'abord l'empattement inférieur d'une haste verticale susceptible d'appartenir à un T (si le linteau était au dessus de la ligne et donc du S précédent) ou à un I, puis la haste gauche d'un A dont l'autre haste apparaît vraisemblablement à droite dans la cassure. Ce A était la dernière ou l'avant-dernière lettre de la ligne.

Une fois écartée la restitution *presb[iter]*, le seul mot identifiable sur ce petit fragment est *locus* qui, dans la langue épigraphique, signifie « lieu de sépulture ». La présence de ce mot n'est d'ailleurs pas sans intérêt car il est aussi rare en Gaule qu'il est fréquent à Rome : on le trouve à Aoste (Isère) en 496 (Le Blant 391), à Lyon (Le Blant 44, 55, 56 ; *N.R.* 14), enfin à Trèves (n° 19).

Il est certain que cette épitaphe n'était pas rédigée selon le formulaire traditionnel (*Intr.*, § 38-40). On peut se demander si elle n'avait pas des prétentions poétiques mais il faut observer que la première syllabe de *locus* est normalement brève (cf. n° 19) alors que l'avant-dernière syllabe d'un hexamètre doit être longue. Cependant, on trouve aussi, quoique plus rarement, des épitaphes métriques composées de distiques (cela semble être le cas au n° 197) et l'avant-dernière syllabe d'un pentamètre est une brève. La paléographie et la facture de la colombe donnent à penser que ce *titulus* doit remonter au ivᵉ ou au vᵉ siècle. Le mot *locus,* qui suggère une influence venue de Rome, est un indice allant dans le même sens.

I, 199

Trèves, nécropole de Saint-Paulin - Saint-Maximin. Trouvée en 1922 dans la *Thebäerstr., neben dem Gasthaus Pieper.* Conservée au *Rheinisches Landesmuseum.*

GOSE 668.
Révisée par N. Gauthier en 1968.

Deux fragments de la partie droite d'une plaque de marbre blanc ; h. 15 ; l. 13,5 ; ép. 2,5 ; lettres : 2,5 cm.

[...]ṣ pr(es)b(yter)
[...]t d(e)p(ositio/us) XV
[... i]a[n... ?]

Ce petit fragment est convenablement gravé. Les lignes sont guidées par une légère réglure. Les boucles des P, R, B sont ouvertes. Des tildes abréviatifs surmontent les lettres PRB (l. 1), la lettre A et celle (ou celles) qui précède (l. 3). Au début de la l. 2 subsiste avant le T une haste qui peut être un I ou appartenir à un N. Après le A de la l. 3, je crois reconnaître un N.

Il est vain d'essayer d'imaginer le contenu de l'inscription d'après ce minuscule fragment. Les deux mots qui y figurent n'ent sont pas moins intéressants puisque l'épigraphie trévire ne nous fait guère connaître de prêtres (n° 142 A et 214) et que la mention de la date d'inhumation est aussi relativement rare (*Intr.*, § 41). A la l. 3, si le A est bien suivi d'un N comme je le crois, il faut identifier le mot *ianuarius.*

La date de l'inhumation n'est pas attestée, à Trèves, sur des pierres sûrement antérieures à 450.

I, 200

Trèves, nécropole de Saint-Paulin - Saint-Maximin. Trouvée en 1936 à Saint-Maximin (*in und neben der Abtei, Trier. Zeitschr.* à propos de plusieurs trouvailles). Conservée au *Rheinisches Landesmuseum.*

Trier. Zeitschr. 12, 1937, p. 281 *k* = *Trier. Berichte* 1936, p. 281 *k* (sans nom d'auteur; H. KOETHE selon Nesselhauf).
NESSELHAUF 33, 3.
GOSE 520.
Révisée par N. Gauthier en 1967.

Partie supérieure droite d'une plaque de marbre blanc; h. 14; l. 15; ép. 2,5; lettres : 2 cm.

[Hic quiescit in pa]ce fedelis
[... qui/quae uixi]t an(nos) p(lus) m(inus)
[...; titulum pos]uit Ex-
4   [... ...]ẹ.

Les lettres et les lignes sont régulièrement espacées. Le C est plus ouvert que la normale, la barre supérieure du F est oblique (cf. notamment nᵒˢ 60, 68, 85, 214), les E sont très étroits, la base du L, comme souvent à Trèves, descend au dessous de la ligne et se poursuit sous la lettre suivante. La traverse du N rencontre la deuxième haste en son milieu. Des points de ponctuation séparent les mots des l. 2-3; il y en a même un entre les deux lettres de l'abréviation *an(nos)*, comme aux nᵒˢ 22 et 34. Il y a en outre entre le T de la l. 2 et le point qui précède A une espèce d'étoile à trois branches qui est une fantaisie du lapicide. De petits tildes ondulés marquent les abréviations; il y en a un au dessus de chaque lettre d'*an(nos)*, comme aux nᵒˢ 22, 31, 81, 131. Au dessous de la l. 3, on distingue les restes de deux lettres, la première est un V ou un M (seule la partie supérieure des traits obliques est sûre), la seconde un E ou un F (seul E est satisfaisant pour le contexte).

Il est facile de reconstituer la plus grande partie de l'inscription à partir de ce petit fragment tant les formules sont attendues.

L. 1 : il faut compléter [*hic quiescit* ou *requiescit in pa*]*ce fedelis;* le rapprochement de *fidelis* et *in pace* n'est pas rare à Trèves (voir n° 9).

L. 2 : au début de la ligne apparaissait le nom du défunt qui semble avoir été une femme (voir l. 4). Puis venait son âge, donné approximativement.

L. 3 : la formule *titulum posuit* précédait, comme il arrive (*Intr.,* § 40), le nom du dédicant qui commençait par *Ex-* (cf. *Exsuperius,* n° 165, et *Exsoperantia,* n° 123). Il faut exclure l'éventualité, envisagée par Nesselhauf, d'une formule *ex...,* dont l'épigraphie trévire n'offre aucun exemple (sauf au n° 166 ?).

L. 4 : après la fin du cognomen, je restituerais une formule comme *coniugi carissime* (si l'avant-dernière lettre est un M) ou *coniugi sue* (si l'avant-dernière lettre est un V). Le E final semble la désinence d'un datif féminin. Cette ligne devait être la dernière si l'épitaphe était aussi banale qu'elle le paraît.

A cause de la formule *plus minus* (*Intr.*, § 39), cette pierre ne saurait être antérieure aux dernières décades du ivᵉ siècle. Comme le groupement *in pace fidelis* n'est plus attesté à Trèves après le vᵉ siècle (*Intr.*, § 139), elle doit dater de ce siècle.

I, 201

Trèves, nécropole de Saint-Paulin - Saint-Maximin. Trouvée à Saint-Maximin en 1918. Conservée au *Rheinisches Landesmuseum*.

GOSE 565.
Révisée par N. Gauthier en 1967.

Fragment d'une plaque de marbre blanc dont le bord primitif est conservé à gauche; h. 12; l. 12,7; ép. 4,3; lettres : 1,3-2,3 cm.

    X̣LII, [...]
    titul[um posuit];
    obiit in p[ace ...]
  4 k(a)l(endas) [...]

Les lignes sont espacées mais les lettres serrées. La paléographie est de bonne facture. Le linteau des T est légèrement arqué. Le O est plus petit que les autres lettres. A la l. 1, après le nombre reconnaissable aux II plus courts et enclavés dans le L qui précède, on aperçoit une haste et le bas d'une boucle qui peut avoir appartenu à un B ou à un D (Gose croit pouvoir identifier un D). A la fin de la l. 3 subsiste l'extrémité inférieure de la haste gauche du A. La l. 4 commence en retrait. Gose a vu : F + +. En réalité, on voit clairement un K à barres très courtes comme aux nᵒˢ 21 et 205 puis, assez éloigné du K, un L dont la haste est barrée en signe d'abréviation (cf. nᵒ 127), enfin une autre haste barrée correspondant au mois (on dirait un I mais il aurait fallu 3 lettres dont seule la dernière est normalement barrée pour dissiper l'équivoque entre janvier, juin et juillet; on peut aussi penser à un D minuscule si la courbe qu'on aperçoit en bas à gauche n'est pas accidentelle).

Dans ce petit fragment subsiste donc une partie de l'âge du défunt ou de la défunte (l. 1), la formule habituelle *titulum posuit* (l. 2), la formule *obiit in pace* (l. 3) qui, commune dans d'autres régions, n'est attestée à Trèves qu'une seule autre fois, sur une épitaphe fort tardive (nᵒ 147), enfin la date de la mort (*Intr.*, § 41).

Le rapprochement avec le nᵒ 147 aussi bien que le principe d'abréviation (de petits traits horizontaux coupant les hastes) donnent à penser que la pierre doit être tardive, en tout cas pas antérieure au vɪᵉ siècle (la première inscription datée de Gaule portant la mention *obiit in pace* + jour de la mort remonte à 486 : Le Blant 662).

Trèves, nécropole de Saint-Paulin - Saint-Maximin. Trouvée en 1911 dans l'église Saint-Paulin, à 1,50 m env. au dessous du niveau actuel. Perdue, semble-t-il.

GOSE 567.

Fragment d'une plaque de marbre blanc dont le bord primitif est conservé en haut, en réemploi (le dos porte une autre inscription, vraisemblablement païenne); h. 24; l. 17,5; ép. 3; lettres : 2,5-3 cm.

Face

bande décorative
[...]NE[...]
[...]XIIIIC[...]·
[...] cum pa[ce ?...]
4   [hab?]uit dep[ositionem ...]

Dos

Les lignes sont guidées par une double réglure légèrement incisée. Les lettres sont espacées, régulières, gravées avec soin. En haut de la pierre subsiste un petit morceau d'un encadrement qui devait faire tout le tour de la pierre comme aux n°s 135 et 191. Ce feston est très proche, quoique plus élaboré, de celui du n° 191 et plus encore peut-être de celui du n° 231 (mais la comparaison est difficile parce que la partie conservée n'est pas la même sur les deux fragments).

Ce fragment est trop mutilé pour qu'on devine le contenu du texte. En l'absence de vérification possible sur la pierre, on ne peut même pas affirmer que la première lettre de la l. 1 est un T (ce qui paraît un linteau n'est peut-être qu'une veine plus foncée du marbre suivie d'un trou accidentel) ni que la quatrième lettre de la l. 2 est bien un I. A la l. 3 apparaît peut-être la formule *cum pace,* comme au n° 176. La l. 4 contenait sûrement la date d'inhumation, peut-être avec le verbe *habuit.* comme au n° 153 (ou encore *fuit :* cf. n° 135).

La pierre me semble contemporaine du n° 191 (VIIe-VIIIe siècle).

I, 203

Trèves, nécropole de Saint-Paulin - Saint-Maximin. Trouvée dans le cimetière de Saint-Paulin. Perdue, semble-t-il.

GOSE 566.

Fragment d'une plaque de marbre blanc; h. 18; l. 20; lettres : 2-2,5 cm.

```
        [...]MA[...]
        [...]PLVCH[...]
        [habu?]it deposit[ionem]
4          [...]DIAXIOC[...]
```

Les lignes sont droites et espacées, les lettres larges et de belle facture. Il semble que la l. 4 soit la dernière du texte.

L'état de mutilation est tel que l'inscription est totalement incompréhensible. On reconnaît seulement, à la l. 3, le mot *depositio* ou *depositus/a* (voir *Intr.*, § 41), peut-être précédé de *fuit* (comme au n° 135) ou *habuit* (comme au n° 153). « On dirait, note A. Ferrua (*Akten,* p. 302), qu'à la dernière ligne, il y a [*sub*] *diae XI oc*[*tobris*], avec la numérotation continue des jours du mois ». On attend en effet ici une date et les lettres OC, encadrées de signes de ponctuation, pourraient bien être l'abréviation d'*octobris*. Mais la numérotation continue des jours du mois s'exprime normalement par la formule *quod fecit mensis ... dies ...,* comme au n° 147. D'autre part, il n'y a pas trace sur la photo du E ajouté par Ferrua pour faire *diae*.

I, 204

Trèves, nécropole de Saint-Paulin - Saint-Maximin. Trouvée en 1953 au sud de Saint-Maximin, en construisant le *Versorgungsamt* (*Intr.*, § 12). Conservée au *Rheinisches Landesmuseum*.

GOSE 510.
Révisée par N. Gauthier en 1967.

Fragment d'une plaque de calcaire dont le bord primitif est conservé à gauche et sans doute en bas; h. 17; l. 20,5; ép. 4,8; lettres : 2 cm.

reces[sit in]
pace fed[elis]
noniṣ [...].

On possède la partie inférieure gauche du texte, dont la dernière ligne commence en retrait; un large espace vierge subsiste au dessous du champ épigraphique. Les lettres sont régulières, larges et espacées, la gravure est profonde. Le A est aplati à son sommet et sa traverse est horizontale. Le F a trois barres, comme il arrive parfois (voir nº 106); il se distingue du E par sa barre supérieure plus longue et cintrée vers le haut (cf. nº 215). A la fin de la l. 1 ,on aperçoit une courbe qui ne paraît pas accidentelle, mais ne correspond pas à un S semblable au précédent. A la fin de la l. 2 subsiste la haste du I ou du E qui suivait. A la l. 3, il reste la partie gauche du S de *nonis*.

L'intérêt de ce fragment réside dans le formulaire qui, banal ailleurs, n'est pas commun à Trèves. *Fedelis* — pour *fidelis* (voir *Intr.*, § 49) — est souvent joint à *in pace* (voir nº 9) mais *recessit in pace* + date n'est pas autrement attesté à Trèves (*recessit* + date : nᵒˢ 97 et 170; *recessit in pace,* sans la date : peut-être au nº 37).

La formule *recessit in pace* ne fournit guère d'indication chronologique puisque, dans les inscriptions datées de Gaule, elle apparaît de 347 à 509 (Le Blant 596; CIL XII, 1498).

I, 205

Trèves, nécropole de Saint-Paulin - Saint-Maximin. Trouvée en 1922 dans la *Thebäerstr.,*
neben dem Gasthaus Pieper. Conservée au *Rheinisches Landesmuseum.*

GOSE 495.
Révisée par N. Gauthier en 1968.

Partie inférieure gauche d'une plaque en marbre blanc; h. 30; l. 14; ép. 2; lettres : 3 cm.

ẸṢ[... ?u]-
ixiṭ [annos ...]
IDEṾ[...]
4   titu[lum posuit/erunt ...]
k(a)l(endas) [...]

Le texte était gravé avec soin à l'intérieur d'une double réglure. Il semble avoir été rédigé
conformément au schéma trévire (*Intr.,* § 38-40) : l'indication du nom du défunt, avec un verbe
comme *quiescit* (l. 1), son âge (vraisemblablement l. 2), puis le nom du dédicant (l. 3 : ...*ideu*...
ou *Ideu*[s], nom attesté par une inscription chrétienne de Rome, Diehl 4672 = *Bull. Arch. Crist.*
1886, p. 69, 75), suivi de la formule *titulum posuit* (l. 4; il n'est pas impossible qu'il y ait eu
plusieurs dédicants).

Je n'ai relevé un fragment aussi mutilé que parce qu'à la l. 5 apparaît le vestige de la date
de l'inhumation qui n'est pas si commune à Trèves (*Intr.,* § 41).

I, 206

Trèves, nécropole de Saint-Paulin - Saint-Maximin. Trouvée en 1953 au sud de Saint-Maximin, en construisant le *Versorgungsamt* (*Intr.*, § 12). Conservée au *Rheinisches Landesmuseum*.

GOSE 509.
Révisée par N. Gauthier en 1967.

Fragment gauche d'une plaque en marbre blanc dont la surface n'a pas été polie, sans doute en réemploi (le champ épigraphique est en saillie par rapport au bord qu'on aperçoit à gauche); h. 15; l. 23,5; ép. 3,8; lettres : 2-3,5 cm.

qui port[a]-
uiṭ annọs [...]

Ce fragment doit avoir été retaillé en haut et à droite pour une nouvelle utilisation car il est impossible que le texte de l'inscription ait commencé par le relatif *qui*. La gravure est de qualité médiocre, les lettres de formes et de dimensions fort irrégulières. La l. 1 et les lettres VI, l. 2, sont en capitales, le reste de la l. 2 en minuscule. Gose a lu : QVIDOR.../VIC... On distingue nettement la haste du P descendant au même niveau que celle du R un peu plus loin tandis que le O, comme il arrive assez souvent à basse époque, est beaucoup plus petit que les autres lettres. A la fin de la l. 1 apparaît l'extrémité gauche du linteau du T.

On reconnaît ici la formule *portauit annos,* qui est attestée dans d'autres inscriptions de Gaule (Le Blant 337 A, *N. R.* 224, 226 et 66 à Gondorf) et qui est l'équivalent du *tulit annos* qui apparaît plusieurs fois à Trèves même (voir n° 37).

P(o)rtat annus XXXV apparaît sur une inscription datée de 530 (Le Blant, *N. R.* 226). Cette indication chronologique est trop isolée pour qu'on puisse en conclure que notre fragment est du VIᵉ siècle. Disons seulement que les inscriptions où l'âge est introduit de cette manière paraissent toutes postérieures au Vᵉ siècle.

I, 207

Trèves, nécropole de Saint-Paulin - Saint-Maximin. Trouvée en 1918 à Saint-Maximin Conservée au *Rheinisches Landesmuseum*.

GOSE 494.
Révisée par N. Gauthier en 1968.

Fragment d'une plaque de marbre blanc; h. 17,5; l. 13,5; ép. 2,5; lettres : 2-2,5 cm.

　　　[Hic qui]esci[t ...]
　　　[...] qi u[ixit ann...]
　　　[...] tetol[um posuit]
4　　[...]ia su[...]
　　　[...]A[...]

Les lignes sont guidées par une réglure. La gravure est assez légère. Le cercle du Q n'est pas fermé : le même *ductus* apparaît sur une inscription de Grésy-sur-Aix (Le Blant 388 A) datée de 486 ou 522. On ne trouve, à Trèves, un E oncial de même type qu'au nᵒ 178 (dernière ligne). Le L a une base oblique, les A ont une traverse brisée.

Le principal intérêt de ce petit fragment est d'ordre linguistique. Si la forme *tetolum* pour *titulum* résulte de « vulgarismes » extrêmement communs à Trèves (*Intr.*, § 49 et 51), l'amuissement de la semi-voyelle [w] après *q* dont témoigne *qi* (l. 2) y est au contraire fort rare (*Intr.*, § 70).

Le formulaire était apparemment banal (*Intr.*, § 38-40).

Cette épitaphe ne doit pas être antérieure au VIᵉ siècle car le premier exemple de E oncial sur les inscriptions datées de Gaule remonte à 527 (Le Blant 613 A).

I, 208

Trèves, nécropole de Saint-Paulin - Saint-Maximin. Trouvée entre 1853 et 1856 devant l'église Saint-Paulin (selon Hettner, le dos de la pierre portait de la main de Schmitt : *Vor der Paulinus-kirche 185 ?*, le dernier chiffre étant illisible; la trouvaille est postérieure à 1853, date de la parution de son ouvrage sur Saint-Paulin, puisqu'elle n'y figure pas, et antérieure à sa mort, survenue en 1856). Conservée au *Rheinisches Landesmuseum*.

KRAUS 245 et *add.* (de HETTNER), p. [6].
F. HETTNER, *Röm. Steindenkmäler,* n° 382 (BUECHELER 1735).
CIL XIII, 3912 (RIESE 4406, 1).
GOSE 480.
Révisée par N. Gauthier en 1968.

Fragment gauche d'une plaque de marbre blanc; h. 8; l. 15; ép. 2,4; lettres : 2,2-2,7 cm.

[f]unere[...]
offegio [...]

Le lieu de trouvaille, le fait qu'il s'agisse d'une petite plaque de marbre, la gravure assez médiocre font penser que ce fragment pourrait appartenir à une inscription chrétienne (sans doute métrique). A la l. 1, la première lettre devait être un F dont on aperçoit l'extrémité inférieure; la traverse du N a disparu dans la restauration qui a sans doute, en outre, écarté les deux hastes; la courbe qui subsiste après le dernier E peut appartenir à un Q ou à un O (dans ce dernier cas, on peut hésiter entre *funere o*[...] et l'adjectif *funereo*). A la deuxième ligne, on a lu jusqu'ici *offecio* (pour *officio*); après un examen attentif de la pierre, il m'a paru indubitable que le lapicide avait gravé, sans doute par erreur, un G et non un C. Ces deux mots évoquant les derniers devoirs rendus à un défunt appartiennent au vocabulaire poétique de circonstance : Hettner leur trouve deux parallèles dans Fortunat (IV, 12 et IV, 10). Ce fragment est trop petit pour avoir un véritable intérêt.

I, 209

Trèves, nécropole de Saint-Paulin - Saint-Maximin. Trouvée en 1953 au sud de Saint-Maximin, en construisant le *Versorgungsamt* (*Intr.,* § 12). Conservée au *Rheinisches Landesmuseum.*

GOSE 649.
Révisée par N. Gauthier en 1967.

Fragment d'une plaque en marbre blanc, dont le bord primitif paraît conservé en bas; h. 7,5; l. 12,5; ép. 2,2; lettres : 2 cm.

posetus
in albe[s ?]

Le texte est guidé par une réglure presque aussi profondément incisée que les lettres. Le A a une traverse brisée, le L une longue base oblique. Les lignes sont complètes à gauche car les lettres P et I sont rigoureusement l'une au dessous de l'autre et la réglure ne se poursuit pas plus à gauche. Au dessus de la l. 1, un espace vierge subsiste avant la cassure; cependant, il y avait au minimum le nom du défunt avant *posetus :* sans doute le texte était-il disposé de part et d'autre de quelque motif symbolique (par ex., une croix monogrammatique) qui occupait le centre de la pierre.

Ce minuscule fragment présente l'intérêt de fournir un nouvel exemple de la mention de la mort *in albis,* c'est-à-dire avant d'avoir cessé de porter les vêtements blancs caractéristiques du nouveau baptisé; cette formule est surtout attestée en Gaule (voir Le Blant 355). Pour le premier mot, on peut hésiter entre *posetus* et le mot plus habituel [*de*]/*posetus;* le *i* bref a été noté E, conformément à sa prononciation (*Intr.,* § 49). Par contre, il est sans autre exemple à Trèves que le *i* long du datif-ablatif pluriel soit noté E.

I, 210

Trèves, nécropole de Saint-Paulin - Saint-Maximin. Trouvée en 1936 à Saint-Maximin. Conservée au *Rheinisches Landesmuseum*.

Trier. Zeitschr. 12, 1937, p. 281 *h* = *Trier. Berichte* 1936, p. 281 *h* (sans nom d'auteur; H. KOETHE selon
  Nesselhauf).
NESSELHAUF 33, 8.
GOSE 683.
Révisée par N. Gauthier en 1968.

Fragment d'une plaque de marbre blanc, complète à droite; h. 9; l. 11,5; ép. 3; lettres : 2-2,5 cm.

[...]ỵSAN
[...]VIRCO

Je ne relève ce minuscule fragment que parce que le mot *uirgo,* si rare à Trèves (n° 101),
semble y apparaître. On a d'ailleurs lu jusqu'ici *uirgo,* avec un G; cependant, la pierre porte sans
aucun doute possible un C. C se substitue à G dans quelques *cognomina* de Trèves (*Intr.,* § 74)
et il peut en être de même ici. Mais on ne peut exclure l'hypothèse d'une formule comme
N. uir co[niugi sue ...] car je ne suis pas sûre que l'on ait en bas, comme le dit Gose, le bord
primitif. De toutes façons, aucune explication n'est vraiment satisfaisante : s'il faut comprendre
uirco (pour *uirgo*), il est étonnant que cette mention, qui devait caractériser la défunte, n'apparaisse
pas au début de l'inscription; s'il faut lire *uir co[...]*, on attendrait plutôt *uir eius* comme au n° 124
(« son mari »).

I, 211

Trèves. Trouvée en 1903, Kaiserstrasse, n° 30. Conservée au *Rheinisches Landesmuseum*.

GOSE 718 (A. FERRUA, *Riv. Arch. Crist.* 34, 1958, p. 215 et *Akten,* p. 302; E. VETTER, *Rheinisches Museum
  f. Philologie* 103, 1960, p. 371-372).
Révisée par N. Gauthier en 1968.

Plaque de marbre blanc, mutilée de tous côtés, sauf en haut; h. 11; l. 15; ép. 2; lettres : 1,6 cm.

[...] Μεροβαύδ[ου τὸ β′]
[καὶ] Φλα(βίου) Σατορν[ίνου]
[...]ων, μηνὶ [...].

(*Sous le consulat de*) *Merobaudes* (*pour la 2ᵉ fois*) *et de Flauius Saturninus* (383), *au mois de ...*

La paléographie de ce petit fragment n'est pas sans rappeler celle du n° 92, notamment par la forme cursive du M et par le A à traverse rectiligne dont la haste de droite dépasse le sommet vers la gauche. Mais la gravure est moins soignée. Au début de la l. 1, on aperçoit l'extrémité d'une haste qui peut avoir appartenu à un A. Au début de la l. 3 subsiste la moitié droite d'un ω; à la fin de cette ligne, un I dont le bas a disparu dans la cassure (au vu de la pierre, il n'y a pas lieu d'y voir plutôt, avec Gose, un signe d'abréviation); il ne reste aucun vestige sûr de la lettre suivante. L. 2, le trait horizontal en haut et à droite de A est voulu par le lapicide et marque donc une abréviation; il n'en est pas de même de celui qui surmonte le M de la l. 3. Les lignes s'insèrent entre deux légers traits directeurs.

G. Klaffenbach a suggéré à Gose la lecture suivante :

[ἐπὶ Φλ]α(ουίου) Μεροβαύδ[ου τοῦ λαμπροτάτου]
[τὸ β′] καὶ Φλα(ουίου) Σατορν[ίνου τοῦ λαμπροτά]-
[του ὑπάτ]ων, μην(ὸς) ...

Ferrua, trouvant cette formulation trop « classique », préfère restituer :

[Φλ]α. Μεροβαύδ[ου τὸ β′]
[καὶ] Φλα. Σατορν[είνου]
[ὑπάτ]ων, μηνί [Ξανδ. tot ...]

Cette restitution est peut-être celle qu'il est le plus facile de concilier avec la disposition des mots sur le fragment restant mais l'on peut aussi songer à une formule commençant par ὑπατίᾳ, comme au n° 93 et sur bien d'autres pierres à peu près contemporaines (par exemple, Wessel 59 = CIL III, 9505 et p. 2139, à Salone : ὑπατίᾳ Μοδ[έ]σ[τ]ο[υ καὶ Ἀρι]νθέου τῶν λαμπροτάτων (a. 372); ICVR I, 583 (a. 408) : ὑπατίᾳ Ἀνικίῳ Βάσσου καὶ Φιλίππου τῶν λαμπροτάτων; IG XIV, 2298, à Milan en 444). Dans ce cas, le gentilice de Merobaudes était peut-être omis, contrairement à celui de Saturninus. On pourrait imaginer une disposition de ce type :

[ὑπατίᾳ] Μεροβαύδ[ου]
[τὸ β′ καὶ] Φλα. Σατορν[ίνου]
[τῶν λαμπροτάτ]ων, μηνὶ [...]

La dernière ligne, à la fois plus dense et plus mutilée, permet une restitution sensiblement plus longue.

La malchance veut que la seule inscription datée de Trèves qui nous soit parvenue se réduise justement à cette date. Nous pouvons seulement observer qu'elle se plaçait au début de l'inscription — l'année d'abord, puis le mois —, contrairement à l'usage le plus répandu (mais comme Wessel 59, cité plus haut). Il n'y a rien de spécifiquement chrétien dans ces quelques mots; la date de 383 et l'utilisation d'une petite plaque de marbre blanc (cf. cependant IG XIV, 2557, plus grande mais païenne) rendent toutefois cette attribution très vraisemblable. Une autre date consulaire (409) apparaît sur l'épitaphe grecque, malheureusement perdue, d'Eusebia (n° 93), qui était sûrement chrétienne.

Parce que la pierre n'a pas été trouvée dans une nécropole antique, Vetter suppose qu'elle a été brisée dans l'été 387, sur l'ordre de l'usurpateur Maxime, lorsque celui-ci fit périr Flauius Merobaudes qui avait eu le tort de soutenir l'empereur Gratien (voir commentaire du n° 191) : ce roman est une hypothèse bien inutile !

Trèves. Trouvée en 1892 en construisant l'école des Ursulines, à l'angle de la *Banthusstr.* et de la *Mustorstr.* Conservée au *Rheinisches Landesmuseum.*

H. LEHNER, *Wd. Korr.* 13, 1894, p. 20, n° 13, 1.
CIL XIII, 3793 (RIESE 4074; DIEHL 426 *adn.*).
GOSE 735.
Révisée par N. Gauthier en 1968.

Plaque de marbre blanc en nombreux fragments dont certains ont disparu lors du bombardement de 1944; h. 30; l. 26; ép. 4,5; lettres : 2,4-2,9 cm.

(état actuel)

Hic quiescit Ac[...]-
us qui uixit an(nos) L[..., d(ies)]
XXX; Marinus co[...]
4   titulum   *po*[s]*uet*
[...]*o m*[...]-
pampre ou raisins   colombe

La pierre a beaucoup souffert et les caractères sont presque effacés, surtout à droite. On a le bord primitif en haut et à gauche; au moment de la trouvaille, on l'avait aussi en bas, semble-t-il. La paléographie ressemble beaucoup à celle de Saint-Mathias I (*Intr.*, § 15) mais avec cette exagération des caractères propres que j'ai attribuée à des imitations de cet atelier (*Intr.*, § 20) : le linteau des T a une forme contournée, le Q avec sa longue queue ondulée aussi. Le L a la même forme qu'aux n°s 70 et 47. A la fin de la l. 3, on aperçoit une haste verticale dans la cassure. Au dessous des lettres CO subsiste le haut des lettres PO de la ligne suivante. La dernière ligne et la décoration ont aujourd'hui disparu. Outre une colombe, il y avait un motif que le CIL baptise *racemi* et Gose *Weinranke*. Peut-être les courbes indistinctes qu'on aperçoit entre *titulum* et la cassure sont-elles un reste de ce motif.

Cette épitaphe, avec son vulgarisme *posuet* pour *posuit* (*Intr.*, § 49), serait parfaitement banale si l'on n'hésitait à restituer l'habituel *coniugi* puisque les deux noms paraissent masculins. Zangemeister, dans le CIL, et Diehl ont proposé de lire *co*[*ntub(ernalis)*]. Le seul exemple chrétien appuyant cette interprétation se trouve à Rome où une tombe a été élevée à Aur. Hermogenes par trois de ses *contubernales* (Diehl 408 B = CIL VI, 3418). Lehner suggère *consors, cognatus, compar, comes.* Gose hésite entre *contubernalis* et *compar.* Mais *compar* désigne normalement le conjoint (voir n° 136), *consors* et *cognatus* ne sont guère usités en épigraphie chrétienne, *comes* n'a point de raison d'apparaître ici où l'on attend le lien de parenté ou d'amitié entre le défunt et le dédicant. Explorant l'autre piste possible, A. Ferrua (*Akten,* p. 302) restitue *co*[*iugi*] à la l. 3

et pense que le défunt devait être une femme ; il propose *Agathus, -tis,* « nom inconnu ». Il faut en outre supposer que *qui* est mis pour *quae,* ce qui ne fait pas difficulté (*Intr.,* § 85). J'avoue ne pas voir de raison suffisante d'incliner vers un type d'hypothèse plutôt que vers l'autre : ou bien on restitue facilement un nom à la l. 1 (*Acceptus, Acutus, Acricius,* etc.) mais il faut alors recourir à un mot rare pour le CO... de la l. 3, ou bien on comprend *coniux* ou *coniugi* l. 3 mais il faut alors trouver un nom féminin en *-us* pour la l. 1 ; dans les deux cas, la difficulté est réelle sans être insurmontable.

Le *cognomen Marinus* apparaît aussi au n° 34.

I, 213

Trèves, selon toute vraisemblance (comme toutes les autres inscriptions connues par Wiltheim, sauf une). Le manuscrit de Schannat dont Domaszewski a eu connaissance portait : *Monumenta Treviris A. 1526 eruta* [...] *ex coemeterio adjacente Monasterio S. Mathiae.* Perdue.

A. WILTHEIM, *Collectanea* (*Archives de la Section historique de l'Institut Grand-Ducal de Luxembourg, Abt.* 15, ms. 331, f° 93, n° 26) = N. VAN WERVEKE, *Public. de la Sect. hist. de l'Institut Grand-Ducal de Lux.* 51, 1903, p. 260 (96), n° 26).
A. VON DOMASZEWSKI, *Wd. Zeitschr.* 23, 1904, p. 310, d'après des papiers de J. F. SCHANNAT (RIESE 4269).

(ms. Wiltheim)

Hic quiescit in pace Antonia inf[ans, quae ui]-
xi⟨t⟩ annos II, mensem I ; mater [.]a[...]
titulum posuit.

Ici repose en paix Antonia, enfant qui a vécu 2 ans, 1 mois ; sa mère a... a posé cette épitaphe.

J'ai suivi le texte de Wiltheim. La pierre devait être mutilée à droite, quoique celui-ci ne l'indique pas. Dans ce cas, la répartition des lignes sur l'original a été respectée sur la copie, ce qui suppose des lignes plus longues que celles que l'on trouve habituellement à Trèves.

Le texte de Schannat est plus clair et plus complet : *Hic quiescit in pace Antonia infans que / uixt annos II, mensem I ; / mater Valentina titulum posuit.* Mais, précisément, il me paraît un peut trop clair et complet pour que j'ose me fier à lui : comment Schannat, postérieur d'un demi-siècle à Wiltheim, a-t-il pu connaître en entier une inscription déjà mutilée au temps de Wiltheim ? Il a fallu qu'il la trouve dans un manuscrit plus ancien qui lui aura fourni en même temps la date et le lieu de trouvaille : que valait cette source ? Un humaniste trop zélé n'aurait-il pas indûment complété une pierre mutilée, comme on le constate parfois ? C'est ce qui m'a détournée d'insérer dans ce recueil une inscription signalée par les mêmes auteurs avec celle-ci et où le seul mot typiquement chrétien, *fidelis,* n'apparaît que chez Schannat. Enfin, la leçon de Schannat n'est connue que de façon indirecte : son manuscrit a été consulté par H. Swoboda, qui en a communiqué la teneur à Domaszewski. J'ai moi-même écrit aux Archives Centrales d'Etat à Prague qui conservent un grand nombre de documents manuscrits provenant de Schannat mais on n'a pu retrouver la trace du texte vu par Swoboda.

L. 1 : la défunte s'appelait Antonia, gentilice adopté comme *cognomen* (voir *Thes.* s. u., col. 189, quelques autres exemples d'*Antonius/a* comme *cognomen*).

L. 2 : uixi, à la première personne, n'étant jamais attesté dans notre matériel, le lapicide avait certainement oublié une lettre, soit le T (Wiltheim), soit le I (Schannat). Le mot *mater* était suivi du nom de la mère. Wiltheim a représenté par une copie figurée la première lettre qu'il n'avait pu lire. On dirait plutôt un G qu'un V, quoique Schannat donne *Valentina.*

Il est bien difficile d'assigner une date à cette épitaphe banale. Signalons que, dans la région, *infans* ne paraît plus attesté à partir du VIe siècle (on dira plutôt *innocens*); cependant, le mot n'est pas assez fréquent pour fournir un critère sûr.

I, 214

Trèves. Trouvée en 1781 « dans un jardin non loin du pont de la Moselle » (Clotten). Conservée à Bruxelles, Musées Royaux d'Art et d'Histoire (anc. coll. Hagemans).

M. CLOTTEN, *Trier. Wochenblättgen*, 1781, n° 28 (15 juillet) (Ph. SCHMITT, *H. Paulinus*, p. 385; LE BLANT 233; J. LEONARDY, *Trier. Inschriften-Fälschungen* [1867], p. 35, VIII, et p. 64).
H. SCHUERMANS, *Bull. des commissions royales d'art et d'archéologie* 8, 1869, p. 336, n° 157 (LE BLANT, *N. R.* p. 55 [DACL XV, 2, s. u. *Trèves*, col. 2741, n° 14]).
F. X. KRAUS, *Bonn. Jahrb.* 50/51, 1871, p. 249.
J. N. VON WILMOWSKY, *Archäologische Funde in Trier und Umgegend* (Trèves, 1873), p. 33 (J. B. DE ROSSI, *Bull. Arch. Crist.*, IIe sér., 4, 1873, p. 140).
KRAUS 211 et *Nachtr.* t. II, p. 342.
F. HETTNER, *Röm. Steindenkmäler*, n° 431.
CIL XIII, 3784 (RIESE 2540; DIEHL 1170).
F. CUMONT, *Catalogue des sculptures et inscr. antiques des musées royaux du Cinquantenaire* (2e éd., Bruxelles, 1913), n° 199.
GOSE 722.
E. FOERSTER, *Frühchristl. Zeugnisse*, p. 53, n° 51 *a*.
Révisée par N. Gauthier en 1973.

Plaque de marbre blanc en 2 fragments, mutilée à droite et en bas; h. 53; l. 73; ép. 4; lettres: 3 cm.

(réduit au 1/5)

Aufidius presbit[er]
ann(orum) plus minus LX[...]
hic in pace quies[cit],
4   cui Augurina s[oror]
et Augurius diac[...]
filius [[et]] pro carita[te]
titulum fieri iusse[runt].

(Gose 836)

Le prêtre Aufidius, d'environ ... ans, repose ici en paix, lui pour qui sa sœur Augurina et son fils, le diacre Augurius, ont, par amour, fait faire cette épitaphe.

Quoique cette inscription ait été pour la première fois signalée par le faussaire Clotten (*Intr.*, § 155), son authenticité n'a guère été mise en doute. Cependant, K. Künstle, dans un compte rendu du livre de Kraus (*Literarische Rundschau für das katholische Deutschland* 18, 1892, col. 114), trouva que l'épitaphe était trop belle pour être vraie, surtout que l'ornementation était la même que celle d'Aelia Tribuna, qui est un faux manifeste. D'après lui, Clotten aurait réutilisé une plaque ancienne, dont le champ épigraphique était resté vierge, après l'avoir coupée en deux, pour confectionner les deux inscriptions. Celle d'Aufidius ayant été réalisée un an après celle d'Aelia Tribuna, le faussaire aurait réalisé des progrès entre temps. Ces arguments parurent si forts à Kraus que, dans les *Nachträge* au vol. I insérés à la fin du deuxième volume des *Christlichen Inschriften der Rheinlande*, il nota : *Dagegen hat Dr. K. Künstle gegen die Echtheit beider tituli* (n° 131 et celui-ci) *so gute Gründe vorgebracht, dass ich nunmehr geneigt bin, anzunehmen, Clotten habe beide Inschriften mit Benutzung echter alter Steine gefälscht.*

Tout récemment, un jeune chercheur, J. Janssens (*De vroegkristelijke Grafschriften uit Rijn- en Moezelland*, p. 9-15) a repris la question et émis les plus expresses réserves sur l'authenticité des deux pierres. En ce qui concerne celle-ci, ses arguments sont les suivants :
a) le contenu de l'inscription est inhabituel et remarquable;
b) la pierre ne provient pas d'un des grands cimetières chrétiens de Trèves;
c) elle fut publiée pour la première fois par Clotten, dont l'activité de faussaire est bien connue;
d) l'inscription d'Aelia Tribuna, faux évident, présentait un cadre décoratif très voisin, sinon identique (la pierre qui se trouvait au Musée de Bruxelles — c'est le n° 206 du *Catalogue* de Cumont — est aujourd'hui égarée). Dans une lettre à Kraus citée par celui-ci (Kraus I, p. 168), Hettner est tenté de penser que le *titulus* d'Aufidius a servi de modèle à l'autre mais il remarque que l'épitaphe d'Aelia Tribuna a été publiée dès 1780 tandis que celle d'Aufidius est censée avoir été trouvée en 1781 seulement.
Reprenant l'hypothèse de Künstle, Janssens estime que Clotten a dû trouver une grande plaque avec le motif d'encadrement déjà gravé mais le champ épigraphique vierge (par exemple parce que le texte aurait été seulement peint). Il l'aurait coupée en deux et aurait utilisé une moitié pour graver le texte de l'épitaphe d'Aufidius et l'autre moitié pour graver celle d'Aelia Tribuna. Il trouve en effet bien surprenant qu'un motif aussi rare que ces sarments avec des oiseaux picorant les raisins, utilisé d'abord pour faire un faux (Aelia Tribuna), ait été trouvé précisément par la même personne sur une pierre authentique un an plus tard !
e) Les portions de cadre des deux inscriptions se complètent assez bien. La cassure, sur la pierre d'Aufidius, coupe les mots de telle manière qu'on n'a aucune peine à les identifier mais, par ailleurs, les restitutions ainsi obtenues ne sont pas d'égale longueur, comme le prouve le moulage restauré du *Rheinisches Landesmuseum* de Trèves. La phonétique est trop pure pour une inscription paléochrétienne et, par contre, le *et* qui précède *pro caritate* (l. 6) est superflu. La formule finale *titulum fieri iusserunt* n'est attestée qu'une autre fois à Trèves, sur une inscription d'époque franque (n° 135). Enfin, on ne connaît à Trèves aucun autre exemple ni de la formule *ann(orum)* ni de l'abréviation *q(ui) u(ixit)*, qui sont les deux seules façons possibles de comprendre les l. 1-2.

Ce qui donne beaucoup de force à l'argumentation de Janssens, c'est la conjonction de tant de présomptions défavorables. Cependant, ses arguments sont d'inégale valeur : il existe des parallèles trévires, comme nous le verrons dans le commentaire, à toutes les formules du texte. Ce qui est plus probant, ces parallèles se trouvent sur des pierres qui étaient inconnues en 1780-1781, au moment du faux supposé : le n° 135 (*tetolum fieri iussit*) a été trouvé en 1817; le n° 97 (nom du défunt + génitif *annorum*) a été trouvé en 1916. De même pour la décoration : un motif d'encadrement extrêmement proche de celui-ci apparaît sur un petit fragment anépigraphe (Gose 836) trouvé en 1878. Par ailleurs, on est habitué à trouver en épigraphie chrétienne des erreurs du type du *et* de la l. 6. Et j'ai cru déceler une diminution du nombre des vulgarismes phonétiques dans certaines inscriptions tardives.

La parenté — ou l'identité — du motif d'encadrement sur les inscriptions d'Aelia Tribuna et d'Aufidius me paraît une objection plus forte. Mais il ne faut pas se laisser troubler par les affirmations de Clotten. Il me paraît très possible que celui-ci ait d'abord trouvé le *titulus* d'Aufidius, s'en soit servi pour effectuer un faux (Aelia Tribuna) mis aussitôt en circulation et n'ait révélé l'existence de l'inscription authentique que plus tard, afin précisément de détourner les soupçons. Pour savoir s'il est possible que les deux inscriptions proviennent de la même plaque, il faudrait retrouver le faux d'Aelia Tribuna. Notons tout de même que, d'après les dimensions données par Cumont (*Catalogue*, n° 206), la plaque d'Aelia Tribuna, quoique plus petite dans les deux dimensions (h. 24; l. 48 cm) était pourtant « entourée, de trois côtés, d'une large bordure sculptée », ce qui n'est guère compatible avec un motif d'encadrement coupé en deux.

Est-il vrai que les restitutions exigées soient d'inégale longueur ? En fait, il manque en général 3 lettres par ligne, sauf à la l. 1 où il n'en manque que 2 (mais la ligne commence un peu en retrait et devait se terminer de même), à la l. 6 (mais la cassure est en biais et d'ailleurs il peut y avoir eu *carita*[*tem*]) et à la l. 7, seule vraie difficulté (R̸ N̄ ? mais il n'y a pas de ligatures; *iusset* par erreur ?).

Enfin Clotten ne me paraît pas capable d'avoir inventé un faux de cette qualité. Il n'hésite pas à séparer les mots sur la pierre, à mettre des points sur les I, à inventer des formules tout à fait anormales (*Intr.*, § 155). Rien de tel ici où la paléographie (par ex. le G), les formules, les noms, tout en sortant de l'ordinaire, ne présentent aucune anomalie susceptible d'éveiller nos soupçons. Je conclus donc à l'authenticité.

L'écriture est régulière, appliquée, un peu raide. La barre supérieure du F est oblique, comme assez souvent à Trèves (cf., par exemple, n°s 60 et 200); le *ductus* du G est le même qu'aux n°s 63 et 131; le Q de la l. 3, bien circulaire et bien fermé, n'en a pas moins un *ductus* cursif, en deux traits. A la fin de la l. 1, on aperçoit l'extrémité gauche du linteau du T; à la fin de la l. suivante subsiste la moitié d'un X enclavé dans le L. L. 4 subsiste le quart supérieur gauche du O de *soror*. « La plaque était entourée d'un encadrement, formé d'une moulure plate et d'un rinceau. Dans l'angle de la pierre se trouve un vase très simple, d'où sortent deux sarments de vigne, sur lesquels sont perchées des colombes qui en béquètent les raisins » (Cumont). Ce motif est très proche de celui qui apparaît au n° 197 (cf. aussi le n° 231 et surtout le fragment anépigraphe Gose 836).

Sur la graphie normale *presbiter*, voir *Intr.*, § 61.

L. 1 : *Aufidius* est un *nomen gentilicium* que l'on trouve parfois employé comme *cognomen* à l'époque chrétienne (Diehl 3491 C, à Rome; *Gesta conl. Carth.* I, 133, S. C. 195, p. 750; J. Marcillet-Jaubert, *Inscriptions d'Altava*, n° 841, cf. 152, génitif *Aufidi*). Deux autres prêtres sont mentionnés dans l'épigraphie trévire (n°s 142 A et 199).

A la fin de la ligne, on restitue généralement *q(ui) u(ixit)*. Mais il ne semble pas y avoir la place nécessaire et d'ailleurs, l'habituel *qui uixit* ne se trouve jamais, à Trèves, avant *hic quiescit*. Il vaut donc mieux, avec Gose, voir dans *ann.* un génitif directement rattaché à *Aufidius presbiter;* la même construction est attestée au n° 97.

L. 2 : Aufidius avait au moins une soixantaine d'années. La locution *plus minus* est fréquente à Trèves (*Intr.*, § 39).

L. 3 : sur cette formule banale, voir *Intr.*, § 38.

L. 4 : le mot *cui* introduit parfois la mention de ceux qui ont fait faire la tombe, surtout, semble-t-il, dans des inscriptions tardives (voir n° 76).

Augurina, qui tire son origine de l'augure, est un *cognomen* qui, après avoir été commun, est tombé en désuétude à l'époque chrétienne (I. Kajanto, *Lat. Cogn.*, p. 318, ne connaît que 4 chrétiens et 5 chrétiennes de ce nom contre une centaine de païens).

Le mot suivant ne peut être que *soror, sponsa* étant d'une emploi exceptionnel dans l'épigraphie chrétienne (Diehl en signale moins de 10 exemples).

L. 5 : *Augurius* est un autre dérivé d'*augur*. Comme les *cognomina* en *-ius* sont des formations tardives (*Intr.*, § 124), ce nom, forgé à une époque où l'augurat ne représentait plus grand-chose, n'a jamais été bien populaire (I. Kajanto, *Lat. Cogn.*, p. 318 : 13 païens, 10 chrétiens; cette proportion indique que le petit nombre de chrétiens appelés comme ci-dessus *Augurinus/a* n'est pas dû à une répugnance d'ordre religieux pour un nom « païen »).

Augurius était diacre; vu la place disponible, le mot *diaconus* devait être quelque peu abrégé : *diacon* (comme Diehl 1199 et Le Blant 232) ou *diacnus* (Diehl 1226). C'est le seul diacre mentionné par l'épigraphie trévire.

L. 6 : le mot *et* est une erreur du lapicide. Mais quelle est cette erreur ? A-t-il mis *filius et* pour *et filius* (« diacre et fils ») ? Ou bien a-t-il mis *et* pour *ei* ? (cf. n⁰ˢ 1, 52, 75, 144 où les formes des lettres I et T prêtent à confusion). La deuxième interprétation semble la plus probable, soit qu'*ei* soit un vulgarisme pour *eius* (on trouve un tel emploi d'*eius* aux n⁰ˢ 62, 63, 68, 104, 144), soit qu'*ei* soit complément de *fieri,* mais il fait alors double emploi avec *cui.* De toute façon, *filius* marque le degré de parenté avec le défunt.

L. 6-7 : on trouve souvent à Trèves, avec des variantes dans l'ordre des mots, la formule *pro caritate titulum posuit/erunt (Intr.,* § 40), mais l'expression *fieri iussit* n'apparaît qu'une autre fois (n⁰ 135 : *cui uxor nobelis pro amore tetolum fieri iussit)* et Diehl n'en cite pas d'autre cas; par contre, elle est courante dans les manuscrits du VIIIᵉ siècle.

On a considéré jusqu'ici qu'Augurius était neveu d'Augurina. En réalité, cette interprétation fait difficulté : à Trèves, où nous connaissons presque toujours ceux qui ont fait faire la tombe *(Intr.,* § 40), nous ne voyons jamais intervenir la sœur du défunt lorsque celui-ci a un fils (surtout que, vu l'âge d'Aufidius et sa propre qualité de diacre, Augurius était manifestement en âge de s'occuper de l'inhumation lui-même); la sœur ne fait faire l'épitaphe que lorsque le défunt n'a ni parents (sauf n⁰ 94), ni conjoint, ni enfants. On peut donc conclure qu'Augurina était la mère d'Augurius.

Si Augurius est à la fois fils d'Aufidius et fils d'Augurina, il en résulte qu'Augurina est la femme d'Aufidius et, par conséquent, que le mot *soror* ne doit pas être pris au sens propre, mais au sens figuré, pour désigner la tendresse qui unissait les deux époux (cf. Diehl 1459 = CIL XI, 332, à Ravenne : *conserue sorori et coniugi;* Diehl 1585 = *Nuovo Bull. Arch. Crist.* 1914, p. 128 : *unice castitatis sorori et comiti,* à Rome). Dans les deux exemples précédents, il n'est pas absolument certain, quoique ce soit fort probable, que le mot *soror* indique la continence dans le mariage; mais il est un cas au moins où la chose est sûre : *que mihi fuit annus XXIII coniux et annus VIII et meses septe et dies XVIII soror in Domino Deo nostro Iesu Christo,* dit une inscription de Remagen (Diehl 1586 = CIL XIII, 7813). Les exemples littéraires sont aussi nombreux que dépourvus d'ambiguïté (par exemple Salvien, *Ep.* 4; Hier., *Ep.* 122). C'est très vraisemblablement le même sens qu'il faut donner ici à *soror,* ce qui montre qu'Aufidius a respecté les canons ecclésiastiques qui, à partir du IVᵉ siècle, ont imposé peu à peu en Occident la continence aux évêques, prêtres et diacres. (Pour la Gaule, voir E. Griffe, *La Gaule chrétienne à l'époque romaine,* III, Paris, 1965, p. 67-70, 85-88, 90-91). Il a eu son fils avant son accession au diaconat ou au sous-diaconat et ce fils à son tour, comme cela arrivait souvent (cf., par ex., la famille de Rusticus de Narbonne, Le Blant 617), a embrassé la carrière ecclésiastique.

Tout donne à penser que cette inscription est fort tardive : le formulaire avec *cui,* surtout la formule *fieri iusserunt,* la bande d'encadrement, qui, à Trèves, apparaît sur des pierres dont la plupart sont manifestement franques (n⁰ˢ 135, 191, 197, 202, 231 et le fragment anépigraphe Gose 836). On serait tenté de la dater du VIIIᵉ siècle en songeant à cette pré-renaissance, « prodrome du grand renouveau carolingien », dont P. Riché nous montre la vigueur dans la Gaule du Nord (*Education et culture dans l'Occident barbare,* Paris, 1962, p. 410, 479-s.). Peut-être plus que la qualité de l'exécution, toujours restée si remarquable à Trèves, c'est la timide évolution du formulaire, ce sont les voies nouvelles où s'engage la décoration après s'être cantonnée pendant des siècles dans la colombe et le chrisme qui témoignent de cette renaissance.

I, 215

Trèves, provenance inconnue. Clotten range cette inscription, avec les n°s 30, 145 et plusieurs faux, dans un groupe d'épitaphes qui auraient été, selon lui, trouvées à Saint-Maximin (*in dem Benediktiner Moenchen abtey bezierke zum H. Maximinus bey Trier gefundenen Inschriften von Zeiten der Roemer*) mais l'on sait (voir *Intr.,* § 155) le cas que l'on doit faire de ses informations; j'ai cru en particulier pouvoir rattacher à un atelier de Saint-Mathias le n° 30 qu'il place dans le même groupe. En l'absence de toute autre preuve, je préfère donc considérer que la provenance est douteuse. La pierre se trouvait en 1852 dans la collection Daubrée (Simon). Celui-ci, en 1884, la donna au musée du Louvre (Paris) où elle est actuellement.

M. CLOTTEN, *Antiquités de Trèves,* manuscrit 1433 de la *Bibliothèque Municipale* de Reims, p. 8.
V. SIMON, *Mémoires de l'Académie de Metz* 33, 1851-1852, 1re partie, p. 203, fig. 7.
LE BLANT 234 et *N. R.* p. 54 (DACL XV, 2, s. u. *Trèves,* col. 2741, n° 15).
A. HERON DE VILLEFOSSE, *B. S. N. A. F.* 1884, p. 255 (brève notice).
KRAUS 206.
F. HETTNER, *Röm. Steindenkmäler,* n° 432.
CIL XIII, 3804 (RIESE 4277; DIEHL 4010 A).
GOSE 723.
Révisée par N. Gauthier en 1971.

Plaque de marbre blanc; h. 22; l. 23; ép. 3,5; lettres : 2,7-3 cm.

Auspicius
fet annos
XXII et mesis
4   III
colombe   croix monogr.   colombe

Auspicius a vécu 22 ans et 3 mois.

Quoique le faussaire Clotten ait été le premier à signaler cette pierre, son authenticité n'a pas, jusqu'à présent, été mise en doute. Elle présente en effet une certaine originalité (formulaire notamment) qui exclut la copie servile et, en même temps, rien qui soit anormal dans une inscription chrétienne. Clotten n'était pas assez savant en épigraphie chrétienne pour confectionner un faux aussi réussi (*Intr.,* § 155). Il n'a même pas su lire l'inscription, qu'il transcrit ainsi : *Auspitius/e... et annos / XXII et mensis / III.*

Les lettres sont grandes, larges, plus serrées à la fin des l. 2 et 3. Les A ont une traverse horizontale, le P est ouvert, le M à hastes verticales est particulièrement large. Le F à trois barres a le même *ductus* qu'au n° 204.

Le Blant, suivi par Kraus, estime que le F est ligaturé avec un E, que le E suivant est ligaturé avec un C carré et qu'on doit donc lire *fecet*. Il faut, avec Hettner, répudier cette hypothèse puisque le F à trois barres est largement attesté dans notre matériel (voir n° 106) et que la forme *fet* n'est pas sans parallèles (voir ci-dessous). Le motif de la croix monogrammatique entre deux colombes est particulièrement banal à Trèves (*Intr.*, § 43).

Au point de vue linguistique, la forme intéressante est *fet,* qui annonce la forme contractée du français *fit.* Il existe quelques parallèles en épigraphie chrétienne : *fet* apparaît sur une inscription romaine (Diehl 4248 C = Armellini, *Il cimitero di S. Agnese* (Rome, 1880), p. 274) et peut-être, s'il ne s'agit pas d'une abréviation, sur une épitaphe datée de 383 (Diehl 2859 = CIL VIII, 9860); *fit* se trouve sur deux inscriptions tardives d'Amiens (Le Blant 322 — lecture de L. Pietri — et CIL XIII, 11 304); enfin, il y a *feit* sur un *titulus* de Rome (Diehl 4244 = Marucchi, *Monumenti,* tab. 70, 39). Ce verbe est ici l'équivalent de *uixit.* Cet emploi ne se trouve pas dans les inscriptions païennes recensées par CIL XIII; il est en revanche largement attesté en épigraphie chrétienne : Diehl 2998 A = *ICVR, n. s.* (I) 2676, Diehl 2998 D = *ICVR, n. s.* (I) 2740, Diehl 2138 B, 10 = *ICVR, n. s.* (I) 947 et d'innombrables exemples dans des formules indiquant la durée de vie conjugale, *fecit cum coniuge, uxore, marito, fecit mecum,* etc. Dans une note manuscrite ajoutée sur son exemplaire personnel (aujourd'hui conservé à la *Bibliothèque de l'Institut,* ms. 6596 (1), Paris), Le Blant fait remarquer que l'on trouve la formule *faciemus ibi annum* dans la traduction latine de l'épître de Jacques (IV, 13). La forme *mesis* pour *menses* est banale (*Intr.,* § 77 et 50).

L'épitaphe est exceptionnellement concise puisqu'elle se réduit à la mention de l'âge (cf. *Intr.,* § 39).

L. 1 : le nom *Auspicius* apparaît aussi au n° 106.

L'inhabituelle concision de la formule plaide en faveur de l'ancienneté de l'épitaphe mais il serait hasardeux d'être trop affirmatif. Le F à trois barres se trouve surtout aux IVe et Ve siècles.

I, 216

Trèves. Trouvée en 1910 dans les thermes de Ste-Barbara. Conservée au *Rheinisches Landes-museum*.

CIL XIII, 11 333 (RIESE 4299; DIEHL 3584 A *adn.*).
GOSE 727.
Révisée par N. Gauthier en 1968.

Fragment d'une plaque de marbre blanc dont le bord primitif est en partie conservé en bas : h. 20,5; l. 27; ép. 2,5; lettres : 2 cm.

[Hic iac]ẹt Fausṭus q[ui uixit ...]
[...; V]rsulus pater [...]
[titul]um posuit; in pace !
colombe   vase   [colombe]

Ci-gît Faustus qui a vécu ...; son père Vrsulus a posé cette épitaphe ...; en paix !

Cette inscription est gravée avec soin entre deux traits directeurs très légèrement incisés. La barre supérieure du F, ondulée comme aux n°ˢ 109 et 126, dénote une volonté d'élégance. La boucle des P est ouverte. La base du L est oblique et plongeante. Les hastes des V et des A sont souvent détachées. La barre du A est oblique. Les lettres AV (l. 1), MP et NP (l. 3) sont ligaturées. Le motif du vase entre deux colombes se trouve aussi aux n°ˢ 38, 61, 170, 174 et 175.

L. 1 : étant donné la place de la colombe, il faut des restitutions relativement courtes à gauche. C'est pourquoi je préfère *hic iacet* au *hic quiescet* proposé par Gose. La lecture de Finke dans le CIL ([...]ALF FAUSTUS O[...]) est évidemment erronée.
    Faustus, nom de bon augure, est un des *cognomina* les plus communs de l'onomastique latine : I. Kajanto (*Latin Cognomina*, p. 29) en a relevé 1279 exemples, dont 14 chrétiens et 2 chrétiennes.
    Enfin venait la mention de l'âge qui a disparu.

L. 2 : le nom du père ne peut être qu'*Vrsulus*, si banal à Trèves (*Intr.*, § 122).
    Dans la partie disparue devait se trouver une formule telle que *filio dulcissimo*.

Le thème du vase entre deux colombes apparaît en 438 dans les inscriptions datées de Gaule, sans doute un peu plus tôt à Trèves (*Intr.*, § 44). Cette pierre est donc au plus tôt du Vᵉ siècle.

I, 217

Trèves. Transportée à Mannheim au XVIIIᵉ siècle (*Treviris Mannheimium allata,* Lamey) et conservée au *Reiss-Museum* de cette ville.

A. LAMEY, *Acta Academiae Theodoro Palatinae* 3, 1773, p. 42.
LE BLANT 257 et add. t. II, p. 606 (DACL XV, 2, s. u. *Trèves,* col. 2746, n° 37).
J. BECKER, *Nassau. Annalen* 7, 1864, 2, p. 56, n° 1.
F. HAUG, *Röm. Denksteine des Antiquariums in Mannheim* (Constance, 1877), n° 49.
KRAUS 201.
F. HETTNER, *Röm. Steindenkmäler,* n° 435.
CIL XIII, 3836 (RIESE 3993, cf. 4306; DIEHL 4301).
GOSE 730.
E. FOERSTER, *Frühchristl. Zeugnisse,* p. 52, n° 50; Th. K. KEMPF, *ibid.,* p. 207, n° 20 B.
Révisée par N. Gauthier en 1967.

Plaque de marbre blanc en multiples fragments; h. 32; l. 61; ép. 2,5-3,5; lettres : 2-3 cm.

> Hic conditus Genesius qui uixit annis XLV,
> in matrimoii coniuctione *f*uit annis XVII,
> qui, licet inmaturo obitu distitutus,
> 4   tamen superstitibus omnibus filis suis
> adque uxore defecit; titulum cum aeternetate
> uincturum coniux semper amantissima sui
> adque obsequentissima didicauit.
> *colombe   vase   colombe*

Ici (est) enseveli Genesius qui a vécu 45 ans, a été 17 ans dans les liens du mariage, qui, quoiqu'enlevé par une mort prématurée, tandis que tous ses enfants et son épouse lui survivaient, s'est éteint; sa femme, toujours très attachée à lui et très docile, a dédié cette épitaphe qui subsistera pour l'éternité.

La photo publiée par Kraus (*Taf.* XVI, 5) montre que la pierre, quoique brisée, était entière. Aujourd'hui, les fragments sont beaucoup plus nombreux et quelques-uns sont perdus. Un trait fin encadre le *titulus* et une double ligne directrice guide les lignes. L'espacement des lettres est très irrégulier (comparer, par exemple, les l. 3 et 4). La forme des lettres est assez banale; O de tailles et de formes variées; Q cursifs; L à base plongeante. Au dessous du texte, un dessin maladroit représente un vase, deux colombes et deux rameaux (d'olivier, dirait-on). La position des colombes et la façon dont les rameaux touchent l'extrémité des anses souples du vase donnent à penser que ce motif dérive de celui qui apparaît aux n°s 183 et 255 (colombes supportées par un pampre de vigne sortant du vase et becquetant une grappe).

Les vulgarismes sont particulièrement nombreux. L'ablatif *annis* pour une indication de durée ne se trouve que trois autres fois en Première Belgique (*Intr.*, § 89). Le son [n] paraît avoir posé des problèmes au lapicide : il a omis un N dans *matrimonii* et *coniunctione* (l. 2), en a ajouté un à *uicturum* (l. 6), qu'il a écrit *uincturum*, comme le participe futur de *uincio* (voir *Intr.*, § 77). A la l. 3, il a préféré la forme non assimilée pour *inmaturo* (*Intr.*, § 80). L'hésitation entre E et I (*Intr.*, § 49-50) est complète : *distitutus* pour *destitutus* (l. 3), *aeternetate* pour *aeternitate* (l. 5), *didicauit* pour *dedicauit* (l. 7). *Filis* (l. 4) est écrit sous sa forme contractée (*Intr.*, § 63). *Atque* est écrit deux fois *adque*, ce qui est largement attesté, mais pas en Première Belgique chrétienne. A la l. 4, *suis* est mis pour *eius*, ce qui n'est pas rare en RICG I (*Intr.*, § 86). Le *sui* de la l. 6 est plus étonnant : Hettner en fait l'équivalent d'*eius* et explique le génitif par l'analogie avec une forme homonyme. Mais on devrait alors avoir de nombreux parallèles (RICG I, 78, auquel il renvoie, est loin d'être assuré). Il faut noter que la place de *sui* fait du mot le complément non de *coniux* comme on s'y attendrait, mais de l'adjectif *amantissima*. Le génitif, dans ce cas, est légitime. L'emploi de *suus* doit marquer une nuance de tendresse (voir n° 105) qu'*eius* n'a jamais eue.

L'extrême banalité du fond est masquée — assez mal, d'ailleurs — par une expression aussi ampoulée que possible.

L. 1 : Genesius est un nom d'origine grecque assez largement attesté en Gaule, où il fut porté par plusieurs évêques (cf. n° 23).

L. 2 : l'indication de la durée de vie conjugale est rare (*Intr.*, § 39). Genesius s'est marié à 28 ans. Le terme *coniunctio* — même sans autre précision — s'applique fréquemment au mariage, notamment chez les auteurs chrétiens (voir *Thes.* s. u., col. 329).

L. 3-5 : distitutus et *defecit* sont synonymes. Ce sont des considérations banales sur la mort, toujours prématurée, et les survivants.

L. 5-7 : la saveur de la formule de dédicace est plus païenne que chrétienne, avec la perspective limitée à l'éternité du *titulus*. Les termes *amantissima, obsequentissima, didicauit* sont d'ailleurs plus fréquents sur les pierres païennes qu'en épigraphie chrétienne.

Le nombre et surtout la nature des vulgarismes montrent que l'inscription est tardive (voir *Intr.*, § 97). Elle ne me paraît pas pouvoir être antérieure au VI° siècle.

I, 218

Provenance incertaine, vraisemblablement Trèves (Becker). Conservée au *Reiss-Museum* de Mannheim.

J. BECKER, *Nassau. Annalen* 7, 1864, 2, p. 60, n° 5.
J. MUENZ, *Nassau. Annalen* 8, 1866, p. 395-396.
J. FREUDENBERG, *Bonn. Jahrb.* 39/40, 1866, p. 342.
F. HAUG, *Die Römischen Denksteine des Grossherzoglichen Antiquariums in Mannheim* (*Programm d. Gymnasiums Mannheim, Nr.* 483. Constance, 1877), p. 63, n° 97.
KRAUS 203 (LE BLANT, *N. R.* 391).
CIL XIII, 3840 (RIESE 4412; DIEHL 3592 A).
Révisée par N. Gauthier en 1967.

Plaque de marbre triangulaire; env. 24 cm. de côté; lettres : 3-4 cm.

motif en   *motif en*
forme d'Y   Titolu   *forme d'X*
Ha?gdul-
fus LI
motif en forme d'X

Cette pierre a excité l'imagination des archéologues de la façon la plus étonnante. Par exemple, Freudenberg voit dans le triangle un symbole de la Trinité; il reconnaît à gauche la croix égyptienne en T, à droite la croix de Lorraine (la 2e traverse de la croix étant constituée par un léger trait parallèle à l'autre, qui est en réalité accidentel, comme un certain nombre d'autres qui rayent la surface de la pierre), au dessous du texte la croix gammée. De même, Münz estime que la croix de gauche symbolise Dieu le Père, celle de droite Dieu le Fils, celle du bas l'Esprit-Saint. Jusqu'au « savant M. Kraus », comme dirait Le Blant, qui estime qu'il faut restituer un ou plusieurs autres triangles semblables pour compléter l'inscription. Il est évident que, sur un *titulus* aussi rustique, les explications les plus simples sont les meilleures.

La surface de la pierre est d'un beau poli; le contraste entre ce beau travail et les trous grossiers que le lapicide a faits à l'extrémité de chaque trait pour mettre ses lettres en place me semble dû au fait que cette pierre est très probablement un débris réutilisé, ce qui expliquerait aussi sa forme triangulaire. Que la pierre est complète, le lapicide a pris soin de nous en avertir en gravant aux trois angles ces croix grossières dont la fonction est uniquement décorative (si l'on peut dire). C'est donc à tort que Diehl, interprétant le fac-similé sans commentaire de Zangemeister dans le CIL, les a intégrées au texte (x titolux / Hagdul/fus L/X).

Les trois lignes sont séparées par une réglure grossièrement incisée. Le O est tout petit, le G a le même *ductus* qu'aux n°s 117, 125 et 175 en particulier. A la ligne 3, il me semble que l'avant-dernière lettre est un L à angle plus aigu encore qu'à la ligne précédente plutôt qu'un V couché alors que les autres V sont bien droits (mais Kraus, Haug et Le Blant lisent V tandis que Becker hésite). A la l. 2 est dessiné distinctement un A renversé : cette lettre a été interprétée comme un V par Becker, Freudenberg, Haug, Le Blant et comme un A par Kraus, Zangemeister et Diehl. Il existe en Viennoise plusieurs cas de A à l'envers : le contexte montre toujours qu'ils doivent être lus V (voir le commentaire de F. Descombes à l'épitaphe de Valerianus, éditée par R. Girard, *Rhodania* 1965, p. 33-35). Mais ce qui est vrai en Viennoise l'est-il en Belgique ? A Mayence, le A renversé de l'épitaphe de Panto (W. Boppert, *Frühchristliche Inschriften d. Mittelrheingebietes,* Mayence 1971, p. 72) est bien un A. Et le nom *Hagdulfus* est, comme nous le verrons, un peu plus plausible que *Hugdulfus.*

Le texte est fort rudimentaire. Il n'y a pas trace ici des belles formules chères à l'épigraphie trévire. On se contente d'indiquer, par simple juxtaposition, qu'il s'agit d'un *titulus,* c'est-à-dire d'une inscription funéraire par suite du sens restreint que l'usage avait donné à ce mot (*Intr.,* § 94), d'un certain Hagdulfus, dont on n'a pas essayé de mettre le nom au génitif, et de 51 ans (on a noté l'important, c'est-à-dire le nombre, sans s'embarrasser de formules telles que *uixit annos,* qu'on n'avait d'ailleurs pas la place d'écrire). Les partisans du V (au lieu de L) et de la mutilation de la pierre peuvent, eux, restituer *ui[xit ...].* Rappelons à propos de *titulu* que la confusion entre V et O pour rendre le son [o fermé] est très répandue (*Intr.,* § 51) mais la chute de la consonne finale très rare (*Intr.,* § 82).

Hagdulfus ou *Hugdulfus* est incontestablement un nom germanique dont le deuxième terme est *-uulfus,* « le loup ». Le premier terme est plus difficile à identifier. On trouve des noms constitués avec les racines *hag-* et *hug-* (Kraus renvoie aux *Libri confraternitatum S. Galli, etc.* pour *Hago, Hagano, Hagestolt;* on trouve aussi des noms comme *Hug, Hugbald, Hugisind, Hugo*) mais on s'explique mal la présence d'un *d* dans *Hagdulfus.* Le seul cas où un *d* apparaît avec les racines *hag-* ou *hug-* est fourni par l'hypocoristique *Hageda* signalé en 900 par M. Th. Morlet (*Noms de personne,* I, p. 120). On voit combien est faible la présomption en faveur de la lecture *Hagdulfus.*

Rien dans cette inscription ne vient appuyer le témoignage de Becker sur la probable origine trévire. Rien non plus ne l'infirme car la pierre représente de toutes façons un cas aberrant. Son caractère tardif ne fait aucun doute (nom germanique, matériau en réemploi, chute du M de *titulum,* motifs « décoratifs » des angles).

I, 219

Trèves ? Les n°s 219 et 220 sont connus par une vieille tradition manuscrite. De Rossi (*ICVR* II, p. 3-4) a trouvé un certain nombre d'inscriptions païennes et chrétiennes, de provenance diverse, transcrites à la main sur la dernière page d'un exemplaire du *Corpus* de Gruter qui appartint successivement à J. Scaliger, G. Vossius et enfin G. Marini (ms. *Vat. lat.* 9146). Une note de Vossius (1577-1649), en tête de volume, signale que cette page est de la main de Scaliger. Celui-ci, citant ailleurs l'une des inscriptions en question, précise qu'il la connaît par un *uetus schedion membranaceum* que lui a donné P. Pithou (1539-1596). D'après de Rossi, le parchemin primitif pourrait remonter à l'époque carolingienne (*ICVR* II, p. 3). Le même auteur (*ibid.* p. 4) remarque que Scaliger avait d'abord écrit *Romae, ex membrana uetusta* et qu'il a ensuite barré *Romae* pour le remplacer par *Treuiris.* Il suppose que le manuscrit original portait simplement *ibidem,* qui renvoyait au lieu d'origine de l'inscription païenne CIL XIII, 3693, certainement trévire, mais que Scaliger ne s'en était avisé qu'après coup, les deux inscriptions étant sur des feuilles différentes et le passage du *verso* de l'une au *recto* de l'autre lui ayant d'abord échappé. Les auteurs du CIL ne jugent pas cette explication très satisfaisante et mettent en doute l'origine trévire des n°s 219 et 220 par ces mots : *Sermo ornatus huius et alterius tituli plane abhorret a nudo dicendi genere, quo utuntur Christiani Treveri.* Quelle que soit la cause de l'erreur première de Scaliger, je ne vois dans ces inscriptions aucun motif de suspecter l'exactitude de la provenance qu'il a finalement retenue. On n'a jamais retrouvé la trace des pierres elles-mêmes.

J. SCALIGER, ms. de la Bibliothèque Vaticane, à Rome (*Cod. Vat. lat.* n° 9146, dernière page) : *ex membrana uetusta.*
    (*ICVR* II, p. 7, n° 8 [LE BLANT 258 [[KRAUS 199; DACL XV, 2, s. u. *Trèves,* col. 2747, n° 38]]];
    CIL XIII, 3841 [RIESE 4311; DIEHL 1719 A].)

      Hic requiescit in Domino puella D(e)i,
      Hilaritas nomine, quae omnib(us) dieb(us)
      uitae suae D(eu)m coluit et omni actu
4   Saluatoris D(omi)ni praecepta seruauit;
      uixit aut(em) annos p(lus) m(inus) L.
      Lea deuota s(acra) D(e)o puella uinculo caritatis
      et studio religionis titulum posuit.

Ici repose dans le Seigneur une vierge de Dieu du nom d'Hilaritas, qui a honoré Dieu tous les jours de sa vie et a, en tous ses actes, observé les préceptes du Sauveur notre Seigneur; elle a vécu environ 50 ans. La dévouée Lea, vierge consacrée à Dieu, a posé cette épitaphe de par l'union de la charité et le zèle religieux.

    La répartition en lignes n'est sans doute pas conforme à l'original (voir n° 220). Scaliger a en outre, comme Wiltheim, séparé tous les mots par des points qui ont peu de chances d'avoir existé sur la pierre (c'est rare à Trèves : voir n° 228). Par contre, les abréviations sont conformes aux habitudes de l'épigraphie paléochrétienne; la plupart étaient surmontées de tildes; quelques-unes cependant paraissent en avoir été dépourvues (l. 2 et 4). La langue était correcte, si toutefois elle n'a pas été rectifiée par le copiste humaniste.

    Le texte est profondément original.

L. 1 : l'index de Diehl ne connaît pas d'autre exemple de la formule initiale *hic requiescit in Domino;* elle n'a cependant rien pour surprendre. L'expression *puella Dei* est une des nombreuses façons de désigner les vierges ayant consacré leur virginité à Dieu (voir R. Metz, *La consécration des vierges dans l'Eglise romaine,* Paris, 1954, p. 90-93) : on la trouve, par exemple, sous la plume d'Ambroise (*De Virginibus,* III, 1, éd. Cazzaniga, p. 57). Elle n'est pas très fréquente en épigraphie : outre le nôtre, le recueil de Diehl n'en connaît que deux exemples, tous deux romains (Diehl 1472 et 1472 *adn.* = *ICVR, n. s.* (I) 544 et *Nuovo Bull. Arch. Crist.* 1906, p. 63, 26), auxquels on peut ajouter la *puella Christi* d'une épitaphe espagnole du VIᵉ siècle (Diehl 1473 = Vives 90). Notons au passage que, des quatre inscriptions ainsi connues, la nôtre est la seule qui suggère avec insistance que la défunte est une religieuse : en effet, le sens normal de *puella,* « jeune fille », ne convient guère à une personne de 50 ans (les autres *puellae* d'âge connu à Trèves, n°⁵ 35, 97 et 127, ont respectivement 16, 15 et 12 ans), alors que *puella* est le mot commun pour désigner les religieuses de n'importe quel âge (cf. Diehl 1705 *adn.* = CIL XII, 963 : une *sacra D(e)o pu[ella]* de 50 ans au moins à Arles; Diehl 1733 *a* = CIL V, 5420 : une *grata Deo puella* de 45 ans); en outre, la formule des l. 2-4 prend tout son sens si elle s'applique à une moniale; enfin, la dédicace semble bien l'œuvre d'une sœur en religion.

L. 2 : il n'est pas rare que des noms abstraits, comme *pax, pietas,* soient utilisés comme *cognomina* féminins (I. Kajanto, *Latin Cognomina,* p. 364). En ce qui concerne *Hilaritas,* Kajanto (*Ibid.,* p. 261) en connaît 48 exemples païens et 19 chrétiens. La précision *nomine* apparaît sur un certain nombre d'inscriptions tardives de la région (à Trèves, n°⁵ 97, 147 et 220).

L. 2-4 : cette formule originale peut être rapprochée de celle d'une épitaphe de Narbonne (Le Blant 615 : fin Vᵉ-VIᵉ siècle) : *studens in diebus uitae suae s(an)c(t)is operib(us)* — l'abréviation d'*operibus* est d'ailleurs du même type que celles d'*omnibus diebus* ici. On notera que la défunte de Narbonne était abbesse d'un monastère. La formule ici employée suggère avec encore plus de précision que celle de Narbonne qu'Hilaritas avait consacré toute sa vie à Dieu comme seule la vie monastique permet de le faire. Le Blant fait remarquer que la formule *omnibus diebus uitae suae* se trouve textuellement chez Grégoire de Tours (*Hist. Francorum,* II, 43, *M.G.H., S.R.M.* I, 1 : *in hoc loco commorata est omnibus diebus uitae suae*). Il souligne aussi que l'usage réservant le mot *Deus* à Dieu le Père et le mot *Dominus* à Dieu le Fils est respecté ici. Sur une inscription mutilée de Rome (*ICVR, n. s.* (I) 2478), il est question des *[m]andata Christi.*

L. 5 : autem, comme il arrive souvent dans les textes mérovingiens, est ici un simple mot de liaison sans signification précise.

L. 6 : Lea est, comme le masculin *Leo,* largement attesté à Trèves (voir n° 100).
La formule qui suit est difficile à interpréter. On comprend généralement depuis Le Blant : *deuota(n)s Deo puella* mais, pour cet emploi curieux de *deuotans,* le *Thesaurus* ne trouve à renvoyer qu'à notre épitaphe ! Je préfère reconnaître ici le classique *deuotus/a.* Dans ce cas, le tilde abréviatif porte sur le S qui suit et qui constitue un mot à lui seul (on sait qu'il n'y a pas à tenir compte de la répartition des points sur le manuscrit de Scaliger). Diehl envisage avec réticence de lire *deuota suo Deo* sur le modèle d'une inscription de Syracuse datée de 356 (Diehl 1715 = CIL X, 7167) : *Deo suo deuotus* (il s'agit d'un homme marié). Le *Thesaurus,* s. u. (col. 883, 41-42), a relevé aussi sous la plume de Lactance (*Inst.* 5, 7, 6) la formule *deuota Deo suo fides.* On devra, avec plus de vraisemblance, interpréter *s(acra)* — ou *s(acrata)* — *D(eo) puella,* autre façon, notamment en Gaule (Le Blant 44, 203, 392 et Diehl 1705 *adn.* = CIL XII, 963), de désigner les vierges consacrées à Dieu. On trouve en effet parfois l'abréviation *s. u.* pour *sacra uirgo :* Diehl 1650 = *Röm. Quartalschr.* 16, 1902, p. 80 (abbesse morte à Rome en 514); Diehl 1708 *adn.* = *Nuovo Bull. Arch. Crist.* 1899, p. 236, 1. Dans ce cas, *deuota* peut être interprétée en un sens affaibli : « dévouée » à Hilaritas comme *semper deuota suis* à Vienne en 509 (Diehl 1678) ou *deuota marito* (Diehl 4752, 3 = *ICVR* II, 447, 200; Diehl 4753, 5 = *ICVR* II, 122, 13) ou bien tout simplement « pieuse », comme sur une inscription espagnole de 522 (Diehl 1440 = Vives 61), *Macona deuota famula Dei,* ou dans l'expression courante *deuota mente* (Diehl 967, 1587, 1768, 1857 *a,* 1768, 3416).

L. 6-8 : ce lien de la charité et ce zèle pour la religion qui unissaient Hilaritas et Lea ne peuvent faire allusion, me semble-t-il, qu'à une vie monastique commune; cf., pour indiquer un état monastique, l'expression *religionem deuota mente suscepit* (Le Blant 436). Ceci d'autant plus que l'inscription relevée par Scaliger à la suite de celle-ci mentionne une *puella sanctimonialis* nommée Lea qui paraît bien faire avec celle-ci une seule et même personne.

Le Blant croit retrouver ici « la distinction connue entre la *puella Dei,* c'est-à-dire la vierge qui a prononcé ses vœux, et celle qui n'est pas encore que *devotans Deo* ». Si, en effet, les textes que Le Blant (t. I, p. 90) donne à l'appui de sa thèse, distinguent nettement le *propositum uirginitatis* de la prise de voile, rien n'y indique que *puella Dei* ou *deuota Deo* s'applique à l'un de ces états plutôt qu'à l'autre. Comme l'a bien noté R. Metz (*La consécration des vierges dans l'Eglise romaine,* Paris, 1954, p. 90) : « On s'attendrait normalement à trouver des dénominations correspondantes à ces diverses catégories de vierges : les vierges vivant dans le monde et celles menant la vie de couvent, les vierges simplement professes et les vierges consacrées. Mais il faut bien le reconnaître, une telle terminologie n'existe pas... Il n'y a pas un terme spécial réservé à chacune de ces catégories de vierges vouées à Dieu ». Dans le cas présent, le fait que la dédicante d'une religieuse soit une autre religieuse pourrait faire penser qu'Hilaritas et Lea vivaient ensemble au sein d'une communauté si l'épitaphe suivante, dédiée à Lea par ses parents, ne donnait au contraire l'impression que Lea menait une vie indépendante au sein de sa famille, comme l'usage s'en est maintenu, concurremment avec les monastères, jusqu'en plein Moyen-Age.

Si l'on admet que la dédicante de cette épitaphe est la défunte de la suivante (et sinon, comment expliquer une pareille coïncidence ?), ce n° 219 est de même origine, et légèrement antérieur, au n° 220. Pour la rédiger, les emprunts au formulaire épigraphique (l. 1, 5, 7) ont été étoffés par des considérations qui sont plutôt caractéristiques de la littérature hagiographique (l. 2-4). Ce dernier trait me paraît témoigner de l'abandon ou de l'oubli de ce genre littéraire bien représenté à Trèves qu'est le *carmen* épigraphique funéraire et de la naissance d'un style nouveau. J'en conclus que les n°s 219 et 220 doivent appartenir au VIIIe siècle.

I, 220

Trèves ? Sur la façon dont le texte de cette inscription est parvenu jusqu'à nous, voir n° 219. Perdue.

J. SCALIGER, ms. de la Bibliothèque Vaticane, à Rome (*Cod. Vat. lat.* n° 9146, dernière page) : *ex membrana uetusta.*
  (*ICVR* II, p. 7, n° 9 [LE BLANT 259 [KRAUS 200; DACL XV, 2, s. u. *Trèves,* col. 2747, n° 39]]];
  CIL XIII, 3848 [RIESE 4319; DIEHL 1682].)

Ex eadem membrana ueteyta
Treuiris
HIC · REQVIESCIT · IN · PACE · PVELLA · SANCTIMONIALIS
NOMINE · LEA · QVAE · VIXIT · ANNOS · XXII · ET ·
DIES · XII · TITVLVM · POSVERVNT · PRO · DILECTIONE
PATRIS · LITORIVS · ET · SANCTA ·

Hic requiescit in pace puella sanctimonialis
nomine Lea, quae uixit annos XXII et
dies XII; titulum posuerunt pro dilectione
4   patris Litorius et Sancta.

Ici repose en paix une vierge consacrée du nom de Lea, qui a vécu 22 ans et 12 jours; ses parents Litorius et Sancta ont posé cette épitaphe par affection.

Il est peu probable que la répartition en lignes soit conforme à l'original car c'est un point auquel les érudits anciens attachaient peu d'importance (voir, par exemple, n°s 130 A et 165) et les lignes sont anormalement longues pour une épitaphe trévire. De même, c'est Scaliger qui a systématiquement séparé les mots par des points sur toutes les inscriptions copiées par lui à la fin du livre de Gruter. Contrairement au n° 219, il ne semble pas y avoir eu d'abréviation. Si la leçon qui nous est parvenue reproduit fidèlement la pierre, la langue était correcte, à l'exception du seul contrépel *patris* pour *patres* (*Intr.* § 50), commun à Trèves.

Dans ses grandes lignes, l'inscription est conforme au schéma trévire (*Intr.,* § 38-40) mais elle présente par rapport à lui un certain nombre de variantes significatives.

L. 1 : la formule *hic requiescit in pace,* banale ailleurs, est relativement rare à Trèves (*Intr.,* § 38). L'expression *puella sanctimonialis* est largement attestée en épigraphie chrétienne (Diehl 1677-1685), notamment en Gaule (Le Blant 29 A, 468 et 676; *N. R.* 5, daté de 564, et 121 B; Diehl 1678 = *C.R.A.I.* 1894, p. 6, daté de 509) mais rien ne permet d'en préciser le sens. Augustin (*Serm.* 93, 1) nous apprend que le mot était d'usage courant pour désigner la virginité consacrée (*quae propria et excellentiori sanctitate uirgines in ecclesia nominantur, quas etiam usitatiore uocabulo sanctimoniales appellare consueuimus*). En ce qui concerne le statut exact de la vierge, il n'est sans doute pas plus précis que les termes rencontrés au n° 219. Cependant, dans le canon 18 du concile de Paris de 614 (C. de Clercq, *Concilia Galliae,* II, p. 285, 94-96 : *de puellas et uiduas relegiosas aut sanctaemunialis qui se Deo uouerant, tam que in proprias domus resedent quam qui in monastyria posete sunt*), le mot désigne peut-être plus particulièrement celles qui sont dans un monastère. Lea, morte à 22 ans, n'avait vraisemblablement pas reçu le voile des mains de l'évêque au cours d'une consécration officielle mais seulement fait profession de virginité (*propositum uirginitatis*) car, à partir de la deuxième moitié du IVᵉ siècle, on n'admit plus à la consécration que des vierges de plus de 40 ans (Espagne, Gaule) ou, au moins, de plus de 25 ans (Afrique, Rome) (R. Metz, *La consécration des vierges dans l'Eglise romaine*, Paris, 1954, p. 111-112). Il est vrai qu'on faisait parfois exception pour des personnes en danger de mort. Accolé à *sanctimonialis,* le mot *puella* insiste plus sur l'idée de virginité que sur celle de jeunesse (cf. n° 219 ; *puella Dei* à 50 ans).

L. 2 : la défunte de cette épitaphe est, selon toute vraisemblance, celle qui a fait préparer la tombe d'Hilaritas (n° 219). La précision *nomine* apparaît aussi au n° 219, l. 2.

L. 3-4 : comme l'a souligné Le Blant, les mots *titulum posuerunt, pro dilectione* qui équivaut à *pro caritate, patris* pour *parentes* militent en faveur de l'origine trévire de cette épitaphe. On pourrait ajouter la précision de l'âge qui est souvent donné au jour près à Trèves (*Intr.,* § 39). Le mot *dilectio* est d'usage essentiellement chrétien. Concurremment avec *caritas,* il sert à traduire le mot grec d'*agapè* (H. Pétré, *Caritas. Etude sur le vocabulaire latin de la charité chrétienne,* Louvain, 1948, p. 45-51). Le recueil de Diehl n'en cite pas d'autre emploi épigraphique.

D'après I. Kajanto (*Latin Cognomina,* p. 308) qui en connaît quatre exemples païens et trois chrétiens, tous masculins, le *cognomen Litorius* est un nom d'origine géographique dérivé de *litus.* A. Ferrua (*Akten,* p. 304), au contraire, en fait un dérivé de *lictor* (cf. *Vitor,* parfois attesté pour *Victor*). On peut hésiter entre les deux hypothèses. Le nom *Litorius* fut porté par le deuxième évêque de Tours (Duchesne, *Fastes épiscopaux,* II, p. 302).

Kajanto (*Latin Cognomina,* p. 252) souligne à juste titre que le *cognomen Sanctus/a* et ses dérivés n'ont pas de résonance spécifiquement chrétienne. Par contre, sur 32 *Sanctus/a* païens relevés par lui, 16 l'ont été dans CIL XIII. H. G. Pflaum (*Archivo español de Arqueologia* 39, 1966, p. 9-13) a dressé la liste des « noms et surnoms tirés de la racine *Sanct-* » et, après avoir constaté que « ces noms sont particulièrement répandus dans les pays celtiques », a émis l'hypothèse (p. 13) que « ce nom de *Sanctus* n'est rien d'autre qu'une traduction d'un terme celtique en latin », peut-être celle d'*euhagis* qui désignait un prêtre de second rang à rôle prophétique. Une *Sanctula* apparaît au n° 24.

Avec Le Blant, je pense que les formules employées sont suffisamment caractéristiques de l'épigraphie trévire pour exclure une erreur dans la provenance indiquée par Scaliger. On peut relever ici le mélange du formulaire archaïque resté en usage à Trèves et d'éléments plus récents, tel qu'on le trouve dans certaines inscriptions tardives (par exemple, n° 135). Parmi ces éléments plus récents, je rangerai la précision *nomine* qui me paraît avoir été surtout employée à partir du VIᵉ siècle et, plus encore, le mot *dilectio* qui, comme les l. 2-4 du n° 219, n'appartient pas au vocabulaire épigraphique mais au vocabulaire de ce que nous appelons les sources littéraires. C'est pourquoi, comme je l'ai dit à propos du n° 219, je pense que ces deux épitaphes de moniales appartiennent à la fin de la période couverte par notre recueil, au moment où un souffle nouveau (venu ici de la culture monastique), annonçant la Renaissance carolingienne, redonne vie aux traditions paléochrétiennes étiolées; dans le même sens, on remarquera l'exceptionnelle correction syntaxique et orthographique de ces textes, supérieure même à celle des pierres du IVᵉ siècle.

I, 221

Trèves, origine précise inconnue. Conservée au *Rheinisches Landesmuseum.*

CIL XIII, 3864 (RIESE 4336).
GOSE 738.
Révisée par N. Gauthier en 1968.

Fragment d'une plaque de marbre blanc dont le bord primitif est conservé en haut; h. 12; l. 15,5; ép. 3; lettres : 2,5 cm.

[... M]axsimin[us/a ....]
[... qui/quae ui]xit an(nos) XX[...]
[titulum pos]uit Mero[baudes ?]

Ce petit fragment présente un médiocre intérêt. La paléographie n'appelle pas de commentaire particulier. A la l. 2, les lettres AN (sans marque d'abréviation) sont encadrées de deux petits tirets verticaux. Contrairement à ce que pourrait laisser penser la photo, il ne subsiste, à la fin de la même ligne, aucune trace de gravure entre XX et la cassure. A la l. 3, les lettres ME sont ligaturées.

Le formulaire semble avoir été banal, lui aussi. Pour pouvoir restituer le début habituel, *hic iacet* ou *hic quiescit,* il faut supposer que la pierre est fortement mutilée à gauche. Pour que les restitutions soient d'égale longueur d'une ligne à l'autre, je proposerais, *exempli gratia : [Hic iacet M]axsimin[us in / pace qui ui]xit an(nos) XX[...; / titulum pos]uit Mero[bau/des filio dulcissimo].* Mais naturellement, bien des variantes sont possibles, en fonction notamment de la proportion de la pierre que l'on suppose perdue. Par exemple, Gose suggère : *[Hic iacet in pace M]axsimin[a dulcissima / coniux (?) quae u]ixit an(nos) XX...../[titulum pos]uit Mero[baudes] (?).*

L. 1 : le nom du défunt ne peut être que *Maxsiminus* ou *Maxsimina,* pour *Maximinus/a* (sur le renforcement de la consonne double X par un S, voir *Intr.,* § 76). Ce *cognomen* est banal : I. Kajanto (*Latin Cognomina,* p. 276) en connaît 122 exemples masculins et 94 féminins dans l'onomastique païenne, 23 exemples masculins, 16 féminins dans l'onomastique chrétienne. A Trèves, il fut illustré par le grand évêque du IVᵉ siècle qui donna son nom à l'une des nécropoles de la ville; une *Maxemina* apparaît au n° 84 A et un *Maximianus* au n° 38.

L. 3 : le nom du dédicant peut être *Merobaudes* (voir n° 40), mais aussi un nom franc moins répandu commençant par la racine *Mero-* (*Merogaisus, Meroueus*) ou encore *Meropia,* comme au n° 117.

Je ne me hasarderai pas à proposer un siècle pour une pierre aussi mutilée et aussi banale.

I, 222

Trèves. Trouvée en 1892 en construisant l'école des Ursulines, à l'angle de la *Banthusstr.* et de la *Mustorstr.* Conservée au *Rheinisches Landesmuseum.*

H. LEHNER, *Wd. Korr.* 13, 1894, p. 21, n° 13, 2.
CIL XIII, 3868 (RIESE 4342).
GOSE 739.
Révisée par N. Gauthier en 1968.

Sept fragments d'une plaque de marbre blanc dont la face a été noircie, vraisemblablement par le feu; le dos est lisse. Le bord primitif n'est conservé qu'en haut. H. 30; l. 26; ép. 4,5; lettres : 2,4-3 cm.

[Hic] quiescint [in pace ...]
[et] Nonusa so[rores, que uixerunt]
[an]nos VIIII et mens[is ... et dies ... et]
4 [an]nos [... e]t [me]nsis X[...; ... titulum]
[po]su-   [-erunt].
arcature   croix

La pierre a visiblement été retaillée à droite et à gauche pour quelque réemploi. Il ne manque guère que deux lettres à gauche mais, à droite, il manque plus de la moitié du texte comme on peut en juger par les restes de ce qui devait être un motif central à l'intérieur de l'arc de droite et par la symétrie exigée au dessus des arcs : à la croix latine devait correspondre une autre croix et aux quatre lettres POSV les lettres ERVNT avec ligature NT analogue à celle de la l. 1. Les lettres et les lignes sont bien espacées entre elles; les lettres ont une forme régulière. Les O, comme souvent, sont légèrement plus petits que les autres lettres; les E sont étroits. Le Q a un tracé cursif, en deux traits, avec une queue dirigée vers le haut comme aux n°s 63 et 165. Le A a une traverse brisée. Les lettres NT (l. 1), ET et ME (l. 3) sont ligaturées. Beaucoup de lettres ont souffert des cassures, tout en demeurant identifiables. A la fin de la l. 1, on aperçoit l'extrémité gauche du linteau du T ligaturé; l. 4, il reste le linteau d'un T qui devait être ligaturé avec un E comme à la ligne précédente. Le motif de l'arcature n'est pas sans parallèles à Trèves : il apparaît au n° 154 et aussi sur un certain nombre d'autres pierres de la nécropole Saint-Paulin - Saint-Maximin, si mutilées que le texte a disparu (Gose 688, 690, 691 et 693). On peut le rapprocher encore du petit édifice du n° 107, surtout qu'une croix latine apparaît en outre sur les deux pierres (comme d'ailleurs sur les fragments Gose 691 et 693). On ne sait si un motif garnissait l'intérieur de l'arc de gauche. Il y en avait deux superposés dans celui de droite. Gose pense que c'étaient deux chrismes. C'est vraisemblable pour celui du bas, quoiqu'il n'en reste plus que l'extrémité d'une branche du X; mais c'est exclu pour celui du haut où l'on distingue nettement un trait horizontal : il s'agissait d'une croix radiée comme celle de Gose 693 et comme il en apparaît souvent sur les diplômes mérovingiens.

La forme *mensis* pour *menses* est banale à Trèves (*Intr.*, § 50). Par contre, la forme *quiescint* pour *quiescunt* est tout à fait isolée : l'index de Diehl n'en offre aucun exemple. S'il ne s'agit pas d'une étourderie de lapicide, elle résulte d'un vulgarisme phonétique se combinant avec une confusion sur la conjugaison : *quiescint* pour *quiescent,* comme au nᵒ 68, au lieu de *quiescunt.*

Le formulaire est conforme aux traditions trévires (*Intr.*, § 38-40). La seule originalité est que l'épitaphe est collective, comme en un certain nombre d'autres cas (nᵒˢ 6, 25, 70, 57, 68, 97, 158, 164 ?, 179); sans doute les deux sœurs sont-elles mortes à peu de temps de distance. Le nom de la première a disparu dans la cassure à la l. 1. La seconde s'appelait *Nonusa, cognomen* qui apparaît sans doute aussi au nᵒ 191; c'est, comme *Nonnita* (voir nᵒ 34), un dérivé de *Nonnus/a* qui est lui-même d'origine douteuse : grecque selon Gose, latine ou barbare exprimant un lien de parenté selon I. Kajanto (*Latin Cognomina,* p. 366) qui compare à l'italien *nonno* et remarque que le nom apparaît surtout dans les régions celtiques. Un autre *Nonnusus* est attesté sur une épitaphe chrétienne de Lyon (Le Blant 52) et Kajanto a relevé 7 femmes nommées *Nonnosa.* Ce sont sans doute les parents qui ont fait l'épitaphe.

La banalité du texte et de l'écriture ne permettrait pas de soupçonner la date de ce *titulus* si la décoration, avec son arcature hachurée, sa croix latine et son reste de croix radiée, n'était révélatrice : il doit être contemporain des nᵒˢ 107, 154 et 184, que nous avons cru pouvoir situer au VIᵉ siècle.

I, 223

Trèves. Trouvée en 1893 à la Gare Centrale (*Hauptbahnhof*). Conservée au *Rheinisches Landesmuseum*.

H. LEHNER, *Wd. Korr.* 13, 1894, p. 24, n° 13, 7 et *Wd. Zeitschr.* 13, 1894, p. 309 (brève notice).
CIL XIII, 3890 (RIESE 4368).
GOSE 743.
Révisée par N. Gauthier en 1968.

Moitié gauche d'une plaque en marbre blanc; h. 27; l. 17; ép. 2,5; lettres : 2,5 cm.

Hic iacet So[...]-
us qui ui[xit ann(os)]
XXXX; tit[ulum po]-
4   suit Vr[...]-
ri sua; in [pace ?]
omega [*monogr.* *alpha*]

Cette pierre provient certainement de la nécropole Saint-Paulin - Saint-Maximin car elle présente toutes les caractéristiques de l'atelier I qui y a travaillé (*Intr.*, § 31-32) : les hastes du A à traverse rectiligne sont détachées au sommet, le O ne repose pas sur la réglure inférieure, le Q a une queue rectiligne (peu visible sur la photo parce qu'elle n'a pas été peinte en rouge comme le reste de l'inscription). La pierre étant une trouvaille isolée faite par hasard, il est difficile de dire si la nécropole s'étendait jusque-là et si elle a été trouvée *in situ* ou bien si elle avait été déplacée pour quelque réemploi. La restitution certaine de la l. 3 montre qu'il manque environ 6 lettres à droite. Au dessous du texte se trouvait un chrisme ou une croix monogrammatique entre les lettres *alpha* et *omega*. L'*omega* est à gauche, comme au n° 147.

Le formulaire est banal.

L. 1 : la plus grande partie du nom du défunt a disparu dans la cassure. Bien des noms sont compatibles avec les quatre lettres conservées et la place disponible: *Soluianus,* comme au n° 189, *Solanianus, Solicianus, Sollemnius, Soluendus, Soricianus, Sosinianus.*

L. 4 : le dédicant (ou la dédicante) avait un nom commençant par *Vr...,* vraisemblablement un des innombrables *cognomina* forgés à partir d'*ursus* (voir *Intr.*, § 122).

L. 5 : étant donné la banalité du reste de l'inscription, on s'attend à trouver ici la fin de l'indication du lien de parenté entre le défunt et le dédicant, par exemple [*pat*]*ri* ou [*frat*]*ri*. Mais il faudrait alors *suo* et non *sua*. Il est toujours tentant de supposer une faute du lapicide quand on ne comprend pas mais il convient de noter que le texte est parfaitement correct par ailleurs. Dans la partie disparue, la restitution *in pace* ne serait pas douteuse (*Intr.,* § 40) si elle ne supposait que le lapicide, indifférent à la symétrie généralement observée, a laissé vierge la fin de la ligne.

Nous n'avons guère d'éléments pour dater la période d'activité de Saint-Paulin - Saint-Maximin I (*Intr.,* § 131) : 350-460 est une fourchette sûre, 390-440 une fourchette probable.

I, 224

Trèves, origine inconnue. Conservée au *Rheinisches Landesmuseum.*

KRAUS, *add.* (de HETTNER), p. [6], nº 304 (LE BLANT, *N.R.* 416).
F. HETTNER, *Röm. Steindenkmäler,* nº 445.
CIL XIII, 3920.
GOSE 749.
Révisée par N. Gauthier en 1968.

Partie gauche d'une plaque de marbre blanc, en deux fragments; h. 16,5; l. 14; ép. 3; lettres : 1,8-2,3 cm.

```
Hic iac[et ... q]-
ui uixit a[nnos ...; titu]-
lum posuit[ ... pa/fra]-
4    ter suus [...]
colombe    croix monogr. avec      [colombe]
           alpha et [omega]
```

Les *addenda* à Kraus (et donc Le Blant) ne donnent que le fragment de gauche car on n'avait pas encore songé à en rapprocher le fragment de droite. Il manque encore plus de la moitié de la pierre, comme le montre la décoration. Les lignes sont guidées par une double réglure très légère. Les lettres sont régulières, profondément incisées. Celles qui se trouvaient à la cassure des deux fragments ont été refaites. Le T de la l. 2 a un linteau ondulé comme celui de la l. 4 mais à peine incisé. A la l. 3, les lettres MP sont ligaturées. A la fin de la l. 2 subsiste la première haste du N, à la fin de la ligne suivante, l'empattement qui terminait le linteau du T à gauche. La colombe qui subsiste tient un rameau dans son bec. Ce motif apparaît plusieurs fois avec une croix monogrammatique flanquée de l'*alpha* et de l'*omega* (nᵒˢ 96, 117, 155, 186).

Le formulaire est d'une banalité totale (*Intr.,* § 38-40). Dans la partie manquante, il y avait le nom du défunt à la l. 1, son âge l. 2, le nom du père ou du frère l. 3 ou 4.

I, 225

Trèves, origine précise inconnue. Conservée au *Rheinisches Landesmuseum*.

LE BLANT 313.
KRAUS 215.
F. HETTNER, *Röm. Steindenkmäler*, n° 439.
CIL XIII, 3919 (RIESE 4407; DIEHL 4160 *adn.*).
GOSE 748.
Révisée par N. Gauthier en 1967.

Plaque de marbre blanc mutilée en haut; h. 30; l. 34; ép. 2; lettres : 3 cm.

Hị[c iacet in pa]-
ce [...]
qui [uixit a]n-
4   nos X[...; p]aren-
tes pro ạmore
filio duḷcissi-
mo titulo pos-
8   uerunt.

Les lettres sont guidées par un trait directeur tracé sans soin et profondément incisé. Les bords de la pierre à droite et à gauche ne paraissent pas avoir été jamais plus droits qu'ils ne sont aujourd'hui et le trou de la dernière ligne entre N et T a toujours existé puisque le lapicide l'a évité. L'écriture est bien lisible, les lettres assez régulières mais la qualité technique de la gravure laisse à désirer. Le A de la l. 5 a été refait : ce que le restaurateur a pris pour la haste de gauche est en réalité l'extrémité droite d'une barre brisée comme à la ligne précédente; le bas de la haste primitive s'aperçoit encore à gauche. Le L au-dessous a également été refait. Les hastes des M sont fortement obliques. Le Q a une queue longue et ondulée, comme aux n°s 14, 115, 157, 186. Le F de la l. 6 a trois barres, la barre supérieure étant oblique pour la distinguer du E; les F à 3 barres sont largement attestés à Trèves (voir n° 106); on en trouve un de même forme au n° 192. On trouve une espèce de motif végétal vertical au début de la l. 2 (pour attirer l'attention sur le nom du défunt qui se trouvait à cette ligne ?) et un autre horizontal pour meubler l'espace demeuré disponible après la fin de l'inscription. Emporté par la certitude des restitutions, on a souvent identifié plus de lettres que ne le permettait la mutilation de la pierre. Si, à la l. 1, la quasi-totalité du I est visible malgré la cassure, à la l. 2 il n'est pas absolument certain que la base de lettre que l'on aperçoit après le E appartienne à une haste verticale, et l'empattement qui,

l. 3, subsiste à droite de la cassure avant le N pourrait appartenir à bien d'autres lettres qu'un A; toujours à la l. 3, mais à gauche, il n'est pas sûr non plus que la haste du V apparaisse dans la cassure.

Relevons ici l'un des rares cas trévires de confusion entre désinence en -*um* et désinence en -*o*, à propos du mot *titulo*, l. 7 (*Intr.*, § 84).

Le formulaire semble avoir été conforme au schéma trévire (*Intr.*, § 38-40), avec quelques variantes dans le choix des mots.

L. 1-3 : les restitutions proposées par Le Blant et Kraus (*hic requiescit in pace, qui uixit pl. m. annos*) sont trop longues; je m'en suis tenue aux formules proposées depuis Hettner. Le nom du défunt figurait dans la partie perdue de la l. 2.

L. 4 : le nombre d'années ne dépassait pas 20, étant donné l'espace disponible. *Parentes,* qu'on trouve aussi aux n°s 25, 32 *b,* 48, 85, 156, est bien moins fréquent à Trèves que *patres.*

L. 5 : pro amore, qui apparaît aussi au n° 135 (cf. n° 147, *in amure ipsius*) est, comme le *pro dilectione* du n° 220, une variante de la formule plus répandue *pro caritate* (*Intr.*, § 40).

La réglure profondément incisée, le vulgarisme *titulo* pour *titulum,* la variante *pro amore* au lieu de *pro caritate* sont à Trèves autant d'indices d'une époque tardive. Cependant, les E n'ont pas le *ductus* (étroit, avec la haste dépassant les barres) si caractéristique du VIIe s. Je situerais donc volontiers cette pierre vers le VIe siècle.

I, 226

Trèves, origine inconnue (Gose lui attribue, à tort, la même origine que le n° 215). Conservée au *Rheinisches Landesmuseum.*

KRAUS 239.
F. HETTNER, *Röm. Steindenkmäler,* n° 443.
CIL XIII, 3874 (RIESE 4392).
GOSE 740.
Révisée par Gauthier en 1968.

Fragment gauche d'une plaque en marbre blanc, endommagé au cours du bombardement de 1944; h. 15; l. 14; ép. 2,1; lettres : 2 cm env.

SE*T*VSE[... me]-
nses X et [dies ...]
Potentin[us pater et mater]
4   D*iuia* [titulum]
[posuerunt].

(avant 1944)

Il n'y a pas beaucoup d'enseignements à tirer de ce petit fragment, dont Kraus se demandait même s'il était chrétien. Si, en effet, on ne peut établir de certitude absolue, il n'y a cependant aucune raison d'écarter cette pierre dont le matériau, le format, la paléographie sont conformes aux usages chrétiens. Les lettres sont de hauteur et de largeur irrégulières, de forme banale, avec une ligature TE à la l. 3.

Les restitutions sont proposées à titre d'exemple car beaucoup de variantes sont possibles en fonction des dimensions primitives de la pierre et donc de la proportion du texte qui est perdue.

L. 1 : Hettner a proposé de restituer dans une ligne disparue le nom du défunt suivi de [*hic depo*]/*setus e*[*st q. uixit me*]/ et Gose l'a suivi dans cette hypothèse. Ce n'est pas impossible encore que cette formule initiale soit inconnue à Trèves. On peut aussi songer à *hic positus est,* comme au n° 194, ou à *hic situs est,* comme au n° 122, toujours avec l'incertitude graphique habituelle entre I et E. Enfin, il n'est pas exclu, quoique peu probable, que la plaque ait été dédiée à deux jeunes défunts, dont l'un aurait eu 10 mois et l'autre un âge donné dans la partie perdue de la l. 2; dans ce cas, après une formule banale comme *hic quiescunt,* on aurait le nom du premier défunt terminé par /*setus,* puis *e*[*t*] suivi du nom du deuxième. De toutes façons, il faut prévoir ensuite, en entier ou en abrégé, la formule *qui uixit* — ou *uixerunt* — *me/nses...*

L. 2 : si l'on ne retient pas l'hypothèse des deux défunts, il faut restituer un nombre de jours.

L. 3-4 : ici apparaissent les noms des dédicants, très vraisemblablement les parents. Le nom du père est *Potentinus* ou, à la rigueur, un dérivé. Ce *cognomen,* dérivé de *potens* (I. Kajanto, *Latin Cognomina,* p. 247) plutôt que des villes italiennes appelées *Potentia* (*ibid.,* p. 187), est attesté une trentaine de fois dans l'onomastique. La mère semble s'être appelée *Diuia* ou *Diuiana,* à moins que son nom ait commencé à la fin de la l. 3. *Diuius* est un gentilice très rare : le *Thesaurus* en connaît moins d'une dizaine d'exemples (s. u. *Diuius*); il ne l'a pas trouvé attesté comme *cognomen* et il ne connaît pas d'exemple de la dérivation normale *Diuianus.* Ce n'est cependant pas une raison pour écarter ces deux hypothèses car il ne manque pas de noms qui soient attestés par un seul exemple.

I, 227

Trèves. Trouvée en 1872 dans le jardin des *Vereinigten Hospitien*. Conservée au *Rheinisches Landesmuseum*.

Jahresber. d. Gesellsch. f. nützl. Forschungen, 1872/1873, p. 88 (sans nom d'auteur).
KRAUS 227 et *Nachtr*. t. II, p. 342 (Le Blant, *N. R.* 395).
F. HETTNER, *Röm. Steindenkmäler*, n° 415.
CIL XIII, 3949.
GOSE 760.
Révisée par N. Gauthier en 1967.

Partie inférieure droite d'une plaque de marbre blanc; h. 24; l. 20; ép. 2,5; lettres : 1,6 - 2,3 cm.

        [...]ṣ
        [...]ẹr
        [...]atius
    4   [...]X̣XIIII
        [... an]ṇ(um) I, men(ses) X,
        [...]II non(as) noueb(res)
        [...]   noui⟨m⟩b(res).
        [colombe ...]   colombe

Les lignes sont guidées par une double réglure. Les lettres sont cependant de hauteur assez irrégulière. Les O sont plus petits que les autres lettres. Les A ont une traverse brisée. Les hastes du premier M sont obliques (l. 5); pour le second (l. 7), le lapicide a gravé, par erreur, une haste de trop. Les deux boucles du B de la l. 7 ne se touchent pas. Le chiffre I (l. 5) est précédé d'un point et suivi d'un autre.

En ce qui concerne la langue, il faut relever les deux formes peu communes de *nouembres*. On n'a pas d'autre cas à Trèves d'amuissement de *m* devant *b* mais le phénomène est amplement attesté ailleurs (dans le mot *nouembres*, Diehl 4394 A = *Nuovo Bull. Arch. Crist.* 1914, 1, p. 133, 13, datée de 400, *Nouebr.;* Diehl 2144 = *ICVR, n. s.* (I) 3223, datée de 404, *Nouebr.;* Diehl 1709 *a* = CIL X, 1342, datée de 461 ou 482, *Nobebr.;* Diehl 2572 = *Bull. Arch. Crist.* 1884/5, p. 152 *adn., Nobebes*). La forme *nouim(bres)* résulte d'une évolution constatée pour d'autres mots (*Intr.*, § 50) mais elle n'est pas attestée dans l'index de Diehl (cf. cependant *septimbris*, Diehl 623 = *ICVR* I, 1198 et 1364 *adn.* = CIL V, 1681).

La colombe subsistante montre qu'il manque largement plus de la moitié de la pierre en largeur : il y avait en effet sûrement, comme d'habitude (*Intr.*, § 43-44), deux colombes symétriques encadrant un chrisme ou quelque autre motif central. On ne peut savoir combien de lignes ont disparu en haut. La formulation de l'épitaphe semble avoir été différente de celle que l'on trouve généralement à Trèves (cf. *Intr.*, § 38-41). Il y a deux indications de durée (l. 4 et 5) et deux dates (l. 6 et 7). On peut envisager deux hypothèses : ou bien il s'agit, comme en un certain nombre de cas (*Intr.*, § 3), d'une épitaphe collective, l'âge et la date du décès de chacun étant sucessivement donnés; ou bien, comme le pensent Hettner et Gose, il n'y a qu'un défunt dont on mentionnait sucessivement l'âge (l. 4), la durée de vie conjugale (voir n° 217) ou professionnelle (voir n° 71) l. 5, le jour de décès (l. 6) et le jour d'enterrement (l. 7) — ces deux dernières mentions apparaissent conjointement au n° 153. A la l. 2, *...atius* est vraisemblablement la fin d'un nom.

Pour des raisons paléographiques et linguistiques, je serais tentée de penser que cette épitaphe est postérieure à la première moitié du Vᵉ siècle. Aucune inscription de Trèves portant une date ne remonte sûrement au IVᵉ siècle.

I, 228

Trèves. Trouvée en 1904 dans la *Speestr.* Conservée au *Rheinisches Landesmuseum.*

A. VON DOMASZEWSKI - H. FINKE, *Ber. der R. G. K.* 1906/1907, p. 56, n° 10.
CIL XIII, 11 336.
GOSE 742.
Révisée par N. Gauthier en 1968.

Fragment d'une plaque de marbre blanc dont le bord primitif est conservé à gauche; h. 16; l. 27; ép. 6,2; lettres : 2,5 - 2,7 cm.

[...] me(nu?)s annus bi[ginti ?; titulum]
posuet Sedulus [coniugi ... ?]
colombe   croix ?   [colombe]

Les lignes sont séparées par une réglure simple profondément gravée. Les lettres sont assez régulières. Le M à hastes obliques est particulièrement large. A la l. 1, après ME, il y a la place et la trace d'un S beaucoup moins profondément gravé que le reste. Je me demande si le lapicide, voyant qu'il s'était trompé, ne l'a pas laissé inachevé (et éventuellement effacé avec de l'enduit). La traverse du A est brisée, les deux N ligaturés. A la l. 2, seule subsiste la haste du P. Le L a une base oblique et un petit trait, sans doute accidentel, au milieu de la haste. A la fin de la ligne, on aperçoit une courbe qui peut avoir appartenu à un C, un O ou un Q. Les mots sont séparés par de légers points de ponctuation, ce qui est rare à Trèves (nᵒˢ 18, 31, 70, 130, 155). Au dessous du texte, on voit les restes d'une colombe tenant un rameau dans son bec, qui devait avoir son pendant à gauche. Au centre apparaît un motif unique en son genre à Trèves, qui me semble être une variante de la croix monogrammatique devenue incomprise : la boucle du P a été remplacée par une espèce de feuille ou de pointe de lance, d'ailleurs gravée très légèrement. De la branche de la croix part un trait dirigé vers le haut qui me paraît résulter, comme la petite barre du L, d'une maladresse du lapicide.

On reconnaît sur ce petit fragment les vulgarismes courants *annus* pour *annos* (*Intr.,* § 52) et *posuet* pour *posuit* (*Intr.,* § 49).

L. 1 : la restitution de cette ligne pose un problème. A. Ferrua (*Akten,* p. 302) propose de lire : [*Her*]*mes annus bi*[*ginti*]. Mais il y a tout au plus la place d'une lettre avant le M et, d'ailleurs, Trèves ne connaît pas de formule de ce type alors que la ligne suivante paraît tout à fait banale. C'est pourquoi je me demande si l'on n'a pas perdu une ou plusieurs lignes portant l'habituelle introduction du type *hic quiescit,* le nom du défunt et les mots *qui uixit.* Au début de la l. 1, il faudrait restituer un P et reconnaître avant *annus* la formule *plus minus* en abrégé, avec *menus* pour *minus* : à Trèves même, on trouve l'abréviation (*plus*) *me*(*nus*) au n° 46 et l'abréviation *plus mi*(*nu*)*s* au n° 147. Après *annus* ne pouvait venir que le nombre d'années en toutes lettres. Je ne vois pas d'autre possibilité que de restituer, avec Ferrua, *biginti* pour *uiginti* quoique que la confusion entre V et B, fréquente à Rome et en Afrique, ne soit pas attestée à Trèves.

L. 2 : le dédicant s'appelait *Sedulus,* qui est un *cognomen* surtout répandu en Gaule Narbonnaise (I. Kajanto, *Latin Cognomina,* p. 18); c'est un nom à connotation morale (*sedulus* = « diligent, zélé »). Kajanto (*ibid.* p. 259) en connaît 15 exemples païens, dont un au féminin, mais n'a pas trouvé d'autre cas que celui-ci dans les sources chrétiennes qu'il a dépouillées.

La largeur excessive du M, la réglure profondément gravée, la modification de l'habituelle croix monogrammatique me semblent autant d'indications convergentes qui permettent d'assigner à ce fragment une date relativement tardive (VIe siècle ?).

I, 229

Trèves, origine inconnue. Conservée au *Rheinisches Landesmuseum.*

LE BLANT 310.
KRAUS 220.
F. HETTNER, *Röm. Steindenkmäler,* n° 444.
CIL XIII, 3910 (RIESE 4399; DIEHL 4185 *adn.*).
GOSE 721.
Révisée par N. Gauthier en 1967.

Fragment d'une plaque de marbre blanc à veines colorées, endommagé au cours du bombardement de 1944; h. 14; l. 18; ép. 1,9; lettres : 2,4 cm.

(état actuel)

[... men]*ses* IIII [...]
[...] *t*ranse[...]
[... et As]pasia patṛ[es ...]
4   [... pro ?] ḍoloṛẹ [...]

On peut se demander si cette inscription ne provient pas de l'atelier I de Saint-Mathias. Les caractéristiques paléographiques sont les mêmes (voir *Intr.*, § 15), notamment la forme du A et du T. Cependant, la double réglure est un peu plus marquée qu'on s'y attendrait et l'un des A (l. 3) a une traverse brisée. A la fin de la l. 1, on a lu jusqu'ici un D, première lettre de *dies;* la restitution est vraisemblable mais le petit fragment de lettre qui subsiste (et qui n'était pas plus grand avant 1944) peut avoir appartenu à d'autres lettres qu'un D : E, B, L, par exemple. A la fin de la l. 2, j'hésite à affirmer l'existence de la courbe reconnue dans la cassure (O selon Hettner, O ou C selon Kraus, G selon Hirschfeld et Gose); par contre, le E qui précède est sûr (Le Blant a lu I). Au début de la l. 3, la panse d'un D est certaine; à la fin de la même ligne, R et E sont sûrs, puis l'on discerne une haste et un trait horizontal vers la droite : E ? P (Hettner, Gose, CIL) ? F ? D ?

L. 1 : on reconnaît une partie de l'âge du défunt (ou de la défunte) dont le nom apparaissait dans une ligne précédente disparue.

L. 2 : Le Blant propose *transi*[*it sub die ...*]*;* Hirschfeld, dans le CIL, suggère *transeg*[*it*]*;* Hettner pense à *Transeolus,* qui serait le nom du père. Aucune de ces hypothèses ne n'impose plus qu'une autre.

L. 3 : on restitue, depuis Le Blant, le nom *Aspasia* qui apparaît aussi, mutilé (*Aspa*[*sius/a*]), au n° 8. Il s'agit d'un nom d'origine grecque largement attesté en Occident, notamment en Gaule (voir n° 242, à Metz). *Patres* est mis, comme toujours à Trèves, pour *parentes* (*Intr.*, § 94). Le nom du père, qui précédait celui de la mère Aspasia, a disparu.

L. 4 : le mot *dolor* n'apparaît par ailleurs à Trèves qu'au n° 193. Hettner restitue *pro dolore,* par analogie avec *pro amore* (n°ˢ 135 et 225). On pourrait aussi songer à *cum dolore.* Cette précision s'insérait dans la formule de dédicace qui termine habituellement les épitaphes trévires (*Intr.*, § 40).

Même si ce fragment n'est pas issu de Saint-Mathias I, il en est trop proche pour ne pas être sensiblement contemporain. Il date donc, selon toute vraisemblance, du IVᵉ siècle ou du début du Vᵉ.

I, 230

Trèves. On ignore les conditions dans lesquelles cette inscription fut trouvée, mais Hettner note que, de son temps, elle était encastrée dans un vieux cadre de bois qui prouvait qu'elle se trouvait depuis assez longtemps au musée. Conservée au *Rheinisches Landesmuseum*.

KRAUS 231 et *add.* (de HETTNER), p. [6] (LE BLANT, *N.R.* 399).
F. HETTNER, *Röm. Steindenkmäler*, n° 440 (BUECHELER 1736).
CIL XIII, 3783 (RIESE 2545; DIEHL 1117 *adn.*).
GOSE 779.
Révisée par N. Gauthier en 1968.

Quatre fragments d'une plaque de marbre blanc, dont deux (celui du haut et celui de gauche) ont été perdus à la suite du bombardement de 1944; dimensions avant la guerre : h. 29,4; l. 16; ép. 2; lettres : 2 cm.

(avant 1944)

```
         [...]he[...]
         [...]c[...]
         [m]ortạ[l...]
    4    [p]arụa ạ[...]
         gemma sạ[cerdotum ...]
         menṭe deụ[ot...]
         lustra ṭ[ulit ? ...]
    8    [oct]o d[...]
         [...]CT[...]
         [...]RIA[...].
```

Cette longue inscription semble avoir présenté un intérêt particulier et nous devons d'autant plus regretter l'état dans lequel elle nous est parvenue. D'après la photo prise avant guerre, le bord primitif apparaissait en haut, à gauche et en bas sur les fragments conservés : le texte comportait donc dix lignes. Aux quatre lignes (l. 4-7) dont le début est conservé, on peut constater que le début de la ligne coïncide avec le début d'un mot; on peut admettre qu'il en était de même aux autres lignes. L'écriture est très belle : les lettres sont de formes, de dimensions constantes, très régulièrement espacées; dans l'ensemble, leurs formes sont très proches de nos actuelles majuscules d'imprimerie, à l'exception du G (l. 5), qui a le même *ductus* qu'au n° 138.

La lecture des différents auteurs qui ont étudié la pierre varie selon leur interprétation des lettres mutilées.
L. 1 : Kraus, CIL, Gose : IHEC; Le Blant : IHE. On aperçoit en effet une haste dans la cassure à gauche mais elle peut avoir appartenu à un M ou un N aussi bien qu'à un I. A droite subsiste un reste de courbe qui peut appartenir à un C, un G, un O ou un Q.
L. 2 : Kraus, Le Blant : CI; Gose : CD. Le C est sûr; quant au reste de lettre à droite, ce peut être B, D, P ou R.

L. 3 : le O est sûr. A sa gauche, il y a place pour restituer une seule lettre, mais plus large que les autres. La seule qui réponde à cette définition est M (cf. l. 5 et 6), ce qui vient à l'appui d'une restitution comme *mortalia membra,* proposée par Hettner.

L. 4 : la première lettre, dont on aperçoit la haste verticale ne peut être que P (ou bien T ou F qui ne donnent aucun sens possible pour un mot [.]*arua*). A la fin de la ligne, le deuxième A a été omis par Le Blant.

L. 5 : Le Blant a encore omis le A final, qui est sûr.

L. 6 : tous, sauf Le Blant, ont bien identifié le petit trait oblique qui subsiste à la fin de la ligne : ce ne peut être que l'extrémité supérieure de la haste de gauche d'un V.

L. 7 : tous aussi, y compris Le Blant, ont reconnu le L qui commence la ligne (il ne subsiste que la haste et l'extrémité de la base qui devait être recourbée vers le haut comme au n° 115, par exemple) et le T qui termine (et dont il ne reste que le linteau).

L. 8 : Kraus, Le Blant, CIL : OD; Hettner : ODI; Gose : TODI. Il manque avant le O trois ou quatre lettres dont on apercevait quelques restes au bas du fragment de gauche disparu. Sur la photo, on reconnaît nettement l'extrémité supérieure d'une courbe qui ne peut être que C ou G, puis la moitié gauche du linteau d'un T. Avant C ou G reste la place d'une lettre un peu large. A la fin de la ligne, la haste verticale qu'on distingue dans la cassure peut appartenir à I, M, N, P, R, D, E, L, etc.

L. 9 : Kraus, Le Blant : ICT; Hettner, Gose : ICTA; CIL : CTA. Pour ma part, je ne suis pas sûre d'avoir vu une haste verticale dans la cassure à gauche; à droite du T ne subsiste plus qu'un empattement dont je ne puis affirmer qu'il appartenait à un A.

Le vocabulaire employé dans ce texte est caractéristique des épitaphes métriques. Les l. 3-8 commencent toutes par une syllabe longue. Cela n'est pas suffisant pour être sûr que le début de la ligne coïncide avec le début du vers. Hettner et Gose pensent au contraire que *gemma sacerdotum* est le début d'un hexamètre dont *mente deuota,* à la ligne suivante, est la fin. C'est possible aussi (la première syllabe de *deuota* semble de toute façon avoir été considérée comme une brève) mais j'avoue ne pas voir sur quoi ils fondent leur certitude.

L. 1-3 : on ne peut identifier aucun mot aux deux premières lignes. A la troisième apparaît certainement, puisque, nous l'avons vu, la première lettre ne peut être que M et que c'est le début du mot, l'adjectif *mortalis.* Celui-ci est bien attesté dans les inscriptions métriques chrétiennes (voir l'index VII de Diehl); on trouve notamment la formule *mortalia linquens* (Diehl 316, 9 et 1044, 5 = *ICVR* I, 317 *suppl.* 1703 et CIL V, p. 617, 6) et l'expression *mortalia membra* (Diehl 1517 et 3346, 3 = *ICVR* II, 98, 3 et Le Blant 409) que Hettner propose de restituer ici. Ces trois lignes devaient exprimer l'idée que les restes mortels du défunt reposaient dans le tombeau tandis que son âme avait gagné le ciel.

L. 4 : on reconnaît l'adjectif *parua,* qui apparaît aussi au n° 90, malheureusement sans plus de contexte.

L. 5 : la restitution *gemma sacerdotum,* suggérée pour la première fois par Hettner, est assurée. La même expression apparaît en effet sur l'épitaphe d'Hilaire d'Arles, mort en 449 (Le Blant 516, 8). Sidoine Apollinaire (*Ep.* IX, 4, 2) loue un de ses correspondants, l'évêque de Marseille Graecus, d'être *flos sacerdotum, gemma pontificum.* Ceci confirme que *sacerdos,* comme au n° 19 et comme habituellement en épigraphie paléochrétienne (voir l'index VII de Diehl), désigne un évêque et non pas seulement un prêtre comme le disent Hettner et Gose.

L. 6 : l'expression *mente deuota* ou *deuota mente* est très répandue (n° 258; Le Blant 405, à Vienne vers 534; Le Blant 436, à Vienne en 491; Diehl 967, 1; 1768, 2; 1857 *a,* etc.). Par contre, la formule suggérée par Bücheler et Gose, *pietate ac mente deuota,* n'est pas encore apparue en épigraphie chrétienne.

L. 7 : les inscriptions métriques expriment volontiers les durées en lustres. Il peut s'agir de la durée de la vie ou de la durée du pontificat (comme Diehl 1092, 14 et Diehl 1029 *a,* 15, par exemple). Il semble que *lustra* était construit avec *tulit,* qui introduit aussi une durée aux n°s 37, 68 et 176.

L. 8 : le mot *octo,* seule restitution compatible avec les restes de lettres subsistant, définissait-il le nombre de lustres ou s'appliquait-il à autre chose, par exemple le nombre de jours (*d[ies]*) ? Diehl propose : [*oc*]*to di*[*esque* ...].

Hettner (suivi par Gose) estime que les lettres ont des formes analogues à celle de l'épitaphe d'Hilaire d'Arles (Le Blant 516) où apparaît aussi l'image *gemma sacerdotum* et en tire la conclusion que notre pierre ne saurait être postérieure au milieu du Vᵉ siècle. Je ne trouve pas, pour ma part, que les deux écritures se ressemblent particulièrement (cf., par ex., le A). Par ailleurs, je pense que l'expression *gemma sacerdotum* est un emprunt de notre auteur à l'épitaphe d'Hilaire et non l'inverse : se souciait-on à Arles, au milieu du Vᵉ siècle, de ce qui s'écrivait à Trèves ? Ce sont plutôt les gens de Trèves qui avaient occasion de passer à Arles. Nous pouvons donc considérer 450 comme un *terminus a quo.* Il n'est pas impossible que notre inscription soit de peu postérieure : remarquons que le n° 19, composé vers le milieu du Vᵉ siècle, fait un large emprunt à une inscription de Reims. L'expression *deuota mente,* elle, semble plutôt utilisée à Vienne vers le VIᵉ siècle. L'emploi massif du calcul par lustres paraît aussi assez tardif (VIᵉ siècle et après). Enfin, il n'est pas exclu que la pierre ne soit pas antérieure à l'époque carolingienne : les lettres témoignent de l'imitation de modèles antiques. Si l'on avait seulement le nom de l'évêque en l'honneur de qui a été composé ce texte, on serait à peu près fixé sur la date mais il faut se résoudre à l'ignorer.

I, 231

Trèves, origine précise inconnue. Trouvée en 1884. Conservée au *Rheinisches Landesmuseum.*

F. HETTNER, *Wd. Zeitschr.* 4, 1885, p. 218 et *Röm. Steindenkmäler,* n° 436.
KRAUS 225 (Le Blant, *N. R.* 394).
CIL XIII, 3939.
GOSE 773.
Révisée par N. Gauthier en 1967.

Partie supérieure droite d'une plaque en marbre blanc; h. 15; l. 14; ép. 4,7; lettres : 1-2 cm.

[...]HAOL ?	*bande*
[...]ITSL(?)AC	*d'encadrement*
[...]V(?)SE(?)TS	*avec*
4 [... ma?]ter et p-	*oiseaux*
[ater titulum posuerunt ?]	

Cette pierre a laissé tous ses commentateurs perplexes : les lettres que l'on identifie aux deux premières lignes ne paraissent pas susceptibles de prendre place dans des mots latins. Les lettres sont guidées par une réglure et assez régulières. Malgré l'application évidente du lapicide, la dernière lettre de la l. 1 et sans doute la première de la l. 3 appartiennent à la cursive manuscrite. Je me suis demandé s'il n'était pas arrivé à cette pierre, en plus grave, la même mésaventure qu'au n° 97, où la personne chargée de transcrire en capitale épigraphique le texte écrit en écriture commune n'a pas réussi à déchiffrer l'original et s'est trompée dans l'identification des lettres (par exemple, l. 5, LI au lieu de D). Si c'est bien le cas, on ne peut même pas prendre appui sur les lettres qui paraissent les plus claires pour tenter d'interpréter les autres puisqu'elles résultent peut-être d'un contresens sur l'original. La dernière lettre de la ligne 1 et la première de la l. 3 dont le *ductus* est très proche me paraissent être A ou V qui ont presque la même forme en écriture commune (lettre ouverte et détachée à la base; cf. par exemple la photo d'une plaque de plomb du VIIᵉ s. dans Y. Duval - P. A. Février, *Procès-verbal de déposition de reliques de la région de Telergma, Mél. d'Archéol. et d'Hist.* 81, 1969, p. 257-320). La première lettre de la l. 2 peut être T ou I, la 4ᵉ est un L à base plongeante, à la l. 3, on discerne peut-être un X à demi effacé avant le A ou le V. Lecture de Kraus : HACI.I / ITSLAC / NISETS / [m]ATERETP / [a]T. Hettner-Gose : HAOIA / ITSLAC / NISETS / ATERETP / IT. Zangemeister dans le CIL : AAOIA / ITS.FAC / ICISETS / TERETP / TT.

Le principal intérêt de cette pierre réside sans doute dans le motif d'encadrement qui est très proche du fragment n° 202; c'est une imitation maladroite et tardive d'une frise à rinceaux, colombes et canthare dans le coin du genre de celle du n° 214. Elle atteste le caractère chrétien de la pierre.

Seul Hettner (repris par Gose) a tenté une lecture désespérée de ce texte. A la l. 1, il propose de reconnaître la fin d'un nom en *-ha,* puis *q(uae) ia[cet];* il abandonne la l. 2; à la l. 3, il voit la fin du nom de la mère et le début du nom du père; l. 4 et 5, [*ma*]*ter et p*[*ater t*]*it*[*ulum*]. Pour ma part, je dirai que le texte semble avoir été une épitaphe et n'oserai m'avancer plus loin.

I, 232

Trèves, origine précise inconnue. Conservée au *Rheinisches Landesmuseum.*

LE BLANT 306.
KRAUS 254, 58.
F. HETTNER, *Röm. Steindenkmäler,* n° 450.
CIL XIII, 3948.
GOSE 759.
Révisée par N. Gauthier en 1968.

Fragment d'une plaque de marbre gris portant une inscription chrétienne de chaque côté; h. 21; l. 17; ép. 3,5; lettres : *a)* 2,8; *b)* 2,5 cm.

face a :

[... qu]attuor
[... uigin?]ti quattu[or]
omega   colombe

face b :

ann[...]
uxor e[t ? ... ti]-
tulum [posue]-
run[t]

Les deux inscriptions sont complètes en bas (le coin qui était conservé au moment de la trouvaille a sans doute disparu durant le bombardement de 1944; la pierre est aujourd'hui dans l'état montré par la face *a*). La face *b* est complète à gauche; peut-être la face *a* est-elle aussi complète à droite mais, d'après l'emplacement de la colombe, elle peut aussi avoir été retaillée en enlevant une ou deux lettres; dans ce cas, *a* serait antérieur à *b*.

Face a.

La surface du marbre a été soigneusement polie, les lignes courent entre deux traits directeurs. L'écriture est dense, les lettres régulières. Le linteau du T est un arc de cercle, comme au n° 155. Au dessous du texte était dessiné un des motifs habituels de Trèves, sans doute deux colombes encadrant un monogramme constantinien avec *alpha* et *omega;* on ne peut dire si la colombe tenait un rameau car la pierre est éclatée.

A la l. 1, la partie supérieure des lettres manque. Il semble cependant qu'on ne puisse lire que [*qu*]*attuor,* comme on l'a fait jusqu'ici. Le même chiffre apparaît à la l. 2, les deux dernières lettres s'étant trouvées sur la même ligne, si la pierre a été retaillée, ou au début de la ligne suivante, dont la partie droite est restée vierge. Les deux premières lettres de la l. 2 peuvent être la fin de [*uigin*]*ti.* On ne voit pas bien ce que signifient ces deux nombres superposés; je ne suis pas très convaincue par l'hypothèse de Hettner (et de Gose) selon laquelle le défunt laissait derrière lui quatre garçons et quatre filles. Mais la décoration atteste le caractère chrétien de l'épitaphe.

Face b.

Ce *titulus* est beaucoup plus médiocre, malgré la légère réglure qui est censée guider le lapicide. La surface du marbre a été mal polie, les lettres sont de dimensions et de formes irrégulières. Les N et les M sont exceptionnellement larges; le premier V de la l. 3 est rond, ce qui se produit rarement à Trèves (n°ᵒˢ 1, 75, 154 et 178).

On reconnaît sans peine le formulaire habituel : la formule initiale et le nom du défunt ont disparu, puis venait l'âge (l. 1 : on peut lire *ann(os)* ou *an(nos)* IV) et enfin la mention des dédicants (l. 2-4) qui étaient au moins deux puisque le verbe est au pluriel. Depuis Le Blant, on restitue *uxor e*[*t filii*] mais c'est naturellement hypothétique. *Uxor* apparaît très rarement à Trèves où *coniux* est de règle (*uxor :* n°ᵒˢ 135, 144 et 217).

Ce fragment ne présente d'autre intérêt que de porter une inscription chrétienne sur chaque face, comme le n° 13, ce qui n'est pas très courant quoique bien attesté (voir commentaire au n° 13). Hettner (repris par Gose) estime que la face *b* est postérieure à la face *a* parce que l'écriture en est plus négligée; ce critère à lui seul est insuffisant (voir précisément le n° 13) mais la présence du mot *uxor* me paraît une confirmation : sur trois épitaphes trévires où il apparaît, deux sont évidemment tardives (n°ᵒˢ 135 et 217).

I, 233

Trèves. Trouvée en 1903 devant le n° 35 de la Place du Marché (*Hauptmarkt*). Conservée au *Rheinisches Landesmuseum*.

GOSE 753.
Révisée par N. Gauthier en 1968.

Fragment d'une plaque de marbre blanc dont le bord primitif paraît conservé à gauche; h. 13; l. 13; ép. 2,5; lettres : 2,5 cm environ.

SACṬ[...]
suit fu[n?...].
Hic q̣[uiescit ...]

Le seul intérêt de ce petit fragment est de montrer une inscription réutilisée pour noter une épitaphe sur la même face, à la suite du texte précédent. Les deux premières lignes sont écrites dans une belle capitale régulière, aux lignes espacées guidées par une réglure. Le texte est trop mutilé pour qu'on puisse reconnaître aucun mot ni savoir si l'inscription primitive était chrétienne ou non. Gose, à la première ligne, a lu Sacer, où il envisage de reconnaître éventuellement le mot *sacer[dos]* : cependant la 4e lettre n'est pas un E mais bien un T auquel manque seulement la moitié droite du linteau; après le T subsiste encore le bas d'une haste verticale. A la fin de la ligne suivante, il y a aussi, après le V, une haste verticale susceptible d'avoir appartenu à différentes lettres; peut-être y avait-il là, comme le suggère Gose, une forme du mot *funus*.

La troisième ligne est d'une main toute différente. Les lettres ont un tracé cursif, notamment le Q dont la partie droite a disparu. Ce deuxième texte est sûrement une épitaphe chrétienne, dont on reconnaît le début classique : *hic q[uiescit ...]*.

I, 234

Trèves. Trouvée à l'angle de la *Johannisstr.* et de la *Frauenstr.*, en 1935. Conservée au *Rheinisches Landesmuseum.*

GOSE 781 (A. FERRUA, *Akten,* p. 303).
Révisée par N. Gauthier en 1968.

Partie supérieure droite d'une plaque en marbre blanc; h. 24; l. 35; ép. 6,5; lettres : 2,5 - 3 cm.

[...]nĕ ′pūlchrō

[...]ām mŏdŏ ′dūlcĭs ĕ́răs

[...]ĭă ′dīctăt hŏ́nōrĕm

4   [...]ă ′nōstră fĕ́rūnt

[...] dŏ́|ōrī

C'est une épitaphe métrique, composée de distiques, comme le P. Ferrua l'a reconnu. Chaque fin de ligne coïncide avec la fin d'un vers, comme aux nᵒˢ 90, 194, 195 et 197. Ferrua pense que l'inscription est certainement mutilée en haut; j'ai au contraire l'impression, malgré l'irrégularité du bord supérieur, que l'on possède en haut à droite l'angle primitif; d'ailleurs, la l. 1 est un hexamètre, comme il convient. Il ne reste que 2 à 3 pieds, c'est-à-dire qu'il manque plus de la moitié de la pierre à gauche. Rien ne permet d'évaluer ce qui a été perdu en bas.

Les lignes sont guidées par une double réglure très légère. L à base plongeante, O plus petits que les autres lettres, A à traverse tantôt brisée, tantôt rectiligne, M à hastes verticales l. 2, obliques l. 3 : rien de tout cela n'est bien original. Par contre, la ligature MM (l. 2) est unique à Trèves. L. 3, Gose a lu par erreur DICTAE. Au début de la l. 4, avant le A, on peut hésiter entre P (Gose) et R (Ferrua). Au début de la l. 5 subsiste le haut du D.

L'inscription est trop mutilée pour qu'on en reconstitue le sens et, comme le remarque Gose, il n'est même pas sûr qu'elle soit chrétienne. Cependant, le matériau employé, les dimensions, la paléographie, l'allure générale constituent autant de présomptions en faveur de son caractère chrétien. Il n'est pas rare que les inscriptions métriques chrétiennes soient rédigées dans un style neutre susceptible de convenir tout autant à un païen.

I, 235

Trèves, *Liebfrauenkirche*. Graffiti trouvés en 1949-1950 dans les débris tombés sur le sol antique de la Basilique Sud. Le groupe cathédral de Trèves est constitué de deux églises accolées : *Dom* au Nord, *Liebfrauenkirche* au Sud. En 1949, Th. K. Kempf entreprit des fouilles dans le chœur oriental de cette dernière. Dans les vestiges trouvés, il reconnaît les restes d'un presbyterium paléochrétien qui aurait connu trois aménagements successifs, qu'il décrit ainsi (*Frühchristl. Zeugnisse,* p. 223-225) : le premier d'entre eux, qui correspondrait au presbyterium le plus vaste et qu'il date de 326-350, serait limité par la murette I (voir la figure) faisant office de chancel. Le deuxième, que Kempf daterait de 350 à peu près, correspondrait au presbyterium le plus réduit; la limite vers la nef serait constituée par la murette II, en pierres de grès et briques, recouverte sur la face occidentale d'un enduit rouge finement poli; parmi les morceaux d'enduit tombés sur le sol, certains portaient des graffiti, énumérés ci-dessous (n° 235). Le presbyterium, dans son troisième aménagement, aurait été limité par la murette III, réalisée en briques tubulaires (celles que l'on utilisait habituellement pour le chauffage) et présentant vers l'Ouest un enduit rouge dont les restes, trouvés à terre, portaient, eux aussi, de nombreux graffiti (n°s 236 et 237). Selon Kempf, l'érection du mur III serait datée de la fin du IVe siècle par les trouvailles monétaires. Tous les graffiti sont conservés au *Bischöfliches Museum*.

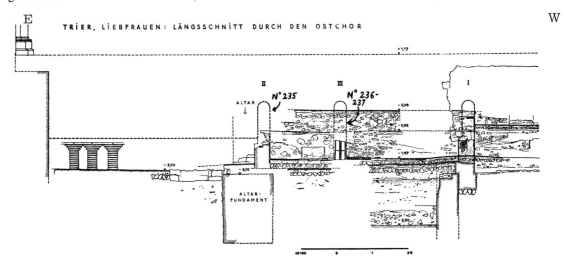

Les aménagements successifs du presbyterium de la Basilique Sud du groupe épiscopal,
d'après Th. K. Kempf (*Frühchristl. Zeugnisse*, p. 224)

Vue des murettes II et II de la Basilique Sud : les graffiti n° 235 ont été trouvés
entre les deux murettes, les n° 236 et 237 sur le sol devant III.

Th. K. KEMPF, *Frühchristl. Zeugnisse,* p. 225-230.
On peut ajouter, uniquement pour le fragment *a,* Th. K. KEMPF, *Germania* 29, 1951, p. 49, 54; *Mémorial d'un voyage d'études de la S.N.A.F. en Rhénanie,* Paris, 1953, p. 155 (*A. Ep.* 1953, n° 272) et *Das Bischöfliche Museum in Trier,* Trèves, 1954, p. 24.
Révisés, dans la mesure du possible, par N. Gauthier, en 1968, 1969 et 1972. Actuellement, les graffiti sont difficilement accessibles aux chercheurs. Aucune photo, aucun relevé précis ne sont autorisés. La lecture est d'autant plus difficile que les traits réels ou supposés ont été retracés à la peinture rouge.

Multiples fragments d'enduit rouge, sur lequel les graffiti sont plus ou moins profondément incisés. Th. K. Kempf (communic. orale, 1968) considère que la publication des *Frühchristl. Zeugnisse* est complète et définitive. J'ai donc pris cette publication comme point de départ, reproduisant, faute de mieux, ses fac-similés et complétant éventuellement par les copies sommaires que j'ai effectuées sur place à main levée.

Fragment a

(= *Frühchristl. Zeugnisse,* p. 225, 24 II 1), en 5 morceaux; h. 19; l. 35; lettres : 0,8 cm et 2 cm.

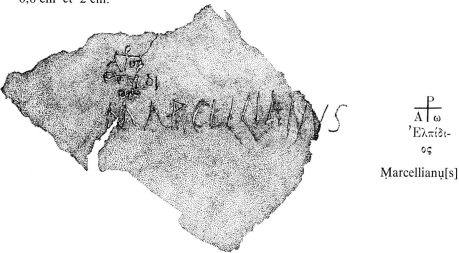

A $\dotplus$ ω

'Ελπίδι-
ος

Marcellianu̯[s]

(*Frühchristl. Zeugnisse,* p. 225, 24 II 1)

Une première main a gravé profondément, en petits caractères, la croix monogrammatique flanquée de *l'alpha* et de *l'omega* et le nom grec Elpidios (sur ce nom, déjà apparu deux fois à Trèves, voir nº 73). Les lettres ε, λ et π sont liées, le ς est en forme de C, commé toujours à l'époque paléochrétienne.

Au-dessous, une autre main a gravé très légèrement en lettres latines le nom Marcellianus. Le V, à peine visible, est mutilé et le S a disparu. Les A, semble-t-il, ne sont pas barrés, contrairement à la figure; la barre supérieure du E manque. M à hastes obliques. L à base plongeante. Marcellianus est un *cognomen* porté presque uniquement par des hommes; I. Kajanto (*Latin Cognomina,* p. 173) en connaît une vingtaine d'exemples, dont 4 chrétiens.

Fragment b

(= *op. cit.* 24 II 2), en 6 morceaux; h. 40; l. 37,5; lettres : 1,2 cm (l. 1) et 2 cm (l. 2). Le haut de l'enduit est légèrement arrondi, indiquant que le fragment se trouvait vers le haut du chancel.

[... ui]uas in ☧
Artemius ☧

(*Frühchristl. Zeugnisse,* p. 226, 24 II 2)

L'écriture de la première ligne est très légère. A l'aide des lettres AR qui figurent sur le petit morceau représenté à gauche, Kempf reconstitue : *Mar[celline ui]uas in* ☧ . Dans l'état actuel de la présentation, je n'ose affirmer que les deux morceaux appartiennent au même graffito. A la fin de la l. 1, le mot *Christo* est exprimé par un chrisme, comme partout dans ces graffiti.

L'écriture de la l. 2 est plus appuyée. On peut lire *Artemius,* un nom qui, comme beaucoup de *cognomina* en *-ius,* se répand à partir du IVᵉ siècle (*Thes.,* s. u. *Artemis,* col. 684, l. 33-70); il a été porté notamment par plusieurs évêques gaulois du VIᵉ siècle et, au féminin, par une chrétienne de Cologne. Suit un chrisme : je ne saurais dire s'il est de la même main que le nom et s'il est destiné à exprimer à lui seul la formule *uiuas in Christo* ou bien s'il est l'œuvre de quelqu'un d'autre. Entre les branches de ce chrisme, on aperçoit à droite un petit trait qui est peut-être l'amorce d'un *omega.* Au-dessous et à droite, restes d'un autre chrisme dont le P a la panse à gauche.

Fragment c

(= *op. cit.* 24 II 3); h. 6; l. 10; lettres : 2 cm.

Marcel[...]

(croquis N. Gauthier)

Le début du M manque, ce qui empêche de savoir s'il était ligaturé ou seulement lié au A qui suit. Kempf propose de reconnaître *Marcel[linus];* c'est, en tout cas, un nom de même famille (Marcellus/a; Marcellianus/a, etc.).

Fragment d

(= *op. cit.* 24 II 4); h. 4,5; l. 12,5; lettres : 4 cm.

   [.]ictori[...]

(croquis N. Gauthier)

Graffito profondément gravé mais toutes les lettres sont mutilées. Il semble qu'on puisse reconnaître avec Kempf un *cognomen* dérivé de Victor.

Fragment e

(= *op. cit.* 24 II 5); en 3 morceaux; h. 11,5; l. 24; lettres : 1,5 cm.

   Verna, uiuas [i]n ☧

(*Frühchristl. Zeugnisse*, p. 227, 24 II 5)

J'admets que ces morceaux ont été collés ensemble à bon escient. Il ne subsiste plus que l'extrémité inférieure du S et la moitié droite du N précédant le chrisme. Le graffito paraît complet à gauche car *Verna* est un *cognomen* largement attesté, essentiellement pour des hommes (5 femmes) et dans les sources païennes (3 dans les sources chrétiennes d'après I. Kajanto, *Latin Cognomina*, p. 314).

Fragment f

(= *op. cit.* 24 II 6), en 3 morceaux; h. 11,5; l. 24; lettres : 1,5 cm.

   [...] uiuas in Domino A ☧ ω

(*Frühchristl. Zeugnisse*, p. 227, 24 II 6)

Si le rapprochement des 3 morceaux est sûr, le chrisme flanqué de l'*alpha* et de l'*omega* est peut-être destiné à expliciter le mot précédent : *in Domino Chr(isto)*. Il ne subsiste qu'une toute petite partie de la courbe du O final de *domino*.

Fragment g

(= *op. cit.* 24 II 7), en 2 morceaux; h. 16,4; l. 13; lettres : 1,2 cm. Enduit légèrement arrondi.

in ☧ Dom[ino]

Fin d'une acclamation de même type que les précédentes. Le tracé est très léger. Je n'ai pas vu la panse du P mais il faut sans doute supposer un chrisme.

Fragment h

(= *op. cit.* 24 II 8), en 3 morceaux; h. 13,5; l. 18; lettres : 2 cm env.

[... uiua]s in Deo ⳨

Le S, tracé en deux traits, est lié au I qui suit. L'écriture est légère, les lettres très espacées. Le P est mutilé.

Fragment i

(= *op. cit.* 24 II 9); h. 26; l. 21; lettres : 1,8 cm. Enduit légèrement arrondi.

Flaui[...]

[...]ntus

Deux fragments de noms que l'on discerne difficilement. Le premier paraît *Flauius/a* ou un de ses dérivés. Pour le second, Kempf propose *Santus* car il a cru reconnaître à gauche le sommet d'un A; je verrais plutôt le reste d'un V.

Fragment j

(= *op. cit.* 24 II 12 : je n'ai pas osé conserver les n°s 10 et 11, de lecture trop incertaine); en 10 morceaux; h. 17; l. 22; lettres : 1 cm.

[...]entinianus

En fait, il n'y a pas moins de 8 lignes, les trois dernières étant, me semble-t-il, d'une autre main que les premières. Mais, quoique la plupart des traits soient bien visibles et que beaucoup de lettres, écrites en capitale ou en écriture commune, puissent être identifiées sans erreur possible, personne n'a réussi jusqu'ici à découvrir le sens d'un texte (ou de deux textes successifs ?) d'ailleurs mutilé à gauche au début, à droite à la fin, et peut-être inachevé car les derniers traits reflètent la fatigue ou la hâte. Seules les dernières lettres de la l. 1, tracées en capitale, sont compréhensibles : *...entinianus,* c'est la fin d'un *cognomen.* Kempf lit *Fl. Valentinianus* mais je ne suis pas parvenue à identifier les premières lettres.

Sur la signification de ces graffiti, voir la conclusion du n° 237.

I, 236

Trèves, *Liebfrauenkirche.* Graffiti trouvés en 1949-1950 dans les débris provenant d'un niveau d'incendie, à l'ouest de la murette III de la basilique paléochrétienne (voir n° 235). Ces fragments ont été trouvés sur la moitié gauche du chancel en regardant vers le choeur. Conservés au *Bischöfliches Museum.*

Th. K. KEMPF, *Frühchristl. Zeugnisse*, p. 251-264.
On peut ajouter, uniquement pour le fragment *f,* les mêmes références que pour le fragment *a* du n° 235. Révisés, dans la mesure du possible (voir n° 235), par N. Gauthier en 1968, 1969 et 1972.

Multiples fragments d'enduit rouge, trouvés à terre. Le musée a reconstitué la murette, disposant les fragments, non parfois sans quelque arbitraire, à la place qui lui paraissait le plus vraisemblable. Pour économiser de la place, il a disposé au dos les fragments n° 237, trouvés en réalité à côté. Les graffiti semblent surtout avoir été localisés dans la partie supérieure du mur, jusqu'au tiers de sa hauteur environ. Comme pour le n° 235, j'adopte comme base la publication des *Frühchristl. Zeugnisse,* en omettant les fragments trop minuscules ou de lecture trop incertaine. Dans l'ensemble, la description va de gauche à droite et de haut en bas.

Fragment a

> (= *Frühchristl. Zeugnisse*, p. 252 III 1), en 2 morceaux; h. 8; l. 7; lettres :
> 1,5 cm env.

Aeth[erius/a ?]

L'incision est profonde. On songe à un nom d'origine grecque, dérivé d'*aether*. Kempf propose avec vraisemblance *Aetherius*. Ce *cognomen*, qui apparaît vers le milieu du IVe siècle, comme beaucoup de formations en *-ius*, est en effet largement attesté dans la Gaule chrétienne, où il fut porté notamment par neuf évêques (voir *Thes.* s. u.).

Je n'ai pas vu le graffito *Aemi[lia]*, identifié par Kempf sur le même fragment.

Fragment b

> (= *op. cit.* 55 III 2), en 3 morceaux; h. 7; l. 14,4; lettres : 1,8 (l. 1) et 2 cm (l. 2).

[...]rius u[iuas in ...]

[Vi?]ctor uiu̯as [in ...]

L'incision est profonde. Le début des *cognomina* a disparu. Le second était vraisemblablement Victor, si commun. Après *uiuas*, il faut sans doute restituer une formule comme celles que l'on trouve sur les fragments qui ne sont pas mutilés après *uiuas* : *in Chr(isto)*, *in Domino*, etc. Les V de la l. 2 sont ronds, le S tracé en en deux traits.

Fragment c

> (= *op. cit.* 55 III 3), en 9 morceaux; h. 16,5; l. 17,8; lettres : 2 cm env.

[Sa?]ncte, uiua[s in ...]

⳩   Prim[...]

Verini[...]

Le premier et le troisième graffiti sont très légèrement tracés, le deuxième plus profondément. Kempf propose de reconnaître les noms *Sanctus*, *Primianus* et *Verinia;* le premier est vraisemblable, le second peut être n'importe lequel des innombrables noms formés à partir de *primus;* le troisième ne peut guère être que *Verinius/a* ou *Verinianus/a,* aussi rares l'un que l'autre.

Fragment d

> (= *op. cit.* 55 III 4) en 5 morceaux; h. 8,5; l. 15,8; lettres : 1,5 (l. 1) et 1,8 cm (l. 2).

A[d]nametus u[iuas in ...]

[Tr?]o̧fȩmȩ uiuaş [in ...]

(*Frühchristl. Zeugnisse*, p. 253, 55 III 4)

Le premier graffito est tracé avec force. Il ne reste plus que des traces de la lettre D. Le nom d'origine celtique *Adnametus* ou *Adnamatus* (voir *Thes.* s. u.) étonne à une date si tardive : il n'est attesté dans aucune source chrétienne et, par ailleurs, c'est le seul nom sûrement celtique de toute l'épigraphie chrétienne de Première Belgique.

Le deuxième graffito est plus léger. Il ne reste qu'une partie du O initial et du S final. Le nom paraît être *Trophimus*, nom rare porté notamment par le célèbre évêque d'Arles (auquel on peut ajouter CIL XIII, 11 895, à Mayence).

Fragment e

(= *op. cit.* 55 III 6), en 5 morceaux; h. 6,5; l. 16,3; lettres : 1,5 cm env.

[...]niane uiuas ✳

[...] uịụạs ⳹

L'espèce d'étoile de la l. 1 est en fait un avatar du chrisme habituel : à proximité (55 III 5), il y a un chrisme doté d'une barre horizontale supplémentaire; ici, il manque en outre la panse du P. Sur les deux graffiti de ce fragment, *uiuas* et le chrisme ne sont pas liés par *in*.

Fragment f

(= *op. cit.* 55 III 7), en 25 morceaux; h. 21; l. 45; lettres : 1 (l. 1, 3 et 4) et 2,5 cm (l. 2).

(*Frühchristl. Zeugnisse*, p. 254, 55 III 7)

[...]ṇiane, uiuas in [Deo]   ⳹

Mạxima, ui[u]ạs iṇ Ḍeo

Marti, uiuas in Deo   ⳹   se[mper]

4   [...]anio, uiuas in Deo   ⳹   ṣẹ[mper]

Kempf lit ainsi la l. 1 : [*Vale*]*ntiniane uiuas in D*[*eo*] *Chr*(*isto*). Les noms se terminant par -*nianus* sont innombrables.

A la l. 2, les lettres AX sont mutilées; puis les lettres MAV sont ligaturées; il ne reste pratiquement plus rien du deuxième V de *uiuas*. L'écriture est légère et non dépourvue d'élégance. *Maximus*/*a* est un des noms les plus communs de l'onomastique latine (2 362 exemples d'après I. Kajanto, *Latin Cogonima*, p. 29).

Les deux graffiti suivants sont si semblables qu'ils paraissent écrits de la même main. L'écriture est posée. Une légère variante apparaît ici par rapport aux formules habituelles puisque le chrisme était suivi d'un autre mot, commençant par SE, qui ne peut guère avoir été que *semper;* on aperçoit d'ailleurs à la fin de la l. 3 un fragment de haste oblique susceptible de faire partie d'un M. *Marti* est le vocatif de *Martius*, nom théophore païen que les chrétiens adoptèrent sans répugnance, comme les autres. Il ne subsiste plus que la terminaison, fort commune (Vetranio, Germanio, etc.) du nom de la l. 4.

Fragment g

(= *op. cit.* 55 III 8), en 7 morceaux; h. 8; l. 23; lettres : 1,6 cm.

[...]ane, uiuas in [⳨]

Ecriture légère. Le début du nom a disparu, ainsi que la presque totalité du chrisme. Kempf signale, entre S et N, un chrisme plus grand, faiblement incisé : il n'est guère visible.

Fragment h

(= *op. cit.* 55 III 14), en 5 morceaux; h. 15; l. 16,7; lettres : 2,6 - 4,2 cm.

[... pe]ccator

Les lettres sont fortement incisées. Contrairement aux autres graffiti, il semble que l'on ait là, non un *cognomen*, mais la fin du mot *peccator*, que l'auteur du graffito se donnait à lui-même en signe d'humilité. L'une des plaques d'argent trouvées sur le cercueil de l'évêque Paulin de Trèves et remontant, selon toute vraisemblance, à la fin du IV⁰ siècle, portait ainsi : *Eleuthera peccatrix posuit* (Kraus 190). Dans les catacombes romaines, *peccator* apparaît plusieurs fois sur des graffiti estimés du IV⁰ siècle (Diehl 2325. à Domitille, et 2327 *adn.,* au cimetière d'Hippolyte, par exemple).

Fragment i

(= *op. cit.* 55 III 20), en 14 morceaux; h. 11; l. 45; lettres : 4 cm. Enduit légèrement arrondi.

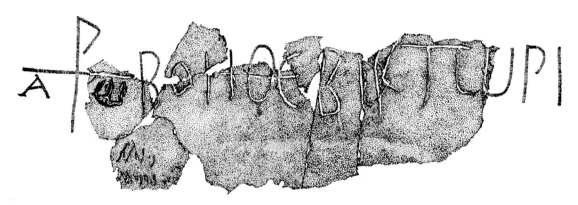

(*Frühchristl. Zeugnisse,* p. 258, 55 III 20)

Βοήθε Βιϰτώ[ρι]

De la croix monogrammatique, il ne reste plus que le bras droit; au-dessous, un *omega*. Ce graffito est en grec, comme le n° 235 *a* et plusieurs fragments insignifiants réduits à une ou deux lettres. Cependant, le nom, Victor (voir n° 176), est latin. La formule, unique à Trèves, s'adresse directement au Christ : « Viens au secours de Victor ». Elle est banale dans les graffiti grecs, tant en Orient qu'en Occident (voir, par exemple, H. Leclercq, DACL VI, 2, s. u. *graffites,* col. 1468, à Saints-Pierre-et-Marcellin de Rome; col. 1495 dans le Sinaï, col. 1497 à Mambré, col. 1500 à Syros).

Un petit fragment, placé par le restaurateur au dessous du B, porte des traces de lettres sur deux lignes.
D'après Kempf (*op. cit.* p. 259 *d*), cet endroit de l'enduit aurait été recouvert de ciment et le graffito aurait donc disparu à un moment donné.

Fragment j

(= *op. cit.* 55 III 21), en nombreux morceaux, situé entre 1 m et 1,30 m, dans la partie gauche de la paroi; h. 30; l. 80; lettres : env. 3 cm.

Parmi plusieurs graffiti de lecture douteuse et des monogrammes constantiniens (l'un d'entre eux horizontal, la panse à gauche), a été écrit avec un tracé fort net :

Siluio

Ce *cognomen,* forgé avec le suffixe en *-io* cher aux Gaulois, est attesté en Germanie (CIL XIII, 11 690, seul exemple, semble-t-il). Une Siluia était déjà apparue à Trèves (n° 130 A).

Fragment k

(= *op. cit.* 55 III 22). en nombreux morceaux, situé entre 0,90 et 1,30 m du sol, dans la partie droite de la paroi; h. 40; l. 30; lettres : 5 cm.

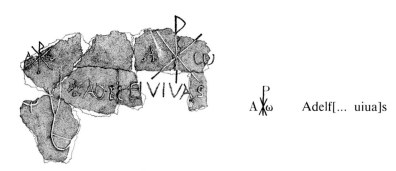

Lucius

Eustoli, uiuas in   ☧

(croquis N. Gauthier)

L'écriture du premier graffito est légère, raide; le C est tracé en trois traits, le V est tourné de 90° vers la gauche, le S se réduit à un trait oblique à peine ondulé (non repeint). *Lucius* est un *praenomen* souvent utilisé comme *cognomen,* surtout pour des hommes (I. Kajanto, *Latin Cognomina,* p. 172).

Eustolius est un nom grec, assez rare, semble-t-il (CIL VI, 31 972, en 380).

On voit en outre des groupes de quelques lettres, fragments de noms trop mutilés pour être identifiables.

Fragment l

(= *op. cit.* 55 III 24), en 10 morceaux; h. 16,5; l. 30; enduit légèrement arrondi.

Theodosius u[...]

Kempf a lu : *D(ominus) n(oster) Theodosius u[iu]at.* Ce serait alors une acclamation à l'empereur Théodose. Cependant, le D initial et les deux dernières lettres sont trop mutilées pour que la lecture en soit assurée. Il m'a semblé voir le N, avec repentir. Malgré tout, les éléments qui feraient l'originalité de ce graffito sont trop douteux pour que j'ose voir en Theodosius quelqu'un d'autre qu'un banal auteur de proscynème (le nom est bien attesté en épigraphie chrétienne : voir Le Blant, *N.R.* 331).

Il n'est pas sûr que les deux morceaux rapprochés pour donner la mystérieuse formule KEBI/DA VIVA[s] aient été accolés dès l'origine.

Fragment m

(= *op. cit.* 55 III 25), en 8 morceaux; h. 8; l. 7,6; lettres : 1,6 - 2 cm.

A ☧ ω   Adelf[... uiua]s

(*Frühchristl. Zeugnisse,* p. 263, 55 III 25)

Je ne suis pas sûre que le nom soit de la même main que le chrisme qui précède; il y a dans le voisinage immédiat de ce graffito, deux autres chrismes flanqués de l'*alpha* et de l'*omega*. Les lettres AD sont liées. Une [*A*]*delfia* était déjà attestée à Trèves (n° 87).

Fragment n

(= *op. cit.* 55 III 26); h. 8; l. 7,6 cm; lettres : 1 - 1,8.

[... uiu]as in Deo A⳩[ω]

[...] uiuas

(*Frühchristl. Zeugnisse*, p. 264, 55 III 26)

A la fin du premier graffito, il ne reste plus du chrisme que l'extrémité d'une branche du X et une partie de l'*omega*.

Kempf pense reconnaître la même écriture sur une ensemble de fragments portant un chrisme avec *alpha* (l'*omega* a disparu) et, au-dessous, les lettres SIP et une haste de A : il y voit le début du graffito ci-dessus.

Sur la signification d'ensemble de ces graffiti, voir la conclusion du n° 237.

I, 237

Trèves, *Liebfrauenkirche*. Graffiti trouvés en 1949-1950 parmi les débris provenant d'un incendie, immédiatement à l'ouest de la murette III de la basilique paléochrétienne (voir n° 235). Ces fragments ont été trouvés sur la moitié droite du chancel en regardant vers le choeur. Conservée au *Bischöfliches Museum*.

Th. K. KEMPF, *Frühchristl. Zeugnisse*, p. 265-267.
Révisés, dans la mesure du possible (voir n° 235), par N. Gauthier en 1968, 1969 et 1972.

Multiples fragments d'enduit rouge. La densité des graffiti est sensiblement moindre qu'au n° 236. Sur la présentation actuelle au musée et la méthode que j'ai suivie dans ma description, voir n° 236.

Fragment a

(= *Frühchristl. Zeugnisse*, p. 266, 55 III 31), en deux morceaux; h. 7; l. 10; lettres : 2,6 - 3 cm.

[...] in De[o]

Le O n'est pas douteux mais il a pratiquement disparu.

Fragment b

(= *op. cit.* 55 III 35), en 2 morceaux; h. 8,5; l. 14,8.

[A]mpli[ata ?] u[i]uas

Le nom n'est pas sûr. *Ampliatus/a* est un *cognomen* largement attesté (I. Kajanto, *Latin Cognomina*, p. 349) mais on peut se demander si ce qu'on aperçoit à la place où l'on attend le troisième A n'est pas plutôt un chrisme. Le nom serait alors *Amplius/a*, une dérivation en -*ius* (voir *Intr.*, § 124) d'*amplus*.

Fragment c

(= *op. cit.* 55 III 28); h. 4,5; l. 10,5; lettres : 1,6 cm.

Antr[acius/a ?]

Fragment de nom nettement gravé; A sans traverse. Le nom *Antracius* (pour *Anthracius*), proposé par Kempf, est probable.

Fragment d

(= *op. cit.* 55 III 30), en nombreux morceaux.

Abun[...]

Début d'un nom : *Abundus, Abundius, Abundiola, Abundantius* sont attestés par ailleurs.

Rapprochant trois fragments non contigus, Kempf reconstitue le graffito suivant : *Ve[ne]rius de a[lta Ma]ssilia,* et y reconnaît l'évêque Venerius de Marseille (1ʳᵉ moitié du vᵉ siècle). J'écarte résolument cette interprétation qui ne correspond en aucun cas à la façon dont signerait un évêque. Ces trois groupes de lettres ne sont que des fragments de noms comme tant d'autres, trop mutilés pour être identifiables.

Les nᵒˢ 235-237 constituent un ensemble remarquablement homogène : des noms, des chrismes (peu de croix monogrammatiques, si nombreuses sur les épitaphes) et la formule toujours répétée *uiuas in Chr(isto)* avec ses variantes (à rapprocher du n° 171, *Vrsio, uiuas in Deo*). Pourquoi donc des dévôts sont-ils venus graver ces courtes invocations sur les murettes qui séparaient le presbyterium de la nef ?

Il est difficile de répondre à cette question, faute d'une étude synthétique qui permette de situer les nᵒˢ 235-237 dans l'ensemble des graffiti connus pour la même époque. En attendant l'article *Graffiti* du *Reallexikon f. Ant. u. Christ.,* on peut se reporter à celui de H. Leclercq dans le DACL VI, 2, col. 1453-1542, s. u. *graffites,* qui ne me paraît pas fondamentalement remis en cause par les nombreuses découvertes faites depuis lors. En gros, les graffiti de Trèves s'inscrivent dans la série, familière à toute l'archéologie antique, des proscynèmes griffonnés par les visiteurs à l'occasion de leur passage en un lieu illustre ou vénéré. Pour l'époque paléochrétienne, on a surtout trouvé des graffiti à proximité de tombes de martyrs ou de saints (mur g de la *Confessio Petri* au Vatican, salle du *refrigerium* à Pierre et Paul à *Catacumbas,* crypte des papes au cimetière de Calliste, etc.). Cette hypothèse est exclue ici puisque les graffiti se trouvent dans une basilique *intra muros* et non dans une nécropole située par définition en dehors de l'enceinte. La cathédrale de Trèves s'enorgueillissait-elle déjà, à ce moment-là, de posséder quelque relique ou des *brandea* susceptibles d'attirer les pélerins ? Ou, tout simplement, le groupe épiscopal, l'un des plus importants de l'époque, faisait-il l'objet d'une visite touristique de la part de ceux que leurs affaires — ou leurs goûts — amenaient dans la ville impériale ? J'inclinerais volontiers vers la deuxième hypothèse. Les sources littéraires sur Trèves sont relativement abondantes entre Athanase et Grégoire de Tours, et personne ne signale quoi que ce soit qui fasse l'objet d'un culte particulier à l'église épiscopale. Par ailleurs, on connaît des proscynèmes sur des tables d'autel (par exemple, Le Blant 91, au Ham, et 609, à Minerve) ou des colonnes (par ex. à Bielle, Basses-Pyr., DACL, art. cité, col. 1528-1534) qui paraissent motivés simplement par le caractère sacré d'un lieu où se célèbre la messe. Les exemples jusqu'ici connus sont difficiles à dater ou bien mérovingiens, voire carolingiens, mais rien n'interdit de supposer que cet usage remonte au ivᵉ siècle.

2. AU NORD DE TRÈVES :
ETTELBRUCK, NEUMAGEN

I, 238

Ettelbruck (Grand-Duché de Luxembourg). Trouvée en 1963 dans une grange, au lieu-dit Kalkesdelt. Conservée aux musées d'Etat de Luxembourg.

M. WERDEL, *Hémecht* 17, 1965, p. 239-240.
E. FOERSTER, *Frühchristl. Zeugnisse,* p. 113, n" 99.
Ch. M. TERNES, *Hémecht* 17, 1965, p. 349, n" 72 *a*.
Révisée par N. Gauthier en 1968.

Plaque de marbre blanc, retaillée à gauche et dont le coin supérieur droit manque; h. 27,8; l. 26; ép. 2,3; lettres : 1,8 - 2,7 cm.

Hic [[i]]iacet A̦[...]-
a̦nus qi uixseṭ a̦[n(nos)]
[p]l(us) m(inus) XXXVIII, quem
4 [c]oiux sua Dalmatia
[i]ṇ sinu sanctorum
[c]onmendat.
colombe   vase   colombe

Ci-gît A..anus, qui a vécu environ 38 ans (et) que son épouse Dalmatia confie au sein des saints.

La gravure est nette et profonde, les lignes guidées par de très légers traits directeurs. Les lettres sont de hauteur et de largeur irrégulières. Le A, à traverse brisée, est surmonté d'une empattement important, se prolongeant surtout vers la gauche. Q à queue fort longue; L à base plongeante. Une seule ligature : MAT (l. 4). La dernière ligne est écrite en caractères plus petits que les autres. Il manque l'équivalent d'une lettre à gauche. Cependant, la moitié du H de la l. 1 et du A de la l. 2 reste visible. A la fin de la l. 1, on a lu AV ligaturés; en réalité, le A seul est sûr (puisque les M ont des hastes verticales); ce qui paraît être le bas de la haste de droite du V résulte peut-être de la cassure. A la fin de la l. 2, le T est réduit à une moitié de sa haste et le A à la partie inférieure de sa haste gauche. Comme il arrive si souvent en Première Belgique, le bas de la pierre est occupé par un motif symbolique, ici un vase entre deux colombes, thème assez courant (*Intr.,* § 44). Du vase sortent deux pampres de vigne portant chacun une grappe. Les colombes tiennent dans leur bec une tige pourvue d'une fleur en haut et d'une grosse feuille en bas.

La graphie est influencée par l'évolution de la prononciation. Le doublement du I initial de *iacet* (l. 1), qui ne paraît pas attesté par ailleurs en épigraphie chrétienne, est sans doute imputable à la distraction du lapicide plutôt qu'au renforcement du yod qui a finalement mené au français *gît* mais la seconde hypothèse n'est cependant pas exclue. A la l. 2, l'amuissement du son [w] après *q* dont témoigne la forme *qi* est rarement attesté dans notre matériel (*Intr.*, § 70). Au contraire, la forme *uixset* pour *uixit* est issue de deux vulgarismes fort communs : confusion de *i* bref et *e* (*Intr.*, § 49) et deuxième consonne pour rendre le son double *x* (*Intr.*, § 76). L'amuissement du *n* de *coniux* est également banal (*Intr.*, § 77). La forme non assimilée *conmendat* (l. 6) est conforme aux recommandations des puristes (*Intr.*, § 80).

L. 1-3 : le début de l'épitaphe est conforme au formulaire en usage dans la région (*Intr.*, § 38-39). Le nom du défunt commençait par A et se terminait pas *-anus*.

L. 4 : Dalmatia est un *cognomen* d'origine ethnique attesté surtout sous sa forme masculine (I. Kajanto, *Latin Cognomina*, p. 203 : 26 hommes, 1 femme, d'ailleurs chrétienne).

L. 5-6 : G. Sanders (*Helinium* 7, 1967, p. 282, n° 72 *a*) estime que c'est une formule unique, qui lui semble « réservée, quant à l'idée, aux seules régions italiennes ». Ce jugement est excessif. On trouve fréquemment exprimée, chez les Pères de l'Eglise et dans la liturgie, l'idée qu'il existe, entre cette terre et le paradis où les élus jouiront de la plénitude de Dieu après la résurrection des corps au dernier jour, un séjour intermédiaire où les défunts promis à la félicité éternelle attendent « dans la paix » (Augustin) la fin des temps; ce séjour intermédiaire, on l'appelle généralement le sein d'Abraham, faisant allusion à la parabole du mauvais riche et du pauvre Lazare. Les textes épigraphiques évoquent parfois ce séjour dans le sein d'Abraham (Diehl 1729 = CIL V, 3216 : *in sinus iam requiescis Abraham, Iacob adque Isac;* Diehl 3482 = CIL X, 1370 : *in gremio Abraham*). Selon certains, comme Augustin, tous les élus séjournent dans le sein d'Abraham entre leur mort et le jugement dernier; les simples fidèles s'y trouvent donc en compagnie des saints : c'est pourquoi un passage du sacramentaire gélasien, précieux pour la liturgie et les croyances gauloises, assimile le séjour parmi les saints au séjour dans le sein d'Abraham : *ut eum Domini pietas inter sanctos et electos suos, id est in sinu Abrahae et Isaac et Iacob, collocare dignetur et partem habeat in prima resurrectione* (A. Chavasse, *Le sacramentaire gélasien,* Paris, 1958, n° 1620). Notre inscription, en parlant du *sinus sanctorum,* ne fait que pousser plus loin encore l'identification. La substitution des saints à Abraham témoigne de la popularité dont jouissaient les saints comme protecteurs et l'on peut penser que Dalmatia avait cherché à matérialiser cette protection par une inhumation *ad sanctos,* ainsi que certaines épitaphes aux formules voisines le mentionnent explicitement (par exemple, Diehl 1732 = CIL V, 6734 : *sanctorum gremiis conmendat Maria corpus;* Diehl 2379 *adn.* = Bücheler 703 : *commendans sanctis animam corpusque fouendum*). *Conmendat* est le terme technique pour « recommander » les morts au Seigneur (par la prière, la messe, etc.); il faut sous-entendre *collocari* ou *suscepi.*

M. Werdel date cette pierre du tournant du IVe siècle au Ve siècle et pense qu'elle a seulement été retrouvée à Ettelbruck mais qu'elle n'en provient pas. Elle constitue donc un témoignage intéressant en soi mais dénué de tout contexte archéologique ou autre. Je serais tentée de la situer à une époque beaucoup plus tardive, le VIe siècle par exemple, à cause du vulgarisme *qi* sur une pierre par ailleurs fort soignée et de la formule *in sinu sanctorum conmendat,* à résonance liturgique. Elle présente d'ailleurs quatre — ou cinq si l'on compte *iiacet* — de ces vulgarismes qui m'ont paru se répandre à partir du Ve siècle (*Intr.*, § 97).

I, 239

Neumagen (Kreis Bernkastel). Trouvée vers 1884 en construisant la mairie. Conservée au *Rheinisches Landesmuseum* de Trèves.

KRAUS 257 (LE BLANT, *N.R.* 436).
CIL XIII, 4187 (RIESE 4317).
GOSE 731 A.
Révisée par N. Gauthier en 1972

Fragment d'une plaque de marbre blanc dont le bord primitif est conservé en haut et à gauche; h. 13,5; l. 13; ép. 3,5; lettres : 1,3 - 1,7 cm.

Hic r[equiescit Io?]-
uinian[us/a qui uixit]
annos [...; titulum]
4   posuit [...]
soro[r ...].

Les lignes, très rapprochées, sont guidées par un trait directeur fortement incisé. Un trait vertical limite à gauche le champ épigraphique. Les lettres sont espacées, de moins en moins hautes de la l. 1 à la l. 5. L'espace libre au dessous de la l. 5 montre que celle-ci était la dernière de l'inscription. A la fin de la l. 1, le R est entier avant la cassure. L. 5, on aperçoit, dans la cassure, le haut d'une lettre qui peut appartenir au R attendu.

Quelque mutilée que soit l'inscription, on y reconnaît aisément le formulaire si caractéristique de la Première Belgique (*Intr.*, § 38-40). Pour le nom du défunt, Kraus propose avec beaucoup de vraisemblance de restituer *Iouinianus*, attesté à Trèves (n° 27). Le nom de la sœur a disparu à la l. 4. A la fin de la l. 5, il y avait encore un ou deux mots, comme *eius* ou *in pace*.

Neumagen, centre commercial actif, fut doté d'une enceinte au IVe s. (voir K. Böhner, *Die fränkischen Altertümer d. Trierer Landes,* Berlin, 1958, I, p. 295-297, II, p. 91-92). Ce fragment, qui était sans doute en réemploi puisqu'il fut trouvé *intra muros,* atteste la présence de chrétiens à une époque malheureusement impossible à préciser (Ve-VIe siècles).

3. ENTRE TRÈVES ET METZ : *WASSERBILLIG, PACHTEN*

I, 240

Wasserbillig (Grand-Duché de Luxembourg). Trouvée en 1885 au lieu-dit « op dem Spatz ». Conservée au *Rheinisches Landesmuseum* de Trèves.

KRAUS 72 (LE BLANT, *N.R.* 418).
E. FOERSTER, *Frühchristl. Zeugnisse,* p. 19-20, n° 4.
Ch. M. TERNES, *Hémecht* 17, 1965, p. 443, n° 150.
Révisée par N. Gauthier en 1969.

Partie supérieure droite, en deux fragments, d'une transenne en calcaire blanchâtre, h. 32; l. 28; ép. 8,5; lettres : 3,5 cm environ.

[d]ọcebo uos

Je vous enseignerai ...

(Fragment de chancel trouvé à Saint-Mathias de Trèves)

La formule est gravée sur le cadre entourant la partie ajourée formée de demi-cercles superposés. Les fragments de chancel trouvés à Trèves, tant à Saint-Mathias (H. Cüppers, *Trier. Zeitschr.* 31, 1968, p. 177-190) qu'au Dôme (Th. K. Kempf. *Frühchristl. Zeugnisse,* p. 233), présentent souvent le même motif sur fond plein. La partie visible du montant droit étant vierge, on peut supposer que l'inscription ne courait pas tout autour de la transenne mais garnissait seulement sa partie supérieure. Après la dernière lettre, le lapicide a dessiné un petit motif sans signification précise.

Ces deux mots sont sans aucun doute empruntés à l'Ecriture, où le verbe *docere* apparaît fréquemment. La Vulgate présente trois fois la formule exacte *docebo uos :* dans le psaume 33, le verset 12, *audite me : timorem Dei docebo uos;* dans le Premier Livre de Samuel (12, 23), *et docebo uos uiam bonam et rectam;* et dans le Livre de Job (27, 11), *docebo uos per manum Dei quae Omnipotens habeat.* Le reste de la phrase figurait sans doute, comme le note G. Sanders (*Helinium* 7, 1967, 3, p. 282) sur une ou plusieurs autres transennes. Si la citation était empruntée au ps. 33, les mots *timorem Dei* pouvaient aussi prendre place sur la même transenne, à condition qu'elle fût un peu plus large.

Comme le fait remarquer Le Blant (*N. R.* p. XIV-XV), des passages de l'Ecriture ornaient fréquemment les églises, et l'on peut penser que ce fragment de transenne provient de l'une d'elles. Kraus estime qu'il devait appartenir à un ambon. On peut penser aussi à un usage pour lequel il était nécessaire que la pierre fût ajourée : fenêtre ou *fenestella confessionis*.

On ignore tout des origines chrétiennes de Wasserbillig, qui n'est attestée dans les sources littéraires qu'au Xe siècle. Si cette transenne n'a pas été apportée d'ailleurs en vue d'un réemploi, elle prouverait l'existence d'une église, peut-être dès le Ve siècle, en tous cas avant l'époque carolingienne (le style des grilles d'Aix-la-Chapelle, par exemple, est tout différent). H. Cüppers, en conclusion de l'article cité, estime que les chancels trouvés à Saint-Mathias pourraient remonter aux travaux effectués par l'évêque Cyrillus (cf. n° 19) vers le milieu du Ve siècle. Le parallèle le plus proche est sans doute constitué par les transennes ajourées, à arcs superposés, ornées de versets bibliques parénétiques en haut et en bas, qui ont été trouvées à Cimitile : elles remontent, selon toute vraisemblance, aux aménagements effectués (fin IVe-début Ve s.) par Paulin de Nole autour de la tombe de saint Félix (A. Ferrua, *Röm. Quartalschr.* 68, 1973, p. 50-68).

I, 241

Pachten (Saar). La pierre était réemployée dans la tour de l'ancienne église de Pachten, détruite en 1891. Perdue pendant la guerre de 1939-1945. Un moulage est conservé à l'école de Pachten.

H. LEHNER, *Wd. Zeitschr.* 12, 1893, p. 397.
F. HETTNER, *Röm. Steindenkmäler,* n° 457 (KRAUS, *Nachtr.* t. II, p. 343, n° 307).
CIL XIII, 4234 (RIESE 4378; DIEHL 3112 B *adn.*).
GOSE 744.
Moulage vu par N. Gauthier en 1968.

Plaque de calcaire jurassique en plusieurs fragments, dont certains manquent; h. 32; l. 30; lettres : 3 cm environ.

[Hi]ç in pace q-
[ui]escịt Vr̦-
suș [i]nnoçe-
4   s, qui uixit
an(nos) III, d(ies) XLVI.
croix monogr.
colombe   *dans un cercle*   colombe
avec alpha et omega

Ici repose en paix l'innocent Vrsus, qui a vécu 3 ans, 46 jours.

Les lettres sont assez régulières et bien gravées, lettres et lignes sont espacées entre elles, mais les lignes sont sinueuses. La traverse du A est brisée, le tracé du Q cursif. Au début de la l. 1, on aperçoit les extrémités du C, à la fin de la l. 2, la partie supérieure du R, à la fin de la l. 3, la moitié inférieure du C et du E. La décoration est inversée par rapport au texte, ce qui semble indiquer que la pierre, présentée horizontalement, pouvait être abordée de plusieurs côtés. Le thème des colombes encadrant un chrisme est le motif le plus banal de la région de Trèves (*Intr.*, § 43). Le dessin des colombes, dont le corps est hachuré, est fort maladroit.

L'amuissement de *n* devant *s* dont témoigne la forme *innoces* (l. 3-4) est un vulgarisme répandu un peu partout (pour la région, voir *Intr.*, § 77).

Le formulaire employé est le même qu'à Trèves (*Intr.*, § 38-39), quoiqu'il manque l'habituelle mention des dédicants.

L. 2-3 : le *cognomen Vrsus* est bien caractéristique de la région (*Intr.*, § 122). L'adjectif *innocens* caractérise souvent les enfants morts en bas âge.

L. 5 : quoique le nombre de jours dépasse un mois, on a jugé plus simple de noter l'âge exact sous cette forme.

Comme Neumagen, où l'on a trouvé aussi une inscription chrétienne (n° 239), Pachten avait assez d'importance pour recevoir au Bas-Empire une enceinte fortifiée (voir K. Böhner, *Die fränkischen Altertümer d. Trierer Landes,* I, p. 294-295, 297; II, p. 105). L'église, dédiée à saint Maximin de Trèves, doit être d'origine fort ancienne. Cette épitaphe date sans doute du Ve siècle, voire du VIe.

4. METZ

Metz, nécropole de Saint-Arnoul. Trouvée en 1906, lors de la démolition de la Lunette d'Arçon, réemployée dans un mur de l'ancienne église Saint-Arnoul (*Intr.*, § 13). Conservée au Musée de Metz.

J. B. KEUNE, *Lothr. Jahrb.* 18, 1906, p. 499-500, n° 19 et *Jahresber. d. Ver. f. Erdkunde zu Metz* 26, 1909, p. 22.
CIL XIII, 11 441 (DIEHL 3110 B *adn.*).
M. TOUSSAINT, *A. S. H. A. L.* 49, 1948, p. 141, n° 583.
Révisée par N. Gauthier en 1972.

Plaque de calcaire mutilée à droite et en bas; h. 12,4; l. 17,5; ép. 5; lettres : 1,5 cm.

Frise encadrant le champ épigraphique
     Hic quiiscet [in p]-
     acem inno[cens]
     Aspasius du[lcis]-
4   simus; par[entes]
     . . . .

La surface est mal polie et, par endroits, éclatée. Les lignes sont séparées par un trait que les lettres n'atteignent pas. Q de forme cursive, comme souvent en Première Belgique; A à traverse tantôt brisée (l. 2), tantôt oblique (l. 3); M très large; O tout petits; P à panse ouverte. A la fin de la l. 2, on aperçoit la courbe du C d'*innocens*. A la fin de la l. 4, il ne reste plus que la partie supérieure du R.

Une bande décorative faisait le tour de l'inscription, comme aux n°s 135, 191, 197, 202, 214 et 231 à Trèves, 252 à Metz. Elle est séparée du champ épigraphique par une espèce de cordelière. Le thème primitif (voir n°s 197 et 214) est la représentation d'un pampre de vigne souplement ondulé, avec des grappes que les oiseaux picorent. Ici comme aux n°s 191, 202, 231, la vigne a disparu, remplacée par des motifs géométriques, tandis que les oiseaux se sont maintenus.

La langue ne présente pas de particularités remarquables : *quiiscet* pour *quiescit* est banal (*Intr.*, § 49-50), *in pacem* pour *in pace* relève d'un phénomène plus rare (*Intr.*, § 83).

Si tout le monde est d'accord sur la lecture de ce fragment, les opinions sur le sens à lui donner ont divergé. Keune considérait le texte comme complet en largeur et lisait : *Hic quiiscet / Aceminno; / Aspasius du(lcis)/simus par[e/ns ? titulum posuit]*. Il ne fait pas de doute que les lettres LCIS de *dulcissimus*, loin d'avoir été oubliées par le lapicide, ont été perdues par suite de la mutilation de la pierre, ce qui donne la longueur à restituer à droite. Nous pouvons aussi éliminer l'hypothèse de Diehl : *Hic quiiscet [in p]/acem Inno[centi...]; / Aspasius du[lcis]/simus par[ens ?]/...*, car elle est trop longue l. 2. Enfin voici la lecture de Finke dans le CIL : *Hic quiiscet [in p]/acem inno[cens]/ Aspasius du[lcis]/simus par[ens ...]*. Si le mot *innocens* (ou peut-être *innoces*, comme au n° 241) semble seul susceptible de convenir par sa longueur, *parens* au singulier, si rare en épigraphie chrétienne (4 exemples dans Diehl, dont 2 inscriptions métriques), doit être écarté au profit de *parentes* (n°s 25, 48, 85, 156, 225). Le texte est donc rédigé selon le schéma le plus banal en Première Belgique : *hic quiescit in pace,* le défunt Aspasius, qui est dit *innocens* parce qu'il devait être un tout jeune enfant (cf. n°s 3, 1 an 1/2, et n° 241, 3 ans) et *dulcissimus,* enfin la dédicace par les parents (il faut restituer *titulum posuerunt,* éventuellement précédé d'une formule comme *pro caritate*).

L. 3 : le nom *Aspasius,* qui apparaît, selon toute vraisemblance, deux fois à Trèves (n°s 8 et 229), est un nom d'origine grecque largement répandu en Occident à l'époque chrétienne (voir *Thes.* s. u.); il fut notamment porté par un évêque d'Eauze au VIe siècle et il apparaît sur une inscription lyonnaise datée de 438 (CIL XIII, 11 207).

Je daterais volontiers cette pierre du VIIe ou du VIIIe siècle, à cause du O tout petit et du cadre tout à fait analogue à celui des n°s 191, 202 et 231, à Trèves, qui m'ont paru devoir être situés à cette époque.

I, 243

Metz, nécropole de Saint-Arnoul. Trouvée en mars 1907 dans les déblais provenant de la Lunette d'Arçon (*Intr.,* § 13). Conservée au Musée de Metz.

J. B. KEUNE, *Lothr. Jahrb.* 18, 1906, p. 499, n° 18.
CIL XIII, 11 445.
M. TOUSSAINT, *A. S. H. A. L.* 49, 1948, p. 142, n° 590.
Révisée par N. Gauthier en 1972.

Fragment d'une plaque en marbre blanc dont le bord primitif est conservé en haut et à gauche; au dos, reste de moulure; h. 16,5; l. 10: ép. 3.3; lettres : 3-3,5 cm.

                                                    Hic [...]
                                                    Cast[...]
                                                    omn[...]
                                          4   et mer[...]

Les lettres reposent sur un léger trait directeur; deux autres traits parallèles encadrent le champ épigra-phique. H à traverse sinueuse, comme le linteau du T. A à traverse brisée. E étroits. O à sommet pointu. M à hastes obliques dont les traverses se joignent au milieu de la ligne. Après *hic* (l. 1), subsiste une haste légèrement oblique : I ? V ? B ? etc.

Cette inscription, qui s'écarte du formulaire habituel de la Première Belgique, est trop mutilée pour qu'on songe à la compléter. A la l. 2 apparaît sans doute le reste du nom du défunt, un *cognomen* forgé sur *castus* (I. Kajanto, *Latin Cognomina,* p. 251-252), à moins qu'il s'agisse de l'adjectif *castus* lui-même, souvent attesté sur les inscriptions métriques. A la l. 4, on peut hésiter entre le début d'un nom propre comme *Mercurius* ou *Merobaudes* et un mot du vocabulaire poétique comme *meruit, meritus,* etc. (Keune renvoie au n° 170, *meruit sanctorum sociari sepulcra*).

La pierre pourrait être du IVe ou du Ve siècle, à cause du T à linteau ondulé qui fait songer à l'atelier I de Saint-Mathias de Trèves, quoique le O et le M aient une forme plus fréquente à basse époque. En définitive, je la situerai plutôt au VIe s., comme la plupart des inscriptions trouvées à Metz.

I, 244

Metz, nécropole de Saint-Arnoul. Trouvée avant 1602 dans l'ancienne église Saint-Arnoul (*haec tabula marmorea inventa est Metis in veteri S. Arnualdi templo subposita capiti hominis sepulti monumento lapideo,* Boissard, mort en 1602). Perdue.

J. J. BOISSARD, *Antiquae Inscriptiones = Antiquitates Romanae,* VII (manuscrit de Paris, *Bibliothèque Nationale,* Imprimés Rés. J 468 bis, p. 146).
J. GRUTER, *Inscriptiones antiquae orbis Romani*[2] (Heidelberg, 1616), p. 1050, 10 (d'après une copie de Boissard différente de celle du manuscrit précédent).
M. MEURISSE, *Histoire des évesques de l'Eglise de Metz* (Metz, 1634), Préfaces, p. 11 (les p. 9-16 des Préfaces manquent sur les trois exemplaires de l'ouvrage que j'ai pu consulter).
(B. DE MONTFAUCON, *Supplément au livre de l'Antiquité expliquée et représentée en figures,* V [Paris, 1757], p. 98 et pl. XXXVII, 7;
LE BLANT 321 [KRAUS 67; DACL XI, 1, s. u. *Metz,* col. 878-879];
J. B. KEUNE, *Lothr. Jahrb.* 8, 1896, p. 42, n° 9;
CIL XIII, 553*.)

Plaque de marbre.

(ms. Boissard)

Hic quiescit
Castorius
qui uixit an(nos)
4   pl(us) m(inus) LX
colombe   croix monogr.   colombe

Ici repose Castorius qui a vécu environ 60 ans.

Cette inscription n'est connue que par Boissard, dont je suis le manuscrit conservé à Paris. Gruter note : *Boissardus Grutero*, mais sa copie présente plusieurs variantes par rapport au manuscrit de Paris : l. 1, HEIC ; l. 3, ANN ; ni chrisme ni colombes. M. Meurisse aurait utilisé un autre recueil aujourd'hui perdu, de Boissard, intitulé *Recueil des antiquités messines et du duché de Luxembourg*. C'est du moins ce que dit J. B. Keune, *Lothr. Jahrb*. 8, 1896, p. 99, qui s'appuie sur un autre érudit messin, P. Ferry, 1591-1669, dont un ouvrage manuscrit, *Observations séculaires*, était autrefois conservé à la bibliothèque de Metz. Le manuscrit autographe est aujourd'hui perdu mais le passage auquel Keune fait allusion a été recopié par le bibliothécaire H. Burtin, 1835-1898 : *Bibl. de Metz*, ms. 1512 (1). La seule différence entre la copie de Meurisse, reproduite par Le Blant, et le manuscrit de Boissard conservé à Paris est que la panse du monogramme constantinien y est tournée vers la gauche. Keune et A. von Domaszewski (CIL) adoptent la lecture de Meurisse, sauf, l. 1, HEIC, qu'ils empruntent à Gruter.

Boissard est l'auteur de nombreux faux en épigraphie païenne (voir *Intr.*, § 146), si bien que Keune et von Domaszewski ont rangé l'épitaphe de Castorius parmi les faux, comme toutes les inscriptions qui n'étaient connues que par lui. Il est vrai qu'ils ne connaissaient pas le manuscrit de Paris, où notre inscription présente tous les caractères d'une authenticité indiscutable. En effet, la phrase qui l'introduit (reproduite au début de ce numéro) est d'une précision tout à fait inhabituelle chez Boissard. Le lieu de trouvaille indiqué est l'ancienne église Saint-Arnoul, détruite depuis 1552, qui a fourni plusieurs autres inscriptions chrétiennes au début du XXe siècle (voir *Intr.*, § 13). La présentation, une petite plaque de marbre, un monogramme constantinien entre deux colombes, correspond bien à ce qu'on attend en Première Belgique, alors qu'il donne un aspect fantaisiste aux inscriptions de Trèves nos 93 et 130 A, pourtant authentiques ! Enfin, le dépôt

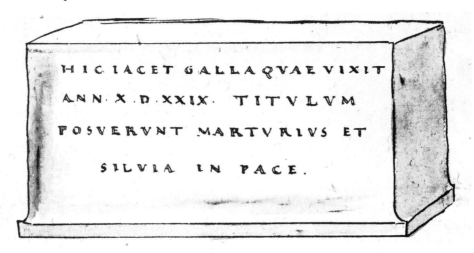

(N° 130 A, d'après le même manuscrit de Boissard)

de l'épitaphe à l'intérieur du tombeau sous la tête du défunt n'est pas sans exemple (Le Blant 362, à Augst ; CIL XIII, 11 207, à Lyon). D'ailleurs, d'après Ch. Abel, *Réception du Duc d'Epernon comme gouverneur de Metz. Texte et dessins de J. J. Boissard* (Metz, 1877), p. 46 : « P. Ferry raconte que c'est de Boissard qu'il tenait plusieurs belles inscriptions de l'Abbaye St-Arnould ».

L'inscription est correcte et banale à tous points de vue. A la l. 1, le dernier I paraît avoir été enclavé dans le C. Le L à base ondulée légèrement plongeante devait avoir une forme comparable à celle du n° 148. Le texte est plus concis que généralement puisqu'il manque la mention des dédicants. Le nom *Castorius/a* est plusieurs fois attesté en épigraphie chrétienne (Diehl 81, 2258, 2777 *adn.*, 3017 A, 3212 C, 3433, 3982 A *adn.*), surtout aux IVe-Ve siècles.

L'épitaphe de Castorius semble ancienne. A Trèves, la simple croix monogrammatique entre colombes n'est plus attestée après le début du Ve siècle.

I, 245

Metz, nécropole de Saint-Arnoul. Trouvée en 1905, lors de la démolition de la Lunette d'Arçon, « dans le quatrième caveau de la crypte, vu du Nord » (*Intr.*, § 13). Conservée au Musée de Metz.

J. B. KEUNE, *Lothr. Jahrb.* 16, 1904, p. 347; *Wd. Zeitschr.* 24, 1905, p. 344; *Wd. Korr.* 24, 1905, col. 72, n° 1 et *Jahresber. d. Ver. f. Erdkunde zu Metz* 26, 1909, p. 22.
A. VON DOMASZEWSKI - H. FINKE, *Ber. der R. G. K.* 1906/1907, p. 66, n° 65 (RIESE 4345).
CIL XIII, 11 442 (DIEHL 3068 A).
M. TOUSSAINT, *A. S. H. A. L.* 49, 1948, p. 137, n° 556.
Révisée par N. Gauthier en 1972.

Plaque de marbre blanc en six fragments, qui était insérée dans un couvercle de sarcophage comme à Trèves (*Intr.*, § 3); h. 31,5; l. 28; ép. 2,5; lettres : 2-2,5 cm.

Hic iacet
Paulus *palme*
qui uixs(it)
4   annus III, di(es)
XLV.   *Croix monogr.*
       dans un cercle avec
       alpha et omega

Ci-gît Paulus, qui a vécu 3 ans, 45 jours.

Le champ épigraphique est limité par un cadre formé d'un trait très léger. Les lignes sont guidées par un trait directeur. L'écriture est assez régulière, les lettres espacées. Le H initial est exceptionnellement large. A à traverse brisée (oubliée l. 4). L à angle obtus. L'abréviation de la l. 4 est surmontée d'un trait horizontal. L'espace libre à droite du nom (l. 2) est meublé par une petite palme. Les décorations à base de chrisme sont caractéristiques de la Première Belgique (*Intr.*, § 43). Ici, la croix est dessinée avec un double trait et la boucle du P avec un simple trait, comme au n° 142 A. En outre, comme il arrive parfois, l'extrémité de la boucle du P se retourne en forme de R.

Cette courte inscription présente deux vulgarismes : *uixs(it)* pour *uix(it)* (*Intr.*, § 76) et *annus* pour *annos* (*Intr.*, § 52). Il n'est pas étonnant de trouver un nombre de jours supérieur à un mois (cf. n° 241) : cela permet au lapicide d'économiser de la place.

Le formulaire, très sobre, est celui que l'on trouve à Trèves (*Intr.*, § 38-39), moins la mention des dédicants, comme aux nᵒˢ 244, 249, sans doute 252, et 253.

L. 2 : Paulus est un vieux *cognomen* latin, porté notamment dans la *gens* Aemilia. Mais il a joui d'une faveur toute particulière chez les chrétiens. Certes, on peut rarement affirmer que le nom (ou un de ses dérivés) a été choisi pour sa résonance chrétienne dans tel cas particulier (cf. pourtant Diehl 3768, en 528 à Rome) mais les études statistiques d'I. Kajanto (*Onomastic Studies,* p. 95) prouvent que la fréquence de Paulus est beaucoup plus élevée dans le matériel épigraphique chrétien que dans le matériel païen (81 cas contre 51). C'est un cas analogue à celui de Petrus (*Intr.*, § 110). A Trèves, une Paula chrétienne apparaît au nᵒ 149.

L'épitaphe de cet enfant est la seule inscription de Metz qui nous soit parvenue entière. Les conditions de trouvaille ne présentent pas d'intérêt particulier puisque le couvercle de sarcophage a été trouvé seul, sans la cuve correspondante. La paléographie, la langue, le formulaire, le motif symbolique, tout rappelle l'épigraphie chrétienne de Trèves. Keune l'estimait antérieure au sac de Metz par les Huns en 451 mais la forme du monogramme me paraît plutôt caractéristique de la deuxième moitié du vᵉ siècle ou du début du vɪᵉ, et la présence d'une palme est un indice qui va dans le même sens (*Intr.*, § 44).

Metz, nécropole de Saint-Arnoul. Trouvée en 1905, lors de la démolition de la Lunette d'Arçon, parmi les pierres qui provenaient de la démolition des restes de l'église Saint-Arnoul; des restes de ciment montraient que ce fragment était réemployé dans les murs de l'église (voir *Intr.*, § 13). Conservée au Musée de Metz.

J. B. KEUNE, *Lothr. Jahrb.* 16, 1904, p. 351, n° 3; *Wd. Zeitschr.* 24, 1905, p. 344; *Wd. Korr.* 24, 1905, p. 72, n° 3 et *Jahresber. d. Ver. f. Erdkunde zu Metz* 26, 1909, p. 23.
A. VON DOMASZEWSKI - H. FINKE, *Ber. der R.G.K.* 1906/1907, p. 66, n° 66 (RIESE 4374).
CIL XIII, 11 443 (DIEHL 3543 *adn.*).
M. TOUSSAINT, *A.S.H.A.L.* 49, 1948, p. 137, n° 557.
Révisée par N. Gauthier en 1972.

Plaque de marbre rougeâtre en deux fragments, dont le bord primitif est conservé en haut et à gauche; h. 19,5; l. 19,5; ép. 2,3; lettres : 2 cm.

Hic requię-
secit in hoc
sepulchṛ[o]
4 Vrsolạ [pue]-
lla q[uae uix]-
it in [...]
Ç (ou G)[...]

Ici repose, dans ce sépulcre, la jeune fille Vrsola, qui a vécu ...

La gravure est profonde, le texte bien lisible, mais les lignes sont très sinueuses et les lettres de hauteur irrégulière. Il faut noter la forme du Q, qui n'est pas commune (le *ductus* rappelle un peu celui du n° 207 mais, ici, la queue vers la droite est moins développée). E larges, L à base plongeante, N dont la traverse est loin de joindre l'extrémité des hastes, O beaucoup plus petits que les autres lettres, A à traverse brisée et à sommet aplati. Il y a des lignes directrices (1 trait entre 2 lignes), peu visibles sur la photo. La limite du champ épigraphique à gauche était marquée par deux traits verticaux légèrement tracés mais le lapicide n'en a pas tenu compte et a mis encore une lettre plus à gauche. A la fin de la l. 1, on aperçoit l'intersection d'une haste verticale et d'une barre horizontale qui suffit à identifier un E. De même, le haut de lettre qui subsiste à la fin de la l. 3 ne peut appartenir qu'à un R (ou à un P, exclu par le sens) et celui de la fin de la l. 4 ne peut être qu'un A à sommet aplati comme l'autre. La dernière lettre de la l. 5 est un Q quoiqu'on n'en voie pas la queue car le cercle occupe la moitié supérieure de la ligne comme le Q de la l. 1, alors que les O en occupent la moitié inférieure. A la l. 6, on aperçoit après *in* une haste verticale qui peut appartenir à H, L, N, etc. De la dernière ligne ne subsiste plus qu'un reste de courbe (C ou G).

La forme *requiesecit* pour *requiescit* est inhabituelle. C'est un contrépel reflétant la crainte que, comme en d'autres cas (cf. *Intr.*, § 62), une voyelle ait eu tendance à s'amuïre entre *s* et *c*. Comme parallèles en épigraphie chrétienne, on ne peut guère citer qu'une inscription de Rome datée de 432, portant la forme *requiesesit* Diehl 2880 *adn.* = *Nuovo Bull. Arch. Crist.* 1904, p. 91, 24) et une autre de Dijon portant *reqisicit* (Diehl 3566 *adn.* = Le Blant 659). *Vrsola* pour *Vrsula* est au contraire banal (*Intr.,* § 51). *Hic ... in hoc sepulchro* est une redondance inutile.

L. *1-3 :* les premières lignes sont presque complètes. *Sepulchrum* est un mot noble, dont l'usage devient plus fréquent à basse époque, tout en restant caractéristique des épitaphes de « notables » (par exemple, à Trèves, n°ˢ 135 et 170).

L. *4 : Vrsola* est un *cognomen* particulièrement caractéristique de la région (*Intr.,* § 122). *Puella* indique qu'Vrsola n'était pas mariée.

L. *6-7 :* la restitution *in pace* est exclue par la haste sans boucle que l'on aperçoit après *in.* Keune envisage *in [hoc sae]/c[ulo],* qui est un peu court (cf. l. 2). Peut-être y avait-il une forme plus « vulgaire », comme *in [hunc se]/c[olo].*

Les lignes qui ondulent malgré le soin évident mis à graver cette pierre, les O tout petits, les formules *in hoc sepulchro* et *uixit in hoc saeculo* indiquent que la pierre ne remonte pas au delà de l'époque mérovingienne.

I, 247

Metz, nécropole de Saint-Arnoul. Trouvée en décembre 1904, lors de la démolition de la Lunette d'Arçon (*Intr.*, § 13). Conservée au Musée de Metz.

J. B. KEUNE, *Lothr. Jahrb.* 16, 1904, p. 350, n° 2; *Wd. Zeitschr.* 24, 1905, p. 344; *Wd. Korr.* 24, 1905, p. 72, n° 2 et *Jahresber. d. Ver. f. Erdkunde zu Metz* 26, 1909, p. 22.
Λ. VON DOMASZEWSKI - H. FINKE, *Ber. der R. G. K.* 1906/1907, p. 65, n° 64 (RIESE 4417).
CIL XIII, 11 440 (DIEHL 3580 A).
M. TOUSSAINT, *A. S. H. A. L.* 49, 1948, p. 134, n° 534.
Révisée par N. Gauthier en 1972.

Deux fragments constituant la partie droite d'une plaque de marbre blanc; h. 35; l. 45; ép. 2,6; lettres : 2-3,4 cm.

[Hic ...]çit in
[pace .?]ARALAI[.]VS
[...] qui uixit annus
4   [plus m]inus LX, cui cara
[...] et fili titulum
[posu]erunt.

Les lettres sont irrégulières et mal gravées, mais bien lisibles dans l'ensemble. Il n'y a pas de ligatures mais les lettres AN (l. 3), TV (l. 5) sont liées. Le texte est disposé sans art sur une pierre bien polie mais non rectangulaire, sans doute en réemploi. A à traverse horizontale, L à base plongeante, M très large. Le F, avec sa deuxième barre recourbée, a un *ductus* un peu comparable à celui du n° 2 (cf. aussi n° 256). Au début de la l. 1 ne subsiste plus que le bas du C. Vers la fin de la l. 2, entre I et V, Keune a lu un N, le CIL un C. Il n'est pas douteux que le lapicide ait gravé quelque chose qui, à mon sens, ressemblerait plutôt à un X cursif; il y a, de plus, une fissure dans la pierre. Au début de la l. 4, on aperçoit l'extrémité de la haste très oblique du M initial de *minus*. Au début de la ligne suivante, un autre trait oblique, qui peut avoir appartenu à un X (CIL) ou à un R (Keune).

La forme *annus* pour *annos* est amplement attestée en Première Belgique (*Intr.*, § 52 et 89). La forme contractée *fili* est aussi employée que la forme pleine *filii* (*Intr.*, § 63).

L. 1 : il faut supposer un début banal, *hic quiescit, hic iacit* (pour *iacet*), *hic requiescit* (*Intr.*, § 38).

L. 2 : après le mot *pace* venait le nom du défunt. Ce qui subsiste ne permet d'identifier aucune racine connue. La forme de la pierre et la longueur irrégulière des lignes empêchent même de savoir si l'on a le début du nom ou s'il faut restituer une (voire plusieurs ?) lettres avant le A. Keune a conjecturé avec vraisemblance qu'il devait plutôt s'agir d'un nom germanique (Diehl lit *Aralaicus* ou *Aracaicus*). M. Th. Morlet (*Noms de personne,* I) connaît un *Ferlaicus* au xᵉ siècle.

L. 3 : que restituer au début de la ligne, sinon la fonction du défunt ? Keune a proposé *presb*(yter), sans doute parce que l'inscription paraît tardive et que les fonctions profanes ne sont plus guère mentionnées à ce moment-là.

L. 4 : le relatif *cui* relie parfois au reste de l'épitaphe la mention des dédicants (voir n° 76). Dans la région, le mot *carus* apparaît toujours au superlatif, sauf à basse époque (voir n° 75).

L. 5 : l'âge du défunt incite fortement à restituer *coniux* (comme CIL) plutôt que *mater* (comme Keune).

Cara au lieu de *carissima*, l'allure germanique du nom, *cui*, autant d'indices dont la réunion exclut une datation haute. Il me semble que l'épitaphe pourrait être du vɪᵉ siècle à cause de la largeur des lettres mais je n'exclurais pas une date plus tardive.

I, 248

Metz, nécropole de Saint-Arnoul. Trouvée en 1905, lors de la démolition de la Lunette d'Arçon, dans les gravats provenant de la destruction des restes de l'église Saint-Arnoul (voir *Intr.,* § 13). Conservée au Musée de Metz.

J. B. KEUNE, *Lothr. Jahrb.* 16, 1904, p. 353, n° 7 et *Wd. Korr.* 24, 1905, p. 72, n° 7.
CIL XIII, 11 449.
M. TOUSSAINT, *A. S. H. A. L.* 49, 1948, p. 138, n° 561.
Révisée par N. Gauthier en 1972.

Fragment inférieur gauche d'une plaque de calcaire; h. 18,3; l. 15,9; ép. 6,6; lettres : 2,2 cm.

[.]XI[...]
VIII; fe[...]
in pac[e].

Les lignes sont séparées par un trait profondément gravé. E large. P à boucle largement ouverte, A non barré (l'ombre que l'on aperçoit sur la photo est celle d'une veine en saillie). Le C est très ouvert.

La formule *in pace* (l. 3) prouve que la pierre est chrétienne mais ce pauvre reste est difficile à interpréter. Keune propose de restituer, aux l. 2-3 : *fe[cit] in pac[e annos...],* en comprenant *fecit* comme *uixit.* Mais le VIII de la l. 2 doit faire partie de la mention de l'âge. A la l. 1, XI peut être le reste du nombre d'années, VIII étant le nombre des mois, ou bien peut être une partie du mot *uiXIt.* FE peut-être le début du nom du dédicant ou le début de la formule *fecit titulum* (ou *fecit* employé absolument dans le même sens; cf. à Trèves, nᵒˢ 1, 12, 38, 144, 146).

Le matériau comme la paléographie suggèrent une date tardive, peut-être le VIᵉ siècle où les E larges sont fréquents.

I, 249

Metz. Nécropole de Saint-Arnoul. Trouvée en 1905, lors de la démolition de la Lunette d'Arçon. Les restes de ciment qui y adhéraient encore montrent qu'elle était en réemploi dans un mur. Conservée au musée de Metz.

J. B. KEUNE, *Lothr. Jahrb.* 16, 1904, p. 352, n° 5; *Wd. Zeitschr.* 24, 1905, p. 344; *Wd. Korr.* 24, 1905, p. 72, n° 6 et *Jahresber. d. Ver. f. Erdkunde zu Metz* 26, 1909, p. 23.
CIL XIII, 11 447.
M. TOUSSAINT, *A. S. H. A. L.* 49, 1948, p. 138, n° 559.
Révisée par N. Gauthier en 1972.

Fragment d'une plaque de marbre blanc dont le bord primitif est conservé à droite et en bas; h. 21,5; l. 15,5; ép. 5; lettres : 2-2,5 cm.

[...] qui [ui]-
[xit a]nnọṣ
[..., me]nses IIII,
4   [die]s XVIII.

Les lignes sont séparées par un ou deux traits fortement marqués. Les lettres sont larges (notamment le E) et espacées, d'une facture un peu comparable, pour autant qu'on puisse juger, à celles du n° 248. Avant le Q de la l. 1, Keune a cru distinguer un S mais la trace de lettre qui subsiste m'a paru plutôt l'extrémité de la haste droite d'un A. A la fin de la l. 2, la moitié inférieure du S est encore bien visible, malgré la dégradation de la pierre.

Ce fragment banal est le reste de l'âge d'un défunt. La pierre devait être haute et étroite car les restitutions nécessaires supposent peu d'espace à gauche et plusieurs lignes au-dessus. Les lignes directrices profondément incisées, les E larges inciteraient à placer la pierre, avec toutes les réserves d'usage, vers le VIe siècle.

I, 250

Metz, nécropole de Saint-Arnoul. Trouvée en février 1905 au Sablon, lors de la démolition de la Lunette d'Arçon (*Intr.,* § 13). Conservée au Musée de Metz.

J. B. KEUNE, *Lothr. Jahrb.* 16, 1904, p. 353, nº 6 et *Wd. Korr.* 24, 1905, p. 72, nº 4.
CIL XIII, 11 446.
M. TOUSSAINT, *A. S. H. A. L.* 49, 1948, p. 138, nº 560.
Révisée par N. Gauthier en 1972.

Fragment d'une plaque de marbre blanc, mutilée de tous côtés; h. 11; l. 10; ép. 4,4; lettres : 2 cm env.

[Hi]ç reci[escit]
[...]na[...]

Un trait profondément incisé sépare les lignes. On voit assez d'espace blanc au dessus de la l. 1 pour être sûr que c'était bien la première ligne. E oncial, A à traverse brisée. A la l. 1 subsiste la plus grande partie du C de *hic.* Au début de la ligne suivante, on distingue l'extrémité horizontale d'une lettre, C ou G selon Keune, mais, tout aussi bien, E, T, F.

Ce sont les deux premières lignes d'une épitaphe commençant par la formule courante *hic requiescit* (*Intr.,* § 38), le nom du défunt apparaissant à la l. 2. Le principal intérêt de ce petit fragment réside dans la forme *reci*[*escit*] pour *requiescit* qui, sans être aberrante au point de vue linguistique (*Intr.,* § 70 et 74), ne paraît pas attestée par ailleurs en épigraphie chrétienne.

Ce vulgarisme et la présence d'un E oncial, dont le premier exemple sur une inscription datée de Gaule est de 527 (Le Blant 613 A), indiquent que l'inscription est du VIᵉ siècle au plus tôt.

I, 251

Metz, nécropole du grand amphithéâtre. Trouvée en 1902 au sud de l'*Innengraben der Redoute* (Keune. Voir *Intr.*, § 13). Conservée au Musée de Metz.

J. B. KEUNE, *Lothr. Jahrb.* 14, 1902, p. 387, n° 5 et *Wd. Zeitschr.* 22, 1903, p. 374 (DACL XI, 1, s. u. *Metz*, col. 879).
CIL XIII, 4460 (RIESE 4353; DIEHL 3094 A).
M. TOUSSAINT, *A. S. H. A. L.* 49, 1948, p. 106, n° 341.
Révisée par N. Gauthier en 1972.

Fragment supérieur gauche d'une plaque en marbre blanc, en réemploi (dos cannelé); h. 13; l. 14,5; ép. 3; lettres : 2,5 cm.

Hic qiec[it]
Princepiu[s]
....

Il y a un double trait directeur que les lignes n'atteignent pas. Q de tracé cursif, C en arc de cercle, P et R à panse ouverte. Il ne subsiste plus que la moitié du V qui termine la l. 2.

La réduction de [kʷ] à [k] dont témoigne *qiec*[it] est déjà documentée en Première Belgique (*Intr.*, § 70); la chute du S, dans le même mot, est un phénomène plus rare (*Intr.*, § 74) quoiqu'elle soit attestée une deuxième fois à Metz (n° 145). Par contre, il n'est pas étonnant de trouver *Princepius* pour *Principius* (*Intr.*, § 49).

L. 1 : début banal, *hic qiec*[it] ou *hic quiec*[it *in pace*] (*Intr.*, § 38).

L. 2 : le défunt s'appelait *Princepius*, nom formé sur la racine *princeps* à l'aide de la dérivation la plus commune (*Intr.*, § 124). Une [*Pr*]*incipia* apparaît sans doute à Trèves (n° 177).

Il me semble que la forme *qiec*[it], avec son double vulgarisme, interdit de faire remonter l'épitaphe au-delà de 430/450 (*Intr.*, § 97).

I, 252

Metz, nécropole de l'amphithéâtre. Trouvée en juin 1902, *südlich vom Innengraben der Redoute* (Keune. Voir *Intr.,* § 13). Conservée au Musée de Metz.

J. B. KEUNE, *Lothr. Jahrb.* 14, 1902, p. 386, n° 4 et *Wd. Zeitschr.* 22, 1903, p. 374.
CIL XIII, 4461.
M. TOUSSAINT, *A. S. H. A. L.* 49, 1948, p. 106, n° 340.
Révisée par N. Gauthier en 1972.

Deux fragments constituant la partie droite d'une plaque de marbre blanc; bord primitif conservé en haut et à droite; h. 17; l. 12; ép. 4; lettres : 1,6-3 cm.

frise d'encadrement
[Hic q]uiescet
[...]us
[qui uixi]t in
4   [... an(nos) ...] et m(enses)
X.

Une double réglure délimite les lignes et le cadre. E étroits; T à linteau ondulé; M à hastes obliques. La l. 4 est écrite en caractères plus petits, avec un tilde au dessus du M. Au-dessous, on distingue un X très effacé; contrairement à Keune, je ne pense pas qu'il faille supposer une ligne 5 entière : le lapicide manquant de place aura mis au-dessous le nombre des mois. La pierre est encadrée par une frise décorative comme au n° 242 et sur plusieurs inscriptions de Trèves (*Intr.,* § 44). Le motif d'inspiration végétale est comparable à celui du n° 253.

La rédaction de l'épitaphe était conforme au formulaire de la région (*Intr.,* § 38-39). Si mon interprétation du X de la l. 5 est juste, les dédicants, comme souvent à Metz, n'étaient pas mentionnés. Le nom du défunt se trouvait à la l. 2.

I, 253

Metz, nécropole de l'amphithéâtre. Trouvée en 1902 dans les mêmes conditions que le n° 252. Conservée au Musée de Metz.

J. B. KEUNE, *Lothr. Jahrb.* 14, 1902, p. 388, n° 6 et *Wd. Zeitschr.* 22, 1903, p. 374.
CIL XIII, 4459 (RIESE 4393).
M. TOUSSAINT, *A. S. H. A. L.* 49, 1948, p. 106, n° 342.
Révisée par N. Gauthier en 1972.

Partie droite d'une plaque de marbre en deux fragments, très érodée; h. 12; l. 15; ép. 3,5; lettres : 2 cm.

[...]cet   *palme*
[...]simus
[...] XIII.
motif végétal

Comme au n° 102 (Trèves), mais avec moins d'élégance, le bas de la pierre était meublé par un motif purement décoratif, d'inspiration végétale. A la fin de la l. 1, on distingue une palme, comme au n° 245. Enfin, une feuille, tournée vers le bas, précède le nombre de la l. 3.

A la l. 2, on a, selon toute vraisemblance, la fin d'un adjectif comme *dulcissimus,* que devait précéder le nom du défunt. Il faut donc prévoir une restitution assez longue à la l. 1, par exemple [*hic in pace ia*]cet ou [*hic in pace quies*]cet. A la l. 3, reste de l'âge du défunt.

La palme, à Trèves, ne paraît pas attestée avant la 2ᵉ moitié du Vᵉ siècle, comme dans le reste de la Gaule (*Intr.,* § 44). On peut penser qu'il en est de même à Metz.

I, 254

Metz, nécropole de l'amphithéâtre. Trouvée en 1902, *nördlich des inneren Grabens der Redoute* (Keune. Voir *Intr.*, § 13). Conservée au Musée de Mtez.

J. B. KEUNE, *Lothr. Jahrb.* 14, 1902, p. 384-385, n° 1 et *Wd. Zeitschr.* 22, 1903, p. 375 (DACL XI, 1, s. u. *Metz,* col. 878-879).
CIL XIII, 4462.
M. TOUSSAINT, *A. S. H. A. L.* 49, 1948, p. 106, n° 339.
Révisée par N. Gauthier en 1972.

Plaque de marbre blanc mutilée à gauche, en deux fragments; h. 5,2; l. 10; ép. 1,2 cm.

(réduit au 1/2)

A B C D E ?	*cerf*
croix monogr. dans un soleil	
	poisson

Ce petit objet est étonnant. Dans ce qui devait être le milieu de la pierre est figurée une croix monogrammatique dont le *rhô*, comme il arrive parfois (par exemple, n° 178, à Trèves), a la panse à gauche. Le monogramme est inscrit dans un cercle qui, au lieu d'être, comme d'habitude, une stylisation de la couronne, est un cercle solaire, émettant des rayons. A droite du cercle, un cerf et un poisson; à gauche, Keune a cru distinguer un E, « reste d'une inscription », mais je pense qu'il s'agit plutôt d'un autre motif, peut-être la queue d'une colombe.

Entre les branches du monogramme, il y a un certain nombre de lettres, pour lesquelles Keune a suggéré deux interprétations. La première serait d'y voir le début de l'alphabet latin : ABCDE. Sur un vase trouvé à Carthage (de Rossi, *Bull. Arch. Crist.*, 1881, p. 125-146; planche à l'année 1880), à proximité d'un baptistère, était représentée une croix entre deux poissons, avec la lettre A dans le quartier inférieur gauche de la croix et les lettres BC dans le quartier inférieur droit. Les premières lettres servent à désigner toute la série alphabétique : ce serait une allusion aux rudiments, à l'ABC de la vie spirituelle ou de l'initiation chrétienne. La seconde hypothèse interprète le « E » comme un *omega* angulaire (comme au n° 10) renversé, faisant pendant à un *alpha* à droite. Les trois autres lettres sont alors l'abréviation d'une formule et Keune suggère : *B(ibas = uiuas) c(um) D(eo)*. Ainsi qu'il le fait remarquer, la formule habituelle est *Viuas in Deo* (cf. n° 235-237, à Trèves) mais on trouve sur une inscription du VIIᵉ siècle : *Vibat cu(m) Chr(ist)o in eternu(m). Ame(n)* (Le Blant 621 B). La véritable difficulté n'est pas là. C'est plutôt que cette solution nécessite la rencontre de trois traits exceptionnels : l'*omega* angulaire, sa disposition non seulement à gauche mais à l'envers, enfin la confusion entre *u* et *b* qui n'est pas attestée dans notre matériel. Je pencherais donc plutôt pour la solution « alphabétique » (cf. Klauser II, 775-778; F. Dornseiff, *Das Alphabet in Mystik u. Religion*², Leipzig, 1925, p. 69-87), quoique sa signification symbolique ne me paraisse pas évidente; peut-être est-ce la même que celle de l'*alpha* et *omega* habituellement gravés.

On peut trouver aux symboles ici figurés une interprétation baptismale cohérente. Par allusion au psaume 42 (41), *Quemadmodum desiderat ceruus ad fontes aquarum, ita desiderat anima mea ad te, Deus,* le cerf est souvent représenté dans les baptistères, s'abreuvant aux fleuves d'eau vive du paradis. Le Christ étant représenté par la grande croix monogrammatique, le petit poisson qui se dirige vers lui serait le *pisciculus* dont parle Tertullien (*De Baptismo* I, 3), le chrétien régénéré par les eaux baptismales, synonyme, par conséquent, du cerf. L'ensemble représenterait alors le Sauveur au milieu des sauvés. J. B. de Rossi (*Bull. Arch. Crist.* 1881, p. 128) a cru déceler un sens baptismal dans la décoration du vase de Carthage cité plus haut, qui unit la croix, l'abécédaire et le poisson, c'est-à-dire la plupart des éléments que nous trouvons ici (la croix monogrammatique ayant la même signification que la croix). Un vase trouve aisément sa place dans un baptistère mais quel usage « baptismal » faire d'un objet comme celui de Metz ?

La substitution d'un cercle solaire à la couronne romaine nous invite à chercher aussi la clef des symboles du côté celtico-germanique. On sait l'importance de la roue solaire, d'une part, du dieu aux bois de cerf, [C]ernunnos, d'autre part, dans la religion celtique. On sait aussi que les invasions germaniques ont entraîné une résurgence du fonds celtique. Dans la moitié nord de la Gaule, le cerf et le poisson n'apparaissent sur des monuments chrétiens qu'au VIIᵉ siècle. E. Salin (*La Civilisation mérovingienne,* 4, Paris, 1959, p. 145-148) a dressé la liste des monuments mérovingiens portant des cerfs. L'interprétation en est malaisée : « En Gaule, dit-il (p. 145), des survivances de croyances païennes celtiques tendaient à accorder au symbole chrétien du cerf, à côté du symbolisme baptismal, un sens funéraire ». Par exemple, sur une stèle de Melun, on voit un personnage drapé entre deux cerfs psychopompes. A Metz même, il existe d'autres représentations chrétiennes tardives du cerf : sur un sceau de terre cuite trouvé au cours de la même fouille que notre nᵒ 254, dans l'édifice à colonnes que l'on pense être un lieu de culte paléochrétien aménagé dans l'amphithéâtre abandonné (J.B. Keune, *Lothr. Jahrb.* 14, 1902, p. 363, fig. 1), et sur une pierre anépigraphe trouvée à Saint-Arnoul (*Lothr. Jahrb.* 22, 1910, *Taf.* XI, 109). Le poisson, à cette époque et dans cette région, est également un thème païen christianisé (Salin, *Ibid.* 4, p. 177) : à Trèves, il apparaît sur une inscription du VIIIᵉ siècle (nᵒ 135); plus près de Metz, on le trouve sur une pierre (fragment de sarcophage ?) « appartenant vraisemblablement à la fin du VIIᵉ siècle, récemment découverte à Cheminot en Moselle au cours de la reconstruction de l'église. Il est ici, gravé à gauche d'une croix qui se détache sur le fond champlevé d'un médaillon rond » (*Ibid.* 2, p. 153, avec fig. 86).

Significations baptismale et funéraire ne s'excluent peut-être pas. J'imagine plutôt cet objet placé dans une tombe que dans un baptistère mais le symbolisme peut cependant être baptismal parce que le baptême est la clef qui permet l'accès au bonheur dans l'Au-delà. Les parallèles montrent que la plaque n'est pas antérieure au VIIᵉ siècle, et même vraisemblablement à 650.

I, 255

Metz-Le Sablon. Trouvée en 1903 au Sablon, rue Cuvry (aujourd'hui rue aux Arènes), dans un sarcophage de pierre. Conservée au Musée de Metz.

J. B. KEUNE, *Lothr. Jahrb.* 15, 1903, p. 358, *Wd. Zeitschr.* 24, 1905, p. 344 et *Jahresber. d. Ver. f. Erdkunde zu Metz* 24, 1901/1904, p. 66, et 26, 1909, p. 38 (RIESE 4390).
CIL XIII, 11 444.
M. TOUSSAINT, *A. S. H. A. L.* 49, 1948, p. 126, n° 480.
Révisée par N. Gauthier en 1972.

Partie inférieure droite d'une plaque de marbre blanc; h. 24,5; l. 19; ép. 2,5; lettres : 3,5-4 cm.

[...]u   *colombe*
[...]alis   *sur un*
[... i]ṇ pacẹ.   *arbre (?)*

[*colombe   vase*]   *colombe becquetant une grappe*

L'écriture est élégante. L à base plongeante ondulée analogue à celui du n° 174, l. 3. P à panse ouverte; A à traverse brisée. De la première ligne ne subsistent plus qu'une haste verticale et un V. La haste verticale que l'on aperçoit au début de la l. 2 peut avoir appartenu à un N, un M, un T ou un I.

Le motif figuré au dessous du texte est banal : c'étaient certainement deux colombes symétriques posées sur des pampres de vigne sortant d'un vase situé au milieu (facture très proche du n° 183, à Trèves). Celui de droite est plus original : la colombe est-elle perchée sur une colonne ou sur un arbre ? Il semble que ce soit un arbre, avec quatre énormes feuilles directement attachées à un tronc bien droit.

A la l. 2 apparaît le nom du dédicant ou celui du défunt (on restitue souvent Vitalis; ce pourrait être, tout aussi bien, Iouialis, Saturnalis, etc.). Cette pierre pourrait être du Vᵉ siècle, comme les nᵒˢ 174 et 183 avec lesquels nous avons relevé des analogies.

I, 256

Le Sablon (faubourg de Metz). Trouvée en 1903 dans la sablière Distler (*Intr.*, § 13). Conservée au Musée de Metz.

J. B. KEUNE, *Lothr. Jahrb.* 15, 1903, p. 358.
A. VON DOMASZEWSKI-H. FINKE, *Ber. der R. G. K.* 1906/1907, p. 66, n° 67.
CIL XIII, 11 451.
M. TOUSSAINT, *A. S. H. A. L.* 49, 1948, p. 126, n° 481.
Révisée par N. Gauthier en 1972.

Fragment d'une plaque de marbre; h. 16; l. 14; ép. 1,7; lettres : 3,5 cm.

[...]ọd plaç[...]
[...]t famulạ

Le blanc visible au dessous de la l. 2 montre que celle-ci était la dernière du texte. Double réglure. A à traverse brisée; L à base plongeante; M à hastes verticales. Le F a un *ductus* très particulier, qui n'est pas sans rappeler celui du n° 247. A la l. 1, les lettres PL sont ligaturées (seul exemple de ce volume).

L'épitaphe semble s'être écartée des formules en usage dans la région. A la l. 1, on pourrait restituer [*qu*]*od plac*[*uit*]. Le verbe *placuit* apparaît, sans contexte, au n° 191. A la l. 2, on reconnaît le mot *famula,* sûrement employé au sens de « servante de Dieu » comme si souvent en épigraphie chrétienne (à Trèves, *famulus* au n° 106).

L'écriture de cette pierre (notamment le F) me paraît plutôt tardive.

I, 257

Metz, provenance inconnue. Conservée au Musée de Metz.

KRAUS 66 (LE BLANT, *N. R.* 420 [DACL XI, 1, s. u. *Metz*, col. 879]).
CIL XIII, 4465.
Révisée par N. Gauthier en 1972.

Fragment d'une plaque de marbre blanc dont le bord primitif est conservé en bas; h. 16,5; l. 8,8; ép. 2 cm.

[... p]osu[it/erunt]
vase

Le seul intérêt de ce petit fragment, où l'on reconnaît la fin de l'habituelle indication de ceux qui ont fait faire la tombe, réside dans la représentation d'un récipient à pied et à col relativement étroit différent du canthare que l'on trouve habituellement sur les inscriptions chrétiennes. La mutilation de la pierre ne permet pas de savoir s'il y avait une ou deux anses.

A cause de ce motif (*Intr.,* § 44), la pierre n'est pas antérieure au ve siècle. La façon originale dont il est traité signifie peut-être que l'épitaphe est tardive ou relativement tardive.

5. AU SUD DE METZ : *SION, DENEUVRE*

I, 258

Colline de Sion (comm. Saxon-Sion, cant. Vézelise, Meurthe-et-Moselle). Trouvée en 1868 ou 1869 près de l'église de Sion. Conservée au musée des Pères Oblats à Sion.

A. DE BARTHELEMY, *B.S.N.A.F.* 1883, p. 273.
H. THEDENAT, *Mém. S.N.A.F.* 53, 1892, p. 223-232, avec une « note additionnelle » de Simonin, p. 233-236 (Ch. GUYOT, *Journal de la Société d'archéologie lorraine* 44, 1895, p. 44-47; BUECHELER 1833 [DIEHL 3416]; Th. DIDRIT, *Mémoires de la Société d'archéologie lorraine* 49, 1899, p. 129, n. 3; CIL XIII, 4733).
Révisée par N. Gauthier sur le moulage conservé au Musée Lorrain, à Nancy (M.-et-M.).

Plaque de calcaire mutilée, dont le bord primitif est conservé en haut et à gauche; h. 27,5; l. 35; ép. 3,3; lettres : 2,7-3 cm.

Vltimus hic honor est [...]
saxsis quos prestare [...]-
do cura parentiṣ Nicẹ[... tu]-
4   mulo requiescit in isto [...]
caelo deuota mente r[...]
seruare quaerit cert[...]
[...] muḷto cụ[...]

L'inscription est gravée avec le plus grand soin. Les lettres suivent exactement une double réglure. Les lettres sont hautes et étroites. A non barrés (comme, à Trèves, aux nᵒˢ 1, 5, 21, 106, 115, 154, 157, 164, 170); C très ouverts; E à barres très courtes, comme la base du L et le linteau légèrement ondulé du T; H à haste droite incurvée; M à hastes légèrement obliques; O ovoïdes; P et R à panse ouverte; Q de tracé cursif; V constitué d'une haste gauche en arc de cercle et d'une haste verticale à droite. A la fin de la l. 1, on aperçoit le haut d'une haste verticale ou oblique. A la fin de la l. 2, une haste verticale semble bien appartenir à un T, à moins qu'il s'agisse d'un P ou d'un R à empattement très prononcé. A la fin de la l. 5, après le R, subsiste une simple haste : E (CIL, Thédenat) ou I. A la l. 6, on a lu jusqu'ici *seruari* (sauf Barthélémy) : le E final est pourtant parfaitement clair.

Barthélémy n'avait que partiellement compris le texte. Il lisait, l. 1, *Siilimus hic honores t*[...]; l. 3, *Nici*[...]; l. 4, *mul ore quiescit in isto*[...]; l. 6, *seruare querit certa*[...]; l. 7, *merito cc*[...].

Les deux vulgarismes de l'inscription relèvent de phénomènes largement attestés en Première Belgique : *saxsis* (l. 2) pour *saxis* (*Intr.,* § 76) et *prestare* (l. 2) pour *praestare* (*Intr.,* § 57).

C'était un *carmen* funéraire, en hexamètres. Les lignes ne correspondent pas à la répartition en vers mais la coupure entre deux vers est signalée par un point (vers 1, 2, 3, les seuls dont la fin n'ait pas disparu) :

Vltĭmŭs / hīc hŏnŏr / ēst [‿‿ / – ‿‿ / – ‿ ‿ /] saxsīs

quōs prēstārĕ [‿ / – ‿‿ / – ‿] dŏ / cūră părēntĭs

Nĭcē [‿‿ / – ‿‿ / – tŭ]mŭlō rĕqŭĭēscĭt ĭn / īstō

[– ‿‿ / –] caēlō dēŭōtā / mēntĕ r [‿ / – ‿]

[– ‿‿ /]sēruārĕ̆ quaērĭt cērt [– ‿ ‿ – ‿] (sic)

[. . . . .] mūltō cu [. . . . .]

Il manque environ deux pieds à chaque vers. Comme il manque deux pieds et demi au premier vers, on peut penser que le troisième ou le quatrième pied, voire les deux, étaient des spondées, plus courts que les dactyles. Pour la même raison, le début du vers 4, où il ne manque qu'un pied et demi, était plutôt un dactyle. Il y avait sûrement une faute au vers 5 (une brève isolée entre deux longues) mais le vers est trop mutilé pour qu'on sache sur quelle syllabe portait l'erreur. Au vers 6, la métrique fait préférer la lecture *multo cu*[...] à la lecture [...]*muit ocu*[*l*...] : celle-ci est paléographiquement possible puisque la base du L a disparu mais cela ferait quatre brèves à la suite. Enfin, au vers 2, le quatrième pied est un spondée, à moins qu'il faille restituer [*mo*]*do* (deux brèves).

Donnons, *exempli gratia,* les restitutions proposées par Bücheler :

> *Vltimus hic honor est* [*titulos inscribere*] *saxis,*
> *quos prestare* [*potest inopes mo*]*do cura parentis.*
> *Nice* [*nata mihi tu*]*mulo requiescit in isto,*
> [*quae quoniam*] *caelo deuota mente re*[*cessit*],
> [*hic ad*]*seruari quaerit cert*[*e pater ossa*],
> [*quae sepelit*] *multo cu*[*m fletu funera questus*].

Ou encore, pour la l. 5 :

> [*nomen*] *seruari quaerit cert*[*e hic sibi semper*]
> [*dulce pater*].

Thédenat a tenté, lui aussi, un essai de restitution qu'il qualifie lui-même de « certainement très hypothétique » :

> ..... *Vltimus hic honor est* [*datus his tibi*] *saxsis*
> *Quos pr(a)estare* [*debet miseran*]*do cura parentis*
> *Nice*[*tio, qui nunc tu*]*mulo requiescit in isto.*
> [*Cum Christo in*] *caelo deuota mente re*[*surget*].
> [*Praemia*] *seruari quaerit cert*[*aminis.....*]??
> ..... *multo cu*[*m.....*]

L. 1 : l'ultime honneur dont il est question ici est certainement celui de préparer le tombeau ou de rédiger l'épitaphe. *Saxsis* désigne le tombeau (cf. Virgile, *Enéide* III, 566 : *caua saxa*).

L. 2-3 : le soin de faire la tombe est revenu à l'un des parents, à moins que *parentis* soit mis pour *parentes*.

La personne enterrée là s'appelait Nice ou portait un nom formé sur cette racine (cf., à Trèves, Nicetia, n° 43). A la fin de la l. 3, on ne peut restituer que [*tu*]/*mulo* (sur ce mot, voir n° 170).

L. 5 : la formule *mente deu*[*ota*], d'ailleurs banale, est apparue, à Trèves, au n° 230.

L. 6 : cert[...] peut-être le début d'un nom commun ou bien (CIL) du nom du dédicant (ou de la dédicante).

Rien n'indique de façon irréfutable que cette pierre soit chrétienne, mais beaucoup de *carmina* funéraires chrétiens sont aussi neutres que celui-ci. Or des expressions comme [*tu*]*mulo requiescit in isto,* [...] *caelo deuota mente r*[...] font songer à des formules que l'on trouve à la fin du Ve et au VIe siècle en Viennoise; l'écriture, avec ses O ovoïdes et ses A non barrés, me paraît convenir à une telle datation. A cette époque-là, il y a bien peu de chances que l'inscription soit l'œuvre d'un païen. Le promontoire de Sion, où les débris romains abondent, continua d'être occupé, sans solution de continuité, au moins jusqu'au milieu du VIe siècle, comme le prouve le cimetière fouillé par E. Salin (*Le Haut Moyen-Age en Lorraine d'après le mobilier funéraire,* Paris, 1939, p. 33-72).

I, 259

Deneuvre (canton de Baccarat, Meurthe-et-Moselle). Trouvée en 1883. Conservée au Musée Lorrain de Nancy (M. et M.).

H. THEDENAT, *B.S.N.A.F.* 1886, p. 201 = *Journal de la Société d'archéologie lorraine* 37, 1888, p. 85.
LE BLANT, *N.R.* 44.
L. MAXE-WERLEY, *Mém. de la Soc. des Lettres, Sciences et Arts de Bar-le-Duc,* 3e sér. t. 2, 1893, p. 249.
Journal de la Société d'archéologie lorraine 46, 1897, p. 149 (pagination erronée pour p. 239), sans nom d'auteur.
CIL XIII, 4737.
E. ESPERANDIEU, *Bas-reliefs,* VI (1915), 4703.
M. TOUSSAINT, *Répertoire archéol. du dép. de M. et M. (période gallo-romaine),* Nancy, 1947, p. 86.
Révisée par N. Gauthier en 1972.

Stèle en pierre jaune de la région; h. 50; l. 57; ép. 12-19; lettres : 4-5 cm.

```
Art-              Mem-
ula    orante     ori-
                  a
```

Artula. Tombeau.

Tout le monde s'accorde sur le « style barbare » de cette inscription. L'écriture est cependant bien lisible, avec des lettres assez larges (M à hastes obliques). La traverse du A se réduit à un point ou à un petit trait oblique (cf. n° 127). Le centre de la pierre est occupé par une orante à la tête énorme et aux bras grêles. Le Blant estimait : « La pointe qui surmonte la tête figure sans doute l'attache d'un voile, la femme ne devant pas prier tête nue ». Mais c'est peut-être seulement la coiffure car le dessin très marqué de la poitrine et l'absence de trait suggérant un vêtement (décolleté, drapé, etc.) conduit à se demander si notre orante n'est pas représentée nue... La représentation de l'orant ou de l'orante, si fréquente dans les catacombes romaines, n'apparaît sur les épitaphes gauloises qu'à Arles (Le Blant 518, 526, 527, 534, 536), Marseille (Le Blant 546) et Trèves (RICG I, 124; Gose 348, 688, 689), toujours sur des pierres remontant au IVe ou au Ve siècle. Puis le thème disparut, avant d'être réintroduit dans l'art mérovingien par des influences orientales, coptes notamment (E. Salin, *La civilisation mérovingienne*, IV [1959], p. 297-307). On trouve, en particulier, des orants très schématisés sur un certain nombre de plaques-boucles de ceinturon en bronze moulé, trouvées surtout en pays burgonde et s'échelonnant, selon E. Salin (*Ibid.*, p. 299), « de la fin du VIe au VIIIe siècle ». C'est certainement à cette série qu'il faut rattacher la stèle de Deneuvre, trouvée dans une région rurale et montagneuse dont la christianisation a dû être tardive. Je ne sais comment interpréter les traits obliques (la plupart certainement voulus) qui strient toute la pierre. Il y a nettement une montagne à gauche de l'orante. Est-ce le paradis, où l'orante, qui représenterait ici la défunte, se trouve désormais ? Les petits traits obliques symboliseraient la végétation. Mais si le paradis chrétien, comme les Champs-Elysées païens, est souvent représenté sous la forme d'un jardin riant, la montagne n'apparaît qu'en liaison avec les fleuves du Paradis (à cause de la nécessité de les faire couler).

Le texte est réduit à sa plus simple expression, comme au n° 218 : une simple juxtaposition du nom du défunt et de l'indication qu'il s'agit d'une tombe. Le mot *memoria*, si banal en Afrique, est rare en Gaule : on le trouve à Paris sur une épitaphe du début du Ve siècle (Le Blant, *N. R.* 25) et à Poitiers dans l'hypogée de Mellebaude (Le Blant, *N. R.* 246). Le Blant, suivi par Espérandieu, croyait discerner un V à la l. 3 à gauche, disposé symétriquement au A de droite. Il suggérait que ce pouvait être l'abréviation de *uirgo*. En réalité, je ne crois pas que cette lettre existe : la haste de gauche est un de ces traits obliques qui garnissent la pierre, celle de droite est un trait accidentel qui se prolonge, quoique moins accusé, jusqu'au visage de l'orante. Le nom *Artula*, inconnu ailleurs, est attesté deux autres fois dans la région (n° 75, à Trèves, et CIL XIII, 4172, à Neumagen) : c'est sans doute l'équivalent grec d'*Vrsula* (voir n° 75).

Cette pierre est originale à tous points de vue : stèle de pierre ordinaire et non plaque mince de marbre, importance respective du texte (très succinct) et de la figure (d'ailleurs peu commune), lieu de trouvaille. Elle doit être du VIIe ou du VIIIe s., époque des orants des plaques burgondes et de la redécouverte de la figure humaine par la sculpture barbare.

APPENDICE

Inscriptions médiévales, non chrétiennes,
de provenance étrangère. Faux.

I, 1*

Provenance inconnue. Conservée au *Rheinisches Landesmuseum* de Trèves.

L. LERSCH, *Centralmus.*, 3 (1842), n° 77.
KRAUS (t. II) 412.
CIL XIII, 499*.
E. FOERSTER, *Frühchristl. Zeugnisse*, p. 100-101, n° 73.

> *croix*
> Hic [r]equies[cit]
> Amulricu[s]
> leuita et mona-
> 4   chus; obiit IIII
> non(as) marc(ias).

L'inscription est gravée sur une stèle en forme d'édicule à colonnes, d'inspiration copte. On a trouvé dans la région de Trèves un certain nombre de monuments de ce type que l'on date généralement de l'époque mérovingienne (K. Böhner, *Die fränkischen Altertümer des Trierer Landes,* Berlin, 1958, I, p. 248-s., II, *Taf.* 73-75) et c'est ce qui incite K. Böhner (*op. cit.* I, p. 250) et E. Förster à situer cette inscription au VIIIᵉ siècle. Même en admettant que l'on ait cessé de fabriquer des stèles de ce type après le VIIIᵉ siècle, rien ne prouve que l'inscription n'a pas été gravée plus tard sur une pierre anépigraphe.

L'épitaphe, en effet, ne me paraît pas antérieure à l'époque carolingienne pour les raisons suivantes : l'écriture allie les lettres larges et régulières de l'épigraphie classique à des lettres enclavées (V dans le Q à la l. 1, I dans le V à la l. 3, V dans le H à la l. 4) et à la ligature inhabituelle TA (l. 3); le nom Amulricus (= Amalaricus, semble-t-il) ne se répand, comme les autres formations en *Amul-* (Amulbertus, Amulfridus), qu'à partir de la fin du VIIIᵉ siècle (M. Th. Morlet, *Noms de personne* I, p. 33-34); enfin, le mot *leuita,* synonyme de *diaconus* depuis le IVᵉ siècle, reste, jusqu'à l'époque carolingienne, un mot précieux dont l'usage est limité à la langue poétique. Kraus datait l'inscription de l'époque ottonienne et K. Böhner (*op. cit.* I, p. 250, n. 37) fait état d'une lettre de B. Bischof qui pencherait pour l'époque carolingienne.

I, 2*

Trèves. Trouvée à Saint-Maximin au XVIIᵉ siècle. Perdue.

K. BROWER, *Annal. Trevir.* (1670) I, p. 61 (KRAUS 139, l. 8 et [t. II] 385; CIL XIII, 419*).

> Qui gradiens pelagi fluctus compressit amaros;
> uiuere qui praestat morientia semina terrae;
> soluere qui potuit legalia uincula mortis
> 4   post tenebras, fratrem post tristia lumina solis
> ad superos iterum Maarthae donare sorori;
> post cineres Ericum faciet quia surgere, credo.
> Christe redemptor parce fideli Erico.
> 8   Qui corpore multas post se reliquit lacrimas.

Les six premiers vers sont empruntés à l'épitaphe que le pape Damase avait rédigé pour lui-même (Ferrua 12). L'auteur de l'inscription en avait d'ailleurs une copie fautive : il a mis *legalia* au lieu de *letalia* (l. 3), *tristia* au lieu de *tertia* (l. 4), *Maarthae* au lieu de *Marthae* (l. 5); cette dernière faute est peut-être due à l'éditeur des *Annales Trevirenses*, qui est, en tout cas, l'auteur de la ponctuation. A la l. 6, le nom du défunt, Ericus, remplaçait celui de Damase. Les deux dernières lignes ne me rappellent rien de connu.

Le nom Ericus est attesté pour la première fois en 786, à Saint-Gall (M. Th. Morlet, *Noms de personne* I, p. 128); il devient courant au IXe siècle. Brower rappelle que, dans la *Vita Maximini* due à Loup de Ferrières, un certain Ericus est guéri par le saint et conclut qu'il s'agit du même personnage. L'épitaphe ne contient aucune allusion au miracle rapporté par Loup. Peut-être, antérieure à la rédaction de la *Vita*, a-t-elle fourni le nom du bénéficiaire du miracle. L'inscription semble donc du IXe siècle.

I, 3*

Trèves. Trouvée à Saint-Maximin. Conservée au *Rheinisches Landesmuseum*.

A. WILTHEIM, *Luciliburgensia,* p. 141, fig. 60.
KRAUS (t. II) 384.
CIL XIII, 3902 (DIEHL 2026).
GOSE 477.

```
        [Hi]c requiesc[it]
        Widargildus [...]
        in pace anno[...]
    4   VII et fuit [...]
        [..] s(an)c(t)i M(a)x(imi)n[...]
```

Le bord primitif est partiellement conservé en haut et à gauche. Après le nom du défunt (l. 2), reste d'un **M** ou d'un **N** : *m[onachus]* ? A la fin de la l. 4, Kraus se demande s'il faut restituer *homo,* tandis que Wiltheim a l'impression qu'il pourrait s'agir d'un abbé de Saint-Maximin.

Cette inscription, gravée sur une plaque de marbre blanc analogue à celles qui ont été couramment utilisées à l'époque paléochrétienne, me paraît légèrement postérieure à la période embrassée par RICG I, à cause de l'écriture, de la graphie VV au début du nom du défunt (aucun exemple dans notre matériel), de l'abréviation MXN qui suppose que l'abbaye Saint-Maximin avait déjà la notoriété d'un établissement relativement ancien, enfin parce que la formule finale, quelle qu'elle ait été, est tout à fait étrangère au style habituel (cf. toutefois la fin du n° 29 A). Gose propose de placer l'épitaphe au VIIe ou au VIIIe siècle; j'inclinerais plutôt vers la fin du VIIIe ou le IXe siècle.

I, 4*

Metz. Trouvée en 1904 au Sablon, lors de la destruction de la Lunette d'Arçon. Conservée au Musée de Metz.

J. B. KEUNE, *Lothr. Jahrb.* 16, 1904, p. 354, n° 8 et *Wd. Korr.* 24, 1905, p. 72, n° 8.
A. VON DOMASZEWSKI - H. FINKE, *Ber. der R. G. K.* 1906-1907, p. 66, n° 68.
CIL XIII, 11 448.

> [...]itur tit[...]
> [...] cunctis [...]
> [...]SPRI[...]

L'écriture de ce fragment me paraît médiévale.

I, 5*

Trèves. Trouvée en 1877 dans la nécropole de Saint-Mathias, à l'occasion de travaux sur la voie ferrée. Conservée au *Rheinisches Landesmuseum.*

F. X. KRAUS, citant HETTNER, *Bonn. Jahrb.* 61, 1877, p. 86.
Ph. DIEL, *St-Matthiaskirche* (1881), p. 179, n° 32.
KRAUS 102 (LE BLANT, *N. R.* 38 [DACL XV, 2, col. 2755, n° 86]).
F. HETTNER, *Röm. Steindenkmäler,* n° 298.
CIL XIII, 3682 (DESSAU 2813; DIEHL 44).

> Hariulfus, protector
> domesitigus, filius Han-
> haualdi, regalis genti-
> 4 s Burgundionum, qui
> uicxiṭ [a]nnos XX et men-
> sis noue et dies noue;
> Reuṭiḷọ auunculu-
> 8 s ipsius fecit.

L'écriture et le titre de *protector domesticus* attestent que cette pierre est de la deuxième moitié du IVe siècle (cf. n° 130). Kraus et Le Blant estiment que ce Burgonde était chrétien à cause du lieu de trouvaille, proche de l'endroit où a été découvert le n° 20. Cependant, il n'y a ni symbole ni formule (comme *hic quiescit*) qui soit caractéristique de l'épigraphie chrétienne; la pierre est beaucoup plus grande que les *tituli* chrétiens et d'un matériau différent (grès, 107 × 57 × 15,5 cm); l'épitaphe date d'une époque où la religion chrétienne n'avait guère pénétré chez les Barbares; elle a été trouvée avec une trentaine de sarcophage anépigraphes, disposés généralement dans la direction est-ouest. Toutes ces raisons me font douter que Hariulfus ait appartenu à la religion chrétienne. Les tombes d'un groupe de militaires germaniques ont pu se trouver à proximité immédiate du cimetière chrétien en pleine extension.

I, 6*

Trèves. Se trouvait à Saint-Mathias au XVIᵉ siècle (Ortelius-Vivianus). Perdue.

A. ORTELIVS - I. VIVIANVS, *Itinerarium per nonnullas Galliae Belgicae Partes*, Anvers, 1584, p. 55.
K. BROWER, *Annal. Trevir.* (1670) I, p. 54.
A. WILTHEIM, *Luciliburgensia*, p. 145.
    Les autres auteurs dépendent des précédents :
L. LERSCH, *Centralmus.*, 3 (1842), nᵒ 74.
LE BLANT, *I. C.* I, p. 459, n. 2.
KRAUS 75 et *add.* (de HETTNER), p. [3].
F. HETTNER, *Röm. Steindenkmäler*, nᵒ 315.

> Infanti dulcissi-
> mo defuncto
> qui uixit menses V,
> 4   dies XX; pater et
> mater piiss(imi) fecer(unt).

Cette inscription est indiscutablement païenne : elle se trouvait dans un cartouche soutenu par deux génies ailés, sur un sarcophage qui reposait dans l'une des nombreuses *cellae* funéraires que l'on connaît à proximité immédiate de Saint-Mathias (*Intr.*, § 4). La description du sarcophage autant que la teneur de l'épitaphe indiquent que le jeune défunt appartenait à une famille païenne.

I, 7*

Trèves. Se trouvait, au XVIIᵉ siècle, encastrée dans le pavement devant le grand autel de l'église Saint-Maximin. Perdue.

A. WILTHEIM, *Luciliburgensia*, p. 141, fig. 54 (LE BLANT 316; KRAUS 142).

> Hic [. . . . .]
> [. . . . .]
> [. . . . .]
>   *croix monogr.*
> [. . . .]dum locandumque curauit.

« Je m'étonne de trouver ici la formule toute païenne [*pònen*]-*dum locandumque curauit* », dit Le Blant. C'est tellement étonnant que, malgré l'autorité de Wiltheim, qui précise *descriptus mea manu*, je pense que quelque chose lui a échappé qui nous empêche aujourd'hui d'interpréter correctement l'inscription. Il donne la description suivante dans les *Annales D. Maximini* (ms. I, p. 245) : *tabula maior marmorea iacet ingentis modo tituli capax*. Ne serait-ce pas une pierre païenne utilisée, à cause de ses dimensions et de la beauté du matériau, pour paver les abords de l'autel et sommairement christianisée par l'incision d'une croix monogrammatique (ou d'une croix, plus conforme aux usages médiévaux) ? Ou encore Wiltheim n'aurait-il pas pris, à tort, pour une croix monogrammatique quelque reste de gravure indistinct sur une pierre presque complètement effacée, comme il le dit lui-même, par le frottement des pieds ?

I, 8*

Ravenne. Perdue.

J. SCALIGER, *Cod. Vat. lat.* n° 9146, dernière page (*ex membrana uetusta*) (Le BLANT 260; *ICVR* II, p. 8, n° 13; KRAUS 198; CIL XIII, 541* [DESSAU 816; DIEHL 1792]).

> D(omi)n(us) Placidus Valentinianus, pius,
> felix, aug(ustus), dedicauit aedes s(an)c(t)i ac
> beatissimi martyris Laurentis.

Sur les conditions dans lesquelles l'inscription est parvenue jusqu'à nous, voir n° 219 et *Intr.*, § 144. Rapportée à la suite des n°ˢ· 219 et 220 avec la mention *ex eadem* (*membrana*), cette dédicace avait d'abord été considérée comme trévire. Par la suite, J. B. de Rossi (*ICVR* II) a montré que le monument mentionné ici ne pouvait être que la célèbre basilique Saint-Laurent de Ravenne, dont on sait par ailleurs qu'elle fut dédiée par l'empereur Valentinien.

I, 9**

Trèves. Se trouvait autrefois à Saint-Paulin. Conservée au *Rheinisches Landesmuseum*.

La bibliographie est immense. Je ne donne que quelques références à titre de points de repère.
W. PIRCKHEIMER, f° 313 *a* du manuscrit Hartmann SCHEDEL, *Liber Antiquitatum cum Epigrammatibus* (*Bayerische Staatsbibliothek München*, Clm 716).
A. ORTELIVS - I. VIVIANVS, *Itinerarium per nonnullas Galliae Belgicae Partes*, Anvers, 1584, p. 60.
A. WILTHEIM, *Luciliburgensia*, p. 143 (LE BLANT 223).
KRAUS 166 et *add.* p. [8].
F. HETTNER, *Röm. Steindenkmäler*, n° 3.
CIL XIII, 3674.

> H(ic) iacet Eliuṣ *C(o)st*ancius,
> uir c(on)sularis, *c*omes et
> magist(er) utriusq(ue)
> 4 militie atq(ue) patricius et
> s(e)c(un)do c(on)sul ordinarius.

Cette pierre est un faux médiéval. Il y est fait allusion pour la première fois dans les *Gesta Treverorum* (18, *M. G. H., SS.* VIII, p. 151), qui remontent au XIIᵉ siècle. Après avoir signalé la mort de Constance Chlore en Bretagne, l'auteur ajoute : *et inde, Treberim relatus, in campo Marcio honorifice sepelitur cum epitaphio huiusmodi : Elius Constantius, vir consularis, comes et magister utriusque miliciae atque patricius, et secundo consul ordinarius.* Sur la tranche supérieure de la pierre portant l'inscription, il y en a une seconde : *[Ebe]rhardi uotis aniis IIII.* Or Eberhard fut évêque de Trèves de 1047 à 1066. Cette mention dut être gravée en même temps ou peu après la face principale.

J. B. de Rossi (*ICVR* I, p. 264 et 579) a démonté le mécanisme du faux. A l'origine se trouve un texte authentique concernant, non pas Constance Chlore, mais le patrice Constance, qui fut trois fois consul, puis empereur, avant de mourir à Ravenne. Ce texte original devait être le suivant : *Fl. Constantius, u. c., comes et magister utriusq(ue) militiae atq(ue) patricius et secundo cons. ord.* L'auteur du faux a ajouté *hic iacet* qui transforme le texte en épitaphe, développé en *uir c(on)sularis* l'abréviation *u(ir) c(larissimus)*, pris pour un E le F de *Fl(auius)* qui devait avoir trois barres. C'est en 417 que Constance a revêtu son deuxième consulat. L'inscription originale a peut-être été empruntée à un diptyque consulaire : ces petits objets voyagent facilement. Pourquoi ce faux ? C'est à l'historien du Moyen Age de tenter de répondre à la question. C'est en tout cas le signe d'un vif intérêt pour l'Antiquité en général et le brillant passé de Trèves en particulier (puisqu'on prétend y posséder la tombe du père de Constantin).

I, 10** - 17**

Je ne rappelle que pour mémoire les faux dus à l'activité de Clotten, dont j'ai déjà suffisamment parlé (*Intr.*, § 155). Personne ne défend plus, d'ailleurs, leur authenticité.

10**. Trèves.

LE BLANT 228. KRAUS, *Anhang* II, 16. CIL XIII, 478*.

> Hic iacet Annius Cato qui
> uixit an(nos) XXXI, mens(es) IV; tet(ulum)
> Annia mater posuit.

11**. Trèves.

LE BLANT 240. KRAUS, *Anhang* II, 18. CIL XIII, 480*.

> Hic iacet Cornelia
> quae uixit ann(os) XXII;
> Saluia mater et
> 4   Seuerus pater tetulum
> posuerunt.

12**. Trèves.

LE BLANT 222. KRAUS, *Anhang* II, 15. CIL XIII, 479*.

> Hic iacet Aelia Herrenia
> quae uixit annis plus
> min(us) XXI; Paula mater
> 4   tet(ulum) facit ......

13**. Trèves.

LE BLANT 266. KRAUS, *Anhang* II, 12. CIL XIII, 484*.

> Iulia sib-   *chrisme*
> i et uiro s-
> uo in pace.
> *alpha   omega*

14**. Trèves.

LE BLANT 268. KRAUS, *Anhang* II, 17. CIL XIII, 473*.

> Licinius qui uixit annis
> XXIIII hic in pace quiescit.

15**. Trèves.

LE BLANT 271. KRAUS, *Anhang* II, 13. CIL XIII, 483*.

> Hic iacet Magni-
> ola que uixit an(nos)
> XI. Maura mater titu-
> 4 lum posuit.

16**. Igel.

LE BLANT 320. KRAUS, *Anhang* II, 3. CIL XIII, 485*.

> Claudia parua in pa-
> ce quae uixit annos
> XIIII et dies XX; tet(ulum)
> 4 Athenimius
> eduxit
> MR.

17**. Trèves.

LE BLANT 288. KRAUS, *Anhang* II, 14. CIL XIII, 481*.

> Seruato
> in pace.

INDEX

I. MENTIONS CHRONOLOGIQUES

383 : [...] Μεροβαύδ[ου τὸ β′ καὶ] Φλα. Σατορν[...]ων I, 211.
409 : ὑπατίᾳ Ὀνωρίου ὁ η′ καὶ Κωστιοντίνου τὸ α′ I, 93.

II. LES NOMS

Les *nomina sacra* et les personnages invoqués dans un culte sont en petites capitales, les termes géographiques en italique.

A[...]anus I, 238.
A[...]us I, 94.
Abbo I, 1.
Abun[...] I, 237 d.
Ac[...]us I, 212.
Acrici[us] I, 95 (cf. Agricius).
Adelf[...] I, 236 m.
[A]delfia I, 87.
Adeudatus I, 96.
A[d]nametus I, 236 d.
Aelia I, 164.
Aeth[eri...] I, 236 a.
Agrecia I, 97 (cf. Agricia).
Agricia I, 63 (cf. Agrecia).
Agricius I, 2 (cf. Acricius).
Al[...] I, 98.
Albins I, 123.
Amanda I, 3.
Amantia I, 99, 100.
Amata I, 101.
Amelius I, 4.
Ampelio I, 5.
Anto[...] I, 6.
Antonia I, 213.
Antr[acius/a ?] I, 237 c.
[?A]piciola I, 102.
Apic⟨ius⟩ I, 102.

Apronius I, 104, 116.
Aquilinus I, 9.
Arablia I, 103.
Arcadiola I, 105.
Arcadius I, 7.
Archontus I, 139.
[A]regius I, 186.
Artemius I, 235 b.
Artula I, 75, 259.
Aspa[...] I, 8.
[?As]pasia I, 229.
Aspasius I, 242.
Auentina I, 104.
Aufidius I, 214.
Augurina I, 214.
Augurius I, 214.
Aurora I, 9.
Auspicius I, 215; A[us]picius I, 106.

Babbo I, 107.
Bancio I, 11.
Barbario I, 108.
Basilius I, 109.
Bonifatius I, 37.
Bonosa I, 109.
Bonosus I, 110.

Francola I, 54.

Gabso : Fl(auius) Gabso I, 130.
Galla I, 130 A.
Gau[...] I, 22.
Gaudentiolus I, 131.
Gaudentius I, 131.
Genesi[...] I, 23.
Genesius I, 217.
Ger[...] I, 132.
Germanio I, 62.
Geronius I, 24.
[G]erontius I, 107.
Glyceria I, 133.

Hagdulfus I, 218.
Hari[...] I, 134.
Heliodorus : *voir* Iliodorus.
Hetlea I, 105.
Hilaritas I, 219.
Hlodericus I, 135.
Honoria I, 25.

Ianuaria I, 136.
Ideu[s] (*ou* [...]ideu[...] ?) I, 205.
Ilecius (*ou* Iledus ?) I, 137.
Iliodorus I, 32.
Ingenua I, 138.
Inno[ce]ntius I, 27.
Iouina I, 26.
Iouinianus I, 27; [?Io]uinian[us/a] I, 239.
Ipsychius (*fém.*) I, 139.
Irene I, 32.
Isa I, 140.

Lea I, 100, 143, 219, 220.
Lecontia I, 150 (cf. Lycontia).
Leo I, 28; Leo (fém. ?) I, 141.
Leodomundus I, 194 A.
Leonia I, 69.
Leonti[...] I, 87.
Leosa I, 66, 142 A.
Leosus I, 29.
Lepidus I, 84.
Litorius I, 220.
Lopolus I, 181.
Lucifer I, 6.
Lucius I, 236 k.
Ludubertus I, 29 A.

Ludula I, 170.
Lupantia I, 30.
Luperca I, 76.
Lupicinus I, 142.
Lupulus : *voir* Lopolus.
Lycontia I, 31 (cf. Lecontia).
Lycontiu[s] I, 142 A.

Macedonia I, 32, 143.
Macedonius I, 32.
Mamer⟨t⟩ina I, 144.
Marcel[...] I, 235 c.
Marcellianu[s] I, 235 a.
Marc[u]s I, 33.
Ma[r?]ia I, 95.
Marinus I, 34, 212.
Marontius I, 63.
Martina I, 35.
Martiola I, 145.
Martius I, 236 f.
Marturius I, 130 A.
Marus I, 36 (cf. Maurus).
Maura I, 37, 146.
Maurus I, 105 (cf. Marus).
Maxemina I, 84 A.
Maxima I, 236 f.
Maximianus I, 38.
[M]axsimin[us/a] I, 221.
Memoriosus I, 38.
Memorius I, 39.
Merabaudis I, 40.
Mercurina I, 41.
Mero[...] I, 221.
Merobaudes : *voir* Merabaudis.
Meropia I, 117.
Mocdo[...] I, 180.
Modoal(dus) I, 147.
Monta[nu]s I, 42.

Nice (*ou* Nice[...]) I, 258.
Nicetia I, 43.
Nigrinus I, 50.
Nonnita I, 44; [N]onnita I, 34.
Nonusa I, 222; Nonu[...] I, 191.
Numidius I, 45.
Nunechius I, 46.

Optata I, 45.

Vetranio I, 100.

Vi[...] I, 67.

Viat[...] I, 26.

Victor I, 176; [?Vi]ctor I, 236 b (cf. Vector et Βίκτωρ).

Victorina I, 57.

Victorinus I, 68; [?V]ictori[...] I, 235 d.

Victura I, 69.

Victurinu[s] I, 184.

Vigilantiu[s] I, 175.

Vigor I, 162.

Vinardus I, 76.

Vincaimus I, 12.

Vindemiola I, 51.

Vitachristi ? I, 120.

Vita[l...] I, 163.

Vitalianus I, 70.

Vitalis I, 70, 71; Vita⟨l?⟩is I, 120; [?Vi]talis I, 255.

Vr[...] I, 156, 223.

Vrbana I, 27.

Vrs[...] I, 164.

Vrsa I, 57, 72.

Vrsacius I, 138; Vrsatius I, 165.

Vrsicina I, 73, 167; Vrsecina I, 166.

Vrsicinus I, 74, 169.

Vrsinianus I, 170.

Vrsinus I, 169.

Vrsio I, 171.

Vrsula I, 73, 75; Vrsola I, 246.

Vrsulus I, 105, 216; Vrsolus I, 72.

Vrsus I, 169, 241; Sambatius Vrsus I, 145.

[...]imia I, 194.

[...]incipia : voir Principia.

[...]pasia : voir Aspasia.

[...]dentia I, 78.

[...]hirpila (ou Hirpila ?), I, 179.

[...]ola I, 174.

[...]piciola : voir Apiciola.

[...]tiola I, 152.

[...]edula I, 182.

[...]tima I, 7.

[...]orentina : voir Florentina.

[...]onnita : voir Nonnita.

[...]sita I, 81.

[...]pli[...] I, 237 b.

[...]ictori[...] : voir Victorinus.

[...]uinian[...] : voir Iouinianus.

[...]ctian[...] I, 190.

[...]anio I, 236 f.

[...]entio I, 178.

[...]ochar[...] I, 82.

[...]egor ? I, 174.

[...]ctor : voir Victor.

[...]audes I, 191.

[...]baudes I, 181.

[...]talis : voir Vitalis.

[...]alliopis : voir Calliope.

[...]us I, 252.

[...]ius I, 167.

[...]aralaius ? I, 247.

[...]regius : voir Aregius.

[...]osidonius : voir Posidonius.

[...]pius (ou Pius ?) I, 187.

[...]rius I, 236 b.

[...]orcarius : voir Porcarius.

[...]serius (ou Serius ?) I, 155.

[...]orentius : voir Florentius.

[...]erontius : voir Gerontius.

[...]ofemus : voir Trofemus.

[...]anus I, 236 g.

[...]nianus I, 236 e, f.

[...]tinus I, 185.

[...]rus I, 173.

[...]osus I, 84.

[...]nctus : voir Sanctus.

[...]etus ? I, 27.

[...]ntus I, 235 i.

Ἀβεδσιμίος I, 112.

Ἀγνή (ou ἀγνή ?) I, 172.

Ἀγρίπα I, 10.

Ἀδδάνων I, 93, 112 : ἀπὸ κώμης Ἀδδάνων.

Ἄζιζος I, 10.

Ἀνατολικός I, 168.

Ἀπαμεῖς : ὅρων Ἀπαμέων I, 10.

Βίκτωρ I, 236 i (voir Victor).

Ἐλπίδιος I, 235 a (voir Elpidius).

Εὐσεβία I, 93.

Εὐστόργιος I, 172.

Καπροζαβαδαίων : κώ. Καπροζαβαδαίων I, 10

Κασσιανός I, 112.

Οὐρσικῖνος I, 168.

ΠΝΕΥΜΑ : [Πνε]ύματι σὺν ἁγίῳ I, 172.

Σύρος I, 10 (voir Syrus).

ΧΡΙΣΤΟΣ :

  Abrév. ἐν α ✳ ω I, 168; voir Christus.

  Emplois. ἐν α ✳ ω I, 168;

    Χρι[στῷ πανβασιλ]εῖ I, 172.

III. LES MOTS ET LES CHOSES

En ce qui concerne Trèves, j'ai dressé l'index de la totalité des inscriptions connues. Pour les fragments que je n'ai pas jugé utile de republier (voir *Intr.,* § 87), je donne la référence à E. Gose, *Katalog der frühchristlichen Inschriften in Trier* (Berlin, 1958), à défaut (car Gose ne publie pas les inscriptions perdues) au CIL XIII, à défaut encore à F.X. Kraus, *Christliche Inschriften der Rheinlande,* I (Fribourg, 1890).

ab : a ueste sacra I, 37.

actus : omni actu I, 219.

ad : ad Domino I, 193; [a]d Domino transiit I, 134.

adorno : corporis hospitium ... adornat I, 19.

addo : addidis (= additis ?) annis VIII I, 194 A.

adulescens : uir uenerabelis adoliscens nu(mine) Modoal(dus) I, 147 *(16 ans).*

aeternitas : cum aeternetate uincturum I, 217.

aggrego : socius adgregar[...] I, 194 A.

agnosco : [a]gnos[c...] ... fidem I, 106.

albus : in albe[s ?] I, 209.

altare : hoc ... ponens altare I, 19.

alumnus :   alumno suo I, 12; alumn[...] I, 185;
     Dominus reparauit alumnum I, 106.

amantissimus : semper amantissima sui I, 217.

amor : pro amore I, 135, 225;
   in amure ipsius I, 147.

annus : Abrév. an I, 12, 24, 32 b, 34, 35, 36, 71, 76, 82 (?), 100, 116, 117, 130 A, 136, 155,
     158, 160, 168, 181, 212, 221, 241;
    ãñ I, 2, 7, 8, 11, 45, 50, 51, 63, 69, 109, 126, 161, 165, 199;
    ān I, 147, 244;
    ãñ I, 22, 31, 81, 131, 200;
    ann I, 49, 59, 61, 72, 105, 111, 123, 142, 174, 214;
    a͡nn I, 77;
    aⁿ̊ I, 52.
  Vulg. anos I, 138; Gose 131; anus I, 33; ano I, 132;
    sg. annu I, 53 (?), 96, 156;
    acc. plur. -us I, 21, 25, 29 A, 33, 48, 62, 107, 115, 119, 134, 135, 153, 166, 167,
     180, 190, 228, 245, 247; annios I, 173;
    uixit -o I, 18, 29, 40, 132, 143 ?; annis I, 16, 39, 170, 217; Gose 763.
  Emplois. Voir uixit, tulit;
    fet (= fecit) annos I, 215;
    port[a]uit annos I, 206;
    annus habuit XXI[I] in tertium I, 153;
    in matrimoii coniuctione fuit annis XVII I, 217;
    puella Agrecia annorum quindecim I, 97; cf. I, 127 et 214;
    addidisque annis VIII I, 194 A.

Fragm. I, 228; Gose 91, 92, 94, 101, 105, 131, 139, 149, 327, 432, 485, 488, 496, 513, 515, 527, 534, 552, 731, 741, 750, 751, 763, 765; CIL XIII, 3803, 3821, 3873, 3901; Kraus 117, 106.

ante : ante quartum idus ianuarias I, 153.

artus : I, 122.

astrum : inmiscuit astris I, 106.

atque : adque I, 217 (bis).

aua : [?au]a nep[ti ?] I, 152.

augustus : Abrév. aguas I, 72; cf. I, 193.

        Vulg. ag- I, 72, 191.

        Emplois. Mois d'août I, 72, 135, 173, 191, 193.

autem : aut(em) I, 219.

beatus : beata (*ou* Beata ?) I, 77; beat[...] I, 106.

bene : voir pausat, quiescit;

    bene concordes I, 19.

benemeritus : I, 150, 151.

bis : bis quina signa I, 194 A.

bonus : melio[r...] I, 134; cf. I, 193.

caelum : egregiis caelum meritis non posse neg[ar]i I, 106; caelo I, 258.

caput : capus in nomero uicarii nomine sum[p]sit I, 135.

caritas : Vulg. pro caritatem I, 30, 55, 62; propter caritate I, 1.

        Emplois. pro caritate, *voir* titulus;

            propter caritate tetulu fecit I, 1;

            [i]n carita[te] I, 151;

            uinculo caritatis I, 219;

            [pro cari]tate sua I, 187;

    Fragm. I, 149; Gose 59.

caro : hospita caro I, 99.

carus : Vulg. k- I, 49, 71, 75;

          ch- I, 28;

          dat. sg. carissime I, 24, 32 a, 139.

        Emplois. patris car[...] I, 53;

            coniugi carissime I, 24, 32, 139;

            coniux karissimus I, 49; coniux carissima I, 71, 142;

            uxori suae carissimae I, 144;

            filio carissimo I, 4, 28;

            filia carissima I, 46;

            carus (*ou* Carus ?) coniux suus I, 119;

            cara I, 247; cariss[...] I, 59; *fragm.* Gose 309, 327, 731.

casus : per mortis [c]asum I, 106; poteris cognoscere casum I, 106; casu[...] I, 196.

causa : I, 193.

christianus : christiana fidelis I, 138.

ciuis : ciuis Surus I, 32 b.

clarus : clarissima femina I, 192.

clericus : se clericū fecī I, 29 A.

cognosco : poteris cognoscere casum I, 106.

colo : D(eu)m coluit I, 219.

comes : [ex c]omite I, 177.

commendo : [i]n sinu sanctorum [c]onmendat I, 238.

compar : conpari suae I, 136.

complector : complexsu[.] I, 89.

compono : sedem ... componere membris I, 19.

concedo : concessum est solamen ei n[...] I, 192.

concors : quam bene concordes I, 19.

condo : hic conditus I, 217.

coniunctio : in matrimoii coniuctione fuit I, 217.

coniux : Vulg.   coiux I, 54, 55, 63, 140, 189, 238; Kraus 117, 125; cf. I, 191;

                     coiugi I, 24;

                     coiox I, 184;

                     coniox I, 160;

                     coniun[x] I, 133.

       Emplois. I, 22, 47, 63, 84, 133, 146, 160, 174, 177, 184, 191; cf. I, 247;

                     coniugi pientissime I, 9;

                     coniux dulcissima I, 55, 170; coniugi dulcissimo I, 39;

                     coniugi dulcissimae I, 26, 111;

                     coniux karissimus I, 49; coniux carissima I, 71, 142;

                     coniugi carissime I, 32, 139, 24;

                     c(*ou* C?)arus coniux suus I, 119;

                     coniux semper amantissima sui adque obsequentissima I, 217;

                     coiux [...]us dolens I, 140; cf. I, 167;

                     coiux [s]ua I, 54, 238; cf. I, 95 et 189;

                     coniux eius I, 104;

                     coniux Bonifati I, 37.

       Fragm. Gose 38, 124, 496, 505, 512, 531, 541, 568, 752 a; CIL XIII, 3803, 3935;

                     Kraus 117, 125.

contubernalis : co[ntubernalis ?] I, 212.

corona : I, 134, 193, 194.

corpus : corporis hospitium I, 19.

cum : secum I, 37; ticum I, 55;

        cum filiis suis I, 104;

        cum pace I, 176, 202; Gose 568, 758;

        cum aeternetate uincturum I, 217.

cura : cura (parentis ?) I, 258.

cursor : cursor dominicus I, 138.

de : de nobile genere I, 29 A.

decedo : ante quartum idus ianuarias decessit I, 153; cf. I, 58.

decem : mensis decem I, 176; octaum decem kalendas febar⟨r⟩ias I, 138.

december : V k(al.) d(ecembres) I, 170.

dedico : titulum ... didicauit I, 217.

deficio : defecit I, 217.

depono : [?de]posetus in albe[s ?] I, 209; cf. depositio (*Abrév.*).

depositio : Abrév.   dp̃ I, 199 (*ou* depositus ?);
dp̃ I, 109, 161;
dĩp I, 160;
depø I, 127;
d(epositae ?) I, 167.

Vulg.   dip. I, 160;
depostionem I, 153;
deposicio I, 29 A, 135.

Emplois.   d(ies) depositionis I, 109, 127;
cuius deposicio eius est + *date* I, 29 A;
cui deposicio fuit in saecul[o] + *date* I, 135;
depostionem habuit + *date* I, 153;
[...]it deposit[io...] I, 203; [...]uit dep[ositio...] I, 202;
depositio *ou* depositus/a + *date :* I, 160, 161, 199; Kraus 255, 3; cf. I, 58;
d(epositae ?) in pace (*sans date*) I, 167.

destituo : inmaturo obitu distitutus I, 217.

deuotus : deuotā s(acra ?) D(e)o puella I, 219;
mente deu[ot...] I, 230; deuota mente I, 258.

diaconus : diac[...] I, 214.

dicto : dictat honorem I, 234.

dies : Abrév.   d I, 26, 88, 117, 169, 241;
d̃ I, 109;
Ð I, 30, 100, 127;
Ð I, 24;
Ð̃ I, 11, 50, 69, 86, 181;
ⅠⅠ I, 36;
di I, 186;
dī I, 181, 245;
ds Gose 143, 513;
dieb I, 219;
d̃e (= die) I, 72.

Vulg.   zies Gose 763; des I, 142.

Emplois. Voir uixit;
tulit ... dies tredecem I, 176;
sub die IIII kal. macias I, 21;
n(ono) d(i)e ed(u)s agu(st)as I, 72;
die octauo idus maias, die solis I, 97;
quod ficit mns fbrs dies VIII I, 147;
d(ies) depositionis I, 109, 127;
in die ⟨f⟩ati sui I, 33;
omnib. dieb. uitae suae I, 219.

Fragm.   Gose 135, 143, 151, 513, 522, 553, 763; CIL XIII, 3901; cf. Gose 496.

dilectio : titulum posuerunt pro dilectione I, 220.

diu : I, 106.

diuinus : diuina potentia I, 19.

do : requies data I, 135.

doceo : [d]ocebo uos I, 240.

doleo : Vulg.   dolies I, 74; [?do]lient I, 167;

    Emplois. potest dolere genus I, 122;

          dolens I, 58, 74; (coniux) I, 140 et 167; (filia) I, 115.

dolor : dolores I, 193; dolori I, 234; dolore I, 229.

domesticus : p[ro]tector domestic[us] I, 130.

dominicus : cursor dominicus I, 138;

      [in domini?]ca pace I, 173.

domus : domum I, 90.

donum : dono ? I, 133.

dubito : quis dubitet I, 106.

dulcis : Vulg.   dulcesime I, 138;

        dulcissime I, 111, 156, 164;

        cf. duciss[...] I, 91.

    Emplois. Modo dulcis eras I, 234;

        du[lcis]simus I, 242;

        pater et [mater] dulcissim[i ...]ntio dulcissi[mo...] I, 178;

        patris dulcissim[i] I, 40;

        fratres dulcissimi I, 27, 169;

        dulc[issima] soror I, 182;

        coniugi dulcissimo I, 39; coniugi dulcissime I, 26, 111;

        coniux dulcissima I, 55, 170;

        dulcesime suae matrune I, 138;

        filii dulcissimi I, 13 b, 91;

        infas [d]ulcissima filia I, 103;

        dulcissimo filio suo I, 120;

        dulcissimae filiae I, 118, 143, 156, 159;

        infans dulcissima I, 30;

        [inf]an[ti d]ulcissimo I, 176;

        dulcissima puella I, 35.

   Fragm. I, 83, 164, 189; Gose 544, 582, 600, 725, 795.

duo : membra sacerdotum ... duorum I, 19; annos duos I, 176.

duodecim : duodecem I, 127.

ego : me [in domini]ca pace precessi[t] I, 173.

egregius : egregiis ... meritis I, 106.

ex : ex trib[unis] I, 68; cf. I, 177;

   e uita excedens I, 134;

   ex uno [...] I, 166.

excedo : e uita excedens I, 134, 193.

eximo : exemtum terris I, 106.

facio : Abrév.   fecī I, 29 A.

   Vulg.   fet (= fecit) I, 215;

      ficit I, 147; ficiru[nt] I, 164.

   Emplois. titulum fecit/erunt I, 1, 38; (titulum *sous-entendu*) I, 12, 144 (bis), 164;

      fet (= fecit) annos XXII et mesis III I, 215;

      quod ficit mns fbrs dies VIII I, 147;

      se clericu(m) feci(t) I, 29 A.

famula : I, 256.

famulus : famulum I, 106.

fatum : in die ⟨f⟩ati sui, I, 33.

februarius : octaum decem kalendas febar⟨r⟩ias (?) I, 138; quod ficit m̄n̄s f̄b̄r̄s dies VIII I, 147.

femina : clarissima femina I, 192.

feria : feria qarta I, 142 A.

fero : ferunt I, 234;
      tulit annos I, 68, 176; lustra t[ulit ?] I, 230;
      tu⟨l⟩i⟨t⟩ secum annos XX I, 37.

fidelis : Vulg.   fe- I, 20, 101, 137, 140, 152, 200, 204; Gose 761;
                -les (= -lis) I, 117; -le (= -lis) I, 137.
      Emplois. I, 117; cf. I, 34, 57;
                uirgo fedelis I, 101;
                christiana fidelis I, 138;
                avec in pace I, 9, 20, 30, 62, 67, 124, 137, 140, 145, 152, 162, 200, 204,
                  cf. I, 121.
      Fragm. Gose 754, 761, 818; [f]idelissima Gose 778 b.

fides : [a]gnos[c..]... fidem I, 106.

filia : Vulg.   flia I, 21.
      Emplois. I, 109, 157;
                flius et flia I, 21;
                filia eorum I, 68, 144; filiae suae I, 30;
                filia carissima I, 46;
                dulcissimae filiae I, 118, 143, 156, 159;
                infas dulcissima filia I, 103;
                filia doli[...], I, 115;
                filiae primae nate I, 73.
      Fragm. Gose 542, 543.

filius : Vulg.   flius I, 21;
                nom. pl. fili I, 38, 63, 91, 247; *abl. pl.* filis I, 217.
      Emplois. I, 8, 34, 62, 115, 165, 214, 247; fili[us/a] Gose 169, 578;
                IIII filii I, 154; flius et flia I, 21;
                filii sui, I, 38, 84; filius sous (= suus) I, 145; cum filiis suis I, 104;
                fili eius I, 63; [fi]lius [i]psius I, 162;
                filio carissimo I, 4, 28;
                filii dulcissimi I, 13 b, 91; filio dulcissimo I, 225; dulcissimo filio suo, I, 120,
                superstitibus omnibus filis suis I, 217.

finis : [si]ne fine I, 133.

fio : pro amore tetolum fieri iussit I, 135;
     pro carita[te] titulum fieri iusse[runt] I, 214.

fleo : mors flenda I, 194 A.

frater :   I, 1, 6 (bis), 101, 116, 127;
      frat[re]s sui Quiriacus et Leosa I, 142 A;
      fratres dulcissimi I, 27, 169;
      frater ipsius saenior I, 97;
      turba fratrum I, 194 A;
      fratribus sanctis I, 19.

fructus : fructumque priorem I, 106.

funus :   ut funus nesciret natae I, 192;
              [f]unere ? I, 208.
furens : Tartarus furens I, 170.

gaudeo : gaudens componere sedem I, 19.
gaudium : gaudi I, 89.
gemma : gemma sa[cerdotum] I, 230.
genit[...] I, 89.
genus :   potest dolere genus I, 122;
              de nobile genere I, 29 A; in suo genere primus I, 135.
gratus : fuit in pupulo gratus I, 135.

habeo :   habet I, 194 A;
              depostionem habuit I, 153;
              annus habuit XXI[I] in tertium I, 153.
hic : Vulg. ic I, 36, 42, 59, 61, 70;
              ec I, 173;
              ihc I, 145.
        Emplois. Adv. voir iacet, pausat, quiescit, requiescit;
                    hic sita est I, 122; hic requies data I, 135.
                Adj. hoc ... altare I, 19; corona haec I, 134, 193;
                    ultimus hic honor est I, 258;
                    hunc titulum I, 48, 170;
                    sub hoc tumulo I, 170; hoc tegetur [tumulo] I, 127;
                    in hoc [sepul]cro I, 148.
        Fragm. I, 194 A, 243; Gose 84, 490, 491, 492, 611, 747; CIL XIII, 3821, 3901.
honor : Vulg.   onore I, 193, 194.
        Emplois. ultimus hic honor est I, 258;
                    dictat honorem I, 234;
                    sociatur honore I, 134, 193, 194.
hora : h(ora ?) I, 149.
hospitium : corporis hospitium I, 19.
hospitus : hospita caro I, 99.
iaceo : Vulg.   iiacet I, 238;
                    iacit I, 3, 11, 45.
        Emplois. iace[...] I, 87;
                    hic iacet I, 3, 31, 42, 66, 72, 84, 96, 100, 108, 109, 110, 120, 123, 130 A,
                        136, 140, 160, 164, 169, 180, 223, 224, 238, 245; Gose 112, 113, 114,
                        115, 500, 501, 508, 750; Kraus 117, 67 et 117, 114;
                    iacet hic I, 37;
                    hic iacet in pace I, 11, 13 b, 14, 18, 38, 45, 84 A, 101, 103, 104, 111, 157;
                    hic iacet in Christo Deo suo I, 150;
                    hic sepultus iacet I, 16;
                    hic Amantiae in pace hospita caro iacet I, 99;
                    in hoc [sepul]cro i[acet] I, 148.
ianuarius : Abrév. ian̄ I, 29 A, 109;
        Emplois. I, 29 A, 109, 153 (bis).

ɩdus : Abrév. id I, 160; ĩd I, 109; eds I, 72.

    Vulg. ed(u)s I, 72.

    Emplois. I, 97, 109, 153, 160, 194 A;

        ante quartum idus ianuarias I, 153;

        post tertio idus maias I, 97;

        n(ono) d(i)e ed(u)s agu(st)as I, 72.

ille : I, 68.

immaturus : inmaturo obitu I, 217.

immisceo : inmiscuit astris I, 106.

in : Vulg. en I, 103; Gose 104.

    Emplois. Voir in pace.

        in die ⟨f⟩ati sui I, 33;

        in morte I, 106;

        in saeculo I, 126, 135 (bis);

        in nomero, in pupulo gratus, in suo genere I, 135;

        in amure ipsius I, 147; [i]n carita[te] I, 151;

        in albe[s ?] I, 209;

        [i]n sinu sanctorum I, 238;

        in Christo I, 138; in Christo Deo suo I, 150; in D[eo] I, 171;

        in Deo, in Domino I, 235-237 (passim);

        in nomine Chr(ist)i I, 194; in nomin[e...] I, 194 A;

        annus habuit XXI[I] in tertium I, 153.

inclytus : incli[t... ?] I, 89.

infans : Vulg. infas I, 3, 42, 103.

    Emplois. I, 42, 60, 121, 213 *(2 ans 1 mois);* Gose 754;

        infas innos I, 3 *(1 an 1/2);*

        infans dulcissima I, 30 *(3 ans 5 mois);*

        infas dulcissima filia I, 103 *(7 ans);*

        [inf]an[ti d]ulcissimo I, 176 *(2 ans 10 mois);* cf. I, 6.

infra : infra[...] I, 194 A.

innocens : Vulg. innos I, 3; inocentis (= innocentes) I, 70;

        innoces I, 241.

    Emplois. I, 70, 193, 241, 242;

        infas innos I, 3.

inter : inter Io[uia]n[o]s senioris I, 71.

Iouiani : militauit inter Io[uia]n[o]s senioris an(nos) XL I, 71.

ipse : [fi]lius [i]psius I, 162; in amure ipsius I, 147; frater ipsius saenior I, 97.

is : Vulg. aeius, aeorum I, 68; cuius deposicio eius I, 29 A.

    Emplois. (filius, coniux, etc.) eius I, 62, 63, 68, 104, 124, 179;

        filia eorum I, 68, 144;

        cuius deposicio eius I, 29 A;

        concessum est solamen ei I, 192.

iste : locus iste I, 19.

iubeo : tetolum fieri iussit I, 135;

    titulum fieri iusse[runt] I, 214;

    [...] iussit I, 194 A.

ɩungo : quam bene concordes diuina potentia iungit I, 19;

    iunti in pace I, 68.

Emplois. Voir uixit, tulit;

    quod ficit mns fbrs dies VIII I, 147;

    fet (= fecit) annos XXII et mesis III I, 215.

  Fragm. Gose 38, 148, 150, 152, 154, 155, 156, 163, 489, 530, 778 a.

mereo : meruit I, 134, 193; [m]eruit ? I, 89;

    meruit sanctorum sociari sepulcra I, 170;

    meruit miserante Deo ut funus ... nesciret natae I, 192.

meritum : egregiis meritis I, 106;

    pro merito I, 124.

metator : sanctus metator I, 19.

migro : migrauit I, 89.

milito : militauit inter Io[uia]n[o]s senioris an(nos) XL I, 71.

minus : Vulg. me- I, 46, 54, 91, 105, 119, 120, 135.

   Emplois. Voir plus minus *et* uixit;

    uixit [annos] III minus [dies] XXXVIII I, 67;

    uixit annum unum et menses sex menus dies V I, 120.

misero : miserante Deo I, 192.

modo (adv.) : modo dulcis eras I, 234.

mors : per mortis casum I, 106;

   in morte I, 106;

   mors repen[...] I, 122;

   raptim mors flenda I, 194 A.

mortalis : [m]orta[l...] I, 230.

mox : I, 192.

mundus : mund[...] ? I, 89.

nam : I, 68.

nata : primae nate I, 73; ut funus ... nesciret natae ., 192.

nec : nec ullum I, 106;

  nec Tartarus furens nec poena saeua I, 170.

nego : caelum non posse neg[ar]i I, 106.

negotiator : I, 56.

nempe : I, 106.

neophyta : neofita I, 85.

nepos : nepotes I, 90; neposuos (= nepos suus ?) I, 194 A.

neptis : [?au]a nep[ti?] I, 152.

nescio : ut funus ... nesciret natae I, 192.

nobilis : uxor nobelis I, 135; de nobile genere I, 29 A.

noceo : quem nec Tartarus furens nec poena saeua nocebi[t] I, 170.

nomen : Abrév. et vulg. nū(mine) I, 147.

   Emplois. nomine Parrontius I, 97, 147, 219, 220;

    uicarii nomine I, 135;

    in nomine Chr(ist)i I, 194; in nomin[...] I, 194 A.

non : non posse neg[ar]i I, 106; non plangat I, 194 A.

nonae : nonis I, 204; non(as) I, 227.

nonus : ñ(ono) d͠(i)e ed(u)s agu(st)as I, 72.

noster : nostra I, 234.

noto : notat I, 90.

hic bene pausanti I, 55, 173; cf. I, 176 et Gose 752 a;
bene pausanti fecit (à la fin) I, 144;
pausat VI cal nouembris I, 104; pride kl noubr pausauit I, 142 A.

pax : Abrév. in p̃ I, 15; in pac I, 111.
  Vulg. abl. sg. -ae I, 38, 124; -em I, 242.
  Emplois. Voir iacet, pausat, quiescit, requiescit. posuit, obiit, fidelis;
      recessit in pace I, 204; cf. I, 37;
      quie(scunt ?) in pace I, 70;
      uixit in pace I, 140; cf. I, 16, 108; Gose 535;
      quae mox in pace se[cuta est ?] I, 192;
      cum pace I, 176; cf. I, 202; Gose 568, 758;
      [in domini?]ca pace I, 173; cf. I, 83;
      pax ticum sit I, 55.
  Fragm. I, 5, 22, 53 (bis ?), 58, 64, 80, 85. 86, 115, 130, 149, 161, 163, 167, 248, 255;
      Gose 94, 104, 105, 106, 110, 124, 125. 126, 127, 152, 246 (l. 1, in pa[ce] : *lecture
      de K. Krämer*), 502, 503, 504, 505. 513. 517, 521, 525, 526, 536, 537, 540, 638,
      724, 737, 756, 770, 771; CIL XIII, 3929, 3935, 3936; Kraus 117, 99.

peccator : [pe]ccator I, 236 h.

per : per mortis casum I, 106.

perennis : perennem I, 134, 193.

pietas : pietasque pudorque I, 195;
      pieta[...] I, 196.

pius : coniugi pientissime I, 9; patris pientissimi I, 36; patri pi[entissim]o I, 162; pientisset ? I, 138.
    Cf. Gose 185.

placeo : placuit I, 191.

plango : planctis non plangat I, 194 A.

plus minus : Abrév. p m I, 140, 158, 219; Gose 106;
        p̃ m̃ I, 200;
        p̂l m̂ I, 13 b, 34, 136, 142, 154, 238, 244;
        pl m I, 109;
        p̂l m̃e I, 46;
        plus mn I, 104;
        ⟨pl⟩ men I, 105;
        plus m̄īs I, 147.
      Emplois. Voir uixit annos;
          uixit ann pl m LXX men III et des [...] I, 142;
      Fragm. I, 91,95; Gose 106, 133, 751.

poena : poena saeua I, 170.

pono : Abrév. p̃ I, 32 a;
        ⟨p⟩o I, 75;
        p̃o I, 77;
        p̃os I, 63.
    Vulg. pus- I, 18;
        posuet (= posuit) I, 132, 142, 212, 228; Gose 554;
        -erun I, 154; -irunt I, 27, 147; cf. -ernt I, 157;
        posetus I, 209;
        posuit = posuerunt I, 2, 52, 100. 123, 132.

quae (= qui) I, 141 ?
cuius deposicio eius I, 29 A.
Emplois. Nom. sg. passim; qui ... qui ... I, 217;
cuius I, 21, 29 A, 147, 194 A (bis ?);
quem I, 238; quos I, 258;
cui I, 2, 7, 76, 135 (bis), 165, 181, 214, 247;
quod ficit mns ... I, 147;
neutre acc. plur. quae I, 19.
quidem : I, 89.
quiesco : Abrév. quie(scunt ?) I, 70.
      Vulg. qi- I, 24, 251;
ques- CIL XIII, 11 339;
quiisc- I, 29, 50, 242;
-iec- I, 132, 251; Gose 60;
-cet I, 4, 15, 26, 28, 36, 44, 46, 47, 48, 49, 61, 70, 105, 116, 121, 132, 139.
242, 252; Gose 86, 96, 101, 493, 499;
pour -unt : -et I, 70; -ent I, 68; -int I, 222.
    Emplois. hic quiescit I, 8, 17, 29, 41, 47, 48, 59, 65, 70, 71, 105, 114, 116, 143, 165,
183, 185, 187, 188, 190, 207, 212, 233, 244, 251, 252; Gose 60, 89, 90,
92, 96, 97, 99, 100, 101, 107, 108, 109, 338, 488, 489, 496, 497, 499,
728; Kraus 117, 66; CIL XIII, 3929;
hic quiescit in pace I, 1, 2, 7, 21, 28, 35, 36, 40, 44, 46, 49, 50, 51, 54, 61,
67, 69, 73, 75, 76, 81, 98, 107, 131, 132, 141, 142, 142 A, 154, 213,
214, 222 ?, 241, 242; Gose 86, 88, 91, 98, 493, 498, 726, 754, 755;
CIL XIII, 11 339;
[... p]ace quiescunt I, 27;
quiescet in pace I, 139;
hic quiescit in pace fidelis I, 62, 117, 121, 137;
hic Victorinus ... [...] aeius iunti in pace quiescent I, 68;
hic bene quiescit I, 26; cf. I, 130;
hic bene quiescet in pace I, 4, 15;
Vrsiniano subdiacono sub hoc tumulo ossa quiescunt I, 170;
qiesce in pace ! *(en fin d'inscr.)* I, 24.
quindecim : I, 97.
quinque : I, 118, 173; cf. Gose 496.
quintus : qun I, 160.
quinus : 194 A.
quis : quis dubitet I, 106.

rapio : rapuit I, 193.
raptim : raptim mors I, 194 A.
recedo : Abrév. r I, 170.
    Emplois. recessit + *date* I, 97, 170;
recessit in pace ? I, 37;
reces[sit in] pace fed[elis] + *date* I, 204.
recipio : recipit I, 194 A.
redimo : re[de]mtum I, 197.
regnum : reg[na ?] I, 89.

religio : studio religionis I, 219.

reparo : Dominus reparauit alumnum I, 106.

repentinus : mors repent[ina ?] I, 122.

requies : requies data I, 135.

requiesco : Vulg. reci- I, 250;

          -quiisc- I, 33;

          -quiesecit I, 246;

          -scet I, 25, 30, 159, 162, 193.

     Emplois. I, 193; Gose 111, 757, 758;

        hic requiescit I, 30, 33, 63, 147, 239, 250;

        hic requiescit in pace I, 13 a, 25, 29 A, 94, 119, 145, 159, 220;

        hic requiescit in pace fidelis I, 152, 162;

        hic requiesecit in hoc sepulchr[o] I, 246;

        hic requiescit in Domino I, 219.

res : o(m)nes res suas s(an)c(t)o Petro tradedit I, 29 A.

sacer : a ueste sacra I, 37; ueste sa[cra] I, 126.

sacerdos : membra sacerdotum I, 19; gemma sa[cerdotum] I, 230.

saeculum : Vulg. sec- I, 126, 139.

     Emplois. Gose 612;

        uixit in saeculo I, 126, 135, 139, 173;

        cui deposicio fuit in saeculo I, 135.

saeuus : poena saeua I, 170.

saluator : Saluatoris D(omi)ni praecepta I, 219.

sanctimonialis : puella sanctimonialis I, 220.

sanctus : sanctus metator, fratribus ... sanctis I, 19;

      meruit sanctorum sociari sepulcra I, 170;

      [i]n sinu sanctorum [c]onmendat I, 238;

      s̄c̄o̅ Petro I, 29 A.

saxum : saxsis I, 258.

se : secum I, 37; se clericu(m) feci(t) I, 29 A.

sedes : sedem componere membris I, 19.

semper : semper amantissima sui I, 217.

      uiuas in Deo Chr(isto) se[mper] I, 236 f (bis).

senior : frater ipsius saenior I, 97;

      seni[o]r Valentinus (*opposé à* iunior) I, 158;

      inter Io[uia]n[o]s senioris I, 71.

seruo : praecepta seruauit I, 219; seruare ? I, 258.

sepelio : hic sepultus iacet I, 16.

septem : I, 178; septe I, 156.

september : septe[mbres] I, 161.

sepulcrum : in hoc [sepul]cro i[acet] I, 148; hic requiesecit in hoc sepulchr[o] I, 246; hic requies

          data ... sepulchrum I, 135;

      sanctorum sociari sepulcra I, 170.

sequor : [ues]tigia se[cut]us I, 126;

      quae mox in pace se[cuta est ?] I, 192.

sex : I, 3, 120, 157.

signum : bis quina signa I, 194 A.

simul : I, 19.

sino : hic sita est I, 122.

sinus : [i]n sinu sanctorum [c]onmendat I, 238.

socio : sociatur honore I, 134, 193, 194;
   meruit sanctorum sociari sepulcra I, 170.

socius : socius adgregar[...] I, 194 A.

sol : die solis I, 97.

solamen : concessum est solamen ei I, 192; sola[men?] I, 196.

sorola? I, 166.

soror : I, 94, 239; cf. Gose 175; so[rores] I, 222;
   dulc[issim]a soror I, 182;
   soror (= coniux) I, 214.

spero : sp[era]re I, 106.

studium : studio religionis I, 219.

sub : sub die I, 21;
   sub hoc tumulo I, 170.

subdiaconus : subdiac I, 109; subdiacono I, 170.

sum : ultimus hic honor est I, 258;
   dulcis eras I, 234;
   fuisti I, 194 A;
   in matrimoii coniuctione fuit annis XVII I, 217;
   fuit in pupulo gratus I, 135;
   pax ticum sit I, 55;
   cuius deposicio eius est I, 29 A;
   cui deposicio fuit in saeculo I, 135.

sumo : sum[p]sit I, 135.

superstes : superstitibus omnibus filis suis adque uxore I, 217.

suus : *Vulg.* sous I, 145.
   Emplois. I, 12, 29 A, 30, 33, 38, 54, 66, 84, 104, 107, 119, 120, 135, 136, 138, 142 A, 143,
      144, 145, 173, 217, 219, 223, 224, 238;
      sui Vrsulus et Maurus et Hetlea I, 105;
      amantissima sui (= coniugis) I, 217;
      in Christo Deo suo I, 150.

tamen : licet ... tamen ... I, 217.

tantum : [tan?]tum (annos ...) I, 58.

Tartarus : Tartarus furens I, 170.

tego : hoc tegetur [tumulo] I, 127.

tempus : tempore lucis I, 195; tempore uit[ae?] I, 197.

terra : terris I, 89; exemtum terris I, 106.

tertius : tertio I, 97; annus habuit XXI[I] in tertium I, 153.

titulus : *Abrév.* teto I, 77; titul I, 147; cf. titulm I, 18.
   Vulg. tet- I, 1, 2, 7, 11, 21, 25, 45, 48, 50, 51, 54, 63, 69, 72, 76, 77, 105, 107, 131,
      135, 165, 196, 207; Gose 8, 80, 557;
      -tol- I, 2, 7, 25, 45, 50, 51, 69, 72, 76, 77, 84 A, 107, 127, 135, 181, 184, 207,
      218; Gose 557;
      -lu I, 1, 30, 182, 218; -lui I, 45; -lun I, 50;
      acc. sg. -lo I, 181, 225; -lm I, 18.

Emplois. titulum I, 153; titolu Hagdulfus I, 218; [t]etulo I, 196; titulum posuit I, 2, 4,
    11, 13 a, 22, 24, 26, 30, 31, 33, 46, 49, 51, 54, 58, 69, 71, 75, 84 A, 101,
    104, 107, 109, 111, 115, 119, 120, 132, 138, 139, 140, 142, 143, 165,
    167, 175, 182, 184, 185, 188, 200, 212, 213, 219, 221, 225;
        titulum posuerunt I, 7, 13 b, 18, 21, 27, 35, 36, 40, 45, 47, 50, 53, 60, 61,
            62, 63, 76, 86, 88, 117, 118, 131, 142 A, 154, 155, 156, 157, 177, 178,
            180, 222, 232, 247;
        titulum posuit/erunt Gose 101, 105, 163, 179, 182, 184, 185, 189, 190, 192, 195,
            538, 539, 540, 542, 544, 546, 548, 549, 550, 552, 555, 556, 557, 561, 583,
            741, 751, 771, 772, 775; CIL XIII, 3901, 3935; une inscr. inédite, encastrée
            dans l'autel au fond de la nef latérale droite de l'église Saint-Mathias;
        hunc titulum posuit I, 170; hunc tetulum posuerunt I, 48;
        titulum posuit/erunt in pace I, 25, 34, 52, 66, 72, 77, 95, 96, 100, 102, 103,
            105, 110, 116, 123, 130 A, 136, 146, 150, 160, 174, 181, 186, 216, 223;
            Gose 475;
        in pace titulum posuerunt I, 169;
        titulum posuerunt ... cum pace I, 176;
        pro merito ... titu[lum posuit] i[n pace ?] I, 124;
        in amure ipsius titul(um) posuirunt in pace I, 147;
        [p]arentes pro amore filio dulcissimo titulo posuerunt I, 225;
        titulum posuerunt pro dilectione I, 220;
        uinculo caritatis et studio religionis titulum posuit I, 219;
        pro caritate titulum posuit/erunt I, 30, 47, 55, 57, 62, 67, 68, 94, 162, 183;
            Gose 543;
        et pro carita[te] titulum fieri iusse[runt] I, 214;
        pro amore tetolum fie[ri] iussit I, 135;
        propter caritate titulu fecit I, 1;
        titulum fecerunt I, 38;
        titulum didicauit I, 217.
Fragm. I, 127, 145, 201, 205, 207; Gose 8, 59, 80, 91, 149, 155, 164, 432, 485; CIL
    XIII, 3924, 3929, 3936.
trado : o(m)nes res suas s(an)c(t)o Petro tradedit I, 29 A.
transeo : [a]d D[o]mino transiit I, 134.
tredecim : tredecem I, 176.
tres : I, 118.
tribunus : trebunus I, 107;
        ex trib[uno/is] I, 68, 130.
tumulus : tomolo I, 191;
        sub hoc tumulo ossa quiescunt I, 170;
        [tu]mulo requiescit in isto I, 258.
tu : ticum I, 55.
turba : turba fratrum I, 194 A.

uenerabilis : Vulg. uenerabiles I, 29 A; uenerabelis I, 147.
            Emplois. uir uenerabilis I, 29 A, 147.
uestigium : [ues]tigia se[cut]us I, 126.
uestis : a ueste sacra I, 37; ueste sa[cra] I, 126.
uicarius : uicarii nomine I, 135.

uiduitas : [?u]iduitatis I, 195.

uiginti : I, 118.

uilixa[...] ? I, 113.

uinculum : uinculo caritatis I, 219.

uir : uir eius I, 124;
  uir uenerabilis I, 29 A, 147.

uirginius : I, 62.

uirgo : uirco ? I, 210; [?u]irgo Gose 768;
  uirgo fedelis I, 101.

uita : e uita excedens I, 134, 193; uita I, 194;
  tempore uit[ae ?] I, 197;
  omnib(us) dieb(us) uitae suae I, 219.

uiuo : *Abrév.* uix I, 72, 75, 144, 160, 181, 184; u͡i͡x I, 77;
  uixs I, 245.

  Vulg. uixit : -xx- I, 21, 29 A; Gose 146;
    -xs- I, 1, 62, 65, 101, 152, 238, 245; Gose 145, 204 (l. 1, [qu]ae uixs[it] :
      lecture K. Krämer), 496, 527; cf. I, 3, 17;
    -cs- I, 180;
    -sx- I, 33;
    -cx- Gose 761;
    -et I, 84 A, 132, 180, 238; cf. I, 17;
  part. futur uincturum I, 217.

  Emplois. uiuas + *chrisme* I, 236 e (bis);
    uiuas in ☧ I, 235 b, e, 236 g, k;
    uiuas in Deo I, 171, 236 f, 237 a;
    uiuas in Deo ☧ I, 235 h, 236 f;
    [uiu]as in Deo A ☧ ω I, 236 n;
    uiuas in Deo ☧ se[mper] I, 236 f (bis);
    uiuas in Domino + *chrisme* I, 235 f, g;
    uiuas *sur fragm.* I, 236 b (bis), c, d (bis), l, m, n; 237 b;
    uixit annos ... I, 1, 14, 21, 22, 31, 32 a, 32 b, 33, 39, 41, 44, 45, 47, 49, 51, 52,
      53, 54, 57, 58, 59, 63, 71, 75, 77, 82, 83, 84 A, 115, 116, 128, 134, 138,
      144, 150, 157, 160, 165, 167, 168, 170, 174, 175, 212, 217, 221, 223, 225,
      239;
    uixit annos plus minus ... I, 13 a, 13 b, 16, 29 A, 34, 46, 54, 104, 105, 109, 119,
      136, 147, 154, 158, 166, 190, 200, 219, 238, 244, 247;
    uixit annos ... menses ... I, 2, 7, 25, 29, 35, 40, 48, 60, 62, 72, 76, 94, 96, 124,
      143, 161, 180, 182, 213, 222, 227, 252; cf. I, 42;
    uixit annos ... menses ... dies ... I, 3, 4, 5, 11, 12, 18, 24, 26, 28, 30, 36, 38, 50,
      61, 65, 69, 73, 74, 81, 84, 86, 88, 97, 100, 101, 103, 107, 110, 111, 117,
      118, 123, 130 A, 131, 141, 152, 155, 156, 159, 164, 169, 178, 181, 183,
      185, 186, 193, 220, 226, 241, 245, 249;
    uixit me(nses) XI I, 66;
    uixit menses VIII et dies XXIIII I, 108;
    uixit dies XXXV I, 179;
    uixit ann(os) pl(us) m(inus) LXX men(ses) III et des [...] I, 142;
    uixit [annos] III minus [dies] XXXVIII I, 67; uixit annum unum et menses sex
      menus dies V I, 120;

κώμη : *Abrév.* κῶ I, 112; ꝗ I, 10.
   κώ(μης) Καπροζαβαδαίων I, 10;
   ἀπὼ κώμης Ἀδδάνων I, 93, 112.
μέλπω : [με]λπομένη I, 172.
μήν : μηνί[...] I, 211; μηνὶ πανήμου I, 93.
μικρόπρος : *voir* ζῶ.
ὄρος : ὀρων Ἀπαμέων I, 10.
ὄφρα : I, 172.
παν[...] I, 172.
πανβασιλεύς : [Χρι]στῷ πανβασιλ[εῖ] I, 172.
πανημέριος I, 172.
πανήμος : μηνὶ πανήμου I, 93.
παντοκράτωρ : πα[ντοκράτορα?] I, 172.
παρθένος : παρ[θένον] I, 172.
πατήρ : πατέρα πα[ντοκράτορα?] I, 172.
σκηνή : σκηναῖς I, 172.
σύν I, 172.
σφάλλω : σφαλλομενό[ς/ις] I, 172.
σωφροσύνη : [σωφ]ροσύνης I, 172.
τε : τ' I, 172.
τίθημι : θῆκ[ε] I, 172.
ὕμνος : [ὕ]μνοις I, 172.
φίλος : φίλον I, 172.
ὧδε : ὧδε κῖται I, 168.

CONCORDANCES

Le Blant, *I. C.*	RICG I	Le Blant, *I. C.*	RICG l
222	12**	259	220
223	9**	260	8*
224	2	261	135
225	10	262	25
226	99	263	136
227	5	264	137
228	10**	265	138
229	6	266	13**
230	104	267	112
230 A	103	268	14**
231	105	269	181
232	186	270	30
233	214	271	15**
234	215	273	34
235	11	274	35
236	108	275	145
237	110	276	36
238	113	277	37
239	13	278	44
239 A	13	279	46
240	11**	280	149
241	115	281	150
242	19	282	50
243	116	283	177
244	117	284	152
245	16	285	24
246	118	286	154
247	18	287	180
248	93	288	17**
249	120	289	57
250	123	291	72
251	125	292	165
252	130	293	170
253	161	294	75
254	188	295	62
255	130 A	296	65
256	131	297	63
257	217	298	64
258	219	299	176

Le Blant, *I. C.*	RICG I		Le Blant, *N. R.*	RICG I
300	162		368	51
301	71		369	85
302	139		370	14
304	185		372	192
306	232		374	168
310	229		375	124
313	225		379	171
316	7*		380	140
320	16**		387	186
321	244		388	141
p. 459 n. 2	6*		391	218
674 B	130 A		392	13 *a*
674 C	28		394	231
			395	227
			399	230
Le Blant, *N. R.*	RICG 1		409	voir n° 188
			416	224
34	1		417	28
35	107		418	240
36	20		420	257
37	22		436	239
38	5*		p. 55	131 et 214
42	78			
44	259		Kraus	RICG I
338	4			
339	33		66	257
340	52		67	244
341	20		72	240
342	70		74	28
343	87		75	6*
344	27		76	16
345	81		77	19
346	54		78	24
347	26		79	28
349	84		80	10
352	55		81	2
353	91		82	13
355	60		83	18
356	23		84	46
358	17		85	50
359	43		89	25
360	39		87	4
363	74		86	5
364	15		90	71
365	22		91	72
366	78		92	57
367	76		93	36

Kraus	RICG I	Kraus	RICG I
94	11	148	150
95	65	149	152
96	37	150	177
97	35	151	117
99	44	152	99
100	34	153	135
101	62	154	113
102	5*	155	176
103	33	156	186
104	52	158	192
105	20	160	168
106	70	161	124
107	87	163	93
108	27	164	112
109	81	165	165
110	54	166	9**
111	26	167	130 A
113	84	168	136
116	55	169	125
117, 37	91	170	104
117, 59	60	171	116
117, 65	23	172	131
117, 74	82	173	108
117, 100	17	174	170
117, 124	43	175	154
118	39	176	123
121	6	177	181
122	74	178	137
123	1	183	188
124	15	186	185
126	22	187	161
127	78	188	107
128	76	192	171
129	51	193	140
130	85	196, 1	186
131	14	196, 2	141
133	118	198	8*
134	105	199	219
135	139	200	220
136	120	201	217
139	2*	203	218
142	7*	205	13 a
143	138	206	215
144	110	207	30
145	180	208	145
146	149	211	214
147	162	212	103

Kraus	RICG I	CIL XIII	RICG I
213	115	484*	13**
214	130	499*	1*
215	225	541*	8*
216	75	553*	244
217	63	3674	9**
220	229	3675	192
223	64	3680	107
225	231	3681	130
227	227	3682	5*
231	230	3683	135
239	226	3687	71
245	208	3690	138
249	voir n° 188	3691	37
254, 58	232	3692	177
257	239	3696	104
304		3704	56
(*Add.* de Hettner, p. [6])	224	3726	125
306		3783	230
(*Add.* de Hettner, p. [7])	195	3784	214
307		3786	109
(*Nachtr.* t. II, p. 343)	241	3787	170
Anh. II, 3 (p. 163)	16**	3788	85
» 12	13**	3789	165
» 13	15**	3790	1
» 14	17**	3791	2
» 15	12**	3792	95
» 16	10**	3793	212
» 17	14**	3794	98
» 18	11**	3795	99
		3796	4
		3797	5
Kraus, t. II	RICG I	3798	6
		3799	102
384	3*	3800	103
385	2*	3801	105
412	1	3802	186
		3804	215
		3805	11
CIL XIII	RICG I	3806	108
		3807	110
419*	2*	3808	113
473*	14**	3810	13
478*	10**	3811	115
479*	12**	3813	14
480*	11**	3814	15
481*	17**	3815	116
483*	15**	3816	117

CIL XIII	RICG I	CIL XIII	RICG I
3817	16	3872	50
3820	18	3874	226
3822	120	3875	52
3823	20	3876	51
3825	123	3877	173
3826	139	3880	54
3827	124	3882	153
3829	127	3883	152
3830	188	3885	154
3831	161	3887	55
3832	130 A	3889	118
3833	131	3890	223
3834	22	3892	180
3835	78	3893/4	60
3836	217	3895	63
3837	23	3896	65
3838	24	3897	64
3839	133	3899	62
3840	218	3900	176
3841	219	3902	3*
3842	25	3903	162
3843	136	3904	70
3844	137	3905	76
3845	27	3906	57
3846	26	3907	72
3847	140	3908	74
3848	220	3908 A	171
3849	28	3909	75
3850	141	3910	229
3851	87	3912	208
3853	84	3914	193
3854	181	3916	195
3855	30	3917	90
3856	142	3919	225
3858	33	3920	224
3859	34	3925	185
3860	35	3926	81
3861	145	3939	231
3862	36	3941	91
3864	221	3948	232
3865	39	3949	227
3866	43	4187	239
3867	44	4234	241
3868	222	4245	28
3869	46	4459	253
3870	149	4460	251
3871	150	4461	252

634 CONCORDANCES

CIL XIII	RICG I	Diehl	RICG I
4462	254	762 A adn.	185
4465	257	1117 adn.	230
4733	258	1170	214
4737	259	1244	109
11332	7	1244 adn.	170
11333	31	1288	165
11333	216	1326	37
11334	183	1370	20
11335	49	1370 adn.	152
11336	228	1371	117
11440	247	1371 adn.	6
11441	242	1371 adn.	124
11442	245	1372	140
11443	246	1373	34
11444	255	1373 A	145
11445	243	1374	62
11446	250	1374 adn.	162
11447	249	1504 adn.	85
11449	248	1609 adn.	87
11451	256	1682	220
		1719 A	219
		1744	195
Bücheler	RICG I	1792	8*
		2025	19
773	170	2026	3*
792	135	2177 adn.	170
1427	19	2194 adn.	171
1735	208	2253	55
1736	230	2280	24
1833	258	2748	139
2264	133	2831 adn.	60
		3050	153
		3055	16
Diehl	RICG I	3067	108
		3068 A	245
44	5*	3080 adn.	14
118 adn.	177	3082 B	99
183	192	3094 A	251
353	138	3102	70
373	104	3110 A	28
426	212	3110 B	141
437	107	3110 B adn.	242
444	135	3112 A adn.	137
470	130	3112 B adn.	241
552	71	3242	57
676	56	3242 A	176
703 adn.	15	3242 A adn.	173

Diehl	RICG I	Diehl	RICG I
3260	39	3592	63
3288 A	150	3592 A	218
3288 A adn.	168	3988 E	113
3308	33	4010 A	215
3453	170	4160 adn.	225
3490	193	4161	30
3543 adn.	246	4161 adn.	183
3566	127	4161 adn.	149
3580 A	247	4162	1
3581	2	4179 B adn.	115
3581 A	142	4179 B adn.	74
3581 B	46	4185 adn.	229
3581 B adn.	161	4301	217
3581 C	51	4374	72
3581 C adn.	52	4461 F	32
3581 D	154	4695	98
3581 E	75	4831	90
3581 F	49	4832	133
3582	4		
3582 adn.	26		
3583	11	Gose	RICG I
3583 A	13		
3583 adn.	84	1	10
3583 adn.	78	2	1
3583 B	120	3	2
3583 C	31	4	3
3584	105	5	4
3584 adn.	95	6	5
3584 A	103	7	6
3584 A adn.	216	9	8
3584 A adn.	110	10	9
3584 B	116	11	11
3584 C	130 A	12	12
3584 D	25	13	13
3584 D adn.	181	15	14
3585	18	16	15
3586	131	17	18
3586 A	50	18	20
3586 B	76	19	80
3586 C	7	21	78
3587	136	22	22
3588	27	24	23
3589	35	25	25
3590	118	26	26
3590 A	36	27	27
3590 B	123	28	87
3591	54	29	29 A

Gose	RICG I	Gose	RICG I
30	31	87	28
31	32	93	17
33	33	95	81
34	34	102	85
35	35	103	82
36	36	132	91
37	37	136	88
39	39	137	77
40	40	401	92
41	41	402	168
42	42	402 A	94
43	43	403	96
44	44	404	95
45	45	405	100
46	46	406	99
47	47	407	101
48	48	408	103
49	86	409	7
50	49	410	97
51	50	411	107
52	51	412	108
53	52	413	109
54	54	414	111
55	53	415	189
56	55	416	113
57	56	417	108
58	57	418	115
61	58	419	132
62	59	420	174
63	79	421	117
64	60	422	119
65	72	423	121
66	73	424	122
67	74	425	123
68	75	426	124
69	61	427	126
70	62	428	190
71	63	429	127
72	65	430	130
73	68	431	188
74	76	433	129
75	71	434	187
76	70	435	128
77	67	436	131
78	89	438	133
79	90	439	179
85	29	440	135

Gose	RICG I	Gose	RICG I
441	137	495	205
442	138	509	206
443	140	510	204
444	29	511	198
445	142	514	182
446	143	520	200
447	144	532	196
448	146	533	83
449	191	565	201
450	147	566	203
451	183	567	202
452	151	617	197
453	177	643	197
454	148	649	209
455	153	668	199
456	152	683	210
457	154	717	171
458	155	718	211
459	173	719	98
460	156	720	102
461	157	721	229
462	165	722	214
463	166	723	215
464	167	727	216
465	169	729	186
466	170	730	217
467	164	731 A	239
468	158	732	141
469	159	734	30
470	160	735	212
472	176	736	145
473	184	738	221
474	175	739	222
476	163	740	226
477	3*	742	228
478	172	743	223
479	192	744	241
480	208	745	64
481	193	748	225
481 A	134	749	224
482	194	753	233
483	178	759	232
484	195	760	227
487	185	773	231
494	207	779	230
		781	234

PROVENANCE DES PHOTOGRAPHIES

Toutes les photographies proviennent du *Rheinisches Landesmuseum* de Trèves, à l'exception des suivantes :

nos 16, 19, 26 (Kraus), 62 (Kraus), 71 (Kraus), 84 (Kraus), 93 (Ortelius-Vivianus), 105, 112, 116, 124 (Kraus), 161, 165 (Ortelius-Vivianus et Annal. Trevir.), 180, 181, 244 : Bibliothèque Nationale, Paris.

nos 24, 93 (Wiltheim), 110, 118, 120, 130 A, 136, 138 (Wiltheim), 139, 149, 165, 213 : Ch. Ternes.

nos 242, 243, 245-257 : Musées de Metz.

nos 30, 145, 215 : Caisse Nationale des Monuments Historiques, Paris.

nos 104, 150 (Reiffenberg), 162 : Staatsarchiv, Koblenz.

nos 165, 217, 218 : Städt-Reiss-Museum, Mannheim.

nos 219, 220 : Biblioteca Vaticana, Roma.

no 28 (ms Pirckheimer), 93 (id.) : Bayerische Staatsbibliothek, München.

no 238 : Musées d'Etat, Luxembourg.

no 123 : Staatliche Museen, Berlin.

no 131 : Musée du Cinquantenaire, Bruxelles.

no 258 : Communauté O. M. I. de Notre-Dame de Sion.

no 259 : Musée Lorrain, Nancy.

nos 235-237 : Reproductions de Th. K. Kempf, Frühchristl. Zeugnisse.

N. B. : Wiltheim, ms. Lux. I, page 235 sic, renvoie au manuscrit autographe des *Luciliburgensia* conservé à Luxembourg. Par suite d'une erreur de pagination, un même numéro est porté par deux pages différentes : « page 235 sic » désigne la deuxième des pages portant ce numéro.